Bucks County, Pennsylvania Deed Records, 1684-1763

John David Davis

Heritage Books
2008

HERITAGE BOOKS
AN IMPRINT OF HERITAGE BOOKS, INC.

Books, CDs, and more—Worldwide

For our listing of thousands of titles see our website
at
www.HeritageBooks.com

Published 2008 by
HERITAGE BOOKS, INC.
Publishing Division
100 Railroad Ave. #104
Westminster, Maryland 21157

Copyright © 1997 John David Davis

Other books by the author:
Bergen County, New Jersey Deed Records, 1689-1801
Frederick County, Virginia Minutes of Court Records, 1743-1745
West Jersey, New Jersey Deed Books, 1676-1721

All rights reserved. No part of this book may be reproduced or transmitted in any form or by any means, electronic or mechanical, including photocopying, recording or by any information storage and retrieval system without written permission from the author, except for the inclusion of brief quotations in a review.

International Standard Book Numbers
Paperbound: 978-0-7884-0779-6
Clothbound: 978-0-7884-7605-1

DEDICATED

to

my brother

JAMES WALTER DAVIS MD

TABLE OF CONTENTS

Preface   vii

Chapter 1   Volume 1   1684-1592   1

Chapter 2   Volume 2   1692-1699   28

Chapter 3   Volume 3   1699-1708   70

Chapter 4   Volume 4   1708-1714   113

Chapter 5   Volume 5   1714-1731   137

Chapter 6   Volume 6   1723-1741   167

Chapter 7   Volume 7   1742-1749   203

Chapter 8   Volume 8   1749-1752   257

Chapter 9   Volume 9   1752-1759   293

Chapter 10   Volume 10   1759-1763   363

Index   430

PREFACE

Abstracted from Microfilm Copies
Available through the
Genealogical Library,
Salt Lake City, Utah

As a young man, William Penn joined the Society of Friends, or Quakers. Colonization was a vital part of the Quaker movement. As early as 1660 the Quaker Josiah Coale, a friend of Penn's, spoke to the Susquehanna Indians about purchasing land. By 1674 two Quakers were in possession of West New Jersey, formerly the proprietary of John, Lord Berkeley, and it was here that Penn became directly involved in American affairs.

The complications of organizing a colony so encumbered by personal and legal conflicts, as was the experience of West New Jersey, showed Penn the virtues of clear and single proprietorship as a prerequisite to planting a settlement.

On March 4, 1681, 36 year old William Penn was granted a charter by Charles II, giving him and his heirs a sparsely populated tract of land that would eventually become the State of Pennsylvania.

William Penn invited his fellow Friends to join him in what he called his "Holy Experiment" in America.

Bucks County, Pennsylvania, was created in 1682, as one of the original three counties of Pennsylvania. Settlement of the county, under Penn, began with the arrival of the ship "Submission", which had left England in September, 1682. James Settle, captain of the ship, was by the terms of his agreement to proceed with the ship and its passengers to the Delaware River or elsewhere in Pennsylvania.

But through his dishonesty, they were taken into Maryland and arrived in the Patuxent River. On October 30, they unloaded their goods at Choptank. Here James Harrison and Phineas Pemberton, his son-in-law, left their respective families at the house of William Dickenson, and proceeded overland to the place of their original destination, the "Falls of the Delaware" in Bucks County. James Harrison had received grants to 5,000 acres of land from Penn when in England, a short time before his departure for America. Most of this land was subsequently located in Bucks County. In the following spring, 1683, Harrison and Pemberton brought their families and household goods from Maryland to this county.

Although a hand written deed can run several pages in a deed book, the bulk of the information is largely repetitive and can be reduced to just a few lines of interest to genealogists. The format followed in the abstraction of the deeds of Bucks County, Pennsylvania is:

[Page number], [Date of transaction], [Name of grantor(s) (the "&" between a male and female given name means husband and wife}], [Occupation of male grantor(s)], [Place of residence of grantor(s)], [Name of grantee(s)], [Occupation of male grantee(s)], [Place of residence of grantee(s)], [Sales price], [Area of land involved], [Location of land], [Neighbors], [Chain of deed], [Other landmarks], [Signature of grantor(s)(an (X) between the given name and the surname, means that person could not write], [Signature of witnesses], [Signature of others], [Year of recordation of the deed, (if recorded more than one year after the date of transaction)].

These are abstracts of genealogical related information only. Names, dates, places and relationships are provided, if given in the original deed. If it is not in the abstract, it can be assumed that it was not in the deed. Genealogists can draw their own conclusions from the information available. For example, a large amount of land sold for a very low price to a grantee with a surname different than that of the grantor, may be an in-law, however, if this was not stated in the deed, and the genealogist must confirm this possibility with other available sources. The metes and bounds descriptions of the land in question, have been avoided in order to save space. If these are of interest, they can be obtained from the original record.

The deeds were recorded by the county clerk, a man of learning, but in many cases, they did not deal well with the spelling of some of the names of that era. In many cases, they make a very creative phonetic attempt to spell the names of people and places. In addition, they vary the spelling of long standing residents of the area from transaction to transaction, (and many times, within the same deed). In most cases, each name of a person, place or thing is presented as it has been deciphered, with no attempt to change spelling to conform with today's accepted interpretation. The genealogist is invited to check all possible spellings of a name of interest and may even want to personally review the deed record.

Chapter 1
Bucks Co., Pennsylvania
Deed Records
Volume 1
1684-1692

P. 1, 1 Oct 1684, John **Ackerman**, yeoman, near the falls of Delaware, of Bucks Co., Pennsylvania to Richard **Ridgway**, tailor, of Bucks Co., Pennsylvania, £3.1, 2 rods. Signed John **Ackerman**. Wit: Edward **Lovett**, Thomas **Rowland** and Phineas **Pemberton**. Justices: John **Otter**, Edmond **Bennett**, William **Yardley** and William **Biles**. Recorder: David **Davis**.

P. 2, 1 Oct 1684, Daniel **Gardiner**, shoemaker, of Bucks Co., Pennsylvania to Edward **Green**, of Philadelphia, Pennsylvania, £5.15, 100 acres...bounded by John **Luff** and Leonel **Brittain**. Signed Daniel **Gardiner**. Wit: Edward **Lovett**, Thomas **Rowland** and Phineas **Pemberton**.

P. 3, 9 Oct 1684, Francis **Rossell** and Michael **Rossell**, millers, of Bucks Co., Pennsylvania bond to John **Otter**, yeoman, of same, £20. Signed Francis **Rossell** and Michael **Rossell**. Wit: Edmond **Bennett**, John **Prallworth** and Robert **Row**.

P. 3, 14 Nov 1684, Lawrence **Bannor**, of Bucks Co., Pennsylvania to Gilbert **Wheeler**, of same, £17, 150 acres...bounded by Robert **Lucas**, William **Hiscock**, William **Brian** and William **Dark**. Signed Lawrence (x) **Bannor**. Wit: Thomas **Dungan**, John **Clows** and John **Pidcock**. Justice: James **Harrison**, William **Yardley** and William **Biles**.

P. 4, 8 Apr 1685, Edmond **Lovett**, planter, of Bucks Co., Pennsylvania to Abraham **Cocks**, of same, £10, 100 acres...bounded by Ralph **Smith**, William **Bennett** and Richard **Lundy**. Signed Edmond **Lovett**. Wit: Henry **Margerum** and Thomas **Woolfe**.

P. 4, 8 Apr 1685, Edmond **Lovett**, planter, of Bucks Co., Pennsylvania to Joseph **English**, of same, £6.25, 500 acres...bounded by John **Rowland**. Signed Edmond **Lovett**. Wit: Henry **Margerum** and Thomas **Wolfe**.

P. 5, 10 Apr 1685, Dr. Israel **Taylor**, of Neshaminy creek, Bucks Co., Pennsylvania to Christopher **Wetherall**, tailor, of West New Jersey, £10, 150 acres. Signed Israel **Taylor**. Wit: Nicholas **Waln** and Phineas **Pemberton**.

P. 6, 18 Jul 1685, Richard **Lundy**, of Bucks Co., Pennsylvania to Jacob **Telner**, of New York, £3, 200 acres. Signed Richard (x) **Lundy**. Wit: William **Biles** and David **Davis**.

P. 8, 5 Aug 1685, Anne **Millcome**, widow, of Bucks Co., Pennsylvania to her son-in-law Philip **Conway**, of same, for love and affection, 50 acres...patented 16 May 1684. Signed Anne (x) **Millcome**. Wit: Robert **Lucas**, John **Collins** and Luke **Brindley**.

P. 9, 6 Aug 1685, Anne **Millcome**, widow, of Bucks Co., Pennsylvania to William **Biles**, of same, £27.5, 200 acres...patented 16 May 1684. Signed Anne (x) **Millcome**. Wit: Leonel **Brittain**, Joseph **Wood** and William (x) **Heiscock**.

P. 10, 1 Oct 1685, John **Rowland** and his brother Thomas **Rowland**, of Bucks Co., Pennsylvania to Samuel **Burgess**, of same, £10.75, 200 acres...bounded by James **Hill** and Randle **Blackshaw**...patented 13 Jul 1685. Signed John **Rowland** and Thomas **Rowland**. Wit: Jonathan **Scarfe**, Richard **Ridgway** and Phineas **Pemberton**.

P. 11,, 3 Aug 1685, Griffith **Jones**, merchant, of Philadelphia, Pennsylvania to Thomas **Lloyd**, gentleman, of same, £100, 500 acres...bounded by Arthur **Cook**. Signed Griffith **Jones**. Wit: Ann **Powell** and Patrick **Robinson**.

P. 13, 5 Feb 1686, Thomas **Lloyd**, master of the Rolls, commission granted to Phineas **Pemberton**, near Delaware Falls, of Baltimore Co., Maryland. Signed Thomas **Lloyd**.

P. 14, 2 Jan 1685, Jeffrey **Hawkins**, planter, of Baltimore Co., Maryland to his brother Roger **Hawkins**, of same, £8.75, 100 acres...bounded by John **Wood** and Philip **Conway**. Signed Jeffrey (x) **Hawkins**. Wit: Margaret (x) **Boare** and Lawrence (x) **Bannor**.

P. 15, 8 Jan 1685, Thomas **Wolfe**, planter, of Baltimore Co., Maryland to Elizabeth **Gibbs**, widow, of same, £7.5, 130 acres...bounded by Ralph **Smith** and John **Rowland**...patented 27 Nov 1684. Signed Thomas **Wolfe**. Wit: Joseph **Wood** and David **Davis**.

P. 17, 22 Mar 1681, William **Penn**, of Worminghurst, Sussex Co., England to John **Alsop**, yeoman, of Ingstry, Stafford Co., England, £20, 1000 acres. Signed William **Penn**. Wit: Harbert **Springett**, Thomas **Coxe** and Benjamin **Griffith**.

P. 20, 17 May 1684, Morgan & Cassandra **Drewelt**, of New Castle Co., Pennsylvania to Hannah **Salter**, widow, of same, £10, 100 acres...bounded by Samuel **Cleft** and Griffith **Jones**. Signed Morgan **Drewelt**. Wit: Enoch **Flower** and David **Ogden**.

P. 22, 19 Mar 1686, Robert **Holgate**, planter, of Sussex Co., Pennsylvania to Robert **Heaton**, of Bucks Co., Pennsylvania, £20, 250 acres... bounded by Alexander **Giles**...patented 18 Mar 1686. Signed Robert **Holgate**. Wit: Thomas **Janney**, William **Yardley** and John **White**.

P. 24, 23 Sep 1685, Thomas **Coverdale**, of Bucks Co., Pennsylvania to agreement with Gilbert **Wheeler**, of same. Signed Gilbert **Wheeler** and Thomas (x) **Coverdale**. Wit: John **Pidcock**, William **Bryan** and Robert **Blackwell**.

P. 25, 6 Apr 1686, Nicholas **Waln**, yeoman, of Bucks Co., Pennsylvania to Edmond **Cutler**, planter, of same, £32, 200 acres...bounded by widow **Plumley** and Elizabeth **Walmsley**. Signed Nicholas **Wallne**. Wit: Robert **Hall** and John **Horner**.

P. 26, 29 Mar 1686, Patrick **Kelley**, husbandman, of Philadelphia, Pennsylvania bond to Philip **Conway**, war master, of Bucks Co., Pennsylvania. Signed Patrick (x) **Kelley**. Wit: Silas **Crispin**, Trgall **Holme** and Edmond **McVagh**.

P. 27, 5 Apr 1686, James **Dillworth**, yeoman, of Bucks Co., Pennsylvania to John **Horner**, yeoman, of West New Jersey, £24, 480 acres... patented 14 Feb 1682. Signed James **Dillworth**. Wit: Nicholas **Wallne** and John **Nichols**.

P. 29, 5 Apr 1686, Nicholas **Wallne**, yeoman, of Bucks Co., Pennsylvania to Thomas **Stackhouse** Jr., planter, of same, £5.5, 50 acres... bounded by Elizabeth **Walmsley**...patented 29 Nov 1684. Signed Nicholas **Wallne**. Wit: Robert **Hall** and James **Dillworth**.

P. 30, 1 Apr 1686, Richard **Ridgway**, tailor, of Bucks Co., Pennsylvania to Philip **Conway**, planter, of same, £2, 4 acres...formerly called Anne **Millcome** land...bounded by William **Biles**. Signed Richard **Ridgway**. Wit: Samuel **Overton**, Henry **Margerum** and Henry **Greenland**.

P. 31, 6 Apr 1686, Philip **Conway**, planter, of Bucks Co., Pennsylvania to Thomas **Dickerson**, tailor, of same, £22, two tracts...4 acres... purchased from Richard **Ridgway**...50 acres...patented, 16 May 1684, by Anne **Millcome**, who sold to said Philip. Signed Philip (x) **Conway**. Wit: David **Powell**, John **Coates** and William **Biles**.

P. 34, 15 Jun 1686, James **Claypoole** and Robert **Turner**, for William **Penn** patent to Arthur **Cook**, £0.75 per year, 1500 acres. Signed James **Claypoole** and Robert **Turner**.

P. 35, 1 Mar 1686, , Daniel **Brinson**, planter, of Bucks Co., Pennsylvania to John **Nichols** and his brother Elias **Nichols**, chapmen, of same, £105, 102.5 acres...patent from Edmund **Andrews**, governor of New York in 1679 and again by William **Penn**, 31 May 1684. Daniel (x) **Brinson**. Wit: William **Biles**, William **Emley**, John (x) **Wood** and David **Powell**.

P. 38, 6 Aug 1686, Andrew **Robeson**, merchant, of West New Jersey to Daniel **Jones**, cordwinder, of Philadelphia, Pennsylvania, £100, bounded by William **Haige** and Thomas **Bowman**...patented 7 Jun 1682. Signed Andrew **Robeson** Jr. Wit: Patrick **Robinson** Sr.

P. 41, 19 Jun 1686, Daniel **Brinson**, planter, of Bucks Co., Pennsylvania power of attorney to Richard **Ridgway**, yeoman, of same. Signed Daniel (x) **Brinson**. Wit: Bartholomew **Lugg** and Mary **Kenway**.

P. 42, 1 Apr 1686, James **Harrison**, (executor of the estate of Ralph **Smith**), yeoman, of Bucks Co., Pennsylvania to Edward **Stanton**, of same, £12, 110 acres...bounded by Robert **Hall**...patented 21 Jun 1683. Signed James **Harrison**. Wit: William (x) **Phillips**, Lydia **Wharmby** and Phineas **Pemberton**.

P. 44, 13 Jul 1684, John **Alsop**, yeoman, of Ingestry, Stafford Co. to Thomas **Tunniclift**, yeoman, of same, £20, 1000 acres...patented 20 Mar 1682. Signed John **Alsop**. Wit: Peter **Littleton**, John **Gill**, Thomas **Worrlaw** and Edward **Firth**.

P. 48, 1 Jul 1686, Jeffrey **Hawkins**, laborer, of Bucks Co., Pennsylvania to John & Susannah **Collins**, laborer, of same, £9, 110 acres...bounded by John **Luff**...patented 4 Jul 1685. Signed Jeffrey **Hawkins**. Wit: Israel **Taylor**, Robert **Lucas** and John **Saxby**.

P. 50, 21 May 1683, Phineas **Pemberton** appointed clerk of the court. Signed William **Penn**.

P. 51, 2 Aug 1686, Andrew **Robeson**, merchant, of West New Jersey to Daniel **Jones**, cordwinder, of Philadelphia, Pennsylvania, £100, 500 acres...bounded by William **Haige** and Thomas **Bowman**...patented, 6 Aug 1682, by Thomas **Rudyard**, who sold to said Andrew...Thomas **Dickerson**, of Bucks Co., Pennsylvania to appear at court house. Signed Andrew **Robeson**. Wit: Andrew **Robeson** Jr. and Patrick **Robinson** Sr.

P. 54, 9 Mar 1685, Elizabeth **Gibbs**, widow, of Bucks Co., Pennsylvania power of attorney to Edmond **Lovett**, of same, to receive 130 acres from Thomas **Wolfe**. Signed Elizabeth **Gibbs**. Wit: Charles (x) **Bringham** and Phineas **Pemberton**.

P. 55, 20 May 1686, Robert **Holgate**, planter, of Sussex Co., Pennsylvania power of attorney to Shadrack **Walley**, of Bucks Co.,

Pennsylvania to deliver 250 acres to Robert **Heaton**. Signed Robert **Holgate**. Wit: William **Yardley** and John **White**.

P. 56, 9 Jul 1686, James **Claypoole** and Robert **Turner**, for William **Penn** patent to William **Charter**, £0.75 per 100 acres per year, 500 acres...bounded by Henry **Paxson** and Richard **Amor**. Signed James **Claypoole** and Robert **Turner**.
23 Jul 1686, William **Charter**, turner, of Philadelphia Co., Pennsylvania to Robert **Charter**, yeoman, of Bucks Co., Pennsylvania, 500 acres. Signed William **Carter**. Wit: Israel **Taylor**, George **Heitt** and John **Claypoole**, power of attorney to Israel **Taylor**. Wit: Robert **Hudson**, Peter **White** and Edward **Carter**.

P. 59, 9 Sep 1686, James **Claypoole** and Robert **Turner**, for William **Penn** patent to John **Rowland**, £0.75 per 100 acres per year, 300 acres...bounded by Thomas **Atkinson**. Signed James **Claypoole** and Robert **Turner**.

P. 60, 1 Sep 1686, Henry **Pawlin**, planter, of Bucks Co., Pennsylvania to William **Paxton**, planter, of same, £17, 150 acres...bounded by Henry **Paxson**...patented 18 Sep 1682. Signed Henry **Pawlin**. Wit: Robert **Lucas**, Phineas **Pemberton** and Joseph **Wood**.

P. 63, 8 Sep 1686, Daniel **Jones**, cordwinder, of Philadelphia, Pennsylvania mortgage to Andrew **Robeson**, merchant, of West New Jersey and his son Samuel **Robeson**, £100, 500 acres...bounded by Thomas **Bowman** and William **Haige**...patented 2 Aug 1684. Signed Daniel **Jones**. Wit: Jeremiah **Elfreth** and Patrick **Robinson**, power of attorney to Roger **Hawkins**, of Bucks Co., Pennsylvania.

P. 70, 20 Apr 1686, Edmund **Bennett**, yeoman, of Bucks Co., Pennsylvania bond to James **Harrison**, Thomas **Janney**, William **Yardley** and William **Biles**, JP's, of same, £70, for money held for James **Spencer** and Samuel **Spencer**, orphans of John **Spencer**, tailor, of Bucks Co., Pennsylvania. Signed Edmund (x) **Bennett**. Wit: Abraham **Whearly** and Phineas **Pemberton**.

P. 71, 20 Oct 1686, John **Otter**, yeoman, of Bucks Co.,

Pennsylvania bond to James **Harrison**, Thomas **Janney**, William **Yardley** and William **Biles**, JP's, of same, £70, for money held for James **Spencer** and Samuel **Spencer**, orphans of John **Spencer**, tailor, of Bucks Co., Pennsylvania. Signed Edmund (x) **Bennett**. Wit: Abraham **Whearly** and Phineas **Pemberton**.

P. 72, 17 May 1686, James **Claypoole** and Robert **Turner**, for William **Penn** patent to Henry **Pawlin**, £0.75 per 100 acres per year, 500 acres...bounded by Henry **Paxson**. Signed James **Claypoole** and Robert **Turner**.

P. 73, 13 Mar 1686, Anthony **Tomkins**, of New Castle Co., Pennsylvania bond to George **Martin**, of Kent Co., Pennsylvania, £100, good deed on 1000 acres. Signed Anthony **Tomkins**. Wit: Charles **Pickering** and Samuel **Bulkley**, power of attorney to Charles **Pickering**.

P. 75, 14 Mar 1686, Anthony **Tomkins**, Duck creek, New Castle Co., Pennsylvania bond to George **Martin**, of Kent Co., Pennsylvania, £100, one half of 1000 acres...bounded by Robert **Turner**. Signed Anthony **Tomkins**. Wit: William **Biles** and Philip H. **Lehammany**, power of attorney to Abraham **Whearly**.

P. 76, 18 Oct 1686, Nicholas **Waln**, yeoman, of Bucks Co., Pennsylvania to Jedediah **Allen**, yeoman, of Shrewsbury, East New Jersey, £10, 230 acres...patented 22 Apr 1682. Signed Nicholas **Waln**. Wit: Abraham **Whearly** and Robert (x) **Heaton**, power of attorney to Robert **Heaton**, of Bucks Co., Pennsylvania.

P. 79, 18 May 1686, James **Claypoole** and Robert **Turner**, for William **Penn** patent to Robert **Holgate**, £0.75 per 100 acres per year, 250 acres...bounded by Alexander **Giles**. Signed James **Claypoole** and Robert **Turner**.

P. 80, 7 Jun 1686, Edmund **Cutler**, planter, of Bucks Co., Pennsylvania power of attorney to James **Dillworth**, yeoman, of same. Signed Edmund (x) **Cutler**. Wit: John **Cutler** and Phineas **Pemberton**.

P. 81, 1 Nov 1686, William **Hearst**, Alice **Wigglesworth**, Thomas **Stackhouse** Nicholas **Walln**, of Bucks Co., Pennsylvania bound to Phineas **Pemberton**, of same, £300, to administer the estate of Cuthbert & Mary **Hearst**. Signed William **Hearst**, Alice (x) **Wigglesworth**, Thomas **Stackhouse** and Nicholas **Walln**. Wit: John **Nichols** and Thomas **Wolfe**.

P. 82, 6 Nov 1686, William **Croasdale**, John **Croasdale**, Nicholas **Walln** and Robert **Heaton** bound to Phineas **Pemberton**, £212, to administer the estate of Agnes **Croasdale**, the mother of said William and John. Signed William **Croasdell**, John (x) **Croasdell**, Robert (x) **Heaton** and Nicholas **Walln**.

P. 83, 22 Sep 1785, Daniel **Brinson**, planter, of Crook Horne, Bucks Co., Pennsylvania to John **Wood**, carpenter, of same, £250.5, 205... patented 31 Jul 1684...bounded by the widow **Ackerman**. Signed Daniel (x) **Brinson**. Wit: William **Biles**, David **Powell**, John **Nichols** and William **Emley**, power of attorney to Richard **Ridgway**. Signed Daniel (x) **Brinson**.

P. 87, 4 Nov 1686, George **Martin**, yeoman, of Gloster, Kent Co., Pennsylvania to Joseph **Growdon**, gentleman, of Bensalem, Bucks Co., Pennsylvania and Andrew **Griscome**, carpenter, of Philadelphia Co., Pennsylvania...said George to marry Ursula **Colliner**, spinster, of Bucks Co., Pennsylvania...400 acres... north side of Dawson Branch of Duck creek...bounded by Francis **Whitwell**...patented 26 Mar 1684...an estate in trust for said Ursula and future children. Signed George **Martin**. Wit: Nicholas **Williams** and Joseph **Milford**.

P. 94, 13 Sep 1685, Thomas **Lloyd**, James **Claypoole** and Robert **Turner**, representatives of William **Penn**, grant a patent to John **Rowland** and Thomas **Rowland**, 800 acres...bounded by James **Hill**. Signed James **Claypoole**, Robert **Turner** and Thomas **Lloyd**.

P. 95, 20 Dec 1686, Thomas **Lloyd**, James **Claypoole** and Robert **Turner**, representatives of William **Penn**, grant a patent to Thomas **Rowland**, 450 acres. Signed James **Claypoole**, Robert **Turner** and Thomas **Lloyd**.

P. 97, 3 Nov 1686, Joseph **Millner**, blacksmith, John **Brock**, yeoman and Luke **Brindley**, mason, of Bucks Co., Pennsylvania bound to Phineas **Pemberton**, to administer the estate of John **Falkner**. Signed Joseph **Millner**, John **Brock** and Luke **Brindley**. Wit: William **Yardley** and Enoch **Yardley**.

P. 98, 4 Mar 1686, Robert **Prismall**, of Southampton Twp., Bucks Co., Pennsylvania to John **Baldwin**, of Philadelphia Co., Pennsylvania, £7, 125 acres... bounded by George **Jackman**. Signed Robert **Prismall**. Wit: Robert **Hall** and Nicholas **Walln**.

P. 99, 11 Mar 1686, Dr. Israel **Taylor**, of Bucks Co., Pennsylvania bound to Francis **Hough**, carpenter, of same, £50, good deed on 200 acres in Newtown, Bucks Co., Pennsylvania...bounded by Thomas **Revel**. Signed Israel **Taylor**. Wit: Robert **Lucas**, Isaac **Burgess** and Phineas **Pemberton**.

P. 100, 27 Jul 1686, Anne **Salter**, widow, of Tacony, Philadelphia Co., Pennsylvania to Thomas **Lloyd**, gentleman, of Philadelphia, Pennsylvania, 160 acres...bounded by Griffith **Jones**. Signed Anne **Salter**, power of attorney to William **Biles**. Wit: David **Powell** and David **Lloyd**.

P. 102, 14 Oct 1686, William **Biles**, yeoman, of Bucks Co., Pennsylvania deed of partition with his brother Charles **Biles**, planter, of same, one half of 472 acres...bounded by William **Dark**...patented 29 Jul 1684. Signed Charles **Biles**. Wit: Richard **Ridgway**, John **Cuff** and Robert **Hudson**.

P. 105, 18 Oct 1686, William **Biles**, yeoman, of Bucks Co., Pennsylvania to John **Cuff**, yeoman, of same, £5, 236 acres...bounded by William **Dark**. Signed William **Biles**. Wit: Richard **Ridgway**, Charles **Biles** and Robert **Hudson**.

P. 108, 17 Mar 1686, Charles **Pickering**, yeoman, of Philadelphia Co., Pennsylvania bond to Gilbert **Wheeler** and John **Wood**, of Bucks Co., Pennsylvania, £150. Signed Charles **Pickering**. Wit: John **Redman** and Patrick **Robinson**.

P. 109, 27 Apr 1687, Nicholas **Walln**, yeoman, of Bucks Co., Pennsylvania to John **Austin**, carpenter, of same, £23, 60 acres...purchased of Thomas **Holme**. Signed Nicholas **Walln**. Wit: John **Nichols**, Samuel **Allen** and Thomas **Rowland**.

P. 111, 22 Mar 1687, John **Hart**, yeoman, of Philadelphia Co., Pennsylvania to John **Bordale** and Sarah **Bordale**, children of Arthur **Bordale**, deceased, 200 acres...Thomas **Langhorne**, guardian, of Bucks Co., Pennsylvania. Signed Thomas **Langhorne**. Wit: Robert **Dave**, Robert **Rigge** and William (x) **Rootlidge**.

P. 113, 1 Feb 1687, Robert **Hall**, John **White**, Robert **Carter** and Nicholas **Walln**, yeomen, of Bucks Co., Pennsylvania bond to Phineas **Pemberton**, of same, to administer the estate of Richard **Amor**. Signed Robert **Hall**, John **White**, Robert **Carter** and Nicholas **Walln**. Wit: Samuel (x) **Woolidge** and William **White**.

P. 114, 8 Jun 1687, Robert **Hall** and John **White**, yeomen, of Bucks Co., Pennsylvania bond to Robert **Carter** and Nicholas **Walln**, yeomen, of same, to administer the estate of Richard **Amor**. Signed Robert **Hall** and John **White**. Wit: Robert **Lucas** and Joseph **Wood**.

P. 115, 31 Mar 1684, William **Penn**, governor Pennsylvania patent to Gilbert **Wheeler**, 180 acres...bounded by William **Biles** and Robert **Lucas**. Signed William **Penn**.

P. 116, 25 Jul 1684, William **Penn**, governor Pennsylvania patent to John **Green**, 200 acres...bounded by Mordecai **Borden** and William **Dungan**. Signed William **Penn**.

P. 117, 1 Jun 1681, John **Rowland** and his brother Thomas **Rowland**, yeomen, of Bucks Co., Pennsylvania to Gilbert **Wheeler**, yeoman, of same, £15, 300 acres...patented 13 Nov 1682. Signed John **Rowland** and Thomas **Rowland**. Wit: Robert **Hall**, Robert **Lucas** and John **Saxby**.

P. 119, 7 Jun 1687, John & Catharine **Green**, tailor, of Bucks Co., Pennsylvania to his son Thomas **Green**, of same, £0.2, 100 acres... bounded by William **Dungan**... patented 5 Jul 1684. Signed John

Green. Wit: Jonathan Scarfe and John Saxby.

P. 122, 8 Feb 1684, John Swift, of Southampton, Pennsylvania to Henry Pointer, of same, £10, 100 acres...northwest side of Byberry creek. Signed John Swift. Wit: Mark (x) Beterey and Benjamin Johns.

P. 123, 8 Jun 1687, Thomas Langhorne, Robert Heaton and Thomas Stackhouse, yeomen, of Bucks Co., Pennsylvania bond to Phineas Pemberton, to administer the estate of Arthur Bordale. Signed Thomas Langhorne, Robert Heaton and Thomas Stackhouse. Wit: Nicholas Walln and John Saxby.

P. 124, 26 Sep 1687, Thomas Tunniscliff, yeoman, of Bucks Co., Pennsylvania bond to Joseph Milner, blacksmith, of same, £20, and Francis Rossill...said Thomas shall be of good behavior toward Hannah Overton. Signed Thomas Tunniscliff. Wit: Thomas Janney, elder and Thomas (x) Janney, the younger.

P. 127, 5 Nov 1687, Mary Beakes, widow, Thomas Janney and William Yardley, yeomen, of Bucks Co., Pennsylvania bond to Phineas Pemberton, of same, administer the estate of William Beakes, late husband of said Mary. Signed Mary (x) Beakes, Thomas Janney and William Yardley. Wit: John Willsford, Richard Ridgway and Stephen Beakes.

P. 128, 1 Nov 1687, Arthur Cook, of Bucks Co., Pennsylvania is in debt to John Chandler, of same. Signed Arthur Cook. Wit: Alexander (x) Wood and John Cook.

P. 128, 22 Aug 1687, Anthony Thompkins, yeoman, of Kent Co., Pennsylvania to Griffith Jones, of Philadelphia Co., Pennsylvania, £50, 500 acres...bounded by Robert Turner...patented 1 Oct 1684. Signed Anthony Tomkins. Wit: Samuel Bulkley and Patrick Robinson.

P. 132, 12 Oct 1687, Thomas Atkinson, yeoman, of Bucks Co., Pennsylvania to Joseph Kirkbride, carpenter, of same, £35, 500 acres...bounded by Jabe Howell and Arthur Cook...patented 19 Jun

1687. Signed Thomas (x) **Atkinson**. Wit: John **Webster** and Jean **Atkinson**.

P. 134, 29 Oct 1687, Griffith **Jones**, merchant, of Philadelphia Co., Pennsylvania power of attorney to Richard **Ridgway**, of Bucks Co., Pennsylvania. Signed Griffith **Jones**. Wit: Phineas **Pemberton** and David **Lloyd**.

P. 135, 1 Dec 1687, Jeffrey **Hawkins**, laborer, of Bucks Co., Pennsylvania to his son Daniel **Hawkins**, of same, £5, 100 acres...bounded by Thomas **Dickerson**. Signed Jeffrey **Hawkins**. Wit: Roger (x) **Hawkins** and Henry **Baker**.

P. 136, 12 Dec 1687, Alice **Dickerson**, widow, William **Biles** and Richard **Ridgway**, of Bucks Co., Pennsylvania bond to Phineas **Pemberton**, to administer the estate of Thomas **Dickerson**, late husband of said Alice. Signed Alice **Dickerson**, William **Biles** and Richard **Ridgway**. Wit: Nicholas **Walln** and Roger (x) **Hawkins**.

P. 137, 12 Nov 1685, Richard & Elizabeth **Lundy**, (said Elizabeth is the daughter and heir of William **Bennett**), of Bucks Co., Pennsylvania to Rebecca **Bennett**, (widow of William **Bennett**), of same, their interest in 200 acres. Signed Richard (x) **Lundy** and Elizabeth **Lundy**. Wit: Phineas **Pemberton**, Ralph **Pemberton** and Joseph **Mather**.

P. 138, 29 Dec 1687, Joseph **Wood**, carpenter, his father John **Wood** and Jacob **Hall**, yeomen, of Bucks Co., Pennsylvania bond to Phineas **Pemberton**, to administer the estate of Richard **Manbie**. Signed Joseph **Wood**, John (x) **Wood** and Jacob **Hall**. Wit: Robert **Done** and John **Saxby**.

P. 139, 7 Nov 1687, Shadrack **Walley**, yeoman and his sister Lydia **Walley**, spinster, of Bucks Co., Pennsylvania bond to Phineas **Pemberton**, of same, to use the house of Roger **Haydock**. Signed Shadrack **Walley** and Lydia (x) **Walley**. Wit: John **Clark** and John **Saxby**.

P. 141, 5 Sep 1687, Francis **Done**, tallow handler, of St. Martin

Parish, Middlesex Co., William **Wiggins**, leather cellar, of London and Edward **Samway**, cook, of St. Martin Parish to Thomas **Langhorne**, yeoman, of Bucks Co., Pennsylvania, £180, 860 acres. Signed Francis **Done**, William **Wiggins** and Edward **Samway**. Wit: John **Nuttby**, Joseph (x) **Markes** and Arthur **Tucker**.

P. 146, 14 Feb 1687, Joseph **Kirkbride**, carpenter and Robert **Lucas**, yeoman, of Bucks Co., Pennsylvania bond to Arthur **Cook**, Thomas **Janney**, William **Yardley** and Nicholas **Walln**, JP's, of same, to care for Henry **Comly**, orphan of Henry **Comly**. Signed Joseph (x) **Kirkbride** and Robert **Lucas**. Wit: Phineas **Pemberton** and William **Biles**.

P. 147, 25 Jan 1688, Joan **Huff**, Robert **Hall** and Richard **Lundy**, yeomen, of Bucks Co., Pennsylvania bond to Phineas **Pemberton**, of same, to administer the estate of Michael **Huff**, late husband of said Joan. Signed Joan (x) **Huff**, Robert **Hall** and Richard (x) **Lundy**. Wit: Richard **Bassiet** and John **White**.

P. 149, 13 Jan 1688, Elizabeth **Dungan**, widow, Clement **Dungan** and William **Dungan**, yeomen, of Bucks Co., Pennsylvania bond to Phineas **Pemberton**, of same, to administer the estate of Thomas **Dungan**, late husband of said Elizabeth. Signed Elizabeth (x) **Dungan**, Clement **Dungan** and William **Dungan**. Wit: Arthur **Cook**, William **Yardley** and John **Cook**.

P. 150, 12 Dec 1687, Grace **Langhorne**, widow, Nicholas **Walln** and Ezra **Crosdell**, yeomen, of Bucks Co., Pennsylvania bond to Phineas **Pemberton**, of same, to administer the estate of Thomas **Langhorne**, late husband of said Grace. Signed Grace **Langhorne**, Nicholas **Walln** and Ezra **Crosdell**. Wit: Griffith **Owen**, Thomas **Priest**, cousin and John (x) **Eastburn**.

P. 151, 30 Jul 1687, William **Markham**, Thomas **Ellis** and John **Goodson**, for William **Penn** patent to Richard **Hough**, 500 acres...bounded by Henry **Baker**. Signed William **Markham** and John **Goodson**.

P. 153, 5 Mar 1688, William **Biles** and Richard **Ridgway**, yeomen, of Bucks Co., Pennsylvania bond to Arthur **Cook**, Thomas **Janney**, William **Yardley** and Nicholas **Walln**, JP's, of same, to care for Henry **Comly**, orphan of Henry **Comly**. Signed William **Biles** and Richard **Ridgway**. Wit: Stephen **Beakes**, Jane **Atkinson** and Phineas **Pemberton**.

P. 154, 11 Mar 1688, Abraham **Whearley**, yeoman, of Bucks Co., Pennsylvania bond to Arthur **Cook**, William **Yardley** and Nicholas **Walln**, JP's, of same, to care for James and Samuel **Spencer**, orphans of John **Spencer**, tailor, of Bucks Co., Pennsylvania. Signed Abraham **Whearley**. Wit: John (x) **Penquoit** and Phineas **Pemberton**.

P. 155, 23 Jan 1688, William **Markham**, Thomas **Ellis** and John **Goodson**, for William **Penn** patent to William **Yardley**, 500 acres. Signed William **Markham** and John **Goodson**.

P. 156, 13 Mar 1688, William **Pickering**, yeoman, of Bucks Co., Pennsylvania to John **Penquoit**, husbandman, of same, £25, 200 acres...patented 5 Jul 1686. Signed William **Pickering**. Wit: John **Swift**, Edward **Carter** and Henry (x) **Siddell**.

P. 158, 13 Mar 1688, Henry **Pawlin**, yeoman, of Bucks Co., Pennsylvania to John **Taylor**, blacksmith, of same, £6.5, 50 acres...bounded by Robert **Done** and William **Paxson**...patented 16 May 1686. Signed Henry **Pawlin**. Wit: William **Beakes**, Edward **Carter** and Thomas **Brock**.

P. 159, 7 Mar 1688, Richard **Wilson**, laborer, of Bucks Co., Pennsylvania bond to Joseph **English**, yeoman, of same, to pay debt to William **Biles**. Signed Richard (x) **Wilson**. Wit: John **Saxby** and James (x) **Moore**.

P. 160, 28 Mar 1688, Joseph **English**, yeoman, James **Moore**, planter and William **Biles**, yeoman, of Bucks Co., Pennsylvania bond to Phineas **Pemberton**, of same, to administer the estate of Benjamin **Weeks**. Signed William **Biles**, James (x) **Moore** and Joseph **English**. Wit: Jacob **Hall**.

P. 161, 23 Jan 1688, William **Markham**, Thomas **Ellis** and John **Goodson**, for William **Penn** patent to Luke **Brindley**, 138 acres...bounded by Richard **Hough**. Signed William **Markham** and John **Goodson**.

P. 162, 11 Apr 1688, Elizabeth **Lucas**, widow, her son Giles **Lucas** and Richard **Ridgway**, yeoman, of Bucks Co., Pennsylvania bond to Phineas **Pemberton**, of same, to administer the estate of Thomas **Staplis**, laborer, of Bucks Co., Pennsylvania. Signed Elizabeth (x) **Lucas**, Richard **Ridgway** and Giles **Lucas**. Wit: William **Biles**, Richard (x) **Lundy** and Edward **Lucas**.

P. 163, 3 Apr 1688, Mary **Jesse**, widow, Jacob **Hall**, shoemaker and Samuel **Hersent**, of Bucks Co., Pennsylvania bond to Phineas **Pemberton**, of same, administer the estate of Robert **Jesse**, late husband of said Mary. Signed Mary **Jeffs**, Jacob **Hall** and Samuel **Hersent**. Wit: James **Crosly** and James **Hewworth**.

P. 165, 2 Apr 1688, Margery **Clows**, widow and her sons Joseph and William **Clows**, of Bucks Co., Pennsylvania bond to Phineas **Pemberton**, of same, to administer the estate of John **Clows**, late husband of said Margery. Signed Margery (x) **Clows**, Joseph **Clows** and William **Clows**. Wit: Hannah **Falkner** and Luke **Brindley**.

P. 166, 26 Jul 1688, William **Penn** patent to William **Dungan**, 200 acres... bounded by John **Tully**. Signed William **Penn**.

P. 167, 10 Nov 1683, Joseph **English**, planter, of Terry House, Bucks Co., Pennsylvania to Francis **Rossill**, millwright, of Burlington, West New Jersey, £3, Cliffs creek. Signed Joseph **English**. Wit: Thomas **Boreman** and Thomas **Revel**.

P. 169, 12 Apr 1688, Jacob **Telner**, of Bucks Co., Pennsylvania to Richard **Lundy**, 200 acres, (land exchange), 1000 acres, of 5000 acres...bounded by Francis **Rossil**, William **Say**, Robert **Wheeler** and Thomas **Mayleigh**... patented 19 Mar 1682. Signed Jacob **Telner**. Wit: David **Lloyd** and P. **Sonmans**.

P. 170, 26 Mar 1688, Joseph **English**, yeoman, of Bucks Co.,

Pennsylvania to Richard **Wilson**, laborer, of same, £20, 50 acres...bounded by Edmond **Lovett** and John **Rowland**. Signed Joseph **English**. Wit: John **Saxby**, James (x) **Moore** and Phineas **Pemberton**.

P. 171, 1 Jun 1688, Richard **Hough**, yeoman, of Bucks Co., Pennsylvania to Henry **Margerum**, of same, £5, 250 acres...patented 30 Jul 1687. Signed Richard **Hough**. Wit: Joseph **Clowes** and William **Clowes**.

P. 173, 5 Jul 1688, William **Biles** and Richard **Ridgway**, yeomen, of Bucks Co., Pennsylvania bond to Phineas **Pemberton**, of same, to administer the estate of Joshua **Boare**. Signed William **Biles** and Richard **Ridgway**. Wit: John **Shippen**, Samuel **Beakes** and Charles **Biles**.

P. 174, 26 Jan 1687, John **Wood**, of Bucks Co., Pennsylvania to his son Joseph **Wood**, of same, for love and affection, 478 acres...patented 31 Jul 1684. Signed John (x) **Wood**. Wit: Jacob **Hall**, Thomas **Peter**, John **Carter** and Robert **Jesse**.

P. 177, 26 Jul 1681, William **Penn**, of Worminghurst, Sussex Co. to James **Hill**, shoemaker, of Beckington, Somerset Co., £10, 500 acres...12 miles from New Castle Signed William **Penn**. Wit: John **Anderson**, Thomas **Powell**, Ezekiel **Wooley** and Thomas **Robertson**.

P. 182, 5 Jul 1688, William **Biles**, yeoman, planter, of Bucks Co., Pennsylvania to Joseph **English**, yeoman, of same, £35, 200 acres. Signed William **Biles**. Wit: Charles **Biles** and Samuel **Beakes**.

P. 183, 19 Sep 1688, Francis **Rossill**, millwright, of Bucks Co., Pennsylvania to Joan **Huff**, (widow of Michael **Huff**, innkeeper), of same, £5, 3 acres...purchased of Joseph **English**. Signed Francis (x) **Rossill**. Wit: Richard **Ridgway** and Thomas **Colman**, power of attorney to Thomas **Brock**. Wit: Phineas **Pemberton** and Edmund (x) **Bennett**. Signed Joan (x) **Huff**.

P. 185, 12 Sep 1688, Abraham **Cocks**, Anthony **Burton** and Joshua

Hoopes, yeomen, of Bucks Co., Pennsylvania bond to Phineas Pemberton, of same, to administer the estate of Thomas Wolfe. Signed Abraham (x) Cocks, Anthony Burton and Joshua Hookes. Wit: Abraham Wharley and Daniel Gardiner.

P. 187, John Taylor, blacksmith, planter, of Bucks Co., Pennsylvania to John Smith, blacksmith, of same, £25, 50 acres...bounded by Robert Done, William Paxton and Henry Paxton...patented 16 May 1686. Signed John Taylor. Wit: Joseph Wood, Samuel Burgess and William Crosdell.

P. 188, 18 May 1688, Patent to Margery Plumly, 250 acres...bounded by Joseph Growdon and Nicholas Walln.

P. 190, 6 Sep 1688, James Swaffer, carpenter, of Chester Co., Pennsylvania to Richard Wilson, husbandman, of Bucks Co., Pennsylvania, £1.3, 2 acres... bounded by Lionel Brittain and Daniel Gardener...purchased of Richard Ridgway. Signed James Swaffer. Wit: Samuel Bunting, James Crosley and John Bunting.

P. 191, 30 May 1688, Patent to Edward Luft, 296 acres.

P. 192, 4 Jun 1688, Edward Luft, through his attorney Thomas Lambert to Henry Margerum, yeoman, of Bucks Co., Pennsylvania, £8.5, 296 acres. Signed Edward Luft. Wit: David Lloyd and Nathan Claypoole.

P. 193, 13 Dec 1688, James Hill, shoemaker, of Burlington, West New Jersey to James Moon, laborer and his son James Moon Jr., of Bucks Co., Pennsylvania, £4, 125 acres of 500 acres...patented 27 Jul 1681. Signed James Hill. Wit: Thomas Lambert, Henry Margerum and Joseph Cross. Bond posted. Signed James Hill and James (x) Moon.

P. 195, 12 Nov 1688, James Moon, planter, of Bucks Co., Pennsylvania and James Hill, yeoman, of Burlington, West New Jersey bond to Phineas Pemberton and Randolph Blackshaw, of Bucks Co., Pennsylvania, Joan Moon, wife of said James to receive

125 acres when James **Moon**, son of said James is 21. Signed James **Hill** and James (x) **Moon**. Wit: Thomas **Lambert**, Henry **Margerum** and Joseph **Cross**.

P. 196, 10 Dec 1688, Joseph **English**, planter, of Bucks Co., Pennsylvania to William **Biles**, of same, £15, 162 acres...patented 13 Oct 1687. Signed Joseph **English**. Wit: Charles **Pickering**, Thomas **Story** and Francis **Stevens**.

P. 197, 10 Oct 1688, Lionel **Brittain**, blacksmith, of Bucks Co., Pennsylvania to Stephen **Beakes**, yeoman, of same, £100, 203 acres...bounded by George **Brown**...patented 31 Jul 1684. Signed Lionel **Brittain**. Wit: William **Biles**, Phineas **Pemberton** and Phebe **Pemberton**.

P. 200, 21 Mar 1681, William **Penn**, of Worminghurst, Sussex Co. to Thomas **Woolrick**, yeoman, of Stafford, Stafford Co., £20, 1000 acres. Signed William **Penn**. Wit: Benjamin **Griffith**, Thomas **Cox** and Harbert **Springett**.

P. 204, 12 Apr 1682, William **Penn**, of Worminghurst, Sussex Co. to James **Harrison**, shoemaker, of Boston, Lancaster Co., £100, 5000 acres...12 miles north of New Castle. Signed William **Penn**. Wit: Benjamin **Griffith**, Thomas **Cox** and Harbert **Springett**.

P. 209, 21 Apr 1682, William **Penn**, of Worminghurst, Sussex Co. to Thomas **Croasdale**, of New Key, York Co., £20, 1000 acres. Signed William **Penn**. Wit: Benjamin **Griffith**, Thomas **Cox** and Harbert **Springett**.

P. 214, 6 Mar 1689, Samuel **Borden**, yeoman, of Bucks Co., Pennsylvania to Samuel **Carpenter**, (attorney for Joseph **Borden**, merchant, of St. Michaels, Barbadoes), merchant, of Philadelphia Co., Pennsylvania, £270.5, two islands in Delaware River...fit to build a mill...patented 15 Feb 1667. Signed Samuel **Borden**. Wit: John **Whitpaine**, Zachariah **Whitpaine** and Patrick **Robinson**, power of attorney to Arthur **Cook**.

P. 218, 23 Feb 1688, William **Hayhurst**, (eldest son and heir of

Cuthbert **Hayhurst**), of Bucks Co., Pennsylvania to Henry **Huddleston**, husbandman, of same, £10, 100 acres...bounded by James **Dilworth** and Richard **Thatcher**...patented 29 Dec 1685. Signed William **Hayhurst**. Wit: John (x) **Wood**, William **Beakes** and Thomas **Stackhouse**.

P. 219, 10 Mar 1688, Thomas **Rowland**, yeoman, of Bucks Co., Pennsylvania to Philip **Conway**, planter, of same, £10, 100 acres...patented 13 Sep 1686. Signed Thomas **Rowland**. Wit: William **Smith** and Hugh **Marsh**.

P. 221, 12 Dec 1688, Joseph **Growdon**, gentleman, of Bensalem, Bucks Co., Pennsylvania to Stephen **Noel**, mason, of same, £33, 202 acres. Signed Joseph **Growdon**. Wit: Nicholas **Hicket** and Thomas **Fox**.

P. 222, 12 Dec 1688, Joseph **Growdon**, gentleman, of Bensalem, Bucks Co., Pennsylvania to Abel **Hinkston**, planter, of same, 102 acres... bounded by William **Beale** Signed Joseph **Growdon**. Wit: Nicholas **Hicket** and Thomas **Fox**.

P. 223, 12 Dec 1688, Joseph **Growdon**, gentleman, of Bensalem, Bucks Co., Pennsylvania to William **Reall**, planter, of same, £16, 102 acres. Signed Joseph **Growdon**. Wit: Nicholas **Hicket** and Thomas **Fox**.

P. 225, 12 Dec 1688, Joseph **Growdon**, gentleman, of Bensalem, Bucks Co., Pennsylvania to William **Beale**, mason, of same, £16, 102 acres. Signed Joseph **Growdon**. Wit: Nicholas **Hicket** and Thomas **Fox**. power of attorney to Stephen **Newell**.

P. 227, 12 Dec 1688, Joseph **Growdon**, gentleman, of Bensalem, Bucks Co., Pennsylvania to Thomas **Fox** and Joseph **Wilsford**, shipwrights, of same, £40, 40 acres. Signed Joseph **Growdon**. Wit: Nicholas **Hicket** Peter **Hill** and William (x) **Beale**, power of attorney to Abell **Hinekston**, laborer, of Bucks Co., Pennsylvania.

P. 229, 1 Jun 1688, William **Dungan**, shoemaker, of Bucks Co., Pennsylvania to Arthur **Cook**, of same, £15.5, 100 acres...line of

John **Greene**...patented 26 Jul 1684. Signed William **Dungan**. Wit: Joseph **Growdon**, William **Biles** and Nicholas **Walln**.

P. 231, 13 Jul 1681, William **Penn**, of Worminghurst, Sussex Co. to Thomas **Rowland**, yeoman, of Billingshurst, Sussex Co., £50, islands in Delaware River 12 miles from New Castle. Signed William **Penn**. Wit: William **Haig**, Halbert **Springett** and Joseph **Swinton**.

P. 238, 10 May 1688, Thomas **Hudson**, of Sutton, Chester Co., at present in London power of attorney to William **Biles**, merchant, of Bucks Co., Pennsylvania...to collect from Jacob **Hall**. Signed Thomas **Hudson**. Wit: Philip **Ford**, Henry **Ingeny** and Gilbert **Scovey**.

P. 240, 23 Apr 1683, William **Penn**, of Worminghurst, Sussex Co. to Thomas **Hudson**, gentleman, of Sutton, in the county Palatine of Chester, £100, 5000 acres. Signed William **Penn**. Wit: Harb **Springett**, Thomas **Cox** and Sell **Crashe**.

P. 246, 25 Apr 1683, William **Penn**, of Worminghurst, Sussex Co. to Thomas **Hudson**, gentleman, of Sutton, in the county Palatine of Chester, £18, 5000 acres. Signed William **Penn**. Wit: Harb **Springett**, Anthony **Springett** and Sell **Crashe**.

P. 251, 20 Mar 1681, Patent to Dr. Nicholas **Moore**, James **Claypoole**, merchant, Philip **Ford**, merchant, William **Shorloe**, merchant, Edward **Peirce**, leather seller, of London, John **Symcock**, yeoman, Thomas **Brassey**, yeoman, of Cheshire, Thomas **Barker**, cooper, of London and Edward **Brookes**, grocer, of London, 20000 acres. Signed William **Penn**.

P. 263, 18 May 1686, Thomas **Holme**, of Philadelphia, Pennsylvania to Nicholas **Walln**, of Bucks Co., Pennsylvania, £28, 118 acres...line of John **Clawson**. Signed Thomas **Holme**. Wit: John **Cutler**, Phineas **Pemberton** and Robert **Longshore**.

P. 264, 8 Sep 1689, Richard **Noble**, yeoman, of Bucks Co., Pennsylvania to Moses **Massley**, £120, 310 acres...bounded by Abraham **Man**, Samuel **Allen**, Ann **Clark** and Jacob

Pellison...patented 1 Aug 1685. Signed Richard **Noble**. Wit: Abraham **Senior**, John **Allen** and Thomas **Revel**.

P. 267, 9 Sep 1689, Moses **Massley**, tanner, late of Borton Allooph, Kent Co., England, now of Burlington, West New Jersey to Richard **Noble**, yeoman, of Bucks Co., Pennsylvania, £120, 100 acres... bounded by Abraham **Man**, Samuel **Allen**, Ann **Clark** and Jacob **Pellison**. Signed Moses **Massley**. Wit: Abraham **Senior**, John **Allen** and Thomas **Revel**.

P. 273, 8 Nov 1689, Patent to Richard **Noble**, 100 acres. Signed William **Markham** and John **Goodson**.

P. 274, 10 Feb 1688, Henry **Paxson**, yeoman, of Bucks Co., Pennsylvania to William **Plumley**, (land exchange), 100 acres...adjoining James **Boyden**...purchased from Samuel **Allen** and Charles **Plumley**, father of said William, 125 acres, of 250 acres...adjoining Nicholas **Walln** and Joseph **Growdon**...patented 18 May 1688. Signed Henry (x) **Paxson**. William **Paxson**, James (x) **Paxson** and James **Plumley**.

P. 276, 10 Feb 1688, William **Plumley**, yeoman, of Bucks Co., Pennsylvania to Henry **Paxson**, 125 acres, of 290 acres...patented by Margery **Plumley**, mother of said William for 100 acres purchased 30 Oct 1682. Signed William **Plumley**. Wit: William **Paxson**, James **Plumley** and James (x) **Paxson**.

P. 278, 11 Sep 1689, Thomas & Jane **Coverdale**, (executor of the estate of his brother-in-law Daniel **Hawkins**), laborer, of Bucks Co., Pennsylvania to Henry **Siddall**, tailor, of same, £14.75, 100 acres... purchased of his father Jeffrey **Hawkins**...line of John **Collins** and Thomas **Dickerson**. Signed Thomas (x) **Coverdale** and Jane (x) **Coverdale**. Wit: William **Beakes** and Henry **Baker**.

P. 279, 8 Jun 1688, Luke **Brindley**, mason, of Bucks Co., Pennsylvania to Peter **Worrall**, wheelwright, of same, £10, 90 acres, of 138 acres patented 23 Mar 1688...line of Andrew **Elliot**, John **Parsons** and Richard **Hough**. Signed Luke **Brindley**. Wit: Stephen **Beakes** and Joseph **Wood**.

P. 281, 10 Sep 1689, Nicholas **Walln**, yeoman, of Bucks Co., Pennsylvania to William **Hayhurst**, yeoman, of same, £10, 50 acres...line of Richard **Thatcher**. Signed Nicholas **Walln**. Wit: William **Biles** and William **Beakes**.

P. 282, 7 Oct 1689, Edward **Antill**, merchant, of New York City to John **Hendrick de Brown**, merchant, of same, £147.3, 230 acres...sold, 8 Aug 1682, to Gilbert **Wheeler**, who has not paid...west side of Delaware River...line of Robert **Lucas** and William **Biles**. Signed Edward **Antill**. Wit: William **Colls**, Edward **Buckmaster** and Cornelius **Vanderburiks**.

P. 286, 10 Feb 1689, Henry **Flower**, (executor of the estate of Enoch **Flower**), barber, of Philadelphia, Pennsylvania to Thomas **Harding**, yeoman, of Southampton, Pennsylvania, £8, 150 acres of 500 acres... line of Robert **Marsh**. Signed Henry **Flower**. Wit: Jeremiah **Elfroth**, John **Donsey** and Thomas **Harding**, power of attorney to Robert **Heaton**.

P. 288, 28 Jan 1688, Patent to Samuel **Allen**, 200 acres.

P. 289, 8 Nov 1688, Patent to Samuel **Allen**, 500 acres.

P. 291, 13 Apr 1682, William **Penn**, of Worminghurst, Sussex Co. to John **Rowland**, yeoman, of Billinghurst, Sussex Co., £25, 250 acres. Signed William **Penn**. Wit: Harbert **Springett**, Benjamin **Griffith** and Thomas **Cox**.

P. 296, 13 Apr 1682, William **Penn**, of Worminghurst, Sussex Co. to James **Dilworth**, yeoman, of Bradley, Lancaster Co., £20, 1000 acres. Signed William **Penn**. Wit: Harbert **Springett**, Benjamin **Griffith** and Thomas **Cox**.

P. 301, 20 Jun 1683, William **Penn**, of Worminghurst, Sussex Co. to William **Darke**, 230 acres...line of Charles **Biles**. Signed William **Penn**.

4 Jul 1682, William **Penn**, of Worminghurst, Sussex Co. to John **Scarborough**, blacksmith, of London, £5, 250 acres. Signed William

Penn. Wit: Harbert **Springett,** Benjamin **Griffith** and Thomas **Cox.**

P. 305, 14 Dec 1689, Thomas **Glading,** of Burlington, West New Jersey owes £1.3 to John **Carbrow** Jr., of Neshaming. Signed Thomas (x) **Glading.** Wit: Benjamin **Wheath** and Francis **Stevens.**

P. 305, 24 May 1689, Samuel **Burgess,** of Bucks Co., Pennsylvania to Richard **Lundy,** of same, £10, 200 acres...line of James **Hill** and Randolph **Blackshaw,** purchased of John and Thomas **Rowland.** Signed Samuel **Burgess.** Wit: Richard **Ridgway,** Ezra **Croasdale** and Joseph **English.**

P. 307, 12 Mar 1689, Joseph **Growdon,** gentleman, of Bucks Co., Pennsylvania to Claws **Johnson,** yeoman, of same, £19 per year, 100 acres. Signed Joseph **Growdon.** Wit: William **Beakes** and John **Cook.**

P. 308, 20 Nov 1689, John **Otter,** yeoman, of Philadelphia, Pennsylvania to Francis **Rossill,** miller, of Bucks Co., Pennsylvania, £10, purchased, 19 Oct 1682, of Barrent **Gerris,** planter, of Pennsylvania. Signed John **Otter.** Wit: John **Crapp** Jr. and Walter **Worrilow,** power of attorney to William **Beakes,** of Bucks Co., Pennsylvania.

P. 310, 13 Mar 1689, Dr. Israel **Taylor,** of Bucks Co., Pennsylvania to John **Coates,** husbandman, of same, £24, 250 acres...Newtown Twp...line of William **Snead,** Joseph **Sharp,** Thomas **Constable** and Richard **Peirce.** Signed Israel **Taylor.** Wit: William **Biles,** Gilbert **Wheeler** and Henry **Margerum.**

P. 312, 11 Mar 1690, John **Blackwell** appoints Robert **Turner** to collect rents. Signed John **Blackwell.**

P. 312, 18 Feb 1689, William **Beakes,** of Bucks Co., Pennsylvania to John **Worrilow,** of Chester Co., Pennsylvania and Walter **Worrilow,** of Philadelphia, Pennsylvania, 300 acres...said William is to marry Elizabeth **Worrilow,** daughter of Thomas **Worrilow,** of Chester Co. Pennsylvania. Signed William **Beakes.** Wit: Joseph **Baker** and Thomas **Tunniscliff.**

P. 315, 12 Aug 1689, Joseph **Growdon**, of Bensalem, Bucks Co., Pennsylvania to Thomas **Scott**, planter, of same, 66 acres. Signed Joseph **Growdon**. Wit: Nicholas **Hirk**, William (x) **Reynolds** and Grace **Growdon**.

P. 316, 4 Jun 1690, Samuel **Burgess**, husbandman, of Bucks Co., Pennsylvania to William **Biles**, Thomas **Janney**, Richard **Hough** and Joshua **Hoopes**, yeomen, of same, £0.3, 6 acres. Signed Samuel **Burgess**. Wit: Jacob **Janney**, Enoch **Yardley** and Joseph **Steward**.

P. 318, 15 Nov 1689, John **Cust**, yeoman, of Somerset Co. to Samuel **Beakes**, yeoman, of same, £20, 236 acres...held in trust by William and Charles **Biles**, of Bucks Co., Pennsylvania...line of William **Darke**. Signed John **Cust**. Wit: George **Bryan**, Benjamin **Restoene**, William **Cox**, John **Coate** and William **Lane**, power of attorney to William **Biles**.

P. 323, 9 Sep 1689, John **Rowland**, (brother and heir of Thomas **Rowland**), yeoman, of Bucks Co., Pennsylvania to Gilbert **Wheeler**, yeoman, of same, £25, 500 acres...patented 14 Jul 1681. Signed John **Rowland**. Wit: Thomas **Stackhouse**, farmer, John **Smith** and Joseph **Wood**.

P. 325, 12 Mar 1690, Henry **Margerum**, yeoman, of Bucks Co., Pennsylvania to John **Clark**, laborer, of same, £20, 296 acres...corner to Jonathan **Eldridge**...purchased, 19 Feb 1688, of Edward **Luft**. Signed Henry **Margerum**. Wit: James **Haywood** and Phineas **Pemberton**.

P. 327, 4 Jun 1690, Thomas **Janney**, yeoman, of Bucks Co., Pennsylvania to William **Yardley**, Richard **Hough**, Joshua **Hoopes** and William **Beakes**, yeomen, of same, £0.1, 72 square rods. Signed Thomas **Janney**. Wit: John **Cook**, Stephen **Beakes** and Jonathan **Scarfe**.

P. 328, 8 Sep 1690, William **Clows**, yeoman, of Bucks Co., Pennsylvania to his brother Joseph **Clows**, tailor, of same, 250 acres, of 500 acres patented by their father John **Clows**, deceased...line of John **Brock**. Signed William **Clows**. Wit: Jonathan **Scarfe**, Jacob

Janney and Ruben **Pownall**, power of attorney to Joseph **Clows**, by his mother Margery **Clows**. Signed Margery (x) **Clows**.

P. 332, 10 Feb 1689, Phineas & Phebe **Pemberton**, (said Phebe is the daughter and only heir of James **Harrison**), yeoman, of Bucks Co., Pennsylvania to James **Radcliff**, husbandman, of same, £12, 200 acres...in Wrightstown...line of Roger **Longworth**...patented 21 Apr 1682. Signed Phineas **Pemberton**. Wit: Shadrack **Walley**, William **Yardley** and Jonathan **Scarfe**.

P. 336, 3 Nov 1690, Joseph **English**, yeoman, of Bucks Co., Pennsylvania to Samuel **Darke**, yeoman, of same, £45, 200 acres...purchased, 5 Jul 1688, from William **Biles**. Signed Joseph **English**. Wit: Phebe **Pemberton** and Mary **Becket**.

P. 338, 26 Aug 1689, Daniel **Cox**, before Nicholas **Hayward**, notary in London power of attorney to John **Tatham** and James **Bud**, merchants, in West New Jersey...to collect debts due Edward **Billing**, gentleman, of London, deceased. Signed Daniel **Cox**. Wit: Jeremiah **Jenkins** and Mark **Alder**.

P. 341, 14 Sep 1691, James **Moone** Sr., laborer and his son James **Moone** Jr., of Bucks Co., Pennsylvania to Samuel **Darke**, of same, £5, 5 acres. Signed James (x) **Moone** Sr. and James (x) **Moone** Jr. Wit: Phineas **Pemberton** and William **Yardley**.

P. 343, 24 May 1683, William **Penn**, of Worminghurst, Sussex Co. to Jacob **Hall**, shoemaker, of Meckelsfield in the county Palatine of Chester, £10, 500 acres. Signed William **Penn**. Wit: Harbert **Springett**, Anthony **Springett** and Sell. **Clarke**.

P. 347, 6 Apr 1692, Joseph **English**, (son-in-law and heir of Samuel **Clift**), yeoman, of Bucks Co., Pennsylvania to Thomas **Brock**, of same, £10, 27 acres... line of Richard **Dungworth**. Signed Joseph **English**. Wit: Richard **Ridgway** and Abigail **Stockton**, power of attorney to Phineas **Pemberton**.

P. 349, 7 Jun 1692, Samuel **Allen** Sr., yeoman, of Bucks Co., Pennsylvania to his granddaughter Elizabeth **Pegg**, daughter of

Daniel **Pegg**, of Philadelphia, Pennsylvania, for love and affection, 200 acres...line of John **Baldwin** and John **Otter**...patented 28 Nov 1688. Signed Samuel **Allen**. Wit: Thomas **Brock**, Charles **Biles** and Samuel **Beakes**.

P. 352, 4 Jun 1692, Samuel **Allen** Sr., yeoman, of Bucks Co., Pennsylvania to his son-in-law John **Baldwin**, of same, for love and affection, 200 acres... line of John **Otter**...patented 28 Nov 1688. Signed Samuel **Allen**. Wit: Thomas **Brock**, Charles **Biles**, Samuel **Beakes** and Samuel **Allen** Jr.

P. 354, 8 Dec 1692, John **Rowland**, (brother and heir of Thomas **Rowland**), yeoman, of Bucks Co., Pennsylvania to Henry **Baker**, yeoman, of same, £70, 500 acres...patented 15 Jun 1685. Signed John **Rowland**. Wit: John **Cook**, John **White** and William **Croasdell**.

P. 357, 16 Sep 1691, Jacob **Hall**, shoemaker, of Bucks Co., Pennsylvania, but formerly of Mattlesfold, Chester Co., England to Thomas **Hudson**, gentleman, of Sutton, Chester Co., England, £15, 500 acres. Signed Jacob **Hall**. Wit: Arthur **Cook**, Joseph **Growdon** and William **Yardley**.

P. 359, 10 Mar 1692, Jacob **Hall**, shoemaker, of Philadelphia, Pennsylvania power of attorney to Joseph **Chorley**, husbandman, of Bucks Co., Pennsylvania. Signed Jacob **Hall**. Wit: William **Yardley** and Joseph **Milner**.

P. 359, 8 Jun 1692, Samuel **Allen** Sr., yeoman, of Bucks Co., Pennsylvania to his son Samuel **Allen** Jr., of same, for love and affection, 200 acres...line of Francis **Walker**. Signed Samuel **Allen**. Wit: Richard **Ridgway**, John **Baldwin** and Samuel **Beakes**.

P. 361, 8 Jun 1691, Richard **Ridgway**, yeoman, of Bucks Co., Pennsylvania to Samuel **Beakes**, yeoman, of same, £101, 120 acres...line of William **Biles**... patented 31 Jul 1684. Signed Richard **Ridgway**. Wit: Joshua **Ely**, Christopher **Snoden** and Charles **Biles**.

P. 363, 7 Jun 1692, Henry **Baker**, yeoman and Job **Bunting**, carpenter, of Bucks Co., Pennsylvania debt to John **Rowland**, yeoman, of same, £20. Signed Henry **Baker** and Job **Bunting**. Wit: Richard **Hough** and Phineas **Pemberton**.

P. 363, 26 Apr 1691, Samuel **Beakes**, yeoman, of Bucks Co., Pennsylvania bond to Richard **Ridgway**, tailor, of same. Signed Samuel **Beakes**. Wit: Joshua **Ely** and Christopher **Snoden**.

P. 365, 10 Sep 1692, Edward **Antill**, gentleman, now of New York power of attorney to William **Nichols**, gentleman, of New York City. Signed Edward **Antill**. Wit: Miles **Forster**, John **Barclay**, J. **Nichols** and Richard **Jones**.

P. 367, 25 Jun 1690, Patent to Peter **Groome**, 200 acres.

P. 368, 12 Nov 1690, Anthony **Morgan**, Peter **Groome** and Hugh **Marsh** to Josias **Hill**, all of Bucks Co., Pennsylvania and of Philadelphia, Pennsylvania, £16, 200 acres...line of Joseph **Jones**. Signed Peter **Groome**, Hugh **Marsh** and Anthony **Morgan**. Wit: Isreal **Taylor**, John **Meredith** and John **Webster**.

P. 370, 14 Mar 1692, Peter **Groome**, husbandman, of Burlington, West New Jersey power of attorney to his brother Thomas **Groome**, carpenter, of Philadelphia, Pennsylvania. Signed Peter (x) **Groome**. Wit: Josiah **Hill** and Hugh **Marsh**.

P. 370, 8 Jun 1692, Henry **Baker**, yeoman, of Bucks Co., Pennsylvania to his son-in-law Job **Bunting**, carpenter, of same, £35, 26 acres...line of William **Buckman**...222 acres...line of Thomas **Constable**. Signed Henry **Baker**. Wit: Samuel **Beakes**, Edmond **Lovett** and Abraham (x) **Cox**.

Chapter 2
Bucks Co., Pennsylvania
Deed Records
Volume 2
1692-1699

P. 1, 7 Jul 1692, John **Austin**, ship carpenter, of Philadelphia Co., Pennsylvania to Nicholas **Waln**, yeoman, of Bucks Co., Pennsylvania,60 acres...purchased of Nicholas **Waln**, 27 May 1687... adjoining Derick **Jonson** Signed John **Austin.** Wit: Thomas **Janney** and William **Biles.** Power of Attorney to Robert **Heaton** Sr., of Bucks Co., Pennsylvania. Wit: Samuel **Bulkley** and Thomas **Potts.**

P. 2, 2 Dec 1692, Elizabeth **Bennet**, wife of the late Edmund **Bennet** to Nicholas **Waln**, yeoman, of Bucks Co., Pennsylvania, £36, 340 acres ...Neshaminah Creek...patented 18 Dec 1690. Signed Elizabeth (x) **Bennet.** Wit: John **Otter** and William **Biles.**

P. 4, 18 Dec 1690, Patent to Edmund **Bennet**, 500 acres...Neshaminah Creek ...corner to Richard **Shatiger.** Signed Samuel **Carpenter**, William **Markham**, Robert **Turner** and John **Goodson**

P. 4, 12 Oct 1692, Richard **Lundy**, laborer, of Bucks Co., Pennsylvania to Francis **Rossill**, milner, of same, £27, 500 acres...corner to William **Say** and Robert **Wheeler**...purchased, 12 Apr 1688, of Jacob **Tefnor.** Signed Richard (x) **Lundy.** Wit: Samuel **Beakes**, Thomas **Brock** and Joseph **Wood.** Mortgage signed by Francis (x) **Rossill.**

P. 6, 12 Aug 1682, Patent to Thomas **Janney**, 550 acres...corner to Richard **Hough.** Signed Samuel **Carpenter**, William **Markham**,

Robert **Turner** and John **Goodson**.

P. 7, 8 Mar 1692, Thomas & Rachel **Green**, yeoman, of Cold Spring, Bucks Co., Pennsylvania to Thomas **Brock**, yeoman, of Burlington Ferry, Bucks Co., Pennsylvania, £10, 5.5 acres...Burlington Ferry. Signed Thomas **Green** and Rachel (x) **Green**. Wit: Jacob **Cofing** and William **Emley**.

P. 8, 8 Mar 1692, Thomas & Rachel **Green**, yeoman, of Cold Spring, Bucks Co., Pennsylvania to Anthony **Burton**, yeoman, of Buckingham, Bucks Co., Pennsylvania, £10, 5.5 acres...Burlington Ferry. **Signed Thomas** Green and Rachel (x) **Green**. Wit: Israel **Taylor**, Jacob **Cofing** and William **Emley**.

P. 9, 18 Aug 1690, Joseph & Margaret **Holden**, of Southampton, Pennsylvania power of attorney to Hugh **Marsh**. Signed Joseph **Holden** and Margaret (x) **Holden**. Wit: Benjamin **Richarson** and Jenkin **Griffith**

P. 10, 3 Jul 1682, Patent to John **Scarborow**, blacksmith, of London, England, 250 acres. Signed William **Penn**. Wit: Harft **Springett** Jr., Benjamin **Griffith** and Thomas **Coxe**.

P. 11, 10 Jan 1689, Patent to Israel **Taylor**, (son of Christopher **Taylor**), 250 acres...New Township. Signed William **Markham**, Robert **Turner** and John **Goodson**.

P. 12, 14 May 1693, Dr. Israel **Taylor**, of Bucks Co., Pennsylvania to James **Yates**, of same, £15.5, 250 acres. Signed Israel **Taylor**. Wit: Ephrain **Jackson**, Thomas **Brock**, Andrew **Heath** and William **Biles** Jr.

P. 13, 11 Nov 1683, Patent to Robert **Marsh**, 500 acres...corner to Enoch **Flowers** and John **Gilbert**. Signed William **Penn**.

P. 14, 14 May 1693, Hugh **Marsh**, husbandman and his mother Sarah **Marsh**, (widow of Robert **Marsh**), of Bucks Co., Pennsylvania to John **Eastbourn**, laborer, of same, £40, 300 acres...Southampton Twp. Signed Hugh **Marsh** and Sarah (x) **Marsh**. Wit: Nicholas

Walln, Shadrack **Wally**, John **Stackhouse** and Phineas **Pemberton**.

P. 16, 18 May 1693, Samuel **Beakes**, sheriff of Bucks Co., Pennsylvania to Joseph **Growdon**, of same, £77, 450 acres...judgement against Joseph **Holden**, of Bucks Co., Pennsylvania by Philip **Richards**, of Philadelphia, Pennsylvania...William **Yardley**, former sheriff of Bucks Co., Pennsylvania. Signed Samuel **Beakes**. Wit: Phineas **Pemberton** and Stephen **Beakes**.

P. 17, 12 Feb 1688, Patent to Francis **Done**, 8 acres...corner to William **Wiggans** and John **Moore**. Signed Samuel **Carpenter**, William **Markham**, Robert **Turner** and John **Goodson**.

P. 18, 20 Feb 1688, Patent to William **Wiggans**, 8 acres...corner to Francis **Done** and John **Moore**. Signed Samuel **Carpenter**, William **Markham**, Robert **Turner** and John **Goodson**.

P. 19, 20 Feb 1688, Patent to Edward **Samway**, 8 acres...corner to William **Wiggans**, John **Moore** and Thomas **Barker**. Signed Samuel **Carpenter**, William **Markham**, Robert **Turner** and John **Goodson**.

P. 20, 24 Sep 1684, Patent to Thomas **Bond**, 16 acres...corner to Francis **Done** and John **Moore**. Signed Samuel **Carpenter**, William **Markham**, Robert **Turner** and John **Goodson**.

P. 21, 16 Dec 1689, Patent to Thomas **Bond**, lot in Philadelphia, Pennsylvania...corner to Thomas **Rowland**. Signed Samuel **Carpenter**, William **Markham**, Robert **Turner** and John **Goodson**.

P. 22, 16 Dec 1689, Patent to Thomas **Hudson**, 100 acres. Signed Samuel **Carpenter**, William **Markham**, Robert **Turner** and John **Goodson**.

P. 23, 1 Dec 1692, Richard **Wheeler**, mariner, of Fawley, Southton Co. power of attorney to John **Budd**, merchant, of Bucks Co., Pennsylvania. Signed Richard **Wheeler**, with my free consent Thomas **Bennet**. Wit: Thomas **Hullton**, Norris **Gibson** and William **Manchester**.

P. 24, 17 Dec 1692, Thomas & Mary **Bennet**, mariner, of Weymouth, Dorcet Co., Richard & Sarah **Wheeler**, mariner, of Fawley, Southton Co. and Hannah **Roberts**, spinster, of Weymouth, Dorcet Co., (said Mary, Sarah and Hannah are sisters and heirs of Benjamin **Roberts**) power of attorney to John **Budd**, merchant, of Bucks Co., Pennsylvania. Signed Mary **Bennet**, Sarah (x) **Wheeler** and Hannah **Roberts**. Wit: Edward Elives **May**, Joseph **Pobby** and John **Bayston**.

P. 25, 1 Jun 1689, Patent to Thomas **Hudson**, 100 acres...corner to John **Hough**. Signed Samuel **Carpenter**, William **Markham**, Robert **Turner** and John **Goodson**.

P. 25, 22 Sep 1683, Patent to Thomas **Wolfe**, 250 acres...corner to John **Rowland**. Signed Robert **Turner** and James **Claypoole**.

P. 26, 15 Mar 1693, Abraham & Sarah **Cox**, (said Sarah is the sister and heir of Thomas **Wolfe**), yeoman, of Bucks Co., Pennsylvania to Edward **Pearson**, mason, of same, £40, 120 acres...corner to Christopher **Bennet**, Anthony **Burton** and Arthur **Cooke**. Signed Abraham (x) **Cox** and Sarah (x) **Cox**. Wit: John **Rowland**, John **Smith**, Phineas **Pemberton** and Fandlo **Blackshanro**.

P. 28, 1 Aug 1692, Patent to Phineas **Pemberton**, 172 acres and 28 acres in the village of Homestead of Wrightstown...Neshaminah Creek...line of Roger **Long**...surveyed 27 sep 1686 in right of James **Harrison**, purchaser and said **Pemberton**. Signed Robert **Turner**, John **Goodson** and William **Markham**.

P. 28, 31 Jul 1684, William **Penn** to John **Ackerman**, 213 acres...Delaware river and line of Daniel **Brinson** and Richard **Ridgway**...by order of Edward **Andrews**, governor of New York in 1679 unto said **Ackerman**, old renter. Signed William **Penn**.

P. 29, 13 Mar 1694, Thomas **Brock**, sheriff of Bucks, Co., Pennsylvania to Joseph & Mary **Chorley**, (said Mary is the widow of John **Ackerman**), for judgement of £54, by Mary **Beakes**, (widow of William **Beakes**) clear title on 213 acres...patented 31 Jul 1684. Signed Thomas **Brock**. Wit: William **Biles**, Samuel **Beakes** and John

Snowden.

P. 31, 13 Mar 1694, Mary **Beakes**, of Bucks Co., Pennsylvania to Joseph **Chorley**, of same, clear title of 213 acres mortgaged to her late husband William **Beakes**. Signed Mary (x) **Beakes**. Wit: Phineas **Pemberton**, William **Biles**, Samuel **Beakes** and John **Snowden**.

P. 33, 20 Sep 1695, William **Markham** to Phineas **Pemberton**, the commission of clerk of Bucks Co., Pennsylvania to replace Robert **Cole** appointed by Gov. **Fletcher**. Signed William **Markham**.

P. 33, 15 Feb 1695, William **Markham** to Phineas **Pemberton**, the commission of the office of master of the rolls, upon the decease of Thomas **Lloyd**. Signed William **Markham**.

P. 34, 17 Jul 1688, John **Nicholls** and his brother Elias **Nicholls** power of attorney to Maklon **Stacy**, yeoman, of West New Jersey and Henry **Baker**, yeoman, of Bucks Co., Pennsylvania. Signed John **Nicholls** and Elias **Nicholls**. Wit: James **Crosley** and John **Saffby**. Rec. 9 Nov 1694.

P. 35, 20 Mar 1694,, William & Elizabeth **Beakes**, yeoman, of Bucks Co., Pennsylvania to John **Snowden**, yeoman, of White Hill, Burlington Co., New Jersey, £160, 300 acres...between William **Venables** and John **Parsons**...Delaware...part of 1000 acres patented 1681, by William & Mary **Beakes**, (parents of said William), yeoman of Worminghurst, Sussex Co., England...said Mary **Beakes** and her sons, Stephen, Samuel and Abraham **Beakes** sold to said William, who was the eldest son. Signed William **Beakes** and Elizabeth **Beakes**. Wit: Thomas **Lambert**, William **Bmley** and Samuel **Beakes**. 12 Jun 1695, power of attorney to Samuel **Beakes**, brother of William **Beakes**. A deed of indenture 18 Feb 1689 to John **Worrilew** and Walter **Worrilew** in trust for their sister Elizabeth **Worrilew**, now wife of said William **Beakes** was given by Samuel **Beakes** attorney for John **Worrilew**, of Chester Co., Pennsylvania, surviving trustee. Signed John **Worrilew**. Wit: William **Warell** and William **Emley** Jr.

P. 38, 10 Apr 1696, William **Beakes**, yeoman, of Bucks Co.,

Pennsylvania bond to John **Snowden**, yeoman, of White Hill, Burlington Co., New Jersey, £324 for good title on 300 acres. Signed William **Beakes**. Wit: Thomas **Lambert** and Samuel **Beakes**.

P. 39, 17 Nov 1688, Patent to heirs of William **Beakes**, 300 acres...between William **Venables** and John **Parsons**. Signed William **Markham** and John **Goodson**.

P. 40, 30 Oct 1694, Elinor **Allen**, (widow of Nathaniel **Allen**, cooper, of Philadelphia, Pennsylvania), Nehemiah **Allen**, (son of said Nathaniel), Lydia **Smart**, widow, (daughter of said Nathaniel), Thomas **Bradford** and Thomas **Paschal**, co-executors of estate to Joseph **Kirle**, mariner, of Philadelphia, Pennsylvania, £100, 400 acres...Delaware River...patented 26 Jul 1684. Signed Ellenor (x) **Allen**, Nehemiah **Allen**, Lydia **Smart**, Thomas **Bradford** and Thomas **Paschal**. Wit: John **Heath**, John **Paine**, Mary **Heath**, Elizabeth (x) **Cook** and William **Galt**.

P. 41, 21 Nov 1693, Abraham **Beakes**, yeoman, of Crook-horn, Bucks Co., Pennsylvania to Joseph **Stewart**, husbandman, of same, £7, 90 acres...line of William **Beakes**, Henry **Mayoram**, Andrew **Elliot** and John **Palmer**. Signed Abraham **Beakes**. Wit: Jacob **Janny**, Daniel **Hoopes** and James **Yates**.

P. 43, 12 Sep 1694, Joseph **Stewart**, laborer, of Bucks Co., Pennsylvania to Richard **Hough**, yeoman, of same, £8, 90 acres. Signed Joseph **Stewart**. Wit: Jacob **Janny**, Ruben **Pawnall** and William **Biles** Jr.

P. 44, 20 Dec 1694, John **Budd**, merchant, of Philadelphia, Pennsylvania, (attorney for Thomas & Mary **Bennett**, mariner, of Weymouth, Dorcet Co. and Richard & Sarah **Wheeler**, mariner, of Heith, Fawley Parish, Southtowne Co, and Hannah **Roberts**, of Weymouth, Dorset Co., said Mary, Sarah and Hannah were sisters of deceased Benjamin **Roberts**, of Bucks Co., Pennsylvania) to Thomas **Rogers**, husbandman, of Bucks Co., Pennsylvania, £25, 225 acres...line of Abraham **Wharley** and Shadrack **Walley** and 25 acres in Newtown. Signed John **Budd**. Wit: Thomas **Brock**, William **Paxson** and Thomas **Terry**, power of attorney to Samuel **Beakes**.

P. 45, 11 Sep 1695, Thomas **Rogers**, husbandman, of Bucks Co., Pennsylvania to Shadrack **Walley**, husbandman, of same, £31, 225 acres...line of Abraham **Wharley** and Shadrack **Walley** and 25 acres in Newtown. Signed Thomas **Rogers**. Wit: James (x) **Paxson**, James **Chick** and Daniel **Rudley**.

P. 47, 3 Dec 1692, John **Smith**, blacksmith, of Bucks Co., Pennsylvania to John **Burling**, wheelwright, of Burlington, New Jersey, £25, 50 acres...line of Henry **Paxson**, William **Paxson** and Henry **Pawlin**...patented, 17 May 1686, by Henry **Pawlin**, who sold 13 Mar 1688, to John **Taylor**, blacksmith, of Bucks Co., Pennsylvania, who sold, 1 Oct 1688 to said **Smith**. Signed John **Smith**. Wit: Mary (x) **Scaife** and Jonathan **Scaife**.

P. 48, 9 Oct 1695, John **Burling**, wheelwright, of Bucks Co., Pennsylvania to William **Paxson**, yeoman, of same, £29, 50 acres...line of Henry **Paxson**, William **Paxson** and Henry **Pawlin**...patented, 17 May 1686, by Henry **Pawlin**, who sold 13 Mar 1688, to John **Taylor**, blacksmith, of Bucks Co., Pennsylvania, who sold, 1 Oct 1688 to John **Smith**, who sold to said **Burling**. Signed John **Burling**. Wit: James (x) **Paxson**.

P. 49, 12 Sep 1694, Charles **Biles**, yeoman, of Maidenhead, West New Jersey to Abel **Janney**, blacksmith, of Bucks Co., Pennsylvania, £18, 236 acres...line of William **Dark**...patented 13 Apr 1683 by said Charles and his brother William **Biles**. Signed Charles **Biles**. Wit: Phineas **Pemberton** and Phebe **Pemberton**, power of attorney to Joseph **Chorley**, of Bucks Co., Pennsylvania.

P. 50, 20 Feb 1693, John **Horner**, husbandman, of Burlington Co., West New Jersey to Phineas **Pemberton**, in consideration of 300 acres granted to James **Harrison**, deceased, (father-in-law of said **Pemberton**) by Edward **Billing**, of Westminster, Middlesex Co., 480 acres...patented, 1682, by James **Dilworth**, who sold 1686 to John **Horner**, father of said **Horner**. Signed John **Horner**. Wit: Israel **Taylor**, Robert (x) **Heston** and Jane (x) **Luke**.

P. 51, 5 Jun 1696, John **Horner**, husbandman, of New Jersey bound to Phineas **Pemberton**, yeoman, of Bucks Co., Pennsylvania, to have his brothers Joshua and Isaac **Horner** and his sister Mary **Horner**, quit claim their interest in 480 acres when they reach 21 years. Signed John **Horner**. Wit: Richard **Mather**, Henry (x) **Siddal** and Joseph (x) **Kirkbride**.

P. 51, 10 Dec 1695, Job **Bunting**, carpenter, of Newtown, Bucks Co., Pennsylvania to Stephen **Twining**, husbandman, of same, £160, 222 acres...Newtown and 26 acres...line of Thomas **Constable**...purchased, 1692, of Henry **Baker**. Signed Job **Bunting**. Wit: Jonathan **Scaife**, William **Crosdel** and Enoch **Yardley**.

P. 52, 25 Mar 1697, Stephen **Twining**, husbandman, of Newtown, Bucks Co., Pennsylvania bond to Job **Bunting**, carpenter, of same, £60 for £30 on winter wheat form mill of Samuel **Carpenter**. Signed Stephen (x) **Twining**. Wit: Enoch **Yardley** and Jonathan **Scaife**.

P. 53, 2 Nov 1695, Thomas & Rebecca **Williams**, (said Rebecca is the widow of William **Bennett**, of Bucks Co., Pennsylvania), carpenter, of Burlington Co., West New Jersey to Abraham **Cox**, yeoman, of Bucks Co., Pennsylvania, £90, 200 acres...Delaware River...line of Widow **Dungan** and Joseph **Large**...Mordecai **Bowden**, who sold, 1683, Charles **Pickering**, who sold 1683, to said William **Bennett**. Signed Thomas **Williams** and Rebecca (x) **Williams**. Wit: Joseph **Growden**, Phineas **Pemberton**, Joseph **Kirkbride** Benjamin **Swett** and Jeremiah **Dungan**.

P. 54, 4 Nov 1695, Rebecca, Ann and Sarah **Bennett**, (daughters of William **Bennett**, deceased) to Abraham **Cox**, of Bucks Co., Pennsylvania, £60, 200 acres...patented 1684. Signed Ann (x) **Bennett**, Rebecca (x) **Bennett** and Sarah (x) **Bennett**. Wit: Phineas **Pemberton**, Joseph **Growdon** and Joseph **Kerkbride**.

P. 55, 10 Mar 1695, Nicholas **Waln**, yeoman, of Middletown, Bucks Co., Pennsylvania to John **Stakehouse**, husbandman, of same, 200 acres...Middletown...patented 1684. Signed Nicholas **Waln**. Wit: John **Cowgill** and Jonathan **Scaife**.

P. 56, 24 Jan 1695, Prudence **Betridge**, (widow of Marke **Betridge**, yeoman, deceased, of Southampton, Bucks Co., Pennsylvania) to

George **Willard**, yeoman, of Chester Co., Pennsylvania, £30, 100 acres...line of Samuel **Allen**...patented, 1686, by Thomas **Rowland**, who sold, 10 Mar 1688, to Philip **Coonway**, planter, of Bucks Co., Pennsylvania, who sold, 19 Apr 1690, to said Marke **Betridge**, who willed, 28 Feb 1694, to said Prudence. Signed Prudence (x) **Betridge**. Wit: Obadiah **Hoolt** and David **Lloyd**.

P. 57, 20 Feb 1695, Joseph **English**, (son-in-law of Samuel **Clift**, deceased, of Bucks Co., Pennsylvania), yeoman, of Burlington Co., New Jersey to Thomas **Brock** and Anthony **Burton**, yeomen, of Bucks Co., Pennsylvania, £20, 22 acres...line of John **White**...Mill Creek... part of tract patented by Samuel **Clift**. Signed Joseph **English**. Wit: Michael **Newbould** and Peter **White**.

P. 58, 20 Feb 1695, Joseph **English**, (son-in-law of Samuel **Clift**, deceased, of Bucks Co., Pennsylvania), yeoman, of Burlington Co., New Jersey to Thomas **Brock** and Anthony **Burton**, yeomen, of Bucks Co., Pennsylvania, £0.05, 22 acres...line of John **White**...Mill Creek... part of tract patented by Samuel **Clift**. Signed Joseph **English**. Wit: Michael **Newbould** and Thomas **Brock**.

P. 59, 20 Feb 1695, Joseph **English**, yeoman, of Burlington Co., New Jersey power of attorney to Phineas **Pemberton**, yeoman, of Bucks Co., Pennsylvania. Signed Joseph **English**. Wit: Michael **Newbould** and Hannah (x) **English**.

P. 59, 1 Feb 1695, Thomas **Fairman**, yeoman, of Philadelphia, Philadelphia Co., Pennsylvania to John **Swift**, of Bucks Co., Pennsylvania, £10, 200 acres...line of Peter **Grome** and John **Swift**...Southampton Twp... part of 1000 acres purchased, 4 May 1682, from William **Stanley**, deceased. Signed Thomas **Fairman**. Wit: Joseph (x) **Charley** and John **McComb**.

P. 60, 29 May 1695, Dr. Israel **Taylor**, of Tenneson Island, of Chester Co., Pennsylvania to John **Swift**, yeoman, of Bucks Co., Pennsylvania, £20, 60 acres...line of Widow **Walmsley**...Mill Creek...patented, 1684, by Christopher **Taylor**, who sold, 16 Apr 1685, to said **Taylor**. Signed Israel **Taylor**. Wit: Robert **Stacy** and Thomas **Fairman**.

P. 60, 1 Jul 1684, William **Penn** to William **Biles**, patent, 173 acres... line of Josiah **Board** and Richard **Ridgway**...Delaware River. Signed William **Penn**.

P. 61, 14 Apr 1693, William **Biles**, yeoman, of Bucks Co., Pennsylvania to Samuel **Beakes**, yeoman, of same, £80, 173 acres...line of Josiah **Board** and Richard **Ridgway**...Delaware River...patented 1684. Signed William **Biles**. Wit: Gilbert **Wheeler**, Thomas **Bowman** and William **Taylor**.

P. 62, 12 Aug 1695, William **Croasdell** and John **Croasdell**, (sons and heirs of Thomas **Croasdell**, of Bucks Co., Pennsylvania, deceased) to Jonathan **Scaife**, yeoman, of Bucks Co., Pennsylvania, £14, 100 acres ...line of Robert **Heaton**...patented, 1692, by said Thomas **Croasdell**. Signed William **Croasdell** and John **Croasdell**. Wit: Ezra **Croasdell** and Robert **Heaton**.

P. 63, 12 Aug 1695, William **Croasdell** and John **Croasdell**, (sons and heirs of Thomas **Croasdell**, of Bucks Co., Pennsylvania, deceased) to Robert **Heaton** Jr., husbandman, of Bucks Co., Pennsylvania, £24, 170 acres ...line of Robert **Heaton** and Walter **Bridgman**...patented, 1692, by said Thomas **Croasdell**. Signed William **Croasdell** and John **Croasdell**. Wit: Jonathan **Scaife**, William **Darbe**, William **Hayhurst** and John **Cowgill**.

P. 64, 20 Nov 1693, John & Katherine **Green** and their son, Thomas **Green**, yeomen, of Bucks Co., Pennsylvania to Joseph **Large**, weaver and husbandman, of same, £100, 200 acres...Buckingham Twp...patented 1684. Signed John **Green**, Thomas **Green** and Katherine **Green**. Wit:William **Dungan**, Thomas (x) **Dungan**, Edward (x) **Doyle**, Jeremiah (x) **Dungan**, Joseph **Knight** and Thomas **Fairman**., power of attorney to John **Cook**. Joseph **Large** power of attorney to Thomas **Brock**.

P. 66, 2 Nov 1694, Joseph **Large**, husbandman, of Bucks Co., Pennsylvania to Samuel **Carpenter**, merchant, of Philadelphia, Philadelphia Co., Pennsylvania, £50, 200 acres...line formerly of Mordecai **Bowden**, now Thomas **Williams** and William **Dungan**...purchased, 20 Nov 1694, of John & Katherine **Green** and

Thomas **Green**. Signed Joseph **Large**. Wit: John **McComb**, Thomas **Green** and Thomas **Fairman**. Samuel **Carpenter** power of attorney to John **Cook**, of Bucks Co., Pennsylvania. Signed Samuel **Carpenter**. Wit: Joseph **Knight** and Thomas **Fairman**.

P. 68, 2 Nov 1694, Joseph **Large**, husbandman, of Bucks Co., Pennsylvania bound to Samuel **Carpenter**, merchant, of Philadelphia, Philadelphia Co., Pennsylvania, £140, for mortgage. Signed Joseph **Large**. Wit: John **McComb**, Thomas **Green** and Thomas **Fairman**.

P. 68, 10 Mar 1695, Clement **Dungan**, yeoman, of Bucks Co., Pennsylvania to Joseph **Large**, yeoman, of Bucks Co., Pennsylvania, £7, 50 acres... Delaware River...part of tract patented, 1692. Signed Clement **Dungan**. Wit: William **Paxson** and Job **Bunting**.

P. 69, 1 Mar 1694, Randle **Blackshaw**, yeoman, of Bucks Co., Pennsylvania to Ralph **Cowgill**, husbandman, of same, £6, 112 acres...line of John **Smith**...purchased, 1 Aug 1682, of James **Harrison**, deceased. Signed Randle **Blackshaw**. Wit: William **Biles**, Richard **Hough** and Phineas **Pemberton**, power of attorney to Phineas **Pemberton**.

P. 70, 16 Jun 1696, Peter & Elizabeth **White**, yeoman, of Bucks Co., Pennsylvania to Samuel **Carpenter**, merchant, of Philadelphia, Philadelphia Co., Pennsylvania, £15, 3.5 acre lot in town of Buckingham...line of Phineas **Pemberton** and John **White**...purchased. 20 Feb 1694, of Joseph **English**. Signed Peter **White** and Elizabeth (x) **White**. Wit: Thomas **Brock**, Anthony **Burton**, William **Croasdell** and John **Town**.

P. 71, 16 Mar 1695, Peter & Elizabeth **White**, (said Elizabeth is the granddaughter of Samuel **Clift**), yeoman, of Bucks Co., Pennsylvania to Thomas **Brock** and Anthony **Burton**, yeomen, of same, 22 acres... patented by said **Clift** who devised to his son-in-law, Joseph **English** and said **Brock** and **Burton**...a land division of 11 acres. Signed Peter **White** and Elizabeth (x) **White**. Wit: Thomas **Musgraves**, John **Smith**, John **Town** and Phineas **Pemberton**.

P. 73, 8 Jun 1696, Thomas **Brock**, yeoman, of Bucks Co., Pennsylvania to Anthony **Burton**, yeoman, of same, land division of land sold to said **Brock**, **Burton** and Peter **White**, 20 Feb 1695, by Joseph **English**...11 acres...line of David **Lloyd**. Signed Anthony **Burton**. Wit: William **Emley**, Joseph **Cross** and Thomas (x) **Kirle**.

P. 75, 30 Dec 1695, Matts **Keen**, Dance **Loyke**, Elizabeth **Johnson** and Katherine **Johnson**, (joints tenants by will of John **Clawson**) to Breta **Johnson**, £9, 50 acres...line of late Thomas **Holmes**. Signed Mats (x) **Keen**, Dance (x) **Loyke**, Elizabeth (x) **Johnson** and Katherine (x) **Johnson**. Wit: Thomas **Fairman**, James **Boyden** and John (x) **Erickson**, power of attorney to Thomas **Brock**.

P. 76, 4 Sep 1695, Thomas **Fairman** to Dunken **Williams**, of Neshaminah Creek, of Bucks Co., Pennsylvania, £11, 100 acres...line of Nehemiah **Allen** and Nathaniel **Harden**...patented, 9 Oct 1689, by William **Stanley** and Peter **Bunton**, who sold to said **Fairman**. Signed Thomas **Fairman**. Wit: James **Boyden**, James **Boyden** Jr. and Edward **Land**.

P. 77, 17 May 1694, Ralph **Ward**, cordwinder and Thomas **Jenner**, carpenter, of Philadelphia, Philadelphia Co., Pennsylvania to Thomas **Stakehouse** Jr., carpenter, of Middletown Twp., Bucks Co., Pennsylvania, £30, 246 acres...east side of Neshaminah Creek... patented, 1682,, by Philip **Alford**, (who sold to said **Jenner**) and said **Ward**. Signed Ralph **Ward** and Thomas **Jenner**. Wit: John **Furniss**, John **Town** and Ezra **Croasdell**.

P. 78, 13 Mar 1694, Joseph **Growdon**, gentleman, of Bucks Co., Pennsylvania to John **Naylor**, of same, £86, 450 acres...line of John **Eastbourn** and Hugh **Marsh**...Southampton...obtained, 18 Apr 1693, of Joseph **Holden**. Signed Joseph **Growdon**. Wit: William **Biles** and Richard **Hough**.

P. 80, 8 Jun 1696, Samuel **Beakes**, yeoman, of Bucks Co., Pennsylvania to John **Neild**, laborer, of same, £23, 236 acres...line of William **Dark** ...purchased of John **Cuff**, yeoman, of Somerset Co. Signed Samuel **Beakes**. Wit: William **Emley**, Anthony **Burton** and James **Tunnycliff**.

P. 81, 10 Jun 1696, William & Jane **Biles**, (said Jane is the former wife of Thomas **Adkison**),a yeoman, of Bucks Co., Pennsylvania to George **Biles**, of same, £90, 300 acres...line of John **Rowland**, William **Duncan**, Randel **Blackshaw** and Charles **Brigham**. Signed William **Biles** and Jane **Biles**. Wit: Joseph **Growdon**, Henry **Baker** and Samuel **Beakes**.

P. 82, 2 Jul 1696, William **Biles**, yeoman, of Bucks Co., Pennsylvania bound to Phineas **Pemberton** and Richard **Hough**, yeomen, of same, £80, to pay Isaac **Adkison**, (eldest son of Thomas **Adkison**, deceased), £30, upon reaching 21 years and William **Adkison**, another son, also £30, upon reaching 21 years and Samuel **Adkison**, another, also £30. Signed William **Biles**. Wit: Joseph **Growdon**, Henry **Becker** and Samuel **Beakes**.

P. 83, 8 Jun 1696, Henry **Mayoram**, yeoman, of Bucks Co., Pennsylvania to Henry **Baker**, yeoman, of same, £42.5, 250 acres...Delaware... purchased, 1 Jun 1688, of Richard **Hough**. Signed Henry **Mayoram**. Wit: Jonathan **Scaife**, Joshua **Hoopes** and William **Biles**.

P. 84, 22 Jun 1696, Anthony **Burton**, yeoman, of Bucks Co., Pennsylvania to William **Croasdell**, yeoman, of same, £4.5, lot in Buckingham...line of Samuel **Bown**...purchased of Joseph **English**. Signed Anthony **Burton**. Wit: Joseph **Wood**, Joseph **Kirkbride** and Daniel **Gardner**.

P. 85, 27 Jun 1696, Anthony **Burton**, yeoman, of Bucks Co., Pennsylvania to Henry **Baker**, yeoman, of same, £3.75, lot in Buckingham...line of Samuel **Bown**...purchased of Joseph **English**. Signed Anthony **Burton**. Wit: Joseph **Wood**, Joseph **Kirkbride** and Daniel **Gardner**.

P. 86, 16 Jun 1696, Thomas **Brock**, Anthony **Burton** and Peter & Elizabeth **White**, yeomen, of Bucks Co., Pennsylvania to Phineas **Pemberton**, yeoman, of same, £7, lot in Buckingham. Signed Thomas **Brock**, Anthony **Burton**, Peter **White** and Elizabeth (x) **White**. Wit: Henry **Baker**, Samuel **Carpenter**, John **Towne** and William **Croasdell**.

P. 88, 22 Jun 1696, Anthony **Burton**, yeoman, of Bucks Co., Pennsylvania to Samuel **Bowne**, yeoman, of Flushing, Long Island, New York, £4.5, lot in Buckingham. Signed Anthony **Burton**. Wit: Joseph **Wood**, Joseph **Kirkbride** and Daniel **Gardner**, power of attorney to Phineas **Pemberton**.

P. 89, 4 Jun 1694, John **Otter**, merchant, of Philadelphia, Philadelphia Co., Pennsylvania to Henry **Baker**, yeoman, of Bucks Co., Pennsylvania, £12, 250 acres...line of Jonathan **Eldridge** and Arthur **Cook**...patented 1687. Signed John **Otter**. Wit: John **Jones** and Richard **Woodworth**.

P. 90, 23 Mar 1687, Patent to John **Otter**, 225 acres...line of Jonathan **Eldridge** and Arthur **Cook** and 25 acres in Newtown. Signed William **Markham** and John **Goodson**.

P. 91, 14 Feb 1693, Randel **Blackshaw**, yeoman, of Bucks Co., Pennsylvania to Joseph **Kirkbride**, yeoman, of same, £6.4, 3.5 acres...purchased of James **Harrison**. Signed Randell **Blackshaw**. Wit: Richard **Hough**, Jane (x) **Duncan** and Phineas **Pemberton**.

P. 92, 20 Jul 1696, Joseph **Kirkbride**, carpenter, of Bucks Co., Pennsylvania to Gideon **Freeborne**, of Rhode Island, £50, 500 acres ...line of Job **Howell** and Arthur **Cook**...patented 1687. Signed Joseph **Kirkbride**. Wit: Samuel **Beakes** and William **Croasdell**.

P. 94, 1 Dec 1696, William **Dark** to his son, John **Dark**, 235 acres...line of Charles **Biles**...patented 1683. Signed William **Darke**. Wit: Thomas **Brock** and Steven **Newell**.

P. 95, 6 Jun 1696, Samuel **Bowne**, (son and heir of John **Bowne**, late of Long Island, New York) to Hannah **Willits**, (said Hannah is the only child of his sister Abigail and Richard **Willits**, of Jericoe in the bounds of Oyster Bay in Queens Co. on the said Island), for love and affection, 500 acres...line of Robert **Turner**...Neshaminah Creek... patented 1688. Signed Samuel **Bowne**. Wit: John **Rodman**, John **Dole** and Samuel **Haight**.

P. 96, 5 Mar 1696, Phineas & Phebe **Pemberton**, (said Phebe is the only child of James **Harrison**), yeoman, of Bucks Co., Pennsylvania to William **Kennerley**, good deed on 250 acres said **Harrison** sold said **Kennerley**...part of 5000 acres said **Harrison**, patented 1682... said Phebe is now deceased. Signed Phineas **Pemberton**. Wit: Richard **Hough**, William **Biles** and Henry **Baker**.

P. 97, 8 Dec 1696, Peter & Elizabeth **White**, yeoman, of Bucks Co., Pennsylvania to Joseph **Growden**, gentleman, of Trevose, Bensalem, Bucks Co., Pennsylvania, £12, lot in Buckingham...purchased, 1695, of his father-in-law, Joseph **English**. Signed Peter **White** and Elizabeth (x) **White**. Wit: Stephen **Beakes**, Samuel **Beakes** and Anthony **Burton**.

P. 99, 9 Jun 1696, Clement **Dungan**, yeoman, of Bucks Co., Pennsylvania to Edward **Doyle**, husbandman, of same, £5, 50 acres...line of Joseph **Large**...Delaware...patented 1692. Signed Clement **Dungan**. Wit: John **Cutler** and John **Webster**.

P. 100, 24 Mar 1692, Patent to John **Webster**, 155 acres...line of William **Duncan** and Gilbert **Wheeler**. Signed William **Markham**, Robert **Turner** and John **Goodson**.

P. 101, 9 Dec 1696, John **Webster**, husbandman, of Bucks Co., Pennsylvania to Samuel **Burgess** Jr., £30, 155 acres...line of William **Duncan** and Gilbert **Wheeler**...patented 1692. Signed John **Webster**. Wit: Samuel **Darke**, Daniel **Gardner** and William **Darke**.

P. 102, 1 Dec 1696, Thomas **Dure**, laborer, of Bucks Co., Pennsylvania to William **Darby**, husbandman, of same, £30, 54 acres...line of Joseph **Chyrley**...Philip **Conway** sold, 6 Jun 1686, to Thomas **Dickerson**, (late husband of Alice **Dickerson**), purchased, who devised, 24 Jul 1687, to his wife, who sold, 31 Mar 1694, to said **Dure**. Signed Thomas **Dure**. Wit: Richard **Hough**, Daniel **Gardner** and Samuel **Burgess**.

P. 103, 20 Oct 1682, William **Sandford**, planter, of Mill Creek, near the island called Peter Aldrichs' Island, Pennsylvania to Henry **Bucham**, weaver, late of Mulburton, Norfolk Co., England, but, now of Mill Creek, £4, 106 acres, of 206 acres...line of Richard

Noble... Cripple Creek. Signed William **Sandford**. Wit: Thomas **Dungan**, Richard **Burgess** and Thomas **Revell**.

P. 104, 4 Sep 1694, Henry & Margaret **Bucham**, weaver, of Burlington Co., West New Jersey to William **Hinges**, sailor, of Lake Bumudas, £23, 106 acres...purchased of William **Sandford**. Signed Henry (x) **Burchin** and Margaret (x) **Burchin**. Wit: Samuel **Harriott**, Miriam (x) **Harriott** and George **Hutchinson**, power of attorney to Phineas **Pemberton**.

P. 105, 9 Sep 1696, William & Ann **Henges**, sailor, of Barmudoes, Burlington Co., West New Jersey to Thomas **Biles**, weaver, of Burlington, Burlington Co., West New Jersey, £25, 106 acres...purchased of Henry & Margaret **Bucham**. Signed William **Henglus** and Ann **Henglus**. Wit: Obadiah (x) **Horlon**, Thomas (x) **Richards** and Thomas **Bibb**, power of attorney to James **Boydon**. Thomas **Biles** grants power of attorney to his "brother", Daniel **Done**, of Newtown, Bucks Co., Pennsylvania.

P. 107, 20 Oct 1696, Arthur & Margaret **Cook** and John & Mary **Cook**, yeomen, of Frankford, Philadelphia Co., Pennsylvania to John **Circuit**, courier, of Bucks Co., Pennsylvania, £245, 400 acres...line of William **Dungan** ...patented 1684. Signed Arthur **Cook**, Margaret **Cook**, John **Cook** and Mary **Cook**. Wit: Signed Joseph **Mather** and Phineas **Pemberton**, power of attorney to John **Smith**, of Bucks Co., Pennsylvania.

P. 109, 9 Mar 1696, William **Biles**, (attorney for Thomas **Hudson**, gentleman, of Sulton, Chester Co., England), yeoman, of Bucks Co., Pennsylvania to William **Lawrence**, gentleman, John **Talman**, Joseph **Hem**, Samuel **Hem** and Benjamin **Field**, yeomen, all of Flushing, Queens Co., on the Island Nassau, alias Long Island, £250, 5000 acres...patented 1683. Signed William **Biles**. Wit: Richard **Hough**, Joseph **Melnor**, Enoch **Gardley** and Phineas **Pemberton**, power of attorney to Stephen **Beakes**.

P. 110, 8 Dec 1696, Joshua **Hoopes**, yeoman, of Makefield, of Bucks Co., Pennsylvania to his son Daniel **Hoopes**, £100, 250 acres...patented 1683. Signed Joshua **Hoopes**. Wit: Ruben **Pownall**,,

Jacob **Janny** and Abel **Janny**.

P. 111, 21 Jan 1696, William **Biles**, (attorney for Thomas **Hudson**, gentleman, of Sulton, Chester Co., England), yeoman, of Bucks Co., Pennsylvania to Mathias **Harvey**, of Long Island, £300, 1000 acres... line of George **Stone**, William **Hough** and Joseph **Milner**...patented 1683. Signed William **Biles**. Wit: Henry **Baker**, James **Howertz**, Phineas **Pemberton** and Abigail **Pemberton**, power of attorney to Peter **Worral**. Signed Mathias **Harvie**.

P. 113, 1 Dec 1696, John **Clark**, husbandman, late of Bucks Co., Pennsylvania, but now of Burlington Co., West New Jersey to Joseph **Milnor**, blacksmith, of Bucks Co., Pennsylvania, £15, 200 acres... Jonathan **Eldridge**...patented, 1688, by Edward **Luff**, who sold to Henry **Majorum**, who sold to said **Clark**. Signed John **Clark**. Wit: Seth **Hill**, James **Howertz**, John (x) **Nield** and Phineas **Pemberton**, power of attorney to Joseph **Chorley**.

P. 114, 10 Mar 1696, Robert **Heaton** Jr., husbandman, of Bucks Co., Pennsylvania to Jonathan **Scaife**, yeoman, of same, £75, 170 acres... line of Robert **Heaton** Sr. and John **Croasdell**...patented, 1692, by Thomas **Croasdell**, who devised to William **Croasdell** and John **Croasdell**, who sold to said **Heaton**. Signed Robert **Heaton**. Wit: John **Croasdell**, Ralph **Cowgill** and Joseph **Milner**.

P. 115, 6 Mar 1696, Abel **Janney**, blacksmith, of Bucks Co., Pennsylvania to Richard **Hough**, yeoman, of same, £45, 36 acres...line of William **Dark**...part of 236 acres patented, 1683 by William and Charles **Biles**, who sold to said **Janny**. Signed Abel **Janney**. Wit: Jonathan **Scaife**, Daniel **Hoopes** and Stephen **Beakes**.

P. 116, 9 Jun 1696, Enoch **Gardley**, yeoman, of Bucks Co., Pennsylvania to Reuben **Pownall**, yeoman, of same, 2 acres...patented 1687. Signed Enoch **Gardley**. Wit: James **Miller** and Jacob **Janney**.

P. 117, 5 Mar 1696, Elizabeth **Bennett**, (widow of Edmund **Bennett**), of Philadelphia, Philadelphia Co., Pennsylvania to Thomas **Gardley**, of Burlington Co., West New Jersey, £54, Mill

Creek...patented by Samuel **Clift**, who sold to Richard **Dungworth**, who sold to said **Bennett**. Signed Elizabeth (x) **Bennett**. Wit: John **Arlsim**, John **Otter** and Enoch **Gardley**.

P. 118, 23 Nov 1682, Samuel **Clift**, husbandman, of Bucks Co., Pennsylvania to Richard **Dungworth**, joiner, of same, £5, 50 acres. Signed Samuel (x) **Clift**. Wit: Joseph **English** and Judith **Noble**.

P. 119, 29 Nov 1682, Richard **Dungworth**, joiner, of Bucks Co., Pennsylvania to Edmund **Bennett**, £7, 50 acres. Signed Richard **Dungworth**. Wit: Edward **Land** and Robert **Roe**.

P. 119, 6 Mar 1696, John **White**, yeoman, of Buckingham, Bucks Co., Pennsylvania to John **Smith**, blacksmith, of same, £4, lot in Buckingham. Signed John **White**. Wit: Samuel **Darke**, Abraham (x) **Cox** and John **Town**.

P. 120, 8 Mar 1696, John **Smith**, blacksmith, of Bucks Co., Pennsylvania to John **Town**, laborer, of same, £15, 18.5 acres...line of Francis **Rossell** and Thomas **Brock**. Signed John **Smith**. Wit: John **White**, Samuel **Darke** and Samuel **Burgess**.

P. 121, 8 Mar 1696, John **Smith**, blacksmith, of Bucks Co., Pennsylvania to Thomas **Musgrave**, of Keighley, York Co., England, £9, 4.5 acres... line of John **Towne** and Thomas **Brock**....Buckingham. Signed John **Smith**. Wit: Stephen **Beakes**, John **Towne** and Joseph **Kirkbride**.

P. 123, 9 Mar 1696, John **Towne**, weaver, of Bucks Co., Pennsylvania to Samuel **Carpenter**, of Philadelphia Co., Pennsylvania, £7, lot in Buckingham. Signed John **Towne**. Wit: Stephen **Beakes**, Daniel **Hoopes** and Joseph **Kirkbride**.

P. 123, 4 Dec 1689, Henry **Pawlin**, husbandman, of Bucks Co., Pennsylvania to Richard **Burgess**, brazier, of same, £16, 40 acres...line of Arthur **Cook** and Henry **Paxson**...part of 1000 acres, patented 1681. Signed Henry **Pawlin**. Wit: James (x) **Paxson**, William **Plumly** and Israel **Taylor**.

P. 124, 25 Oct 1696, John **Smith**, blacksmith, of Bucks Co., Pennsylvania to Richard **Burgess**, brazier, of same, £11, near Buckingham. Signed John **Smith**. Wit: John **Towne**, Anthony **Burton**, Andrew **Heath** and William **Emley**.

P. 125, 28 Dec 1684, Patent to Robert **Carter**, 250 acres...line of William **Carter**. Signed James **Claypoole** and Robert **Turner**.

P. 126, 12 Mar 1696, John **Carter**, (son and heir of Robert **Carter**), husbandman, of Bucks Co., Pennsylvania to John **Smith**, blacksmith, of same, £55, 250 acres...line of William **Carter**. Signed John (x) **Carter**. Wit: James **Hayworth**, William **Darke**, Phineas **Pemberton** and Abigail **Pemberton**.

P. 127, 1 Mar 1696, Randal **Blackshaw**, yeoman, of Bucks Co., Pennsylvania to Joseph **Kirkbride**, yeoman, of same, £400, 290 acres...line formerly **Ackinson**, **Manangis**, **Smith**, **Leill**, **Rowland**...purchased, 13 Aug 1682, of James **Harrison**, deceased. Signed Randal **Blackshaw**. Wit: Jacob **Janney**, Enoch **Gardley** and Joseph **Milnor**.

P. 128, 1 Mar 1696, Randal **Blackshaw** to his son Nehemiah **Blackshaw**, 800 acres of 3500 acres purchased from James **Harrison**, deceased. Signed Randal **Blackshaw**. Wit: Jacob **Janney**, Enoch **Gardley** and Joseph **Milnor**.

P. 129, 1 Mar 1696, Randal **Blackshaw**, power of attorney to his grandsons, Abraham **Cowgill** and Nehemiah **Cowgill**, (sons of Ralph **Cowgill**), for love and affection, 200 and 172 acres...Wrightstown...purchased, 13 Aug 1682, of James **Harrison**, deceased. Signed Randal **Blackshaw**. Wit: Jacob **Janney**, Enoch **Gardley** and Joseph **Kirkbride**.

P. 130, 1 Mar 1696, Ralph **Cowgill**, husbandman, of Bucks Co., Pennsylvania to Joseph **Kirkbride**, yeoman, of same, £35, 112 acres...granted, 5 Mar 1694, by Randal **Blackshaw**. Signed Ralph **Cowgill**. Wit: Joseph **Milnor**, Enoch **Gardley** and Jacob **Janney**.

P. 131, 20 Mar 1696, Dr. Israel **Taylor**, (son and heir of Christopher **Taylor**), of Bucks Co., Pennsylvania to John **Giffith**, cordwinder, of same, £100, 150 acres of 500 acres patented 1684...line of Widow **Walmsley** and John **Swift**...Neshaminah Creek. Signed Israel **Taylor**. Wit: John **Brock**, James **Heaton** and Daniel **Lloyd**.

P. 132, 10 May 1689, Edward **Smith**, yeoman, of Burlington, West New Jersey to Joseph **Kirkbride**, weaver, of Bucks Co., Pennsylvania, £13, 150 acres...patented 1683. Signed Edward **Smith**. Wit: Richard **Guy**, Thomas **Coleman** and James **Hill**.

P. 133, 9 Jun 1697, Grace **Langhome**, (widow of Thomas **Langhome**), her son Jeremiah **Langhome** and William & Sarah **Biles**, (said Sarah is the daughter of said Grace) to William **Paxson**, of Bucks Co., Pennsylvania, £18, 90 acres...line of William **Paxson** and James **Paxson**...part of 860 acres patented 1687. Signed Grace **Langhome**, Jeremiah **Langhome**, William **Biles** Jr. and Sarah **Biles**. Wit: Thomas (x) **Stackhouse** Jr. and John **Boeradaill**.

P. 135, 1 Apr 1697, Joseph **Growdon**, gentleman, of Bucks Co., Pennsylvania to William **Duncan**, husbandman, of same, £70, 600 acres...line of Thomas **Knight**. Signed Joseph **Growdon**. Wit: Stephen **Newel** and Francis (x) **Searle**.

P. 136, 3 Aug 1697, Samuel **Carpenter**, merchant and Phineas **Pemberton**, (attorneys for Thomas **Musgrave**, of Halifax, Yorkshire, England), of Bucks Co., Pennsylvania to Valentine **Hudleston**, of Dallmouth, Bristol Co., Massachusetts, 600 acres of 1250 acres, purchased, 15 Dec 1696, of Henry **Bayley**, son and heir of Henry **Bayley**, who patented. Signed Samuel **Carpenter** and Phineas **Pemberton**. Wit: James **Hawirth**, Isaac **Waterman** and Abigail **Pemberton**.

P. 138, 13 Aug 1694, Charles & Annie **Read**, (said Annie is the widow of Edward **Stanton**), taylor, of Philadelphia, Philadelphia Co., Pennsylvania to Thomas **Rogers**, husbandman, of Bucks Co., Pennsylvania, £40, 110 acres...line of Robert **Hall**...purchased, 1 Jun 1686, of James **Harrison**. Signed Charles **Read** and Annie **Read**. Wit: John **Rowland**, Edmund **Lovett** and Edward **Mayor**, power of attorney to John **Rowland**. Wit: John **Croasdell** and James **Howerth**.

P. 139, 12 Dec 1694, Thomas **Rogers**, husbandman, of Bucks Co., Pennsylvania to Edmund **Lovett**, yeoman, of same, £60, 110 acres...purchased of Charles & Annie **Read**. Signed Thomas **Rogers**. Wit: Samuel **Beakes** and Joseph **Steward**.

P. 140, 7 Sep 1697, Edmund **Lovett**, yeoman, of Bucks Co., Pennsylvania to John **Rowland**, yeoman, of same, £21, 110 acres...purchased of Thomas **Rogers**. Signed Edmund **Lovett**. Wit: Abraham (x) **Cox** and John **Shaw**.

P. 141, 1 Aug 1697, Joseph **Paul**, yeoman, of Oxford Twp., Philadelphia Co., Pennsylvania to George **Willard**, yeoman, of Marphile Twp., Chester Co., Pennsylvania, £24.6, 246 acres...purchased, 10 Sep 1685, of Edward **Bremman**, of the Parish of Shepton Mallet, Somerset Co., England, who patented 1682. Signed Joseph **Paul**. Wit: William **Gabitas**, John **Shaw** and Francis **Cook**.

P. 142, 7 Sep 1697, William **Buckman**, yeoman, of Newtown, Bucks Co., Pennsylvania to John **Shaw**, yeoman, of same, £24, 300 acres... line of Jacob **Howell** and Thomas **Rowland**...patented 1686. Signed William **Buckman**. Wit: James (x) **Paxson**, William **Croasdell** and John **Rowland**.

P. 143, 16 Dec 1689, Patent to Robert & Elizabeth **Webb**, (Elizabeth is the widow of John **Barber**), first patented by John **Barber**, 1684...line of Thomas **Rowland** and Thomas **Revell**...Neshaminah Creek. Signed Robert **Turner**, Samuel **Carpenter**, William **Markham** and John **Gerdson**.

P. 143, 17 May 1695, Robert & Elizabeth **Webb**, of Philadelphia, Philadelphia Co., Pennsylvania to William **Buckman**, husbandman, of Bucks Co., Pennsylvania, £30, 300 acres...Neshaminah Creek. Signed Robert **Webb** and Elizabeth **Webb**. Wit: Jacob **Hall** and John **Beckam**.

P. 145, 1 Aug 1697, Joseph **Growdon**, gentleman, of Bensalem, Bucks Co., Pennsylvania to Francis **Searle**, yeoman, of same, £60, 400 acres... line of William **Duncan**. Signed Joseph **Growdon**. Wit: William **Biles** and Richard **Hough**.

P. 146, 1 Aug 1697, Joseph **Growdon**, gentleman, of Bensalem, Bucks Co., Pennsylvania to Thomas **Knight**, yeoman, of same, £10, 80 acres... line of William **Duncan**. Signed Joseph **Growdon**. Wit: William **Biles** and Richard **Hough**.

5 Oct 1697, Thomas **Stackhouse**, joiner, of Middletown, Bucks Co., Pennsylvania to Ezra **Croasdale**, weaver, of same, £7.5, 61 acres of 240 acres purchased of Ralph **Ward** and Thomas **Jenner**, both of Philadelphia, Philadelphia Co., Pennsylvania...patented by Philip **Alford**. Signed Thomas (x) **Stackhouse**. Wit: David **Powell**, Thomas **Jenner** and Henry **Mayorum**.

P. 148, 1 Oct 1697, William **Croasdell**, (son and heir of Thomas **Croasdell**), to his brother John **Croasdell**, land division...670 acres...patented 1692...270 acres all ready sold...line of Robert **Heaton** and Jonathan **Scaife**. Signed William **Crossdell**. Wit: Ralph **Cowgill** and Edmund **Cowgill**.

P. 149, 10 Mar 1694, John & Priscilla **Rowland**, of Bucks Co., Pennsylvania to Arthur **Cook**, merchant, of Philadelphia, Philadelphia Co., Pennsylvania, £20, 193 acres...line of Thomas **Terry**, Anthony **Burton**, Edward **Pearson**, Abraham **Cox** and Edmund **Lovett**...patented, 1684, by Ralph **Smith**, who devised, 1685, to said Priscilla. Signed John **Rowland** and Priscilla **Rowland**. Wit: Mahlon **Stacy** and Nicholas **Waln**, power of attorney to Samuel **Beakes**.

P. 150, 7 Dec 1697, Joseph **Growdon**, gentleman,, of Bensalem, Bucks Co., Pennsylvania to Claus **Johnson**, yeoman, of same, £77, 210 acres... line of Nathaniel **Harding** and Samuel **Allen**... Neshaminah Creek... part of 500 acres sold to said **Growdon** by Thomas **Fairman**, attorney for Robert **Fairman**...and 35 acres...line of John **Borden**. Signed Joseph **Growdon**. Wit: Jacob **Groesveck**, Johannis **Vandegrift** and Nicholas **Vandegrift**.

P. 151, 1 Jul 1697, Joseph **Growdon**, gentleman, of Bucks Co., Pennsylvania to Nicholas **Vandegrift**, yeoman, of Bensalem, Bucks Co., Pennsylvania, £73, 215 acres...line of Frederick **Vandegrift**... Delaware River. Signed Joseph **Growdon**. Wit: Jacob **Groesveck**, Frederick **Vandegrift** and Leonard **Vandegrift**.

P. 153, 1 Jul 1697, Joseph **Growdon**, gentleman, of Bucks Co., Pennsylvania to Leonard **Vandegrift**, yeoman, of Bensalem, Bucks Co., Pennsylvania, £97, 135 acres...line of Frederick **Vandegrift**, Barndt **Virkerk**, Nicholas **Vandegrift** and Joseph **Kirk**... Delaware River. Signed Joseph **Growdon**. Wit: Jacob **Groesveck**, Frederick **Vandegrift** and Leonard **Vandegrift**. Signed Joseph **Growdon**. Wit: Jacob **Groesveck**, Johannis **Vandegrift** and Nicholas **Vandegrift**.

P. 154, 1 Jul 1697, Joseph **Growdon**, gentleman, of Bucks Co., Pennsylvania to Johannes **Vandegrift**, yeoman, of Bensalem, Bucks Co., Pennsylvania, £106, 106 acres...line of Jacob **Groesbeck**, Barndt **Virkerk**, and 165 acres...line of Nicholas **Vandegrift** and Joseph **Kirk**... Delaware River. Signed Joseph **Growdon**. Wit: Jacob **Groesveck**, Leonard **Vandegrift** and Nicholas **Vandegrift**.

P. 155, 1 Jul 1697, Joseph **Growdon**, gentleman, of Bucks Co., Pennsylvania to Frederick **Vandegrift**, yeoman, of Bensalem, Bucks Co., Pennsylvania, £50, 106 acres...line of his brother Nicholas **Vandegrift**... Delaware River. Signed Joseph **Growdon**. Wit: Jacob **Groesveck**, Johannes **Vandegrift** and Nicholas **Vandegrift**.

P. 156, 1 Jul 1697, Joseph **Growdon**, gentleman, of Bucks Co., Pennsylvania to Barndt **Verkirk**, yeoman, of Bensalem, Bucks Co., Pennsylvania, £50, 106 acres...line of Johannes **Vandegrift** and Leonard **Vandegrift** ... Delaware River. Signed Joseph **Growdon**. Wit: Jacob **Groesveck**, Leonard **Vandegrift** and Nicholas **Vandegrift**.

P. 157, 1 Jul 1697, Joseph **Growdon**, gentleman, of Bucks Co., Pennsylvania to Jacob **Groesbeck**, yeoman, of Bensalem, Bucks Co., Pennsylvania, £50, 106 acres...former line of Walter **Forrest**, John **Gilbert** and Johannes **Vandegrift**... Delaware River. Signed Joseph **Growdon**. Wit: Nicholas **Vandegrift**, Leonard **Vandegrift** and

Nicholas **Vandegrift**.

P. 158, 11 Dec 1697, John **Rowland**, yeoman, of Bucks Co., Pennsylvania bound to Arthur **Cook**, of Philadelphia, Philadelphia Co., Pennsylvania, £50, for good deed on 193 acres. Signed John **Rowland**. Wit: Mahlon **Stacy** and Nicholas **Waln**.

P. 159, 15 Mar 1697, John **Smith**, blacksmith, of Bucks Co., Pennsylvania Henry **Baker**, yeoman, of same, £140, 100 acres...line of Richard **Lundy** and Randel **Blackshaw**...James **Harrison**, sold to said **Blackshaw**, who sold to said **Smith** and 190 acres...line of Christopher **Bennett**, Thomas **Wolf** and Richard **Lundy**...patented, 1692, by John **Rowland**, who sold to said **Smith**. Signed John **Smith**. Wit: John **Harrison** and Phineas **Pemberton**.

P. 160, 4 Dec 1696, Thomas **Fairman**, (attorney for Robert **Fairman**, of the parish of St. Saviours, Southwark, Surrey Co., England), of Philadelphia Co., Pennsylvania to Joseph **Growdon**, gentleman, of Bucks Co., Pennsylvania, £95, 500 acres...line of Samuel **Allen**, John **Bowen** and Nathaniel **Harding**... west side of Neshaminah Creek ...patented 1690. Signed Thomas **Fairman**. Wit: Joshua **Hastings**, Isaac (x) **Gow** and William **Crossdell**, power of attorney to Joseph **Chorley**.

P. 161, 6 Mar 1696, Edward **Evans**, husbandman, of Philadelphia Co., Pennsylvania to Joseph **Growdon**, gentleman, of Bucks Co., Pennsylvania, £12, 100 acres...line of Richard **Davis**...Neshaminah Creek...patented, 1682, by Francis **Andrews**, deceased and enjoyed by his wife Elizabeth **Andrews**, who devised, 1689, to her kinsman, said **Evans**. Signed Edward **Evans**. Wit: Daniel **Lloyd** and William **Taylor**.

P. 162, 1 Aug 1697, Mathias **Harvey**, yeoman, of Makefield, Bucks Co., Pennsylvania to Joseph **Melnor**, yeoman, of same, £20, 10 acres...Melnor Creek...Delaware River. Signed Mathias **Harvie**. Wit: Thomas **Brock**, William **Taylor** and Samuel (x) **Hough**.

P. 164, 1 Nov 1697, William **Biles**, (attorney for Thomas **Hudson**, gentleman, of Sutton, Chester Co., England), yeoman, of Bucks Co.,

Pennsylvania to Richard **Hough**, yeoman, of same, £12,5, 25 acres... patented 1693. Signed William **Biles**. Wit: Joseph **Growdon** and Thomas **Jenner**.

P. 164, 8 Dec 1696, Joseph **Kirkbride**, yeoman, of Bucks Co., Pennsylvania to Peter **Webster**, husbandman, of same, £13.5, 51.5 acres...line of Widow **Lucas** and Samuel **Darke**. Signed Joseph **Kirkbride**. Wit: Samuel **Darke** and James (x) **Moore**.

P. 165, 4 Aug 1696, James **Wood**, (son and heir of Richard **Wood**, cooper, of Bristol) to Joseph **Kirle**, merchant, of Philadelphia, Philadelphia Co., Pennsylvania £15, 440 acres and 50 acres...line of Edward and John **Luff**, Joel **Jelson**, Thomas **Lloyd** and John **Jones**...part of 1250 acres, patented, 1681, by Richard **Collins**, of Bath, Somerset Co., who sold 1683 to said Richard **Wood**. Signed James **Wood**. Wit: Abraham **Carpenter** and Thomas **Cooke**.

P. 166, 1 Aug 1697, Samuel **Carpenter**, (executor of estate of Francis **Rossell**), merchant, of Philadelphia, Philadelphia Co., Pennsylvania to William **Smith** and Ralph **Boone**, clear title on land they were devised by said **Rossell**, 1694, 100 acres to said **Smith** and 200 acres to said **Boone**, of 500 acres purchased of Richard **Lundy**. Signed Samuel **Carpenter**. Wit: Joseph **Growdon**, Daniel **Lloyd** and Phineas **Pemberton**, power of attorney to Samuel **Beakes**. Power of attorney to Peter **Worrall**. Signed Ralph (x) **Boone** and William (x) **Smith**. Wit: Walter **Pomphray** and John **Baldwin**.

P. 167, 1 Sep 1697, Thomas **Brock**, yeoman, of Bucks Co., Pennsylvania to Samuel **Oldale**, mason, of same, £10, 11 acre lot in Buckingham ...line of William **Croasdell**...purchased of Joseph **English**. Signed Thomas **Brock**. Wit: Joseph **Melnor**, William **Taylor** and Edward **Mayes**.

P. 168, 1 Sep 1697, Thomas **Brock**, yeoman, of Buckingham, Bucks Co., Pennsylvania to Edward **Mayes**, weaver, of same, £8, 11 acre lot in Buckingham. Signed Thomas **Brock**. Wit: Joseph **Melnor**, William **Taylor** and Samuel **Aldale**.

P. 169, 3 Dec 1697, John **Rowland**, yeoman, of Bucks Co.,

Pennsylvania to Daniel **Burgess**, wheelwright, of same, £18, 300 acres...line of **Pennobume**, Gilbert **Wheeler**...part of 800 acres, patented, 1685 by said **Rowland** and his brother Thomas **Rowland**, deceased...part of sold to Gilbert **Wheeler** and Samuel **Burgess**, father of said Daniel. Signed John **Rowland**. Wit: Samuel **Darke**, Henry **Mayorum** and Phineas **Pemberton**.

P. 170, 7 Dec 1697, John **Towne**, yeoman, of Bucks Co., Pennsylvania to Rebecca **Wileford**, widow, of same, £4, lot in Buckingham...line of Thomas **Musgrave**...purchased of John **Smith**. Signed John **Towne**. Wit: Stephen **Beakes** and Enoch **Gardley**, power of attorney to Samuel **Beakes**.

P. 171, 1 Nov 1697, Henry **Baker**, yeoman, of Bucks Co., Pennsylvania to Stephen **Wilson**, yeoman, of same, £40, 250 acres...line of Stephen **Turning**...Newtown...part of 500 acres, patented, 1685, by Thomas **Rowland** and descended to his brother, John **Rowland**, who sold to said **Baker**. Signed Henry **Baker**. Wit: Samuel **Beakes**, Samuel **Darke** and Richard **Hough**.

P. 172, 4 Dec 1697, Robert **Lucas**, (son and heir of Robert **Lucas**), yeoman, of Bucks Co., Pennsylvania to his brother Edward **Lucas**, yeoman, of same, £60, 107 acres...devised 1687...patented 1684. Signed Robert (x) **Lucas**. Wit: Samuel **Beakes**, John **Town** and Joseph **Melnor**.

P. 173, 31 Jul 1684, Patent to Robert **Lucas**, 177 acres...line of Gilbert **Wheeler** and Joseph **Board**...Delaware River. Signed William **Penn**.

P. 173, 6 Dec 1697, Elizabeth **Lucas**, (widow of Robert **Lucas**), and their sons, Giles **Lucas** and Edward **Lucas**, to another son, Robert **Lucas**, £60, 244 acres...line of William **Dark**, Peter **Webster** and Henry **Hawkins**...patented, 1687. Signed Elizabeth (x) **Lucas**, Giles (x) **Lucas** and Edward (x) **Lucas**. Wit: Samuel **Dark**, Stephen **Wilson** and Samuel **Beakes**.

P. 174, 9 Mar 1698, John **Scarborough**, husbandman, of Middletown, Bucks Co., Pennsylvania to Thomas **Baynes**, tailor, of same, £24, 60 acres... line of **Thatcher** and John **Stakehouse**...patented, 1682, by John **Scarborough**, blacksmith, of London, England, who sold to said John 1692. Signed John **Scarborough**. Wit: Joseph **Kirkbride**, Joshua **Hoopes** and Thomas **Stakehouse**.

P. 175, 9 Nov 1697, James **Dilworth**, of Philadelphia Co., Pennsylvania to Martin **Wildman**, weaver, of Bucks Co., Pennsylvania, £24, 60 acres ...line of Widow **Hearst**... Neshaminah Creek...part of 500 acres, patented 1682. Signed James **Dilworth**. Wit: Robert **Heaton** and Richard **Waln**.

P. 176, 8 Jun 1698, Daniel **Jones**, cordwinder, of Philadelphia, Philadelphia Co., Pennsylvania to Daniel **Smith**, butcher, of Burlington, New Jersey, 500 acres received of Andrew **Robinson**. Signed Daniel (x) **Jones**. Wit: Edward **Cole** and Peter **Reoudy**, power of attorney to Samuel **Beakes** by John **Heywood**, (executor of estate of Daniel **Jones**), cordwinder, of Philadelphia, Philadelphia Co., Pennsylvania, recorded 10 Jun 1698.

P. 178, 20 Oct 1697, Samuel **Robinson**, (son and heir of Andrew **Robinson**), merchant, of Philadelphia, Philadelphia Co., Pennsylvania to Daniel **Jones**, good deed on 500 acres. Signed Samuel **Robinson**. Wit: Francis **Jarvis** and John **Man**.

P. 178, 12 Nov 1697, James **Dilworth**, yeoman, of Philadelphia Co., Pennsylvania to Robert **Heaton**, yeoman, of Bucks Co., Pennsylvania, £270, 440 acres...line of William **Hearst** and Thomas **Stakehouse**...Sand Run...patented 1682. Signed James **Dilworth**. Wit: Nicholas **Walln** and Richard **Walln**, power of attorney to William **Crosdill**.

P. 179, 1 Dec 1697, Nicholas **Walln**, yeoman, of Philadelphia Co., Pennsylvania to Robert **Heaton**, yeoman, of Bucks Co., Pennsylvania, £60, 340 acres...Neshaminah Creek...patented, 1690, by Edmund **Bennett**, whose widow, Elizabeth, sold, 1692, to said **Walln**. Signed Nicholas **Walln**. Wit: Daniel **Lloyd**, John **Cadwallader** and Phineas **Pemberton**, power of attorney to Samuel **Beakes**.

P. 181, 11 Dec 1697, Richard & Elizabeth **Burgess**, of Buckingham, Bucks Co., Pennsylvania to Edmund **Cowgill** and Israel **Morris**, laborers, of same, £33, 260 acres...line of Arthur **Cook** and Henry **Paxson**...Newtown and 40 acres...part of 1000 acres, patented, 1681, by Henry **Paulin**, who sold 300 acres to said Richard. Signed Richard **Burgess** and Elizabeth **Burgess**. Wit: Henry (x) **Paxson**, William **Paxson** and Jonathan **Scaife**, power of attorney to Jonathan **Scaife**, of Middletown, Bucks Co., Pennsylvania.

P. 182, 8 Jun 1698, James **Paxson**, yeoman, of Bucks Co., Pennsylvania to William **Paxson** Jr., £100, 236 acres...line of Widow **Langhorne**... patented 1693. Signed James (x) **Paxson**. Wit: John **Addington**, William **Darke** and Jonathan **Scaife**.

P. 183, 18 Aug 1697, Thomas **Hodson**, gentleman, of Mandisfield, Chester Co., England to William **Biles**, merchant, of Bucks Co., Pennsylvania to sell 1000 acres, late in possession of Jacob **Hall** and 5000 acres. Signed Thomas **Hodson**. Wit: Edward **Cherry**, John **Hough**, James **Barber** and John **Houghton**.

P. 184, 16 May 1698, Job **Bunting**, yeoman, of Nottingham, Burlington Co., West New Jersey quit claims to Stephen **Turning**, yeoman, of Newtown, Bucks Co., Pennsylvania, all suits. Signed Job **Bunting**. Wit: Jeremiah **Scaife** and Jonathan **Scaife**.

P. 185, 1 Jul 1698, William **Smith**, laborer and Ralph **Boone**, carpenter, of Bucks Co., Pennsylvania to Thomas **Brock**, yeoman, of same, £12, 300 acres purchased of Francis **Rossill**. Signed William (x) **Smith** and Ralph (x) **Boone**. Wit: Samuel **Beakes**, William **Biles** Jr. and John **White**.

P. 186, 25 Apr 1698, Henry **Flowers**, barber, of Philadelphia, Philadelphia Co., Pennsylvania to Thomas **Hardin**, husbandman, of Southampton, Bucks Co., Pennsylvania, £12, 350 acres...line of George **Jackman** and Robert **England**...patented, 1689, by Enoch **Flowers**, deceased, who, sold, to said Henry. Signed Henry **Flowers**. Wit: Thomas **Gardiner**, Phil **Paulth** and James **Wood**.

P. 187, 1 Aug 1698, Thomas **Brock**, yeoman, of Bucks Co.,

Pennsylvania to Samuel **Carpenter**, merchant, of Philadelphia, Philadelphia Co., Pennsylvania, £42, 8 acres...Mill Creek...Buckingham....part of 30 acres, Samuel **Clift**, devised, 1682, to his son, Joseph **English**, who sold, 1683, to Francis **Rossell**, who sold 1692, to said **Brock**. Signed Thomas **Brock**. Wit: John **White**, Francis **White** and Phineas **Pemberton**.

P. 188, 2 Apr 1698, Clement **Dungan**, Thomas **Dungan**, Jeremiah **Dungan** and John **Dungan**, (sons and heirs of Thomas **Dungan**, yeoman, of Bucks Co., Pennsylvania) to Walter **Pumphery**, carpenter, of Bucks Co., Pennsylvania, £240, 200 acres...part of 400 acres, patented, 1692. Signed Clement **Dungan**, Thomas **Dungan**, Jeremiah **Dungan** and John (x) **Dungan**. Wit: William **Biles** Jr., John **Scarborough** and Phineas **Pemberton**.

P. 189, 22 Jul 1698, Clement **Dungan**, Jeremiah **Dungan** and John **Dungan**, (sons and heirs of Thomas **Dungan**, yeoman, of Bucks Co., Pennsylvania) to Thomas **Dungan**, £60, 100 acres of 200 acres patented 1692. Signed Clement **Dungan**, Jeremiah **Dungan** and John (x) **Dungan**. Wit: William **Biles** Jr., John **Scarborough** and Phineas **Pemberton**.

P. 190, 7 Jan 1698, Thomas **Fairman**, gentleman, of Philadelphia, Philadelphia Co., Pennsylvania to James **Plumby**, yeoman, of Bucks Co., Pennsylvania, £60, 582 acres...Southampton Twp...purchased, 1689, of Allen & Mary **Foster**, who patented, 1684. Signed Thomas **Fairman**. Wit: John **Readman**, William **Hearn** and John **Condon**.

P. 192, 28 May 1698, James **Jacob**, cordwinder, of Philadelphia, Philadelphia Co., Pennsylvania to Nicholas **Randell**, 225 acres...line of Richard **Worrel**...Southampton Twp...patented, 1684 and 1689, by John **Luff**, cordwinder, of Philadelphia, Philadelphia Co., Pennsylvania and 25 acres, John **Luff**, purchased, 1683, of William **Smith**...Philip **Howell**, tailor, of Philadelphia, Philadelphia Co., Pennsylvania, Mary **Pearl**, late wife of Richard **Helleaid**, carpenter, of same and her new husband Thomas **Pearl**, heirs of said **Luff**, sold, 1696, to said **Jacob**. Signed James **Jacob**. Wit: Francis **Cooke**, John **Walker** and Mary **Cooke**.

P. 193, 5 Jul 1698, Anthony **Burton**, yeoman, of Bucks Co., Pennsylvania to Jeremiah **Dungan**, laborer, of same, £8, lot in Buckingham...line of Walter **Pumphery**...part of 7 acres purchased by said **Burton** and Thomas **Brock**, of Joseph **English**. Signed Anthony **Burton**. Wit: Samuel **Darke** and Stephen **Beakes**.

P. 194, 5 Jun 1698, Bartholomew **Thatcher** and Joseph **Thatcher** to Robert **Heaton**, £61.6, 152 acres of 250 acres...line of formerly, Cuthbert **Hearst**, John **Scarborogh** and Nicholas **Walln**... patented by Richard **Thatcher**, who devised, 1690, to his sons, said Bartholomew, Joseph and Amos **Thatcher**. Signed Bartholomew **Thatcher** and Joseph **Thatcher**. Wit: Henry **Grubb**, John **Burradaell** and Phineas **Pemberton**, power of attorney to Samuel **Beakes**.

P. 196, 17 May 1686, Patent to Henry **Paxson**, 500 acres...line of Henry **Pawling** and William **Carter**...Neshaminah Creek. Signed James **Claypoole** and Robert **Turner**.

P. 196, 10 Dec 1698, Henry & Margery **Paxson**, yeoman, of Bucks Co., Pennsylvania and their daughter, Elizabeth **Burgess**, (widow of Richard **Burgess**, late of Buckingham) to their sons-in-law, James **Plumly** and John **Plumby**, husbandmen, of same, £500, 500 acres...line of Henry **Pawling** and William **Carter**...Neshaminah Creek. Signed Henry (x) **Paxson**, Margery (x) **Paxson** and Elizabeth **Burgess**. Wit: Jonathan **Scaife**, Joshua **Hookes** and William **Paxson** Jr.

P. 199, 3 Sep 1698, Samuel **Carpenter**, (son and heir of Samuel **Carpenter**), merchant, of Philadelphia, Philadelphia Co., Pennsylvania to Henry **Baker**, yeoman, of Bucks Co., Pennsylvania, £450, 25 acres...line of William **Sandford**, Thomas **Brock** and Thomas **Gardley**, patented by Francis **Rossell**, deceased...and 2 acres said **Rossell**, purchased, of John **Otter**, for a mill pond...and 2 acres said **Rossell**, purchased, of Joseph **English**...said **Rossell** was in partnership with said Samuel **Carpenter** Sr. Signed Samuel **Carpenter**. Wit: Abraham **Hardman**, Henry **Mallows** and Sarah **Gowe**.

P. 203, 10 Dec 1698, Charles & Amy **Read**, merchant, of Philadelphia, Philadelphia Co., Pennsylvania to John **Scarborough**, yeoman, of Bucks Co., Pennsylvania, £25, 492 acres, of 500 acres ...patented 1681, by Anne **Child**, (late wife of Edward **Stanton**, late, of Bucks Co., Pennsylvania), now the wife of said Charles. Signed Charles **Read** and Amy **Read**. Wit: Thomas **Masters**, Charles **Plumby** and Daniel (x) **Camble**.

P. 205, 1 Sep 1698, Henry **Baker**, yeoman, of Bucks Co., Pennsylvania to William **Biles**, yeoman, of same, £140, 100 acres...line of Richard **Lundy** and Randall **Blackshaw**...of 1500 acres said Randall purchased, 1682, form James **Harrison** and sold, 1693, to John **Smith**...and 190 acres...line of Christopher **Bennett**, Thomas **Wood** and Richard **Lundy** ...patented, 1692, by John **Rowland**, who sold, 1693, to said John **Smith**, who sold the two parcels to said Henry, 1693. Signed Henry **Baker**. Wit: Samuel **Beakes**, Richard **Hough** and Joseph **Kirkbride**.

P. 206, 20 April 1683, William **Penn**, of Worminghurst, Sussex Co., England to Thomas **Hudson**, gentleman, of Sulton, Palatine Co. of Chester, 5000 acres. Signed William **Penn**. Wit: Haibs **Springett**, Thomas **Coxe** and Sell **Craske**.

P. 207, 29 Dec 1698, Peter **White**, (son and heir of George **White**), yeoman, of Bucks Co., Pennsylvania to John **Headley**, £55, 250 acres, of 500 acres ...line of Robert **Hall** and Edmund **Lovett**...branch of Mill Creek... devised 9 Sep 1687. Signed Peter **White**. Wit: Joseph **Large** and Walter **Pumphary**.

P. 208, 28 Dec 1698, John **White**, Francis **White**, William **White**, Joseph **White** and Benjamin **White**, (sons and heirs of George **White**) to Peter **White**, of Bucks Co., Pennsylvania £0.3, 300 acres...line of Robert **Hall**, Elizabeth **White**, Francis **White**, John **White** and Edmund **Lovett**...branch of Mill Creek. Signed John **White**, Francis **White**, Joseph **White** and Benjamin **White**. Wit: Joseph **Large**, William (x) **Codery**, Ann **White**, Abigail (x) **Curtis** and John **Town**.

P. 210, 11 Mar 1695, John **White**, yeoman, of Buckingham, Bucks

Co., Pennsylvania to his mother, Elizabeth **White**, of same, 250 acres...line late of Robert **Carter** and Peter **White**. Signed John **White**. Wit: Phineas **Pemberton**, Peter **White**, Francis **White** and Elizabeth (x) **White** Jr.

P. 212, 29 Jun 1698, Elizabeth **White**, (widow of George **White**, yeoman, of Bucks Co., Pennsylvania), Peter **White**, Francis **White**, William **White**, Joseph **White** and Benjamin **White**, (sons of said George) to John **White**, £92.5, 200 acres, of 1500 acres and part of 500 acres devised to Peter **White**...line of Robert **Hall** and John **White**. Signed Elizabeth **White**, Peter **White**, Francis **White**, Joseph **White** and Benjamin **White**. Wit: John (x) **Carter**, Elizabeth **Burgess**, John **Town**, Francis **White**, Charles **Levalley** and William (x) **Codery**.

P. 214, 7 Feb 1698, William **Biles**, (attorney for Thomas **Hodson**, gentleman, of Mandesfield, Chester Co., England), yeoman, of Bucks Co., Pennsylvania to Henry **Baker**, yeoman, of same, £12.5, 100 acres... line of Richard **Hough**...patented 1692. Signed William **Biles**. Wit: Joseph **Growdon**, John **Swift** and Mahlon **Stacy**.

P. 215, 29 Jun 1698, John & Joan **White**, (said Joan is a daughter of Robert **Carter**, deceased), yeoman, of Bucks Co., Pennsylvania to his brother, Francis **White**, yeoman, of same, £36, 100 acres...line of John **White** and Elizabeth **White**...patented, 1686, by William **Carter**, who sold, 1686, to said Robert...orphans court granted, 1689, to said Joan...second tract of 200 acres. Signed John **White** and Joan (x) **White**. Wit: Henry **Grubb**, Phineas **Pemberton**, Richard **Ratcliff** and Samuel **Beakes**.

P. 217, 10 Feb 1698, Jonathan **Scaife**, of Bucks Co., Pennsylvania to John **Hough**, yeoman, of same, £9, 250 acres of 500 acres, of 1000 acres ...line of Thomas **Janney**...patented, 1682, by John **Shires**, who sold, 1682, to Richard **Calbourn**, who sold, 1683, to Joseph **Drake**, who sold, 1684, to said Jonathan. Signed Jonathan **Scaife**. Wit: Peter **White** and Phineas **Pemberton**.

P. 218, 26 Jan 1698, James **Plumly**, yeoman, of Bucks Co., Pennsylvania to John **Morris**, yeoman, late of England, but now of

Philadelphia, Philadelphia Co., Pennsylvania, £80, 582 acres...line of John **Rush**, John **Parson** and Joseph **Paul**...Southampton Twp...of 1100 acres, patented, 1682, by Allen & Mary **Foster**, who sold, 1684, 600 acres, to Thomas **Fairman**, of Shackamaxon, who sold, 1698, to said James. Signed James **Plumby**. Wit: John **Swift**, David **Powell** and Francis **Cooke**.

P. 219, 11 Nov 1697, Israel **Taylor**, of Tenerum Island, Chester Co., Joseph **Taylor**, shoemaker, of Philadelphia, Philadelphia Co., Pennsylvania and John & Mary **Buzby**, weaver, of Philadelphia, Philadelphia Co., Pennsylvania, (said Israel, Joseph and Mary are children and heirs of Christopher **Taylor**) to Robert **Heaton**, yeoman, of Bucks Co., Pennsylvania, £200, 500 acres...line of Edward **Brooks** and Anthony **Tomkins**...patented 1686. Signed Israel **Taylor**, Joseph **Taylor**, John **Buzby** and Mary **Buzby**. Wit: Arthur **Morris**, David **Lloyd** and Jonathan **Dickinson**.

P. 221, 12 Dec 1698, Frederick **Vandegrift**, yeoman, of Bucks Co., Pennsylvania to Bandt **Virkirk**, yeoman, of same, £55, 32 acres ...line of Leonard **Vandegrift** and Nicholas **Vandegrift**... Bensalem ...purchase, 1697, of Joseph **Growdon**. Signed Frederick **Vandegrift**. Wit: John **Gilbert**, Nicholas **Vandegrift** and Peter **Worral**.

P. 222, 12 Dec 1698, Bandt **Virkirk**, yeoman, of Bensalem, Bucks Co., Pennsylvania to Leonard **Vandegrift**, yeoman, of same, £5, 3 acres ...Delaware River...purchased, 1697,, of Joseph **Growdon**. Signed Bandt (x) **Virkirk**. Wit: John **Gilbert**, Peter **Worral** and Nicholas **Vandegrift**.

P. 223, 10 Oct 1698, Isabel **Cutter**, (widow of Edmund **Cutter**, of Bucks Co., Pennsylvania) to William **Paxson** Sr., yeoman, of Philadelphia, Philadelphia Co., Pennsylvania, £45, 200 acres...line formerly of Elizabeth **Walmsley**... patented, 1684, by Nicholas **Waln**, who sold, 1686, to said Edmund. Signed Isabell (x) **Cutter**. Wit: Elizabeth **Kingston**, Thomas (x) **Walmsley** and John **Cutter**.

P. 225, 8 Feb 1698, William **Biles**, (attorney of Thomas **Hodson**, gentleman, of Mandesfield, Chester Co., England), yeoman, of Bucks Co., Pennsylvania to Mathias **Harvey**, of same, £275, 1000 acres...line of George **Stone** and Joseph **Melnor**...500 acres patented 1684 and 500 acres purchased, 1691, of Jacob **Hall**, who patented 1684...and 50 acres of 100 acres, patented 1692. Signed William **Biles**. Wit: Joseph **Growdon**, John **Swift** and Mahlon **Stacy**.

P. 227, 17 Jul 1688, John **Nicholls** and his brother Elias **Nicholls**, of Bucks Co., Pennsylvania power of attorney to Mahlon **Stacy**, yeoman, of West New Jersey and Henry **Baker**, yeoman, of Bucks Co., Pennsylvania. Signed John **Nicholls** and Elias **Nicholls**. Wit: James **Crosley** and John **Saxby**.

P. 228, 5 May 1697, Sarah **Clows**, (widow of William **Clows**) to Richard **Hough**, yeoman, of Bucks Co., Pennsylvania, £1.1, 250 acres. Signed Sarah **Clows**. Wit: Francis **Little**, Abigail **Pemberton** and Phineas **Pemberton**.

P. 229, 6 Dec 1697, Nicholas **Waln**, yeoman, of Philadelphia Co., Pennsylvania to John **Town**, yeoman, of Bucks Co., Pennsylvania, £20, 180 acres...line formerly of John **Clawson** and **Spencer**...purchased, 1686, of Thomas **Holme**. Signed Nicholas **Waln**. Wit: Richard **Townsend** and William **Hayhurst**.

P. 230, 12 Sep 1692, Thomas **Fairman**, (attorney for Robert **Fairman**, merchant, of London, England), of Shackamaxon, Philadelphia Co., Pennsylvania to Samuel & Jane **Allen**, of Neshaninah, Bucks Co., Pennsylvania, £15, 100 acres of 500 acres, patented, 1687...line of Joseph **Growdon**. Signed Thomas **Fairman**. Wit: Joseph **Wilcox** and Zackariah **Whitpaine**.

P. 231, 8 Feb 1698, William **Biles**, (attorney of Thomas **Hodson**, gentleman, of Mandesfield, Chester Co., England), yeoman, of Bucks Co., Pennsylvania to Richard **Hough**, £12.5, 25 acres of 100 acres...line of Henry **Baker** patented 1693. Signed William **Biles**. Wit: Joseph **Growdon**, John **Swift** and Mahlon **Stacy**.

P. 233, 6 Mar 1699, Griffith **Owen**, John **Humphreys**, Rowland **Eliis** and David **Lloyd**, (all attorneys for Richard **Davids**, of Welsh Pool, Montgomery Co., Wales) to Joseph **Growdon**, gentleman, of Bucks Co., Pennsylvania of Bucks Co., Pennsylvania, £100, 500 acres...line of Francis **Andrews** and Ralph **Ward**...patented 1685. Signed Griffith **Owen**, John **Humphrey**, Rowland **Ellis** and David **Lloyd**. Wit: Hannah **Carpenter** Jr., Sarah **Goud** and William **Fishbourn**.

P. 234, 20 Feb 1698, William **Crosdell** and John **Crosdell**, (sons and heirs of Thomas **Crosdell**) to their brother-in-law, John **Cowgill**, £140, 197 acres...line of Walter **Bridgman** and Robert **Heaton**...patented 1692. Signed William **Crosdell** and John **Crosdell**. Wit: Joseph **Kirkbride**, William **Hayhurst** and Robert (x) **Heaton**.

P. 235, 6 Feb 1698, Richard **Thatcher**, (son and heir of Richard **Thatcher** Sr.), to John **Scarborough**, yeoman, of Bucks Co., Pennsylvania, £12, 100 acres... line of Edmund **Bennett**, John **Pennington** and Richard **Thatcher** Sr., deceased. Signed Richard **Thatcher**. Wit: Phineas **Pemberton**, Abigail **Pemberton** and Israel **Pemberton**.

P. 237, 16 Feb 1698, Joseph **Growdon**, gentleman, of Bucks Co., Pennsylvania to William **Beale**, yeoman, of same, £31, 202 acres...line of Abel **Hinkston**...Bensalem...patented 1681. Signed Joseph **Growdon**. Wit: Stephen **Beakes** and Jeremiah **Langhorne**.

P. 238, 10 Feb 1698, Ann **Clark** and Martha **Dawson**, wife of John **Dawson**, bricklayer, of Chester Co., Pennsylvania, (said Ann and Martha are daughters and heirs of William **Clark**) to Henry **Bowen**, husbandman, of Bucks Co., Pennsylvania, £34, 209 acres... Buckingham. Signed John **Dawson**, Martha (x) **Dawson** and Ann **Clark**. Wit: Samuel **Levis** and Elizabeth **Levis**.

P. 239, 1 Mar 1699, Joseph **Kirkbride**, yeoman, of Bucks Co., Pennsylvania to Randall **Blackshaw**, yeoman, of same, 150 acres...line of Robert **Lucas**...purchased, 1689, of Edward **Smith** and 112 acres, of 400 acres...purchased, 1696, of Ralph **Cowgill**...except 50 acres sold, 1696, to Peter **Webster**. Signed Joseph **Kirkbride**. Wit: Samuel **Dark**, Joseph **Wood** and John **Scarborough**.

P. 240, 2 Mar 1698, Randall **Blackshaw**, yeoman, of Bucks Co., Pennsylvania to his son, Nehemiah **Blackshaw**, for love and affection, line of Peter **Webster**, Joseph **Kirkbride**...and 112 acres... purchased of Joseph **Kirkbride**. Signed Randall **Blackshaw**. Wit: Samuel **Dark**, Joseph **Wood** and John **Scarborough**.

P. 242, 16 Nov 1697, Job **Howel**, yeoman, of Byberry Twp., of Philadelphia Co., Pennsylvania to Hugh **Ellis**, husbandman, of same, £3.5, 100 acres, of 200 acres patented 1684. Signed Job **Howel**. Wit: Michell (x) **Busher** and John **Webster**.

P. 243, 17 Feb 1698, John **Shaw**, yeoman, of Bucks Co., Pennsylvania to George **Willard**, of same, £9, 100 acres, of 300 acres purchased, 1697, of William **Buckman**. Signed John **Shaw**. Wit: John **Swift**, Samuel **Beakes** and Phineas **Pemberton**.

P. 244, 22 May 1699, Joseph & Mary **Chorley**, (said Mary is the widow of John **Acerman**), yeoman, of Bucks Co., Pennsylvania, James **Acerman** and James & Mary **Heyworth**, (said James and Mary are children and heirs of said John), husbandman, of same to John **Harrison**, yeoman, of same, £320, 213 acres...patented 1684...taken 1694, after his decease to cover the debts due Richard **Ridgway** and 205 acres...patented, 1684, by Daniel **Brinson**, who sold, 1686, to John **Nicholls** and Elias **Nicholls**, who sold, 1688, to said Joseph **Chorley**. Signed Joseph (x) **Chorley**, Mary (x) **Chorley**, James **Acerman**, James **Howorth** and Mary (x) **Howorth**. Wit: William **Biles**, William **Emley**, Thomas **Butts** and Samuel **Beakes**, power of attorney to Joseph Daniel **Beakes**. Wit: Joseph **Milnor** and John **Snowdon**.

P. 246, 14 Jun 1699, William **Paxson** Jr., (son and heir of James **Paxson**) yeoman, of Bucks Co., Pennsylvania to John **Scarborough**, yeoman, of same, £50, 40 acres, of 286 acres...line of William **Paxson** Sr., Thomas **Stakehouse** Jr. and Jeremiah **Langhorn**...Paxson Run... patented 1692. Signed William **Paxson** Jr. Wit: John (x) **Carter**, Joseph (x) **Ball** and Abigail **Paxson**.

P. 247, 4 Sep 1699, John **Scarbrough**, yeoman, of Bucks Co., Pennsylvania to Henry **Hudleston**, yeoman, of same, £90, 80 acres, of 250 acres ...line of Thomas **Bayn** and **Thatcher**...patented, 1682, by John **Scarbrough**, blacksmith, of London, England, father of said

John. Signed John **Scarbrough**. Wit: George **Biles**, Enoch **Yardley** and Jonathan **Scafe**.

P. 249, 11 Sep 1699, Joseph **Growdon**, gentleman, of Bucks Co., Pennsylvania to William **Croasdel**, yeoman, of same, £18, lot in Buckingham... purchased, 1696, of Peter & Elizabeth **White**. Signed Joseph **Growdon**. Wit: Samuel **Beakes** and Jeremiah **Langhorne**.

P. 250, 4 Sep 1699, William **Hayhurst**, (son and heir of Cuther **Herst**), yeoman, of Bucks Co., Pennsylvania to Henry **Hudleston**, yeoman, of same, £4, 12.5 acres...line of Robert **Heaton**... patented 1685. Signed William **Hayhurst**. Wit: George **Biles** and William **Darby**.

P. 251, 15 Oct 1696, John **Scarbrough**, blacksmith, of St. Sepulchers Parish, London, England power of attorney to his son John **Scarbrough** Jr., of Bucks Co., Pennsylvania. Signed John **Scarbrough**. Wit: William **Penn** Jr., Thomas **barnard**, Daniel **Harrison** and Robert **Hutchinson**.

P. 252, 17 Oct 1699, Joseph **Growdon**, gentleman, of Bensalem, Bucks Co., Pennsylvania to Thomas **Stackhouse**, yeoman, of Bucks Co., Pennsylvania, £36, 90 acres...line of Jeremiah **Longhorne**... part of two tracts purchased, 1696, of Edward **Evans** and, 1698, of Richard **Davis**. Signed Joseph **Growdon**. Wit: John **Swift** and William **Croasdall**.

P. 253, Joseph **Growdon**, gentleman, of Bensalem, Bucks Co., Pennsylvania to William **Croasdall**, yeoman, of Bucks Co., Pennsylvania, £18, lot in Buckingham.

P. 254, 20 Dec 1690, Patent to Joseph **Jones**, 500 acres...line of Thomas **Fairman** and Joel **Jelson**, warrant 1683. Signed William **Markham**, Robert **Turner** and John **Goodson**.

P. 254, 4 Aug 1696, John **Swift**, (attorney for Joseph **Jones**, the elder, of Southampton, Southampton Co., England), of Southampton, Bucks Co., Pennsylvania to Peter & Lucy **Chamberlin**, 500 acres. Signed John **Swift**. Wit: William **Croasdall**,

James **Plumby** and Daniel **Beakes**.

P. 255, 22 Apr 1699, Richard **Ridgway**, yeoman, of Burlington Co., West New Jersey to Daniel **Garner**, cordwinder, of Bucks Co., Pennsylvania, £10, 112.5 acres...patented 1681. Signed Richard **Ridgway**. Wit: Joshua **Smith**, Abigail **Ridgway** and Richard **Ridgway** Jr.

P. 256, 1 Sep 1699, Daniel **Garner**, cordwinder, of Bucks Co., Pennsylvania to Joseph **Jenney**, carpenter, of same, £72.5, 112.5 acres...line of Stephen **Beakes**, Richard **Wilson** and John **Luff**... purchased of Richard **Ridgway**. Signed Daniel **Garner**. Wit: Jonathan **Scaife**, Thomas **Jenney** and Enoch **Yardley**, power of attorney to William **Biles** Jr.

P. 258, 18 Oct 1699, Phineas **Pemberton**, yeoman, of Bucks Co., Pennsylvania to George **Stone**, weaver, of same, for £25, paid James **Harrison** in his life time, 500 acres, of 5000 acres... patented, 1682, by James **Harrison**, father of Phebe, the wife of said Phineas. Signed Phineas **Pemberton**. Wit: Joseph **Growdon** and Daniel **Beakes**.

P. 259, 18 Oct 1699, Grace **Langhorne**, (widow of Thomas **Langhorne**), Jeremiah **Langhorne** and William & Sarah **Biles**, (said Jeremiah and Sarah are children of said Thomas), of Bucks Co., Pennsylvania to Thomas **Stackhouse** Jr., yeoman, of same, £15, 100 acres...line formerly of **Andrews**...purchased, 1687, of Francis **Done**, William **Wiggans** and Edward **Samways**. Signed Jeremiah **Langhorne**, William **Biles** and Sarah **Biles**. Wit: Robert **Heaton** Jr. and John **Croasdale**.

P. 261, 18 Oct 1699, Thomas **Brock**, yeoman, of Bucks Co., Pennsylvania to Joseph **Kirkbride**, yeoman, of same, £25, lot in Buckingham... line of Jeremiah **Dungan** and Anthony **Burton**. Signed Thomas **Brock**. Wit: Walter **Humphrey**, George **Biles** and Christopher **Snowdon**.

P. 262, 5 Sep 1699, Thomas **Brock**, yeoman, of Bucks Co., Pennsylvania to Richard **Pierce**, carpenter, of same, £10, lot in Buckingham... line of Anthony **Burton**. Signed Thomas **Brock**. Wit:

Walter **Humphrey**, George **Biles** and Christopher **Snowdon**.

P. 263, 19 Oct 1699, Stephen **Wilson**, carpenter, of Burlington Co., West New Jersey to Stephen **Twining**, yeoman, of Bucks Co., Pennsylvania, £80, 252 acres...Newtown...of 500 acres, patented, 1685, by Thomas **Rowland**, who devised to his brother John **Rowland**, who sold, 1691, to Henry **Baker**, who sold, 1697, to said Stephen. Signed Stephen **Wilson**. Wit: John **Smith** and William **Hayhurst**.

P. 264, 16 Feb 1698, Joseph **Growdon**, gentleman, of Bensalem, Bucks Co., Pennsylvania to Abel **Hinckstone**, yeoman, of Bucks Co., Pennsylvania, £39, 204 acres, 5000 acres...line of William **Beals**... patented 1681. Signed Joseph **Growdon**. Wit: John **Swift**, Henry **Baker** and Richard **Hough**.

P. 265, 10 Feb 1698, Joseph **Growdon**, gentleman, of Bensalem, Bucks Co., Pennsylvania to Garret **Vansand**, husbandman, of Bucks Co., Pennsylvania, £28, 150 acres, of 5000 acres...line of Edward **Carter**...patented 1681. Signed Joseph **Growdon**. Wit: Thomas **Stackhouse**, Thomas **Yardley** and Francis (x) **Searl**.

P. 266, 10 Feb 1698, Joseph **Growdon**, gentleman, of Bensalem, Bucks Co., Pennsylvania to Cornelius **Vansand**, husbandman, of Bucks Co., Pennsylvania, £28, 115 acres, of 5000 acres... line of Garret **Vansand**, John **Tatham**...patented 1681. Signed Joseph **Growdon**. Wit: Thomas **Stackhouse**, Thomas **Yardley** and Francis (x) **Searl**.

P. 267, 1 Dec 1697, Jane **Chapman**, (widow of John **Chapman**, yeoman, of Bucks Co., Pennsylvania) to William **Smith**, yeoman, of same, £10, 100 acres...Wrightstown...part of 500 acres purchased, 1684, from Daniel **Teats**. Signed Jane (x) **Chapman**. Wit: William **Biles**, Samuel **Beakes** and Jonathan **Scaife**.

P. 268, 8 Sep 1699, Henry & Margery **Paxson**, Abel & Elizabeth **Hinckstone**, (said Elizabeth is the former wife of William **Plumby** and daughter-in-law to said Margery) and James **Plumby**, (son of said Margery), yeomen, of Bucks Co., Pennsylvania to Thomas

Walmsley, husbandman, of same, £30 (for the children of said William Plumby), 125 acres...former line of Nicholas Waln...patented, 1688, by said, (then a widow), Margery Plumby. Signed Henry (x) Paxson, Abel (x) Hinckstone, Elizabeth Hinckstone, Margery (x) Paxson and James Plumby.

P. 270, 1 Nov 1699, Samuel Carpenter to Joseph Large £70, 200 acres...purchased of said Joseph Large. Signed Samuel Carpenter. Wit: John Ithell and Robert Hodgson.

P. 271, 1 Nov 1699, Samuel Carpenter, merchant, of Philadelphia, Philadelphia Co. Pennsylvania to Joseph Large, quit claim, 200 acres...former line of Mordecai Bowdon and William Dungan. Signed Samuel Carpenter. Wit: David Lloyd, Aurelius Hoskins and Robert Hodgson.

P. 272, 16 Nov 1699, William Dungan, cordwinder, of Bucks Co., Pennsylvania to John Cook, (son and heir of Arthur Cook), £6, 100 acres...former line of Edmund Lovett and John Green sold 1688, to Arthur Cook, deceased...patented 1692. Signed William Dungan. Wit: Robert Hodgson, Joseph Large and John Surkely Jr.

P. 273, 12 May 1695, Susannah Tunniclift, (widow of Thomas Tunniclift, yeoman, of Bucks Co., Pennsylvania) and executor Thomas Worrilow, yeoman, of Chester Co., Pennsylvania to Francis Tunniclift, cordwinder, late of Bucks Co., Pennsylvania, £50, 500 acres of 1000 acres ...patented, 1681, by John Alsop, of Justry, Stafford Co., who sold to said Thomas. Signed Susannah (x) Tunniclift and Thomas Worrilow. Wit: John Brock, Henry Margerom, Ruben Pownall and Andrew (x) Ellet.

P. 275, 1 Aug 1698, Francis Tunniclift, cordwinder, of Bucks Co., Pennsylvania to Thomas Janney, yeoman, of same, £1.5, 100 acres of 500 acres...purchased of Susannah Tunniclift. Signed Francis Tunniclift. Wit: Mary Hodgson, Abigail Pemberton and Phineas Pemberton.

P. 277, 1 Aug 1698, Francis Tunniclift, cordwinder, of Bucks Co., Pennsylvania to Abel Janney, yeoman, of same, £40, 280 acres of

500 acres...purchased of Susannah **Tunniclift**. Signed Francis **Tunniclift**. Wit: Mary **Hodgson**, Abigail **Pemberton** and Phineas **Pemberton**.

P. 278, 10 Aug 1698, Abel **Janney**, yeoman, of Bucks Co., Pennsylvania to Thomas **Janney**, yeoman, of same, £1.05, 7.25 acres...part of tract purchased of Francis **Tunniclift**. Signed Abel **Janney**. Wit: Samuel **Dark**, George **Biles** and Joseph **Clows**.

P. 279, 1 Mar 1699, Joseph **Growdon**, gentleman, of Bensalem, Bucks Co., Pennsylvania to William **Baker**, husbandman, of same, £11.55, 21 acres... line of Abel **Hinekstone**...Bensalem...patented 1681. Signed Joseph **Growdon**. Wit: Peter **Worral** and William **Biles** Jr.

P. 280, 24 Jan 1698, Thomas **Fairman**, (attorney for Robert **Fairman**, of London, England), gentleman, of Philadelphia Co., Pennsylvania to Michael **Frederick**, husbandman, of same, £20, 86 acres...former line of John **Bowen**, now Joseph **Growdon**...purchased, 1688, of Thomas **Hulme**. Signed Thomas **Fairman**. Wit: Michael (x) **Loyken**, Elmer **Loyken** and George **Galy**.

P. 281, 10 Apr 1700, Joseph **Growdon**, gentleman, of Bensalem, Bucks Co., Pennsylvania to Samuel **Oldale**, mason, of Bucks Co., Pennsylvania, £40, lot in Buckingham. Signed Joseph **Growdon**. Wit: Samuel **Beakes**, William **Biles** and Richard **Hough**.

P. 282, 26 Mar 1697, John **Bowen**, of Bucks Co., Pennsylvania to Joseph **Growdon**, gentleman, of same, £9, 250 acres. Signed John **Bowen**. Wit: Edward **Bolton** and Margaret (x) **Mathews**.

P. 283, 19 Feb 1699, Jonathan **Scaife** to John **Rumford**, weaver, of Bucks Co., Pennsylvania, £7, 500 acres...line of John **Hough** and widow **Musgrave**...of 1000 acres, patented, 1682, by John **Shires**, who sold, 1682, to Richard **Colbourn**, who sold, 1683, to Joseph **Drake**, who sold, 1684, to said Jonathan. Signed Jonathan **Scaife**. Wit: William **Paxson** Sr., John **Hough** Sr. and John **Shaw**.

P. 284, 12 Dec 1699, Thomas **Dungan**, husbandman, of Bucks Co., Pennsylvania to John **Scott**, yeoman, of same, £100, 100 acres... former line of William **Bennett**...corner of Edward **Doyle**...of 200 acres, patented 1692, by Thomas **Dungan** Sr., and sold by Clement, Jeremiah and John **Dungan**, sons of Thomas Sr. to their brother said Thomas. Signed Thomas **Dungan**. Wit: George **Biles**, Edward **Carter** and Clement **Dungan**.

P. 285, 5 May 1698, William **Biles**, (attorney Thomas **Hodson**, of Macclesfield, Chester Co., England), yeoman, of Bucks Co., Pennsylvania to William **Lawrence**, John **Saltman**, Joseph **Thorn**, Samuel **Thorn** and Benjamin **Field**, of Queens Co., Island of Nassau, alias Long Island, New York, £250, 5000 acres...line of Randall **Blackshaw**... patented 1683. Signed William **Biles**. Wit: Edward **Penington** and William **Stevenson**.

P. 287, 3 Mar 1698, Joseph **Growdon**, gentleman, of Bensalem, Bucks Co., Pennsylvania to Stephen **Sands**, husbandman of same, £35, 100 acres ... line of widow **Culter** and **Plumly**...patented 1681. Signed Joseph **Growdon**. Wit: Stephen **Beakes** and Jeremiah **Langhorne**.

P. 288, 13 Mar 1699, Josias **Hill** to John **Ellett**, taylor, of Carcus Hook, of Philadelphia Co., Pennsylvania, £20, 200 acres. Signed Josias **Hill**. Wit: Anthony **Morgan**, Elizabeth (x) **Morgan** and Francis **Cooke**.

Chapter 3
Bucks Co., Pennsylvania
Deed Records
Volume 3
1699-1708

P. 1, 20 Nov 1699, Samuel **Richardson**, yeoman, of Philadelphia Co., Pennsylvania to Phineas **Pemberton**, yeoman, of same, £35, 300 acres...line of Thomas **Rudyard**...patented, 29 Mar 1684, Thomas **Bowman**, who sold to said Samuel. Signed Samuel **Richardson**. Wit: Anthony **Morris** and William **Hudson**.

P. 2, 5 Mar 1699, Richard **Hough**, yeoman, of Bucks Co., Pennsylvania to John **Watson**, yeoman, of same, £70, 200 acres...corner to William **Darke**...patented, 13 Apr 1683, by Charles and William **Biles**. Signed Richard **Hough**. Wit: William **Biles** Jr., Thomas **Yardley** and Phineas **Pemberton**.

P. 3, 11 Mar 1699, John **Watson**, yeoman, of Bucks Co., Pennsylvania to Richard **Hough**, yeoman, of same, £70, 236 acres...corner to William **Darke**. Signed John **Watson**. Wit: William **Biles** Jr., Thomas **Yardley** and Phineas **Pemberton**.

P. 5, 20 Nov 1699, Margaret **Cook**, (widow of Arthur **Cook**) and her son John **Cook**, of Frankford, Philadelphia Co., Pennsylvania to Phineas **Pemberton**, yeoman, of same, £69.3, 203 acres...corner Joseph **Large**, Edmund **Lovett**, **Pearson** and **Burton**...patented, 2 Aug 1684, by Ralph **Smith**, who devised to Priscilla **Rowland**, wife of John **Rowland**, who sold to said Arthur. Signed Margaret **Cooke** and John **Cooke**.

P. 7, 6 Nov 1699, Joseph **Large**, weaver, of Bucks Co., Pennsylvania to Phineas **Pemberton**, yeoman, of same, £72, 100 acres of 200 acres... Buckingham Twp...patented, 25 Jul 1684, by John & Katharine **Green** and their son Thomas **Green**, who sold, 20 Nov 1693, to said Joseph. Signed Joseph **Large**. Wit: John **Sioff**, John **Surket** Jr. and William **Surket**.

P. 8, 6 Nov 1699, Joseph **Large** Jr. and Richard **Large**, (sons of Joseph **Large**), husbandmen, of Bucks Co., Pennsylvania quit claim their interest in 100 acres sold to Phineas **Pemberton**...line of Edmund **Lovett** and Mordecai **Bowden**. Signed Joseph **Large** and Richard **Large**. Wit: John (x) **Surket**, Robert (x) **Sanders** and Thomas (x) **Phillips**.

P. 9, 24 Jan 1699, Edmund **Lovett** and Joseph **Kirkbride**, yeomen, of Bucks Co., Pennsylvania and Pentecost **Teage**, woolcomber, of Philadelphia, Pennsylvania, (trustees to the children of Abraham **Cox**, deceased and his widow Sarah **Cox**) to Samuel **Smith**, fell monger, of Bucks Co., Pennsylvania, £255, 200 acres...line of Joseph **Large** and Phineas **Pemberton**...purchased of Thomas & Rebecca **Williams**...100 acres in trust. Signed Edmund **Lovett** and Pentecost **Teage**. Wit: Richard **Hough**, Joseph **Wood** and Phineas **Pemberton**.

P. 12, 23 Aug 1690, Patent to Robert **Turner**, 1000 acres...line of Anthony **Thompkins** and John **Bound**.

P. 13, 14 Mar 1700, Robert **Turner** to Charles **Brookes**, yeoman, of Bucks Co., Pennsylvania, £60, 1000 acres. Signed Robert **Turner**.

P. 13, 15 Mar 1700, Charles **Brookes**, yeoman, of Chester Co., Pennsylvania to John **Bleeker**, yeoman, of Philadelphia Co., Pennsylvania, £80, 1000 acres. Signed Charles (x) **Brookes**. Wit: Francis **Cooke**, Mary **Cooke**, Caspar **Hood** and Jacob Harks **Parbelber**.

P. 15, 16 May 1700, Humphrey **Morrey**, merchant, and Dr. John **Goodson**, of Philadelphia, Pennsylvania, (attorneys for Mary **Crow**, of St. Buttolph Parish, London, England, sister and heir of Benjamin **Roberts**) to Shadrack **Walley**, of Bucks Co., Pennsylvania, £25, 250 acres... patented, 5 Apr 1688, by Benjamin **Roberts**...line of Abraham **Whearley**. Signed Humphrey **Morrey** and John **Goodson**.

Wit: Samuel **Giddon** and Francis **Cooke**.

P. 16, 23 May 1700, Phineas **Pemberton**, of Bucks Co., Pennsylvania to Robert **Hodgson**, yeoman, of Philadelphia Co., Pennsylvania, £80, 200 acres...patented, 29 Jan 1684, by Thomas **Bowman**, who sold to Samuel **Richardson**, who sold to said Phineas...lot in Buckingham between Market and Mulberry St. corner to Peter **Webster**... purchased of Thomas **Brock**, Anthony **Burton**, Peter **White** and Elizabeth **White**. Signed Phineas **Pemberton**. Wit: Samuel **Beakes** and Samuel **Darke**.

P. 18, 26 Jun 1700, Phineas **Pemberton** appointed keeper of the rent rolls. Signed Thomas **Story**.

P. 19, 11 Mar 1700, Margaret **Cook** and John **Cook**, widow and son of Arthur **Cook**, of Frankford, of Philadelphia Co., Pennsylvania to Clement **Dungan** and Thomas **Dungan**, husbandmen, of Philadelphia Co., Pennsylvania, £140, 1000 acres of 2000 acres ...patented, 1 Jun 1686, by Arthur **Cook** corner to Job **Houl**. Signed Margaret **Cooke** and John **Cooke**. Wit: Joseph **Growdon**, William **Biles** and Richard **Hough**.

P. 20, 11 Jun 1700, Isaac **Atkinson**, cordwinder, of Bucks Co., Pennsylvania to his father-in-law William **Biles**, yeoman, of same, £39, in possession of George **Biles**...line of John **Rowland**, William **Dungan**, Randle **Blackshaw** and Charles **Brigham**. Signed Isaac **Atkinson**. Wit: William **Atkinson**, Jane **Biles** and Phineas **Pemberton**.

P. 21, 10 Nov 1700, John **Smith**, blacksmith, of Bucks Co., Pennsylvania to Daniel **Jackson**, yeoman, of same, £280, 250 acres...corner to William **Carter**...patented 29 Dec 1684, by Robert **Carter**, then to his son John **Carter**, by order of orphan court 1 Nov 1689, who sold to said John. Signed John **Smith**. Wit: John **Hioff** and John **Guy**.

P. 22, 10 Nov 1700, Thomas **Brock**, yeoman, of Bucks Co., Pennsylvania to John **Smith**, blacksmith, of same, £30, 300 acres...Lahasbick Hill...patented by Ralph **Boone** and William

Smith, who sold to said Thomas. Signed Thomas **Brock**. Wit: Daniel **Jackson**, John **Guy** and John **Hioff**.

P. 24, 20, Mar 1700, Anthony **Burton**, carpenter, of Bucks Co., Pennsylvania to Peter **Webster**, husbandman, of same, £10, lot in Buckingham, corner to Thomas **Terry**...second lot corner to Richard **Peirce**. Signed Anthony **Burton**. Wit: Phineas **Pemberton** and Alice **Pemberton**.

P. 25, 10 Nov 1700, Samuel & Elizabeth **Smith**, (said Elizabeth is the daughter of Edmund **Lovett**), yeoman, of Bucks Co., Pennsylvania to the said Edmund **Lovett**, £40, 150 acres of 250 acres... patented 29 Jul 1684. Signed Samuel **Smith** and Elizabeth (x) **Smith**. Wit: Phineas **Pemberton**.

P. 26, 11 Apr 1700, Peter & Elizabeth **White**, yeoman, of Burlington, West New Jersey to Peter **Webster**, husbandman, of Bucks Co., Pennsylvania, £40, three lots in Buckingham...line of Samuel **Carpenter**, Ratlife St... Wood St. and Mulberry St., line of Phineas **Pemberton**...purchased of Joseph **English**. Signed Peter **White** and Elizabeth (x) **White**. Wit: John **White** and James (x) **Moon**.

P. 27, 11 Jun 1700, John & Priscilla **Rowland**, yeoman, of Bucks Co., Pennsylvania to John **Hiett**, yeoman, of same, £300, 300 acres...corner to Thomas **Atkinson**, now George **Biles**...patented 22 May 1686. Signed John **Rowland** and Priscilla **Rowland**. Wit: William **Croasdell**, Peter (x) **Wood** and Edward (x) **Hartley**.

P. 29, 14 Jan 1700, Robert **Heaton** Sr., of Middle Twp., Bucks Co., Pennsylvania to Robert **Heaton** Jr., of same, £100, 440 acres, of 500 acres...line of William **Hayhurst**...patented, 12 Nov 1682, by James **Dilworth**, who sold to said Robert...also 340 acres...patented, 18 Nov 1690, by Edmund **Bennett**, who devised to his wife Elizabeth **Bennett**, who sold to Nicholas **Walln**, who sold to said Robert. Signed Robert (x) **Heaton** Sr. Wit: Thomas **Hough** and John **Cutler**.

P. 31, 24 Feb 1700, Peter & Elizabeth **White**, (said Elizabeth is the daughter and heir of Joseph **English**), yeoman, of Burlington, West New Jersey to Anthony **Burton**, yeoman, of Bucks Co., Pennsylvania, £7, lot in Bristol, formerly called Buckingham. Signed Peter **White** and Elizabeth **White**. Wit: Francis **White**, John **Town**, Edward **Mayos** and Jeremiah **Dungan**.

P. 32, 9 Feb 1700, John **Guy**, (son and heir of Edward **Guy**), of Bucks Co., Pennsylvania to Isaac **Atkinson**, yeoman, of same, £32, 200 acres...line of William **Biles**...patented, 31 Jul 1684, by Samuel **Darke**, who sold to John **Radley**, who sold to said Edward to devised to his sons the said John and Edward **Guy** and his daughter Ester **Guy**. Signed John **Guy**. Wit: Abraham **Senior**, John **Hawkins** and William **Biles**.

P. 34, 10 Mar 1700, William **Paxson** to his son-in-law Thomas **Walmsley**, of Bucks Co., Pennsylvania, £5, 200 acres. Signed William **Paxson**. Wit: Joseph **Kirkbride**, William **Darke**, Jacque **Verrier** and Edward **Carter**.

P. 34, Samuel **Baker**, (son and heir of Henry **Baker**), of Bucks Co., Pennsylvania to Thomas **Hilborne**, of Shrewsbery, East New Jersey, 225 acres...Thomas **Hilborne**, corner to Jonathan **Eldridge** and Arthur **Cook**...and 25 acres in Newtown...patented, 4 Jun 1694, by John **Otter**, who sold to said Henry, who devised to his son Nathan **Baker**, but also sold to said Thomas, now said Nathan being a minor between 16 & 17 years asks his older brother to honor the sale. Signed Samuel **Baker**. Wit: John **Parsons**, Daniel **Radley**, Nathan **Baker** and David **Lloyd**.

P. 36, 8 Mar 1701, Hugh **Alash**, husbandman, of Abington Twp., Philadelphia Co., Pennsylvania to Philip **Pecker**, of Deblin Twp., Philadelphia Co., Pennsylvania, £30, (note says that this deed is for Philadelphia Co., now Martgomery Co. and recording was never completed).

P. 37, 9 Jun 1701, Richard **Lundy**, yeoman, of Bucks Co., Pennsylvania to Thomas **Dure**, weaver, of same, £90, 103 acres...line of Randle **Blackshaw**...enclosed are 3 acres sold by Samuel **Burgess** to Randle **Blackshaw** and 3 acres sold by said Richard **Lundy** to

Ralph **Sutton**. Signed Richard (x) **Lundy**. Wit: William **Biles** Jr., James **Moon** and James (x) **Moon**.

P. 38, 16 May 1701, William **Biles**, yeoman, of Bucks Co., Pennsylvania to William & Ann **White**, husbandman, of same, £20, 100 acres...line of Charles **Biles**, Josiah **Hoopes** and John **Palmer**...patented, 15 Jul 1684, by Thomas **Biles**, brother of said William. Signed William **Biles**. Wit: John **Pidcocke**, John **Routledge** and John **Hiett**.

P. 39, 10 Jun 1701, Francis **White**, yeoman, of Middle Twp., Bucks Co., Pennsylvania to Benjamin **White**, yeoman, of Kent Co., Pennsylvania, £50, 200 acres of 750 acres...line of William **Carter** and Peter **White**...patented by John & Joan **White**, who sold to said Francis. Signed Francis **White**. Wit: John **Pidcocke**, James **Heaton** and Jonathan **Greave**.

P. 41, 21 May 1701, Gilbert **Wheeler**, yeoman, of Bucks Co., Pennsylvania to John **Pidcocke**, yeoman, of same, £20, 400 acres of 500 acres purchased of John **Rowland**. Signed Gilbert **Wheeler**. Wit: Richard **Bull**, Sarah **Bull** and William **Biles**.

P. 42, 6 Mar 1700, John **Scarbrough**, (attorney and son of John **Scarbrough**, blacksmith of England), yeoman, of Bucks Co., Pennsylvania to Adam **Harker**, mason, of Bucks Co., Pennsylvania, £98, 110 acres of 250 acres...patented, 3 Jul 1682, by said John Sr...corner to Richard **Thatcher**, Nicholas **Walln**, James **Paxson**...60 acres already sold to Thomas **Baines** and 80 acres sold to Henry **Huddle**. Signed John **Scarbrough**. Wit: Joseph **Kirkbride**, Edward **Kinnison** and William **Nutt**.

P. 44, 6 Jun 1701, James **Moon**, (son of James **Moon**), yeoman, of Bucks Co., Pennsylvania to his father James **Moon**, of same, £50, 120 acres...line of Samuel **Darke**, Randle **Blackshaw** and James **Hill**...purchased of said James **Hill**. Signed James **Moon**. Wit: John **Snowden**, Henry **Margerum** and William **Biles** Jr.

P. 45, 9 Jun 1701, Thomas **Dure**, weaver, of Bucks Co., Pennsylvania to James **Moon** Jr., £58, 200 acres of 500 acres...line of

Thomas **Bond** and Thomas **Hodson**...James **Harrison**, (father of Phebe **Pemberton**, wife of Phineas **Pemberton**), sold to George **Stone**, who died intestate and passed to his nephew the said Thomas. Signed Thomas **Dure**. Wit: Henry **Margerum**, John **Snowden** and William **Biles** Jr.

P. 47, 11 Mar 1700, Henry & Margery **Paxson**, yeoman and James **Plumly**, (son of said Margery), yeoman, of Bucks Co., Pennsylvania to Joseph **Growdon**, of same, £30, 125 acres...line of Thomas **Walmsley** and Joseph **Growdon**...patented, 18 May 1688, by said Margery, then widow **Plumly**. Signed Henry (x) **Paxson**, Margery (x) **Paxson** and James **Plumly**. Wit: William **Biles** Jr., Jeremiah **Langhorne** and Daniel **Doane**.

P. 49, 14 Jan 1700, Stephen **Howell**, yeoman, of Kent Co., Pennsylvania to John **Carter**, laborer, of Bucks Co., Pennsylvania, £35, 100 acres of 500 acres...line of Joan **White**, late wife of John **White** and John **Headley**... patented, 9 Jul 1686, by William **Carter**, who sold to Robert **Carter**, 1 Nov 1689, orphans court gave to his daughter Margaret **Carter**, who with her husband Thomas **Carter**, sold, 1 Aug 1699 to said Stephen. Signed Stephen **Howell**. Wit: John **Brinckloe** and Benjamin **White**.

P. 50, 7 Aug 1701, Jane **Scott**, (widow of John **Scott**), of Bucks Co., Pennsylvania to Jobias & Sarah **Dymock**, merchant, of Philadelphia, Pennsylvania, £115, 100 acres...line of William **Bennett** and Edward **Doyles**...purchased of Thomas **Dungan**. Signed Jane **Scott**. Wit: Thomas **Story**, John **Whitker** and Maurice **Lisle**.

P. 52, 6 Aug 1701, Edward **Mayos**, yeoman, of Bristol, Bucks Co., Pennsylvania to Anthony **Burton**, £5, lot in Bristol...part of 11 acres Joseph **English**, son-in-law to Samuel **Clift**, sold to said Anthony and Thomas **Brock** and said Thomas sold to said Edward. Signed Edward **Mayos**. Wit: Joseph **Kirkbride** and Thomas **Brock**.

P. 54, 9 Aug 1701, Jeremiah **Dungan**, yeoman, of Bucks Co., Pennsylvania to Joseph **Kirkbride**, £60, two lots in Bristol. Signed Jeremiah **Dungan**. Wit: William **Beakes**, William **Hayhurst** and Abel **Janney**.

P. 55, 12 Feb 1701, John **Scarbrough**, yeoman, of Bucks Co., Pennsylvania to Mary **Baker**, widow, of same, £50, west side of Paxson Run...line of William **Paxson** Sr., Jeremiah **Langhorne** and Thomas **Stackhouse** Jr...where William **Paxson** Jr. lives. Signed John **Scarbrough**. Wit: William **Atkinson**, Jane **Biles** and William **Biles**.

P. 57, 1 Sep 1701, Edward **Mayos**, yeoman, of Bristol, Bucks Co., Pennsylvania to Phineas **Pemberton**, of same, £5, lot in Bristol. Signed Edward **Mayos**. Wit: Joseph **Kirkbride** and Thomas **Brock**.

P. 58, 9 Aug 1701, Thomas **Brock**, yeoman, of Bucks Co., Pennsylvania to Edward **Mayos**, yeoman, of same, £17, lot in Bristol. Signed Thomas **Brock**. Wit: Samuel **Baker** and Adam **Harker**.

P. 59, 13 Aug 1701, Anthony **Burton**, yeoman, of Bristol Twp., Bucks Co., Pennsylvania to Edward **Mayos**, yeoman, of same, £6, lot in Bristol. Signed Anthony **Burton**. Wit: Joseph **Kirkbride** and Thomas **Brock**.

P. 61, 10 Dec 1701, Margaret **Cook**, of Philadelphia, Pennsylvania and John **Cook**, widow and son of Arthur **Cook**, of Philadelphia Co., Pennsylvania to Thomas **Hillborn**, yeoman, of Shrouesberry, East New Jersey, £110, 526 acres...Newtown Run...line of Richard **Berry**...patented 21 Oct 1701. Signed Margaret **Cooke** and John **Cooke**. Wit: Thomas **Story**, Thomas **Masters** and John **Parsons**.

P. 63, 16 Nov 1700, Joseph **Growdon**, gentleman, of Bucks Co., Pennsylvania to Margaret **Cooke**, widow, of Philadelphia, Pennsylvania, £20, 400 acres. Signed Joseph **Growdon**. Wit: Elizabeth **Growdon**, Sarah **Gone** and Phineas **Pemberton**.

P. 64, 5 May 1699, Stephen **Beakes**, yeoman, of Bucks Co., Pennsylvania to Samuel **Beakes** and Phineas **Pemberton**, of same, 203 acres... to hold in trust for Elizabeth **Beakes** and John **Beakes**, wife and son of said Stephen. Signed Stephen **Beakes**. Wit: Edward **Lucas**, Isaac **Atkinson** and James **Acreman**.

P. 65, 1 Feb 1701, Dr. Thomas **Curtis**, barber, of Philadelphia,

Pennsylvania to Stephen **Nowell**, mason, of Kent Co., Pennsylvania, £18, 100 acres of 500 acres...patented, 9 Jul 1686, by William **Carter**, who sold to Richard **Carter**, who devised to his daughter Margaret **Carter**, late wife of said Thomas...line of Joan the wife of John **White** and John **Headley**. Signed Thomas **Curtis**. Wit: John **Heath**, Samuel **Weaver** and George **Noble**.

P. 67, 14 May 1702, Andrew & Elizabeth **Heath**, (said Elizabeth is the widow of William **Venables**), John & Joyce **Hutchinson**, (said Joyce's maiden name was **Venables**) and Frances **Venables**, all of Hopewell Twp., Burlington Co., West New Jersey to Peter **Worrall**, yeoman, of Bucks Co., Pennsylvania, £50, 220 acres. Signed Andrew **Heath**, Elizabeth (x) **Heath**, John **Hutchinson**, Joyce **Hutchinson** and Frances **Venables**. Wit: John **Bainbridge**, John **Knowles**, William **Emley**, Joseph **Clowsy** and James (x) **Hargons**.

P. 69, 16 Mar 1702, Thomas **Revell**, (executor of the estate of Elizabeth **Tatham**, with Patrick **Robinson**, deceased, of Philadelphia, Pennsylvania), gentleman, of Burlington Co., West New Jersey to William **Stevenson**, gentleman, of same and Thomas **Stevenson**, gentleman, of Bucks Co., Pennsylvania, £300, 2500 acres... patented, 18 Jun 1684, by John Grey alias **Tatham**, (purchased as John **Grey**), late husband of said Elizabeth. Signed Thomas **Revell**. Wit: George **Deacon**, Christopher **Snoden**, Robert **Hickman** and Emanuel **Smith**.

P. 72, 12 Jan 1701, Thomas **Revell**, (executor of the estate of Elizabeth **Tatham**, with Patrick **Robinson**, deceased, of Philadelphia, Pennsylvania), gentleman, of Burlington Co., West New Jersey to Thomas **Stevenson** Jr., yeoman, of New York, £550, 1000 acres...sold by Joseph **Growdon** to John **Gray**. Signed Thomas **Revell**. Wit: John **Hamilton**, Henry **Grubb**, Nathan **Allen** and William **Stevenson**.

P. 75, 1 Jun 1702, Thomas **Knight** quit claim to Thomas **Scott**. Signed Thomas (x) **Knight**. Wit: Abraham **Griffith**, Jeremiah (x) **Bartholomew** and Jeremiah **Langhorne**.

P. 75, 17 Feb 1701, Samuel **Carpenter**, (executor of the estate

Francis **Rossill**), merchant, of Philadelphia, Pennsylvania to John **Burgess**, of same, 200 acres of 500 acres ...purchased of Richard **Lundy**, said Francis devised to the sons of Samuel **Burgess**, said John. Signed Samuel **Carpenter**. Wit: George **Clough**, Enoch **Pearson** and Israel **Pemberton**.

P. 76, 16 Oct 1701, Joseph **Growdon**, gentleman, of Bensalem, Bucks Co., Pennsylvania to 45 acres...Southampton Twp...to makeup acres in transaction of 9 Aug 1696...patented 25 Oct 1681. Signed Joseph **Growdon**. Wit: David **Lloyd** and Thomas **Stevenson**.

P. 77, 2 Feb 1702, Israel and Joseph **Taylor**, (sons and heirs of Christopher **Taylor**), David **Lloyd**, gentleman, of Bucks Co., Pennsylvania and Isaac **Norris**, (son-in-law of Thomas **Lloyd**), merchant, of Philadelphia, Pennsylvania (executors of the estate of Thomas **Lloyd**, with Patience **Lloyd**, wife of said Thomas and their son Mordecai **Lloyd**, deceased) to Thomas **Yardley**, tanner, of Bucks Co., Pennsylvania, £120, 562 acres...line of heirs of Francis **Richardson**...patented 26 Feb 1682...purchased of said Christopher. Signed David **Lloyd**, Israel **Taylor**, Isaac **Norris** and Joseph **Taylor**.

P. 80, 15 Jan 1702, Phineas **Pemberton** to John **Penquite**, of Wrightstown, Bucks Co., Pennsylvania, £20, 200 acres. Signed Phineas **Pemberton**. Wit: William **Hayhurst** and John **Cowgill**.

P. 80, 12 Apr 1698, John **Jones**, (executor of the estate of Henry **Jones**, merchant, of Philadelphia, Pennsylvania), merchant, of Philadelphia, Pennsylvania to Joseph **Growdon**, gentleman, of Bucks Co., Pennsylvania, £39, 125 acres...line of John **Town**. Signed John **Jones**. Wit: Anthony **Morris**, Clement **Plumsted** and David **Lloyd**.

P. 81, 8 Jun 1702, Margaret **Atkinson**, (widow and executor of the estate of Christopher **Atkinson**, late of Scotforth, Lancaster Co., England), of Bellmount, Bensalem Twp., Bucks Co., Pennsylvania to Joseph **Gilbert**, carpenter, of Weskicket, Bensalem Twp., Bucks Co., Pennsylvania, £80, 500 acres of 1500 acres...Buckingham Twp...line of William **Say**, Robert **Wheeler** and James **Streaton**...patented 18 Mar 1698. Signed Margaret (x) **Atkinson**. Wit: Joseph **Growdon**, George **Duncan** and John **Cutler**.

P. 83, 16 May 1702, Henry & Jane **Bowen**, (said Jane is the daughter and heir of Robert **Carter**), yeoman, of Bucks Co., Pennsylvania to John **White**, (widower of Joan **White**, a daughter of Robert **Carter**), now of Bristol, Bucks Co., Pennsylvania, £62.5, 100 acres of 500 acres...patented, 9 Jul 1686, by William **Carter**, who sold to said Robert. Signed Henry **Bowen** and Jane (x) **Bowen**. Wit: Charles **Lavalley** and William (x) **Corderoy**.

P. 85, 12 Jun 1702, George **Biles**, yeoman, of Bucks Co., Pennsylvania to Solomon **Warder**, yeoman, of same, £350, 300 acres...line of Anthony **Burton**, John **Rowland**, Randall **Blackshaw** and William **Duncan**... William & Jane **Biles**, (said Jane was the widow and heir of Thomas **Atkinson**) sold to George **Biles**. Signed George **Biles**. Wit: Cornelius **Vansandt** and William **Beakes**.

P. 87, 2 Jun 1702, John **Hiett**, yeoman, of Bucks Co., Pennsylvania to Thomas **Watson**, tanner, of same, £400, 300 acres...purchased of John & Priscilla **Rowling**. Signed John **Hiett**. Wit: Joseph **Kirkbride**, Edward **Kempe** and Jacob **Usher**.

P. 88, 16 Jun 1702, John **Stackhouse**, yeoman, of Middle Twp., Bucks Co., Pennsylvania to Joseph **Warde**, yeoman, of same, £120, 300 acres...purchased of Samuel **Hough**. Signed John **Stackhouse**. Wit: Mathew **Wildman**, John **Cutler** and Thomas (x) **Baynis**.

P. 89, 29 Jan 1701, Charles & Elizabeth **Lavalley**, (said Elizabeth is the daughter and heir of Robert **Hall**) to John **Rowland**, £60, 175 acres of 500 acres...line of John **Headley**...patented, 8 Feb 1685, by said Robert, who also had son John **Hall**. Signed Charles **Lavalley** and Elizabeth **Lavalley**. Wit: John **White** and William (x) **Corderoy**.

P. 91, 1 Dec 1701, John **Parsons**, carpenter, of Philadelphia, Pennsylvania to Joseph **Kirkbride**, yeoman, of Bucks Co., Pennsylvania, £40, 291 acres...line of John **Lust** and William **Beakes**...originally sold as only 250 acres. Signed John **Parsons**. Wit: John **Falked**, Nicholas **Fairlamb** and Samuel **Powell**.

P. 93, 13 Aug 1702, Edmond **Cowgill** and Israel **Morris**, husbandmen, of Newtown, Bucks Co., Pennsylvania to Thomas

Hillborn, yeoman, of same, £50, 130 acres...purchased of Richard **Burgess**. Signed Edmond **Cowgill** and Israel **Morris**. Wit: Adam **Harker**, John **Chapman** and John **Cutler**.

P. 94, 21 Sep 1702, William **Duncan**, yeoman, of Bensalem, Bucks Co., Pennsylvania to Gabiel **Baynes**, yeoman, of Falls Twp., Bucks Co., Pennsylvania and his mother Ann **Baynes**, £150, 145 acres...patented 4 Mar 1692. Signed William (x) **Duncan**. Wit: Peter **Worrall** and John **Cutler**.

P. 95, 10 Jun 1702, Thomas and William **Yardley**, (sons and heirs of William **Yardley**), yeomen, of Bucks Co., Pennsylvania to their brother Enoch **Yardley**, of same, £40, 250 acres. Signed Thomas **Yardley** and William **Yardley**. Wit: Jacob **Janney**, Joseph **Pemberton** and William **Beakes**.

P. 97, 5 Sep 1702, Jonas & Frances **Keen**, (said Frances is the daughter and heir of Francis **Walker**) yeoman, of Bucks Co., Pennsylvania and John and William **Williams**, (sons and heirs of Dunk **Williams**) to Claus **Johnson**, £7, good deed on 135 acres of 450 acres...patented, 25 Mar 1676, by said William and Dunk. Signed Jonas (x) **Keen**, Frances (x) **Keen** and William (x) **Williams**. Wit: Thomas **Brock** and Edward **Mayos**.

P. 98, 16 Jul 1702, Walter **Pumphrey**, carpenter, yeoman, of Bucks Co., Pennsylvania to Job **Bunting**, yeoman, of same, £240, 200 acres... purchased of Clement, Thomas, Jeremiah and John **Dungan**, sons and heirs of Thomas **Dungan**. Signed Walter **Pumphrey**. Wit: Emunuel **Smith**, John **Kinlow** and William **Beakes**.

P. 99, 2 Jun 1702, Dr. Israel **Taylor** and Joseph **Taylor**, cordwinder, (sons and heirs of Christopher **Taylor**), of Philadelphia, Pennsylvania to Samuel **Hough**, carpenter, of Newtown, Bucks Co., Pennsylvania, £75, 564 acres...line of Thomas **Revel** and William **Bennett**... patented, 28 Oct 1681, by said Christopher. Signed Israel **Taylor** and Joseph **Taylor**. Wit: Robert (x) **Heaton**, David **Lloyd** and John **Stackhouse**.

P. 103, 28 Sep 1702, William and John **Crosdell**, (sons and heir of

Thomas **Crosdell**, late of New Hey, York Co., England), yeomen, of Bucks Co., Pennsylvania to Robert **Heaton**, £25, 250 acres of 1000 acres... patented 22 Apr 1682...250 acres purchased by Thomas **Stackhouse**, who sold but did not convey to Nicholas **Walln**, who sold to said Robert. Signed William **Crosdell**, John **Crosdell**, Nicholas **Walln** and Thomas **Stackhouse**. Wit: Samuel (x) **Hough** and John **Stackhouse**.

P. 104, 9 Jun 1702, William **Atkinson**, tailor, of Bucks Co., Pennsylvania to his father-in-law William **Biles**, yeoman and his son George **Biles**, of same, £43.4, 300 acres. Signed William **Atkinson**. Wit: Samuel **Burgess**, Solomon **Warder** and William **Beales**.

P. 105, 27 Mar 1702, Thomas & Rebecca **Williams**, (said Rebecca is the widow and executor of the estate of William **Bennett**, of Harmondsworth Parish, Longford, Middlesex Co., but last of Bucks Co., Pennsylvania), of Burlington, West New Jersey, Robert & Sarah **Edwards**, cooper and John & Rebecca **Scholey**, yeoman, of Ananickon, Burlington Co., West New Jersey, (said Sarah and Rebecca are daughters of said William **Bennett**) to Ezra **Croasdale**, yeoman, of Bucks Co., Pennsylvania, £80, 440 acres of 1000 acres...patented 1682...other daughters of said William are Elizabeth and Ann **Bennett**. Signed Rebecca (x) **Williams**, Rebecca (x) **Scholey**, John (x) **Scholey**, Robert (x) **Edwards** and Sarah (x) **Edwards**. Wit: Christopher **Wetherill**, Mathew **Champion** and Edward **Hunloke**.

P. 107, 8 Sep 1702, John **Town**, yeoman, of Bristol Twp., Bucks Co., Pennsylvania to Ezra **Croasdell**, yeoman, of Middle Twp., Bucks Co., Pennsylvania, £10, 78.5 acres of 157 acres...patented 21 Feb 1683...line of Ralph **Wards** and Philip **Alphone**. Signed John **Town**. Wit: Thomas **Stackhouse** and John **Cutler**.

P. 107, 8 Sep 1702, John **Griffith**, yeoman, of Southampton Twp., Bucks Co., Pennsylvania to his daughter and son-in-law Samuel & Mary **Griffith**, for love and affection, 50 acres of 290 acres...line of Ralph **Draykett**...purchased of Israel **Taylor**. Signed John **Griffith**. Wit: Thomas (x) **Baynes** and John **Cutler**.

P. 109, 7 Dec 1702, Lawrence **Pearson**, (eldest son and heir of Edward **Pearson**), yeoman, of Bucks Co., Pennsylvania to John **Burgess**, yeoman, of same, £140, 120 acres...line of Christopher **Bennett** and Anthony **Burton**...purchased of Abraham & Sarah **Cox**, (said Sarah was sister and only heir of Thomas **Wolf**). Signed Lawrence **Pearson**. Wit: Samuel **Burgess**, Daniel **Jackson** and William **Paxson**.

P. 110, 7 Dec 1702, John **Burgess**, yeoman, of Bucks Co., Pennsylvania to Lawrence **Pearson**, yeoman, of same, £140, 200 acres...devised by Francis **Rossill**. Signed John **Burgess**. Wit: Samuel **Burgess**, Daniel **Jackson** and William **Paxson**.

P. 112, 10 Mar 1703, Samuel **Baker**, yeoman, of Makefield Twp., Bucks Co., Pennsylvania to George **Hayworth**, laborer, of Bristol Twp., Bucks Co., Pennsylvania, £22, 250 acres...line of Widow **Musgrove** and William **Gibson**...George **White**, devised to his son Joseph **White**, who sold to said Samuel. Signed Samuel **Baker**. Wit: John **Rowland**, Henry **Hartley** and John **Cutler**.

P. 113, 10 Mar 1703, John **Rowland**, yeoman, of Bristol Twp., Bucks Co., Pennsylvania to George **Hayworth**, laborer, of same, £12, 200 acres of 2500 acres...patented, 13 Jul 1681, by Thomas **Rowland**, brother of said John. Signed John **Rowland**. Wit: Samuel **Baker**, Henry **Hartley** and John **Cutler**.

P. 114, 16 Feb 1702, Samuel **Carpenter**, (executor of the estate of Phineas **Pemberton**), merchant, of Philadelphia, Pennsylvania to Willoughby **Warder**, yeoman, late of Isle Wright, England, but now of Bucks Co., Pennsylvania, £550, 300 acres...patented, 17 Jan 1683, by Phineas **Pemberton** and James **Harrison**. Signed Samuel **Carpenter**. Wit: Abigail **Pemberton**, Israel **Pemberton**, Richard **Hough**, William **Beakes**, George **Browne** and John (x) **Sirkett**.

P. 116, 1 Mar 1703, Bartholomew and Joseph **Thatcher**, (sons and heirs of Richard **Thatcher**), carpenters, of Bucks Co., Pennsylvania to Robert **Heaton**, yeoman, of Middle Twp., Bucks Co., Pennsylvania, £100, 100 acres...patented 1682. Signed Bartholomew **Thatcher** and Joseph **Thatcher**. Wit: Henry **Nelson** and James

Heaton.

P. 117, 20 May 1703, Rebecca **Doyle**, (widow and executor of the estate of Edward **Doyle**), of Bucks Co., Pennsylvania to Tobias & Sarah **Dimocke**, yeoman, of same, £20, 50 acres... patented, 7 Jan 1692, by Clement **Dungan**. Signed Rebecca (x) **Doyle**. Wit: Thomas **Dungan** and George (x) **Knight**.

P. 119, 9 Sep 1703, John **Sirkett**, yeoman, of Bucks Co., Pennsylvania to William **Atkinson**, tailor, of same, £300, 536 acres...Bristol Twp. Signed John (x) **Sirkett**. Wit: William **Biles**, John **Biles** and Jane **Biles**.

P. 121, 10 Mar 1703, Samuel **Coate**, husbandman, of Springfield Twp., Burlington Co., West New Jersey to Shadrack **Walley**, yeoman, of Newtown, Bucks Co., Pennsylvania, £80, 200 acres...line of William **Snead**, James **Yates** and Thomas **Constable**...Israel **Taylor** sold to John **Coate**, father of said Samuel. Signed Samuel **Coate**. Wit: William **Beakes**, William **Buckman** and John **Cutler**.

P. 123, 7 Jan 1702, Joseph **Kirkbride**, yeoman, of Falls Twp., Bucks Co., Pennsylvania to Mathew **Kirkbride**, tailor, of Makefield, Bucks Co., Pennsylvania, £30, 103 acres...purchased of John **Parsons**. Signed Joseph **Kirkbride**. Wit: Jacob **Usher**, John **Songhurst** and Neil **Grant**.

P. 124, 8 Sep 1703, William **Stevenson**, gentleman, of Burlington Co., West New Jersey and Thomas **Stevenson**, gentleman, of Bucks Co., Pennsylvania to John **Rodman** Jr.gentleman, of Flushing, Queens Co., Nassaw Island and Thomas **Richardson**, shipwright, of West Chester, West Chester Co., New York, £340, 2500 acres...purchased of Thomas **Revel**. Signed William **Stevenson** and Thomas **Stevenson**. Wit: Jonathan **Scarfe** and Jeremiah **Langhorne**.

P. 127, 5 Jun 1703, Mary and Dorothy **Giles**, (daughters and heirs of Alexander **Giles**, late, of Bucks Co., Pennsylvania), spinsters, of Burlington, West New Jersey to Robert **Heaton**, yeoman, of Bucks Co., Pennsylvania, £102, 246 acres...line of Robert **Holgate** and John **Bond**. Signed Mary **Giles** and Dororthy (x) **Giles**. Wit: Benjamin

Wheate, Joshua Thompkins and William Biles.

P. 128, 20 May 1703, John Smith, blacksmith, of Burlington Co., West New Jersey to Charles Levalle, cooper, of Bristol, Bucks Co., Pennsylvania, £40, four lots in Bristol. Signed John Smith. Wit: Joseph White, James Carter and Joseph Wood.

P. 131, 23 Mar 1701, Anthony Elton, (son and heir of Anthony Elton), yeoman, of Burlington Co., West New Jersey to Robert Wheeler, shopkeeper, of same, good deed on 100 acres of 500 acres patented 1 Aug 1681. Signed Anthony Elton. Wit: Thomas Revell, John Robardes and Thomas Stoker.

P. 132, 24 Apr 1703, Robert Wheeler, shopkeeper, of Burlington Co., West New Jersey to John Large, tailor, of Bucks Co., Pennsylvania, £10, 100 acres... Buckingham Twp...line of Richard Lundy...purchased of Anthony Elton. Signed Robert Wheeler. Wit: William Biddle Jr. and William Bustill.

P. 133, 25 Mar 1703, Samuel Smith, fellmonger, of Bucks Co., Pennsylvania to Solomon Warder, yeoman, of same, £300, 200 acres and 100 acres. Signed Samuel Smith. Wit: Joseph Kirkbride, Edmond Lovett and Sarah Kirkbride.

P. 135, 20 Mar 1703, Edmond Lovett and Joseph Kirkbride, yeomen, of Bucks Co., Pennsylvania to Samuel Smith, fellmonger, of same, £150 and £255 to Sarah Cox, 200 acres...Thomas & Rebecca Williams, sold to Abraham Cox...and 100 acres said Edmond sold to said Abraham & Sarah Cox, who devised to his sons Abraham and Thomas Cox, in trust held by said Joseph. Signed Edmond Lovett and Joseph Kirkbride. Wit: Pentecost Teaque and Solomon Warder.

P. 138, 8 Sep 1703, Solomon Warder, yeoman, of Bucks Co., Pennsylvania to Jacob Janney, yeoman, of same, £50, 6.5 acres...line of Joseph Large... purchased of Samuel Smith. Signed Solomon Warder. Wit: William Atkinson and William Beakes.

P. 140, 30 May 1700, Jacob Janney, yeoman, of Bucks Co.,

Pennsylvania to Abel **Janney**, £200, 250 acres...Makefield Twp...line of Richard **Hough** and Thomas **Tunnisclift**...patented, 12 Aug 1682, by Thomas **Janney**, who devised to his son the said Jacob. Signed Jacob **Janney**. Wit: Samuel **Beakes**, John **Biles**, William **Atkinson** and William **Beakes**.

P. 142, 2 Feb 1701, Nemiah **Blackshaw**, (son of Randall **Blackshaw**), yeoman, of Bucks Co., Pennsylvania to Peter **Wood**, husbandman, of same, £29, 300 acres...purchased of James **Harrison**. Signed Randall **Blackshaw** and Nemiah **Blackshaw**. Wit: Joseph **Lacock** and John **Rowland**.

P. 143, 10 Mar 1702, Joseph **Clows**, (son and heir of John **Clows**), yeoman, of Bucks Co., Pennsylvania to Richard **Hough**, yeoman, of same, £60, 500 acres... purchased of William **Penn**. Signed Joseph **Clowes**. Wit: Samuel **Beakes** and William **Beakes**.

P. 144, 16 Nov 1703, Thomas & Priscilla **Sisom**, (said Priscilla is the daughter and heir of Samuel **Allen**, cordwinder, late of Philadelphia Co., Pennsylvania), yeoman, of Philadelphia Co., Pennsylvania to Henry **Paxson**, yeoman, of Bucks Co., Pennsylvania, £2.5, 100 acres...sold to Charles **Plumly**, who sold to said Henry. Signed Thomas **Sisom** and Priscilla **Sisom**. Wit: Nathaniel **Poole** and Abraham **Roe**.

P. 146, 10 Mar 1703, Mary **Plumley**, (widow of James **Plumley**), of Bucks Co., Pennsylvania, William **Budd**, yeoman, of Burlington Co., West New Jersey and Charles **Plumley**, (brother of said James), joiner, of Philadelphia, Pennsylvania to John **Plumley**, yeoman, of Bucks Co., Pennsylvania, £150, 250 acres of 500 acres, Henry & Margery **Paxson** and their daughter Elizabeth **Burton**, widow, all of Bucks Co., Pennsylvania, sold to the said James **Plumley** and his brother the said John **Plumley**...trust for John son of said James. Signed Mary **Plumley**, William **Budd** and Charles **Plumley**. Wit: John **Bouchier**.

P. 149, 20 Oct 1703, Richard **Hough**, yeoman, of Bucks Co., Pennsylvania to Peter **Webster**, yeoman, of same, ££120, 200 acres...line of Robert **Lucas**, Henry **Margerum**, Joseph **Kirkbirde** and John **Watson**. Signed Richard **Hough**. Wit: John **Cutler** and Abell **Janney**.

P. 150, 4 Jun 1702, James **Yates**, husbandman, of Newtown, Bucks Co., Pennsylvania to Daniel **Done**, carpenter, of same, £21, 28 acres in Newtown. Signed James **Yates**. Wit: James **Heaton** and John **Cutler**.

P. 152, 15 May 1703, Robert **Heaton**, yeoman, of Middle Twp., Bucks Co., Pennsylvania to Bernard **Christian** and Peter **Lawrence**, yeoman, of Bergen Co., East New Jersey, £825, 1000 acres...line of Edward **Brooks** and Anthony **Thompkins**...patented, 6 Apr 1686, by Christopher **Taylor** and sold to said Robert, by Israel **Taylor**, Joseph **Taylor** and John & Mary **Buzby**, heirs of said Christopher. Signed Robert (x) **Heaton**. Wit: Robert **Heaton** Jr. and Jeremiah **Langhorne**.

P. 154, 1 Apr 1703, Edmond **Cowgill**, husbandman, of Newtown, Bucks Co., Pennsylvania to Israel **Morris**, husbandman, of same, his remaining share, 20 acres of 300 acres...jointly purchased of Richard & Elizabeth **Burgess**...said Edmond sold 130 acres to Thomas **Hillburne**. Signed Edmond **Cowgill** and Isaac **Morris**. Wit: William **Buckman**, John **Hayhurst** and John **Cutler**.

P. 156, 10 Feb 1703, William **Biles**, yeoman, of Bucks Co., Pennsylvania to Henry **Paxson**, yeoman, of same, £80, 100 acres of 500 acres...line of John **White** and George **White**...patented, 9 Jul 1686, by William **Carter**, of Philadelphia, Pennsylvania. Signed William **Biles**. Wit: John **Rowland**, Henry **Bowen** and William **Beakes**.

P. 157, 8 Mar 1704, John **Rowland**, yeoman, of Bucks Co., Pennsylvania to Edmond **Lovett**, William **Atkinson** and Nehemiah **Blackshaw**, yeomen, of same, £0.3, line of Thomas **Watson** the elder. Signed John **Rowland**. Wit: Thomas **Watson** and William **Beakes**.

P. 158, 7 Dec 1703, Mary **Baker**, widow, of Bucks Co., Pennsylvania to William **Paxson**, yeoman, of same, £58, 40 acres...Paxson

Run...line of William **Paxson** Jr., Jeremiah **Langhorne**, Adam **Harker** and Thomas **Stackhouse** Jr. Signed Mary (x) **Baker**. Wit: John **Watson**, Samuel **Hanson** and George **Clough**.

P. 159, 8 Mar 1704, Joseph **Growdon**, gentleman, of Bensalem Twp., Bucks Co., Pennsylvania to Margaret **Stackhouse**, wife of Thomas, £30, 100 acres...line of Stephen **Sands**...patented 24 Oct 1681. Signed Joseph **Growdon**. Wit: John **Duncan** and Jeremiah **Langhorne**.

P. 161, 10 Feb 1703, John **Rowland**, (executor of the estate of John **White**), yeoman, John **Carter**, yeoman and Henry & Jane **Bowen**, husbandman, of Bucks Co., Pennsylvania to William **Biles**, yeoman, of same, £5, 100 acres...line of George **White** and Henry **Paxson**... patented, 9 Jul 1686, by William **Carter**, of Philadelphia, Pennsylvania, who sold to Robert **Carter**, deceased father of said John and Jane **Bowen**. Signed John **Rowland**, John (x) **Carter**, Henry **Bowen** and Jane (x) **Bowen**. Wit: William **Croasdell**, Edward **Mayos** and William **Beakes**.

P. 162, 10 Nov 1703, William **Biles**, (executor of the estate of Edward **Carter**), yeoman, John **Carter**, yeoman and Henry & Jane **Bowen**, husbandman, of Bucks Co., Pennsylvania to John **White**, £5, 100 acres...line of Francis **White** and Henry **Paxson**...patented, 9 Jul 1686, by William **Carter**, of Philadelphia, Pennsylvania, who sold to Robert **Carter**, deceased father of said John and Jane **Bowen**. Signed William **Biles**, John (x) **Carter**, Henry **Bowen** and Jane (x) **Bowen**. Wit: William **Croasdell**, Edward **Mayos** and William **Beakes**.

P. 164, 10 Mar 1703, John **White**, of Bristol, Bucks Co., Pennsylvania to Bartoll **Jacobs**, £400, 500 acres...Middle Twp...line of Richard and William **Amors**...purchased of Elizabeth **White**, widow of George **White**, and their sons, Peter, Francis, Joseph and Benjamin **White**. Signed John **White**. Wit: John **Jewell**, Henry **Huddy**, Page **Clark** and Charles **Huddy**.

P. 166, 10 Feb 1688, William **Plumby**, yeoman, of Bucks Co., Pennsylvania to Henry **Paxson**, father-in-law to said William, 100 acres of 125 acres, of 250 acres granted to the mother of said

William, Margary **Plumby**, now wife of Nicholas **Wallne**. Signed William **Plumby**. Wit: James **Paxson** and James **Plumby**.

P. 167, 4 Apr 1704, William **Paxson** Jr., yeoman, of Bucks Co., Pennsylvania to William **Paxson**, Sr., £300, 286 acres...line of Robert **Carter**...patented, 28 Jan 1693, by James **Paxson**. Signed William **Paxson**. Jr. Wit: Thomas **Watson** and William **Beakes**.

P. 169, 1 May 1704, Henry **Nelson**, laborer, of Bucks Co., Pennsylvania to Henry **Cooper**, blacksmith, of Newtown, Bucks Co., Pennsylvania, £75, 154 acres...line of Joseph **Ward**. Signed Henry **Nelson**. Wit: Jonathan **Cooper**, Grace **Langhorne** and Jeremiah **Langhorne**.

P. 170, 1 Sep 1704, William **Croasdell**, yeoman, of Bucks Co., Pennsylvania to Henry **Paxson**, yeoman, of Middle Twp., Bucks Co., Pennsylvania, £44.5, 250 acres...Solebury Twp...line of Stephen **Beakes** and Richard **Burgess**. Signed William **Croasdell**. Wit: William **Biles** Jr. and Jeremiah **Langhorne**.

P. 171, 28 Aug 1704, Amy **Scott**, (widow of Thomas **Scott** and in consideration of her eldest son Samuel **Scott** and his brother Richard **Scott**), of Bensalem Twp., Bucks Co., Pennsylvania to said Samuel **Scott**, 80 acres...Bensalem Twp...line of William **Duncan**...purchased of Joseph **Growdon**. Signed Amy (x) **Scott**. Wit: James (x) **Harrison**, Joseph **Growdon**, John **Duncan** and George **Duncan**.

P. 173, 13 Sep 1704, Ralph **Dracott**, yeoman, of Southampton, Bucks Co., Pennsylvania to Thomas **Stackhouse** Jr., yeoman, of Middle Twp., Bucks Co., Pennsylvania, £45, 122 acres...line of Samuel **Griffith**...purchased of Henry and Thomas **Walmsley**. Signed Ralph (x) **Dracott**. Wit: William **Rakestraw**, John (x) **Naylor** and Jeremiah **Langhorne**.

P. 174, 12 Sep 1704, Henry and Thomas **Walmsley**, yeomen, of Bucks Co., Pennsylvania to Ralph **Dracott**, yeoman, of Southampton, Bucks Co., Pennsylvania, £112, 250 acres...line of Thomas **Stackhouse**, Evan **Griffith**, John **Swift** and Israel **Taylor**. Signed Henry (x) **Walmsley** and Thomas (x) **Walmsley**. Wit:

William **Rakestraw**, John (x) **Naylor** and Jeremiah **Langhorne**.

P. 176, 12 Se[1704, Thomas **Stackhouse** Jr., yeoman, of Middle Twp., Bucks Co., Pennsylvania to Ralph **Dracott**, yeoman, Southampton Twp., of Bucks Co., Pennsylvania, £20, 50 acres...purchased of Nicholas **Wallne**. Signed Thomas (x) **Stackhouse**. Wit: William **Rakestraw**, John (x) **Naylor** and Jeremiah **Langhorne**.

P. 177, 10 Apr 1704, Solomon **Warder**, yeoman, of Bucks Co., Pennsylvania to William **Biles** Jr., yeoman, of same, £300, 300 acres...line of John **Rowland**, Anthony **Burton**, William **Biles** and William **Duncan**...purchased by Thomas **Atkinson**, but not paid for, then purchased by William & Jane **Biles**, (said Jane is the widow of side Thomas), who sold to his son George **Biles**, who sold to said Solomon. Signed Solomon **Warder**. Wit: Willoughby **Warder** and William **Beakes**.

P. 179, 11 May 1702, Thomas & Rebecca **Williams**, (said Rebecca is the widow of William **Bennett**, sometime, of Harmondworth, Middlesex Co., England), Robert & Sarah **Edwards**, (said Sarah is a daughter of said William), cooper and John & Rebecca **Scholey**, (said Rebecca is a daughter of said William, other daughters were Elizabeth and Ann), yeoman, of Burlington, West New Jersey to Ezra **Croasdale**, yeoman, of same, £10, 200 acres of 1000 acres...patented 19 Mar 1682. Signed Rebecca (x) **Williams**, Rebecca (x) **Scholey**, John (x) **Scholey**, Robert (x) **Edwards** and Sarah (x) **Edwards**. Wit: Christopher **Wetherill**, John **Cowgill** and Joseph **Smith**.

P. 181, 8 Mar 1704, Lawrence **Pearson**, yeoman, of Bucks Co., Pennsylvania to Enoch **Pearson**, £220, 100 acres of 200 acres that Samuel **Carpenter**, (executor of the estate of Francis **Rossell**), sold to John **Burgess**, son of same, who sold to said Lawrence. Signed Lawrence **Pearson**. Wit: Daniel **Jackson**, Samuel **Burgess** Jr. and William **Beakes**.

P. 182, 2 Sep 1704, Edward **Mayos**, weaver, of Bucks Co., Pennsylvania to Jonathan **Greaves**, turner, of same, £20, lot in town of Bristol...corner to Lemuel **Oldale**, (son of Samuel), who sold to said Edward. Signed Edward **Mayos**. Wit: John **Jackson** and William **Gabitas**.

P. 183, 7 Mar 1704, Joseph **Growdon**, gentleman, of Trevose, Bensalem Twp., Bucks Co., Pennsylvania to Thomas **Walmsely**, yeoman, of Bensalem Twp., Bucks Co., Pennsylvania, £58, 300 acres...line of Samuel **Allen**, George **Phillips**, Henry **Mitchell** and Clause **Johnson**. Signed Joseph **Growdon**. Wit: Evan (x) **Griffith**, Lawrence **Growdon** and Elizabeth **Growdon**.

P. 185, 1 May 1704, Andrew **Ellott**, yeoman, of Makefield, Bucks Co., Pennsylvania to John **Hiett**, late of same, £250, 320 acres...Makefield Twp...line of Henry **Margerum**. Signed Andrew (x) **Ellott**. Wit: George **Biles** and Samuel **Burgess**.

P. 187, 13 Dec 1704, Charles **Levalle**, cooper, of New Bristol, Bucks Co., Pennsylvania to William **Silverstone**, laborer, of same, £125, lot in said town. Signed Charles **Levalle**. Wit: Thomas **Brock**, Richard **Radcliffe** and Jeremiah **Langhorne**.

P. 188, 9 Dec 1704, William **Hayhurst**, yeoman, of Middle Twp., Bucks Co., Pennsylvania to John **Cutler**, schoolmaster, of same, £50, 250 acres...line of Mathew **Wildman** and Richard **Thatcher**. Signed William **Hayhurst**. Wit: Joseph **Wildman** and James **Wildman**.

P. 190, 1 Aug 1704, Thomas **Stevenson**, yeoman, of Bucks Co., Pennsylvania to Harman **Vansandt**, yeoman, of Bensalem Twp., Bucks Co., Pennsylvania, £200, 250 acres...Bensalem Twp...line of Joseph **Growdon** and Johannes **Vansandt**. Signed Thomas **Stevenson**. Wit: Jonas **Vansandt** and Adolfas (x) **Bruer**.

P. 191, 1 Aug 1704, Thomas **Stevenson**, yeoman, of Bucks Co., Pennsylvania to Johannes **Vansandt**, yeoman, of same, £100, 125 acres...line of Harman **Vansandt** and Joseph **Growdon**...purchased of Thomas **Revel**, (executor of the estate of Elizabeth **Tatham**), of Burlington, West New Jersey. Signed Thomas **Stevenson**. Wit: A. Wibardlis **Vansandt**, Jonas **Vansandt** and Adolfas (x) **Bruer**.

P. 193, 9 Dec 1704, Edmund **Lovett**, yeoman, of Bristol Twp., Bucks Co., Pennsylvania to John **Adington**, husbandman, of same, £53, 100 acres...line of John **Headley**, George **White**, Daniel **Jackson**, Thomas **Watson** and Thomas **Terry**. Signed Edmund **Lovett**. Wit: John **Hutchinson** and Thomas **Watson**.

P. 195, 29 Jun 1704, Henry **Paxson**, yeoman, James, Charles, John and George **Plumly**, (sons and heirs of Charles **Plumly**), of Bucks Co., Pennsylvania to Henry **Tomlinson**, cordwinder, of same, £30, 100 acres...line of James **Boyden**, Samuel **Carpenter** and John **Baldwin**...patented, 30 Oct 1682, by Samuel **Allen**, who sold to said Charles. Signed Henry (x) **Paxton**, Charles **Plumly**, John **Plumly** and George **Plumly**. Wit: Bartol (x) **Jacobs** and Jeremiah **Langhorne**.

P. 196, 20 Jun 1704, Jonathan **Elridge**, cordwinder, of Burlington, Nova Cesaria to Shadrach **Walley**, yeoman, of same, £30, 50 acres...line of Thomas **Hillborn** and Mary **Hayworth** Newtown Twp. Signed Jonathan **Elridge**. Wit: W.H. **Hewling**, John **Heath** and William **Beakes**.

P. 197, 21 Dec 1703, William **Snead**, innkeeper, of Philadelphia, Pennsylvania to Shadrach **Walley**, yeoman, of Bucks Co., Pennsylvania, £20, 200 acres...line of John **Hough** and Israel **Taylor**...patented 1684. Signed William (x) **Snead**. Wit: Richard **Heath**, Thomas **Grey** and Thomas **Fairman**.

P. 198, 7 Mar 1704, Thomas **Walmsley**, yeoman, of Bensalem, Bucks Co., Pennsylvania to Evan **Griffith**, cordwinder, of Southampton, Bucks Co., Pennsylvania, £150, 125 acres...line of Nicholas **Wallne**... purchased of Henry & Margary **Paxson** and 200 acres...former corner of Elizabeth **Walmsley**...patented 1698, by Nicholas **Wallne**. Signed Thomas (x) **Walmsley**. Wit: Margary **Cutler**, John **Cutler** and Henry **Nelson**.

P. 200, 8 Mar 1703, Margaret **Atkinson**, (widow of Christopher), of Bellmount, Bensalem Twp., Bucks Co., Pennsylvania to William **Cowper**, husband, of Buckingham Twp., Bucks Co., Pennsylvania, £30, 500 acres...line of Thomas **Parson** and Richard

Tucker...patented, 1698, by Christopher and John **Atkinson**, late of Scotforth, Lancaster Co., England. Signed Margaret (x) **Atkinson**. Wit: Robert (x) **Tollis**.

P. 202, 24 Feb 1704, Samuel **Smith**, yeoman, of Bucks Co., Pennsylvania to John **Large**, tailor, of same, £35, 104 acres...line of Tobias **Dimocks** and Joseph **Large**...patented, 1695, by Abraham **Cox**, who sold to said Samuel. Signed Samuel **Smith**. Wit: Daniel **Jackson**, George **Biles** and William **Beakes**.

P. 203, 10 Feb 1703, William **Biles**, yeoman, (executor of the estate of Edward **Carter**) and John **Rowland**, yeoman, (executor of the estate of John **White**), John **Carter**, yeoman and Henry & Jane **Bowen**, husbandman, of Bucks Co., Pennsylvania to Travis **White**, yeoman, of same, £5, 100 acres of 500 acres...line of Henry **Paxson**...patented, 1686, by William **Carter**, of Philadelphia, Pennsylvania, who sold to Robert **Carter**, father of said John, Edward and Jane. Signed William **Biles**, John **Rowland**, John (x) **Carter**, Henry **Bowen** and Jane (x) **Bowen**. Wit: William **Croasdell**, Edward **Mayos** and William **Beakes**.

P. 205, 10 Feb 1703, William **Biles**, yeoman, (executor of the estate of Edward **Carter**) and John **Rowland**, yeoman, (executor of the estate of John **White**), and Henry & Jane **Bowen**, husbandman, of Bucks Co., Pennsylvania to John **Carter**, yeoman, of same, £5, 200 acres... line of Daniel **Jackson**, Francis **White** and George **White**, deceased... patented, 1686, by William **Carter**, of Philadelphia, Pennsylvania, who sold to Robert **Carter**, father of said John, Edward and Jane. Signed William **Biles**, John **Rowland**, Henry **Bowen** and Jane (x) **Bowen**. Wit: William **Croasdell**, Edward **Mayos** and William **Beakes**.

P. 207, 2 Jul 1678, Richard **Casbeard**, wax chandler, of London, England to Gilbert **Wheeler**, of Fruitterer, discharge all debts. Signed Richard **Casbeard**. Wit: Jeremiah **Howes** and Stephen **Mills** Sr.

P. 207, 9 Dec 1702, Isaac **Atkinson**, cordwinder, of Bucks Co., Pennsylvania to Jonathan **Taylor**, yeoman, of same, £50, 200 acres...line of William **Biles**...patented, 1684, by Samuel **Dark**, who sold to John **Radly**, who sold to Edward **Guy**, who died intestate and went to his eldest son John **Guy** and his brother Edward **Guy**, who sold to said Isaac. Signed Isaac **Atkinson**. Wit: Jeremiah **Langhorne**, J. **Clarke** and William **Biles** Jr.

P. 209, 14 Mar 1705, Samuel **Oldale**, free mason, of Bucks Co., Pennsylvania to his son Lemuel **Oldale**, cooper, of same, for love and affection, his lands Signed Samuel **Oldale**. Wit: Samuel **Beakes**, Thomas **Brock** and William **Beakes**.

P. 210, 12 Mar 1705, Henry **Paxson**, yeoman, of Bucks Co., Pennsylvania to James **Verrier**, mason, of Burlington, West New Jersey, £105, 100 acres, of 500 acres...line of John **White** and George **White**...purchased of William **Biles**. Signed Henry (x) **Paxson**. Wit: William (x) **Mead** and Jeremiah **Langhorne**.

P. 211, 20 Jul 1696, Joseph **Kirkbride**, carpenter, of Bucks Co., Pennsylvania to Gideon **Freeborne**, yeoman, of Rhode Island, £50, 500 acres...line of Job **Howell**...patented, 1687, by Thomas **Atkinson**, who sold to said Joseph. Signed Joseph **Kirkbride**. Wit: Samuel **Beakes** and William **Croasdale**.

P. 212, 22 Mar 1704, William **Croasdale**, yeoman, of Bucks Co., Pennsylvania to John **Headly**, yeoman, of same, £15, 11 acres in Bristol...line of John **Large**...purchased of Anthony **Burton**. Signed William **Croasdale**. Wit: Jeremiah **Langhorne**, Anthony **Burton** and Daniel **Jackson**.

P. 214, 15 Mar 1705, Joseph **Growdon**, of Trevose, Bucks Co., Pennsylvania to Claus **Johnson**, yeoman, of same, £45, 120 acres...Bensalem Twp...patented by Dunt **Williams** and Francis **Walker**. Signed Joseph **Growdon**. Wit: John **Biles** and John **Cutler**.

P. 215, 15 Mar 1705, Joseph **Growdon**, of Trevose, Bucks Co., Pennsylvania to Winchell **Fredrickson**, £35, 77 acres...Bensalem Twp...patented by Dunt **Williams** and Francis **Walker**. Signed Joseph **Growdon**. Wit: John **Biles** and John **Cutler**.

P. 217, 12 Sep 1705, Robert **Heaton**, yeoman, of Middle Twp.,

Bucks Co., Pennsylvania to George **Hulme** Sr. and George **Hulme** Jr., of same, £80, 200 acres ...line of Jonathan **Scaife** and James **Sutton**...purchased of Mary and Dorothy **Biles**, heir of Alexander **Biles**. Signed Robert **Heaton**. Wit: Jonathan **Scaife**, Thomas **Stevenson** and William **Atkinson**.

P. 219, 23 May 1705, Nathan **Baker**, yeoman, (age 16 years), of Chester Co., Pennsylvania to Thomas **Hillborne**, late of Shrewsberry, East New Jersey, £60, 250 acres...Newtown...line of Jonathan **Eldridge**... purchased of John **Otter**, by Henry **Baker**, who devised to his son the said Nathan, brother of Samuel **Baker**. Signed Nathan **Baker**. Wit: John **Cowgill** and Rachel **Cowgill**.

P. 221, 19 Apr 1701, Margary **Jennings**, (widow of William **Jennings**, schoolmaster, of Alton, Southampton Co., England) power of attorney to Peter **Chamberlain**, husbandman, of Pennsylvania. Signed Margary (x) **Jennings**. Wit: Albertus **Brandt** and John **Swift** Jr.

P. 221, 13 Jun 1705, Joseph **Kirkbride**, yeoman, of Falls Twp., Bucks Co., Pennsylvania to his brother Thomas **Kirkbride**, £50, 188 acres...line of John **Snowdon**, William **Beakes**, Mathew **Kirkbride** and Richard **Hough**. Signed Joseph **Kirkbride**. Wit: Jeremiah **Langhorne**, John **Shaw** and John **Cutler**.

P. 223, 14 Jun 1705, Samuel **Smith**, fillmonger, of Burlington, West New Jersey to Lemuel **Oldale**, cooper, of New Bristol, Bucks Co., Pennsylvania, £160, 200 acres of 500 acres...line of William **Haige**...patented, 1684, by Andrew **Robeson**, who sold to Daniel **Jones**, who sold to Daniel **Smith**, who sold to said Samuel. Signed Samuel **Smith**. Wit: Samuel **Beakes** and Anthony **Burton**.

P. 224, 5 Jun 1705, Robert **Heaton**, yeoman, of Middle Twp., Bucks Co., Pennsylvania to Henrich Johnson **Vandike**, yeoman, late of Stratton Island, New York, £692, 280 acres...line of William **Paxson**, Thomas **Bayns**, Adam **Harker** and John **Stackhouse**...and 183 acres...line of John **Lucas** and Robert **Heaton**...patented, 1682, by James **Dilworth**, who sold to said Robert...and 66 acres...patented, 1682, by Thomas **Croasdale**...and 340 acres...patented by Edmond & Elizabeth **Bennett**. Signed Robert (x) **Heaton**. Wit: Robert **Heston** Jr., Christian **Barensen** and Jeremiah **Langhorne**.

P. 228, 29 Oct 1704, Francis **White**, (son and heir of George **White**), yeoman, of Bucks Co., Pennsylvania to James **Carter**, blacksmith, of Southampton, Bucks Co., Pennsylvania, £116.8, 250 acres...Solebury Twp...line of William **Croasdale**, Stephen **Beakes** and Samuel **Beakes**. Signed Francis **White**. Wit: Charles **Walley** and Ruben **Pawnall**.

P. 229, 26 Jul 1705, Joseph **Growdon**, of Bensalem, Bucks Co., Pennsylvania to Thomas **Stackhouse** Jr., of Middle Twp., Bucks Co., Pennsylvania, £20, lot in town of Bristol. Signed Joseph **Growdon**. Wit: Lawrence **Growdon**, Samuel **Buckley** and Jeremiah **Langhorne**.

P. 231, 28 Jun 1705, Edward **Mayos**, shopkeeper, of Bristol, Bucks Co., Pennsylvania to Robert **Smith**, cooper, late of Burlington, West New Jersey, £30, lot in town of Bristol. Signed Edward **Mayos**. Wit: John **Smith** and Luke **Guyon**.

P. 232, 3 May 1705, William & Esther **Brown**, (said Esther is the widow of Thomas **Yardley**, late of Bristol, Bucks Co., Pennsylvania), of Chichester, Chester Co., Pennsylvania to John **Rowland**, yeoman, of Bristol, Bucks Co., Pennsylvania, £140, 500 acres...line of William **Hough** and Francis **Richardson**...purchased of Israel and Joseph **Taylor**, (sons and heirs of Christopher **Taylor**) and Isaac **Norris** David **Lloyd**. Signed William **Brown** and Esther **Brown**. Wit: David **Lloyd**, Edward **Evans** and Richard **Heath**.

P. 234, 12 Sep 1705, Peter **Webster**, yeoman, of Bucks Co., Pennsylvania to John **Hutchinson**, tailor, of same, £20, lot in town of Bristol...purchased of Peter **White**. Wit: Jacob **Janney** and William **Beakes**.

P. 236, 1 Dec 1704, Robert **Heaton**, yeoman, of Bucks Co., Pennsylvania to Joseph **Growdon**, Ezra **Croasdale**, William **Paxson**, Thomas **Hillborne**, John **Cutler** and Thomas **Stackhouse** Jr., of same, £0.25, 2 acres...Middle Twp...a meeting house. Signed Robert (x) **Heaton**. Wit: John **Croasdell** and John **Cowgill**.

P. 238, 1 Dec 1704, William **Hayhurst**, (son and heir of Cuthbert **Hayhurst**), yeoman, of Bucks Co., Pennsylvania to Joseph **Growdon**, Ezra **Croasdale**, William **Paxson**, Thomas **Hillborne**, John **Cutler** and Thomas **Stackhouse** Jr., of same, £0.25, 2 acres...Middle Twp. Signed William **Hayhurst**. Wit: John **Croasdell**, Daniel **Jackson** and John **Cowgill**.

P. 240, 14 Jun 1705, William **Silverstone**, laborer, of New Bristol, Bucks Co., Pennsylvania to John **Borradale**, of same, £135, 37 acres...in Bristol...patented, 1690, by John **White**, who sold to Charles **Levalle**, cooper, of Bristol, who sold to said William. Signed William **Silverstone**. Wit: Samuel **Darke**, Tobias **Dymocke** and Jeremiah **Langhorne**.

P. 242, 12 Mar 1705, John & Priscilla **Rowland**, (formerly Priscilla **Shepperd**), yeoman, of Bucks Co., Pennsylvania to William **Buckman**, yeoman, of Newtown, Bucks Co., Pennsylvania, £20, 200 acres...line of Stephen **Turning**. Signed John **Rowland** and Priscilla (x) **Rowland**. Wit: Daniel **Doane**, Samuel (x) **Hough** and Martha **White**.

P. 243, 12 Sep 1704, Joseph **Growdon**, gentleman, of Bensalem, Bucks Co., Pennsylvania to William **Croasdale**, yeoman, of Bucks Co., Pennsylvania, £11.5, lot in Bristol. Signed Joseph **Growdon**. Wit: Jeremiah **Langhorne** and John **Borradale**.

P. 244, 12 Dec 1705, Enoch **Pearson**, carpenter, of Bucks Co., Pennsylvania to Robert **Sanders**, laborer, of same, £25, 100 acres...line of Richard **Large**...purchased of Lawrence **Pearson**. Signed Enoch **Pearson**. Wit: Mathew **Hughes**, Thomas **Watson** and William **Atkinson**.

P. 246, 12 Jun 1705, John **Smith**, late, of Bucks Co., Pennsylvania, but now of Burlington, West New Jersey to Mathew **Hughes**, yeoman, of same, £105, 240 acres...line of Francis **Rossell** and 300 acres of 1000 acres patented by Jacob **Telnor**, who sold to Richard

Lundy, who sold 500 acres to Francis **Rossell**, who devised to Ralph **Boone** and William **Smith**. Signed John **Smith**. Wit: Samuel **Carpenter**, David **Lloyd** and Thomas **Brock**.

P. 248, 17 Nov 1705, Peter **Chamberlain**, yeoman, of Philadelphia Co., Pennsylvania to William **Gregory**, 225 acres...line of John **Morris**, George **Willard** and John **Swift**...purchased of Margery **Jennings**. Signed Peter **Chamberlain**. Wit: Rowland **Hughes**, John **Shaw**, Robert (x) **Heaton** and Richard **Heath**.

P. 250, 12 Sep 1705, James **Steaker**, yeoman, of Buckingham, Bucks Co., Pennsylvania to John **Scarborough**, John **Bye**, Tobias **Dimock**, Samuel **Baker**, Francis **Hange** and Nehemiah **Blackshaw**, of same, 10 acres. Signed James **Steaker**. Wit: Willoughby **Varder**, William **Atkinson** and Abel **Janney**.

P. 252, 5 Feb 1703, Samuel **Oldale**, cooper, of Bucks Co., Pennsylvania to Edward **Mayos**, weaver, of same, £10, lot in town of Bristol... purchased from his father Lemuel **Oldale**. Signed Samuel **Oldale**. Wit: William **Croasdale**, John (x) **Carter** and William **Beakes**.

P. 253, 23 May 1706, Henry & Sarah **Pawlin**, yeoman, of Bucks Co., Pennsylvania to Stophell **Vansandt**, late of Staten Island, New York, £350, 300 acres, of 1000 acres...line of William **Paxson** Sr. and Jeremiah **Langhorne**...patented 1681. Signed Henry **Pawlin** and Sarah (x) **Pawlin**. Wit: John **Ithell**, James **Collings** and Cornelius **Vansandt**.

P. 256, 3 Apr 1706, Robert **Heaton** Sr., yeoman, of Middle Twp., Bucks Co., Pennsylvania to Thomas **Stackhouse** and Robert **Heaton** Jr., yeomen, of same, £1.5, 4 acres, of 818 acres...northwest side of Core creek...patented 1704. Signed Robert (x) **Heaton**. Wit: James **Heaton**, Bartholomew **Longstreet**, Henry **Coomly** and Thomas **Thwaites**.

P. 258, 20 Jun 1706, Stophell **Vansandt**, Cornelius **Vansandt**, Harman **Vansandt**, Jezina **Vansandt**, Garrett **Vansandt**, Albert **Vansandt**, Johannes **Vansandt**, (sons and heirs of Garrett

Vansandt), yeomen, of Bucks Co., Pennsylvania to Jacobus **Vansandt** and George **Vansandt**, £150, 150 acres...line of Edward **Carter**...purchased of Joseph **Growdon**. Signed Stoffel **Vansandt**, Cornelius **Vansandt**, Harman **Vansandt**, Albert **Vansandt** and Johannes **Vansandt**. Wit: Jeremiah **Langhorne** and Mary **Paxson**.

P. 261, 13 May 1706, Evan **Griffith**, cordwinder, of Southampton, Bucks Co., Pennsylvania to Joseph **Tomlinson**, £63, 110 acres, of 325 acres...line of Ralph **Dracol**, Joseph **Growdon** and John **Naylor**...purchased of Thomas **Walmsley**. Signed Evan (x) **Griffith**. Wit: Joshua **Hoopy**, Thomas **Watson** and Henry **Nelson**.

P. 263, 13 May 1706, Evan **Griffith**, cordwinder, of Southampton, Bucks Co., Pennsylvania to John **Naylor**, £63, 110 acres, of 325 acres... line of Ralph **Dracol**, Joseph **Growdon** and Joseph **Tomlinson**... purchased of Thomas **Walmsley**. Signed Evan (x) **Griffith**. Wit: Joshua **Hoops**, Thomas **Watson** and Henry **Nelson**.

P. 265, 17 Apr 1706, Dr. James **Streater**, of Bucks Co., Pennsylvania mortgage to James **Logan**, of Philadelphia, Pennsylvania, £50, 500 acres...line of Richard **Lundy**, William **Say**, Robert **Wheeler** and Margaret **Atkinson**. Signed James **Streater**. Wit: Benjamin **Chambers**, Joshua **Chessman** and John **Johnston**.

P. 268, 28 Feb 1706, David **Lloyd**, gentleman, of Philadelphia, Pennsylvania to Griffith **Jones**, merchant, of same, £100, 2616 acres...Richland Twp...line of George **Palmer**. Signed David **Lloyd**. Wit: Thomas **England**, Richard **Heath** and Griffith **Owen**.

P. 270, 20 Jan 1704, Thomas **Yardley** Sr., yeoman, of Briches, Parish of Horton, Stafford Co., England and his eldest son Samuel **Yardley**, miller, of Heathhouse, Parish of Horton, Stafford Co., England to Thomas **Yardley** Jr., (also a son of said Thomas), cooper, late of Briches, but now of Philadelphia, Pennsylvania, Samuel **Carpenter**, merchant, of Philadelphia, Pennsylvania, Richard **Hough**, yeoman, of Bucks Co., Pennsylvania and Robert **Heath**, yeoman, of Philadelphia, Pennsylvania, 500 acres...Newtown...line of Joseph **Clews** and Reuben **Pownall**. Signed Thomas (x) **Yardley** Sr. and

Samuel (x) **Yardley**. Wit: Thomas **Yardley** Sr. and Samuel **Yardley**.

P. 272, 13 Nov 1706, Robert **Heaton**, yeoman, his son James **Heaton**, of Middle Twp., Bucks Co., Pennsylvania and Henry **Comly**, yeoman, of Moreland, Philadelphia Co., Pennsylvania to Thomas **Thwaits**, bachelor, of Middle Twp., Bucks Co., Pennsylvania, £176, 182 acres...line of Robert **Heaton** Jr., Henry Johnson **Vandike** and John **Lucas**. Signed Robert (x) **Heaton**, James **Heaton** and Henry **Comly**. Wit: Ezra **Croasdell**, Christian Cavensen **Vanhorne** and John **Cutler**.

P. 274, 27 Nov 1706, John **Ellet**, tailor, of Carcus Hook, Philadelphia Co., Pennsylvania and William **Marshall**, tailor, of Philadelphia Co., Pennsylvania to John **Cozens**, husbandman, of Bucks Co., Pennsylvania, £18, 50 acres...line of Ezra **Bowen** and John **Swift**... patented, 1690, by Peter **Groom**, who sold to Anthony **Morgan**, who sold to Josias **Hill**, who sold to said John. Signed John **Ellet** and William **Marshall**. Wit: Ezra **Bowen** and Joseph (x) **Hill**.

P. 276, 27 Nov 1706, John **Ellet**, tailor, of Carcus Hook, Philadelphia Co., Pennsylvania and William **Marshall**, tailor, of Philadelphia Co., Pennsylvania to Ezra **Bowen**, husbandman, of Bucks Co., Pennsylvania, £18, 50 acres...line of John **Cousens**, Joseph **Hill** and John **Swift**...purchased of Josias **Hill**. Signed John **Ellet** and William **Marshall**. Wit: John (x) **Cousens** and Joseph (x) **Hill**.

P. 278, 27 Nov 1706, John **Ellet**, tailor, of Carcus Hook, Philadelphia Co., Pennsylvania and William **Marshall**, tailor, of Philadelphia Co., Pennsylvania to Jonias **Hill**, husbandman, of Bucks Co., Pennsylvania, £19, 100 acres...line of John **Cousens**, Joseph **Hill** and John **Swift**...purchased of Josias **Hill**. Signed John **Ellet** and William **Marshall**. Wit: John (x) **Cousens** and Ezra **Bowen**.

P. 281, 7 Dec 1706, Nehemiah **Blackshaw**, (son and heir of Randall **Blackshaw**), yeoman, of Bucks Co., Pennsylvania to Joseph **Kirkbride**, yeoman, of same, £100, 112 acres. Signed Nehemiah

Blackshaw. Wit: Jeremiah **Langhorne**, Roger **Moon** and James **Moon**.

P. 283, 11 Dec 1706, James **Moon** Sr., yeoman, of Bucks Co., Pennsylvania to his son Roger **Moon**, of same, for love and affection, 125 acres ...line of Samuel **Dark** and James **Hill**. Signed James (x) **Moone**. Wit: Jonathan **Copar**, Joseph **Kirkbride** and William **Paxson**.

P. 285, 21 Aug 1706, Edward **Mayos**, merchant, of Bristol, Bucks Co., Pennsylvania to John **Rowland**, yeoman, of same, £20, lot in the town of Bristol. Signed Edward **Mayos**. Wit: Jeremiah **Langhorne**, John **Beebenson** and Joseph **Kirkbride**.

P. 287, 21 Aug 1706, John **Rowland**, yeoman, of Bristol, Bucks Co., Pennsylvania to Edward **Mayos**, merchant, of same, 307 acres...Bristol Twp...line of Francis **Richardson**, William **Hange**, Joseph **Large** and Samuel **Burgess** Jr...purchased of William & Esther **Brown**, (said Esther was the widow of Thomas **Yardley**). Signed John **Rowland**. Wit: Jeremiah **Langhorne**, John **Beebenson**, and Joseph **Kirkbride**.

P. 289, 21 Aug 1706, John **Rowland**, yeoman, of Bristol, Bucks Co., Pennsylvania to Samuel **Burgess**, carpenter, Daniel and John **Burgess**, yeomen, of Bucks Co., Pennsylvania, £40, 100 acres of 562 acres purchased of William & Esther **Brown**, (said Esther was the widow of Thomas **Yardley**, devised, 1703), who purchased, 1701, of Israel and Joseph **Taylor**, (sons of Christopher **Taylor**, deceased) and executors Isaac **Morris** and David **Lloyd**. Signed John **Rowland**. Wit: William **Paxson**, Nehemiah **Blackshaw** and John **Snoceden**.

P. 292, 5 May 1704, Joseph **Kirkbride**, yeoman, of Bucks Co., Pennsylvania to Edward **Mayos**, of same, £200, lot in the town of Bristol corner to Jeremiah **Dungan**. Signed Joseph **Kirkbride**. Wit: Thomas **Brock**, Mahlon **Stacy** and William **Beakes**.

P. 294, 11 Dec 1706, Samuel **Burgess**, carpenter, Daniel and John **Burgess**, yeomen, of Bucks Co., Pennsylvania to Edward **Mayos**, yeoman, of Bristol, Bucks Co., Pennsylvania, £14, 33 acres of 100 acres...purchased of John **Rowland**. Signed Samuel **Burgess** Jr., Daniel **Burgess** and John **Burgess**. Wit: John **Rowland** and Roger **Moone**.

P. 298, 11 Dec 1706, William **Cowper**, (executor of the estate of Henry **Hudlestone**), of Bucks Co., Pennsylvania to Henry Johnson **Vandike**, yeoman, of same, £121, 80 acres, of 200 acres...line of Thomas **Bayne** patented, 1682, by John **Scarborougt**, blacksmith, of London, England, who sold to his son John, who sold to said Henry. Signed William **Cowper**. Wit: Thomas **Watson**, Peter **Lester** and Jonathan **Cowper**.

P. 300, 27 Dec 1706, Thomas **Watson** Jr., yeoman, of Bucks Co., Pennsylvania to Anthony **Burton**, carpenter, of same, £165, 120 acres...line of Christopher **Bennett** and Arthur **Cook** Abraham & Sarah **Cox**, (said Sarah is sister and heir of Thomas **Wolf**), sold to Edward **Pearson**, deceased, who devised to his son Lawrence **Pearson**, who sold to John **Burgess**, who sold to said Thomas. Signed Thomas **Watson**. Wit: Jeremiah **Langhorne**, Enoch **Pearson** and Jasper (x) **Terry**.

P. 303, 29 May 1702, Michell **Frederick**, yeoman, late of Philadelphia Co., Pennsylvania, but now of Bucks Co., Pennsylvania to Joshua **Nichols**, planter, of Philadelphia, Pennsylvania, £25, 86 acres...purchased of Thomas **Fairman**, gentleman, (attorney for Robert **Fairman**, brewer, of London, England). Signed Michell (x) **Frederick**. Wit: Thomas **Woddell** and William (x) **Williams**.

P. 305, 17 Nov 1706, Sarah **Dymock**, (widow of Tobias **Dymock**), of Bucks Co., Pennsylvania to Richard **Wilson**, yeoman, of same, £120, 100 acres, of 200 acres...line of Edward **Doyle**...patented, 1692, by Thomas **Dungan**, who sold to John **Scott**, who devised to his wife Jane **Scott**, who sold to said Tobias...and 50 acres...patented, 1692, by Clement **Dungan**, who sold to Edward **Doyle**, who devised to his wife Rebecca **Doyle**, who sold to said Tobias. Signed Sarah **Dymock**. Wit: Joseph **Kirkbride**, William **Bowleing** and Edward **Mayos**.

P. 308, 27 Jan 1706, William **Hayhurst**, (eldest son of Cuthbert &

Mary **Hayhurst**), yeoman, of Bucks Co., Pennsylvania to his brother John **Hayhurst**, 135 acres, of 250 acres...line of Christopher **Wetherall** and Robert **Heaton**...patented, 1685, by Mary **Hayhurst**. Signed William **Hayhurst**. Wit: Stephen **Sands** and John (x) **Penquite**.

P. 310, 27 Jan 1706, William **Hayhurst**, (eldest son of Cuthbert & Mary **Hayhurst**), yeoman, of Bucks Co., Pennsylvania to his brother Cuthbert Hayhurst, 100 acres, of 250 acres...line of Christopher **Wetherall** and Robert **Heaton**...patented, 1685, by Mary **Hayhurst**. Signed William **Hayhurst**. Wit: Stephen **Sands** and John (x) **Penquite**. Quit claim signed John **Hayhurst** and Cuthbert **Hayhurst**.

P. 313, 1 Mar 1706, Jeffery **Hawkins**, bachelor, of Philadelphia Co., Pennsylvania to Elizabeth **Darby**, (widow of William **Darby**), of Falls Twp., Bucks Co., Pennsylvania, 100 acres...patented, 1684, by his father. Signed Jeffery (x) **Hawkins**. Wit: Joseph **Kirkbride**, Joseph **Kirkbride** Jr. and Mary **Kirkbride**.

P. 314, 17 Mar 1706, Elizabeth **Darby**, (widow of William **Darby**), of Falls Twp., Bucks Co., Pennsylvania to Thomas **Kirkbride**, 54 acres...line of George **Biles**...purchased of Thomas **Dure**...and 100 acres...purchased of Roger **Hawkins**, who purchased of Jeffery **Hawkins**, who patented 1685. Signed Elizabeth **Darby**. Wit: Joseph **Kirkbride** and John **Large**.

P. 317, 1 Apr 1706, Thomas **Dure**, weaver, of Bucks Co., Pennsylvania to Joseph **Kirkbride**, yeoman, of same, £80, 103 acres...line of Randall **Blackshaw**...purchased of Richard **Lundy**. Signed Thomas **Dure**. Wit: John **Hutchinson** and Samuel A. **Femlly**.

P. 319, 22 Sep 1706, Paul **Wolf**, weaver, of Germantown, Philadelphia Co., Pennsylvania to Thomas **James**, husbandman, of Haverford, Chester Co., Pennsylvania, £35, 300 acres...Soulberry Twp...line of Jedidah **Allen**...patented, 1683, by Spike **Aukus**, of Frierland, who sold to Reiner **Jausen**, who sold to said Paul. Signed Paul **Wolf**. Wit: Pauline **Reiner**, Andres **Cramer** and John **Reeve**.

P. 322, 13 Oct 1682, Samuel **Allen**, shoemaker, late of Chue Magne, Somerset Co., England, but now of Bucks Co., Pennsylvania to Charles **Plumby**, planter, of same, £6, 100 acres. Signed Samuel **Allen**. Wit: Joseph **Stones**, Benjamin **Weekes** and Thomas **Revell**.

P. 323, 18 May 1707, John **Swift**, gentleman, of Southampton, Bucks Co., Pennsylvania to William **Stockdale**, yeoman, of Warminster Twp., Bucks Co., Pennsylvania, £30, 151 acres, of 551 acres...Warminster Twp...line of Abel **Noble** and John **Rush**...patented, 1681, by William **Bungley**, who sold to said John. Signed John **Swift**. Wit: Arthur **Ottoson** and Henry **Michell**.

P. 325, 1 Mar 1707, Robert **Heaton** Jr., yeoman, of Middle Twp., Bucks Co., Pennsylvania to John **Cutler**, schoolmaster, of same, £6, 6 acres ...Sands Run. Signed Robert **Heaton** Jr. Wit: Robert (x) **Heaton** and Samuel (x) **Hough**.

P. 327, 11 Mar 1707, John **Baldwin**, of Philadelphia Co., Pennsylvania to John **Swift**, of same, £7.5, 125 acres...purchased of Robert **Preistmall**, formerly, of Southampton Twp., Bucks Co., Pennsylvania. Signed John **Baldwin**. Wit: Samuel **Beakes** and William **Biles** Jr.

P. 328, 2 Mar 1705, George & Mary **Clough**, (formerly Mary **Stayworth**), miller, of Bucks Co., Pennsylvania to John **Hough**, the younger, of same, £100, 270 acres...Newtown...line of Jonathan **Elridge**, Robert **Bond** and Benjamin **Roberts**...patented, 1704, by said Mary. Signed George **Clough** and Mary (x) **Clough**. Wit: John **Cutler**, Jacob **Janney** and William **Beakes**.

P. 331, 2 Mar 1706, John **Hough**, husbandman, of Bucks Co., Pennsylvania to Shadrach **Walley**, yeoman, of same, £100, 270 acres... Newtown...line of Jonathan **Elridge**, Robert **Bond** and Benjamin **Roberts**...patented, 1704, by said Mary. Signed John (x) **Hough** Jr. Wit: John **Cutler**, George **Clough**, Jacob **Janney** and William **Beakes**.

P. 333, 7 Mar 1706, Shadrach **Walley**, yeoman, of Newtown, Bucks Co., Pennsylvania to John **Hough** Jr., yeoman, of Middle Twp.,

Bucks Co., Pennsylvania, £100, 278 acres, of 1500 acres...Newtown...line of John **Hough** Sr. and Thomas **Musgrave**...patented 1705. Signed Shadrach **Walley**. Wit: John **Hough** Sr., John **Cutler** and William **Beakes**.

P. 335, 25 Feb 1706, Samuel **Carpenter**, merchant, of Philadelphia, Pennsylvania to Benjamin **Collins**, carpenter, of Bristol, Bucks Co., Pennsylvania, £18, lot in the town of Bristol. Signed Samuel **Carpenter**. Wit: George **Clough**, William **Silverstone** and James **Moon**.

P. 337, 25 Feb 1706, Samuel **Carpenter**, merchant, of Philadelphia, Pennsylvania to George **Clough**, miller, of Bristol, Bucks Co., Pennsylvania, £18, lot in the town of Bristol. Signed Samuel **Carpenter**. Wit: Benjamin **Collins**, William **Silverstone** and James **Moon**.

P. 339, 25 Feb 1706, Samuel **Carpenter**, merchant, of Philadelphia, Pennsylvania to John **Baldwin**, carpenter, of Bristol, Bucks Co., Pennsylvania, £10, lot in the town of Bristol...corner to Mary **Baker**. Signed Samuel **Carpenter**. Wit: Benjamin **Collins**, William **Silverstone**, George **Clough** and James **Moon**.

P. 341, 25 Feb 1706, Samuel **Carpenter**, merchant, of Philadelphia, Pennsylvania to Mary **Baker**, widow, of Bristol, Bucks Co., Pennsylvania, £10, lot in the town of Bristol. Signed Samuel **Carpenter**. Wit: Benjamin **Collins**, William **Silverstone**, George **Clough** and James **Moon**.

P. 343, 26 Apr 1707, Jeremiah **Langhorne**, yeoman, of Bucks Co., Pennsylvania to Henry **Paxson**, yeoman, of same, £50, 250 acres...line of William **Croasdale** and Francis **White** ...purchased of Benjamin **White**, (son of George **White**), late of said county. Signed Jeremiah **Langhorne**. Wit: Francis **White** and John **Plumly**.

P. 345, 4 Apr 1707, Edward **Shipper**, merchant, of Philadelphia, Pennsylvania to John **Clark**, yeoman, of Hopwell, of Burlington Co., West New Jersey, £161, 180 acres...line of William **Biles**... purchased of Gilbert **Wheeler**...and 300 acres...line of Thomas and

John **Rowland**. Signed Edward **Shipper**. Wit: Griffith **Jones**, William **Biles**, David **Lloyd** and Richard **Heath**.

P. 348, 20 Apr 1707, Joseph **Kirkbride**, yeoman, of Bucks Co., Pennsylvania to Samuel **Burgess**, of Bristol, Bucks Co., Pennsylvania, £10, lot in the town of Bristol. Signed Joseph **Kirkbride**. Wit: Jeremiah **Langhorne**, Willoughby **Warder** and Thomas **Stevenson**.

P. 350, 20 Apr 1707, Joseph **Kirkbride**, yeoman, of Bucks Co., Pennsylvania to Joseph **Burgess**, of Bristol, Bucks Co., Pennsylvania, £15, lot in the town of Bristol. Signed Joseph **Kirkbride**. Wit: Jeremiah **Langhorne**, Willoughby **Warder** and Thomas **Stevenson**.

P. 352, 2 May 1707, James & Anne **Streater**, yeoman, (Anne is the widow of Joseph **Ward**) and her son John **Ward**, of Buckingham, Bucks Co., Pennsylvania to Stephen **Turning**, yeoman, of Newtown, Bucks Co., Pennsylvania, £150, 300 acres, of 500 acres...line of Thomas **Revell**...purchased of John **Stackhouse**. Signed James **Streater**, Anne S. **Streater** and John **Ward**. Wit: Mathew **Wildman**, William **Wilkinson** and Thomas **Baynes**.

P. 354, 10 Sep 1707, Thomas **Kirle**, carpenter, of Bucks Co., Pennsylvania to William **Dowdney**, weaver, of same, £22.3, 100 acres...line of William **Hange**...patented, 1684, by Andrew **Robeson**, who sold to Daniel **Jones**, who sold to Daniel **Smith**, who sold to Samuel **Smith**, who sold to said Thomas. Signed Thomas (x) **Kirle**. Wit: Francis **White** and John **Cutler**.

P. 356, 20 Sep 1707, Thomas **Groom**, of Philadelphia Co., Pennsylvania to Bernard **Christian**, yeoman, of Bergen Co., New Jersey, £290, 550 acres...line of Robert **Turner**, deceased and Edward **Pennington**, deceased... purchased of Griffith **Jones**. Signed Thomas (x) **Groom**. Wit: William **Stevenson** and Arthur **Otterson**.

P. 359, 9 Sep 1707, Edmund **Cowgill**, husbandman, of Bucks Co., Pennsylvania to Henry **Cowper**, blacksmith, of Newtown, Bucks Co., Pennsylvania, £100, 79 acres...Newtown...line of Thomas

Hillborne and Jonathan **Elridge**...and 23 acres...line of Israel **Morris**. Signed Edmund **Cowgill**. Wit: Willoughby **Warder** and Thomas **Stevenson**.

P. 361, 14 Aug 1707, Samuel **Carpenter**, merchant, of Philadelphia, Pennsylvania to Robert **Shaw**, yeoman, of Bristol, Bucks Co., Pennsylvania, £37, two lots in the town of Bristol. Signed Samuel **Carpenter**. Wit: John **Baldwin** and George **Clough**.

P. 364, 26 Jul 1707, Robert **Shaw**, yeoman, of Bristol, Bucks Co., Pennsylvania to Samuel **Carpenter**, merchant, of Philadelphia, Pennsylvania, £37, 8 acre lot in the town of Bristol. signed Robert (x) **Shaw**. Wit: John **Baldwin** and George **Clough**.

P. 366, 31 Oct 1707, Samuel **Baker**, yeoman, of Bucks Co., Pennsylvania to Robert **Shaw**, husbandman, of same, £100, 438 acres...line of Thomas **Coleman**, William **Derrick** and William **Parlet**. Signed Samuel **Baker**. Wit: Samuel **Carpenter** and Edward **Mayos**.

P. 368, 31 Oct 1707, Robert **Shaw**, yeoman, of Bristol, Bucks Co., Pennsylvania to Edward **Mayos**, yeoman, of same, £65, 7 acre lot in the town of Bristol. Signed Robert (x) **Shaw**. Wit: Samuel **Carpenter** and Samuel **Baker**.

P. 370, 10 Dec 1707, Joseph **Growdon**, merchant, of Philadelphia, Pennsylvania to Thomas **Walmsley**, yeoman, of Bensalem Twp., Bucks Co., Pennsylvania, £46, 46 acres...Bensalem Twp...line of Henry **Mitchell**. Signed Joseph **Growdon**. Wit: William **Croasdale** and John **Sotcher**.

P. 372, 22 Nov 1707, John **Rowland**, yeoman, of New Bristol, Bucks Co., Pennsylvania to William **Silverstone**, bolter, of Bucks Co., Pennsylvania, £40, lot in the town of Bristol. Signed John **Rowland**. Wit: Frances **White**, John **Chenoweth** and John **Large**.

P. 374, 10 Dec 1706, Samuel **Baker**, (son and heir of Henry **Baker**), yeoman, of Bucks Co., Pennsylvania to Jacob **Janney**, yeoman, of same, 15, lot in the town of Bristol. Signed Samuel **Baker**. Wit:

Willoughby **Warder**, Solomon **Warder** and Israel **Pemberton**.

P. 376, 22 Nov 1706, John **Rowland**, yeoman, of Bristol Twp., Bucks Co., Pennsylvania to John **Large**, tailor, of same, £30, 100 acres...Bristol Twp... line of William **Hange**. Signed John **Rowland**. Wit: Frances **White**, John **Chenoweth** and Lemuel **Oldale**.

P. 378, 8 Dec 1707, Joseph **Kirkbride**, yeoman, of Bucks Co., Pennsylvania to John **Hutchinson**, of same, £0.25, 103 acres...line of Randall **Blackshaw**...purchased of Thomas **Dure**. Signed Joseph **Kirkbride**. Thomas **Stevenson** and William **Croasdale**.

P. 381, 8 Dec 1707, Robert **Shaw**, husband, of Bucks Co., Pennsylvania to Richard **Mitchell**, husbandman, of same, £45, 172 acres... Wrightstown...line of William **Dure** and William **Parlet**...purchased of Samuel **Baker**. Signed Robert (x) **Shaw**. Wit: John **Shaw** and James **Cooper**.

P. 383, 10 Dec 1707, Charles **Levalley**, cooper, of Bucks Co., Pennsylvania to John **Hall**, cooper, of same, £200, lot in the town of Bristol. Signed Charles **Levalley**. Wit: John **Swift**, Samuel **Beakes** and Thomas **Harding**.

P. 385, 29 Jul 1707, Cesar **Gisling**, goldsmith, of Philadelphia, Pennsylvania to Samuel **Marmion**, merchant, of same, £150, 150 acres of 600 acres ...line of Dunk **Williams**...patented, 1684, Nathaniel **Allen**, who sold to his son Nehemiah **Allen**, who sold to said Cesar. Signed Cesar **Gheselin**. Wit: Mary **Starney**, Elizabeth **Evens** and Thomas **Grey**.

P. 387, 10 Dec 1707, Samuel **Burgess** Jr., carpenter, of Bristol, Bucks Co., Pennsylvania to Joseph **Burgess**, yeoman, of same, £10, lot in the town of Bristol. Signed Samuel **Burgess** Jr.

P. 390, 30 Sep 1707, Thomas & Rebecca **Murray**, (said Rebecca is the daughter and heir of Francis & Rebecca **Richardson**, Rebecca, the mother married Edward **Shipper**), merchant, of Philadelphia, Pennsylvania to Francis **Richardson**, (son of said Francis, also had children John **Richardson**, deceased and Rebecca **Richardson**), silversmith, of same, £35, 1200 acres...patented 1693. Signed Thomas **Murray** and Rebecca **Murray**. Wit: Edward **Shipper** Jr. and Joseph **Anthrobus**.

P. 396, 18 Sep 1707, Barnard **Christian**, yeoman, of Bergen Co., East New Jersey to Peter **Lawrence**, yeoman, of same, his half interest in jointly held 266 acres...and 285 acres...line of Anthony **Tomkins**. Signed Barnard **Christian**. Wit: Henry (x) Johnson **Vandike** and John **Cutler**.

P. 398, 18 Sep 1707, Peter **Lawrence**, (alias Peter **Vanbosken**), yeoman, of Bergen Co., East New Jersey to Barnard **Christian**, yeoman, of same, his interest in jointly held 257 acres...line of Edward **Brook** and Richard **Thatcher**...294 acres...line of said **Brook** and Edward **Pennington**. Signed Peter **Vanbosker**. Wit: Henry (x) Johnson **Vandike** and John **Cutler**.

P. 400, 18 Sep 1707, Barnard **Christian**, yeoman, of Bergen Co., East New Jersey to his son Christian **Barnson**, £200, 294 acres...line of Edward **Pennington** ...patented, 1686, by Christopher **Taylor**, who sold to Robert **Heaton**, who sold to said Barnard and Peter **Lawrence**. Signed Barnard **Christian**. Wit: Henry (x) Johnson **Vandike** and John **Cutler**.

P. 402, 18 Sep 1707, Barnard **Christian**, yeoman, of Bergen Co., East New Jersey to his son Peter **Barnson**, £190, 257 acres...line of Edward **Pennington** ...patented, 1686, by Christopher **Taylor**, who sold to Robert **Heaton**, who sold to said Barnard and Peter **Lawrence**. Signed Barnard **Christian**. Wit: Henry (x) Johnson **Vandike** and John **Cutler**.

P. 404, 1708, Samuel **Atkinson**, carpenter, of Bucks Co., Pennsylvania to William **Paxson**, of same, assignee of Solomon **Warder**, for £56.4 paid to his father-in-law William **Biles**, yeoman, of same, 300 acres...line of Gabriel **Bayne**, Thomas **Watson** and former line of Charles **Brigham**. Signed Samuel **Atkinson**. Wit: Thomas **Watson**, Abel **Janney**, John **Smith**, William **Biles** and William **Croasdale**.

P. 406, 18 Dec 1707, John & Rachel **Cowgill**, (said Rachel is the widow of Job **Bunting**), yeoman, of Bensalem Twp., Bucks Co., Pennsylvania to Edward **Ratclife**, yeoman, of Bristol Twp., Bucks Co., Pennsylvania, £253, 100 acres...line of Joseph **Large** and Mordecai **Bowdown**...patented, 1692, by Clement **Dungan**, son of Thomas, who sold with his brothers, Thomas, Jeremiah and John **Dungan** to Walter **Pomphray**, who sold to said Job. Signed John **Cowgill** and Rachel **Cowgill**. Wit: Solomon **Warder** and John **Cutler**.

P. 408, 11 Mar 1707, Edward **Ratclife**, yeoman, of Bristol Twp., Bucks Co., Pennsylvania to Solomon **Warder**, yeoman, of same, £50, 50 acres...Bristol Twp... line of Edward **Wanton**...purchased of John **Cowgill**. Signed Edward (x) **Ratclife**. John **Cowgill** and John **Cutler**.

P. 411, 15 Dec 1704, Mary **Baker**, (widow of James **Radclife**) and her children, James **Radclife**, Richard **Radclife**, Edward **Radclife**, Rebecca **Radclife**, Rachel **Radclife**, (wife of William **Hayhurst**) to Jonathan **Cowper**, husbandman, of Wrightstown, Bucks Co., Pennsylvania, £46, 200 acres...line of the heirs of Phineas **Pemberton** and Roger **Logworth**. Signed Mary (x) **Baker**, Richard **Radclife**, Edward (x) **Radclife**, William **Hayhurst**, Rachel (x) **Hayhurst** and Rebecca **Radclife**. Wit: Edmond **Cowgill** and James **Wildman**.

P. 413, 26 Mar 1708, James & Warber **Verrier**, mason, of Middle Twp., Bucks Co., Pennsylvania to Abraham **Vandine**, yeoman, late of East New Jersey, but now of Bucks Co., Pennsylvania, £130, 100 acres...Middle Twp... purchased of Henry **Paxson**. Signed Jacque **Verrier** and Walber (x) **Verrier**. Wit: Henry (x) **Paxson** and John (x) **Naylor**.

P. 416, 11 Nov 1704, Tobias & Sarah **Dymock**, of New Bristol Twp., Bucks Co., Pennsylvania to Joshua **Nichols**, yeoman, of Bensalem, Bucks Co., Pennsylvania, £92, 200 acres...line of Francis **Harding**, William **Dunk** and Joseph **Growdon**. Signed Tobias **Dymock** and Sarah **Dymock**. Wit: Jacob **Usher** and Maurice **List**. (1708, said Tobias is deceased and Sarah is the wife of Ralph **Jackson**).

P. 418, 25 Apr 1708, John **Large**, tailor, of Bucks Co., Pennsylvania to Esther **Wilson**, widow, of same, £45, 100 acres...line of Joseph **Large**, Tobias **Dymock**, deceased and Jacob **Janney**... Thomas & Rebecca **Williams**, sold, 1695, to Abraham **Cox**, who sold to Samuel **Smith**, who sold to said John. Signed John **Large**. Wit: William **Croasdale** and John **Chenoweth**.

P. 421, 3 Nov 1707, Samuel and Lemuel **Oldale**, of New Bristol, (formerly Buckingham), Bucks Co., Pennsylvania to John **Rowland**, yeoman, of Bucks Co., Pennsylvania, £40, lot in the town of Bristol. Signed Samuel **Oldale** and Lemuel **Oldale**. Wit: Daniel **Doane**, Francis **White** and John **Chenoweth**.

P. 422, 19 Nov 1707, Francis **Richardson**, (son and heir of Francis, whose other children were Rebecca and John **Richardson**), silversmith, of Philadelphia, Pennsylvania to Thomas **Stackhouse**, yeoman, of Bucks Co., Pennsylvania, £240, 1144 acres... Wrightstown Twp...line of Joseph **Ambler** and John **Chapman**. Signed Francis **Richardson**. Wit: Robert **Heaton** Jr., Henry **Nelson** and John **Bourshire**.

P. 426, 15 Dec 1708, John **Swift**, yeoman, of Southampton, Bucks Co., Pennsylvania to Lawrence **Johnson**, of Kings Co., Long Island and Charles **Husteen**, of Richmond, Staten Island, New Jersey, £800, 580 acres...line of Peter **Groome**, Nicholas **Randall**, John **Jones**, (in Philadelphia Co., Pennsylvania) and Henry **Pointer**. Signed John **Swift**. Wit: Nicholas **Randall**, Stoffel **Vansandt** and John **Cutler**.

P. 429, 13 Jan 1717, John **Baldwin**, yeoman, of Makefield, Bucks Co., Pennsylvania to Thomas **Heed**, yeoman, of Solebury Twp., Bucks Co., Pennsylvania, release of debt. Signed John (x) **Baldwin**. Wit: Joshua **Chessman** and Mathew **Durham**.

P. 429, 30 Mar 1723, Daniel **Doan** Jr., carpenter, of Middle Twp., Bucks Co., Pennsylvania to James **Ray**, bachelor, of Middletown, Monmouth Co., East New Jersey, £53, 150 acres, of 200 acres... Wrightstown...line of Joseph **Doan**, Charles **Briggam**, Joseph **Hampton** and Abraham **Chapman**...purchased of Joseph **Ambler**.

Signed Daniel **Doan** Jr. Wit: John **Chapman**, Joseph **Hampton**, Abraham **Chapman** and Elizabeth **Routledge**.

Chapter 4
Bucks Co., Pennsylvania
Deed Records
Volume 4
1708-1714

P. 1, 28 May 1708, Joseph **Growdon**, merchant, of Philadelphia, Pennsylvania to William **Baker**, husbandman, of Bensalem Twp., Bucks Co., Pennsylvania, £142.5, 142.5, acres...Bensalem Twp...line of Abell **Langhorne**, Claus **Johnson**, Thomas **Walmsley**, Tobias **Dymock** and Jeremiah **Allen**. Signed Joseph **Growdon**. Wit: Lawrence **Growdon**, John **Wildman** and Michael **Williams**.

P. 2, 15 Jun 1708, John **Swift**, yeoman, of Southampton, Bucks Co., Pennsylvania to Andrew **Groome**, planter, of Philadelphia Co., Pennsylvania, £30, 150 acres...line of Peter **Chamberlain**, William **Atkinson** and John **Rush**...patented, 1681, by William **Blingley**, who sold to said John. Signed John **Swift**. Wit: Nicholas **Randall** and John **Cutler**.

P. 4, 15 Jun 1708, John **Swift**, yeoman, of Southampton, Bucks Co., Pennsylvania to Nicholas **Randall**, of same, £100, 100 acres...line of John **Jones**, Lawrence **Johnson** and Charles **Lufteen**. Signed John **Swift**. Wit: William **Atkinson** and John **Cutler**.

P. 6, 7 Jun 1708, John **Naylor** to John **Swift**, £8, 80 acres...line of Thomas **Harding** and John **Castbourn**. Signed John (x) **Naylor**. Wit: John **Cutler** and Nicholas **Randall**.

P. 7, 15 Jun 1708, John **Swift**, yeoman, of Southampton, Bucks Co., Pennsylvania to William **Atkinson**, bachelor, of Warrington, Bucks Co., Pennsylvania, £34, 170 acres, of 500 acres...line of Peter **Chamberlain**, William **Stockdale** and John **Rush**...patented, 1681, by William **Bingley**, who sold to said John. Signed John **Swift**. Wit: Nicholas **Randall** and John **Cutler**.

P. 9, 10 Jun 1708, Esther **Wilson**, (widow of Richard **Wilson**), of Bristol Twp., Bucks Co., Pennsylvania to Isaac **Atkinson**, of Bucks Co., Pennsylvania, £30, 100 acres...Bristol Twp...line of William **Bennett** and Edward **Doyle**...and 50 acres...line of Joseph **Large**...purchased of Sarah **Dymock**. Signed Esther (x) **Wilson**. Wit: Solomon **Warder**, William **Atkinson** and William **Croasdale**.

P. 11, 10 Apr 1708, John **Baldwin**, yeoman, of Bristol, Bucks Co., Pennsylvania to Henry **Somilinson**, cordwinder, of same, £40, 97 acres, of 300 acres...line of Daniel **Pegg** and Samuel **Carpenter**...patented, 1688, by Samuel **Allen**, who sold to said John. Signed John **Baldwin**. Wit: Edward **Mayos** and Joseph **Kirkbride**.

P. 13, 9 Apr 1708, Henry **Somlinson**, cordwinder, of Bristol, Bucks Co., Pennsylvania to John **Baldwin**, yeoman, of same, £60, 97 acres, of 500 acres...patented, 1688, by Samuel **Allen**, who sold to Charles **Plumby**, who died and his son William **Plumby** sold to Henry **Paxson**, (for the sons of said Charles, ie. John, George and Charles **Plumby**), who sold to said Henry. Signed Henry **Somlinson**. Wit: Joseph **Kirkbride** and Edward **Mayos**.

P. 15, 22 Apr 1706, John **Hill**, yeoman, of Bucks Co., Pennsylvania to Andrew **Ellot**, yeoman, of same, £250, 220 acres...line of Henry **Margerum** and Richard **Hough**...purchased of said Andrew. Signed John **Hill**. Wit: Thomas **Watson** and Henry **Margerum**.

P. 18, 26 Jul 1708, Thomas **Cutler**, yeoman, of Southampton, Bucks Co., Pennsylvania to John **Maylor**, of same, £90, 100 acres...line of Job **Howell** and John **Castbourn**...patented 1706. Signed Thomas (x) **Cutler**. Wit: Jeremiah **Langhorne** and Lawrence **Growdon**.

P. 20, 26 Aug 1708, Robert **Heaton** Jr., yeoman, of Middle Twp., Bucks Co., Pennsylvania to Thomas **Stackhouse**, yeoman, of same, £190, 4 acres and 1 acre, and mill house and dam, of 818 acres patented by Robert **Heaton** Sr. Signed Robert **Heaton** Jr. Wit: Robert (x) **Heaton** and John **Cutler**.

P. 23, 19 Jun 1707, Samuel **Carpenter**, merchant, of Philadelphia, Pennsylvania to John **Baldwin**, yeoman, of Bristol, Bucks Co., Pennsylvania, £25, 1.5 acres...Newtown. Signed Samuel **Carpenter**. Wit: David **Lloyd** and Richard **Heath**.

P. 25, 7 Dec 1708, Clement **Dungan** and Thomas **Dungan**, yeomen, of Bucks Co., Pennsylvania to Christopher **Day**, husbandman, of same, £16, 50 acres, of 1000 acres...line of Jeremiah **Dungan** and Gideon **Freeborn** ...purchased of Margary **Cooke**. Signed Clement **Dungan** and Thomas **Dungan**. Wit: Robert **Harney** and John **Cutler**.

P. 27, 7 Dec 1708, Clement **Dungan** and Thomas **Dungan**, yeomen, of Bucks Co., Pennsylvania to Nathaniel **West**, husbandman, of same, £35, 100 acres, of 1000 acres...line of Jeremiah **Dungan**, Gideon **Freeborn**, and William **Roll**...purchased of Margary **Cooke**. Signed Clement **Dungan** and Thomas **Dungan**. Wit: Robert **Harvey** and John **Cutler**.

P. 28, 7 Dec 1708, Joshua **Bower**, (son and heir of Joshua **Bower**), of Falls Twp., Bucks Co., Pennsylvania to Robert **Harvey**, yeoman, of same, £105, 121 acres...line of Samuel **Beakes**. Signed Joshua **Bower**. Wit: Jeremiah **Dungan** and John **Cutler**.

P. 30, 7 Dec 1708, Edward **Mayos**, merchant, of Bristol, Bucks Co., Pennsylvania to Peter **Wood**, husbandman, of Bristol Twp., Bucks Co., Pennsylvania, £30, 50 acres, of 307 acres...line of Samuel **Carpenter**...purchased of John **Rowland**. Signed Edward **Mayos**. Wit: Jeremiah **Dungan** and John **Cutler**.

P. 32, 7 Dec 1708, Israel **Morris**, husbandman, of Newtown, Bucks Co., Pennsylvania to John **Bowman**, cordwinder, of Middle Twp., Bucks Co., Pennsylvania, £40, 52 acres...line of Ezra **Croasdale** and Henry **Paxson**...purchased of Edmund **Cowgill**. Signed Isaac **Morris**. Wit: Thomas **Thwaites** and Henry **Nelson**.

P. 34, 7 Dec 1708, Henry **Cooper**, blacksmith, of Newtown, Bucks Co., Pennsylvania to William **Buckman**, yeoman, of same, £90, 154 acres, of 564 acres...line of Stephen **Swening**, Ezra **Croasdale**,

Samuel **Hough** and Michell **Hough**...purchased of Henry **Nelson**. Signed Henry (x) **Cooper**. Wit: Henry **Nelson** and Israel **Morris**.

P. 36, 11 Sep 1708, Samuel **Carpenter**, merchant, of Philadelphia, Pennsylvania to John **Large**, tailor, of Bristol, Bucks Co., Pennsylvania, £18, lot in the town of New Bristol. Signed Samuel **Carpenter**. Wit: Thomas **Brock** and Benjamin **Collins**.

P. 38, 13 Oct 1708, John **Rowland**, yeoman, of Bristol, Bucks Co., Pennsylvania to James **Moone** Jr., yeoman, of same, £20, lot in the town of New Bristol. Signed John **Rowland**. Wit: Thomas **Brock** and Francis **White**.

P. 38, 7 Dec 1708, Israel **Morris**, husbandman, of Newtown, Bucks Co., Pennsylvania to Aaron **Pearson**, tailor, of same, £75, lot in the town of Newtown. Signed Israel **Morris**.

P. 40, 8 Dec 1708, Samuel **Baker**, yeoman, of Middlefield, Bucks Co., Pennsylvania to John **Baldwin**, yeoman, of Bristol, Bucks Co., Pennsylvania, £47.5, 100 acres. Signed Samuel **Baker**. Wit: Edward **Mayos** and Thomas **Yardley**.

P. 42, 20 Dec 1708, Henry **Nelson**, of Middle Twp., Bucks Co., Pennsylvania to Thomas **Stradly**, yeoman, of same, £60, 114 acres...line of Mary **Hayworth**, Jonathan **Elridge** and Joseph **Millner** ...patented, 1705. Signed Henry **Nelson**.

P. 46, 14 Feb 1708, Bartholomew **Thatcher**, carpenter, of Hopewill, Burlington Co., West New Jersey and Joseph **Thatcher**, (sons and heirs of Richard **Thatcher**), carpenter, of Southampton, Bucks Co., Pennsylvania to 284 acres, of 1000 acres...line of Clement **Bennett** and Stephen **Whiteing**. Signed Bartholomew **Thatcher** and Joseph **Thatcher**. Wit: Thomas (x) **Cutler** and Jeremiah (x) **Bartholomew**.

P. 48, 1708, John **Hall**, (son and heir of Robert **Hall**), cooper, of Bristol, Bucks Co., Pennsylvania to John **Johnson**, yeoman, of Bristol Twp., Bucks Co., Pennsylvania, £50, 100 acres...Middle Twp...line of Bartholomew **Jacobs** and Francis **White**...patented 1685. Signed John **Hall**. Wit: John **Plumly**.

P. 49, 1 Mar 1708, Robert **Heaton** and Robert **Heaton** Jr., of Middle Twp., Bucks Co., Pennsylvania to Christian **Barnard**, of same, £200, 200 acres...line of John **Cutler**. Signed Robert **Heaton** Jr. and Robert **Heaton**. Wit: John **Wildman** and John **Cutler**.

P. 51, 19 Feb 1708, Samuel **Carpenter**, merchant, of Philadelphia, Pennsylvania to Henry **Somilinson**, of Bristol, Bucks Co., Pennsylvania, £18, lot in the town of New Bristol. Signed Samuel **Carpenter**. Wit: Benjamin **Collins**.

P. 54, 19 Feb 1708, Samuel **Carpenter**, merchant, of Philadelphia, Pennsylvania to Joseph **White**, carpenter, of Bristol, Bucks Co., Pennsylvania, £12, lot in the town of New Bristol. Signed Samuel **Carpenter**. Wit: Benjamin **Collins** and George **Clough**.

P. 56, 25 Mar 1708, James **Logan**, gentleman, of Philadelphia, Pennsylvania to Jacob **Holcombe**, carpenter, of Solebury Twp., Bucks Co., Pennsylvania, £160, 500 acres...line of John **Scarbrough**...and 300 acres...line of Randall **Spallman**. Signed James **Logan**. Wit: John **Clarke** and John **Cutler**.

P. 60, 23 Mar 1708, Samuel **Hough**, yeoman, of Newtown, Bucks Co., Pennsylvania to Robert **Heaton** Sr., yeoman, of Middle Twp., Bucks Co., Pennsylvania, 170 acres...Newtown...line of Thomas **Revell** and William **Buchman**...purchased of Israel and Joseph **Taylor**, sons and heirs of Christopher **Taylor**, who patented 1691. Signed Samuel (x) **Hough**. Wit: Jeremiah **Langhorne**.

P. 63, 25 Apr 1709, John Henry **Spergill**, of Philadelphia, Pennsylvania to Thomas **Tiese**, of same, £300, 1000 acres...line of Benjamin **Parker**, James **Boyden**, John **Grey**, (alias Nathan) and Joshua **Stanbury**.

P. 67, 13 Apr 1709, Dr. John & Mary **Martindell**, late of Philadelphia, Pennsylvania to Joseph **Wildman**, yeoman, of Bucks Co., Pennsylvania, £95, 520 acres...line of John **Cowgill**, Thomas **Constable** and Thomas **Musgrove**, heirs. Signed John **Martindell** and Mary (x) **Martindell**. Wit: Joshua **Lawrence** and Richard **Heath**.

P. 70, 7 May 1709, Shadrach **Walley**, yeoman, of Newtown Twp., Bucks Co., Pennsylvania to Isaac **Norris**, merchant, of Philadelphia, Pennsylvania and William **Sickfold**, of Norminhurst, Sussex Co., England, £140, 1240 acres...line of John **Hough** and James **Gales**. Signed Shadrach **Walley**. Wit: Jacob **Holcombe** and Richard **Heath**.

P. 74, 8 Jun 1709, Henry **Bowen**, husbandman, of Bristol Twp., Bucks Co., Pennsylvania to Ann **Mayos**, of same, £150, 209 acres...Edmund **Andrews**, sold to William **Clarke**, who devised to his daughter Ann **Clark**, who with John & Martha **Dawson** sold to said Henry. Signed Henry **Bowen**.

P. 76, 8 Jun 1709, John **Large**, tailor, of Bristol, Bucks Co., Pennsylvania to Joseph **Large** Jr., yeoman, of Buckingham, Bucks Co., Pennsylvania, £20, 100 acres...Buckingham Twp...line of Richard **Lundy**, William **Say** and James **Steaker**...purchased of Robert **Wheeler**. Signed John **Large**. Wit: Francis **White**, George **Clough** and Edward **Radclife**.

P. 77, 8 Jun 1709, Richard **Lundy**, yeoman, of Buckingham, Bucks Co., Pennsylvania to Joseph **Large** Jr., yeoman, of same, £20, 100 acres ...line of John **Reynold**...patented 1682. Signed Richard (x) **Lundy**. Wit: Francis **White**, George **Clough** and Richard **Radclife**.

P. 80, 8 Jun 1709, Abraham **Vandine**, yeoman, of Bucks Co., Pennsylvania to Bartholomew **Jacobs** and Stephen **Vansandt**, yeomen, of Middle Twp., Bucks Co., Pennsylvania, £90, 100 acres...line of John **White** and Henry **Paxson**. Signed Abraham (x) **Vandine**. Wit: Harman **Vansandt** and Sarah **Stevenson**.

P. 82, 21 Mar 1709, Christopher **Davison**, of Philadelphia, Pennsylvania to Thomas **Tiese**, iron monger, of same, £50, 250 acres...purchased of Thomas **Cobb**, shoemaker, of London. Signed Christopher **Davison**. Wit: William **Biles**, Stephen **Crighten** and Anthony **Dunn**.

P. 84, 14 Sep 1709, Peter **Webster**, husbandman, of Falls Twp., Bucks Co., Pennsylvania to Anne **Mayos**, of Bucks Co., Pennsylvania, £14, two lots in the town of New Bristol. Signed Peter

Webster.

P. 86, 14 Sep 1709, Anthony **Burton**, carpenter, of Bristol Twp., Bucks Co., Pennsylvania to Anne **Mayos**, of Bristol, Bucks Co., Pennsylvania, £15, lot in the town of New Bristol. Signed Anthony **Burton**. Wit: Thomas **Watson**.

P. 88, 8 Sep 1709, Joseph **Growdon**, merchant, of Philadelphia, Pennsylvania to Francis **Scaile**, yeoman, of Bensalem Twp., Bucks Co., Pennsylvania, £10, 61 acres...line of Thomas **Scott**, deceased. Signed Joseph **Growdon**. Wit: Jeremiah **Langhorne** and John **Cowgill**.

P. 90, 14 Sep 1709, Francis **Scaile**, yeoman, of Bensalem Twp., Bucks Co., Pennsylvania to Josiah **Hill**, of same, £10, 59 acres...purchased of Joseph **Growdon**. Signed Francis (x) **Scaile**. Wit: William **Preston** and Samuel **Cart**.

P. 91, 6 Oct 1709, William **White**, cordwinder, of Falls Twp., Bucks Co., Pennsylvania to Nehemiah **Blackshaw**, yeoman, of same, £30, 40 acres... line of Henry **Paxson**...purchased of John **Burrows**. Signed William **White**. Wit: Thomas **Parson** and John **Iden**.

P. 94, 6 Oct 1709, James **Paxson**, yeoman, of Falls Twp., Bucks Co., Pennsylvania to his son Henry **Paxson**, for love and affection, 404 acres...Falls Twp...line of Edward **Lucas**... patented 1702. Signed James (x) **Paxson**. Wit: William **White** and Jeremiah **Blackshaw**.

P. 95, 1 Oct 1709, Daniel **Burgess**, wheelwright, of Falls Twp., Bucks Co., Pennsylvania to Jeffery **Burgess**, tailor, of same, £44.8, 160 acres ...line of William **Biles** and John **Clark**...purchased of John **Rowland**. Signed Daniel **Burgess**. Wit: John **Burgess** and John **Cutler**.

P. 97, 2 Nov 1709, Robert **Heaton**, yeoman, of Middle Twp., Bucks Co., Pennsylvania to his son James **Heaton**, of same, for love and affection, 200 acres ...Middle Twp...line of John **Croasdale**...patented 1704. Signed Robert (x) **Heaton**. Wit: Charles **Birchden** and Lawrence **Growdon**.

P. 98, 2 Dec 1709, James **Heaton**, yeoman, of Southampton, Bucks Co., Pennsylvania to John **Wildman**, weaver, of Middle Twp., Bucks Co., Pennsylvania, £135, 200 acres ...Middle Twp...line of John **Croasdale**...patented 1704, by Robert **Heaton**. Signed James **Heaton**. Wit: Francis **White** and Robert **Heaton** Jr.

P. 101, 14 Dec 1709, James **Moone**, husbandman, of Bristol, Bucks Co., Pennsylvania to Neile **Grant**, husbandman of same, £105, 200 acres ...Makefield Twp...purchased of Thomas **Dure**. Wit: Robert **Harvey** and Joseph **Kirkbride**.

P. 103, 28 Dec 1709, Francis **White**, yeoman, of Middle Twp., Bucks Co., Pennsylvania to John **Headly**, carpenter, of same, £38.65, 38 acres ...line of James **Almond** and Samuel **Carpenter** ...purchased of John **Hall**. Signed Francis **White**. Wit: John **Hall** and John **Cutler**.

P. 104, 14 Dec 1709, John **Hall**, cooper, of Bristol, Bucks Co., Pennsylvania to Francis **White**, yeoman, of Middle Twp., Bucks Co., Pennsylvania, £60, 120 acres, of 500 acres... Middle Twp...line of James **Almond** and Samuel **Carpenter**...patented 1685. Signed John **Hall**. Wit: John **Cutler** and Joseph **Lundy**.

P. 106, 14 Dec 1709, John **Headly**, carpenter, of Middle Twp., Bucks Co., Pennsylvania to Francis **White**, yeoman, of same, £37.5, 50 acres, of 500 acres... Middle Twp...patented 1698, by George **White**, who devised to his son Peter **White**, who sold to said John. Signed John **Headly**. Wit: Joseph **Headly** and John **Cutler**.

P. 107, 10 Jan 1709, John **Headly**, carpenter, of Middle Twp., Bucks Co., Pennsylvania to his son Joseph **Headly**, of same, £100, 100 acres, of 250 acres...line of Francis **White** and Edmond **Lovett** ...purchased of Peter **White**. Signed John **Headly**. Wit: Richard **Radclife** and John **Adington**.

P. 109, 2 Jan 1709, Anne **Mayos**, (widow of Edward **Mayos**), of Bucks Co., Pennsylvania to Henry **Wells**, husbandman, of same, £60, 300 acres... purchased of Peter **Wood**. Signed Anne **Mayos**. Wit: John **Plumby**, Mary **Plumby** and Jeremiah **Langhorne**.

P. 112, 3 Jan 1709, Henry **Wells**, husbandman, of Bucks Co., Pennsylvania to Henry **Paxson**, yeoman, of Middle Twp., Bucks Co., Pennsylvania, £42, 300 acres. Signed Henry **Wells**. Wit: John **Plumby**, Mary **Plumby** and Jeremiah **Langhorne**.

P. 114, 26 Jan 1709, John **Taylor**, yeoman, of Southampton, Bucks Co., Pennsylvania to Joseph **Tomlinson**, weaver, of same, £120, 110 acres... line of John **Swift** and Ralph **Drocall**...purchased of Evan **Griffith**. Signed John **Taylor**. Wit: Jeremiah **Langhorne**, Thomas **Stackhouse** Sr., Robert **Sands**.

P. 116, 1 Feb 1709, John **Rowland**, merchant, of New Bristol, Bucks Co., Pennsylvania to Isaac **Milner**, yeoman, of same, £300, 305 acres... line of Lemuel **Oldale** and James **Almond**. Signed John **Rowland**. Wit: Jeremiah **Langhorne**, Henry **Somlinson** and George **Clough**.

P. 119, 18 Feb 1709, Isaac **Milner**, yeoman, of New Bristol, Bucks Co., Pennsylvania to John **Rowland**, merchant, of same, £171.75, 305 acres ...line of Lemuel **Oldale** and James **Almond**. Signed Isaac **Milner**. Wit: Jeremiah **Langhorne**, Henry **Somlinson** and George **Clough**.

P. 122, 24 Feb 1709, James **Carter**, blacksmith, of Southampton, Bucks Co., Pennsylvania to George **Brown**, yeoman, of Falls Twp., Bucks Co., Pennsylvania, £30, 250 acres...Solebury Twp... line of Samuel **Beakes** and Henry **Paxson**... purchased of Francis **White**. Signed James **Carter**. Wit: Henry (x) **Paxson**, Robert **Sands**, Vaught **Saxson** and Thomas **Davis**.

P. 123, 7 Mar 1709, Jonathan **Elridge**, yeoman, of New Jersey to John **Grost**, yeoman, of Weskichels, Bensalem Twp., Bucks Co., Pennsylvania, £100, 239 acres...Newtown...line of Shadrack **Wally** and Thomas **Hillborn**...patented 1702. Signed Jonathan **Elridge**. Wit: William **Bayley**, Samuel **Burgess** Jr. and William **Tilly** Jr.

P. 125, 18 Mar 1709, Isaac **Atkinson**, Willoughby **Warder** 100 acres...line of Edward **Doyle**...and 50 acres...line of Joseph **Large**...patented, 1700, by Richard **Wilson**, who died intestate and descended to his sister Ann **Lenix**, wife of William **Lenix**, and their children, Richard and William **Lenix** Jr., who sold to said Isaac. Signed Isaac **Atkinson**. Wit: Samuel **Atkinson**, William **Atkinson** and Jeremiah **Langhorne**.

P. 127, 24 Mar 1709, Josiah **Hill**, roper, of Bensalem Twp., Bucks Co., Pennsylvania to Nicholas **Williams**, of same, £65, 59 acres of 61 acres...line of Thomas **Scott**, deceased and Henry **Walmsly**... purchased of Francis **Haile** Signed Josiah **Hill**. Wit: John **Cowgill** and Sarah **Stevenson**.

P. 129, 29 Mar 1709, Jacob **Holcombe**, yeoman, of Solebury, Bucks Co., Pennsylvania to John **Scarbrough**, yeoman, of same, £300, 825 acres... purchased of James **Logan**. Signed Jacob **Holcombe**. Wit: Enoch **Pearson**, Nathaniel **Bye** and John **Reading**.

P. 133, 26 Mar 1709, John **Scarbrough**, yeoman, of Solebury, Bucks Co., Pennsylvania to Jacob **Holcombe**, yeoman, of same, £300, 510 acres ...line of Thomas **Bye**. Signed John **Scarbrough**. Wit: Enoch **Pearson**, Nathaniel **Bye** and John **Reading**.

P. 136, 28 Mar 1709, Jacob **Holcombe**, yeoman, of Solebury, Bucks Co., Pennsylvania to John **Scarbrough**, yeoman, of same, £50, 60 acres of 510 acres...line of Thomas **Bye**...patented 1705. Signed Jacob **Holcombe**. Wit: Enoch **Pearson**, Nathaniel **Bye** and John **Reading**.

P. 139, 9 Sep 1706, Thomas & Margaret **Bye**, yeoman, of Buckingham, Bucks Co., Pennsylvania to John **Bye**, cordwinder, of same, £150, 438 acres...Solebury Twp...line of John **Scarbrough**...purchased of Samuel **Martin**, (200 acres) and 250 acres from Edward **Shipper**. Signed Thomas **Bye**. Wit: Jonathan **Scaife** and Jeremiah **Scaife**.

P. 141, 9 Sep 1706, Thomas & Margaret **Bye**, yeoman, of Buckingham, Bucks Co., Pennsylvania to Nathaniel **Bye**, 600 acres. Signed Thomas **Bye**. Wit: Jonathan **Scaife** and Jeremiah **Scaife**.

P. 142, 1 Apr 1711, Henry Johnson **Vandike**, yeoman, of Middle Twp., Bucks Co., Pennsylvania to Robert **Heaton**, yeoman, of same,

£65, 340 acres...purchased of said Robert. Signed Henry Johnson (x) **Vandike**. Wit: Jeremiah **Langhorne**, John (x) **Naylor** and Edward **Kempe**.

P. 144, 8 Mar 1707, Andrew **Heath**, merchant, of Hopewell, Burlington Co., West New Jersey to William **Shewen**, yeoman, of Bucks Co., Pennsylvania, £65, 250 acres...Wrightstown ...Thomas **Dickerson**, devised to his wife Alice **Dickerson** and Thomas **Coleman**, who sold to Edward **Herman** and said Andrew. Signed Andrew **Heath**. Wit: Joseph **Kirkbride**, William **Biles** and Ruben **Pawnall**.

P. 147, 20 Apr 1711, Joshua **Nichols**, merchant, of Philadelphia, Pennsylvania to William **Williams**, (alias **Duncks**), yeoman, of Bensalem Twp., Bucks Co., Pennsylvania, £160, 200 acres...Bucks Twp...line of Francis **Harding**, William **Dunck** and Joseph **Growdon**...patented with Tobias & Sarah **Dymock**. Signed Joshua **Nichols**. Wit: Joseph **Kirkbride** and Charles **Blockden**.

P. 149, 21 May 1709, Thomas **Davids**, yeoman, of Bucks Co., Pennsylvania to John **Johnson**, yeoman, of same, £110, 100 acres of 400 acres... line of James **Claypool**, John **Burden** and Daniel **Doyle**. Signed Thomas **Davids**. Wit: John **Roberts**, Peter **Chamberlain**, David **Lloyd** and Richard **Newcombe**.

P. 150, 6 Apr 1711, Benjamin **Hopper**, weaver, of Southampton, Bucks Co., Pennsylvania to Jacobus **Vansandt**, yeoman, of Bensalem Twp., Bucks Co., Pennsylvania, £76, 100 acres...Southampton ...line of John **Swift**... purchased of Joseph **Hill**. Signed Benjamin **Hopper**. Wit: Jeremiah **Langhorne** and Grace **Langhorne**.

P. 153, 1 May 1711, John & Margaret **Grest**, yeoman, of Bensalem Twp., Bucks Co., Pennsylvania to Stephen **Sands**, yeoman, of Bucks Co., Pennsylvania, £100, 100 acres. Signed John **Grest** and Margaret **Grest**. Wit: William **Buchmill** and Henry **Mitchell**.

P. 155, 1 May 1711, Mary **Cooper**, (widow and heir of Henry **Cooper**) and her father William **Buckmate**, yeoman, of Newtown, Bucks Co., Pennsylvania to John & Margaret **Grest**, yeoman, of

Bensalem Twp., Bucks Co., Pennsylvania, £103, 79 acres... line of Thomas **Hillborne** and Jonathan **Elridge**. Signed Mary **Cooper** and William **Buckmate**. Wit: Jeremiah **Langhorne**, Richard **Sands** and Stephen **Sands**.

P. 157, 13 Jun 1711, Ezra **Bowen**, husbandman, of Southampton, Bucks Co., Pennsylvania to Harman **Vansandt**, yeoman, of Bensalem, Bucks Co., Pennsylvania, £50, 50 acres...line of Jacobus **Vansandt**...purchased of William **Marshall**. Signed Ezra **Bowen**. Wit: William **Croasdale** and Mark **Calvart**.

P. 159, 13 Jun 1711, James **Yates**, yeoman, of Newtown, Bucks Co., Pennsylvania to Henry Johnson **Vandike**, yeoman, of Middle Twp., Bucks Co., Pennsylvania, £10, Bristol...line of John **Hutchinson**...purchased of John **Webster**. Signed James **Yates**. Wit: Jeremiah **Langhorne** and Grace **Langhorne**.

P. 161, 13 Jun 1711, Michell **Huff**, (son and heir of Michell **Huff**), chase maker, of Bristol, Bucks Co., Pennsylvania to Thomas **Stevenson**, gentleman, of Bensalem, Bucks Co., Pennsylvania, £19, 250 acres...line of William **Buckman**. Signed Michell **Huff**. Wit: William **Paxson** and Thomas **Walln**.

P. 162, 15 Mar 1711, John & Mary **Fisher**, weaver, of Bristol, Bucks Co., Pennsylvania to Willoughby **Warder** Jr., yeoman, of Bucks Co., Pennsylvania, £33, 72 acres...Bristol Twp...line of Edward **Radclife**. Signed John **Fisher** and Mary **Fisher**. Wit: Lemuel **Oldale** and Thomas **Rogers**.

P. 165, 4 May 1711, William **Croasdale**, yeoman, of Bristol, Bucks Co., Pennsylvania to George **Clough**, yeoman, of same, lot in the town of New Bristol. Signed William **Croasdale**. Wit: Anthony **Burton** and James **Moone**.

P. 166, 27 Aug 1711, Samuel **Carpenter**, merchant, of Philadelphia, Pennsylvania to Joseph **Kirkbride**, Thomas **Stevenson**, William **Croasdale**, George **Clough**, Samuel **Burgess** and William **Atkinson**, of Bucks Co., Pennsylvania, £0.25, lot in the town of New Bristol. Signed Samuel **Carpenter**. Wit: Jeremiah **Langhorne** and Joseph

Wood.

P. 168, 9 Sep 1711, Joseph **Wildman**, yeoman, of Middle Twp., Bucks Co., Pennsylvania to William **Stockdale**, yeoman, of same, £75, 60 acres, of 220 acres...line of Thomas **Constable** and Thomas **Musgrave**... purchased of John & Mary **Martindale**. Signed Joseph **Wildman**. Wit: John **Cutler** and John **Biles**.

P. 170, 12 Sep 1711, Thomas **Sisom**, brick maker, of Philadelphia, Pennsylvania to Robert **Heaton** Jr., yeoman, of Middle Twp., Bucks Co., Pennsylvania, £60, 200 acres, of 500 acres... line of Christopher **Wetherall**, Joseph **Wells** and Edmond **Brown**...Samuel **Allen**, devised to his son Samuel **Allen** and his grandsons John **Parker**, Richard & Jane **Parker** and Samuel **Parker**, who, sold to said Thomas...patented 1681. Signed Thomas **Sisom**. Wit: John **Baldwin**, Joseph **Webb** and John **Cutler**.

P. 171, 14 Mar 1707, Samuel & Jane **Allen**, cordwinder, of Bensalem Twp., Bucks Co., Pennsylvania and Richard **Parker**, of Philadelphia, Pennsylvania to Thomas **Sisom**, brick maker, of Philadelphia, Pennsylvania, £30, 200 acres...line of Christopher **Wetherall**, Joseph **Wells** and Edmond **Brown**. Signed Samuel **Allen**, Jane **Allen** and Richard **Parker**. Wit: John **Baldwin**, Robert **Heaton** Jr. and John **Cutler**.

P. 173, 15 Sep 1711, Thomas & Ann **Stackhouse**, yeoman, of Middle Twp., Bucks Co., Pennsylvania to John **Radclife**, yeoman, of Wrightstown, Bucks Co., Pennsylvania, £45, 120 acres...Wrightstown ...line of John **Chapman** and Joseph **Ambler**... devised by Francis **Richardson** to his children Rebecca and John **Richardson**, said Rebecca and her husband Thomas **Murry**, sold to said Thomas. Signed Thomas **Stackhouse** and Ann **Stackhouse**. Wit: Thomas **Watson** and John **Cutler**.

P. 175, 15 Sep 1711, Thomas & Ann **Stackhouse**, yeoman, of Middle Twp., Bucks Co., Pennsylvania to Gebuton **Heston**, yeoman, of Wrightstown, Bucks Co., Pennsylvania, £60, 224 acres...line of Joseph **Ambler**...purchased of Thomas **Murry**. Signed Thomas **Stackhouse** and Ann **Stackhouse**. Wit: Thomas **Watson** and John **Cutler**.

P. 178, 16 Jan 1711, Thomas & Ann **Wetherall**, (eldest son and heir of Christopher **Wetherall**, late of Burlington, West New Jersey,), cooper, of Burlington, Bucks Co., Pennsylvania to Cuthbert **Hayhurst**, bachelor, of Southampton, Bucks Co., Pennsylvania, £87.5, 236 acres...line of Robert **Heaton** and John **Hayhurst**... patented 1705. Signed Thomas **Wetherall** and Ann **Wetherall**. Wit: Jeremiah **Langhorne**.

P. 179, 2 May 1712, Margaret **Cook**, (widow of Arthur **Cook**), and their son John **Cook**, of Frankford, Philadelphia Co., Pennsylvania to John **Borden**, yeoman, of Rhode Island, £60, 1000 acres, of 2000 acres...patented 1686. Signed Margaret **Cook** and John **Cook**. Wit: Israel **Pemberton** and Abraham **Anthony** Jr.

P. 180, 23 Jun 1711, Thomas & Elizabeth **Knight** Sr., weaver, of Bensalem, Bucks Co., Pennsylvania to his son Thomas **Knight** Jr., for love and affection, 51 acres...Bensalem Twp...line of Nehemiah **Allen** and Joseph **Kirle**, deceased. Signed Thomas (x) **Knight** and Elizabeth (x) **Knight**. Wit: Thomas **Stevenson**, Daniel **Jackson** and Charles **Brockden**.

P. 182, 10 Dec 1711, John **Norcross**, William **Norcross**, and Jeremiah & Jane **Scaife**, yeomen, of Middle Twp., Bucks Co., Pennsylvania to Thomas **Stevenson**, gentleman, of Bensalem, Bucks Co., Pennsylvania, £50, 500 acres...Buckingham...line of Francis **Plumstead**, widow **Musgrave** and Joseph **Sands**...devised by William **Norcross**, father of said John and William and said Jane and Thomas, deceased. Signed John **Norcross**, Jeremiah **Scaife** and Jane **Scaife**. Wit: Jeremiah **Langhorne**, Jeremiah **Dungan** and Harman **Vansandt**.

P. 184, 24 Jan 1711, John **Tatham**, gentleman, of New York City, New York to Thomas **Stevenson**, yeoman, of Bucks Co., Pennsylvania, £500, 2500 acres, of 5000 acres...purchased of John **Grey**. Signed John **Tatham**. Wit: Thomas **Revell** and Charles **Weston**.

P. 187, 24 Jan 1711, John **Tatham**, (son and heir of John **Tatham**), gentleman, of Burlington, West New Jersey, to Thomas **Stevenson**, gentleman, of Bucks Co., Pennsylvania, £1100, 1000 acres...purchased of Joseph **Growdon**. Signed John **Tatham**. Wit: Thomas **Revell** and Charles **Weston**.

P. 189, 12 Mar 1711, John **Rowland**, gentleman, Elizabeth **White** and George **White**, (children of John **White**, deceased), of Bristol, Bucks Co., Pennsylvania to John **Plumly**, yeoman, of Middle Twp., Bucks Co., Pennsylvania, 100 acres...line of Francis **White** and line late of Hemicky **Johnson**. Signed John **Rowland**, Elizabeth **White** and George **White**. Wit: William **Stevenson** and Jeremiah **Dungan**.

P. 192, 10 Jun 1712, Cuthbert **Hayhurst**, yeoman, of Southampton, Bucks Co., Pennsylvania to John **Hayhurst**, yeoman, of same, £30, 180 acres of 200 acres...patented, 1685, by Mary **Hayhurst**, who sold, 1706, to said Cuthbert. Signed Cuthbert **Hayhurst**. Wit: Nicholas **Randall** and John **Cutler**.

P. 194, 10 Jun 1712, John & Sarah **Barradale**, yeoman, of Burlington, Bucks Co., Pennsylvania to William **Atkinson**, tailor, of Bucks Co., Pennsylvania, £112, lot in the town of New Bristol. Signed John **Barradale** and Sarah **Barradale**. Wit: Henry **Mallows**, Thomas **Bidd** and John **Hall**.

P. 196, 16 Jun 1712, John & Rachel **Cowgill**, yeoman, late of Bucks Co., Pennsylvania to Nicholas **Barnardson**, yeoman, of Bergen Co., New Jersey, £42, 232 acres...line of John **Croasdale**. Signed John **Cowgill** and Rachel **Cowgill**. Wit: Adam **Harker** and John **Cutler**.

P. 198, 6 Sep 1712, William **White**, yeoman, of Makefield, Bucks Co., Pennsylvania to John **Fisher**, weaver, of same, 100 acres...line of Joshua **Hooper**. Signed William **White**. Wit: Jeremiah **Langhorne** and William **Biles**.

P. 200, 1712, John **Fisher**, weaver, of Makefield, Bucks Co., Pennsylvania to Samuel **Baker**, yeoman, of same, £116, 100 acres...line of Joshua **Hooper**. Signed John **Fisher**. Wit: Jeremiah **Langhorne**, George **Brady** and William **Biles**.

P. 203, 12 Sep 1712 , Evan **Griffith**, cordwinder, of Philadelphia Co., Pennsylvania to John **Sands**, bachelor, of Bensalem Twp., Bucks Co., Pennsylvania, £112, 135 acres...line of Joseph **Somlinson** and Thomas **Stackhouse**. Signed Evan **Griffith**. Wit: Stephen **Sands** and John **Cutler**.

P. 205, 13 Sep 1712, John **Swift**, yeoman, of Philadelphia, Pennsylvania to Joseph **Somlinson**, weaver, of Southampton, Bucks Co., Pennsylvania, £8, 8 acres...line of John **Naylor**. Signed John **Swift**. Wit: Stephen **Sands** and Nicholas **Williams**.

P. 206, 1 Oct 1712, Shadrach **Wally**, yeoman, of Newtown, Bucks Co., Pennsylvania to John **Grest**, yeoman, of same, £15, 23.5 acres...line of Thomas **Hillborne**. Signed Shadrach **Wally**. Wit: Isabella **Atkinson** and John **Cutler**.

P. 209, 15 Oct 1712, William & Abigail **Paxson**, yeoman, of Falls Twp., Bucks Co., Pennsylvania to John **Solcher**, yeoman, of Solebury, Bucks Co., Pennsylvania, £322, 300 acres...line of Thomas **Watson**, Anthony **Burton**, William **Biles**, Randall **Blackshaw** and William **Dungan**. Signed William **Paxson** and Abigail **Paxson**. Wit: Jeremiah **Langhorne**, John **Armitt** and William **Biles**.

P. 210, 10 Dec 1712, Abraham **Vandine**, yeoman, of Middle Twp., Bucks Co., Pennsylvania to Hemicky **Johnson**, (widow of Lawrence **Johnson**) of Southampton, Bucks Co., Pennsylvania, £126, 100 acres...former lines of John and George **White**. Signed Abraham **Vandine**. Wit: Jacque **Verrier**, Stophell **Vansandt** and Bartholomew **Jacobs**.

P. 212, 10 Nov 1712, Jeremiah & Jane **Scaife**, of Middle Twp., Bucks Co., Pennsylvania to George **Hulme** Jr., of same, £105, 134 acres... Middle Twp...line of Jonathan **Scaife**, James **Sutton** and George **Hulmes**...Patented, 1692, by Thomas **Crosdale**, deceased and sold by William and John **Crosdale** to said Jeremiah. Signed Jeremiah **Scaife** and Jane **Scaife**. Wit: John **Brown** and John **Norcross**.

P. 214, 10 Nov 1712, Charles **Husteen**, yeoman, of Southampton,

Bucks Co., Pennsylvania to Derrick **Crusen**, yeoman, of same, £600, 580 acres... line of Peter **Groome**, Nicholas **Randall** and Henry **Pointer**. Signed Charles **Husteen**. Wit: Jeremiah **Langhorne**, Bartholomew **Jacobs** and Thomas **Biles**.

P. 217, 11 Dec 1712, Daniel **Burgess**, Samuel **Burgess** and John **Burgess**, brothers and carpenters, of Bristol, Bucks Co., Pennsylvania to Henry **Wilson**, mallster, of same, £22.5, 100 acres, of 562 acres... purchased of John **Rowland**. Signed Daniel **Burgess**, Samuel **Burgess** and John **Burgess**. Wit: Richard **Hill**, Joseph **Bungly** and Edward **Kempe**.

P. 220, 16 Oct 1712, William **Cutler**, yeoman, of Southampton, Bucks Co., Pennsylvania to Benjamin **Dufield**, of Dublin Twp., Philadelphia Co., Pennsylvania, £100, 284 acres...line of Edward **Bernard**, Stephen **Whiteing** and Daniel **Whorley**... purchased of Bartholomew and Joseph **Thatcher**. Signed William **Cutler**. Wit: Jeremiah **Langhorne**, Grace **Langhorne** and Adam **Harker**.

P. 223, 12 Mar 1712, Thomas & Ann **Stackhouse**, yeoman, of Middle Twp., Bucks Co., Pennsylvania to John **Johnson**, yeoman, of Bristol Twp., Bucks Co., Pennsylvania, £150, 209 acres. Signed Thomas **Stackhouse** and Ann **Stackhouse**. Wit: Jeremiah **Langhorne** and Bartholomew **Jacobs**.

P. 225, 2 Apr 1713, William & Ann **Gregory**, yeoman, of Southampton, Bucks Co., Pennsylvania to Richard **Leadon**, yeoman, of same, £146, 225 acres...line of George **Willard**. Signed William **Gregory** and Ann **Gregory**. Wit: Robert **Heaton**, Ann **Grest** and Sarah **Cart**.

P. 227, 2 Apr 1713, Richard **Leadom**, yeoman, of Southampton, Bucks Co., Pennsylvania to John **Swift**, gentleman, of Philadelphia, Pennsylvania, £111.8, 225 acres...line of George **Willard**... purchased of William & Ann **Gregory**. Signed Richard **Leadom**. Wit: William **Biles** and Nicholas **Randall**.

P. 230, 2 Apr 1713, John **Swift**, gentleman, of Philadelphia, Pennsylvania to Richard **Leadom**, yeoman, of Southampton, Bucks

Co., Pennsylvania, £111.8, 225 acres...line of George **Willard**. Signed John **Swift**. Wit: William **Biles** and Nicholas **Randall**.

P. 232, 14 Feb 1713, Thomas & Julian **Kirle**, yeoman, of Makefield Twp., Bucks Co., Pennsylvania to William **Bayley**, innkeeper, of Bristol, Bucks Co., Pennsylvania, £12, 40 acres, of 300 acres...Bristol Twp... line of George **Gleinop**...purchased of Samuel **Smith**. Signed Thomas (x) **Kirle** and Julian (x) **Kirle**. Wit: John **Hall**, William **Watson**, Henry **Margerum** and William **Plumby**.

P. 234, 14 Feb 1713, Thomas & Julian **Kirle**, yeoman, of Makefield Twp., Bucks Co., Pennsylvania to George **Guinop**, 60 acres, of 300 acres...Bristol Twp...purchased of Samuel **Smith**. Signed Thomas (x) **Kirle** and Julian (x) **Kirle**. Wit: John **Hall**, Roger **Hawkings** and William **Homes**.

P. 237, 1 Jan 1712, Harman **Vansandt**, yeoman, of Bensalem, Bucks Co., Pennsylvania to Jacobus **Vansandt**, yeoman, of Southampton, Bucks Co., Pennsylvania, £50, 60 acres...line of John **Collins**. Signed Harman **Vansandt**. Wit: Thomas **Walmsley** and James **Vansandt**.

P. 238, 26 Apr 1712, Thomas **Stevenson**, gentleman, of Bensalem, Bucks Co., Pennsylvania to Johannes **Vansandt**, yeoman, of same, £75, 125 acres...line of Harman **Vansandt** and Joseph **Growdon**. Signed Thomas **Stevenson**. Wit: John **Robinson**, Johannes **Vansandt** and Jeremiah **Langhorne**.

P. 240, 26 Apr 1712, Thomas **Stevenson**, gentleman, of Bensalem, Bucks Co., Pennsylvania to Harman **Vansandt**, yeoman, of same, £150, 250 acres. Signed Thomas **Stevenson**. Wit: Jeremiah **Langhorne** and Johannes **Vansandt**.

P. 242, 16 Jan 1712, Isaac **Decow**, gentleman, of Burlington, Burlington Co., West New Jersey to Thomas **Stevenson**, gentleman, of Bucks Co., Pennsylvania, £56, 1100 acres...formerly belonging to his daughter Jane **Decow**, deceased. Signed Isaac **Decow**. Wit: J **Bast**, Richard **Allison**, Jonathan **Sox** and Charles **Weston**, gentleman, of Burlington, West New Jersey.

P. 245, 11 Nov 1712, John & Margaret **Rootledge**, yeoman, of Makefield, Bucks Co., Pennsylvania to John **Chapman**, yeoman, of Wrightstown, Bucks Co., Pennsylvania, £70, 38 acres...line of William **Gibson**...purchased of Francis **Richardson**. Signed John **Rootledge** and Margaret **Rootledge**. Wit: Nathan **Watson** and Richard **Mitchell**.

P. 246, 5 Jul 1712, Sarah **Milner**,(widow of Isaac **Milner**), of Bristol Twp., Bucks Co., Pennsylvania to Joseph **Kirkbride**, of Bucks Co., Pennsylvania, £150, 300 acres...purchased of John **Rowland**. Signed Sarah **Milner**. Wit: John **Sotcher** and Harman **Vansandt**.

P. 251, 31 Jan 1712, Robert & Grace **Heaton**, yeoman, of Southampton, Bucks Co., Pennsylvania to John **Rootlidge**, yeoman, of Wrightstown, Bucks Co., Pennsylvania, £150, 214 acres, of 340 acres...line of John **Hayhurst** and widow **Hardin**...patented, 1690, by Edmond **Bennett**, whose widow Elizabeth **Bennett**, sold to Nicholas **Wallne**, who sold to said Robert. Signed Robert **Heaton** and Grace **Heaton**. Wit: James **Heaton**, Mary **Terry** and Jeremiah **Langhorne**.

P. 254, 11 Mar 1712, Roger **Hawkins**, (son and heir of Jeffrey **Hawkins**), laborer, of Bristol, Bucks Co., Pennsylvania to Jonathan **Hall**, yeoman, of same, £0.25, good deed, patented 1685, by said Jeffrey, who sold to John & Susannah **Collins** and his son Daniel **Hawkins**, who sold to said Jonathan. Signed Roger **Hawkins**. Wit: James **Lenox**, Joseph **Kirkbride** and Edward **Brooke**.

P. 256, 5 Feb 1713, Samuel **Carpenter**, gentleman, of Philadelphia, Pennsylvania to Henry **Somlinson**, cordwinder, of Bucks Co., Pennsylvania, £15, lot in the town of New Bristol. Signed Samuel **Carpenter**. Wit: George **Clough**.

P. 259, 11 Mar 1712, William **Croasdale**, gentleman, of Bristol, Bucks Co., Pennsylvania to Edward **Kempe**, yeoman, of Middle Twp., Bucks Co., Pennsylvania, £18.8, lot in the town of New Bristol... purchased of Peter & Elizabeth **White**. Signed William **Croasdale**. Wit: Thomas **Lambert**, Samuel **Burgess** Jr. and John **Biles**.

P. 260, 4 Apr 1713, Thomas & Sarah **Stevenson**, gentleman, of Bensalem, Bucks Co., Pennsylvania to William **Beale**, yeoman, of same, £100, 550 acres...line of Thomas **Watson** and Mathew **Hughes**. Signed Thomas **Stevenson** and Sarah **Stevenson**. Wit: Charles **Levalley**, Thomas **Walmsley** and Thomas (x) **Knight**.

P. 263, 5 Jul 1713, Samuel **Carpenter**, gentleman, of Philadelphia, Pennsylvania to William **Watson**, of Bucks Co., Pennsylvania, £40, lot in the town of New Bristol...purchased of William **Fishbourne**, who purchased of David & Hannah **Price**, (executor of the estate of Thomas **Musgrave**). Signed Samuel **Carpenter**. William **Biles**, Jeremiah **Langhorne** and John **Baldwin**.

P. 265, 20 Apr 1713, John & Elizabeth **Rowland**, (said Elizabeth is the daughter of John **White**), yeoman, of Bristol, Bucks Co., Pennsylvania to George **Clough**, yeoman, of same, £22, lot in the town of New Bristol. Signed John **Rowland** and Elizabeth **Rowland**. Wit: Jeremiah **Langhorne**, William **Atkinson** and William **Croasdale**.

P. 268, 14 May 1713, Samuel & Ruth **Hough**, of Newtown, Bucks Co., Pennsylvania to William **Buckmate**, yeoman, of same, £38, 160 acres, of 564 acres ...line of Thomas **Revell**. Signed Samuel **Hough** and Ruth (x) **Hough**. Wit: John **Grest** and John **Wally**.

P. 272, 17 Jun 1713, Thomas & Elizabeth **Knight**, yeoman, of Bensalem, Bucks Co., Pennsylvania to Johannes **Vandegrift**, yeoman, of same, £38.5, 108.75 acres, of 200 acres...purchased of Joseph **Kirle**. Signed Thomas (x) **Knight** and Elizabeth (x) **Knight**. Wit: John **Asford** and John **Cutler**.

P. 273, 16 Sep 1713, Samuel **Carpenter**, gentleman, of Philadelphia, Pennsylvania to Joseph **Kirkbride**, yeoman, of Falls Twp., Bucks Co., Pennsylvania, £5, lot in the town of New Bristol. Signed Samuel **Carpenter**. Wit: Joshua **Hoopes** and Phillip **Ghiselin** Thomas **Stevenson** and Jeremiah **Langhorne**.

P. 275, 2 Nov 1713, Francis & Martha **White**, yeoman, of Middle Twp., Bucks Co., Pennsylvania to Peter **Wood**, yeoman, of same,

£44, 46 acres...line of John **Johnson** and Charles **LeValley**. Signed Francis **White** and Martha **White**. Wit: William **Atkinson**, Daniel **Doane** and Thomas **Hozing**.

P. 278, 12 Nov 1713, John **Fisher**, weaver, of Makefield Twp., Bucks Co., Pennsylvania to John **Palmer**, yeoman, of same, £100, 100 acres... line of John **Palmer** and Joshua **Hoopes**, John **White** and Leonard **Champion**. Signed John **Fisher**. Wit: John **Sotcher**, David **Palmer** and Jeremiah **Langhorne**.

P. 280, 8 Dec 1713, James **Shallick**, yeoman, of Philadelphia, Pennsylvania to Francis **Davis**, of Bucks Co., Pennsylvania, £15, 46 acres...line of Joseph **Hill** and John **Thomas**. Signed James **Shallick**. Wit: Edward **Farmer**, Nathaniel **Wallton** and Mary **Camby**.

P. 282, 8 Dec 1713, James **Shatlick**, yeoman, of Philadelphia, Pennsylvania to Joseph **Hill**, of Bucks Co., Pennsylvania, £30, 100 acres. Signed James **Shatlick**. Wit: Edward **Farmar**, Nathaniel **Wallton** and Mary **Camby**.

P. 285, 14 May 1712, Francis **Davis**, of Bucks Co., Pennsylvania to Bartholomew **Longstreet**, of same, 56 acres...line of Joseph **Hill** and Joseph **Todd** Signed Francis **Davis**. Wit: Daniel **Brock** and Henry **Hicks**.

P. 288, 16 Dec 1713, William **Atkinson**, tailor, of Bristol, Bucks Co., Pennsylvania to John **Smith**, blacksmith, of same, £90, 268 acres. Signed William **Atkinson**. Wit: Thomas **Watson**.

P. 290, 2 Jun 1713, Elizabeth **Large**, (widow of Joseph **Large**), Joseph **Large** Jr. and Ebenezer **Large** of Bristol Twp., Bucks Co., Pennsylvania to Richard **Smith**, £100,

P. 293, line of William **Dungan**

P. 295, John & Rebecca **Hall** to William **Wilkinson** 4 acres

P. 298, John & Rebecca **Hall**, cooper, of Bristol, Bucks Co.,

Pennsylvania to William **Watson**, merchant, of same, £6, 3 acres of 116 acres patented by said **Hall**. Signed John **Hall** and Rebecca **Hall**. Wit: William **Bayley**.

P. 300, 1713, John & Rebecca **Hall**, cooper, of Bristol, Bucks Co., Pennsylvania to John **Hough**, 3 acres

P. 302, 26 Oct 1713, George & Sarah **Hayworth**, of Buckingham, Bucks Co., Pennsylvania to John **Cooper**, of Bucks Co., Pennsylvania, £70, 100 acres, of 450 acres...line of John **Worrall**. Signed George **Hayworth** and Sarah **Hayworth**.

P. 303, 16 Jun 1711, John **Rowland**, merchant, of Bristol, Bucks Co., Pennsylvania to Charles **Brockden**, gentleman, of Bensalem Twp., Bucks Co., Pennsylvania, £45, 250 acres of 500 acres...line of Collonell **Wildmay**. Signed John **Rowland**. Wit: James **Godiva** and Edward **Kempe**.

P. 306, 17 May 1711, Thomas **Hunloke**, of Burlington, West New Jersey to Richard **Parker** and John **Parker**, yeomen, of Bucks Co., Pennsylvania. Signed Thomas **Humloke**. Wit: Jonathan **Polly** and Job **Howell**.

P. 308, 15 Jan 1713, John & Rebecca **Hall**, of Bristol, Bucks Co., Pennsylvania to William **Bayley**, innholder, of same, £12, 5.75 acres, of 116 acres. Signed John **Hall** and Rebecca **Hall**. Wit: William **Atkinson** and William **Watson**.

P. 310, 15 Feb 1713, John & Rebecca **Hall**, of Bristol, Bucks Co., Pennsylvania to Benjamin **Collins**, £14, of same, 12 acres, of 116 acres...line of Henry **Somlinson** and James **Allen**. Signed John **Hall** and Rebecca **Hall**. Wit: William **Atkinson** and William **Watson**.

P. 313, 17 Sep 1713, John & Rebecca **Hall**, cooper, of Bristol, Bucks Co., Pennsylvania to Samuel **Burgess** Jr., carpenter, of Bristol, Bucks Co., Pennsylvania, £6, 4 acres, of 116 acres...line of William **Atkinson**, Thomas **Bell** and James **Allen**...patented 1713. Signed John **Hall** and Rebecca **Hall**. Wit: William **Atkinson** and William **Watson**.

P. 315, 17 Jun 1713, Thomas & Priscilla **Sisom**, brickmaker, of Philadelphia, Philadelphia Co., Pennsylvania to William **Blacklidge**, cordwinder, of Southampton, Bucks Co., Pennsylvania,£170, 270 acres, of 300 acres...line of Robert **Heaton** purchased of Samuel & Jane **Allen**, cordwinder Bucks Co., Pennsylvania and Richard **Parker**, cooper, of Philadelphia, Philadelphia Co., Pennsylvania. Signed Thomas **Sisom** and Priscilla **Sisom**. Wit: John **Swift** and John **Cutler**.

P. 318, 17 Sep 1713, John & Rebecca **Hall**, of Bristol, Bucks Co., Pennsylvania to Michael **Huff**, of same, £4, 4 acres, of 116 acres...line of Henry **Somlinson** and James **Allen**. Signed John **Hall** and Rebecca **Hall**. Wit: Charles **Levalley**, Bartholomew (x) **Jacobs** and William **Watson**.

P. 320, 15 Jun 1714, Joseph **Growdon**, merchant, of Philadelphia, Pennsylvania to Henry **Walmsley**, of Bensalem Twp., Bucks Co., Pennsylvania, £43, 202 acres...line of William **Beale**. Signed Joseph **Growdon**. Wit: William **Watson**, Charles **LeValley** and Bartholomew **Jacobs**.

P. 322, 22 May 1714, Elizabeth **Collins**, (widow of Benjamin **Collins**), of Bristol, Bucks Co., Pennsylvania to George **Clough**, of Bucks Co., Pennsylvania, £60, two lots in the town of New Bristol. Signed Elizabeth **Collins**. Wit: William **Atkinson**, Henry **Mitchell** and Jeremiah **Langhorne**.

P. 324, 10 Feb 1718, Isaac & Priscilla **Waterman** and Stephen & Abigail **Jenkins**, (the said Priscilla and Abigail are daughters and heirs of Phineas **Pemberton**, by his wife Phebe), yeomen, of Abington Twp., Philadelphia Co., Pennsylvania to Israel **Pemberton**, (only son of said Phineas and Phebe), of Bucks Co., Pennsylvania, £90, 450 acres, lots in Bristol, 112 acres and 800 acres...patented, 1682, by James **Harrison**, of Boulton, Lancaster Co., England, who died intestate and went to said Phebe...Thomas **Brock**, Anthony **Burton** and Peter & Elizabeth **White**, sold, 1696, 1.5 acres to said Phineas...line of John **White**...Edward **Mayos**, sold, 1701, to said Phineas, who devised to his sons Joseph and Israel **Pemberton** and his daughters, the said Priscilla and Abigail. Signed

Isaac **Waterman**, Priscilla **Waterman**, Stephen **Jenkins** and Abigail **Jenkins**. Wit: Morris **Morris** and Charles **Read**.

Chapter 5
Bucks Co., Pennsylvania
Deed Records
Volume 5
1714-1731

P. 1, 8 Dec 1713, James **Shatlick**, yeoman, of Philadelphia Co., Pennsylvania to Henry **Nelson**, yeoman, of Bucks Co., Pennsylvania, £250, 550 acres...line of Thomas **Musgrave**, deceased...purchased of Thomas **Constable**, late of Listeard Parish, Cromwell Co. Signed James **Shatlick**. Wit: Justinian **Fox**, Henry **Comly** and Joseph **Wilcox**.

P. 4, 24 Dec 1713, Thomas & Elizabeth **Coats**, (formerly Elizabeth **Pegg**), yeoman, of Philadelphia Co., Pennsylvania to John **Baldwin**, miller, of Bristol, Bucks Co., Pennsylvania, £65, 200 acres...late line of William **Clark** and John **Otter**...purchased of Samuel **Allen**. Signed Thomas **Coats** and Elizabeth **Coats**. Wit: Joseph **Welch**, Thomas **Biddle** and John **Rowland**.

P. 8, 16 Dec 1713, John & Catharine **Griffith**, cordwinder, of Southampton, Bucks Co., Pennsylvania to James **Carter**, blacksmith, of same, £250, 200 acres...line of Samuel **Griffith** and Ralph **Draycot**...patented, 1684, by Christopher **Taylor**, who sold to said John. Signed John **Griffith**. John **Hayhurst**, John **Wildman** and John **Cutler**.

P. 11, 17 Jun 1714, Barnard **Christian**, yeoman, of Bergen Co., New Jersey to his son Barnard **Barnson**, yeoman, of Bucks Co., Pennsylvania, £50, 274 acres...line Thomas **Atkinson** and Edward...purchased of Thomas **Groome**. Signed Barnard **Christian**. **Pennington**. Wit: Christian **Barnson**, Bartholomew **Jacobs** and Jeremiah **Langhorne**.

P. 13, 17 Mar 1713, Samuel **Brown**, yeoman, of Long Island, New York to Thomas **Marrioth**, saddler, of Bristol, Bucks Co., Pennsylvania, £37.5, lot in the town of New Bristol. Signed Samuel **Brown**. Wit: Samuel **Carpenter**, William **Watson** and Edward **Kempe**.

P. 15, 20 Dec 1709, Daniel **Burgess**, yeoman and John **Burgess**, carpenter, of Bucks Co., Pennsylvania to Samuel **Burgess**, carpenter, of same, their interest in jointly held lot in the town of New Bristol. Signed Daniel **Burgess** and John **Burgess**. Wit: Edward **Kempe**, John **Hutchinson** and Richard **Hill**.

P. 16, 6 Feb 1713, John & Rebecca **Hall**, cooper, of Bristol, Bucks Co., Pennsylvania to Thomas **Marriott**, saddler, of same, £6, 6 acres... Bristol Twp...line of John **Royton**, William **Atkinson**, Samuel **Carpenter** and Jacob **Pellison**. Signed John **Hall** and Rebecca **Hall**. Wit: Edward **Oland**, John **Cutler** and William **Watson**.

P. 18, 3 Nov 1713, Richard & Elizabeth **Eayre**, (**Aires**), (said Elizabeth is the widow of John **Brock**, of Burlington, West New Jersey to her son Ralph **Brock**, millwright, of Bucks Co., Pennsylvania, £30, 1000 acres...patented, 1681, by John **Brock**. Signed Richard **Eayre** and Elizabeth **Eayre**. Wit: John (x) **Twining** and Richard (x) **Bowen**.

P. 19, 26 May 1713, Thomas & Sarah **Stevenson**, yeoman, of Bensalem Twp., Bucks Co., Pennsylvania to Harman **Vansandt**, yeoman, of same, £130, 125 acres...line of Joseph **Growdon**...purchased of Johannes & Lea **Vansandt**. Signed Thomas **Stevenson** and Sarah **Stevenson**. Wit: James **Smyth**, Edward **Kempe** and Jeremiah **Langhorne**.

P. 21, 10 Dec 1713, Ralph **Brock**, millwright, of Makefield Twp., Bucks Co., Pennsylvania to John **Hambert**, yeoman, Nottingham, New Jersey, £300, 233 acres...line of Samuel **Overton** and Joseph **Clews**, deceased...patented, 1681, by John **Brock**, father of said Ralph. Signed Ralph **Brock**. Wit: Wit: Jeremiah **Langhorne**, Grace **Langhorne** and Jacob **Helslyn**.

P. 23, 18 Jan 1713, James & Agnes **Yates**, yeoman, of Newtown, Bucks Co., Pennsylvania to Daniel **Doan**, carpenter, of same, £16.5, 22 acres...line of Henry **Nelson**...patented 1692, by Israel **Taylor**, who sold to said James. Signed James **Yates** and Agnes (x) **Yates**. Wit: Ezra **Croasdale**, Daniel **Jackson** and Samuel **Hilborn**.

P. 25, 16 Jun 1714, George & Sarah **Slater**, yeoman, of Makefield Twp., Bucks Co., Pennsylvania to Samuel **Burgess**, carpenter, of Bristol, Bucks Co., Pennsylvania, £92, 103 acres...line of Henry **Margarum** and Joseph **Kirkbride**...purchased of Jane **Kirkbride** and Thomas **Kirkbride**, (executors of the estate of Mathew **Kirkbride**. Signed George (x) **Slater** and Sarah **Slater**. Wit: Joseph **Kirkbride**, Peter **Webster** and William **Biles**.

P. 26, 1 Nov 1714, John **Burgess**, carpenter, of Bristol, Bucks Co., Pennsylvania to George **Clough**, warehouser, of same, £71, lot and warehouse in the town of New Bristol. Signed John **Burgess**. Wit: Joseph **Bond**, James **Moone** and William **Atkinson**.

P. 28, 1 Apr 1714, Joseph **White**, carpenter, of Bristol, Bucks Co., Pennsylvania to Hannah **Carpenter**, (widow of Daniel **Carpenter**), of Philadelphia, Pennsylvania, £60.5, lot in the town of New Bristol. Signed Joseph (x) **White**. Wit: George **Clough**, John **Hall** and Jeremiah **Langhorne**.

P. 31, 10 Jan 1710, John **Swift**, yeoman, of Southampton, Bucks Co., Pennsylvania to Robert **Heaton** Jr., yeoman, of Middle Twp., Bucks Co., Pennsylvania, £600, 340 acres...line of John **Naylor**, Thomas **Harding**, Samuel **Allen**, Christopher **Weatheral**, James **Carter** and Ralph **Draycott**...210 acres purchased from Israel **Taylor**, who purchased from his father Christopher **Taylor**...130 acres from Barbara **Blaugdon**, who purchased from Elizabeth **Bennett**, widow of Edmund **Bennett**. Signed John **Swift**. Wit: William **Stockdill**, John **Swift** Jr. and John **Cutler**.

P. 32, 1 May 1714, Henry **Paxson**, yeoman, of Marsh Twp., Bucks Co., Pennsylvania to his nephew Henry **Paxson** Jr., for love and affection, 440 acres...250 acres purchased from William **Croasdale** and 190 acres of 250 acres purchased from Jeremiah **Langhorn**.

Signed Henry (x) **Paxson**. Wit: John **Plumley**, Mary **Plumley** and Jeremiah **Langhorne**.

P. 34, 16 Mar 1713, William & Dorothy **Stockdale**, husbandman, of Southampton, Bucks Co., Pennsylvania to Thomas **Stackhouse**, yeoman, of Middle Twp., Bucks Co., Pennsylvania, £141, 150 acres...line of Henry **Nelson**, Thomas **Musgrave**... 90 acres purchased from Henry **Nelson** and 60 acres from Joseph **Wildman**. Signed William **Stockdale** and Dorothy (x) **Stockdale**. Wit: William **Watson** and John **Cutler**.

P. 36, 10 Apr 1713, John & Britta **Enoch**, yeoman, of Philadelphia, Pennsylvania, John **Johnson**, weaver, Peter **Johnson**, laborer, of Bristol Twp., Bucks Co., Pennsylvania and Matts & Britta **Murton**, yeoman, of Philadelphia, Pennsylvania to John **Johnson**, yeoman, of Bristol, Bucks Co., Pennsylvania, £177, 100 acres...line of John **Johnson** part of 520 acres, patented, 1684, by John **Clawson**, father of said John **Johnson**. Signed John (x) **Enoch**, Britta (x) **Enoch**, John (x) **Johnson**, Peter (x) **Johnson**, Matts (x) **Murton** and Britta (x) **Murton**. Wit: Joseph **Thatcher**, Joseph **Large**, Jeremiah **Langhorne**, Peter **Chamberlain**, Henry **Mitchell**, Duck **Abborsbrutt** and Benjamin **Barker**.

P. 38, 17 May 1714, George & Micah **Vansandt**, yeoman, of Bensalem Twp., Bucks Co., Pennsylvania to Thomas **Stevenson**, yeoman, of same, £150, 150 acres...line of Edward **Carter**...purchased of Stophell, Cornelius, Harman, Johannes, Garrett and Albert **Vansandt**. Signed George **Vansandt** and Micah **Vansandt**. Wit: Jeremiah **Langhorne**, James **Smyth** and Stophell **Vansandt**.

P. 41, 31 May 1714, Harman & Elizabeth **Vansandt**, gentleman, of Bensalem Twp., Bucks Co., Pennsylvania to Thomas **Stevenson**, gentleman, of same, 29.75, 29 acres...purchased from Thomas **Stevenson**. Signed Harman **Vansandt** and Elizabeth (x) **Vansandt**. Wit: James **Smyth** and Jeremiah **Langhorne**.

P. 43, 4 May 1714, Cornelius & Derica **Vansandt**, of Bensalem Twp., Bucks Co., Pennsylvania to Thomas **Stevenson**, gentleman, of same, £163.3, 150 acres, of 5000 acres...line of Thomas **Stevenson**

...patented, 1681, Joseph **Growdon**, who sold to said Cornelius. Signed Cornelius **Vansandt** and Derica (x) **Vansandt**. Wit: Francis **White** and James **Smyth**.

P. 45, 17 May 1714, Johannes & Leah **Vansandt**, yeoman, of Bucks Co., Pennsylvania to Thomas **Stevenson**, gentleman, of same, £150, 125 acres...line of Joseph **Growdon**. Signed Johannes **Vansandt** and Leah (x) **Vansandt**. Wit: Jeremiah **Langhorne** and Stopfell **Vansandt**.

P. 47, 17 Nov 1713, William **Smith**, yeoman, of Darby, Chester Co., Pennsylvania to Thomas **Davids**, yeoman, of Bucks Co., Pennsylvania, £200, 400 acres...line of Thomas **Potter** and James **Claypool**...purchased of George **Willard** of Chester Co., Pennsylvania and John **Shaw**, of Bucks Co., Pennsylvania. Signed William (x) **Smith** Wit: Edward **Evans**, Joshua **Lawrence**, David **Lloyd** and Griffith **Jones**.

P. 49, 24 Jul 1714, William & Mary **Atkinson** to Benjamin **Harris**, wheelwright, of Bristol Bucks Co., Pennsylvania, £9.5, 4 acres...purchased of John & Rebecca **Hall**. Signed William **Atkinson** and Mary **Atkinson**. Wit: Thomas **Biddle**, William **Watson** and Peter **Fearon**.

P. 50, 10 Jun 1702, Samuel **Hough**, carpenter, of Newtown, Bucks Co., Pennsylvania to John **Stackhouse**, yeoman, of Middle Twp., Bucks Co., Pennsylvania, £77, 300 acres...Wrightstown... line of William **Bennett** ...purchased of Israel and Christopher **Taylor**. Signed Samuel (x) **Hough**. Wit: William **Biles** Jr., Andrew **Heath** and David **Lloyd**.

P. 51, 3 Aug 1714, George **Duncan**, yeoman, of Bensalem Twp., Bucks Co., Pennsylvania to Alexander **Mood**, yeoman, of same, £200, 184 acres...line of William **Duncan** and Francis **Searle**...purchased of said William. Signed George **Duncan**. Wit: Thomas **Stevenson**, John **Hutchinson** and Jeremiah **Langhorne**.

P. 54, 10 Nov 1714, Daniel **Jackson**, tuller, of Middle Twp., Bucks Co., Pennsylvania to Edward **Kemp**, schoolmaster, of Bucks Co.,

Pennsylvania, £100, 128 acres of 250 acres...Middle Twp...line of William **Paxson**...patented, 1684, by Robert **Carter**, devised to his two sons John and Robert **Carter**, who sold to John **Smith**, who sold to said Daniel. Signed Daniel **Jackson**. Wit: Thomas **Watson**, Francis **White** and Jeremiah **Langhorne**.

P. 55, 29 Oct 1714, Francis **Searle**, yeoman, of Bensalem Twp., Bucks Co., Pennsylvania to his son Arthur **Searle**, of same, for love and affection, 100 acres...line of Joseph **Growdon** ...purchased of said Joseph. Signed Francis (x) **Searle**. Wit: Alexander **Mood**, Edward **Duncan** and George **Duncan**.

P. 57, 15 Dec 1710, John **Clark**, gentleman, of Bucks Co., Pennsylvania to Robert **Shaw**, yeoman, of same, £80, 114.5 acres...line of Stephen **Beakes**, deceased and former line of John **Lufs**...purchased of Samuel **Beakes**. Signed John **Clark**. Wit: George **Hulme** Jr., Mathew **Hughs** and Jeremiah **Langhorne**.

P. 58, 16 Dec 1713, William & Elizabeth **Homer**, yeoman, of Bristol, Bucks Co., Pennsylvania to Samuel **Carpenter**, merchant, of Philadelphia, Pennsylvania, £195, half of 156 acres of 262 acres...line of John **Otter** ...patented by William **Sanford**, who devised to his children, William, deceased, Mary and Esther **Sanford** and his son (sic), the said William **Homer**...Mary married Henry **Barge**, husbandman, of Philadelphia Co., Pennsylvania and Esther married Amos **Preston**, tailor, of Buckingham, Bucks Co., Pennsylvania and quit claimed their interests to the said William **Homer**...106 acres was devised after writing the will to Henry **Burcham** and then sold to said Samuel **Carpenter**. Signed William **Homer**.

P. 61, 17 Mar 1713, Nicholas **Randall**, carpenter, of Bucks Co., Pennsylvania to John **Swift**, gentleman, of Philadelphia, Pennsylvania, £150, four tracts...said John sold said Nicholas 100 acres in the line of John **Jones** and Derrick **Cruson**, and 25 acres in the line of George **Tatham**...and 25 acres...line of Thomas **Catchill** and George **Jackman** purchased of Margery **Jennings**, widow, of Alton, Southampton Co., England, by her attorney, Peter **Chamberlain**, of Philadelphia Co., Pennsylvania...and 25 acres purchased of James **Jacobs**, cordwinder, of Philadelphia,

Pennsylvania...line of Richard **Mood**. Signed Nicholas **Randall**. Wit: Henry **Mitchell** and Jeremiah **Langhorne**.

P. 65, 20 Apr 1713, Thomas & Sarah **Stevenson**, gentleman, of Bensalem Twp., Bucks Co., Pennsylvania to Thomas **Walmsley**, yeoman, of same, £350, 888 acres and 250 acres...line of Andrew **Heath**, William **Large**, Nathaniel **Broomly**, John **Renolds** and Edward **West**...688 acres purchased of Isaac **Decow**, yeoman, of Burlington, West New Jersey and 200 acres purchased of Samuel **Hough**...250 acres...line of William **Buckman**... purchased of Mitchell **Luff**, (son and heir of Mitchell), chair maker, of Bristol, Bucks Co., Pennsylvania. Signed Thomas **Stevenson** and Sarah **Stevenson**. Wit: Charles **Levalley**, William (x) **Beale** and Thomas (x) **Knight**.

P. 68, 3 Jul 1710, Samuel **Carpenter**, merchant, of Philadelphia, Pennsylvania to John **Burgess**, carpenter, of Bristol, Bucks Co., Pennsylvania, £38, lot and warehouse in the town of New Bristol. Signed Samuel **Carpenter**. Wit: Israel **Pemberton**, John **Carpenter** and John **Rogson**.

P. 69, 9 Sep Thomas **Cutler**, (eldest son and heir of Edmund **Cutler**), yeoman, of Southampton, Bucks Co., Pennsylvania to Francis **Searle**, yeoman, of Bensalem, Bucks Co., Pennsylvania, £250, 245 acres...line of Joseph **Tomlinson** and John **Naylor**. Signed Thomas **Cutler**. Wit: John **Cutler**, Edward **Smout** and William **Biles**.

P. 71, 20 Feb 1711, Joseph **Growdon**, gentleman, of Philadelphia, Pennsylvania to Francis **Searle**, yeoman, of Southampton, Bucks Co., Pennsylvania, £45, 275 acres, of 5000 acres...line of Clause **Johnson**, Abell **Hingston**, Thomas **Walmsley** and Thomas **Stevenson**...patented 1681. Signed Joseph **Growdon**. Wit: Sacb. **Growdon** and Jeremiah **Langhorne**.

P. 73, 8 Feb 1714, John & Mary **Scarborough**, yeoman, of Solebury Twp., Bucks Co., Pennsylvania to Samuel **Piekering**, yeoman, of same, £58, 200 acres, 820 acres...purchased of John **Holcombe**. Signed John **Scarborough** and Mary (x) **Scarborough**. Wit: Richard

Lundy, John **Bye** and Edward (x) **Com**.

P. 74, 30 Jan 1712, Robert & Grace **Heaton** Jr., yeoman, of Southampton, Bucks Co., Pennsylvania and Robert & Alice **Heaton** Sr., yeoman, of Middle Twp., Bucks Co., Pennsylvania to Jonathan **Woolston**, yeoman, of Middle Twp., Bucks Co., Pennsylvania, £450, 384 acres, of 584 acres...line of James **Sutton**, Henry Johnson **Vandike**, Thomas **Thwait** and Cuthbert **Hayhurst**...patented 1705. Signed Robert (x) **Heaton** and Robert **Heaton** Jr. Wit: Thomas **Stackhouse**, William **Biles** and Jeremiah **Langhorne**.

P. 76, 25 Mar 1715, John **Adington**, yeoman, of Bristol Twp., Bucks Co., Pennsylvania to William **White**, yeoman, of Falls Twp., Bucks Co., Pennsylvania, £30, 100 acres...line of Daniel **Jackson**, Thomas **Watson** and Thomas **Terry**...purchased of Edward **Lovett**. Signed John **Adington**. Wit: John **Sotcher**, William **Strutt** and Jeremiah **Langhorne**.

P. 79, 12 Oct 1711, John & Frances **Swift**, glazier, of Philadelphia, Pennsylvania to Jacob **Izelstein**, yeoman, of Bucks Co., Pennsylvania, £400, 250 acres...line of John **Jones**, deceased, William **Dilwin**, Nicholas **Moore** and John **Jennings**...purchased of Isaac **Norris** and David **Lloyd**...and 143 acres purchased of Thomas **Fairman**, who purchased of Alexander & Elizabeth **Paxton**, (said Elizabeth was the widow of Thomas **Hooton** and daughter of William **Stanley**), of Philadelphia, Pennsylvania...and 225 acres... line of Richard **Wood**...patented, 1684, by William **Smith**, of Bramham House, who sold to John **Luff**, who devised to his wife Jane **Luff**, who put in trust to James **Jacobs**, cordwinder, of Philadelphia, Pennsylvania, who handed to the heirs of said John & Jane, Philip **Howell**, (last husband of Jane), Thomas & Mary **Peart**, (said Mary was the widow of Richard **Hillard**) blacksmith, of Philadelphia, Pennsylvania, and trust was sold to Nicholas **Randall**, who sold to said John. Signed John **Swift** and Frances **Swift**. Wit: Abraham **Carhill**, Elizabeth **Taylor** and Joseph **Wilcox**.

P. 84, 29 Nov 1714, Jacob **Izelstein**, yeoman, of Southampton, Bucks Co., Pennsylvania to Andreas **Vanboskirk**, of Bergen Co., New Jersey, £300, 394 acres and 225 acres...purchased of John &

Frances **Swift**. Signed Jacob **Islestone**. Wit: Robert **Colbert**, Thomas **Todd** and Jeremiah **Langhorne**.

P. 88, 6 Feb 1714, John **Hall**, cooper, of Bristol, Bucks Co., Pennsylvania to Joseph **White**, carpenter, of same, £60, 50 acres, of 116 acres...line of Jacob **Pellison**...patented 1713. Signed John **Hall**. Wit: Jacob **Bond**, James **Allen** and Benjamin **Wright**.

P. 91, 22 Oct 1714, Jasper & Susannah **Terry**, (eldest son and heir of Thomas **Terry**), yeoman, of Bristol Twp., Bucks Co., Pennsylvania to John **Bowne**, husbandman, of Bucks Co., Pennsylvania, £72, 100 acres...line of Edmond **Lovett**, Anthony **Burton** and Phineas **Pemberton**... patented 1701. Signed Jasper (x) **Terry** and Susannah **Terry**. Wit William **Baldwin**, Edmond **Lovett** and Edmond **Lovett** Jr.

P. 92, 6 Feb 1714, John **Hall**, cooper, of Bristol, Bucks Co., Pennsylvania to Joseph **White**, carpenter, of same, £30, 2.5 acres, of 116 acres...line of Jacob **Pellison**...patented 1713. Signed John **Hall**. Wit: Joseph **Bond**, Hany **Tomlinson** and Jeremiah **Langhorne**.

P. 93, 4 Aug 1715, Thomas **Knight**, yeoman, of Bensalem, Bucks Co., Pennsylvania to his eldest son Thomas **Knight** Jr., £6, 8 acres... Bensalem ...line of Nehemiah **Allen**...taken for debt due from Joseph **Kirle**, deceased, of Philadelphia, Pennsylvania. Signed Thomas (x) **Knight**. Wit: William (x) **Baker**, John **Baker** and James **Pain**.

P. 94, 6 Jun 1715, Richard **Hill**, (son and heir of James **Hill**), gentleman, of Philadelphia, Pennsylvania to John **Burgess**, carpenter, of Bucks Co., Pennsylvania, £150, 283 acres...Falls Twp...line of John **Clark**, Daniel **Burgess**, Samuel **Dark** and Robert **Harvey**. Signed Richard **Hill**. Wit: James **Logan**, Samuel **Burgess** and Roger **Moone**.

P. 96, 17 Jan 1715, George **White**, yeoman, of Bristol, Bucks Co., Pennsylvania to John **Hall**, cooper, of same, £10.5, lot in the town of New Bristol. Signed George **White**. Wit: George **Clough**, Otter **Otterson** and Jeremiah **Langhorne**.

P. 98, 29 Nov 1716, Jeffrey & Rebecca **Pollard**, merchant, of Bristol Twp., Bucks Co., Pennsylvania to Pentecost **Teague**, merchant, of Philadelphia, Pennsylvania, £0.5, 150 acres... line of William **Croasdale**, widow **Bladgen** and John **Closson**. Signed Jeffrey **Pollard** and Rebecca **Pollard**. Wit: Thomas **Mogridge**, Thomas **Clark**, George **Fitzwater** and Jeremiah **Langhorne**.

P. 99, 13 Nov 1716, Jeffrey & Rebecca **Pollard**, merchant, of Bristol Twp., Bucks Co., Pennsylvania to Pentecost **Teague**, merchant, of Philadelphia, Pennsylvania, £166, 541 acres... line of Samuel **Allen**... patented, 1686, by James & Margaret **Boyden**, deceased, who sold to his son James **Boyden**, who sold to said Jeffrey. Signed Jeffrey **Pollard** and Rebecca **Pollard**. Wit: Thomas **Mogridge**, Thomas **Clark**, George **Fitzwater** and Jeremiah **Langhorne**.

P. 102, 19 Feb 1716, Henry **Paxson** Jr., (son and heir of James **Paxson**), yeoman, of Mash Twp., Bucks Co., Pennsylvania to Bartholomew **Jacobs**, yeoman, of Middle Twp., Bucks Co., Pennsylvania, £147, 280 acres, of 380 acres...Falls Twp...line of John **Dark**, Edward **Lucas** and John **Webster**. Signed Henry **Paxson** Jr. Wit: William **Biles**, John **Plumly** and Jeremiah **Langhorne**.

P. 105, Nov 1710, Samuel **Carpenter**, merchant, of Philadelphia, Pennsylvania to Richard **Mountain**, husbandman, of Bristol, Bucks Co., Pennsylvania, £22.5, lot in the town of New Bristol. Signed Samuel **Carpenter**. Wit: John **Baldwin**, Samuel **Large** and Joseph (x) **White**.

P. 106, 1 May 1716, Hannah **Carpenter**, (widow of Samuel **Carpenter**), of Philadelphia, Pennsylvania to Richard **Mountain**, husbandman, of Bristol, Bucks Co., Pennsylvania, £8, lot in the town of New Bristol. Signed Hannah **Carpenter**. Wit: Joseph **Bond**, George **Clough** and Samuel **Baker**.

P. 107, 13 Oct 1715, Ann **Kaighin**, (daughter of John & Ann **Kaighin**), of Gloucester Co., New Jersey to William **Albertson** and Abraham **Albertson**, yeomen, of Gloucester Co., New Jersey and Joseph & Rebecca **Salterwaite**, (said Rebecca was Rebecca **Albertson**, before her marriage), of Byberry, of Philadelphia Co.,

Pennsylvania, £250, 417 acres...line of John **Gilbert**...Walter **Forest**, of Byberry, of Philadelphia Co., Pennsylvania, devised to his wife Ann **Forest**, (who became the wife of said John **Kaighin** and mother of said Ann), who sold to William, Abraham and Rebecca **Albertson**. Signed Ann **Kaighin**. Wit: Tobias **Griscom**, Tobias **Holloway** and Joseph **Dole**.

P. 109, 14 Dec 1716, Daniel **Jackson**, yeoman, of Bucks Co., Pennsylvania mortgage to Samuel **Preston**, merchant, of Philadelphia, Pennsylvania, £200, 120 acres...line of Henry **Pawlin**, William **Paxson** and Edward **Kempe**... Nathaniel **Puckle**, devised to his wife Anne **Puckle** and daughter Deborah **Puckle**...trust for care of said Deborah...Signed Daniel **Jackson**. Wit: Thomas **Watson**, Thomas **Stevenson** and Andrew **Hamilton**.

P. 111, 1 Dec 1716, Jeffrey & Rebecca **Pollard**, merchant, of Bristol Twp., Bucks Co., Pennsylvania mortgage to Miriam **Boyden**, widow, of Philadelphia, Pennsylvania, £96, 391 acres... line of John **Clanson**. Signed Jeffrey **Pollard** and Rebecca **Pollard**. Wit: Thomas **Mogridge**, Thomas **Clark** and Jeremiah **Langhorne**.

P. 113, 24 Jul 1708, Joseph **Growdon**, merchant, of Philadelphia, Pennsylvania to James **Harrison**, husbandman, of Bensalem Twp., Bucks Co., Pennsylvania, £149, 271 acres...Bensalem Twp...line of John **Bowen**, Joshua **Nichols** and Claus **Johnson**. Signed Joseph **Growdon**. Wit: Lawrence **Growdon**, John **Cutler** and Samuel (x) **Scott**.

P. 113, 27 Apr 1717, James **Harrison**, yeoman, of Bensalem Twp., Bucks Co., Pennsylvania mortgage to William **Carter**, blockmaker, of Philadelphia, Pennsylvania, £34.7, 271 acres...Bensalem Twp...line of John **Bowen**, Joshua **Nichols** and Claus **Johnson**. Signed James (x) **Harrison**. Wit: Charles **Brockden** and Charles **Osborne**.

P. 115, 6 Oct 1718, Oddy **Brock**, yeoman, of Philadelphia Co., Pennsylvania mortgage to Joseph **Jones**, gentleman, of Philadelphia, Pennsylvania, £144.8, 150 acres...southwest of Bensalem Twp...line of Cobus **Vanzant**. Signed Oddy **Brock**. Wit: John **McComb**, William **Moore** and Joseph **Wilcox**.

P. 119, 1 Dec 1716, Jeffrey & Rebecca **Pollard**, merchant, of Bristol Twp., Bucks Co., Pennsylvania mortgage to Miriam **Boyden**, widow, of Philadelphia, Pennsylvania, £96, 391 acres...line of John **Clauson**, Pentecost **Teague** and John **Otter**. Signed Jeffrey **Pollard** and Rebecca **Pollard**. Wit: Thomas **Mogridge**, Thomas **Clark** and Jeremiah **Langhorne**.

P. 123, 15 Sep 1718, Joseph & Ann **Growdon**, of Bensalem Twp., Bucks Co., Pennsylvania to Jacob **Kolluck**, merchant, Sussex Co., Delaware, £156, two grist mills...Bensalem Twp. Signed Joseph **Growdon** and Ann **Growdon**. Wit: Samuel **Bulkley**, Isaac **Warner** and Jeremiah **Langhorne**.

P. 172, 16 Sep 1718, Jacob **Kolluck**, merchant, of Sussex Co., Delaware defeasance to Joseph **Growdon**, of Bensalem Twp., Bucks Co., Pennsylvania, £218 rent. Signed Jacob **Kolluck**. Wit: Samuel **Bulkley**, Isaac **Warner** and Jeremiah **Langhorne**.

P. 130, 10 Mar 1718, Nathan **Stanbury**, merchant, of Philadelphia, Pennsylvania to Nathaniel **Walton**, yeoman, of Byberry Twp., of Philadelphia Co., Pennsylvania, £225, 500 acres...line of John **Tatham** and Benjamin **Furley**. Signed Nathan **Stanbury**. Wit: William **Betredge** and John **Sisom**.

P. 133, 24 May 1707, William **Biles**, yeoman, of Bucks Co., Pennsylvania to his son John **Biles**, £1 and for love and affection, 300 acres... purchased of Henry **Baker**. Signed William **Biles**. Wit: Anne **Biles**, Thomas **Pilston** and William **Biles** Jr.

P. 134, 10 Mar 1719, Joseph & Hannah **Frost**, yeoman, of Charleston, Middlesex Co., Massachusetts to James **Gould**, mariner, of Boston, Suffolk, Massachusetts, £250, 400 acres...line of Shadrack **Walley**...devised by John **Frost**, of Newtown, Bucks Co., Pennsylvania to said Joseph, his brother Edmund **Frost** and sister Elizabeth **Francis**. Signed Joseph **Frost** and Hannah **Frost**. Wit: John **Mann** and Caleb **Call**.

P. 136, 6 Jun 1715, Richard **Hill**, (son and heir of James **Hill**), gentleman, of Philadelphia, Pennsylvania to John **Burgess**, carpenter, of Bucks Co., Pennsylvania, £150, 283 acres...Falls Twp...line of John **Clark**, Roger **Moon**, Samuel **Dark** and Robert **Harody**. Signed Richard **Hill**. Wit: James **Logan**, Samuel **Burgess** and Roger **Moon**.

P. 137, 25 May 1719, John **Hough**, yeoman, of Middle Twp., Bucks Co., Pennsylvania to Samuel **Hornibrock**, cordwinder, of Bucks Co., Pennsylvania, £100, 150 acres, of 100 acres... Jonathan **Scarfe**, deceased, sold to John **Rumford**, weaver, who sold to said John...and 250 acres...Middle Twp. Signed John **Hough**. Wit: Joseph **Kirkbride** Jr., Thomas **Manbury** and Jeremiah **Langhorne**.

P. 140, 9 Jan 1719, Samuel **Horneybrock**, cordwinder, of Middle Twp., Bucks Co., Pennsylvania mortgage to Toby **Leech**, gentleman, of Philadelphia, Pennsylvania, £60, 145 acres of 150 acres...purchased of John **Hough**. Signed **Horneybrock**. Wit: Joseph **Kirkbride** Jr., Thomas **Manbury** and Jeremiah **Langhorne**.

P. 144, 24 Aug 1720, Benjamin **Borden**, (son and heir of John **Borden**), mariner, of Newport, Rhode Island power of attorney to Joseph **Kirkbride**, yeoman, of Bucks Co., Pennsylvania to sell 1000 acres. Signed Benjamin **Borden**. Wit: Samuel **Holmes** and Thomas **Richardson**.

P. 144, 8 Aug 1720, John & Katharine **Dawson**, yeoman, of Salisbury Twp., Bucks Co., Pennsylvania to Thomas **Heed**, yeoman, of same, £100, 100 acres, of 220 acres...line of Joseph **Pike** and Henry **Paxson**...purchased of Ralph & Sarah **Jacson**. Signed John **Dawson** and Katharine **Dawson**. Wit: Joseph **Kirkbride**, Thomas **Brown** and Thomas **Canby**.

P. 146, 15 Nov 1720, Sarah **Stevenson**, (widow of Thomas **Stevenson**), of Bensalem Twp., Bucks Co., Pennsylvania to John and Thomas **James**, yeomen, of Bucks Co., Pennsylvania, £200, 1000 acres... purchased of Benjamin **Field**. Signed Sarah **Stevenson** and Joseph **Kirkbride**, (executor of the estate of said Thomas). Wit: Thomas **Watson**, William **Biles** and Jeremiah **Langhorne**.

P. 150, 2 May 1716, Hannah **Carpenter**, (widow of Samuel **Carpenter**), and her sons, Samuel and John **Carpenter**, William &

Hannah **Fishburn**, (said Hannah is a daughter and heir of said Samuel), merchant, of Philadelphia, Pennsylvania to Joseph **Bond**, £1250, 815.25 acres...line of Jeffrey **Pollard**, Daniel **Pegg**, Richard **Mountain** and John **Baldwin**. Signed Hannah **Carpenter**, Samuel **Carpenter**, John **Carpenter**, William **Fishburn** and Hannah **Fishburn**. Wit: Nathaniel **French**, George **Shiers**, Charles **Brockden** and Joseph **Fox**.

P. 155, 8 Apr 1721, Charles & Susannah **Brockden**, gentleman, of Philadelphia, Pennsylvania Thomas **Morris**, yeoman, of Moreland, Philadelphia Co., Pennsylvania, £85, 300 acres, of 500 acres... Hilltown...line of Thomas **Cains** and William **Hingstone**...purchased of John **Rowland**. Signed Charles **Brockden** and Susannah **Brockden**. Wit: Charles **Osborn**, Joseph **Watson** and Sarah **Wright**.

P. 158, 21 Apr 1713, Nicholas & Barentye **Vandegrift**, yeoman, of Bucks Co., Pennsylvania to Jacob **Kolluck**, cooper, of Lewistown, Sussex Co., Delaware, £161.5, 215 acres...line of Frederick **Vandegrift**. Signed Nicholas **Vandegrift** and Barentye **Vandegrift**. Wit: Jacob **Levering** and Joseph **Lawrence**.

P. 160, 9 Jun 1721, Mary **Kolluck**, (widow of Jacob **Kolluck**), of Bucks Co., Pennsylvania to Foulkert **Vandegrift**, yeoman, of Bucks Co., Pennsylvania, £150. Signed Mary **Kolluck**. Wit: Samuel **Preston**, Charles **Brockden**, Joseph **Watson** and Willoughby **Warder**.

P. 161, 8 Jun 1721, John & Margaret **Johnson**, yeoman, of Bucks Co., Pennsylvania mortgage to Benjamin **Duffield**, tanner, of Philadelphia, Pennsylvania, £160, 209 acres. Signed John (x) **Johnson** and Margaret (x) **Johnson**. Wit: Gosbar **Wistar**, Joseph **Lawrence** and Isaac **Browne**.

P. 164, 10 Nov 1718, Henry **Nelson**, yeoman, of Middle Twp., Bucks Co., Pennsylvania to John **Wildman**, yeoman, of same, £93, 220 acres, of 440 acres...line of Jonathan **Scaife** and John **Hough**...purchased of William **Musgrave**, (son and heir of Thomas **Musgrave**) and Evan & Elizabeth **Evans**, (said Elizabeth was a daughter of said Thomas). Signed Henry **Nelson**. Wit: Enclydes

Longshore and Thomas **Stackhouse** Jr.

P. 165, 21 Oct 1717, Thomas **Hillborn**, yeoman, of Newtown, Bucks Co., Pennsylvania to his son Robert **Hillborn**, of same, £0.5, 250 acres... purchased of John & Margaret **Cook**. Signed Thomas **Hillborn**. Wit: Abraham **Chapman** and Thomas **Maybury**.

P. 168, 13 May 1721, Clause **Johnson**, (son and heir of John **Clauson**), cooper, of Bucks Co., Pennsylvania to John **Johnson**, , yeoman, of same, quit claim. Signed Clause **Johnson**. Wit: Benjamin **Paschall**, John **Wilson** and Charles **Read**.

P. 168, 28 Jan 1721, George **Townsend**, yeoman, of Oyster Bay, Nassaw Island, Queens Co., New York to Samuel **Bond**, yeoman, of Flushing, Queens Co., New York, £0.5, 500 acres...line of Robert **Turner**...patented, 1688, by John **Bowne**, deceased, went to Samuel **Bowne**, who sold to his cousin Hannah **Willets**, now wife of Job **Carr**, who sold to said George. Signed George **Townsend**. Wit: William **Wills**, James **Townsend** and Jacob **Willets**.

P. 170, 13 Sep 1719, Jonathan & Sarah **Cooper**, yeoman, of Wrightstown, Bucks Co., Pennsylvania mortgage to Christopher **Topham**, yeoman, of Philadelphia, Pennsylvania, £125, 200 acres... Wrightstown. Signed Jonathan **Cooper** and Sarah **Cooper**. Wit: James **Holcombe** and John **Woptall**.

P. 172, 19 Nov 1720, Richard **Hill**, cordwinder, of Bristol, Bucks Co., Pennsylvania to Jonathan **Wright**, tanner, of Burlington Co., West New Jersey and Thomas **Lambert**, tanner, of Notingham Twp., Burlington Co., West New Jersey, £68.35, lot in the town of New Bristol. Signed Richard **Hill**. Wit: Charles **Osbourne**, Joseph **Fox**, Charles **Brockden** and Joseph **Watson**.

P. 175, 10 Jan 1710, William **Croasdale**, gentleman, of Bristol, Bucks Co., Pennsylvania to Richard **Hill**, cordwinder, of same, £50, lot in the town of New Bristol. Signed William **Croasdale**. Wit: James **Heaton**, William **Smith** and Edward **Kempe**.

P. 176, 14 Jun 1722, John **Bye**, shoemaker, of Solebury Twp., Bucks

Co., Pennsylvania mortgage to Thomas **Watson**, tanner, of same, £60, 438 acres...Solebury Twp...line of John **Scarbrough**...purchased of Thomas **Bye**. Signed John **Bye**. Wit: John **Hall**, Thomas **Meredeth** and Jeremiah **Langhorne**.

P. 178, 6 Nov 1721, John **Walley**, (son and heir of Shadrack **Walley**), yeoman, of Newtown, Bucks Co., Pennsylvania to Thomas **Winder**, of Amwell, Henterdon Co., New Jersey, £240, 600 acres...line of John **Hough**. Signed John **Walley**. Wit: Stophell **Vansandt**, Christian Barnet **Vanhorn** and Jeremiah **Langhorne**.

P. 181, 6 May 1722, Barnard **Christian**, yeoman, of Bergen Co., New Jersey to Abraham **Vanhorn**, yeoman, of Bucks Co., Pennsylvania, £110, 290 acres...line of William **Cutler** and John **Clark**. Signed Barnard **Christian**. Wit: Christian Barnet **Vanhorn**, Hans **Vanbuskirk** and Jeremiah **Langhorne**.

P. 183, 31 Aug 1723, Daniel **Hodgson**, yeoman, of Bensalem Twp., Bucks Co., Pennsylvania mortgage to John **Swift**, gentleman, of Philadelphia, Pennsylvania, £100, 271 acres...Bensalem Twp... line of John **Bowen**, Clause **Johnson**, Joshua **Nichols** and Samuel **Allen**. Signed Daniel **Hodgson**. Wit: Richard **Glover**, William **Atkinson** and Margaret **Atkinson**.

P. 185, 20 Apr 1722, John **Baker**, yeoman, of Bensalem Twp., Bucks Co., Pennsylvania to Johannes **Vanhorn**, yeoman, of Warnmister, Bucks Co., Pennsylvania, £74, 107 acres...Bensalem Twp...line of William **Williams**, deceased and Francis **Candonet**. Signed John (x) **Baker**. Wit: Johannes **Vandegrift**, Benjamin **Jones** and Jeremiah **Langhorne**.

P. 188, 31 May 1722, Daniel & Hannah **Jackson**, yeoman, of Bucks Co., Pennsylvania release of mortgage to Roger & Deborah **Edmunds**, mariner, of Philadelphia, Pennsylvania, £216 to Samuel **Preston**, 120 acres...line of George **White**... patented, 1684, by Robert **Carter**, who devised to his son Robert **Carter**, who sold to John **Smith**, who sold to said Daniel. Signed Daniel **Jackson** and Hannah **Jackson**. Wit: Benjamin **Vining** and Lewis (x) **Jolly**.

P. 190, 13 Mar 1724, Neil **Grant**, husbandman, of Bucks Co., Pennsylvania to John **Lambert**, gentleman, of Burlington Co., West New Jersey, £230, 200 acres...line of Thomas **Hodson**... purchased of James **Moon**. Signed Neil **Grant**. Wit: William **Biles** and James **Crowley**.

P. 192, 19 Jan 1724, George **Brown**, yeoman, of Falls Twp., Bucks Co., Pennsylvania to Henry **Paxson**, yeoman, of Solebury Twp., Bucks Co., Pennsylvania, £70, 250 acres...line of Stephen **Beakes** and Samuel **Beakes**...purchased of James **Carter**. Signed George **Brown**. Wit: Thomas **Pilling**, John **Brown** and William **Atkinson**.

P. 194, 21 Nov 1723, George **Pownall**, (son and heir of George **Pownall** and brother of Reuben **Pownall**), yeoman, of Solebury Twp., Bucks Co., Pennsylvania to Reuben **Paxson**, (son of William **Paxson**, deceased, of New Castle Co.), of same, £60, 238 acres, of 480 acres ...patented 1681. Signed George **Pownall**. Wit: James **Hambleton**, Thomas **Gilbert** and Samuel (x) **Jones**.

P. 197, 29 Jun 1725, William **Connoly**, yeoman, of Bristol Twp., Bucks Co., Pennsylvania to Cain **Connoly**, carpenter, of St. Christophers Island, West Indies, £40, 87 acres...Bristol Twp...line of William **Dungan**, John **Clay** and John **Smith**... and 50 acres...line of Edward **Wanton**, Edward **Ratcliff** and Edward **Doyle**. Signed William **Connoly**. Wit: John **Cassly**, Breth **Kirll** and Ann **Maddox**.

P. 199, 4 Oct 1718, William **Musgrove**, (son and heir of Thomas **Musgrove**), cooper, of Derby, Chester Co., Pennsylvania, Evan & Elizabeth **Evans**, (said Elizabeth is a daughter of said Thomas), yeoman, of Guineth, of Philadelphia Co., Pennsylvania to Henry **Nelson**, yeoman, of Middle Twp., Bucks Co., Pennsylvania, £100, 250 acres, of 440 acres...line of Jonathan **Scaife**, William **Bridgman** and Thomas **Constable**... purchased of Henry **Bayley**, son of Henry...Hannah **Musgrove**, widow of said Thomas, has since married David **Price** ...other children of said Elizabeth & Thomas are Thomas and Abraham **Musgrove**. Signed William **Musgrove**, Evan **Evans** and Elizabeth **Evans**. Wit: Charles **Brockden** and Joseph **Fox**.

P. 202, 8 Jun 1724, Thomas **Brown**, cordwinder, of Buckingham Twp., Bucks Co., Pennsylvania to James **Shaw**, yeoman, of same, £30, 200 acres... Buckingham Twp...line of Richard **Hill**, Joseph **Paul** and Ephraim **Fenton**...purchase of Thomas **Stevenson**. Signed Thomas **Brown**. Wit: John **Brown** and Alexander **Brown**.

P. 204, 11 Aug 1717, Thomas **Stevenson**, gentleman, of Bensalem Twp., Bucks Co., Pennsylvania to Thomas **Brown**, cordwinder, of Buckingham Twp., Bucks Co., Pennsylvania, £200, 500 acres... Buckingham Twp...line of Francis **Plumstead** and Joseph **Paul**... purchased of Jeremiah & Jane **Scaife** and John **Norcross**...and 1000 acres...line of widow **Musgrove**. Signed Thomas **Stevenson**. Wit: Francis **Searl**, Thomas **Curby** and Margaret M. **Johnson**.

P. 207, 13 Oct 1715, Ann **Kaighin**, of Gloucester Co., New Jersey to William and Abraham **Albertson**, of Gloucester Co., New Jersey and John & Rebecca **Salterwait**, of Byberry, of Philadelphia Co., Pennsylvania, £275, 470 acres...line of John **Gilbert**. Signed Ann **Kaighin**. Wit: Tobias **Griscom**, Tobias **Holloway** and Joseph **Dole**.

P. 208, 14 Jun 1698, William **Biles** Sr., yeoman, of Bucks Co., Pennsylvania to his son William **Biles** Jr., £150, 309 acres...line of Samuel **Darke** and Gilbert **Wheeler**. Signed William **Biles**. Wit: Samuel **Beakes**, Anthony **Burton** and Richard **Hough**.

P. 209, 10 Dec 1720, Benjamin **Borden**, mariner, of Newport Rhode Island to Derick **Cruson**, yeoman, of Southampton, Bucks Co., Pennsylvania, £170, 1000 acres...line of **Dungan**. Signed Benjamin **Borden**, Joseph **Kirkbride**. Wit: Peter **Evans**, John **Hall** and Jeremiah **Langhorne**.

P. 212, 1 Sep 1726, Jeffrey & Rebecca **Pollard**, merchant, of Bristol Twp., Bucks Co., Pennsylvania to Thomas **Annis**, mariner, of Philadelphia, Pennsylvania, £195, 391 acres... Bristol Twp...line of John **Clauson**, John **Otter** and Pentecost **Teague**. Signed Jeffrey **Pollard** and Rebecca **Pollard**. Wit: John **Noble** and Joseph **Watson**.

P. 214, 8 Sep 1722, Joseph **Kirkbride**, yeoman, of Falls Twp., Bucks Co., Pennsylvania to Joseph **Worth**, cooper, of Stonybrook,

Middlesex Co., New Jersey, £80, 400 acres, of 5000...patented, 1683, by Thomas **Hudson**, of Mansfield, Chester Co., England, who sold (1698), to William **Lawrence**, John **Fallman**, Joseph **Thorne**, Samuel **Thorne** and Benjamin **Field**, all of Flushing, Queens Co., on the Island Nassaw, alias Long Island, New York, who sold 500 acres, to William **Fowler**, of said Flushing, who sold to said Joseph, through his executors, Jeremiah **Fowler** and East Chester and William **Thorne**, of Flushing. Signed Joseph **Kirkbride**. Benjamin **Eastbourn** and Jonathan **Carlile**.

P. 217, 1 Sep 1726, Joseph & Mary **Tomlinson**, yeoman, of Makefield Twp., Bucks Co., Pennsylvania mortgage to John **Shallcross**, yeoman, of Oxford Twp., of Philadelphia Co., Pennsylvania, £80, 255 acres... Makefield Twp...line of Thomas **Jones**, Timothy **Smith** and Scot and Stephen **Wilson**. Signed Joseph **Tomlinson**. Wit: Charles **Brockden** and Joseph **Watson**.

P. 218, 17 Sep 1685, Joseph **Growdon**, gentleman, of Bucks Co., Pennsylvania to John **Gray**, gentleman, of same, £250, 1000 acres. Signed Joseph **Growdon**. Wit: Samuel (x) **Wallige**, Isaac **Smith** and Samuel **Fryday**.

P. 220, 13 Jun 1711, John **Hall**, (son and heir of Robert **Hall**), cooper, of Bristol, Bucks Co., Pennsylvania to Charles **Levalley**, cooper, of Middle Twp., Bucks Co., Pennsylvania, £25, 133.33 acres, of 500 acres...Middle Twp...line of Bartholomew **Jacobs**, John **Johnson** and Samuel **Carpenter**...patented 1685. Signed John **Hall**. Wit: William **Biles**, Thomas **Biddle** and Jeremiah **Langhorne**.

P. 222, 1 Oct 1711, Charles **Levalley**, cooper, of Middle Twp., Bucks Co., Pennsylvania to Thomas **Stevenson**, merchant, of Bensalem, Bucks Co., Pennsylvania, £80, 133.33 acres, of 500 acres... Middle Twp...line of Bartholomew **Jacobs**, John **Johnson** and Samuel **Carpenter**... patented 1685. Signed Charles **Levalley**. Wit: Susannah **Fox** and Charles **Brockden**.

P. 223, 22 Aug 1712, Francis **Searle**, yeoman, of Bensalem, Bucks Co., Pennsylvania to Thomas **Stevenson**, £250, 275 acres...line of Thomas **Walmsley**, Clause **Johnson**, Abell **Hingston** and Joseph

Growdon. Signed Francis (x) **Searle**. Wit: Jeremiah **Langhorne**, Grace **Langhorne** and Joseph **Webb**.

P. 224, 20 Jan 1723, Thomas **Biles**, sheriff, of Bucks Co., Pennsylvania to Samuel **Bayard**, merchant, of New York City, New York, £710, 581 acres...line of Francis **Searle** and Joseph **Growdon**... taken from Sarah **Stevenson** for debts owed by Thomas **Stevenson**, deceased and 133.33 acres...line of John **Johnson** and Bartholomew **Jacobs**...and 275 acres...purchased of Francis **Searle**...and 300 acres... Bensalem Twp...lien of Clause **Johnson** and Henry **Mitchell**...and 46 acres, adjoining...and 77 acres...purchased of Michael **Headerickson**. Signed Thomas **Biles**. Wit: Sarah **Cowpland**, Jeremiah **Langhorne** and Joseph **Rodman**.

P. 229, 13 Oct 1715, Thomas & Mary **Walmsley**, yeoman, of Bensalem, Bucks Co., Pennsylvania to Thomas **Stevenson**, gentleman, of same, £350, 300 acres...line of Samuel **Allen** and Clause **Johnson** ...and 46 acres...line of Joseph **Growdon**. Signed Thomas **Walmsley** and Mary **Walmsley**. Wit: John (x) **Johnson**, Anna **Merriot** and Jeremiah **Langhorne**.

P. 231, 19 May 1726, Jeremiah & Mary **Dungan**, yeoman, of Northampton, Bucks Co., Pennsylvania to Benjamin **Corson**, husbandman, of Staten Island, Richmond Co., £350, 346 acres... patented, 1686, by Arthur **Cook**, who devised to his wife and son, Margaret and John **Cook**, who sold to Clement **Dungan** and Thomas **Dungan**, who sold to said Jeremiah. Signed Jeremiah **Dungan** and Mary **Dungan**. Wit: Benjamin **Jones** and John **Hart**.

P. 233, 1 Mar 1727, James **McCollester**, yeoman, of Southampton Twp., Bucks Co., Pennsylvania mortgage to Benjamin **Duffield**, tanner, of Philadelphia, Pennsylvania, £30, 204 acres... line of Evan **Evans** and Benjamin **Griffith**. Signed James **McCollester**. Wit: E. **Porue** and Gabriel **Hinton**.

P. 235, 15 Jun 1726, William **Cooper**, husbandman, of Southampton, Bucks Co., Pennsylvania mortgage to John **Norris**, yeoman, of same, £42.55, 112.5 acres...line of Jacob **Heston**, and Joseph **Kirk**... purchased of Jan **Vanboskirk**. Signed William **Cooper**. Wit: Evan

Morris and John **Phillips**.

P. 238, 16 Dec 1727, Thomas **Biles**, sheriff, of Bucks Co., Pennsylvania to Edward **Pearce**, gentleman, of Philadelphia, Pennsylvania, £200, 1100 acres...Wrightstown line...line of Joseph **Claypool**, David **Lloyd**, Henry **Bayley** and Thomas **Callowhill** debts due of Benjamin and Mary **Pearce**, (executor of the estate of Mary **Crap**). Signed Thomas **Biles**. Wit: F. **Gardinett**, John **Hyatt** and James **Gould**.

P. 240, 17 Jan 1727, Edward **Pearce**, gentleman, of Philadelphia, Pennsylvania to George **Claypool**, merchant, of same, £200, 1100 acres ...purchased of Thomas **Biles**, sheriff, of Bucks Co., Pennsylvania. Signed Edward **Pearce**. Wit: William **Fishbourn**, Israel **Pemberton** and John **Jones**.

P. 243, 12 May 1726, Jonathan **Cooper** to Thomas **Pursill**, of Wrightstown, Bucks Co., Pennsylvania, £300, 220 acres, of 5000 acres... Randalls Run...line of Godfrey **Kirk**...patented, 1682, by James **Harrison**, who sold to James & Mary **Radclift** and confirmed by Phineas & Phebe **Pemberton**, (said Phebe was the daughter of James **Harrison**), Mary, the widow of James **Radclift**, by the name Mary **Baker**, Richard **Radclift** and Edward **Radclift**, the only two sons of the said James **Radclift** and Rebecca **Radclift** and Rachel **Hayhurst**, with her husband William **Hayhurst**, being the only daughters of said James **Radclift**, sold to said Jonathan. Signed Jonathan **Cooper**. Wit: Christopher **Topsham** and Abraham **Chapman**.

P. 245, 21 Nov 1713, Michael **Fredrickson**, yeoman, of Bensalem Twp., Bucks Co., Pennsylvania to Thomas **Stevenson**, gentleman, of same, £20, 77 acres...Bensalem Twp...line of Clause **Johnson**. Signed Michael **Fredrickson**. Wit: Cornelius **Vansandt**, James **Smith** and William (x) **Beale**.

P. 247, 14 May 1728, Josiah **Hingston**, brother and heir of William **Hingston**), merchant, of Philadelphia, Pennsylvania mortgage to Thomas **Sober**, merchant, of same, £80, 200 acres...line of Col. **Mildway** and Charles **Brockden**. Signed Josiah **Hingston**. Wit: Peter

Evans and Henry **Gonne**.

P. 249, 13 Mar 1728, George **Welsh**, innholder, of Newtown, Bucks Co., Pennsylvania mortgage to Henry **Nelson** and William **Brelsford**, yeomen, of Bucks Co., Pennsylvania, £120, lot in Newtown. Signed George **Welsh**. Wit: Abraham **Chapman**, Joseph **Chapman** and Jeremiah **Langhorne**.

P. 250, 13 Feb 1728, William **Carter**, yeoman, of Southampton, Bucks Co., Pennsylvania mortgage to Benjamin **Duffield**, tanner, of Philadelphia, Pennsylvania, £50, 200 acres...line of Samuel **Griffith**, Ralph **Dracott** and John **Swift**. Signed William **Carter**. Wit: James **Carter** and Joseph **Breintall**.

P. 252, 25 Oct 1728, Thomas **Stackhouse**, yeoman, of Middle Twp., Bucks Co., Pennsylvania to John **Montgomery**, of Makefield, Bucks Co., Pennsylvania, £120, 100 acres...line of Henry **Gouldney**, John **Whitecar** and Samuel **Stackhouse** ...purchased of Francis **Richardson**. Signed Thomas **Stackhouse**. Wit: Thomas **Dikes** and Jeremiah **Langhorne**.

P. 254, 19 Apr 1726, Thomas **Marke**, tanner, of Burlington Co., West New Jersey to John Abraham **DeNormandy**, merchant, of Bristol, Bucks Co., Pennsylvania, £80, 238 acres...Bristol Twp... line of Joseph **Bond** and Henry **Tomlinson**... purchased of Samuel Preston & Margaret **Parsyunek**, (said Margaret was the widow of Josiah **Langdale**). Signed Thomas **Marke**. Wit: Cesar **Godeffroy**, Charles **Brockden** and Joseph **Watson**.

P. 257, 10 May 1728, Anthony **Burton**, yeoman, of Bristol Twp., Bucks Co., Pennsylvania to John Abraham **DeNormandy**, merchant, of Bristol, Bucks Co., Pennsylvania, £22, 11 acre lot in the town of New Bristol, line of Henry **Nelson**. Signed Anthony **Burton**. John Anthony **DeNormandy**, Joseph **Peace** and Joseph **Kirkbride** Jr.

P. 261, 13 Sep 1727, Thomas **Biles**, of Bucks Co., Pennsylvania to Bartholomew **Jacobs**, yeoman, of Middle Twp., Bucks Co., Pennsylvania, £100, one sixth part of grist mills. Signed Thomas

Biles. Wit: Richard **Mitchell** and Garrett **Vandine**.

P. 262, 13 Sep 1727, Thomas **Biles**, yeoman, of Bucks Co., Pennsylvania to Stophell **Vansandt**, yeoman, of Middle Twp., Bucks Co., Pennsylvania, £100, one sixth part of grist mills. Signed Thomas **Biles**. Wit: Richard **Mitchell** and Garrett **Vandine**.

P. 264, 13 Sep 1727, Thomas **Biles**, yeoman, of Bucks Co., Pennsylvania to Jeremiah **Langhorne**, gentleman, of Middle Twp., Bucks Co., Pennsylvania, £100, one sixth part of grist mills. Signed Thomas **Biles**. Wit: Richard **Mitchell** and Garrett **Vandine**.

P. 266, 25 Sep 1727, Jeremiah **Langhorne**, gentleman, Stophell **Vansandt**, yeoman, Bartholomew **Jacobs**, yeoman and John **Plumley**, yeoman, of Middle Twp., Bucks Co., Pennsylvania to Thomas **Biles**, yeoman, of Bucks Co., Pennsylvania, £500, two grist mills in Middle Twp. Signed John **Plumley**, Stophell **Vansandt**, Bartholomew **Jacobs** and Jeremiah **Langhorne**. Wit: Richard **Mitchell** and Garrett **Vandine**.

P. 268, 26 Feb 1724, Daniel & Sarah **Hodgson**, of Bensalem Twp., Bucks Co., Pennsylvania to John **Swift**, of Philadelphia, Pennsylvania, £200, 271 acres...line of Joshua **Nicholas**, John **Bowen**, Samuel **Allen**, Clause **Johnson** and Nathaniel **Harding**...purchased of James **Harrison**. Signed Daniel **Hodgson** and Sarah **Hodgson**. Wit: Thomas **Pryor**, (in the presence of his son Norton **Pryor**) and Robert **Davies**, innkeeper, of Philadelphia, Pennsylvania.

P. 270, 9 Jan 1710, Jonathan **Taylor**, yeoman, of Bucks Co., Pennsylvania to Peter **Groome**, yeoman, of Middlesex Co., New Jersey, £60, 200 acres... line of William **Biles**. Signed Jonathan **Taylor**. Wit: John (x) **Brierly** and William **Beakes**.

P. 273, 18 Oct 1718, George **Beale**, yeoman, of Wimboro, Surry Co., England to Jeremiah **Langhorne**, gentleman, of Bucks Co., Pennsylvania, £120, 3000 acres. Signed George **Beale**. Wit: William **Frazor**, Lodowick Christian **Sprogell** and John **Westbrook**.

P. 275, 17 Feb 1701, William **Penn**, by his representative, Philip **Ford** to George **Beale**, yeoman, near Guilford, Surry Co., England, £100, 3000 acres. Signed William **Penn**. Wit: William **Lirkfold** and William **Beale**.

P. 276, 1 Feb 1726, Joseph **Peckcom**, (son and heir of John **Peckom**), yeoman, of Little Comton, Bristol Co., Massachusetts to James **Dyer**, yeoman, of same, £900, 214 acres...line of John **Hayhurst** and Widow **Blagdon**...and 150 acres... line of Jeremiah **Bartholomew**. Signed Joseph **Peckcom**. Wit: William **Simans** and George **Brownell**.

P. 280, 5 Feb 1722, William **Carter**, block maker, of Philadelphia, Pennsylvania to Daniel **Hodgson**, mariner, of Bristol Twp., Bucks Co., Pennsylvania, £34.7, 271 acres...Bensalem Twp... line of John **Bowen**, Joshua **Nichols**, Clause **Johnson** and Samuel **Allen**. Signed William **Carter**. Wit: Thomas **Yardley** and William **Paxton**.

P. 281, 18 Feb 1726, James **Cooper**, cloth worker, of Kennet, Chester Co., Pennsylvania power of attorney to his son William **Cooper**, of same to collect from William **Briggs**. Signed James **Cooper**. Wit: Andrew **Haydon** and James **Johnson**.

P. 281, 2 Jun 1719, Thomas **Stevenson**, gentleman, of Bensalem Twp., Bucks Co., Pennsylvania to Derick **Cruson**, yeoman, of Southampton, Bucks Co., Pennsylvania, £175, one half of 1000 acres... line of **Dungan**. Signed Thomas **Stevenson**. Wit: John **Hall**, Henry **Mitchell** and Jeremiah **Langhorne**.

P. 284, 24 Aug 1718, William **Borden**, shipwright, of Newport, Rhode Island to Thomas **Stevenson**, £160, 1000 acres...line of **Dungan**. Signed William **Borden**. Wit: John **Hewlet** and Oliver **Earle**.

P. 285, 28 Jan 1728, Richard **Hough**, yeoman, of Makefield, Bucks Co., Pennsylvania to John **Shallcross**, yeoman, of Oxford Twp., of Philadelphia Co., Pennsylvania, yeoman, of Bucks Co., Pennsylvania, £160, 416 acres...line of Abell **Janney**, Joshua **Hoope**, Peter **Worrall** and Andrew **Ellet**. Signed Richard **Hough**. Wit:

Charles **Brockden** and Christopher **Denning**.

P. 288, 24 Aug 1726, Peter **Groom**, yeoman, of Middlesex Co., New Jersey to Samuel **Shoards**, cooper, of Falls Twp., Bucks Co., Pennsylvania, £82.5, 200 acres...line of William **Biles**... purchased of Jonathan **Taylor**. Signed Peter (x) **Groom**. Wit: Joseph **Peace**, John **Severns** and Thomas **Biles**.

P. 291, 23 Dec 1728, Samuel & Sarah **Shoards**, cooper, of Falls Twp., Bucks Co., Pennsylvania to Thomas **Biles**, gentleman, of same, £95, 200 acres ...purchased of Peter **Groom**. Signed Samuel **Shoards**. Wit: John **Beakes**, Elizabeth **Saterwaite** and William **Saterwaite**.

P. 294, 24 Aug 1705, Frederick **Vandegrift**, yeoman, of Bucks Co., Pennsylvania to Leonard **Vandegrift**, yeoman, of same, £75, 74 acres. Signed Frederick **Vandegrift**. Wit: Thomas **Fairman** Jr. and Jacob **Groosbeck**.

P. 295, 5 Jan 1714, Job & Hannah **Carr**, of Oyster Bay, Queens Co., Nassau Island, New York to George **Townsend**, yeoman, of same, £132, 500 acres...former line of Robert **Turner**...patented, 1688, by John **Bound**, who devised to his son John **Bound**, who sold to said Hannah. Signed Job **Carr** and Hannah **Carr**. Wit: Samuel **Macorune**, Anthony **Wright**, Nathaniel **Townsend** and Jacob **Townsend**.

P. 296, 14 Feb 1691, Elizabeth **Bennett**, (widow of Edmond **Bennett**), of Philadelphia, Pennsylvania to Barbara **Blongdon**, widow, of Bristol, England, £12.5, 200 acres and 500 acres...line of Henry **Jones**, Griffith **Jones** and James **Boyden**...patented 1690. Signed Elizabeth (x) **Bennett**. Wit: Edward **Shipper**, Samuel **Carpenter**, Joseph **Wilcox** and David **Lloyd**.

P. 298, 7 Jun 1722, Bernard **Christian**, of Bergen Co., New Jersey to Isaac **Vanhorn**, yeoman, of same, £150, 276 acres...line of Edward **Pennington**. Signed Bernard **Christian**. Wit: Abraham **Vanhorn** and Lawrence **Vanboskirk**.

P. 300, 25 Mar 1724, Charles **Read**, Job **Goodson**, Evan **Owen**, George **Fitzwater** and Joseph **Pidgeon**, merchants, of Philadelphia, Pennsylvania to Jeremiah **Langhorne**, gentleman, of Bucks Co., Pennsylvania, £936, 200 acres...line of John **James**, Joseph **Kirkbride**, and Joseph **Steel**... patented 1681. Signed Charles **Read**, Job **Goodson**, Evan **Owen**, George **Fitzwater** and Joseph **Pidgeon**. Wit: David **Evans** and Mirick **Davies**.

P. 301, 15 Feb 1725, Charles **Read**, Job **Goodson**, Evan **Owen**, George **Fitzwater** and Joseph **Pidgeon**, merchants, of Philadelphia, Pennsylvania to Jeremiah **Langhorne**, gentleman, of Bucks Co., Pennsylvania, £200, 2000 acres. Signed Charles **Read**, Job **Goodson**, Evan **Owen**, George **Fitzwater** and Joseph **Pidgeon**. Wit: David **Evans** and Mirick **Davies**.

P. 303, 10 Mar 1729, Thomas **Jones**, yeoman, of Makefield, Bucks Co., Pennsylvania mortgage to John **Sotcher**, Joseph **Peace** and Joseph **Kirkbride** Jr., yeomen, of Bucks Co., Pennsylvania, £185, 150 acres...Makefield Twp...line of Ezra **Croasdale**, Thomas **Stackhouse**, Timothy **Smith** and Thomas **Stradling**...purchased of Edward **Shippen**...and 100 acres, adjoining. Signed Thomas **Jones**. Wit: Robert **Edwards** and Isabel **Hewarth**.

P. 306, 22 Aug 1724, William **Snowdon**, (son of John **Snowdon**), yeoman, of Makefield Twp., Bucks Co., Pennsylvania to Mahlon **Kirkbride**, yeoman, of Falls Twp., Bucks Co., Pennsylvania, £145, 300 acres... Makefield Twp...line of Joseph **Burgess**, John **Priesly** and Henry **Margarum**. Signed William **Snowdon**. Wit: James **McComb**, Richard **Kilbram** and Joseph **Kirkbride** Jr.

P. 309, 18 Jun 1713, William **Biles**, sheriff, of Bucks Co., Pennsylvania to Philip **Dracott**, of Southampton, Bucks Co., Pennsylvania, £175, 178 acres...line of James **Carter**, Thomas **Stackhouse** and Joseph **Tomlinson** for debt of Nicholas **Randall** due Ralph **Dracott**. Signed William **Biles**. Signed Thomas **Stevenson** and Thomas **Watson**.

P. 310, 8 Apr 1715, Samuel & Hannah **Overton**, yeoman, Nottingham, Burlington Co., West New Jersey, their son

Constantine **Overton**, of Mansfield, Burlington Co., West New Jersey, and their son Joseph **Overton**, of Nottingham, Burlington Co., West New Jersey to John **Lambert**, yeoman, of Makefield, Bucks Co., Pennsylvania, £180, 250 acres, of 500 acres...Makefield Twp...line of Ralph **Brock**, Joseph **Hall** and Thomas **Tannyclift**...patented, 1682, by Joseph **Hall**, (brother of said Hannah, wife of Samuel), shoemaker, of Congleton, Chester Co., England, who sold to William **Hobson** and William **Hall**, of Congleton. Signed Samuel **Overton**, Hannah **Overton**, Constantine **Overton** and Joseph **Overton**. Wit: Samuel **Wilson**, William (x) **Burgess** and Sarah (x) **Overton**.

P. 314, 15 May 1729, Jeremiah **Langhorne**, gentleman, of Middle Twp., Bucks Co., Pennsylvania to Joseph **Kirkbride**, gentleman, of Falls Twp., Bucks Co., Pennsylvania, £468, 3 tracts near Hilltown, 534 acres...line of John **James**...1602 acres and 443 acres...line of Joseph **Hough**. Signed Jeremiah **Langhorne**. Wit: James **Holmes** and John **Carson**.

P. 317, 25 Mar 1713, Ephraim & Elizabeth **Allen**, (son and heir of Jedediah **Allen**), yeoman, of Salem, New Jersey to John **Shellton**, yeoman, of Buckingham, Bucks Co., Pennsylvania, £46, 230 acres...line of Thomas **Carn**. Signed Ephraim **Allen** and Elizabeth **Allen**. Wit: Joseph **Kirkbride**, Mary **Kirkbride** and James **Adams**.

P. 319, 28 May 1723, Thomas **Stackhouse**, yeoman, of Middle Twp., Bucks Co., Pennsylvania to George **Mitchell**, yeoman, of Wrightstown, Bucks Co., Pennsylvania, £50, 119 acres... Wrightstown...line of John **Laycock** and Samuel **Stackhouse**...patented, 1692, by Francis **Richardson**, who devised to his children, Francis, Rebecca and John **Richardson**, who sold to said Thomas. Signed Thomas **Stackhouse**. Wit: Joseph **Chapman**, Lanslot (x) **Gibson** and Joseph **Hampton**.

P. 321, 13 Dec 1728, Andrew & Ann **Hamelton**, of Philadelphia, Pennsylvania to Evan **Evans**, yeoman, of Hilltown, Bucks Co., Pennsylvania, £100, 250 acres. Signed Andrew **Hamelton** and Ann **Hamelton**. Wit: James **Steel**, Richard **Lenries** and Fra **Sherrard**.

P. 323, 2 Mar 1723, Samuel **Bayard**, merchant, of New York City, New York to John **Rodman** Jr., of Flushing, Queens Co., Nassau Island, New York, £425, 581 acres...Bensalem Twp...line of Joseph **Growdon**, Henry **Enoch** and Harman **Vansandt**...and 133.33 acres, and 300 acres, and 46 acres and 77 acres...purchased of Thomas **Stevenson**, through sheriff. Signed Samuel **Bayard**. Wit: Elias **Isillteeas**, Rip **Vandam** Jr., N. **Demeyer**, Joseph **Severus** and Obediah (x) **Wildey**.

P. 327, 15 Oct 1726, Thomas **Richardson**, merchant, of Newport, Rhode Island to John **Rodman** Jr., £330, 2500 acres. Signed Thomas **Richardson**. Wit: Adam **Lawton**, Josiah **Foster** and Thomas **Lawton**, of Rhode Island.

P. 328, 23 May 1719, Thomas **Stevenson**, gentleman, of Bensalem Twp., Bucks Co., Pennsylvania to James **Rue**, yeoman, of Staten Island, New York, £115, 150 acres...line of Edward **Carter**. Signed Thomas **Stevenson**. Wit: David **Wilson**, Roger (x) **Wilcox** and Jeremiah **Langhorne**.

P. 331, 25 May 1718, Joseph **Growdon**, of Trevose, Bensalem Twp., Bucks Co., Pennsylvania to James **Rue**, yeoman, of Staten Island, New York, £125, 160 acres...line of Francis **Walker** and Dunkan **Williams**. Signed Joseph **Growdon**. Wit: John **Plumly**, Samuel **Bulkley** and Martin (x) **Overholts**.

P. 333, 10 Mar 1729, James **Logan**, of Pennsylvania power of attorney to Isaac **Pennington**, gentleman, of Bucks Co., Pennsylvania. Signed James **Logan**.

P. 333, 2 Jun 1719, Thomas **Stevenson**, gentleman, of Bensalem Twp., Bucks Co., Pennsylvania to Derick **Crusen**, 1000 acres...line of **Dungan**. Signed Thomas **Stevenson**. Wit: Joseph **Hall**, Henry **Mitchell** and Jeremiah **Langhorne**.

P. 334, 6 Jan 1729, Joseph & Mary **Drinker**, William & Tabitha **Fisher**, of Philadelphia, Pennsylvania to Henry **Lodge** and Francis **Knowles**, (executor of the estate of Elizabeth **Teague**, widow of Pentecost **Teague**), of same, £250, 150 acres...line of John **Otter** and

John **Clauson**. Signed Joseph **Drinker**, Mary **Drinker**, William **Fisher** and Tabitha **Fisher**. Wit: Richard **Redman**, Peter **Stell** and John **Kensey** Jr.

P. 337, 2 Mar 1730, William **Brelsford**, carpenter, of Bucks Co., Pennsylvania to John **Plumly**, of same, the right to hunt and fish. Signed William **Brelsford**. Wit: Thomas **Watson**, William **Atkinson** and John **Elfreet**.

P. 337, 2 Mar 1730, Daniel **Palmer**, yeoman, of Makefield Twp., Bucks Co., Pennsylvania mortgage to Daniel **Hoopes**, yeoman, of Chester Co., Pennsylvania, £248.6, 150 acres, of 250 acres...line of Jonathan **Palmer**. Signed Daniel **Palmer**. Wit: Timothy **Cock** and Jonathan **Palmer**.

P. 339, 29 May 1730, John **Linter**, yeoman, of Warnmister, Bucks Co., Pennsylvania mortgage to John **Roberts**, shopkeeper, of Philadelphia, Pennsylvania, £160, 100 acres... Warnmister...line of George **Harris**. Signed John **Linter**. Wit: Charles **Brockden** and William **Parsons**.

P. 341, 5 Jun 1725, Robert **Sandilands**, clerk, of Speen, Berks Co., England power of attorney to John **Hamilton**, of New York City, New York. Signed Robert **Sandilands**. Wit: Anthony **Wright**, Lloyd **Lachary** and Thomas **Ruck**.

P. 342, 1 Jul 1729, Nathaniel **Donham**, innkeeper, of Newtown, Bucks Co., Pennsylvania to Thomas **Maybury**, blacksmith, of same and Thomas **Maybury**, hammerman, of Manatnery, of Philadelphia Co., Pennsylvania, £21, 10 acres...Newtown Twp...line of Peter **Cloaks**. Signed Nathaniel **Donham**. Wit: Thomas **Croasdale**, John **Carter** and Joseph **Lupton**.

P. 343, 19 Sep 1729, Joseph **Lupton**, weaver, of Newtown, Bucks Co., Pennsylvania to Thomas **Maybury**, blacksmith, of same and Thomas **Maybury**, hammerman, of Manatnery, of Philadelphia Co., Pennsylvania, £3, 1 acres. Signed Joseph **Lupton**. Wit: Timothy **Smith**, William **Croasdale**, John **Milnor**, James **Yates** and Nathaniel **Donham**.

P. 344, 2 Aug 1729, John **Wally**, (son and heir of Shadrack **Wally**), yeoman, of Newtown, Bucks Co., Pennsylvania to Joseph **Pool**, tailor, of same, £57, 57.5 acres, of 200 acres...line of Jacob **Johnson** and Henry **Nelson**. Signed John **Wally**. Wit: William **Pennock** and Joseph **Lupton**.

P. 346, 19 Jun 1731, Peter **Lawrence**, yeoman, of Constable's Hook, Bergen Co., New Jersey to Josiah **Ogdon**, of Newark, Essex Co., New Jersey, £350, 285 acres. Signed Peter **Lawrence**. Wit: James **Dyre** and Cor **Corson**.

P. 347, 23 Dec 1719, John **Chapman**, Benjamin **Clarke**, William **Smith**, Abraham **Chapman**, Joseph **Chapman**, John **Parsons**, Richard **Tunley**, Robert **Stutchbury**, John **Penquite** and Garrett **Vansandt**, donate land for park in Wrightstown. Wit: Joseph **Ambler**, William **Trotter** and Peter (x) **Johnson**.

Chapter 6
Bucks Co., Pennsylvania
Deed Records
Volume 6
1723-1741

P. 1, 13 Mar 1722, Tobias **Collett**, haberdasher, Daniel **Quare**, watchmaker and Henry **Youldney**, linen draper, of London, England to Thomas **Scott**, yeoman, of Makefield Twp., Bucks Co., Pennsylvania, £75, 100 acres...line of John **Whitaker** and John **Hough**. Signed Tobias **Collett**, Daniel **Quare** and Henry **Youldney**. Wit: Sarah **Dimdall**, John **Estaugh** and Elizabeth **Estaugh**.

P. 3, 26 May 1730, Bartholomew **Jacobs**, yeoman, of Middle Twp., Bucks Co., Pennsylvania mortgage to Mathew **Rue**, yeoman, of same, £775, 500 acres ...line of Robert **Hall**, Francis **White**, John **White** and Edward **Carter**, deceased. Signed Bartholomew (x) **Jacobs**. Wit: Charles **Brockden** and William **Parsons**.

P. 5, 12 Oct 1731, Joseph & Mary **Kirkbride**, gentleman, of Falls Twp., Bucks Co., Pennsylvania to David **Stevens**, yeoman, of New Britain Twp., Bucks Co., Pennsylvania, £116, 227 acres...New Britain Twp...line of Jeremiah **Langhorne**. Signed Joseph **Kirkbride** and Mary **Kirkbride**. Wit: Thomas **James**, James **Stalcombe** and John **Kirkbride**.

P. 7, 22 Oct 1731, David & Mary **Stevens**, yeoman, of New Britain Twp., Bucks Co., Pennsylvania to David **Morgan**, mason, of same, £73, 100 acres, of 227 acres...line of Jeremiah **Langhorne**, Robert **Showell**, John **David** and Simon **Mathew**...purchased of Joseph **Kirkbride**. Signed David **Stevens** and Mary **Stevens**. Wit: Thomas **James**, Griffith **Owen** and Evan **Jones**.

P. 8, 6 Sep 1720, Joseph & Elinor **Hembury**, of Makefield Twp., Bucks Co., Pennsylvania mortgage to Joseph **Higginbotham**, cordwinder, of same, £45. Signed Joseph **Hembury**, Elinor (x) **Hembury** and Joseph **Higginbotham**. Wit: Samuel **Coombe**, Hannah **Coombe** and Benjamin **Coombe**.

P. 9, 31 Mar 1732, John & Ann **Baldwin**, yeoman, of Bucks Co., Pennsylvania mortgage to William **Carter**, gentleman, of Philadelphia, Pennsylvania, £100, 100 acres...Makefield Twp...line of Richard **Hough**, Samuel **Baker** and Ralph **Miller**...purchased of Samuel **Baker**...and 139 acres...Makefield Twp., adjoining. Signed John **Baldwin** and Ann **Baldwin**. Wit: Charles **Read** and Joseph **Lawrence**.

P. 11, 7 Jan 1729, John **Rodman** Jr., gentleman, of Burlington Co., West New Jersey to John **Bissonett**, mason, of Bensalem Twp., Bucks Co., Pennsylvania, £133, 133 acres...Middle Twp...former line of John **Johnson**, now Harris **Praul** and Francis **White**. Signed John **Rodman** Jr. Wit: John **Hall**, Nathan **Watson** and Jeremiah **Langhorne**.

P. 14, 3 Jun 1731, Bartholomew **Jacobs**, of Bucks Co., Pennsylvania to Mathew **Rew**, yeoman, of Middle Twp., Bucks Co., Pennsylvania, £100, one fourth part of four tracts and grist mills. Signed Bartholomew (x) **Jacobs**. Garrett **Vandine** and Jeremiah **Langhorne**.

P. 16, 25 Jul 1718, Joseph **Thorn**, yeoman, of Flushing, Queen Co., Long Island, New York to Thomas **Stevenson**, yeoman, of Bensalem, Bucks Co., Pennsylvania, £30, 500 acres. Signed Joseph **Thorn**. Wit: James **Clement** and Francis **Yates**.

P. 17, 11 Jul 1719, Joseph **Thorn**, yeoman, of Flushing, Queen Co., Long Island, New York to Thomas **Stevenson**, yeoman, of Bensalem, Bucks Co., Pennsylvania, £60, 500 acres. Signed Joseph **Thorn**. Wit: William **Doughty**, John **Talman**, Samuel **Thorn** and John **Stevenson**.

P. 18, 11 Jun 1719, John **Talman**, yeoman, of Flushing, Queen Co., Long Island, New York to Thomas **Stevenson**, yeoman, of

Bensalem, Bucks Co., Pennsylvania, £200, 500 acres...purchased of Samuel **Thorn** Jr. Signed John **Talman**. William **Doughty**, John **Stevenson**, Samuel **Thorn**, Joseph **Kirkbride** and Thomas **Thorn**.

P. 19, 11 Jun 1719, William **Lawrence**, gentleman, of Flushng, Queen Co., Long Island, New York to Thomas **Stevenson**, yeoman, of Bensalem, Bucks Co., Pennsylvania, £57.5, 500 acres...purchased of Thomas **Hudson**. Signed William **Lawrence**. Wit: William **Doughty**, John **Talman**, Samuel **Thorn** and John **Stevenson**.

P. 19, 28 Sep 1721, Sarah **Stevenson**, (widow of Thomas **Stevenson**), of Bensalem Twp., Bucks Co., Pennsylvania and Joseph **Kirkbride**, yeoman, of Falls Twp., Bucks Co., Pennsylvania to John **Sotcher**, yeoman, of Falls Twp., Bucks Co., Pennsylvania, £507.5, 3181 acres, of 5000 acres...patented, 1683, by Thomas **Hudson**, of Maxfield, Chester Co., England, who sold to William **Lawrence**, gentleman, John **Talman**, Joseph **Thorn**, Samuel **Thorn** and Benjamin **Field**, yeomen, of Flushing, Queen Co., Long Island, New York, who sold to said Thomas. Signed Sarah **Stevenson** and Joseph **Kirkbride**. Wit: John **Hutchinson** and Joseph **Kirkbride** Jr.

P. 22, 2 May 1732, John **Linter**, yeoman, late of Warminster, Bucks Co., Pennsylvania, but now of New York power of attorney to Thomas **Davids**, yeoman, of Northampton Twp., Bucks Co., Pennsylvania. Signed John **Linter**. Wit: Edmund **Perks** and Thomas **Skelton**.

P. 23, 29 Sep 1721, John **Sotcher**, yeoman, of Falls Twp., Bucks Co., Pennsylvania to Joseph **Kirkbride**, yeoman, of same, £507.5, 2031 acres...purchased of Sarah **Stevenson**. Signed John **Sotcher**. Wit: Thomas **Watson**, John **Hutchinson** and Joseph **Kirkbride** Jr.

P. 26, 14 Aug 1723, Humphrey **Morrey**, distiller, of Philadelphia, Pennsylvania to Ely **Welding**, blacksmith, of Bucks Co., Pennsylvania, £68, 72.5 acres, of 2000 acres...line of John **Beale** and Alexander **Beale**...patented by Nathaniel **Bromley**, soap maker, of London, England, who sold to his three daughters, Katherine, Elizabeth and Hannah **Bromley**, who sold to Richard and Humphrey **Morrey**. Signed Humphrey **Morrey**. Wit: John **Carver** and Elizabeth **Lightwood**.

P. 28, 21 Aug 1722, Jonathan & Sarah **Woolston**, yeoman, of Middle Twp., Bucks Co., Pennsylvania to Joseph **Walker**, yeoman, of Southampton, Bucks Co., Pennsylvania, £354, 319 acres, of 384 acres...line of Joseph **Lupton** and Henry **Hudlestone**...purchased of Robert **Heaton** Sr. and Jr. Signed Jonathan **Woolston** and Sarah **Woolston**. Wit: Jeremiah **Dungan**, Jeremiah **Croasdale** and Robert **Heaton**.

P. 30, 10 May 1732, Daniel **Ashcraft**, of Wrightstown, Bucks Co., Pennsylvania to William **Allen**, gentleman, of Philadelphia, Pennsylvania, £200, 220 acres...Randall Run. Signed Daniel **Ashcraft**. Wit: Peter **Pursel**, Dennis **Pursel** and Abra **Chapman**.

P. 31, 20 Apr 1732, Margaret **Duncan**, (widow of John **Duncan**), of Bucks Co., Pennsylvania to her son William **Duncan**, of same, £0.25 and the fact the she may recovery to her during her natural life or Edmund **Duncan** or John **Duncan**, 209 acres...line of Edmund **Duncan**. Signed Margaret (x) **Duncan**. Wit: William **Carver** and Margaret (x) **Mackelon**.

P. 32, 21 Apr 1732, William **Duncan**, yeoman, of Bucks Co., Pennsylvania to his mother Margaret **Duncan** and his brothers, Edmund and John **Duncan**, of same, 209 acres...Bensalem Twp...to hold land in trust. Signed William **Duncan**. Wit: William **Carver** and Margaret (x) **Mackelon**.

P. 33, 26 Jun 1707, Lawrence **Growdon**, the elder, of Parish of St. Merry, Cornwall Co., England to his grandson Lawrence **Growdon**, the younger, gentleman, of Pennsylvania, for love and affection. Signed Lawrence **Growdon**. Wit: Peter **Kekewich**, Mary **Growdon**, Thomas **Leverton** and Thomas **Symons**. Recorded 1731.

P. 36, 9 Oct 1732, Thomas **Maybury**, blacksmith, of Middle Twp., Bucks Co., Pennsylvania to William **Carter**, gentleman, of Philadelphia, Pennsylvania, £100, 400 acres...line of Thomas **Stradlin** and John **Wally**...purchased of James **Gould**. Signed Thomas **Maybury**. Wit: Mary **Sutton** and Joseph **Lawrence**.

P. 38, 10 Oct 1732, Francis **Knowles**, (executor of the estate of Elizabeth **Teague**), of Philadelphia, Pennsylvania to Joseph & Mary **Drinker** and William & Tabitha **Fisher**, carpenters, of same, £0.25, 150 acres...line of John **Otter**, Jeffrey **Pollard**, John **Clauson**, William **Croasdale** and Widow **Blagden**...return of land they sold. Signed Francis **Knowles**. Wit: John **Kinsey** and Edmund **Kearny**.

P. 39, 14 Sep 1728, Thomas **Biles**, sheriff, of Bucks Co., Pennsylvania to Thomas **Winder**, yeoman, of Hopewell, Hunterdon Co., New Jersey, £360, 341 acres...line of Nathan **Harris** and John **Clowes** ...for debts recovered against Ralph **Brock**, (son and heir of John **Brock**), of Makefield, Bucks Co., Pennsylvania. Signed Thomas **Biles**. Wit: William **Biles**, William **Saterthwate**, Elizabeth **Saterthwate**, James **Gould** and James **Neilson**.

P. 41, 30 May 1732, John **Baker**, (son and heir of William **Baker**), yeoman, of Bensalem Twp., Bucks Co., Pennsylvania to Clement **Plumstead**, merchant, of Philadelphia, Pennsylvania, £100, 21.25 acres...Bensalem Twp...line of Abel **Hinkston**...and 42.5 acres...adjoining, line of Tobias **Dymock**, Nehemiah **Allen** and Thomas **Knight**. Signed John **Baker**. Wit: John **Roberts** and John **Durborow**.

P. 43, 4 Dec 1729, Thomas **Knight**, yeoman, of Bristol Twp., Philadelphia Co., Pennsylvania to Samuel **Scott**, (son and heir Thomas **Scott**), yeoman, of Bensalem Twp., Bucks Co., Pennsylvania, £60, 80 acres ...line of Francis **Searle**. Signed Thomas (x) **Knight**. Wit: George **Bringhurst** and Henry **Paston**.

P. 44, 30 Jan 1732, Thomas **Lambert**, yeoman, of Nottingham, Burlington Co., West New Jersey to Thomas **Yardley**, yeoman, of Makefield Twp., Bucks Co., Pennsylvania, £700, 223 acres...line of Samuel **Overton**, Joseph **Clowe**, deceased and Ralph **Brock**...purchased of said Ralph... and 250 acres...line of Ralph **Brock**...purchased of Samuel & Hannah **Overton** and their sons Constantine and Joseph **Overton**. Signed Thomas **Lambert**. Wit: William **Biles**, Joseph **Pennington** and Joseph **Kirkbride** Jr.

P. 49, 31 Jan 1732, Thomas **Yardley**, yeoman, of Makefield Twp.,

Bucks Co., Pennsylvania mortgage to Thomas **Lambert**, yeoman, Nottingham, Burlington Co., West New Jersey, £400, 223 acres...line of Samuel **Overton**, Joseph **Clowe**, deceased and Ralph **Brock**... purchased of said Ralph... and 250 acres...line of Ralph **Brock**... purchased of Samuel & Hannah **Overton** and their sons Constantine and Joseph **Overton**. Signed Thomas **Yardley**. Wit: William **Biles**, Joseph **Pennington** and Joseph **Kirkbride** Jr.

P. 52, 16 Jun 1733, William **Allen**, of Philadelphia, Pennsylvania to Bernard **Swarthout**, yeoman, of Menessing Bucks Co., Pennsylvania, £37.4, 54 acres...line of Nicholas **Schoonkoven**. Signed William **Allen**. Wit: William **Fry** and Jeremiah **Langhorne**.

P. 55, 30 Jun 1732, John **Linter**, yeoman, late, of Warminster, Bucks Co., Pennsylvania, but now of New York and Thomas **Davids**, yeoman, of Northampton Twp., Bucks Co., Pennsylvania to Joseph & Jane **Howell**, (said Jane is the widow of John **Roberts**), shopkeeper, of Philadelphia, Pennsylvania, £260, 100 acres...line of John **Cadwallader** and Nicholas **Gilbert**. Signed John **Linter**, by Thomas **Davids**, his attorney. Wit: Peter **Evans** and John **Ross**.

P. 57, 27 Apr 1733, Francis & Jane **Hague**, yeoman, of Newtown, Bucks Co., Pennsylvania mortgage to John **Shallcrop**, of Oxford Twp., Philadelphia Co., Pennsylvania, £240, 600 acres...line of John **Walley** and John **Hough**. Signed Francis **Hague** and Jane **Hague**. Wit: Martha (x) **Milnor** and John **Milnor**.

P. 59, 19 Apr 1733, Samuel **Swift**, (executor of the estate of John **Swift**, gentleman, of Bensalem Twp., Bucks Co., Pennsylvania), blacksmith, of Bucks Co., Pennsylvania to Lambert **Vandike**, of Southampton Twp., Bucks Co., Pennsylvania, £180, 125 acres...Southampton Twp...line of Richard **Leatham**...purchased of John **Baldwin**. Signed Samuel **Swift**. Wit: David **Wilson**, John **Besonet** and Thomas **Worrall**.

P. 62, 8 Nov 1681, William **Penn**, of Worminghurst, Sussex Co., England to Leonard **Fell**, yeoman, Beakely in Turnis, Lancaster Co., £10, 500 acres. Signed William **Penn**. Wit: Joseph **Swinton**, Thomas **Coxe** and Benjamin **Griffith**.

P. 65, 6 Apr 1699, Leonard **Fell**, yeoman, of Beackclife in Turness, Lancaster Co. to his friend William **Norcross**, of Alston, Lancaster Co., for love and affection, 500 acres. Signed Leonard **Fell**. Wit: Christopher **Atkinson**, Elijah **Salthouse** and Elizabeth **Holme**.

P. 66, 20 Sep 1726, William & Ann **Ginne**, refiner, of London, England to Mary **Sheppard**, single woman, of New York City, New York, for love and affection, their half interest in 500 acres...Barbara **Blackden**, died intestate, with daughter Mary **Blackden**, who had two daughters, the said Ann and Mary the mother of the said Mary **Sheppard**. Signed William **Ginne** and Ann **Ginne**. Wit: Andrew **Hamilton** and James **Hamilton**.

P. 67, 9 Nov 1681, William **Penn**, of Worminghurst, Sussex Co., England to Leonard **Fell**, yeoman, Beakely in Turnis, Lancaster Co., £10, 500 acres. Signed William **Penn**. Wit: Joseph **Swinton**, Thomas **Coxe** and Benjamin **Griffith**.

P. 68, 1 May 1733, James **Currie**, yeoman, of Northampton Twp., Bucks Co., Pennsylvania to Benjamin **Walton**, yeoman, of Bybury, Philadelphia Co., Pennsylvania, £115, 56.75 acres... Northampton Twp...line of Joseph **Hill** and Joseph **Todd**...purchased of Robert **Shewell**. Signed James **Currie**. Wit: William **Frey** and Jeremiah **Langhorne**.

P. 71, 1 Nov 1733, Abel **Janney**, blacksmith, of Makefield Twp., Bucks Co., Pennsylvania mortgage to Joseph **Kirkbride**, yeoman, of Falls Twp., Bucks Co., Pennsylvania, £163.8, 242 acres... line of Samuel **Overton**, Joseph **Janney**, Amos **Janney** and Richard **Hough**... purchased of Mahlon **Stacy**. Signed Abel **Janney**. Wit: James **Hunter**, Robert **Buckles** and Mathew **Kirkbride**.

P. 74, 1 Dec 1733, Robert & Katherine **Ellis**, merchant, of Philadelphia, Pennsylvania mortgage to Samuel **Powell** Jr., merchant, of same, £330, one sixteenth part of 6000 acres and iron furnace. Signed Robert **Ellis**. Wit: Charles **Brockden**, William **Parsons** and Joseph **Brentnall**.

P. 78, 5 Jun 1733, Arthur **Searle**, yeoman, of Middle Twp., Bucks

Co., Pennsylvania to Henry **Brise**, of Bensalem Twp., Bucks Co., Pennsylvania, £675, 400 acres...Bensalem Twp ...line of William **Duncan**, Joseph **Growdon**... purchased of Joseph **Growdon**. Signed Arthur (x) **Searle**. Wit: William **Fry** and John **Hough**.

P. 81, 24 Dec 1733, Stophell **Vansandt**, yeoman, of Millle Twp., Bucks Co., Pennsylvania to Johannes **Praul**, yeoman, of same, £45, one fourth part of four tracts and grist mills. Signed Stoffel **Vansandt**. Wit: William **Fry** and Jeremiah **Langhorne**.

P. 83, 13 Sep 1733, Nicholas **Dupue**, yeoman, of Bucks Co., Pennsylvania mortgage to William **Allen**, merchant, of Philadelphia, Pennsylvania, £800, 126 acres, 146 acres and 31 acres. Signed Nicholas **Dupue**. Wit: Andrew **Hamilton** and Jeremiah **Langhorne**.

P. 85, 10 Sep 1733, William **Allen**, merchant, of Philadelphia, Pennsylvania to Nicholas **Dupue**, yeoman, of Bucks Co., Pennsylvania, £400, 126 acres, 146 acres and 31 acres. Signed William **Allen**. Wit: Andrew **Hamilton** Jr. and Jeremiah **Langhorne**.

P. 88, 10 Sep 1733, William **Allen**, merchant, of Philadelphia, Pennsylvania to Nicholas **Dupue**, yeoman, of Bucks Co., Pennsylvania, £350, 89 acres, 112 acres and 20.5 acres. Signed William **Allen**. Wit: Andrew **Hamilton** Jr. and Jeremiah **Langhorne**.

P. 91, 26 Sep 1733, William **Allen**, merchant, of Philadelphia, Pennsylvania to Nicholas **Dupue**, yeoman, of Bucks Co., Pennsylvania, £350, 300 acres, 86 acres and 40 acres. Signed William **Allen**. Wit: Andrew **Hamilton** Jr. and Jeremiah **Langhorne**.

P. 94, 14 Jun 1734, Daniel **Ashcraft**, yeoman, of Wrightstown, Bucks Co., Pennsylvania mortgage to William **Allen**, merchant, of Philadelphia, Pennsylvania, £160, 120 acres...line of Richard **Mitchell**. Signed Daniel **Ashcraft**. Wit: John (x) **Morris** and Samuel **Brock**.

P. 96, 2 Jun 1720, Jacob **Johnson**, Yanica **Johnson**, John **Johnson**, Grace **Johnson**, Catharine **Johnson**, Lawrence **Johnson** and

Abraham **Johnson**, (children and heirs of Henaicky **Johnson**), all of Middle Twp., Bucks Co., Pennsylvania to Johannes **Praul**, yeoman, of same, £106, 100 acres...line of John **Plumley** and George **White**...purchased of Abraham **Vandine**. Signed Catharine (x) **Johnson**, Abraham **Johnson**, Jaocb (x) **Johnson**, Yamica (x) **Johnson**, John **Johnson** and Grace (x) **Johnson**. Wit: Stoffel **Vansandt**, Joseph **Thornton**, Jonathan **Woolston** and Jeremiah **Langhorne**.

P. 99, 13 May 1723, Bartholomew **Jacobs**, yeoman, of Middle Twp., Bucks Co., Pennsylvania to Johannes **Praul**, yeoman, of same, £12, 6 acres of 500 acres purchased of John **White**. Signed Bartholomew (x) **Jacobs**. Wit: Stoffel **Vansandt** and Henry **Mitchell**.

P. 101, 12 May 1724, Jeremiah **Langhorne**, gentleman, of Middle Twp., Bucks Co., Pennsylvania to Johannes **Praul**, yeoman, of same, £40.35, 100 acres...line of Jacob and Francis **White**...John **Johnson**, devised to his wife Margaret, who sold to said Jeremiah. Signed Jeremiah **Langhorne**. Wit: Stoffel **Vansandt** and Charles **Read**.

P. 103, 27 Apr 1726, James **Dyre**, yeoman, of Little Compton, Bristol Co. Rhode Island to his son Joseph **Dyre**, husbandman, of same, £5, 214 acres...line of Robert **Heaton**...purchased of Joseph **Packcom**. Signed James **Dyre**. Wit: William **Cuthbert** and Jonathan **Head**.

P. 104, 15 Oct 1733, Joseph **Kirkbride**, (executor of the estate of Thomas **Stevenson**), gentleman, of Falls Twp., Bucks Co., Pennsylvania to Benjamin **Field**, yeoman, of Middle Twp., Bucks Co., Pennsylvania, £0.25, three tracts... Bensalem Twp...100 acres, 122 acres and 100 acres, (for a total of 482 acres, sic)...line of Francis **Walker**, John **Rodman** and John **Rile**...patented, 1688, by John **Grey**, also called John **Tatham**, who devised to his wife Mary **Tatham**, who married George **Emott**, of New York City, who sold to said Thomas... names Sarah **Stevenson**, wife of said Thomas, and William & Ann **Stevenson** and John & Mercy **Stevenson**, brothers of said Thomas, said Sarah, Ann and Mercy being daughters of Samuel **Jennings**...purchased of Thomas **Gardiner**, said Samuel **Jennings**, holding an eighth part...property in western division of

New Jersey, line of Samuel **Barker**, William **Biddle**, James **Bollen** and Amos **Strettle**...sold by Joseph **Helby**, brewer, of London, England through his attorney, John **Hamilton**, of New York City to said Thomas. Signed Joseph **Kirkbride**. Wit: James **Hunter**, Robert **Kirkbride** and Mathew **Kirkbride**.

P. 109, 28 Nov 1734, Richard & Deborah **Hough**, yeoman, of Makefield Twp., Bucks Co., Pennsylvania mortgage to John **Shallcrop**, yeoman, of Oxford Twp., Philadelphia Co., Pennsylvania, £200, 416 acres...line of Abel **Janney**, Thomas **Janney**, Joshua **Hoops**, Thomas **Kirl** and Peter **Worrel**. Signed Richard **Hough** and Deborah (x) **Hough**. Wit: Jonathan **Woollston** and John **Woollston**.

P. 111, 2 Apr 1702, Joseph **Kirll**, merchant, of Philadelphia, Pennsylvania to Francis **Gandovet**, Jeremiah **Gandovet**, Alexander **Gandovet**, Lewis **Gandovet** and Henryeta **Gandovet**, all yeomen, of Bucks Co., Pennsylvania, £100, 200 acres...purchased of Elenor **Allen**, widow of Nathaniel **Allen**, of Philadelphia, Pennsylvania, Nehemiah **Allen**, (son and heir of said Nathaniel), Lydia **Smart**, (daughter and heir of said Nathaniel). Signed Joseph **Kirll**. Wit: Cesar **Ghiselin**, David **Lloyd** and Richard **Heath**.

P. 113, 10 May 1717, John Abraham & Henryeta **Denormandie**, (former Henryeta **Gandovet**), merchant, of Bristol, Bucks Co., Pennsylvania to Dr. Francis **Gandovet**, (son of Alexander **Gandovet**), of Philadelphia, Pennsylvania, £50, their interest in 200 acres...line of Nehemiah **Allen**...purchased of Joseph **Kirll**. Signed John Abraham **Denormandie** and Henryeta **Denormandie**. Wit: John **Hall**, Cesar **Godeffrey** and William **Atkinson**.

P. 115, 6 Apr 1722, Alexander **Gandovet**, gentleman, of Philadelphia, Pennsylvania to his father Dr. Francis **Gandovet**, of same, £40, his interest in 200 acres...purchased of Joseph **Kirll**. Signed Alexander **Gandovet**. Wit: Evan **Williams** and Charles **Osborne**, power of attorney to John **Evans**, of Petty France, Bucks Co., Pennsylvania.

P. 117, 15 Oct 1717, Francis **Gandovet**, the younger, gentleman, of

Salem Co., New Jersey to his father Dr. Francis **Gandovet**, the elder, of Philadelphia, Pennsylvania, 486 acres in west New Jersey, his third interest in 200 acres... purchased of Joseph **Kirll**. Signed Francis **Gandovet**. Wit: Thomas **Mawd** and William **Graham**, power of attorney to John **Evans**, of Petty France, Bucks Co., Pennsylvania.

P. 118, 1 Dec 1687, Robert **Presmall**, laborer, of Bucks Co., Pennsylvania to John **Swift**, of same, £20, 125 acres...Southampton Twp...line of John **Martin** and John **Baldwin**. Signed Robert **Presmall**. Wit: Walker **Forrest** and Nicholas **Randall**.

P. 119, 5 Feb 1703, Anthony & Elizabeth **Burton**, carpenter, of Bucks Co., Pennsylvania to Thomas **Watson**, planter, of same, £200, 130 acres... line of John **Burgess**, Israel **Pemberton** and William **Biles**...patented, 1684, by Thomas **Wolf**, who sold to Elizabeth **Gibbs**, now wife of said Anthony. Signed Anthony **Burton** and Elizabeth **Burton**. Wit: Jacob **Janney**, Joseph **Janney** and Thomas **Watson**...land returned 1705, for £200. Signed Thomas **Watson**.

P. 121, 1 Feb 1719, Joseph **Growdon**, of Bensalem Twp., Bucks Co., Pennsylvania to Benjamin **Scott**, carpenter, of same, £75, 100 acres...purchased of James **Plumley**. Signed Joseph **Growdon**. Wit: Samuel **Bulkley** and Gustavus **Clawson**.

P. 122, 3 May 1710, Hendrick Johnson **Vandike**, yeoman, of Middle Twp., Bucks Co., Pennsylvania to Thomas **Thwaits**, yeoman, of same, £190, 183.75 acres...line of John **Lucas** and William **Paxson**... purchased of Robert **Heaton**. Signed Hendrick Johnson (x) **Vandike**. Wit: Adam **Harker**, Mathew **Wildman** and John **Cutler**.

P. 124, 19 Mar 1734, Philip **Dracot**, yeoman, of Southampton Twp., Bucks Co., Pennsylvania mortgage to Mathias **Aspden**, merchant and William **Clare**, cordwinder, of Philadelphia, Pennsylvania, (executor of the estate of Ralph **Sandford**), £200, 178 acres...line of Joseph **Tomlinson** and Thomas **Stackhouse**...purchased of Sheriff William **Biles**. Signed Philip **Dracot**. Wit: Samuel **Swift** and Joseph **Lawrence**.

P. 125, 13 Jan 1935, Francis & Jane **Hague**, yeoman, of Newtown, Bucks Co., Pennsylvania to John **Smallcrop**, yeoman, of Oxford Twp., Philadelphia Co., Pennsylvania, £386, 600... Newtown...line of John **Walley** and John **Hough**. Signed Francis **Hague** and Jane **Hague**. Wit: Patrick **Cook** and John (x) **Cridland**.

P. 127, 1 Nov 1735, Nathan **Watson**, cordwinder, of Bristol, Bucks Co., Pennsylvania mortgage to Joseph **Kirkbride** Jr., yeoman, of Falls Twp., Bucks Co., Pennsylvania, £145.4, lot in the town of New Bristol...purchased of Thomas & Rebecca **Watson**. Signed Nathan **Watson**. Wit: George **Jones** and John **Langdall**.

P. 130, 24 Jun 1731, Joseph **Shaw**, yeoman, of Northampton, Bucks Co., Pennsylvania and William **Atkinson**, yeoman, of Bristol, Bucks Co., Pennsylvania (executor of the estate of George **Clough**) to Joseph **Peace**, miller, of Trenton, Hunterdon Co., New Jersey, £60, lot in the town of New Bristol. Signed Joseph **Shaw** and William **Atkinson**. Wit: Nathan **Watson**, Thomas **Marriott** and Samuel **Harker**.

P. 133, 20 Sep 1728, Thomas **Biles**, sheriff, of Bucks Co., Pennsylvania to Joseph **Peace**, £305, one fourth part of mill and five tracts James **Panedt** recovered in court against John **Dickinson**, (executor of the estate of John **Wilson**). Signed Thomas **Biles**. Wit: William **Biles**, Joseph **Turnis** and Mathew **Hughes** Jr.

P. 137, 15 Mar 1728, Mathias **Aspdin**, shopkeeper, Edward **Horne**, merchant, of Philadelphia, Pennsylvania and William **Stockdell**, yeoman, of Warminster, Bucks Co., Pennsylvania (executor of the estate of George **Harris**) to Charles **Inyard**, husbandman, of Warminster, Bucks Co., Pennsylvania, £130, 100 acres...purchased of James & Martha **Steel**. Signed Mathias **Aspdin**, Edward **Horne** and William **Stockdell**. Wit: Stephen **Ward** and Jonas (x) **Muth**. For William **Stockdell**, John **Gilbert** and John **Hart**.

P. 140, 16 Sep 1715, Joseph & Martha **Waite**, (said Martha is the widow of George **Biles**, late of Falls Twp., Bucks Co., Pennsylvania), bricklayer, of Philadelphia, Pennsylvania to Nehemiah **Blackshaw**, yeoman, of Falls Twp., Bucks Co.,

Pennsylvania, £205, 213 acres... line of Samuel **Beakes**...and 102 acres, both in Falls Twp...purchased of John & Elizabeth **Harrison** and Hannah **Acreman**. Signed Joseph **Waite** and Martha **Waite**. Wit: John **Burgess** and Joseph **Kirkbride**.

P. 142, 13 Dec 1717, Nehemiah **Blackshaw**, yeoman, of Falls Twp., Bucks Co., Pennsylvania to Joseph & Martha **Waite**, (said Martha is the widow of George **Biles**, late of Falls Twp., Bucks Co., Pennsylvania), bricklayer, of Philadelphia, Pennsylvania, £205, 213 acres... line of Samuel **Beak**...and 102 acres, both in Falls Twp. Signed Nehemiah **Blackshaw**. Wit: Robert **Fletcher**, John **Burgess** and Joseph **Kirkbride**.

P. 146, 13 Dec 1717, Joseph & Martha **Waite**, (said Martha is the widow of George **Biles**, late of Falls Twp., Bucks Co., Pennsylvania), bricklayer, of Philadelphia, Pennsylvania to Joseph **Kirkbride**, yeoman, of Falls Twp., Bucks Co., Pennsylvania, £180, 213 acres... line of Samuel **Beak**...and 102 acres, both in Falls Twp. Signed Joseph **Waite** and Martha **Waite**. Wit: Thomas **Watson**, Thomas **Stevenson** and Jeremiah **Langhorne**.

P. 150, 14 Dec 1735, Francis **Borden**, of Shrosbury Twp., Monmouth Co., New Jersey to Ebenezer **Large**, merchant, of Burlington, Burlington Co., West New Jersey, £125, 200 acres, of 1250 acres...Plumstead Twp...line of Alexander **Brown**, Thomas **Brown** and Ephraim **Fenton**...patented, 1681, by William **Kent**, who sold to Walter **Hill**, who sold to John & Mary **Davis**, who devised to his daughters, Mary, Elizabeth and Ann **Davis**...and Ann **Davis** married Awberry **Bevan** and sold to Richard & Elizabeth **Lundy**, who sold to said Francis. Signed Francis **Borden**. Wit: Js. **DeCew** and Thomas **Scattergood**.

P. 153, 8 Apr 1736, Jacob **Chamberlain**, yeoman, of Pennel Plantation, of Philadelphia Co., Pennsylvania mortgage to George **Emlin**, brewer, of Philadelphia, Pennsylvania, £336, 466 acres...line of David **Marple**, William **Noble**, James **Craven**, Arie **Schout** and Bartholomew **Longstreth**. Signed Jacob **Chamberlain**. Wit: Jep **Robinson**, John **Webb**, Joseph **Breintnall** and William **Biddle**.

P. 155, 19 Jun 1731, Timothy **Smith**, sheriff, of Bucks Co., Pennsylvania to Joseph **Kirkbride**, of Falls Twp., Bucks Co., Pennsylvania, £1450, 200 acres...Falls Twp...line of Solomon **Warder**...and 304 acres...Samuel **Siver**, (executor of the estate of Roger **Coates**, who was (executor of the estate of John **Coates**, merchant, of London England) got judgement against Ann **Pidgeon**, (executor of the estate of Joseph **Pidgeon**, merchant, of Bucks Co., Pennsylvania). Signed Timothy **Smith**. Wit: Jonathan **Woolston**, John **Winner** and Thomas **Wathel**.

P. 157, 2 May 1735, Joseph **Kirkbride**, yeoman, of Falls Twp., Bucks Co., Pennsylvania to his son Joseph **Kirkbride** Jr., yeoman, of same, £0.25, 213 acres...Falls Twp...line of Samuel **Beake**...and 102.5 acres, line of Jeffrey **Hawkins**...purchased of Joseph & Martha **Waite**. Signed Joseph **Kirkbride**. Wit: Thomas **Yardley** and John **Burgess**.

P. 161, 18 May 1724, John & Susannah **Shaw**, yeoman, of Bucks Co., Pennsylvania to their sons John and Joseph **Shaw**, 200 acres. Signed John **Shaw** and Susannah (x) **Shaw**. Wit: Joseph **Watson** and Charles **Brockden**.

P. 163, 9 Jun 1736, William & Sarah **Williamson**, (son and heir of William **Williamson**, yeoman, of Bensalem Twp., Bucks Co., Pennsylvania), shipwright, of Philadelphia, Pennsylvania mortgage to John **Parrott**, miller, of Petquepon, Bucks Co., Pennsylvania, £12, 100 acres... Bensalem Twp. Signed William **Williamson** and Sarah **Williamson**. Wit: Humphry **Garland** and William **Ballard**.

P. 165, 4 Feb 1723, James & Mary **Shaw**, yeoman, of Southampton Twp., Bucks Co., Pennsylvania to Daniel **Pritchard**, yeoman, of Philadelphia, Pennsylvania, £200, 346 acres...purchased of William **Carter**. Signed James **Shaw** and Mary **Shaw**. Wit: Moses **Wells**, John (x) **Brooke**, John **Cadwalder** and James **Parry**.

P. 167, 9 Feb 1736, Charles & Ann **Plumly**, (son and heir of John **Plumly**), yeoman, of Middle Twp., Bucks Co., Pennsylvania to Johannes **Praul**, yeoman, of same, £205, 100 acres, of 600 acres...line of Peter **Vanhorn**. Signed Charles **Plumly** and Ann **Plumly**. Wit:

James **Rockhill** and Israel **Penington**.

P. 170, 4 Jan 1735, John **Roberts**, yeoman, of Makefield Twp., Bucks Co., Pennsylvania to his sons Jonathan and Edmund **Roberts**, for love and affection, tract in Makefield Twp., to son Thomas **Roberts**, £0.25, to daughter Susannah **Roberts**, £5, to wife Deliverance **Roberts**, chattel goods. Signed John (x) **Roberts**. Wit: Richard **Hough**, Edward **Tuckett** and Charles **Henderson**.

P. 171, 28 May 1713, Stephen & Abigail **Jenkins**, (said Abigail is the eldest daughter of Phineas **Pemberton**, deceased), yeoman, and Isaac & Priscilla **Watermann**, (said Priscilla is another daughter of said **Pemberton**), yeoman, of Philadelphia Co., Pennsylvania to John **Wilkinson**, yeoman, of Wrightstown, Bucks Co., Pennsylvania, £115, 307 acres, of 400 acres...patented, 1682, by James **Harrison**, father of Phebe **Pemberton**, wife of said Phineas. Signed Stephen **Jenkins**, Abigail **Jenkins**, Isaac **Waterman** and Priscilla **Waterman**. Wit: Thomas **Watson**, Rachel **Pemberton**, Samuel **Hughes**, Elizabeth **Marker**, Humphry **Bates** and Hugh **Pugh**.

P. 174, 24 Dec 1717, Israel **Pemberton**, (son and heir of Phineas **Pemberton**), merchant, of Philadelphia, Pennsylvania to John **Wilkinson**, £0.05), quit claim on 317 acres. Signed Israel **Pemberton**. Wit: Edward **Haddon** and William **Monington**.

P. 175, 5 Sep 1732, Amos & Mary **Janney**, yeoman, of Makefield Twp., Bucks Co., Pennsylvania to Thomas **Bayley**, yeoman, of Falls Twp., Bucks Co., Pennsylvania, £380, 264 acres, of 365 acres...Makefield Twp...line of Richard **Hough**, Thomas **Tunicklief**...patented by Abel **Janney**, who sold to said Amos. Signed Amos **Janney** and Mary **Janney**. Wit: Charles **Brockden**, William **Prsons**, William **Fry** and Jeremiah **Langhorne**.

P. 178, 13 Apr 1736, Thomas **Maybury**, blacksmith, of Newtown, Bucks Co., Pennsylvania to James **Arbuckle**, of Southampton Twp., Bucks Co., Pennsylvania, £150, 150 acres, of 400 acres...Newtown...line of John **Wally**, Thomas **Hillburn**, Thomas **Stradling**...John Frost, devised that it be sold and the value divided between his brothers Joseph & Hannah **Frost**, of Charlestown,

Middlesex Co., Massachusetts and Edmond **Frost**, of Bellerica and his sister Elizabeth **Francis**, wife of John **Francis**, of Medford, Middlesex Co., Massachusetts and said Joseph sold to James **Gold**, of Boston, Suffolk Co., Massachusetts, sold to said Thomas. Signed Thomas **Maybury**. Wit: Mathew **Rue**, William **Fry** and John **Jervis**.

P. 182, 16 Dec 1736, Thomas **Maybury**, blacksmith, of Newtown, Bucks Co., Pennsylvania to James **Arbuckle**, of Southampton Twp., Bucks Co., Pennsylvania, £100, 163 acres, of 400 acres...line of Thomas **Stradling**...purchased of James **Gold**. Signed Thomas **Maybury**. Wit: William **Fry** and John **Mitchell**.

P. 186, 3 Oct 1735, William & Margaret **Allen**, merchant, of Philadelphia, Pennsylvania to Bernardus **Swarthoot**, yeoman, of Bucks Co., Pennsylvania, £40, 47.5 acres island in Delaware River. Signed William **Allen** and Margaret **Allen**. Wit: William **Coleman**, James **Bingham** Jr. and Nicholas **Dupue**.

P. 188, 12 Dec 1735, Timothy **Smith**, sheriff, of Bucks Co., Pennsylvania to Robert **Edwards**, yeoman, of Falls Twp., Bucks Co., Pennsylvania, £355, 100 acres and 150 acres...line of Thomas **Hillborn**, Thomas **Stradling**, Thomas **Stackhouse** and Ezra **Croasdale**...Joseph **Kirkbride**, obtained judgement against Thomas **Jones**, yeoman, of Makefield Twp., Bucks Co., Pennsylvania. Signed Timothy **Smith**. Wit: Js. **Pennington**, John **Horohode** and William **Fry**.

P. 189, 12 Jul 1731, William **Hibbs**, yeoman, of Northampton Twp., Bucks Co., Pennsylvania to Christian **Vanhorn**, yeoman, of same, £157, 119 acres, of 285 acres, of 500 acres...patented, 1684, by Christopher **Taylor**, who died intestate and went to his children, Israel **Taylor**, Joseph **Taylor** and Mary **Taylor**, the wife of John **Bushy**, who sold To Robert **Heaton**, who sold to Bernard **Christian** and Peter **Lawrence**, of Bergen Co., New Jersey, who sold to Josiah **Ogden**, who sold to said William. Signed William **Hibbs**. Wit: James **Ogden**, Abraham **Chapman** and David **Ogden** Jr.

P. 193, 30 Jul 1737, Thomas & Rebecca **Watson**, yeoman, of Bristol,

Bucks Co., Pennsylvania leases to Mark **Watson**, yeoman, of Falls Twp., Bucks Co., Pennsylvania, 300 acres...Falls Twp...line of Robert **Solcher** ...purchased of John **Hiet**. Signed Thomas **Watson** and Rebecca (x) **Watson**. Wit: Thomas **Hunloke**, Joseph **Bockhill** and William **Atkinson**.

P. 195, 1 Mar 1734, Ruben **Pownall**, (son and heir of George **Pownall**), yeoman, of Makefield Twp., Bucks Co., Pennsylvania to John **Harvey**, yeoman, of Falls Twp., Bucks Co., Pennsylvania, £280, 274 acres of 500 acres...line of Thomas **Ashton** and Thomas **Yardley**... said George, died intestate and went to children, Ruben and George **Pownall**, Rachel, wife of Thomas **Janney** and Abigail, wife of William **Paxson**. Signed Ruben **Pownall**. Wit: Thomas **Yearley** and James **Downey**.

P. 197, 15 May 1714, James **Logan**, merchant, of Philadelphia, Pennsylvania to Joseph **Gilbert**, yeoman, of same, £320, 1000 acres...line of Joseph **Jones**...and 1000 acres...line of Joseph **Pyke**...patented, 1681, by Hugh **Lamb**, who devised to his brother Daniel **Lamb**, who devised to his brother, Joseph **Lamb**, of Oxford, who sold to said James. Signed James **Logan**. Wit: William (x) **Beal**, James **Steel**, Abel (x) **Hinkston** and Thomas **Stevenson**.

P. 199, 7 Aug 1717, Thomas & Elizabeth **Hillborn**, yeoman, of Newtown, Bucks Co., Pennsylvania to grandson Samuel **Hillborn**, (son and heir of Samuel **Hillborn**), for money paid by Margaret **Hillborn**, mother and guardian of said Samuel, 229 acres...purchased of Edmund **Cowgill**. Signed Thomas **Hillborn** and Elizabeth (x) **Hillborn**. Wit: John **Routledge**, John **Stackhouse** and John **Cutler**.

P. 201, 10 Jun 1719, Benjamin **Field**, yeoman, of Flushing, Queens Co., Long Island, New York to Thomas **Stevenson**, yeoman, of Bensalem Twp., Bucks Co., Pennsylvania, £89, 1000 acres...purchased of William **Biles**. Signed Benjamin **Field**. Wit: Francis **Doughty** Jr., Thomas **Thorne** and Thomas **Ford**.

P. 202, 3 Aug 1737, Christian Barnson & Williamkee **Vanhorn**, yeoman, of Northampton Twp., Bucks Co., Pennsylvania and Henry & Susannah **Vanhorn**, of Middle Twp., Bucks Co.,

Pennsylvania to Jeremiah **Langhorne**, gentleman, of Middle Twp., Bucks Co., Pennsylvania, £500, 280 acres...Middle Twp...line of William **Hayhurst**, William **Paxson**, Adam **Harker**, John **Stackhouse** and Thomas **Bayne**...and 66 acres... line of Robert **Heaton** Jr., William **Darke** and Giles **Lucas**...and 80 acres...Henry Johnson **Vandike**, devised to his wife Yanica **Vandike**, to his son-in-law, the said Christian **Barnson** and to his grand daughter Susannah **Vandley**, now Susannah **Vanhorn**. Signed Christian Barnson **Vanhorne**, Williamkee (x) **Vanhorne**, Henry **Vanhorne** and Susannah (x) **Vanhorne**. Wit: Joseph **Pool** and William **Fry**.

P. 204, 3 Aug 1737, Jeremiah **Langhorne**, gentleman, of Middle Twp., Bucks Co., Pennsylvania to Christian Barnson **Vanhorne**, £250, 170 acres...Middle Twp...line of William **Paxson**, Adam **Harker**, Thomas **Stackhouse**, Thomas **Bayne** and William **Hiddlestone**...and 30.5 acres...line of Edward **Lucas** and Jonathan **Woolstone**. Signed Jeremiah **Langhorne**. Wit: Joseph **Pool** and William **Fry**.

P. 206, 3 Aug 1737, Jeremiah **Langhorne**, gentleman, of Middle Twp., Bucks Co., Pennsylvania to Henry **Vanhorne**, of same, £250, 170 acres...Middle Twp...line of William **Paxson**, Adam **Harker**, Thomas **Stackhouse**, Thomas **Bayne** and William **Hiddlestone**...and 30.5 acres...line of Edward **Lucas** and Jonathan **Woolstone**. Signed Jeremiah **Langhorne**. Wit: Joseph **Pool** and William **Fry**.

P. 208, 7 Nov 1737, Christian Barnson & Williamkee **Vanhorn**, yeoman, of Northampton Twp., Bucks Co., Pennsylvania to Joseph **Richardson**, shopkeeper, of Middle Twp., Bucks Co., Pennsylvania, £15, 1 acres, of 280 acres...patented, 1705, by Robert **Heaton**, who sold to Henry Johnson **Vandike**, who devised to his wife Yanica **Vandike**, to his son-in-law, the said Christian **Barnson** and to his grand daughter Susannah **Vandley**, now Susannah **Vanhorn**. Signed Christian Barnson **Vanhorne**, Williamkee (x) **Vanhorne**. Wit: Lawrence **Growdon** Jr. and John **Duncan**.

P. 210, 28 Aug 1737, Johannes **Zuber**, yeoman, of Bensalem, Bucks Co., Pennsylvania to William **Fry**, of Middle Twp., Bucks Co., Pennsylvania, £176, 215 acres...Bensalem Twp...line of Francis

Searle, deceased...purchased of Joseph & Ann **Growdon**. Signed Johannes **Zuber**. Wit: Henderick **Brees** and Hannah **Breas**.

P. 214, 20 Aug 1737, Nathan **Watson**, cordwinder, of Bristol, Bucks Co., Pennsylvania mortgage to Joseph **Kirkbride** Jr., yeoman, of Falls Twp., Bucks Co., Pennsylvania, £22.75, two lots in the town of New Bristol. Signed Nathan **Watson**. Wit: William **Atkinson** and John **Hall**.

P. 216, 4 May 1716, Joseph & Ann **Bond**, yeoman, of Bristol Twp., Bucks Co., Pennsylvania to William & Hannah **Fishborn**, (said Hannah is the daughter and heir of Samuel & Hannah **Carpenter**, and the sister of John **Carpenter**), merchant, of Philadelphia, Pennsylvania, £625, 150 acres...Burdens Little Island...and 27 acres. Signed Joseph **Bond** and Ann **Bond**. Wit: Charles **Brockden**, Nathan **French**, George **Shiers** and Joseph **Fox**.

P. 220, 12 Apr 1718, Joseph & Ann **Bond**, yeoman, of Bristol Twp., Bucks Co., Pennsylvania to Adam **Harker**, mason, of Middle Twp., Bucks Co., Pennsylvania, £130, 26 acres...Bristol Twp...line of Josiah **Langdale**...and 5 acres, adjoining...and 29 acres. Signed Joseph **Bond**. Wit: Timothy **Smith**, Peter **Heastings** and Jeremiah **Langhorne**.

P. 223, 5 Mar 1723, Adam **Harker**, mason, of Middle Twp., Bucks Co., Pennsylvania to his son Samuel **Harker**, mason, of same, for love and affection, three tracts, 10 acres, 13 acres and 10 acres, of 74 acres purchased of Joseph **Bond**. Signed Adam **Harker**. Wit: William **Biles** and Jeremiah **Langhorne**.

P. 225, 19 Nov 1737, Benjamin & Jane **Armitage**, joiner, of Bristol Twp., Philadelphia Co., Pennsylvania mortgage to George **Jones**, innkeeper, of Philadelphia, Pennsylvania, £100, 212.75 acres... Buckingham Twp. Signed Benjamin **Armitage** and Jane (x) **Armitage**. Wit: Samuel **Gifford** and John **Ord**.

P. 227, 20 Jan 1707, John **Chapman**, bachelor of Wrightstown, Bucks Co., Pennsylvania to his brother Abraham **Chapman**, £15, 268 acres...Wrightstown... line of William **Smith**...patented 1705.

Signed John **Chapman**. Wit: John **Wildman** and John **Cutler**.

P. 228, 11 Dec 1714, Dr. James **Streator**, of Buckingham, Bucks Co., Pennsylvania to Edmund **Kensey**, yeoman, of same, £190, 500 acres...line of Richard **Lundy**, William **Say**, Robert **Wheeler**, Thomas **Parson** and Margaret **Atkinson**...patented 1701. Signed James **Streator**. Wit: James **Thatcher**, Daniel **May** and Jeremiah **Langhorne**.

P. 231, 28 Sep 1731, Mary **Knowles**, (widow of John **Knowles**), of Makefield Twp., Bucks Co., Pennsylvania, of the first part, Peter **Taylor**, yeoman, of same, of the second part, (who will soon marry said Mary), and Joseph **Kirkbride** Jr., Robert **Satcher** and John **Kirkbride**, yeomen, all of Falls Twp., Bucks Co., Pennsylvania, of the third part, 200 acres...Makefield Twp...to be held in trust for her son John **Knowles**... purchased of Mary **Warder**, widow of Willoughby **Warder**. Signed Mary **Knowles** and Peter (x) **Taylor**. Wit: Joseph **Growdon** and Charles **Brockden**.

P. 234, 11 Oct 1737, John **Stackhouse**, yeoman, of Middle Twp., Bucks Co., Pennsylvania to his eldest son Thomas **Stackhouse**, yeoman, of Bristol, Bucks Co., Pennsylvania, for love and affection, 160 acres... line of Israel **Pemberton** and John **Smith**. Signed John **Stackhouse**. Wit: John **Duncan** and Jeremiah **Langhorne**.

P. 235, 16 Sep 1737, Timothy **Smith**, sheriff, of Bucks Co., Pennsylvania to Ebenezer **Large**, merchant, of Burlington Co., West New Jersey, £135, 8 acres...line of Nehemiah **Blackshaw**...and 9 acres...in court, Richard **Smith**, of Burlington Co., West New Jersey, recovered against John **Hough**, of Bucks Co., Pennsylvania. Signed Timothy **Smith**. Wit: Joseph **Growdon** and William **Atkinson**.

P. 237, 21 Feb 1736, Jeremiah & Ellen **Bartholomew**, yeoman, of Northampton Twp., Bucks Co., Pennsylvania to Joseph **Linton**, cordwinder, of Falls Twp., Bucks Co., Pennsylvania, 162 acres, of 284 acres...Northampton Twp...line of William **Shrieve** and Edward **Glover**...William **Cutler**, devised to his sister, the said Ellen. Signed Jeremiah (x) **Bartholomew** and Ellen (x) **Bartholomew**. Wit:

Jonathan **Woolston** and William **Fry**.

P. 240, 23 Nov 1737, Stephen **Townsend**, yeoman, of Solebury Twp., Bucks Co., Pennsylvania to William **Ridge**, yeoman, of Bensalem Twp., Bucks Co., Pennsylvania, £80, 56.25 acres, of 2957 acres... Bensalem Twp...line of Stephen **Sands**...purchased of Lawrence **Growdon**. Signed Stephen (x) **Townsend**. Wit: John **Duncan** and Amos **Shaw**.

P. 242, 2 Mar 1737, Robert **Heaton**, yeoman, of Southampton Twp., Bucks Co., Pennsylvania to Richard **Sands**, David **Wilson**, William **Carter** and Cuthbert **Hayhurst**, yeomen, of Bucks Co., Pennsylvania, £0.5, Southampton Twp., for church and school. Signed Robert **Heaton**. Wit: Robert **Heaton** Jr. and John **Duncan**.

P. 243, 13 Jun 1737, John **Orr**, (son and heir of Humphrey **Orr**, late of Bucks Co., Pennsylvania), laborer, of Rapho Parish, Donegal Co., Ireland power of attorney to his friend Andrew **Henderson**. Signed John **Orr**. Wit: Alexander **Rogers**, Thomas **Rogers** and John **Mackay**.

P. 245, 17 Sep 1736, Timothy **Smith**, sheriff, of Bucks Co., Pennsylvania to Stephen **Townsend**, yeoman, of Bensalem Twp., Bucks Co., Pennsylvania, £101, 150 acres...line of George **Brown**...mortgaged by Benjamin **Jennings**, deceased, yeoman, of Solebury Twp., Bucks Co., Pennsylvania, (executor is Alexander **Jennings**). Signed Timothy **Smith**. Wit: James **Pennington**, William **Fry** and Nathan **Watson**.

P. 247, 23 May 1727, Adrian **Bennett**, yeoman, of Somerset Co., New Jersey to John **Ogilby**, yeoman, of Bensalem Twp., Bucks Co., Pennsylvania, £270, 257 acres...line of Jeremiah **Bartholomew**... purchased of Peter Barnson **Vanhorne**...and 200 acres...line of John **Cutler**. Signed Adrian **Bennett**. Wit: Thomas **Clifford**, Pieter Barnson **Vanhorne** and William **Atkinson**.

P. 250, 14 Apr 1727, Peter Barnson **Vanhorne**, yeoman, of Middle Twp., Bucks Co., Pennsylvania to Adrian John **Bennett**, yeoman, of Somerset Co., New Jersey, £300, 257 acres. Signed Peter Barnson

Vanhorne. Wit: Abraham **Sevese** and Bernard **Vanhorne**.

P. 252, 13 Sep 1728, John **Ogilby**, yeoman, of Bensalem Twp., Bucks Co., Pennsylvania to William **Carter**, yeoman, of Middle Twp., Bucks Co., Pennsylvania, £99.75, 57 acres and 200 acres. Signed John **Ogilby** and William **Carter**. Wit: Joseph **Lupton** and John **Carter**.

P. 255, 12 Jun 1738, William & Sarah **Carter**, yeoman, of Southampton Twp., Bucks Co., Pennsylvania to Joseph **Richardson**, shopkeeper, of Middle Twp., Bucks Co., Pennsylvania, £130, 57 acres...purchased of John **Ogilby**. Signed William **Carter** and Sarah **Carter**. Wit: John **Duncan** and Benjamin **Field**.

P. 256, 21 Feb 1736, Jeremiah & Ellen **Bartholomew**, yeoman, of Northampton Twp., Bucks Co., Pennsylvania to Joseph **Linton**, cordwinder, of Falls Twp., Bucks Co., Pennsylvania, 162 acres ...Northampton Twp...line of William **Shrieve** and Edward **Glover**. Signed Jeremiah (x) **Bartholomew** and Ellen (x) **Bartholomew**. Wit: Jonathan **Woolston** and William **Fry**.

P. 257, 8 May 1738, Thomas **Hillbourn**, (son, who is now 21 and heir of Robert **Hillbourn**), cordwinder, of Newtown, Bucks Co., Pennsylvania to James **Arbuckle**, yeoman, of Southampton Twp., Bucks Co., Pennsylvania, £50, 55 acres, of 250 acres. Signed Thomas **Hillbourn**. Wit: William **Fry** and Henry **Tuckney**.

P. 261, 8 May 1738, James **Arbuckle**, yeoman, of Southampton Twp., Bucks Co., Pennsylvania to Thomas **Hillbourn**, cordwinder, of Newtown, Bucks Co., Pennsylvania, £50, 55 acres, of 133 acres...line of Thomas **Stratlin** and Benjamin **Taylor**...purchased of Thomas **Maybury**. Signed James **Arbuckle**. Wit: William **Fry** and Henry **Tuckney**.

P. 264, 15 Jul 1738, Robert **Cumming**, yeoman, of Northampton Twp., Bucks Co., Pennsylvania mortgage to Thomas **Lacey**, of Philadelphia, Pennsylvania, £111, 540 acres...Northampton Twp... line of James **Worth** and George **Duncan**. Signed Robert **Cumming**. Wit: Abraham **Chapman** Jr. and Abraham **Chapman**.

P. 266, 2 Aug 1738, Jeremiah **Langhorne**, of Middle Twp., Bucks Co., Pennsylvania to Mathew **Rue**, yeoman, of same, £75, lot in the town of New Bristol. Signed Jeremiah **Langhorne**. Wit: John **Duncan** and William **Saterthwait**.

P. 267, 12 Sep 1738, Abel **Janney**, yeoman, of Middle Twp., Bucks Co., Pennsylvania to Peter **LaRow**, yeoman, of Hopewell, New Jersey, £350, 258 acres...Makefield Twp...line of Thomas **Yardley** and Edward **Bayley**...purchased of Mahlon **Stacey**, of Chester, Burlington Co., West New Jersey. Signed Abell **Janney**. Wit: John **Duncan** and Jeremiah **Langhorne**.

P. 271, 21 Sep 1738, Lawrence **Growdon**, of Brevose, Bensalem Twp., Bucks Co., Pennsylvania to Joseph **Rodman**, gentleman, of New Rachel, West Chester Co., New York, £98.6, 98 acres...line of James **Rue**, Henry **Enoch** and Jonas **Keen**. Signed Lawrence **Growdon**. Wit: James **Pennington** and Joseph **Severens**.

P. 272, 25 May 1683, William **Penn**, late of Worminghurst, Sussex Co., England to Joseph **Baynes**, yeoman, of Stangerford, Westmoreland Co., £10, 500 acres. Signed William **Penn**. Wit: Harbert **Springett**, Thomas **Cox** and Sell **Craske**.

P. 275, 16 Sep 1699, Joseph **Baines**, yeoman, of Strangerthwaite in Killington, Westmoreland Co. to his son-in-law Daniel & Hannah **Jackson**, of Lamplagh, Cumberland Co., and their children, John and Joseph **Jackson**, for love and affection, 500 acres. Signed Joseph **Baines**. Wit: Thomas **Cam**, James **Baines**, Anah (x) **More** and Richard **Eglin**.

P. 278, 1 Jul 1738, Derrick **Crusen** and Henry **Crusen**, yeomen, of Southampton Twp., Bucks Co., Pennsylvania to Henry **Brees**, Jacobus **Vansandt**, Derrick **Horegland** and John **Crusen**, yeomen, of Bucks Co., Pennsylvania, £0.25, 0.5 acre... Southampton Twp. Signed Derrick **Crusen** and Henry **Crusen**. Wit: John **Duncan**, James (x) **Dougan** and Jeremiah **Langhorne**.

P. 280, 29 May 1736, Bernard **Verkerk**, yeoman, of Bensalem, Bucks Co., Pennsylvania to his son John **Verkerk**, £0.25, 106 acres, of 271 acres... line of Jacob **Grosebick**... purchased of Johannes **Vandegrift**. Signed Bernard **Verkerk**. Wit: Benjamin **Harris**, William **Atkinson** and Margaret **Atkinson**.

P. 281, 8 Oct 1738, Stophel **Vansandt**, yeoman, of Middle Twp., Bucks Co., Pennsylvania to his son John **Vansandt**, yeoman, of same, for love and affection, 100 acres, of 500 acres...Middle Twp...line of Charles **Plumly**, William **Paxson** and Jeremiah **Langhorne**...patented, 1684, by Henry **Paulin**, who sold to said Stophel. Signed Stophel **Vansandt**. Wit: John **Duncan** and Jeremiah **Langhorne**.

P. 282, 12 Feb 1718, Jeremiah **Langhorne**, gentleman, of Bucks Co., Pennsylvania to William **Thomas**, cooper, of Northern Liberties, Philadelphia, Pennsylvania, £88, 440 acres...Hilltown Twp...line of Samuel **Carter**. Signed Jeremiah **Langhorne**. Wit: Charles **Brockden**, Abraham **Watkins** and William **Strutt**.

P. 284, 28 Sep 1723, James & Sarah **Logan**, merchant, of Philadelphia, Pennsylvania to William **Thomas**, of Hilltown, Bucks Co., Pennsylvania, £90, 300 acres, of 2000 acres...line of John **Penn** and Andrew **Buskirk** ...purchased of Israel **Pemberton**. Signed James **Logan** and Sarah **Logan**. Wit: Thomas **Grethfitts** and Charles **Osborne**.

P. 286, 10 Apr 1728, James & Sarah **Logan**, merchant, of Philadelphia, Pennsylvania to William **Thomas**, of Hilltown, Bucks Co., Pennsylvania, £100, 212 acres of 2000 acres... line of Evan **Griffith**...purchased of Israel **Pemberton**. Signed James **Logan** and Sarah **Logan**. Wit: Andrew **Cornish**, Isaac **Brown** and Morris **Lloyd**.

P. 289, 13 Apr 1728, Benjamin & Sage **Philips**, yeoman, of Hilltown Twp., Bucks Co., Pennsylvania to William **Thomas**, cooper, of same, £25, 50 acres, of 150 acres...purchased of John & Mary **Vanbuskerk**. Signed Benjamin **Philips** and Sage (x) **Philips**. Wit: Thomas (x) **Harris**, Sarah (x) **Harris** and Thomas **Thomas**.

P. 291, 18 Dec 1725, Rowland **Ellis** Jr., merchant, of Philadelphia,

Pennsylvania to William **Thomas**, yeoman, of Hilltown, Bucks Co., Pennsylvania, £56, 106 acres, of 150 acres, of 3000 acres...patented, 1695, by Daniel **Wharley**, woolen draper, of London, who devised to his eldest son Daniel, who sold to said Rowland. Signed Rowland **Ellis** Jr. Wit: Charles **Osborne** and John **Watson**.

P. 294, 22 Jun 1738, John & Sarah **Bond**, weaver, of Richland Twp., Bucks Co., Pennsylvania to Morris **Morris**, of Abington Twp., Philadelphia Co., Pennsylvania, £55, 250 acres...Richland Twp...line of William **Tidmarsh** and Joseph **Gilbert**...William **Mountjoy**, of Wilts Co., England, who sold to said John. Signed John **Bond** and Sarah **Bond**. Wit: Benjamin **Jones** and Catharine **Jones**.

P. 296, 11 Nov 1737, William **Fry**, gentleman, of Middle Twp., Bucks Co., Pennsylvania to Lawrence **Growdon**, of Trevose, Bucks Co., Pennsylvania, £126, 215 acres...Bensalem Twp...line of Francis **Searle**...purchased of Johannes **Zuber**. Signed William **Fry**. Wit: Richard **Mitchell** and John **Duncan**.

P. 299, 16 Sep 1720, Jeremiah **Langhorne**, yeoman, of Middle Twp., Bucks Co., Pennsylvania to Henry **Paxson**, yeoman, of same, £60, 650 acres, of 3000 acres...patented, 1701, by George **Beale**, of Guilford, Surry Co., England, who sold to said Jeremiah...and 350 acres. Signed Jeremiah **Langhorne**. Wit: Garrett (x) **Vandine** and Thomas **Watson**.

P. 300, 4 Aug 1738, Charles & Alice **Read**, of Burlington, Burlington Co., West New Jersey to George **Logan**, yeoman, of Makefield Twp., Bucks Co., Pennsylvania, £400, 372 acres...line of John **Derver**, Reuben **Pownall** and James **Read**. Signed Charles **Read** and Alice **Read**. Wit: John **Robinson** and Humphrey **Garland**.

P. 304, 7 Aug 1738, George & Jane **Logan**, yeoman, of Makefield Twp., Bucks Co., Pennsylvania mortgage to Charles **Read**, of Burlington, Burlington Co., West New Jersey, £242.9, 372 acres. Signed George **Logan** and Jane **Logan**. Wit: John **Robinson** and Humphrey **Garland**.

P. 307, 15 Mar 1738, Nicholas **Parker**, yeoman, of Plumstead Twp., Bucks Co., Pennsylvania mortgage to Baltes **Peckel**, yeoman, of Reading Twp., Hunterdon Co., New Jersey, £84.15, 100 acres...Plumstead Twp...line of Lawrence **Pearson**. Signed Nicholas (x) **Parker**. Wit: Joseph **Kirkbride** and Michael **Hutchinson**.

P. 309, 5 Apr 1739, Elizabeth **Archbold**, widow to Thomas **Penn**, for debt of £125, 476 acres...line of Uriah **Hughes**, Joseph **Linton**, Thomas **Maleigh**, John **Watson**, Thomas **Watson** and Joseph **Fell**. Signed Elizabeth (x) **Archbold**. Wit: Richard **Peters** and John **Callahan**.

P. 311, 22 Oct 1734, Jeremiah **Langhorne**, gentleman, of Middle Twp., Bucks Co., Pennsylvania to Richard **Leadame**, yeoman, of Southampton Twp., Bucks Co., Pennsylvania, £242.5, 242 acres, of 465.75 acres, of 500 acres...patented, 1681, by John **Kirton**, of Kensington, England, who sold to Joseph **Turner**, merchant, of Philadelphia, Pennsylvania, who sold to said Jeremiah. Signed Jeremiah **Langhorne**. Wit: William Fry and David **Wilson**.

P. 314, 28 Mar 1739, John **Macloughlin**, yeoman, of Bucks Co., Pennsylvania mortgage to Thomas **Penn**, £140.1, 399 acres...line of William **Cotter** and James **Kelley**. Signed John **Macloughlin**. Wit: Richard **Peters** and John **Callahan**.

P. 316, 28 Mar 1739, James **Brooks**, yeoman, of Bucks Co., Pennsylvania mortgage to Thomas **Penn**, £61.7, 175 acres...line of William **Goodwin** and Joseph **Comb**. Signed James **Brooks**. Wit: Richard **Peters** and John **Callahan**.

P. 319, 28 Mar 1739, John **Sample**, yeoman, of Bucks Co., Pennsylvania mortgage to Thomas **Penn**, £61.7, 175 acres. Signed John **Sample**. Wit: Richard **Peters** and John **Callahan**.

P. 321, 28 Mar 1739, George **Cope**, yeoman, of Bucks Co., Pennsylvania mortgage to Thomas **Penn**, £67.5, 191 acres...line of Samuel **Dyer**. Signed George **Cope**. Wit: Richard **Peters** and John **Callahan**.

P. 324, 21 Apr 1739, Thomas & Elizabeth **Tomlinson**, (son and heir of Joseph **Tomlinson**), yeoman, of Southampton Twp., Bucks Co., Pennsylvania to Johannes **Praul**, yeoman, of Middle Twp., Bucks Co., Pennsylvania, £175, 120 acres ...line of Joseph **Lin**, Benjamin **Scott**, Benjamin **Tomlinson** and Henry **Walmsley**. Signed Thomas **Tomlinson** and Elizabeth **Tomlinson**. Wit: William **Atkinson** and Rebecca (x) **Dunker**.

P. 327, 6 Jul 1739, Christian Barnson & Williamkee **Vanhorne**, yeoman, of Northampton Twp., Bucks Co., Pennsylvania to Joseph **Richardson**, shopkeeper, of Middle Twp., Bucks Co., Pennsylvania, £15, 2 acres, of 280 acres...Middle Twp...line of Henry **Vanhorne** and Jonathan **Woolston**...purchased of Jeremiah **Langhorne**. Signed Christian Barnson **Vanhorne** and Williamkee (x) **Vanhorne**. Wit: Jeremiah **Croasdale** and John **Duncan**.

P. 329, 6 Jul 1739, Christian Barnson & Williamkee **Vanhorne**, yeoman, of Northampton Twp., Bucks Co., Pennsylvania to Jeremiah **Croasdale**, yeoman, of Middle Twp., Bucks Co., Pennsylvania, £14, 2 acres, of 280 acres... Middle Twp...line of Henry **Vanhorne** and Jonathan **Woolston**...purchased of Jeremiah **Langhorne**. Signed Christian Barnson **Vanhorne** and Williamkee (x) **Vanhorne**. Wit: Joseph **Richardson** and John **Duncan**.

P. 332, 6 Jul 1739, Christian Barnson & Williamkee **Vanhorne**, yeoman, of Northampton Twp., Bucks Co., Pennsylvania to Jonathan **Woolston**, blacksmith, of Middle Twp., Bucks Co., Pennsylvania, £10, 1 acres, of 280 acres... Middle Twp...line of Henry **Vanhorne** and Jonathan **Woolston**...purchased of Jeremiah **Langhorne**. Signed Christian Barnson **Vanhorne** and Williamkee (x) **Vanhorne**. Wit: Joseph **Richardson** and John **Duncan**.

P. 334, 28 Dec 1737, Thomas **Tomlinson**, yeoman, of Bensalem Twp., Bucks Co., Pennsylvania to Lawrence **Growdon**, yeoman, of same, £50, 12.75 acres and 12.25 acres...Bensalem Twp. Signed Thomas **Tomlinson**. Wit: Peter (x) **Bleker** and John **Duncan**.

P. 336, 4 Nov 1707, Charles **Mutell**, clerk, of Potterne, Wilts Co. and John **Childs**, yeoman, of Barton Regis, Glocester Co., of the first part, Solomon **Gandovet**, Alexander **Gandovet**, Jeremiah **Gandovet**, Francis **Gandovet** Jr., Mary **Gandovet** and Henretta **Gandovet**, (sons and daughters of Dr. Francis **Gandovet** Sr., of Bristol), of the second part and Samuel **Perry**, gentleman, of Barton Regis and Abraham **Allyes**, of the third part, 500 acres...patented, 1681, by Anne **Cawley**, who devised to Richard **Webb**, who sold to said Charles and John...to be held in trust. Signed Charles **Mutell** and John **Childs**. Wit: Samuel **Perry** and Abraham **Allyes**.

P. 340, 12 Dec 1730, Alexander **Gandovet**, Jeremiah **Gandovet**, Francis **Gandovet** Jr. Mary **Gandovet** and Henretta **Gandovet**, now Henretta **Denormandie**, wife of John Abraham **Denormandie**, (sons and daughters and heirs of Dr. Francis **Gandovet**) to Francis **Gandovet**, the elder, £140, quit claim on 500 acres. Signed Alexander **Gandovet**, Francis **Gandovet** Jr., Mary **Gandovet**, Jeremiah **Gandovet**, Henretta **Denormandie** and John Abraham **Denormandie**. Wit: Peter **Carmick** and Sarah **Carmick**.

P. 341, 13 Apr 1733, Samuel **Carpenter** and William & Hannah, (deceased) **Fishbourn**, (said Hannah was a daughter of Samuel **Carpenter**, deceased and is the sister of said Samuel and John **Carpenter**, deceased), merchants, of Philadelphia, Pennsylvania, (executor of the estate of Samuel **Carpenter**) and James **Moon**, innkeeper, of Bristol, Bucks Co., Pennsylvania to John Abraham **Denormandie**, merchant, of Bristol, Bucks Co., Pennsylvania, £12, lot in the town of New Bristol. Signed James **Moon**, Samuel **Carpenter** and William **Fishbourn**. Wit: Swan **Warner** and Charles **Brockden**.

P. 343, 21 Mar 1718, Caleb & Elizabeth **Offley**, yeoman, of Dutch Creek, New Castle Co., Delaware to John Abraham **Denormandie**, merchant, of Bristol, Bucks Co., Pennsylvania, £60, lot in the town of New Bristol. Signed Caleb **Offley** and Elizabeth **Offley**. Wit: George **Clough**, Joseph **Bond** and John **Hall**.

P. 347, 1 Nov 1714, George **Clough**, boulter, of Bristol, Bucks Co., Pennsylvania to Elizabeth **Collins**, widow, of same, £60, lot in the town of New Bristol. Signed George **Clough**. Wit: Samuel **Baker**, William **Watson** and Thomas **Biddle**.

P. 348, 7 Nov 1723, Michael & Jean **Huff**, yeoman, of Bristol Twp., Bucks Co., Pennsylvania to John Abraham **Denormandie**, merchant, of Bristol, Bucks Co., Pennsylvania, £80, lot in the town of New Bristol. Signed Michael (x) **Huff** and Jean (x) **Huff**. Wit: Thomas **Wathell**, John **Sisom** and William **Atkinson**.

P. 350, 27 Dec 1720, John & Sarah **Hall**, cooper, of Bristol, Bucks Co., Pennsylvania to John Abraham **Denormandie**, merchant, of Bristol, Bucks Co., Pennsylvania, £68, lot in the town of New Bristol. Signed John **Hall** and Sarah **Hall**. Wit: Joseph **Bond**, George **Clough** and William **Atkinson**.

P. 352, 2 Jul 1736, William & Mary **Jolliffe**, yeoman, of Northampton Twp., Bucks Co., Pennsylvania to Joseph **Dyer**, yeoman, of same, £157, 102 acres...line of John **Baxter** and Jeremiah **Bartholomew**... William & Ann **Ginn**, of London, England sold to Mary **Sheppard**, of New York City, now wife of said **Jolliffe**...and 55 acres, adjoining...purchased of John **Mitchell**. Signed William **Jolliffe** and Mary **Jolliffe**. Wit: James **Pennington**, John **Jackson** and Edward **Glover**.

P. 355, 3 Jul 1736, William & Mary **Jolliffe**, yeoman, of Northampton Twp., Bucks Co., Pennsylvania to Thomas **Evan**, yeoman, of same, £62, 46 acres...purchased of William **Ginn**. Signed William **Jolliffe** and Mary **Jolliffe**. Wit: James **Pennington**, John **Jackson** and Edward **Glover**.

P. 359, 5 Dec 1739, Archibald & Mary **Anderson**, brewer, of Philadelphia, Pennsylvania mortgage to Thomas **Annis**, mariner, of same, £300, 391 acres...Bristol Twp...line of Samuel **Allen**. Signed Archbald (x) **Anderson** and Mary (x) **Anderson**. Wit: John **Ord** and Da. **Edwards**.

P. 361, 15 Oct 1734, John **Penn**, Thomas **Penn** and Richard **Penn** to James **Steel**, of Philadelphia, Pennsylvania, commission. Signed John **Penn** and Thomas **Penn**.

P. 362, 6 Feb 1739, John **Eastburn**, yeoman, of Southampton Twp., Bucks Co., Pennsylvania mortgage to John **Danby**, distiller, of

Philadelphia, Pennsylvania, 206 acres...Southampton Twp...line of Isabel **Cutler** and John **Naylor**. Signed John **Eastburn**. Wit: A. **Hamilton** and Joseph **Chatham**.

P. 364, 1 Oct 1739, John **Hall**, of Bristol, Bucks Co., Pennsylvania to Joseph **Peace**, miller, of New Jersey, £100, lot in the town of New Bristol. Signed John **Hall**. Wit: James **Pennington** and David **Murray**.

P. 366, 16 Apr 1740, Anthony & Ann **Wilson**, mason, of Middle Twp., Bucks Co., Pennsylvania mortgage to George **Jones**, innholder, of Philadelphia, Pennsylvania, £100, 218 acres...line of Joseph **Yates**, Henry **Nelson**, John **Watson**, John **Woolston** and Thomas **Jenks**. Signed Anthony **Wilson** and Ann **Wilson**. Wit: Charles **Brockden** and Samuel **Gifford**.

P. 368, 27 Nov 1733, Samuel & Ann **Oldale**, cooper, of Bristol Twp., Bucks Co., Pennsylvania to Samson **Cary**, merchant, of Bristol, Bucks Co., Pennsylvania, £160, 200 acres...purchased of Samuel **Smith**. Signed Samuel **Oldale** and Ann **Oldale**. Wit: Ennion **Williams**, Samuel **Cary** and William **Atkinson**.

P. 371, 8 May 1739, Samson & Mary **Cary**, merchant, of Bristol, Bucks Co., Pennsylvania to Andrew **Wright** and Daniel **Wright**, cooper, of same, £200, 200 acres...line of Thomas **Bowman**. Signed Samson **Cary** and Mary **Cary**. Wit: En. **Williams**, Samson **Cary** Jr. and William **Atkinson**.

P. 373, 21 Jul 1730, John **Hamilton**, (attorney for Robert **Sandilands**, late of Aberdeen, but now of England), of Amboy, New Jersey to Jeremiah **Langhorne**, gentleman, of Bucks Co., Pennsylvania, £50, 500 acres...patented 1682. Signed Robert **Sandilands**, by his attorney John **Hamilton**. Wit: Evan **Drummond** and John **Barclay**.

P. 375, 6 May 1740, George **Whitefield**, clerk, of Philadelphia, Pennsylvania mortgage to William **Sew**, gentleman, of London, England, £2500, 5000 acres...purchased of William & Margaret **Allen**. Signed George **Whitefield**. Wit: Stephen **Benezet** and Charles

Brockden.

P. 379, 24 Nov 1739, John **Duer**, yeoman, of Makefield Twp., Bucks Co., Pennsylvania mortgage to James **Read**, gentleman, of Philadelphia, Pennsylvania, £200, 261 acres...Makefield Twp...line of Sarah **Read**, Charles **Read**, Neal **Grant** and Ruben **Pownal**. Signed John **Duer**. Wit: Caleb **Bansted** and John **Webb**.

P. 380, 3 Jan 1739, John **Burk**, gentleman, of Bristol Twp., Bucks Co., Pennsylvania mortgage to William **Whitaker**, merchant, of Barbadoes Island, £931.85, 900 acres and 416 acres...Bristol Twp...line of Thomas **Marriott**, Thomas **Stackhouse**, Ennion **Williams**, John **White**, Benjamin **Canby**, John **Large**, Henry **Tomlin**, John **Hall**, William **Hill**. Signed William **Whitaker**, by his attorney Alexander **Graydon** and John **Burk**. Wit: Timothy **Griffith** and John **Webb**.

P. 389, 2 Jan 1739, William & Jane **Fishbourne**, merchant, of Philadelphia, Pennsylvania to John **Burk**, late of Barbadoes Island, but now of Bristol Twp., Bucks Co., Pennsylvania, £2600, 1634 acres...Bristol Twp. Signed William **Fishbourn** and Jane **Fishbourn**. Wit: Timothy **Griffith** and John **Webb**.

P. 395, 12 Jul 1740, Thomas **Banes**, tailor, of Middle Twp., Bucks Co., Pennsylvania to James **Welch**, joiner, of Attlebury, Bucks Co., Pennsylvania, £14, 1 acre...line of Christian **Vanhorne**. Signed Thomas (x) **Banes**. Wit: Alexander **Moore**, Daniel **Doan** Jr. and John **Duncan**.

P. 398, 8 Apr 1740, Henry & Susannah **Vanhorne**, yeoman, of Middle Twp., Bucks Co., Pennsylvania to John **Mitchell**, carpenter, of same, 170 acres...purchased of Jeremiah **Langhorne**. Signed Henry **Vanhorne** and Susannah (x) **Vanhorne**. Wit: John **Vanghan** and Jeremiah **Langhorne**.

P. 401, 24 Sep 1740, Nicholas **Penquite**, (son and heir of John **Penquite**), yeoman, of Northampton Twp., Bucks Co., Pennsylvania to William **Atwood**, merchant, of Philadelphia, Pennsylvania, £118, 200 acres...patented, 1688. Signed Nicholas **Penquite**. Wit: M. **Walton** and Mary **Walton**.

P. 403, 26 Dec 1740, Nathan **Watson**, yeoman, of Bristol, Bucks Co., Pennsylvania mortgage to Mary **Andrews**, spinster, of Philadelphia, Pennsylvania, £50, lot in the town of New Bristol. Signed Nathan **Watson**. Wit: Joseph **Breintnall**.

P. 405, 22 Sep 1740, Thomas & Margaret **Freame**, (said Margaret is the only daughter of William & Hannah **Penn**), of Philadelphia, Pennsylvania mortgage to Thomas **Penn** and Richard **Hockley**, merchant, of Philadelphia, Pennsylvania, £1033, 2500 acres, of 10000 acres...an indenture, 6 Aug 1735, between Isaac **Norris**, (son and heir of Isaac **Norris**), deceased, merchant, of Fairhill, Philadelphia, Pennsylvania, of the first part, John **Penn**, a son of said William & Hannah, of the second part, the said Thomas **Penn**, another son of said William & Hannah, of the third part, Richard **Penn**, another son of said William & Hannah, of the fourth part and the said Thomas & Margaret **Freame**, of the fifth part, they agreed to partition 10000 acres. Signed Thomas **Freame** and Margaret **Freame**. Wit: Arin **Hockley** and Lynford **Lardner**.

P. 409, 6 Aug 1715, Samuel & Martha **Darke**, yeoman, of Falls Twp., Bucks Co., Pennsylvania to Thomas **Warrell**, schoolmaster, of Bristol, Bucks Co., Pennsylvania, £200, 116 acres...Makefield Twp...line of Richard **Hough** and Thomas **Kirler**...and 232 acres...Makefield Twp...line of John **Snowden** and Richard **Hough**...and 400 acres...Buckingham Twp...line of Nancy Phillips Signed Samuel **Darke** and Martha **Darke**. Wit: Nicholas (x) **Nut** and Ann (x) **Turner**.

P. 411, 4 Apr 1739, John **Kinsey**, Jonathan **Robeson**, Joseph **Kirkbride**, Caleb **Coupland** and John **Wright**, of General Loan Office, of Pennsylvania to Thomas **Clarke**, of Bucks Co., Pennsylvania, £500, 173 acres...line of Joshua **Boare**, Richard **Ridgeway**...purchased of Samuel **Beakes**...and 120 acres. Signed John **Kinsey**, Jonathan **Robeson**, Joseph **Kirkbride**, Caleb **Coupland** and John **Wright**. Wit: Joanna **Kearney** and R. **Hartshorne**.

P. 414, 17 Mar 1741, William & Dorothy **Hudleston**, cordwinder, of Middle Twp., Bucks Co., Pennsylvania mortgage to Joseph **Richardson**, merchant, of same, £300, 100...line of Richard

Thatcher, William Hayhurst...and 12.5 acres, adjoining. Signed William **Hudleston** and Dorothy **Hudleston**. Wit: William **Huddleston**, Charles **Brockden** and Benjamin **Field**.

P. 415, 4 Nov 1724, Andreas **Vanbuskirk**, of Bergen Co., New Jersey to Bernard **Young**, husbandman, of Perkesy, Bucks Co., Pennsylvania, £126, 300 acres, of 350 acres...line of William **Baldwin** and Evan **Thomas**...patented, 1713. Signed Andreas **Vanbuskirk**. Wit: Isaac **Vanhorne** and Yoost **Vanbuskirk**.

P. 417, 23 Apr 1741, Joseph & Margaret **Thornton**, innholder, of Newtown, Bucks Co., Pennsylvania mortgage to Joseph **Richardson**, merchant, of Middle Twp., Bucks Co., Pennsylvania, £70, lot in Newtown. Signed Joseph **Thornton** and Margaret **Thornton**. Wit: John **Brohock** and Nicholas **Tompson**.

P. 419, 20 Mar 1738, John **Burrower**, Roger **Burrower**, gentlemen, of Kilwarlin, Downe Co., Robert & Elizabeth **Barnett**, merchant, of Belfast, Antrium Co. to John **Beaumont**, of Falls Twp., Bucks Co., Pennsylvania, £26.1, 100 acres...Falls Twp...John **Burrower**, deceased, of Falls Twp., Bucks Co., Pennsylvania, died intestate, went to his eldest brother, Francis **Burrower**, now deceased, so to the children of said Francis, the said John, Roger and Elizabeth. Signed John **Burrower**, Roger **Burrower**, Elizabeth **Barnett** and Robert **Barnett**. Wit: Moses **Morice**, James **Hunter**, Isaac **Haddock** and James **Wilson**.

P. 421, 31 Dec 1740, Henry & Mary **Walmsley**, yeoman, of Bucks Co., Pennsylvania to Rev. John Philip **Streiter**, minister of the Dutch Lutheran Church at Rockhill, Bucks Co., Pennsylvania, £150, 200 acres...line of William **Brigg**. Signed Henry (x) **Walmsley** and Mary (x) **Walmsley**. Wit: William **Ridge** and Andreas **Prompour**.

P. 422, 29 Apr 1730, Andreas & Annty **Vanbuskirk**, yeoman, of Bergen Co., New Jersey to William **Britain**, husbandman, of Hilltown, Bucks Co., Pennsylvania, £44, 100 acres, of 500 acres... line of John **Penn**, Bernard **Young** and Bartholomew **Young**...patented, 1681, by Thomas **Langhorne**, who devised to his son Jeremiah **Langhorne**, who sold to said Andreas. Signed Andreas

Vanbuskirk and Annty **Vanbuskirk**. Wit: G. **Schutt** and John **Vanbuskirk**.

P. 425, 24 Aug 1736, Thomas **Maybury**, yeoman, of Newtown, Bucks Co., Pennsylvania to Joseph **Thornton**, yeoman, of same, £16.5, 2 acres, of 24 acres...lot in the town of New Bristol... purchased of Agnes **Yeates**. Signed Thomas **Maybury**. Wit: Richard **Hiff** and Jonas (x) **Moon**.

P. 427, 16 Mar 1733, Jeremiah **Langhorne**, William **Biles**, Joseph **Kirkbride** Jr. and Abraham **Chapman**, of Bucks Co., Pennsylvania to Joseph **Thornton**, innkeeper, of Newtown, Bucks Co., Pennsylvania, £0.25, 5 acres, lot in Newtown...purchased of John **Walley**, yeoman, of Newtown, Bucks Co., Pennsylvania. Signed Jeremiah **Langhorne**, William **Biles**, Joseph **Kirkbride** Jr. and Abraham **Chapman**. Wit: Mathew **Rue** and John **Frohock**.

P. 429, 25 May 1741, William **Baldwin**, of Orange Co., Virginia to William **Ashburn**, weaver, of Newtown, Bucks Co., Pennsylvania, £101, 20.75 acres and 10 acres...Newtown. Signed William **Baldwin**. Wit: John **Scott**, Joseph **Smith** and Abraham **Chapman**.

P. 431, 5 Jul 1740, Joseph **Burgess**, yeoman, of Makefield Twp., Bucks Co., Pennsylvania and Daniel & Dorothy **Burgess**, yeoman, of Falls Twp., Bucks Co., Pennsylvania to John **Burgess**, yeoman, of Falls Twp., Bucks Co., Pennsylvania, (sons and heirs of Samuel **Burgess**), £0.25, 13 acres... Falls Twp. Signed Joseph **Burgess**, Daniel **Burgess** and Dorothy (x) **Burgess**. Wit: Sarah **Hutchinson** and William **Atkinson**.

P. 434, 23 Apr 1741, Joseph & Margaret **Thornton**, innholder, of Newtown, Bucks Co., Pennsylvania to Joseph **Richardson**, merchant, of Middle Twp., Bucks Co., Pennsylvania, £60, 2 acres ...Newtown ...line of Samuel **Cary**. Signed Joseph **Thornton** and Margaret **Thornton**. Wit: John **Frohock** and Nick **Thompson**.

P. 435, 3 Jul 1741, William **Ramsey**, yeoman, of Warwick Twp., Bucks Co., Pennsylvania mortgage to Richard **Ashfield**, gentleman, of New York City, New York, £425.75, two third parts, of 638 acres... Warwick Twp...line of Henry **Baily**, James **Claypool**, deceased, George **Willard**. Signed William **Ramsey**. Wit: Charles **Brockden**, J. **Keily** and John **Ord**.

P. 437, 1 Jul 1741, William & Margaret **Allen**, of Philadelphia, Pennsylvania to Jeremiah **Best**, yeoman, of Bucks Co., Pennsylvania, £200, 213 acres. Signed William **Allen** and Margaret **Allen**. Wit: Nathaniel **Allen** and James **Bingham**.

P. 439, 22 Jun 1741, Lawrence & Sarah **Growdon**, of Trevose, Bensalem Twp., Bucks Co., Pennsylvania to John **Townsend**, yeoman, of Bybury Twp., of Philadelphia Co., Pennsylvania, £320.85, 103 acres ...Bensalem Twp...line of Samuel **Scott**, Thomas **Townsend** and Thomas **Tomlinson**. Signed Lawrence **Growdon** and Sarah **Growdon**. Wit: Benjamin **Scott** and Jeremiah **Woolston**.

P. 441, 29 Apr 1741, Mathias **Keen**, carpenter, of Bristol Twp., Bucks Co., Pennsylvania to John **Kirl**, yeoman, of same, £50, lot in the town of New Bristol. Signed Mathias **Keen**. Wit: William **Atkinson**, Margaret **Atkinson** and Joseph **Atkinson**.

P. 443, 15 Oct 1741, James **Read**, gentleman, of Philadelphia, Pennsylvania power of attorney to William **Allen**, merchant, of same, to collect debt from John and Joseph **Duer**, yeomen, of Bucks Co., Pennsylvania, who sold 261 acres. Signed James **Read**. Wit: John **Ord** and G. **Reily**.

P. 444, 10 Feb 1741, Rev. John Philip & Juliana **Streator**, of Rockhill, of Bucks Co., Pennsylvania mortgage to William **Allen**, of Philadelphia, Pennsylvania, £75, 200 acres... line of William **Brigg**. Signed John Philip **Streator**. Wit: William **Peters** and James **Bingham**.

P. 446, 18 Apr 1740, Joseph **Cary**, tailor, Richard & Jane **Williams**, of St. Philip & Jacob Parish, Glocester Co. and Richard & Abigail **James**, tailor, of St. George Parish, Middlesex Co. power of attorney to Samson **Cary**, weaver, of Bristol, Bucks Co., Pennsylvania, to collect any money due from the will of Samson **Cary**, of Bucks Co., Pennsylvania. Signed Joseph **Cary**, Richard **Williams**, Jane (x)

Williams, Richard **James** and Abigail (x) **James**. Wit: Thomas **Richardson**, John **Evans** and William **Tecck**.

P. 447, 16 Aug 1736, Thomas **Maybury**, blacksmith, of Newtown, Bucks Co., Pennsylvania to William **Baldwin**, £100, (paid by John **Scott**, of Makefield, Bucks Co., Pennsylvania, for his nephew, the said William, son of Thomas **Baldwin**), 23.75 acres...line of Thomas **Hillbourn**...and 10 acres...line of William **Croasdale**. Signed Thomas **Maybury**. Wit: John **Chapman**, John **Chapman** Jr. and Ralph (x) **Lee**.

P. 450, 15 Apr 1742, Thomas & Ann **Yeardley**, yeoman, of Makefield Twp., Bucks Co., Pennsylvania mortgage to John **Shallcross**, yeoman, of Oxford Twp., Philadelphia Co., Pennsylvania, £400, 600 acres...Newtown Twp...line of John **Walley**. Signed Thomas **Yeardley** and Ann **Yeardley**. Wit: Evan B. **Evan** and Benjamin **Taylor**.

P. 451, 1 Jan 1741, Timothy **Roberts**, cooper, of Middle Twp., Bucks Co., Pennsylvania mortgage to Robert **Edwards**, yeoman, of same, £200, two grist mills...Middle Twp. and four tracts, 50 acres, 2.5 acres, 5 acres and 3.75 acres. Signed Timothy **Roberts**. Wit: William **Atkinson** and Joseph **Atkinson**.

P. 453, 26 Mar 1742, Isaac **Vanhorn**, yeoman, of Northampton Twp., Bucks Co., Pennsylvania mortgage to William **Allen**, of Philadelphia, Pennsylvania, £60.6, 276 acres...Northampton Twp...line of Bernard **Vanhorn**. Signed Isaac **Vanhorn**. Wit: William **Atkinson** and John **Frohock**.

P. 455, 8 Dec 1741, Jeremiah **Langhorne**, of Middle Twp., Bucks Co., Pennsylvania to Michael **Dowd**, weaver, of Newtown, Bucks Co., Pennsylvania, £101, 61 acres...Newtown...line of William **Buchman**. Signed Jeremiah **Langhorne**. Wit: Sarah **Biles** and John **Duncan**.

Chapter 7
Bucks Co., Pennsylvania
Deed Records
Volume 7
1742-1749

P. 1, 1 Jan 1742, Timothy **Roberts**, cooper, of Middletown, Bucks Co., Pennsylvania to Joseph **Kinderdine**, millwright, of Philadelphia Co., Pennsylvania, £100, two grist mills and four tracts of land...50 acres...corner of late George **Vansandt** and Joseph **Groiadon**...2.5 acres...5 acres...line of John **Praul** and John **Plumly**...3.75 acres. Signed Timothy **Roberts**. Wit: Thomas **Whitton**, William **Atkinson** and Margaret **Atkinson**.

P. 2, 29 Dec 1742, Peter & Rebecca **Taylor**, carpenter, of Bristol Twp., Bucks Co., Pennsylvania to Jonathan **Livesey**, yeoman, of lower Dublin Twp., Philadelphia Co., Pennsylvania, £40, 119 acres...Bristol Twp... line of Joseph **Shaw** and late William **Croasdale**. Signed Peter **Taylor** and Rebecca **Taylor**. Wit: Joseph **Jackson** and Thomas **Hutchinson**.

P. 3, 17 Dec 1689, Patent to John **White**, 250 acres...Neshaminah Creek...line of William **Carter** and John **Wheeler**...patented, 1682, by Richard and William **Amor**, who released to said John **White**, son of George **White**, deceased. Signed Samuel **Carpenter**, William **Markham** and John **Goodson**. Recorded 1 Mar 1742.

P. 4, 4 Jun 1689, Patent to John **White**, 500 acres...line of William **Amor** and George **White**. Signed Samuel **Carpenter**, William **Markham** and John **Goodson**. Recorded 1 Mar 1742.

P. 5, 4 Jun 1715, John **Rowland**, merchant, of New Britton, Bucks Co., Pennsylvania (executor of the estate of son-in-law and daughter,

John & Elizabeth **White**) to George **White**, (son of said John), of same, £5, all lands. Signed John **Rowland**. Wit: Henry **Tomlinson**, Unity **Bussell** and Mary **Tomlinson**. Recorded 1 Mar 1742.

P. 5, 23 Oct 1741, Samuel **Bushell**, (attorney for Unity **White**, widow, late of Bristol, Bucks Co., Pennsylvania, deceased), of Burlington, West New Jersey to Anthony **Wright**, yeoman, of Middletown, Bucks Co., Pennsylvania, £150, 200 acres,... Middletown Twp...former line of William **Carter** ...line of Peter **White** and Joseph **Headley**...of two tracts, one patented, 1689, by John & Joan **White**, who sold, 1698 to Francis **White**, of Middletown Twp., Bucks Co., Pennsylvania, who sold, 1702, to Benjamin **White**, yeoman, of Kent Co., Pennsylvania, who sold 1703, to the said John **White**, who devised, 1703, to his children, George and Elizabeth **White**, deceased and thus by executors John **Rowland** and John **Baldwin**, yeoman, of Bucks Co., Pennsylvania, went, 1715, to said Unity, wife of said George, who devised, 1791 (sic) to said Samuel **Bushell**. Signed Samuel **Bushell**. Wit: John **Frohock** and Nathan **Watson**.

P. 8, 24 Jul 1713, Margaret **Hough**, widow of Makefield, Bucks Co., Pennsylvania, John & Sarah **Bainbridge**, yeoman, of Maidenhead, Burlington, Co., New Jersey, Neal & Elizabeth **Grant**, yeoman, of Makefield, Bucks Co., Pennsylvania, Hannah and Sarah **Lambert**, (daughters of John **Lambert**, deceased, late of New Jersey) to John **Chapman**, yeoman, of Wrightstown, Bucks Co., Pennsylvania, £0.25, 400 acres...part of 500 acres patented, 1683, by John **Clowes**, who devised to his three daughters, Margaret **Hough**, Sarah **Bainbridge** and Rebeckah **Clowes**, (mother of said Elizabeth **Grant**, Hannah **Lambert** and Sarah **Lambert**). Signed Margaret **Hough**, John **Bainbridge**, Sarah **Bainbridge**, Neal **Grant**, Elizabeth **Grant**, Sarah (x) **Lambert**. Wit: Johannes **Lawrence**, Elizabeth **Bainbridge**, John **Hough**, James **Arnett**, Thomas (x) **Ashton**, Nickles **Root** and Joseph **Chapman**.

P. 11, 25 Jun 1741, Henry & Alice **Nelson**, yeoman, of Hilltown, Bucks Co., Pennsylvania to Thomas **Dowdney**, of Bristol, Bucks Co., Pennsylvania, £79.5, 53 acres...Bristol Twp... purchased, 1721, of Joseph **Bond**. Signed Henry **Nelson** and Alice (x) **Nelson**. Wit:

Daniel **Palmer** and Joseph **Simcock**.

P. 14, 4 Nov 1742, Thomas **Banks**, yeoman, of Milford Twp., Bucks Co., Pennsylvania mortgage to Richard **Peters**, gentleman, of Philadelphia, Philadelphia Co., Pennsylvania, £40, 102 acres ...line of Thomas **Parry**, Henry **Taylor** and Samuel **Mickle**... part of 2000 acres purchased, 1715, of Joseph **Growdon**. Signed Thomas (x) **Banks**. Wit: William **Peters** and John **Collahan**.

P. 15, 1 Nov 1742, Lawrence & Sarah **Growdon**, gentleman, of Bensalem Twp., Bucks Co., Pennsylvania to Henry **Pointer**, of same, £302, 151 acres...Bensalem Twp...line of Edmond **Dungan** and William **Dungan**...patented 1737. Signed Lawrence **Growdon** and Sarah **Growdon**. Wit: John **Cawley** and Thomas **Tomlinson**.

P. 17, 2 Nov 1742, Henry & Mary **Poynter**, yeoman, of Bensalem Twp., Bucks Co., Pennsylvania mortgage to Lawrence **Growdon**, gentleman, of same, £135, 151 acres...Bensalem Twp...line of Edmond **Dungan** and William **Dungan**...patented 1737. Signed Henry **Poynter** and Mary (x) **Poynter** Wit: John **Cawley** and Thomas **Tomlinson**.

P. 18, 22 May 1734, William & Jane **Fishbourn**, merchant, of Philadelphia, Philadelphia Co., Pennsylvania and Joseph & Mary **Peace**, miller, of Trent, Hunterdon Co., New Jersey to Ennion **Williams**, cooper, of Bristol, Bucks Co., Pennsylvania, £17, 4 acres...line of Anthony **Burton** and between Church Yard and Quaker burying ground...Hannah **Carpenter**, Samuel **Carpenter**, said William **Fishbourn** and Hannah his wife sold, 1720, to Joseph & Ann **Bond**, of Bristol, who sold, 1720 to said William and John **Watson**, merchant, of Philadelphia, Philadelphia Co., Pennsylvania and said Joseph. Signed William **Fishbourn** and Jane **Fishbourn**. Wit: John **Depia**, John **Stickes** and Edmond **Atkinson**. Signed: Joseph **Peace** and Mary **Peace**. Wit: Thomas **Barnes** Jr. and Simon **Battin**. Recorded 10 Mar 1742.

P. 21, 4 Jul 1733, William & Rebeccah **Hope**, carpenter, of Bensalem, Bucks Co., Pennsylvania to Ennion **Williams**, cooper, of Bristol, Bucks Co., Pennsylvania, £140, line of William **Fishbourn**...

William & Hannah **Fishbourn**, merchant, of Philadelphia, Philadelphia Co., Pennsylvania, Joseph & Mary **Peace**, miller and John **Wilson**, merchant of Trenton, Hunterdon Co., New Jersey, sold, 1724, to Robert & Mary **Smith**, of Bristol, Bucks Co., Pennsylvania, who sold to said William. Signed William **Hope** and Rebeccah (x) **Hope**. Wit: Joseph **Jackson**, William **Atkinson** and John **Cross**. Recorded 4 Mar 1742.

P. 23, 2 Jun 1742, Benjamin & Sarah **Canby**, yeoman, of Solebury, Bucks Co., Pennsylvania to Ennion **Williams**, yeoman, of Bristol, Bucks Co., Pennsylvania, £60, 17.25 acres...line of William **Fishbourn** and George **Cough**, deceased... purchased, 1732, of Joseph & Mary **Shaw**. Signed Benjamin **Canby** and Sarah **Canby**. Wit: Israel **Quinby** and Sarah **Kitchen**.

P. 24, 13 Oct 1741, Thomas **Dungan**, yeoman, Northampton Twp., Bucks Co., Pennsylvania to his grandsons, Jacob **Dungan** and Jonathan **Dungan**, when they are 21 years old, (sons of Jonathan **Dungan**, deceased), £0.25, 120 acres...Warwick Twp...line of Samuel **Dungan**, John **Cart**, David **Linsey** and Samuel **Fairie**...purchased, 1734, of Nicholas & Elizabeth **Holling**. Signed Thomas **Dungan**. Wit: Bartholomew **Longstreeth**, John **Dungan**, John **Huings** and John **Hartz**.

P. 25, 3 Jan 1742, William **Fry**, gentleman, of Middletown, Bucks Co., Pennsylvania mortgage to Lawrence **Growdon**, of Bucks Co., Pennsylvania, £82.25, 200 acres. Signed William **Fry**. Wit: Joseph **Poole** and John **Duncan**.

P. 26, 2 Apr 1743, John **Stackhouse** Jr., yeoman, of Middletown, Bucks Co., Pennsylvania mortgage to William **Allen**, of Philadelphia, Philadelphia Co., Pennsylvania, £220, 100 acres...line of Henry **Vanhorn**...part of 200 acres Nicholas **Waln**, sold, 1695, to John **Stackhouse**, father of said John. Signed John **Stackhouse** Jr. Wit: John **Duncan** and James **Bingham**.

P. 27, 18 Feb 1742, Alexander **Tippendower**, Bucks Co., Pennsylvania mortgage to Richard **Peters** and Lynford **Lardnor**, of Philadelphia, Philadelphia Co., Pennsylvania, £20, 150 acres...line of

George **Welver**, George **Shoemaker**, Jacob **Britton**. Signed: Alexander **Tippendower**. Wit: William **Petey** and John **Callaham**. Recorded 8 Jul 1743.

P. 29, 26 Apr 1742, John Abraham **DeNormandie**, merchant and Anthony **DeNormandie**, mariner, both of Bristol, Bucks Co., Pennsylvania to Ann **Amos**, widow, of Bensalem Twp., Bucks Co., Pennsylvania, patented, 1684, by John **Gilbert**, who sold, 1709, to Nicholas **Vandegrift**, who sold to Richard **Carlile**, merchant, of London, England, who sold, 1710 to said **DeNormandies**. Signed John Abraham **DeNormandie** and Anthony **DeNormandie**. Wit: John **Frohock** and Elizabeth **Elfreth**.

P. 31, 4 Oct 1742, Thomas **Cary**, (heir of Samson **Cary** of Bristol, Bucks Co., Pennsylvania), of Glocester Co. to Samuel **Cary**, of NewTown, Bucks Co., Pennsylvania, release for payment by John **White**, merchant, late of Philadelphia, Philadelphia Co., Pennsylvania, but now of London, England. Signed Thomas **Cary**. Wit: Samuel **Martyn** and Edward **Faulkener**, clerk to said **Martyn**, NP of London.

P. 32, 28 Sep 1742, Samuel **Cary**, (executor of Sampson **Cary**, of Bucks Co., Pennsylvania), of Bucks Co., Pennsylvania receives receipt from William & Hannah **Baily**, Mary **Cary**, William **Cary** and Samson **Cary**, (from their late uncle, Sampson **Cory**), for £20 paid by John **White**, of Cloydon, Surry Co.. Signed William **Baily** and Hannah **Baily**. Wit: Thomas **Cary**, cordwinder, of Woolton Underidge, Glocester Co., Sampson **Cary** and George **Heathcote**, mayor of London, England.

P. 34, 24 Sep 1742, John & Hannah **Hall**, cooper, of Bristol, Bucks Co., Pennsylvania mortgage to George **Jones**, gentleman, of Philadelphia, Philadelphia Co., Pennsylvania, £200, 27.25 acres...Bristol...line of Joseph **Bond** and Jeffery **Pollard**...11.25 acres...line of Daniel **Jackson**...2 acres...line of James **Allen** and Thomas **Biles**...existing mortgage to Joseph **Peace**, of Trenton. Signed John **Hall** and Hannah **Hall**. Wit: John **Frohock** and Mary **Atkinson**.

P. 36, 1 Apr 1743, Ambrose & Hannah **Barcroft**, (son of Ambrose **Barcroft**, deceased, intestate, leaving Elizabeth **Barcroft**, his widow, still living and son William **Barcroft** and son John **Barcroft**, a minor), yeoman, of Soleberry Town, Bucks Co., Pennsylvania mortgage to Clement **Plumstead**, merchant, of Philadelphia, Philadelphia Co., Pennsylvania, £118, 450 acres...line of Jedidiah **Allen**...William **Barcroft** quit claimed his share in 1724 to his brother, the said Ambrose. Signed Ambrose **Barcroft** and Hannah (x) **Barcroft**. Wit: Nicholas **Penquite**, William **Peters**, Mathew **Hughs** and Henry **Hudleston**.

P. 37, 5 Apr 1743, Amos **Janney**, (son and heir of Elizabeth **Janney**, who was a co-heir of Mahlon **Stacy** the other co-heir was Mahlon **Kirkbride**, son of Sarah **Kirkbirde**, deceased), yeoman, of Halfax Co., Virginia power of attorney to his brother, Thomas **Janney** of Falls Twp., Bucks Co., Pennsylvania...Mahlon **Stacy**, of Burlington Co., New Jersey, died intestate leaving land and iron works. Signed Amos **Janney**. Wit: Langhorn **Biles**, Elias **Hughs** and William **Biles**.

P. 38, 1 Aug 1743, Thomas **Rawlings**, yeoman, of Richland Twp., Bucks Co., Pennsylvania mortgage to William **Allen**, merchant, of Philadelphia, Philadelphia Co., Pennsylvania, £55, 102 acres...line of Walter **McCool** and Thomas **West**. Signed Thomas **Rawlings**. Wit: Abraham **Goostoth** and Joseph **Breinthall**.

P. 39, 14 Sep 1743, Peter **Larew**, yeoman, of Meakfield Twp. Bucks Co., Pennsylvania mortgage to Richard **Hookley**, merchant, of Philadelphia, Philadelphia Co., Pennsylvania, £120, 216 acres...line of James **Turriclift**, **Baker** and Abel **Jenney**. Signed Peter **Larew**. Wit: Richard **Hough** and William **Peters**.

P. 40, 25 Dec 1714, Joseph **Growdon**, of Trevose, Bucks Co., Pennsylvania to Henry **Mitchell**, carpenter, of Bristol Twp., Bucks Co., Pennsylvania, £100, 135 acres...line of John **Town**...Neshaminah Creek. Signed Joseph **Growdon**. Wit: Richard **Scott** and Jeremiah **Langhorne**. Recorded 20 Sep 1743.

P. 42, 30 Oct 1716, Hannah **Carpenter**, (widow of Samuel **Carpenter**, merchant, devised 1714), of Philadelphia, Philadelphia

Co., Pennsylvania to Henry **Mitchell**, carpenter, of Bristol Twp., Bucks Co., Pennsylvania, £105, 106.25 acres...Neshaminah Creek. Signed Hannah **Carpenter**. Wit: Joseph **Bond**, Jeremiah **Langhorne** and William **Fishbourn**. Recorded 23 Sep 1743.

P. 43, 16 Oct 1722, John & Margaret **Rootlidge** yeoman, of Southampton, Bucks Co., Pennsylvania to John **Peckcom**, yeoman, of Bristol Co., Massachusetts, £520, 214 acres...line of Robert **Heaton**...purchased of Robert & Grace **Heaton**... 150 acres...line of Jeremiah **Bartholomew**... Southampton...purchased, 1722, of Robert & Elizabeth **Fletcher**. Signed John **Rootlidge** and Margaret (x) **Rootlidge**. Wit: Robert **Heaton**, Henry **Mitchell** and Jeremiah **Langhorne**. Recorded 3 Oct 1743.

P. 46, 17 Mar 1742, Joseph **Jackson**, sheriff, of Bucks Co., Pennsylvania to Thomas **Clarke**, gentleman, Bucks Co., Pennsylvania , £537, 742 acres...line of Joshua **Wright** and John **Bissone**...Joseph **Turner** recovered in court, 1740, against Joseph **Peace** and John Abraham **DeNormandie**, administrators for John **Burk**, deceased, late of Bristol, Bucks Co., Pennsylvania. Signed Joseph **Jackson**. Wit: John **Duncan**, William **Fry** and John **Ross**. Recorded 4 Oct 1743.

P. 48, 14 May 1743, John **Cawley**, tanner, of Middletown, Bucks Co., Pennsylvania mortgage to William **Allen**, merchant, of Philadelphia, Philadelphia Co., Pennsylvania, £52, 45 acres and 41 acres...line of Abraham **Wood** and John **Johnson**. Signed John **Cawley**. Wit: Joseph **Breinthall** and John **Pritchard** Jr.

P. 49, 14 May 1743, James **Gregg**, yeoman, of Middletown, Bucks Co., Pennsylvania mortgage to William **Allen**, merchant, of Philadelphia, Philadelphia Co., Pennsylvania, £42, 162.5 acres ...line of John **Hough** and John **Whitacre**... Makefield. Signed James **Gregg**. Wit: Joseph **Preinthall** and John **Pritchard** Jr.

P. 50, 14 Sep 1743, Robert **Heaton**, yeoman, of Northampton, Bucks Co., Pennsylvania mortgage to William **Clymer**, merchant, of Philadelphia, Philadelphia Co., Pennsylvania, £200, 340 acres ...line of John **Naylor**, Thomas **Harding**, Christopher **Witherill** and

Ralph **Drakett**. Signed Robert **Heaton**. Wit: Sept. **Robinson** and Roby **Greenway**.

P. 52, 10 Jun 1733, Isaac **Pennington**, sheriff, Bucks Co., Pennsylvania to Stephen **Twining**, yeoman, of Wrightstown, Bucks Co., Pennsylvania, £31, 128 acres...line of Ezra **Croasdale** and Jeremiah **Bowman**...John **Frohock**, won judgement, 1732, against John **Pearson**, (eldest son and heir of Aaron **Pearson**, yeoman, of Bucks Co., Pennsylvania). Signed Isaac **Pennington**. Wit: John **Frohock** and Christian **Vanhooten**. Recorded 12 Oct 1743.

P. 54, 12 Oct 1743, Nathaniel **Irish**, Bucks Co., Pennsylvania to George **Cruickshank**, gentleman, of the Island of Montserrat, West Indies, £800, 150 acres...line of William **Allen**. Signed Nathaniel **Irish**. Wit: William **Peters** and James **Bingham**.

P. 57, Sep 1743, Joseph **Jackson**, sheriff, of Bucks Co., Pennsylvania to Euclidus **Longshore**, tanner, of Middletown, Bucks Co., Pennsylvania, £4, 1/6 acres...Mathias **Keen**, won, 1742, against Thomas **Taylor**, late of Bucks Co., Pennsylvania. Signed Joseph **Jackson**. Wit: John **Wells** and Richard **Mitchell**.

P. 59, 15 Oct 1743, Anthony **Wright**, yeoman, of Middletown, Bucks Co., Pennsylvania mortgage to Thomas **Clarke**, gentleman, of Falls Twp., Bucks Co., Pennsylvania, 200 acres...former line of William **Carter** said Anthony and his sons Charles and Thomas **Wright** have bond with said **Clarke**. Signed Anthony **Wright**. Wit: John Abraham **DeNormandie** and John **Frohock**.

P. 60, 13 Oct 1743, William & Margaret **Allen**, of Philadelphia, Philadelphia Co., Pennsylvania to George **Cruickshank**, gentleman, of the Island of Montserrat, West Indies, £400, 290 acres. Signed William **Allen** and Margaret **Allen**. Wit: William **Peters** and James **Bingham**.

P. 63, 3 Mar 1740, Edward **Glover**, saddler, of Middletown, Bucks Co., Pennsylvania to Joseph **Richardson**, merchant, of same, £375, 232 acres ...Middletown...line of Robert **Holegate**, Thomas **Constable**, Walter **Bridgman** and John **Croasdale** ...part of 1000 acres patented, 1685, by Thomas **Croasdale**, of New Hay, York Co., who devised to his sons William and John **Croasdale**, who sold, 1698, to John & Rachel **Cowgill**, who sold, 1712, to Nicholas & Rebeckah **Barnson**, who sold, 1725, to said Edward. Signed Edward **Glover**. Wit: Benjamin **Field** and Henry **Vanhorn**. Recorded 25 Oct 1743.

P. 66, 16 Sep 1743, Joseph **Jackson**, sheriff, of Bucks Co., Pennsylvania to Alexander **Graydon**, merchant, of Philadelphia, Philadelphia Co., Pennsylvania, £1940, several tracts ...1000 acres...Bristol ...line of William **Atkinson**, Thomas **Mare**, Thomas **Stackhouse**, Ennion **Williams**, John **White**, Benjamin **Canby**, Henry **Tomlinson**, John **Wells**, John **Hall**...416 acres...Bristol Twp ...Islands of Delaware River...line of **Normandy** ...5.5 acres...lot in Bristol...54 perches... lot in Bristol...1 acre...lot in Bristol...1.5 acres...lot in Bristol William **Whitaker**, merchant, of London, England won, 1742, in court against John **Burke**, deceased. Signed Joseph **Jackson**. Wit: Tench **Francis** and William **Peters**.

P. 70, 12 Mar 1741, Joseph **Jackson**, sheriff, of Bucks Co., Pennsylvania to Jeremiah **Langhorne**, of Middletown, Bucks Co., Pennsylvania, 250 acres...Newtown...line of Christopher **Taylor** land of Thomas **Story**, late of Bucks Co., Pennsylvania . Signed Joseph **Jackson**. Wit: Michael (x) **Dowd** and John **Duncan**. Recorded 31 Oct 1743.

P. 72, 13 Sep 1743, Christian **Shook**, farmer, Bucks Co., Pennsylvania mortgage to William **Allen**, merchant, of Philadelphia, Philadelphia Co., Pennsylvania, £30, 270 acres...line of Theobald **Leatherman** and John **Griffith**. Signed Christian **Shook**. Wit: Ja. Francis **FalJrivce** and James **Bingham**.

P. 74, 4 Nov 1743, Christian & Williamkee **Barnson**, also called **Vanhorn**, yeoman, of Northampton, Bucks Co., Pennsylvania to Joseph **Richardson**, merchant, of Middletown, Bucks Co., Pennsylvania, £18, 2 acres...line of Jonathan **Woolston**...purchased of Jeremiah **Langhorne**, deceased. Signed Christian **Vanhorn** and Williamkee (x) **Vanhorn**. Wit: Barnard **Vanhorn** and John **Duncan**.

P. 75, 15 Nov 1743, Lewis & Alice **Evan**, yeoman, of Hilltown Twp., Bucks Co., Pennsylvania mortgage to William **Thomas**, yeoman, of same, £5, 300 acres...line of Jenkin **Williams**, Adam **Walker** and Jeremiah **Langhorne**...Hilltown Twp. Signed Lewis (x) **Evan** and Alice (x) **Evan**. Wit: Mathew **Hughes** and George **Hughes**.

P. 77, 14 Dec 1743, Richard **Peters**, gentleman, of Philadelphia, Philadelphia Co., Pennsylvania to William **Thomas**, yeoman, of Bucks Co., Pennsylvania, £67.5, 150 acres...Deep Run...line of Nicholas **Dillion** and John **Kennard**. Signed Richard **Peters**. Wit: William **Peters** and John **Callahan**.

P. 78, 1 Jan 1742, Edward **Shipper**, merchant, of Philadelphia, Philadelphia Co., Pennsylvania to Richard **Peters**, gentleman, of same, £50, 300 acres...line of Nicholas **Dillion**, Joseph **Townsend** and John **Kennard**...patented 1741. Signed Edward **Shipper**. Wit: William **Peters** and John **Callahan**. Recorded 1743.

P. 79, 7 Dec 1743, Jacob **Vandegrift**, yeoman, Cornelius **King** Jr., yeoman, Katherine **King**, William & Christian **Williams**, yeoman, all of Appequiming Hundred, New Castle Co., Francis & Christian **King**, Francis & Elizabeth **Crueson**, yeoman, Albert **Vansandt**, yeoman, Leonard & Mary **Vandegrift**, Jacob & Mary **Vandegrift**, yeoman, John & Hannah **Lea**, yeoman, Sarah **Vandegrift**, all of George's Hundred, New Castle Co. and Jacob & Hannah **Houghhead**, yeoman, of Makefield, Bucks Co., Pennsylvania to Abraham **Vandegrift**, yeoman, of Bensalem Twp., Bucks Co., Pennsylvania , £0.25, 107 acres...Bensalem Twp... line of Lawrence **Growdon**...formerly belonged to Leonard **Vandegrift**, yeoman, deceased, of Bensalem, (father and grandfather of grantors). Signed Jacob **Vandegrift**, Cornelius **King**, Katherine (x) **King**, William **Williams**, Christian (x) **Williams**, Francis **King**, Steiner **King**, Francis **Krocton**, Elizabeth **Krocton**, Albert (x) **Vansandt**, Leonard **Vandegrift**, Mary (x) **Vandegrift**, John **Lee**, Hannah **Lee**, Sarah **Vandegrift**, Jacob (x) **Houghhead** and Hannah **Houghhead**. Wit: Thomas **Evans** and Leo **King**.

P. 82, 7 Sep 1738, Joseph **Claypoole**, joiner, of Philadelphia,

Philadelphia Co., Pennsylvania to Jonathan **Bavington**, cordwinder, of Northampton, Bucks Co., Pennsylvania , £5.19, 137 acres of 1000 acres... line of Joseph **Duncan**...sold, 1713, by sheriff...Helena **Claypoole**, widow of James **Claypoole**. Signed Joseph **Claypoole**. Wit: John **Jones** and Joseph **Lawrence**. Recorded 1743.

P. 84, 11 Dec 1739, Jacob **Bennett**, of Northampton, Bucks Co., Pennsylvania to Jonathan **Abbot**, cordwinder, of same, £105, 100 acres...line of Samuel **Blakert**...Northampton. Signed Jacob **Bennett**. Wit: Abraham **Chapman** Jr. and Richard **Haire** and Abraham **Chapman**. Recorded 1743.

P. 86, 9 Nov 1743, Abel **Noble**, cooper, of Warminster Twp., Bucks Co., Pennsylvania mortgage to Peter **Turner**, merchant, of Philadelphia, Philadelphia Co., Pennsylvania, £166, 100 acres...line of William **Noble** and James **Craven**. Signed Abel **Noble**. Wit: Charles **Brockeen** and John **Reily**.

P. 89, 14 Apr 1738, Caspar & Catharine **Wistar**, of Philadelphia, Philadelphia Co., Pennsylvania to Nathaniel **Irish**, gentleman, of Bucks Co., Pennsylvania, £52.5, 150 acres...line of William **Allen**. Signed Caspar **Wistar** and Catharine **Wistar**. Wit: Jacob **Shoemaker** and William **Parson**. Recorded 1743.

P. 90, 5 Aug 1743, John & Sarah **Hill**, yeoman, of Buckingham Twp., Bucks Co., Pennsylvania mortgage to George **Emler**, of Philadelphia, Philadelphia Co., Pennsylvania, debt of £300 made in 1741, 107 acres...line of John **Sarge** and Margaret **Atkinson**. Signed John **Hill** and Sarah **Hill**. Wit: Paul Isaac **Voto** and John **Reily**.

P. 92, 21 Dec 1743, William & Margaret **Allen**, of Philadelphia, Philadelphia Co., Pennsylvania to Jacob **Mapleman**, yeoman, of Bucks Co., Pennsylvania, £113, 126 acres...line of John **Landus**, Morris **Morris** and Abraham **Hestand**... part of 772 acres which was part of 10,000 acres devised by William **Penn** to his grandson Springet **Penn**, who sold, 1729, to his brother William **Penn**, who sold, 1729, to said **Allen**. Signed William **Allen** and Margaret **Allen**. Wit: William **Parson** and James **Bingham**.

P. 94, 21 Dec 1743, William & Margaret **Allen**, of Philadelphia, Philadelphia Co., Pennsylvania to John **Landus**, yeoman, of Bucks Co., Pennsylvania, £100, 125 acres...line of Jacob **Mapleman**. William **Allen** and Margaret **Allen**. Wit: William **Parson** and James **Bingham**.

P. 96, 18 Mar 1714, Robert **Smith**, of Bristol Twp., Bucks Co., Pennsylvania to John **Stackhouse**, of Middletown, Bucks Co., Pennsylvania, £112, 160 acres...line of Israel **Pemberton**, John **Smith** Jr. and John **Lanin**...part of 268 acres, purchased, 1713, of John **Smith** Jr., who, purchased, 1710, of William **Atkinson**. Signed Robert **Smith**. Wit: John **Smith** and John **Cusler**. Recorded 1743.

P. 97, 20 Oct 1733, George **Brown**, carpenter, of Buckingham, Bucks Co., Pennsylvania agrees with James **Evans**, yeoman, of same, that he has sold 100 acres...line of Alexander **Brown** and Daniel **Jackson**...Buckingham. Signed George **Brown**. Wit: Jonathan **Carlile** and Sarah **Brown**.

P. 98, 16 Jan 1743, Jacob **Walton**, of Bucks Co., Pennsylvania mortgage to Richard **Peters** and Lynford **Lardner**, gentlemen, of Philadelphia, Philadelphia Co., Pennsylvania, £32, 150 acres...line of James **Dicken**. Signed Jacob **Walton**. Wit: William **Peters** and John **Callahan**.

P. 101, 16 Jan 1743, James **Kilpatrick**, of Bucks Co., Pennsylvania mortgage to Richard **Peters** and Lynford **Lardner**, gentlemen, of Philadelphia, Philadelphia Co., Pennsylvania, £52.15, 200 acres...Three Mile Run...line of Isaac **Walker** and Michael **Frylick**. Signed James **Kilpatrick**. Wit: William **Peters** and John **Callahan**.

P. 103, 16 Jan 1743, Peter **Gruber**, of Bucks Co., Pennsylvania mortgage to Richard **Peters** and Lynford **Lardner**, gentlemen, of Philadelphia, Philadelphia Co., Pennsylvania, £40, 150 acres...Three Mile Run...line of James **Dicken** and Peter **Patridge**. Signed Peter **Gruber**. Wit: William **Peters** and John **Callahan**.

P. 105, 31 Jan 1743, John **Hutchinson**, of Bucks Co., Pennsylvania mortgage to Richard **Peters** and Lynford **Lardner**, gentlemen, of

Philadelphia, Philadelphia Co., Pennsylvania, £45, 166 acres ...line of Andrew **Gatchel**. Signed John (x) **Hutchinson**. Wit: William **Peters** and John **Callahan**.

P. 107, 18 Feb 1743, Solomon **Leibkap**, of Bucks Co., Pennsylvania mortgage to Richard **Peters** and Lynford **Lardner**, gentlemen, of Philadelphia, Philadelphia Co., Pennsylvania, £40, 207 acres ...line of Jacob **Herman**, Francis **Louis** and Adam **Thester**. Signed Solomon **Leibkap**. Wit: Edward **Reily** and John **Callahan**.

P. 109, 18 Feb 1743, Jacob **Frelly**, of Bucks Co., Pennsylvania mortgage to Richard **Peters** and Lynford **Lardner**, gentlemen, of Philadelphia, Philadelphia Co., Pennsylvania, £22.3, 101 acres. Signed Jacob **Frelly**. Wit: Edward **Reily** and John **Callahan**.

P. 111, 18 Feb 1743, Michael **Wrisel**, of Bucks Co., Pennsylvania mortgage to Richard **Peters** and Lynford **Lardner**, gentlemen, of Philadelphia, Philadelphia Co., Pennsylvania, £70, 131 acres ...lin of Michael **Frelick** and James **Kilpatrick**. Signed Michael **Wrisel**. Wit: Edward **Reily** and John **Callahan**.

P. 113, 20 Feb 1743, William **Graham**, of Bucks Co., Pennsylvania mortgage to Richard **Peters** and Lynford **Lardner**, gentlemen, of Philadelphia, Philadelphia Co., Pennsylvania, £67.5, 130 acres ...line of James **Dicker**. Signed William (x) **Graham**. Wit: Edward **Reily** and John **Callahan**.

P. 115, 4 May 1744, George **Newburne**, yeoman, of Buckingham Twp., Bucks Co., Pennsylvania mortgage to William **Winton**, yeoman, of Philadelphia, Philadelphia Co., Pennsylvania, owes £120, 100 acres...Buckingham Twp. Signed George **Newburne**. Wit: Paul Isaac **Voto** and J. **Okely**.

P. 116, 31 Jan 1743, Rudolph **Serbor**, of Bucks Co., Pennsylvania mortgage to Richard **Peters** and Lynford **Lardner**, gentlemen, of Philadelphia, Philadelphia Co., Pennsylvania, £42, 200 acres ...line of William **Allen**. Signed Rudolph **Serbor**. Wit: William **Peters** and John **Callahan**.

P. 119, 31 Jan 1743, James **Vansandt**, of Bucks Co., Pennsylvania mortgage to Richard **Peters** and Lynford **Lardner**, gentlemen, of Philadelphia, Philadelphia Co., Pennsylvania, £52, 188.75, ...line of Perkasie **Mannor** and Solomon **Lightlap**. Signed James **Vansandt**. Wit: William **Peters** and John **Callahan**.

P. 121, 3 Apr 1744, William & Dorothy **Hudleston**, cordwinder, of Bucks Co., Pennsylvania to Joseph **Richardson**, merchant, of same, £183.9, 59 acres ...Middletown...part of 100 acres, purchased, 1688, by Henry **Hudleston**, (father of said William), of William **Hayhurst**. Signed William **Hudleston** and Dorothy **Hudleston**. Wit: John **Smith** and John **Duncan**.

P. 123, 13 Mar 1744, William & Dorothy **Hudleston**, cordwinder, of Bucks Co., Pennsylvania to John **Mitchell**, carpenter, of same, £3.8, 100 acres...line of James **Dilworth** ...Middletown...land William **Hayhurst**, (elder son of Cuthbert **Hayhurst**), sold to Henry **Hudleston**, (father of said William). Signed William **Hudleston** and Dorothy **Hudleston**. Wit: William **Fry**, Benjamin **Tomlinson** and William **Wildman**.

P. 124, 9 Jun 1743, Mathias & Susannah **Keen**, carpenter, of Bristol, Bucks Co., Pennsylvania mortgage to David **Murray**, gentleman, of Philadelphia, Philadelphia Co., Pennsylvania, owes £150, £140 more, lot in Bristol...line of Anthony **Burton**. Signed Mathias **Keen** and Susannah **Keen**. Wit: Sarah **Burton** and John **Spoolhock**.

P. 125, 7 jun 1743, Richard **Glover**, weaver, of Bristol, Bucks Co., Pennsylvania mortgage to David **Murray**, gentlemen, of Philadelphia, Philadelphia Co., Pennsylvania, £37, lot in Bristol...line of John **Rowland** and Isaac **Pemberton**. Signed Richard **Glover**. Wit: Benjamin **Harris**, Simon **Sackel** and William **Atkinson**.

P. 127, 14 Apr 1739, Deborah **Connoly**, widow, of Philadelphia, Philadelphia Co., Pennsylvania to John Abraham **DeNormandy**, merchant, of Bristol, Bucks Co., Pennsylvania, £120, lot in Bristol... purchased, 1723, of Joseph & Ann **Bond**, yeoman, of Bristol Twp., Bucks Co., Pennsylvania, William & Hannah **Fishbourn**, and John **Wilson**, merchants, of Philadelphia, Philadelphia Co., Pennsylvania, by Mathew **Durham**, who devised, 1723, to Thomas **Wathell**, who devised, 1733, to Joseph **Peace**, miller, of Trenton, Hunterdon Co., New Jersey, who sold 1737, to said Deborah. Signed Deborah **Connoly**. Wit: Rice **Peters** and Samuel **Gifford**. Recorded 1744.

P. 129, 13 Jun 1744, Samuel & Sarah **Witkins**, yeoman, of Orange Co., Virginia mortgage to Nathaniel **Smith**, gentleman, of New Jersey, £100, 250 acres...Bensalem...line of James **Logan**. Signed Samuel **Witkins**. Wit: Thomas **Bonde**, James **Bingham** and William **Allen**.

P. 131, 24 Dec 1741, Thomas & Susannah **Maple**, yeoman, of Abington Twp., Philadelphia Co., Pennsylvania to Bernard **Young**, yeoman, of Bucks Co., Pennsylvania, £359, 379 acres of 400 acres of 3000 acres patented 1701, by George **Beal**, who sold, 1718 to Jeremiah **Langhorne**, of Bucks Co., Pennsylvania, sold, 1723, to John **Chapman**, who sold, 1723, to David & Jane **Maple**, (father of said Thomas), who devised 1736. Signed Thomas **Maple** and Susannah (x) **Maple**. Wit: William **Britton** and Abraham **Stevens**. Recorded 1744, before Benjamin **Jones**.

P. 135, 16 Aug 1731, Richard & Rachel **Glover**, (said Rachel is one of the daughters of John **Clarke**, by his wife Martha, who was the daughter and heir of Gilbert **Wheeler**, yeoman, of Bucks Co., Pennsylvania), weaver, of Bristol, Bucks Co., Pennsylvania to John **Clarke**, (only son of said John), yeoman, of same, £30, 300 acres... line of William **Biles** and Robert **Harvey** and 400 acres...line late of John **Pidcock**. Signed Richard **Glover** and Rachel **Glover**. Wit: William (x) **Eaton** and Mary (x) **Jenkins**. Recorded 1744 before Thomas **Waters**.

P. 137, 27 Feb 1743, Robert **Heaton** received of William **Clymer**, £100, for mortgage on 340 acres. Signed Robert **Heaton**. Wit: William **Whitehead** and Rob **Greenway**. Recorded 1744 before John **Moland**.

P. 138, Mathew **Rue**, yeoman, of Middletown, Bucks Co., Pennsylvania to £0.05, 150 acres...line of John **Goston**, Francis **White** and Peter **Vanhorn**.. .purchased, 1730, of Bartholomew

Jacobs. Signed Mathew **Rue**. Wit: Benjamin **Harris**, Giles **Lawrence** and William **Atkinson**. Recorded 1744.

P. 139, 10 Jul 1744, Nathan **Watson**, butcher, of Bristol, Bucks Co., Pennsylvania mortgage to William **Atkinson**, yeoman, of same, £55, 9 acres. Signed Nathan **Watson**. Wit: William **Atkinson** Jr., Jacob **Gambley** and Thomas **Gifford**.

P. 141, 2 Dec 1741, Joseph & Elizabeth **Warder**, yeoman, of Halls Twp., Bucks Co., Pennsylvania mortgage to Rachel **Baker**, widow, of Makefield Twp., Bucks Co., Pennsylvania, owes £400, for £200 more, 100 acres...line of Joseph **Kirkbride**. Signed Joseph **Warder** and Elizabeth **Warder**. Wit: William **Yeardley** and Thomas **Yeardley** Jr. Recorded 1744.

P. 143, 29 Sep 1744, Johannes Philip & Catherine **DeBertholt**, chemist, of Germantown, of Philadelphia Co., Pennsylvania mortgage to Richard **Peters**, merchant, of Philadelphia, Philadelphia Co., Pennsylvania, £190, 379 acres ...line of William **Allen** and Thomas **Craig**. Signed Johannes Philip **BeBertholt**. Wit: Joseph **Crellins** and John **Callahan**.

P. 145, 13 Mar 1744, Robert **Heaton**, yeoman, of Northampton Twp., Bucks Co., Pennsylvania mortgage to William **Clymer**, merchant, of Philadelphia, Philadelphia Co., Pennsylvania, owes £1000, for £500 more, 340 acres...line of John **Naylor**, Samuel **Allen** and Thomas **Harding**. Signed Robert **Heaton**. Wit: John **Plumly** and Robert **Greenway**.

P. 147, 22, Mar 1744, Archibald & Mary **Anderson**, brewer, of Philadelphia, Philadelphia Co., Pennsylvania mortgage to George **Enton**, mariner, of same, owes £300, for £150 more, 391 acres... line of John **Clawson**. Signed Archibald (x) **Anderson** and Mary **Anderson**. Wit: Jacob **Shoemaker** Jr. and Arthur **Dorsbet** Recorded before John **Hinsey**.

P. 149, 9 Jul 1743, Mathew **Keen**, carpenter, of Bristol, Bucks Co., Pennsylvania mortgage to John Abraham **DeNormandy**, merchant, of same, £75, lot in Bristol...former line of George **Clough**. Signed

Mathew **Keen**. Wit: John **Shutham** and John **Frohock**. Recorded before Ennion **Williams**.

P. 151, 16 Jan 1743, Timothy **Baynes**, yeoman, of Solebery, Bucks Co., Pennsylvania mortgage to John Abraham **DeNormandy**, John **Snowdon**, tanner, of Pennsylvania and Joseph **Peace**, gentleman, of Trenton, New Jersey, £80, 200 acres...line late of Edward **Corn**. Signed Timothy **Baynes**. Wit: John **Frohock** and John **DeNormandy** Jr.

P. 153, 14 May 1744, Hendrick **Furst**, yeoman, of Bensalem Twp., Bucks Co., Pennsylvania mortgage to John Abraham **DeNormandy** and John **Snowdon**, tanner, of Pennsylvania, £50, 100 acres...line of Peter **Williams** and John **Williams**. Signed Hendrick **Furst**. Wit: John **Frohock** and Thomas **Hutchinson**.

P. 155, 12 Feb 1724, Owen **Roberts**, of Philadelphia, Philadelphia Co., Pennsylvania to William **Blakey** Jr., yeoman, of Pensburg, Bucks Co., Pennsylvania, 500 acres...line of George **Pownall**...Solebury Twp... patented by Daniel **Smith**, of Philadelphia, Philadelphia Co., Pennsylvania, but formerly of Malbrough, Wilts Co., England, who had his estate handled, 1702, by Randell **Spakeman**, of Philadelphia, Philadelphia Co., Pennsylvania...John **Smith**, (eldest son and heir of said Daniel), of London, England, gave, 1719, power of attorney to Thomas **Chalkley**, of Philadelphia, Philadelphia Co., Pennsylvania, who sold, 1722, to said Owen. Signed Owen **Roberts**. Wit: John **Cadwalader**, Thomas **Luch** and Nicholas **Seuth**. Recorded 1744 before Joshua **Maddox**.

P. 159, 3 Apr 1743, William & Dorothy **Huddleston**, cordwinder, of Middletown, Bucks Co., Pennsylvania to William **Blakey**, yeoman, of same, £12.1, 100 acres...line of James **Dilworth** ...purchased, 1706, of William **Hayhurst** by Henry & Elizabeth **Huddleston**, (parents of said William and said Elizabeth later married Thomas **Davis**) and said Thomas and Elizabeth, sold, 1729, to said William. Signed William **Huddleston** and Dorothy **Huddleston**. Wit: John **Cawley** and Euetydus **Longshore**.

P. 162, 2 Jul 1739, Ezra **Croasdell** and Thomas **Stackhouse**, yeomen, of Middletown, Bucks Co., Pennsylvania to Jeremiah **Croadell**, Joseph **Walker**, Joseph **Stackhouse**, Cuthbert **Hayhurst**, Benjamin **Cutler** and William **Paxon**, of Bucks Co., Pennsylvania, £0,05, 3 acres and 2 acres...line of William **Huddleston** and Christian **Vanhorn**... William **Hayhurst** sold to Joseph **Growdon**, Ezra **Croasdell**, William **Paxon**, Thomas **Hilbourn**, John **Cutler** and Thomas **Stackhouse**, all of Bucks Co., Pennsylvania. Signed Ezra **Crasdell** and Thomas **Stackhouse**. Wit: David **Wilson**, James **Thackray** and Robert **Collison**. Recorded 1742.

P. 165, 17 Mar 1743, John & Rebecca **Ingels**, sawyer, of Philadelphia, Philadelphia Co., Pennsylvania to Ann **Amos**, widow, of Bensalem Twp., Bucks Co., Pennsylvania, £160, 100 acres... purchased, 1738, of Samuel & Elizabeth **Swift**, (said Samuel was the eldest grandson and heir of John **Swift**). Signed John **Ingels** and Rebecca **Ingels**. Wit: Benjamin **Hoster** and Joseph **Rush**.

P. 167, 11 Feb 1744, Lawrence & Sarah **Growdon** and Thomas & Hannah **Janney**, (said Sarah and Hannah are nieces of Jeremiah **Langhorne**), of Pennsylvania to Langhorne **Biles**, of Pennsylvania, £1000, 970 acres...line of Col. **Mildmay**, Edward **Kemp**, John **Penn**...1000 acres of 2000 acres patented by Edward **Belton**, of Oxford, England, who sold, 1713, to James **Logan**, of Philadelphia, Philadelphia Co., Pennsylvania, sold, 1713, to said Jeremiah...2500 acres patented, 1785, by Isaac **Decow**, yeoman, of York Co., England, who devised, 250 acres to his daughter Susannah **Decow**, who later married Ambrose **Field**, who sold, 1709, to Jonace **Decow**, (son of said Isaac), who sold, 1709, to said Jeremiah, who sold, 1711, to John **Rowland**, who sold back to said Jeremiah. Signed Lawrence **Growdon**, Sarah **Growdon**, Thomas **Janney** and Hannah **Janney**. Wit: Samuel **Cary** and William **Yeardley**.

P. 173, 2 Apr 1745, Thomas **Scott**, yeoman, of the manor of Highlands, Bucks Co., Pennsylvania mortgage to James **Logan**, gentleman, of Stinton, Philadelphia Co., Pennsylvania, £100, 137.5 acres ...line of Peter **Johnson**...part of 300 acres, Tobias **Collest**, Daniel **Quare** and Henry **Goldney**, late of London, England, sold 1732, to the said Thomas. Signed Thomas **Scott**. Wit: Peter **Haig** and Christian **Lehman**. Recorded before John **Kinsey**.

P. 176, 14 Mar 1745, John **Hutchinson**, of Bucks Co., Pennsylvania mortgage to Richard **Peters** and Lynford **Lardner**, gentlemen, of Philadelphia, Philadelphia Co., Pennsylvania, £38, 158 acres...line of John **Hayes** and William **Ware** Gallon Hill Run...Darham Twp. Signed John (x) **Hutchinson**. Wit: James **Aiskill** and John **Callahan**.

P. 179, 21 Feb 1744, Benjamin **Collins**, of Bucks Co., Pennsylvania mortgage to Richard **Peters** and Lynford **Lardner**, gentlemen, of Philadelphia, Philadelphia Co., Pennsylvania, £38.75, 150 acres...Plumstead Twp...line of William **Fream** and John **Norcross**. Signed Benjamin **Collins**. Wit: William **Norcross** and John **Callahan**.

P. 181, 10 May 1710, Robert **Caille**, merchant, of London, England, devises after his death to John Abraham **DeNormandy** and John Anthony **DeNormandy**, sons of Andrew **DeNormandy** all lands in Pennsylvania. Signed Robert **Caille**. Recorded 1745.

P. 182, 4 Feb 1744, Langhorne **Biles**, of Falls Twp., Bucks Co., Pennsylvania to Thomas **Janney**, of same, £500, 970 acres...line of Col. **Mildmay**, Edward **Kemp** and John **Penn** patented, 1714, by Jeremiah **Langhorne**, who devised to his nieces Sarah **Growdon** and Hannah **Janney**, who sold, to said Langhorne. Signed Langhorne **Biles**. Wit: Samuel **Cary** and William **Yeardley**.

P. 184, 14 Feb 1744, Langhorne **Biles**, of Falls Twp., Bucks Co., Pennsylvania to Lawrence **Growdon**, of same, £530, 970 acres...line of Col. **Mildmay**, Edward **Kemp** and John **Penn** patented, 1714, by Jeremiah **Langhorne**, who devised to his nieces Sarah **Growdon** and Hannah **Janney**, who sold, to said Langhorne. Signed Langhorne **Biles**. Wit: Samuel **Cary** and William **Yeardley**.

P. 187, 13 May 1841, Joseph & Hannah **Burgess**, yeoman, of Makefield, Bucks Co., Pennsylvania to Mahlon **Kirkbride**, yeoman, of same, £155, 103 acres...line late of Henry **Majorum** and late of William **Beakes** patented, 1701, by John **Parson**, who sold, 1701, to Joseph **Kirkbride**, yeoman, of Falls Twp., Bucks Co., Pennsylvania, who sold, 1702, to Mathew **Kirkbride**, who devised, 1709, through his executors, Jean **Kirkbride** and Thomas **Kirkbride**, to George **Slater**, of Makefield, Bucks Co., Pennsylvania, who sold, 1714, to said **Burgess**. Signed Joseph **Burgess** and Hannah **Burgess**. Wit: John **Burgess** and Joseph **Kirkbride**. Recorded 1743.

P. 189, 9 Oct 1744, Samuel & Jane **Smith**, merchant, of Burlington Co., New Jersey to Mahlon **Kirkbride**, yeoman, of Makefield Twp., Bucks Co., Pennsylvania, £220, 292 acres of 330 acres...line of George **Fishwater**, John **Marks** and Clement **Doyle**...patented, 1724, by Jeremiah **Langhorne**, who sold, 1729, to Joseph **Kirkbride**, late of Falls Twp., Bucks Co., Pennsylvania, who devised, 1736, to his daughter Jane **Kirkbride**. Signed Samuel **Smith** and Jane **Smith**. Wit: Thomas **Marnott**, Joseph **Rockhill** Henry **Scott**.

P. ;192, 13 Sep 1743, Thomas Bishop **Victor**, of Chris Magna, Somerset Co., England and Richard **Hockley**, merchant, of Philadelphia, Philadelphia Co., Pennsylvania, (attorney for Thomas **Bishop**) to James **Tunnisclift**, yeoman, of Makefield Twp., Bucks Co., Pennsylvania, £200, 483 acres... patented, 1683, by Richard **Victor**, then of Bristol, England, whose son and heir Thomas Bishop **Victor**. Signed Thomas Bishop **Victor** by his attorney Richard **Hockley**. Wit: William **Peters** and Richard **Peters**.

P. 195, 21 Jun 1745, Thomas **Dungan**, carpenter, of Warminster Twp., Bucks Co., Pennsylvania mortgage to Stephen **Anthony**, skinner, Robert **Thowel**, bolter, John **Beezely**, blockmaker, Augustine **Stillman**, cordwinder, all of Philadelphia, Philadelphia Co., Pennsylvania and Stephen **Watts**, yeoman, of Southampton Twp., Bucks Co., Pennsylvania, £100, 100 acres...line of Bartholomew **Long**, James **Craven** and Abel **Noble**. Signed Thomas **Dungan**. Wit: Arthur **Foster** and Paul Isaac **Voto**.

25 Apr 1745, Malacki **Walton**, innholder, of Bristol, Bucks Co., Pennsylvania mortgage to William **Skeels**, butcher, of Burlington, New Jersey, £20, lot in Bristol. Signed Malacki **Walton**. Wit: John **Frohock** and Thomas **Hutchinson**.

P. 198, 4 May 1745, William **Mead**, of Makefield Twp., Bucks Co.,

Pennsylvania mortgage to Samuel **Parr**, merchant, of Philadelphia, Philadelphia Co., Pennsylvania, owes £718, 220 acres...line of Henry **Majorum**. Signed William **Mead**. Wit: Edmund **Kearny** and John **Kinsey**.

P. 199, 5 Sep 1745, Benjamin **Tomlinson**, of Middletown, Southampton Twp., Bucks Co., Pennsylvania mortgage to Benjamin **Scott**, carpenter, of Southampton Twp., Bucks Co., Pennsylvania, £240, 113 acres...Southampton Twp. Signed Benjamin **Tomlinson**. Wit: Joseph **Richardson**, Thomas **Tomlinson** and William **Fry**.

P. 200, 1 Jun 1745, Joseph & Mary **Fenton**, yeoman, of Northampton Twp., Bucks Co., Pennsylvania mortgage to William **Bennett**, blacksmith, of same, £360, 276 acres...line of Paul **Blaker** and Nicholas **Wynhoop**. Signed Joseph **Fenton** and Mary **Fenton**. Wit: Joseph **Richardson**, Thomas **Tomlinson** and William **Fry**.

P. 201, 1 Jun 1745, Joseph & Mary **Fenton**, yeoman, of Northampton Twp., Bucks Co., Pennsylvania mortgage to William **Bennett**, blacksmith of same, £360, 276 acres...line of Paul **Blaker** and Barnard **Vanhorn**. Signed Joseph **Fenton** and Mary **Fenton**. Wit: Gerret **Kroensen** and Benjamin **Jones**.

P. 203, 25 Jun 1717, Morris & Susannah **Morris**, yeoman, of Abington Twp., Philadelphia Co., Pennsylvania and Richard & Ann **Walln**, yeoman, of Philadelphia, Philadelphia Co., Pennsylvania, (said Susannah and Ann are sisters of Richard **Heath**, gentleman, of Philadelphia, Philadelphia Co., Pennsylvania, deceased, his other sisters being, Elizabeth, wife of Thomas **Livesley**, yeoman, of Dublin Twp., Hannah, the wife of Richard **Worrell**, of Dublin Twp. and Mary **Heath**, spinster, of Abington Twp.) to John **Wells**, carpenter, of Lower Dublin Twp., of Philadelphia Co., Pennsylvania, £92, 500 acres and acres...line late of Tobias **Dymock**...originally sold, 1716, to Charles **Brockden**, who sold back, 1716, to said Morris and Richard. Signed Richard **Walln**, Ann **Walln**, Morris **Morris** and Susannah **Morris**. Wit: Charles **Brockden** and Charles **Ozborne**. Recorded 1745.

P. 208, 1 Jun 1745, William **Hooper**, shipwright, of Bristol Twp.,

Bucks Co., Pennsylvania to Mary **Martin**, widow, of same, £40, 40 acres...line of Thomas **Dowdney** and land formerly belonging to William **Bagley**...part of 60 acres, sold, 1726, by George & Elizabeth **Guiness** to Daniel **Jones**, who devised to his widow Elizabeth **Jones**, and his daughters Grace and Mary **Jones**, who sold, 1743, to the said William. Signed William (x) **Hooper**. Wit: William **Atkinson**, Margaret **Atkinson**, Joseph **Atkinson** and Sarah **Hooper**.

P. 209, 2 Nov 1745, Benjamin & Sarah **Canby**, yeoman, of Solebury Twp., Bucks Co., Pennsylvania mortgage to William **Atwood**, merchant, of Philadelphia, Philadelphia Co., Pennsylvania, owes £200, £100 more, 21.75 acres ...line of Anthony **Morris** and land late of William **Kitchen**, deceased. Signed Benjamin **Canby** and Sarah **Canby**. Wit: Thomas **Phillips** and Rachel **Quenby**.

P. 211, 12 Dec 1739, John **Smith**, husbandman, of Bristol Twp., Bucks Co., Pennsylvania £32, 13 acres...Bristol Twp...line of William **Colonelly**, deceased,, John **Clay** and Israel **Pemberton**...part of 100 acres, Elizabeth **Large**, Joseph **Large** and Elinor **Large**, sold, 1710, to Robert **Smith**, who sold, 1720, to said John. Signed John **Smith** and Sarah **Smith** Wit: Daniel **Wright**, Joseph **Mountain** and Charles (x) **Wright**. Recorded 1745.

P. 213, 7 Jan 1742, Benjamin & Ann **Cambe**, yeoman, of Makefield, Bucks Co., Pennsylvania to Randle **Hutchinson**, mason, of same, £240, 182 acres...former line of John **Snowden**...line of Joseph & Elizabeth **Warder**, Martha **Worrall** and line late of Henry **Margenum**...Samuel & Martha **Darke**, yeoman, late of Falls Twp., Bucks Co., Pennsylvania, sold, 1713, to Thomas **Worrall**, schoolmaster, late of Bristol, Bucks Co., Pennsylvania, who devised to his daughters, Elizabeth **Warder**, Ellen, the wife of William **Meed** and Martha **Worrall** and in 1740 William & Ellen **Meed** became the owners and sold, 1740, to said Benjamin. Signed Benjamin **Cambe** and Ann (x) **Cambe**. Wit: Samuel **Brown** and James **Carnethers**. Recorded 1746.

P. 218, 12 Oct 1745, Thomas **White**, merchant, of Baltimore Co., Maryland to Richard **Hill**, (son and heir of Richard **Hill**, who was a nephew of Dr. Richard **Hill**), merchant, of Philadelphia,

Philadelphia Co., Pennsylvania, (now at ports beyond the sea) and Samuel Preston & Hannah **Moore**, (said Hannah is a daughter of said Richard **Hill**, deceased, and sister of said Richard **Hill**), attorney for said Richard, late of Londontown, Maryland, but now of Philadelphia, Philadelphia Co., Pennsylvania, £1500, lots in Mulberry, 60 acres...part sold, 1719, to Abraham **Watkins**, 1721 to George **Campion**, 1708, to William **Boulding**, 1709, to John **Hart**, to Abel **Cotty**, to Henry **Frogly**, to Daniel **Harrison**, 1717 to John **Imgram**, 1718, to Dennis **Rockford**, to John **Williams**, 1720, to Daniel **Ridge**, 1723, to William **Mitchener**, 1723 to John **Dyer**, 1723, to James **Hughes**, 1723, to John **Earle**, 1727, to John **Brittan**, 1723, to Silas **McCarty**, to William **Maugnoge**, 1744, to Thomas **Boude**, 1744, to John **Bood**, 1744, to John **Coaks**, 1744, to John **Gould**, 1744, to Daniel **Dawson**, 1744, to Mathew **Grier**, 1744, to Samuel **Farguson**, 1743, to James **Coldwell**, 1743, to Hugh **Farguson**, Signed Thomas **White** and Samuel Preston **Moore**. Wit: Charles **Brockden**, Paul Isaac **Voto** and Arthur **Forster**.

2
P. 223, 12 Pct 1845, Richard **Hill**, (son and heir of Richard **Hill**, who was a nephew of Dr. Richard **Hill**), merchant, of Philadelphia, Philadelphia Co., Pennsylvania, (now at ports beyond the sea) and Samuel Preston & Hannah **Moore**, (said Hannah is a daughter of said Richard **Hill**, deceased and sister of said Richard **Hill**), attorney for said Richard, late of Londontown, Maryland, but now of Philadelphia, Philadelphia Co., Pennsylvania to Thomas **White**, merchant, of Baltimore Co., Maryland, £1500, half part, names John **Key**, Humphry **Murry**, Richard **Murry**, Samuel **Corker**, Thomas **Lyson**, James & Rachel **Steward**, Mary **Witchell**, widow of Thomas **Witchell**, (parents of said Rachel **Steward**), Evan & Mary **Owen**, Francis **Rawle**, John **Heap**, Thomas **Barker**, Samuel **Preston**, Anthony **Morris** Jr., William **Clews**, Simon **Edgell**, Dinah **Davis**, John **Reads**, George **Karman**, Daniel **Ridge**, William **Tidmarsh**, George **Fitzwater**, James **Caldwell**. Signed Samuel Preston **Moore**. Wit: Charles **Brockden**, Paul Isaac **Voto** and Arthur **Forster**.

P. 236, 6 Nov 1744, John **Wilkinson** Jr., cooper, of Wrightstown, Bucks Co., Pennsylvania to Jonathan **Bavington**, cordwinder, of Warwick, Bucks Co., Pennsylvania,£3.1, one half of land James & Rebecca **Claypool**, painter, of Philadelphia, Philadelphia Co.,

Pennsylvania sold to Jonathan **Bavington**, cordwinder, of Warwick, Bucks Co., Pennsylvania and John **Wilkinson** Jr., cooper, of Wrightstown, Bucks Co., Pennsylvania, 150.75 acres...Warwick...line of William **Shipper**. Signed Jonathan **Wilkinson** Jr. Wit: Paul **Pennington** and Richard **Mitchell**.

P. 238, 10 Jan 1745, Jacob & Elizabeth **Wildman**, yeoman, of Middletown, Bucks Co., Pennsylvania mortgage to Joseph **Richardson**, merchant, of same, owes £220, 177 acres...Middletown...line of John **Croasdell**, George **Hulm** and Jonathan **Woolstone**. Signed Jacob **Wildman** and Elizabeth **Wildman**. Wit: John **DeNormandie** Jr., John **Frohock**, Adam **Harker** and Samuel **Stackhouse**.

P. 239, 2 Jul 1732, James **Gould**, mariner, of Boston, Suffolk Co., Massachusetts to Thomas **Maybury**, blacksmith, of Middletown, Bucks Co., Pennsylvania, £560, 400 acres...Newtown Twp... line of John **Wally**, Thomas **Hilburn** and Thomas **Stradlin**...purchased of Joseph & Hannah **Frost**, of Charles Town, Middlesex Co., Massachusetts. Signed James **Gould**. Wit: Josiah **Fithian**, Benjamin **Davis** and Amos **Strickland**. Recorded 1746.

P. 243, 12 Oct 1744, Alexander **Graydon**, merchant, of Philadelphia, Philadelphia Co., Pennsylvania to Joseph **Hough**, miller, of Bristol, Bucks Co., Pennsylvania, £10, line of Nathan **Watson**...belonged to estate of John **Burk** and sold by sheriff to said Alexander. Signed Alexander **Graydon**. Wit: John **Frohock** and John **Jackson**. Recorded 1746.

P. 244, 18 May 1720, Alice **Heaton**, (widow and executor of Robert **Heaton**, of Middletown, Bucks Co., Pennsylvania), of Southampton, Bucks Co., Pennsylvania to Thomas **Stackhouse**, yeoman, of Middletown, Bucks Co., Pennsylvania, £100, 60 acres...line of Nicholas **Vanhorn**...Middletown ...part of 818 acres patented 1714. Signed Alice (x) **Heaton**. Wit: Henry **Comly**, Thomas **Thwaites** and Henry **Comly** Jr. Recorded 1746.

P. 247, 11 Apr 1746, Lawrence **Anderson**, mariner, of Philadelphia, Philadelphia Co., Pennsylvania, attorney for George **Jones**, mortgagee to Anthony **Wilson**, payment of note. Signed Lawrence **Anderson**. Wit: Samuel **Cary** and Charles **Brockden**.

P. 248, 1 Mar 1719, John **Blaker**, yeoman, of Southampton, Bucks Co., Pennsylvania to his eldest son, Peter **Blaker**, of same, £0.05, 350 acres...line of Anthony **Thompkins**...patented, 1690, by Robert **Turner**, who assigned to Charles **Brooks**, who sold, 1699, to said John. Signed John (x) **Blaker**. Wit: William **South**, Daniel **Falexnar** and Robert **Heaton**. Record 1746.

P. 250,, 6 Feb 1745, Rowland **Smith**, yeoman, Bucks Co., Pennsylvania mortgage to Richard **Peters**, of Philadelphia, Philadelphia Co., Pennsylvania, £5.75, 68 acres...line of William **Peck**. Signed Rowland (x) **Smith**. Wit: James **Askelle** and John **Callahan**.

P. 251, 13 May 1746, Daniel **Wright**, cooper, of Bristol, Bucks Co., Pennsylvania mortgage to Mary **Martin**, widow, of same, £50, two lots in Bristol...purchased, 1741, of Joseph **Mountain**. Signed Daniel **Wright**. Wit: Robert **Barnard**, Joseph **Smith** and William **Atkinson**.

P. 253, 22 Apr 1746, Cornelius **Neefies**, carpenter, of Somerset Co., New Jersey and John **Neefies**, weaver, of Northampton, Bucks Co., Pennsylvania, (executors of the estate of George **Neefies**) mortgage to Nicholas **Winecope**, blacksmith, of Northampton Twp., Bucks Co., Pennsylvania, £115, 194 acres...Northampton Twp. ...line of Ram **Vanderbelt**, Benjamin **Joan**, James **Adams**, David **Dumping** and Jeremiah **Dumping**. Signed Cornelius **Neefies** and John **Neefies**. Wit: Jacob **Bennet** and Andrew **Patterson**.

P. 254, 13 Oct 1738, Garret **Winekoop**, gentleman, of Philadelphia, Philadelphia Co., Pennsylvania to Nicholas **Winekoop**, blacksmith, of Northampton, Bucks Co., Pennsylvania, £250, 521 acres of 1000 acres...line of Isaac **Vanhorn** patented, 1783 and 500 acres, patented, 1684, by Thomas **Home**, who transferred, 1686, 1000 acres to Anthony **Tomkins**, who sold 500 acres to Griffith **Jones**, and then died, intestate, land descended to his only son, Joshua **Tomkins**, who sold, but did not convey, to Margaret **Rutlidge**, widow, of

Northampton, Bucks Co., Pennsylvania, and then devised, 1726, to Joshua **Hambly** and made Edward **Weston**, (who married his only sister, Hannah), executor, who conveyed, 1727, to said Margaret **Rutlidege**, who sold, 1727, to said Garret. Signed Garret **Winekoop**. Wit: Richard **Treat**, Nathaniel **Brittian** and David **Parry**. Recorded 1746, before Benjamin **Jones**

P. 258, 14 Aug 1717, Edmond **Frost** and John & Elizabeth **Francis**, of Medford, Middlesex Co., Massachusetts, (brother and sister to John **Frost**, deceased, late of Newtown, Bucks Co., Pennsylvania) to their brother, Joseph **Frost**, yeoman, of Charlestown, Bucks Co., Pennsylvania, 400 acres. Signed Edmond **Frost**, John (x) **Francis** and Elizabeth (x) **Francis**. Wit: Theophilus **Ivory**, Amos **Merrell** and Joseph **Lynde** JP. Recorded 1746 by Samuel **Phillpe**.

P. 259, 25 Aug 1736, Joseph **Kirkbride**, gentleman, of Falls Twp., Bucks Co., Pennsylvania to Joseph **Chapman**, yeoman, of Wrightstown, Bucks Co., Pennsylvania, £10, 5 acres and 6 acres...Wrightstown...part of 205 acres patented 1736. Signed Joseph **Kirkbride**. Wit: Charles **Reilles** and John **Beaumont**. Recorded 1746, before Abraham **Chapman**.

P. 260, 25 Aug 1736, Joseph **Chapman**, yeoman, of Wrightstown, Bucks Co., Pennsylvania to Joseph **Kirkbride**, gentleman, of Falls Twp., Bucks Co., Pennsylvania, £18, 20 acres, of 195 acres, patented, 1736, by said **Chapman**. Signed Joseph **Chapman**. Wit: Charles **Reilles**, John **Beaumont**, John **Chapman** Jr. and Thomas **Lane**. Recorded 1746, before Abraham **Chapman**.

P. 263, 9 Dec 1745, Johannes Philip **DeBertholt**, chemist, of Germantown Twp., Philadelphia Co., Pennsylvania mortgage to Silas **Prior**, of Philadelphia, Philadelphia Co., Pennsylvania, £200, 379 acres...line of William **Allen** and Thomas **Craig**. Signed Johannes Philip **DeBertholt**. Wit: Arthur **Foster** and Paul Isaac **Voto**.

P. 264, 12 Aug 1745, John & Nealeha **Rodman**, of Bensalem Twp., Bucks Co., Pennsylvania to Henry **Brees** and John **Brees**, brothers of the said Nealeha, livestock and chattel goods, devised by her father, Henry **Brees**. Signed John **Rodman** and Elioner (x) **Rodman**. Wit: Thomas **Homer** and James **Vansandt**.

P. 265, 12 Aug 1745, John & Nealeha **Rodman**, (said Nealeha is one of the daughters and heirs of Henry **Brees**, yeoman, of Bensalem Twp., Bucks Co., Pennsylvania), of Bensalem Twp., Bucks Co., Pennsylvania to her mother Hannah **Brees** and her father's friend, Philip **Tillyer**, of Bybury Twp., Philadelphia Co., Pennsylvania, receipt of £100 and return of same. Signed John **Rodman** and Elioner (x) **Rodman**. Wit: Thomas **Homer** and James **Vansandt**.

P. 265, 14 Aug 1745, Hannah **Brees**, (widow of Henry **Brees**) and Philip **Tillyer**, guardian of Sarah **Brees** and Hannah **Brees**, (children of said Hannah, by said Henry) receipt for £200 from their brothers, Henry and John **Brees**. Signed Hannah **Brees** and Philip **Tillyer**. Wit: John **Rodman** Jr. and James **Vansandt**.

P. 267, 12 Mar 1745, Hugh & Elizabeth **Orlton**, yeoman, Bucks Co., Pennsylvania mortgage to William **Allen**, of Philadelphia, Philadelphia Co., Pennsylvania, £31, 301 acres...line of Casper **Wistarn**, Peter **Lester**, John **Lester** and Thomas **Blaire**...patented, 1739, Nicholas **Hill**, yeoman, Bucks Co., Pennsylvania, who sold, 1741, to said Hugh. Signed Hugh **Orlton** and Elizabeth (x) **Orlton**. Wit: Robert **Ellis** and William **Peters**.

P. 269, 24 May 1746, Thomas & Sarah **Eastburne**, yeoman, of Southampton Twp., Bucks Co., Pennsylvania, Richard & Mary **Staddam**, taylor, of Philadelphia, Philadelphia Co., Pennsylvania and Thomas & Elizabeth **Walton**, yeoman, of Manner of Moreland, Philadelphia Co., Pennsylvania, (which said Thomas, Mary and Elizabeth are the son, daughters and heirs of both John & Margaret **Eastburne**, both deceased, late of Southampton Twp., Bucks Co., Pennsylvania) to John **Eastburne**, (eldest son of said John & Margaret), clockmaker, of Southampton Twp., Bucks Co., Pennsylvania, 206 acres...line formerly of Isabel **Cutler**, now of John **Naylor** and Charles **Biles**. Signed Thomas **Eastburne**, Sarah (x) **Eastburne**. Wit: Horman **Vansandt** and John **Ogilly**. Signed Thomas **Walton** and Elizabeth **Walton**. Wit: Thomas (x) **Walton**, elder and Isaac **Bolton**. Signed Richard **Staddam** and Mary

Staddam. Wit: John **Jones** and Edward **Pleadwell.**

P. 271, 24 May 1746, John **Eastburne**, clockmaker, of Southampton Twp., Bucks Co., Pennsylvania, Richard & Mary **Staddam**, taylor, of Philadelphia, Philadelphia Co., Pennsylvania and Thomas & Elizabeth **Walton**, yeoman, of Manner of Moreland, Philadelphia Co., Pennsylvania, (which said John, Mary and Elizabeth are the son, daughters and heirs of both John & Margaret **Eastburne**, both deceased, late of Southampton Twp., Bucks Co., Pennsylvania) to Thomas **Eastburne**, (son and heir of said John & Margaret), yeoman, of Southampton Twp., Bucks Co., Pennsylvania, 100 acres...line of Thomas **Harding** and Charles **Biles**. Signed Thomas **Walton** and Elizabeth **Walton**. Wit: Thomas (x) **Walton**, elder and Isaac **Bolton**. Signed John **Eastburne**, Richard **Staddam** and Mary **Staddam**. Wit: John **Jones** and Edward **Pleadwell.**

P. 272, 1 Jul 1746, Thomas **Tomlinson**, (eldest son and heir of Joseph **Tomlinson**, yeoman, late of Southampton Twp., Bucks Co., Pennsylvania), yeoman, of Middletown, Bucks Co., Pennsylvania to his brother, Benjamin **Tomlinson**, of Middletown Twp., Bucks Co., Pennsylvania, £0.05, 113 acres. Signed Thomas **Tomlinson**. Wit: Langhorne **Biles** and Lawrence **Growdon**.

P. 273, 31 Aug 1743, Johanas **Vandegrift**, yeoman, of Bensalem, Bucks Co., Pennsylvania to his son, Abraham **Vandegrift**, of same, for love and affection. Signed Johanas **Vandegrift**. Wit: Tolehart **Vandegrift** and Garret **Vansandt**. Recorded 1746 before Mathew **Rue**.

P. 274, 25 Jul 1746, Peter & Elizabeth **Vanhorn**, the elder, yeoman, of Middletown Twp., Bucks Co., Pennsylvania to his son, Peter **Vanhorn**, the younger, yeoman, of same, 69.5 acres...Middletown Twp...line of Anthony **Wright** and Thomas **Walmsley**...purchased of Thomas **White**. Signed Peter **Vanhorn** and Elizabeth (x) **Vanhorn**. Wit: William **Rodman** and Lawrence **Growdon**.

P. 276, 4 Apr 1746, Samuel **Faire**, clothier, of Warwick Twp., Bucks Co., Pennsylvania mortgage to Abraham **Claypool**, gentleman, of Philadelphia, Philadelphia Co., Pennsylvania, owes £160 and £80 more, 100 acres...line of Hugh **Merre** and Henry **Jamison**. Signed Samuel **Faire**. Wit: Arthur **Foster** and Paul Isaac **Voto**.

P. 277, 17 May 1746, David & Ann **Oliphant**, weaver, of Warwick Twp., Bucks Co., Pennsylvania to Abraham **Claypool**, gentleman, of Philadelphia, Philadelphia Co., Pennsylvania, £50, 236 acres ...patented by Reuben **Allen**, who sold, 1740, to John **Lock**, who sold, 1741, to said David. Signed David **Oliphant** and Ann **Oliphant**. Wit: John **Wilkinson** Jr. and James **Wood**.

P. 278, 18 Nov 1745, John **Ross**, weaver, of Makefield, Bucks Co., Pennsylvania bound to Robert **Edwards**, yeoman, Bucks Co., Pennsylvania, £30 for debt. Signed John **Ross**. Wit: Joseph (x) **Woodford** and John **Harvey**.

P. 279, 26 May 1746, John **Ross**, weaver, of Makefield Twp., Bucks Co., Pennsylvania to Robert **Edwards**, yeoman, of same, £13, chattel goods. Signed John **Ross**. Wit: Richard **Plumer**, John **Mannington** and William **Thompson**.

P. 279, 28 May 1726, Henry & Ann **Hitchson**, (said Ann is a daughter and heir of Gilbert **Wheeler**, yeoman, late of Bucks Co., Pennsylvania), husbandman, of Amwell, Hunterdon Co., New Jersey to John **Clarke**, for 300 acres in Hunterdon, 500 acres...line of William **Biles** and Robert **Harvey**. Signed Henry **Hitchson** and Ann **Hitchson**. Wit: Sarah **Green**, Samuel **Green** and James (x) **Richards**. Recorded 1746, before John **Hough**.

P. 280, 26 Apr 1718, John **Shaw** and George **Willard**, yeomen, Bucks Co., Pennsylvania, (executors of the estate of George **Willard**, late of Bucks Co., Pennsylvania) to William **Carter**, gentleman, of Philadelphia, Philadelphia Co., Pennsylvania, £130, 246 acres...line of John **Parson** and Philip **Conway**...purchased, 1697, of Joseph **Paul**...and 100 acres, purchased, 1698, of John **Shaw**. Signed John **Shaw** and George (x) **Willard**. Wit: Jonathan **Cockshaw**, John **Cadwaladar**, James **Shaw** and Tostes Jacob **Usher**. Recorded 1746, before Simon **Butler**.

P. 283, 4 Apr 1746, James **Baldwin**, joiner, of Philadelphia,

Philadelphia Co., Pennsylvania mortgage to John Abraham **DeNormandy**, merchant, of Bristol, Bucks Co., Pennsylvania, £120, 120 acres...former line of Dank **Williams**. Signed James **Baldwin**. Wit: John **Hall** and John **Frohock**.

P. 284, 15 Dec 1738, John **Kirkbride**, (son and heir of Joseph **Kirkbride**), yeoman, of Falls Twp., Bucks Co., Pennsylvania to William **James**, yeoman, of New Brittain Twp., Bucks Co., Pennsylvania, £ 277 acres...of 2850 acres John **Sotches** sold to said Joseph. Signed John **Kirkbride**. Wit: S. **Butler**, Pat **Kelly** and Anthony (x) **Murphy**. Recorded 1746.

P. 286, 2 Aug 1746, John & Ann **Baley**, yeoman, of Warwick, Bucks Co., Pennsylvania mortgage to William **Gilbert**, yeoman, of Warminster, Bucks Co., Pennsylvania, £50, 103 acres...Buckingham ...line of Josiah **Wilkinson** and Barnet **Vanhorn**. Signed John **Baley** and Ann **Baley**. Wit: Elizabeth **Mitchel** and Richard **Mitchel**.

P. 288, 1 Jul 1746, Samuel **Gilbert**, yeoman, of Warminster, Bucks Co., Pennsylvania to his son, William **Gilbert**, yeoman, of same, for love and affection, 120 acres...line of Charles **Beak** and William **Miller** Jr. Signed Samuel **Gilbert**. Wit: Nicholas **Gilbert**, Esther **Gilbert** and John **Hart**.

P. 289, 12 Jun 1746, Margaret **Patterson**, widow, of Bucks Co., Pennsylvania mortgage to Richard **Peters** and Lynford **Lardner**, gentlemen, of Philadelphia, Philadelphia Co., Pennsylvania, £23.3, 155 acres. Signed Margaret (x) **Patterson**. Wit: James **Devies**, of Tobickon and John **Callahan**.

P. 291, 22 Jan 1745, Daniel **Wright**, of Bristol Twp., Bucks Co., Pennsylvania to Andrew **Wright**, of same, £ 200 acres...former line of William **Hage** and Thomas **Bowman**...part of 500 acres patented, 1685, by Andrew **Robeson**, who sold, 1686, to Daniel **Jones**, who sold, 1696, to Daniel **Smith**, who sold, 1702, to Samuel **Smith**, who sold, 1704, to Lemuel **Oldale**, who sold, 1733, to Samson & Mary **Cary**, who sold, 1739, to said **Wright**. Signed Daniel **Wright**. Wit: Samuel **Cary** and John **Frohock**.

P. 294, 18 Feb 1745, Benjamin & Sarah **Camby**, yeoman, of Solebury Twp., Bucks Co., Pennsylvania to Gysbeart **Bogart**, yeoman, of Salem, £420, 241 acres...line of John **Bye** and John **Scarbrough**...and 8 acres, adjoining... purchased of Thomas & Jane **Camby**. Signed Benjamin **Camby** and Sarah **Camby**. Wit: Joseph **Smith** and Jonas **Seely**.

P. 295, 5 Dec 1746, John **Phillips**, yeoman, of Rockhill Twp., Bucks Co., Pennsylvania mortgage to John **Moland**, gentleman, of Philadelphia, Philadelphia Co., Pennsylvania, £330, 308 acres ...Rockhill. Signed John (x) **Phillips**. Wit: Charles **Brockden**, Jenkin (x) **Phillips** and Arthur **Forster**.

P. 297, 12 Jan 1744, Nathaniel **Irish**, Bucks Co., Pennsylvania to Richard **Peters**, of Philadelphia, Philadelphia Co., Pennsylvania, £55, 225 acres. Signed Nathaniel **Irish**. Wit: William **Allen** and James **Bingham**. Recorded 1746.

P. 298, 15 Aug 1745, Henry **Brees**, (eldest son and heir of Henry **Brees**, yeoman, of Bensalem Twp., Bucks Co., Pennsylvania), yeoman, of Bensalem Twp., Bucks Co., Pennsylvania to his brother John **Brees**, (brother of Margaret **Vansandt**, wife of Jacobus **Vansandt**, Nealeha **Rodman**, wife of John **Rodman** and children of Hannah **Brees**),and Isaac **Lawreu**, carpenter, of same, £460, 200 acres...patented, 1681, by Lawrence **Growdon** and his son Joseph **Growdon**, who sold, 1707, to grandson and son, Lawrence **Growdon**, who sold, 1737, to said Henry. Signed Henry (x) **Brees**, Margaret (x) **Brees**, Hannah **Brees** and John **Brees**. Wit: Phillip **Tillyer**, Thomas **Homer**, John **Rodman**, Garret **Vansandt** and Garret **Vansandt** Jr.

P. 301, 8 Dec 1746, William **Paxson**, yeoman, of Middletown, Bucks Co., Pennsylvania, Thomas **Paxson**, yeoman, of same, Henry **Paxson**, tanner, of Mount Holly, New Jersey, James **Paxson**, yeoman, of Milltown, Bucks Co., Pennsylvania, William & Deborah **Wildman**, yeoman, of same to Joseph **Richardson**, merchant, of Bucks Co., Pennsylvania, £300, 200 acres...Middletown ...line of William **Plumbly**, James **Paxson**, William **Paxson** and former line of Jeremiah **Langhorne**...made of three tracts, 150 acres, 50 acres and

90 acres ...150 acres patented, 1686, by Henry **Paulin**, who sold, 1686, to William **Paxson**, the elder ...50 acres patented, 1688, by Henry **Paulin**, who sold, 1688, to John **Taylor**, who sold, 1688, to John **Smith**, who sold, 1692, to John **Burling**, who sold, 1694, to William **Paxson**, the elder...90 acres, part of 800 acres, patented, 1687, by William **Wigams**, Francis **Dove** and Edward **Sarnways**, who sold, 1687, to Thomas **Langhorne**, who died intestate and went to his children, Jeremiah **Langhorne** and Sarah **Biles**, wife of William **Biles**, who sold, 1697, to William **Paxson**, the elder, who devised to his son William **Paxson**, father of the said William and Thomas **Paxson**, John **Paxson**, deceased before 21, James **Paxson**, Henry **Paxson**, Mary **Richardson** and Deborah **Wildman**. Signed William **Paxson**, Henry **Paxson**, Thomas **Paxson**, James **Paxson**, William **Wildman** and Deborah **Wildman**. Wit: Nathan **Watson** and John **Frohock**. Recorded before Mark **Watson**.

P. 304, 14 Nov 1746, Lawrence **Growdon**, of Bensalem Twp., Bucks Co., Pennsylvania and Langhorne **Biles**, gentleman, Bucks Co., Pennsylvania, (two of the executors of the estate of Jeremiah **Langhorne**) to William **Davis**, of New Brittian Twp., Bucks Co., Pennsylvania, £200.4, 167 acres...line of David **Morgan**, Robert **Shewell**, Walter **Shewell** and Thomas **Barton**... patented 1724. Signed Lawrence **Growdon** and Langhorne **Biles**. Wit: Aaron (x) **James**, Elizabeth (x) **Voteing** and Thomas **James**.

P. 307, 26 Dec 1744, Lawrence **Growdon**, of Bensalem Twp., Bucks Co., Pennsylvania and Langhorne **Biles**, gentleman, Bucks Co., Pennsylvania, (two of the executors of the estate of Jeremiah **Langhorne**) to Thomas **Jones**, tailor, of Hilltown Twp., Bucks Co., Pennsylvania, £327, 327 acres...line of Barnard **Young**, John **Williams**, Lewis **Evans**, John **Lewis** and Thomas **Janney**...patented, 1701, by George **Beal**, of Warborrow, Surry Co., England, who sold, 1718, to said Jeremiah. Signed Lawrence **Growdon** and Langhorne **Biles**. Wit: Thomas **James** and Benjamin **Allman**. Recorded 1746.

P. 310, 15 Oct 1743, Thomas **Clarke**, gentleman, of Falls Twp., Bucks Co., Pennsylvania to Anthony **Wright**, Charles **Wright** and Thomas **Wright**, yeomen, of Bucks Co., Pennsylvania, £729, 486 acres...line of Joshua **Wright**...part of 742 acres formerly belonging to John **Burk** and taken in suit by Joseph **Turner** and sold, 1742, to said **Clarke**. Signed Thomas **Clarke**. Wit: John Abraham **DeNormandy** and John **Frohock**. Recorded 1746.

P. 313, 11 Nov 1732, John **Morris**, yeoman, of Southampton Twp., Bucks Co., Pennsylvania to Jeremiah **Dungan**, yeoman, Robert **Parson**, weaver, of Northampton Twp., Bucks Co., Pennsylvania, John **Hart**, yeoman and Thomas **Dungan**, carpenter, of Warminster Twp., Bucks Co., Pennsylvania, £1, 582 acres...Southampton Twp. purchased, 1698, of James **Plumly**...and 112.5 acres, purchased, 1730, of William & Mary **Cooper**. Signed John **Morris**. Wit: Benjamin **Griffith**, Stephen **Walls** and Joseph **Shaw**. Recorded 1747 before Benjamin **Jones**.

P. 317, 11 Nov 1732, Jeremiah **Dungan**, yeoman, Robert **Parson**, weaver, of Northampton Twp., Bucks Co., Pennsylvania, John **Hart**, yeoman and Thomas **Dungan**, carpenter, of Warminster Twp., Bucks Co., Pennsylvania, (members of the Baptist Church) to John **Morris**, yeoman, of Southampton Twp., Bucks Co., Pennsylvania, declaration of trust, 112.5 acres. Signed John **Hart**, Jeremiah **Dungan**, Thomas **Dungan** and Robert **Parson**. Wit: Stephen **Walls** and Joseph (x) **Banes**. Recorded 1747.

P. 320, 6 Dec 1746, Robert **Cumings**, yeoman, of Northampton Twp., Bucks Co., Pennsylvania mortgage to William **Atwood**, merchant, of Philadelphia, Philadelphia Co., Pennsylvania, owes £300, for £300 more, 240 acres... Northampton Twp...line of James **Worth** and George **Dungan**...purchased, 1738, of Thomas **Lacy**...and 200 acres...purchased of said **Atwood**. Signed Robert **Cumings**. Wit: Atwood **Shule** and Arthur **Forster**.

P. 323, 12 Sep 1743, Isaac **Pennington**, sheriff, of Bucks Co., Pennsylvania to John **Watson**, yeoman, of Bucks Co., Pennsylvania, £256, 250 acres...line of John **Wildman**, John **Camby**, Euelyous **Longshore** and Joseph **Wildman** taken from Thomas **Croasdale**, yeoman, late of Newtown, Bucks Co., Pennsylvania, also called Thomas **Croasdale**, yeoman, of Middletown, Bucks Co., Pennsylvania. Signed Isaac **Pennington**. Wit: Joseph **Peace**, Nathan

Watson and Thomas Watson. Recorded 1747.

P. 326, 3 May 1743, William & Freelove **Shreve**, yeoman, of Northampton, Bucks Co., Pennsylvania to Joseph **Linton**, cordwinder, of same, £200, 266 acres...line of Christian **Vanhorn** and Jeremiah **Bartholomew**...James **Dyer**, gentleman, of Northampton, Bucks Co., Pennsylvania, deceased, died intestate, went to his children, Charles & Elizabeth **Dyer**, James & Hannah **Dyer**, Benjamin & Deborah **Dyer**, Samuel & Hannah **Dyer**, said Freelove, Martha **Algan**, wife of John **Algan** and Comfort **Stringer**, wife of Humphry **Stringer** and all sold to said **Shreve**. Signed William **Shreve** and Freelove **Shreve**. Wit: William **Carter** and John **Duncan**. Recorded 1747.

P. 329, 19 Jul 1746, Benjamin & Elizabeth **Tomlinson**, (son and heir of Joseph **Tomlinson**, weaver, of Southampton Twp., Bucks Co., Pennsylvania), saddle maker, of Middletown Twp., Bucks Co., Pennsylvania to Benjamin **Scott**, carpenter, of Southampton Twp., Bucks Co., Pennsylvania, £250, 8 acres...Southampton Twp ...purchased, 1712, of John **Swift**...and 113 acres...line of Peter **Praule** and Philip **Dracott** ...of 200 acres, patented, 1686, by John **Naylor**, who sold, 1686, to Edmond **Cutler**, who died intestate, his widow, Isabel **Cutler**, sold, 1698, to William **Paxson** Sr., who sold, 1704, to Thomas **Walmsby**, who sold, 1704, to Evan **Griffith**, who sold, 1704, to said John **Naylor**, who sold, 1706, to said **Tomlinson**, who devised, 1722, to his son. Signed Benjamin **Tomlinson** and Elizabeth **Tomlinson**. Wit: Langhorne **Biles** and John **Frohock**.

P. 334, 23 Dec 1746, George **Dun**, yeoman, of Northampton, Bucks Co., Pennsylvania mortgage to John **Petty**, merchant, of Philadelphia, Philadelphia Co., Pennsylvania, owes £160, for £80 more, 150 acres...line of Abraham **Vanhorne**. Signed George **Dun**. Wit: Paul Isaac **Voto** and Arthur **Forster**.

P. 336, 31 Dec 1746, Nicholas **Dupue**, yeoman, Bucks Co., Pennsylvania mortgage to William **Allen**, of Philadelphia, Philadelphia Co., Pennsylvania, owes £1206, 126 acres, 146 acres, 31 acres...line of John **Smith**, 89 acres, 112 acres and 20 acres. Signed Nicholas **Dupue**. Wit: Nathan **Allen** and Joseph **Prichard**.

P. 339, 3 Feb 1746, Charles & Ann **Plumly**, yeoman, of Middletown, Bucks Co., Pennsylvania and Samuel & Sarah **Cary**, yeoman, of Newtown, Bucks Co., Pennsylvania, (said Ann and Sarah are two of the daughters and heirs of Thomas & Ann **Stackhouse**, the mother Ann was formerly Ann **Mayos**, widow of Edward **Mayos**) to Jacob **Stackhouse**, (eldest son of said Thomas and Ann), £0,05, several lots in town of Bristol. Signed Charles **Plumly**, Ann **Plumly**, Samuel **Cary** and Sarah **Cary**. Wit: Edward **Roberts**, Thomas **Tomlinson** and Sarah **Inslee**.

P. 341, 16 Jan 1746, Jacob **Stackhouse**, yeoman, of Middletown, Bucks Co., Pennsylvania mortgage to Arthur **Murphey**, yeoman, of Pensbury, Bucks Co., Pennsylvania, owes £68.5, lot in Bristol. Signed Jacob **Stackhouse**. Wit: Lawrence **Growdon** and Langhorne **Biles**.

P. 343, 25 Mar 1746, John & Mary **Bringhurst**, merchant, of Philadelphia, Philadelphia Co., Pennsylvania to Samuel **Larson**, merchant, of same, £400, 420 acres...line of Benjamin **East**, John **Board**, George **Willard** and James **Claypoole** ... Sarah **Cart**, widow of Samuel **Cart**, sold, 1728, to Joseph **Trotter**, who released to said Sarah, who sold 210 acres to Thomas **Morris**, who sold to Ralph & Jane **Lostus**, who sold to said John. Signed John **Bringhurst** and Mary **Bringhurst**. Wit: Joseph **Shippen** and John **Reily**.

P. 345, 266 Mar 1746, Joseph & Lydia **Stretch**, (said Lydia is the only heir of Sarah **Knight**, formerly Sarah **Cart**, daughter of Samuel **Cart**, and John **Knight**, both deceased), hatter, of Philadelphia, Philadelphia Co., Pennsylvania to Samuel **Larson**, £0.05, 420 acres...line of Benjamin **East**, John **Board**, George **Willard** and James **Claypoole** ... Sarah **Cart**, widow of Samuel **Cart**, sold, 1728, to Joseph **Trotter**, who released to said Sarah, who sold 210 acres to Thomas **Morris**, who sold to Ralph & Jane **Lostus**, who sold to John **Bringhurst**. Signed Joseph **Stretch** and Lydia **Stretch**. Wit: Jonathan **Zane** and John **Reily**.

P. 346, 24 Feb 1746, John **Dougall**, merchant, of Philadelphia, Philadelphia Co., Pennsylvania to Sarah **Price**, widow, of Northampton, Bucks Co., Pennsylvania, £46.75, 15 acres...Northampton... line of Benjamin **Corsen.** Signed John **Dougall.** Wit: Reese **Peters** Jr., John **Lselequst** and John **Reily.**

P. 348, 11 Sep 1735, Henry **Sell,** (eldest son and heir of Winifred **Sell,** who was the sister of Robert **Jefferson,** farrier, of Basingbourne, who was the nephew and heir of Edward **Jefferson,** of Ashwell, Herford Co.), yeoman, of Basingbourne, Cambridge Co. to John **Bangs,** draper, of Baintree, Essex Co. and Benjamin **Bangs,** alderman, of Stockport, Chester Co., £5, 1500 acres. Signed Henry **Sell.** Wit: Mathew **Day,** Robert **Luckin** and William **Chambers,** mayor of Basingbourne. Recorded 1747.

P. 354. 28 May 1745, Joshua **Bangs,** (son and heir of John **Bangs,** draper, of Braintree, York Co.), gentleman, of Braintree, York Co., and Thomas **Hough,** (son and heir of Mary **Hough** and heir at law of Elizabeth **Clarridge,** said Mary and Elizabeth were daughters of Benjamin **Bangs,** alderman, of Stockport), gentleman, of Stockport, Chester Co. to Ebenezer **Large,** gentleman, of Burlington, Burlington Co., New Jersey, £200, 1500 acres..500 acres in Philadelphia Co, 500 acres near Burlington, Bucks Co., Pennsylvania, 500 acres near Westminster, Bucks Co., Pennsylvania. known by the name Mary **Phillips** land...purchased of Henry **Sell,** of Basingbourne, Cambridge Co. Signed Joshua **Bangs** and Thomas **Hough.** Wit: Edmond **Peckover** and John **Hollis,** of Brownlow St., in the Parish of Saint Andrew Holborn, Middlesex Co., Richard **Hoare,** mayor of London.

P. 360, 8 Jun 1747, William & Elizabeth **Hill,** saddler, of Bristol, Bucks Co., Pennsylvania mortgage to Mary **Martin** Jr., spinster, of same, owes £50, lot in Bristol. Signed William **Hill** and Elizabeth (x) **Hill.** Wit: Abraham **Bown** and John **Frohock.**

P. 362, 20 Jan 1741, William & Margaret **Allen,** of Philadelphia, Philadelphia Co., Pennsylvania to William **Murray,** yeoman, of Sawcong, Bucks Co., Pennsylvania, £100, 200 acres...line of Joseph **Samuel**...patented 1728. Signed William **Allen** and Margaret **Allen.** Wit: William **Parsons** and James **Bingham.** Recorded 1747.

P. 364, 1 Oct 1747, Sebastian Henry **Knauss,** wheelwright, of Upper

Milford Twp., Bucks Co., Pennsylvania mortgage to Joseph **Spangerberg**, clerk, of Bethlehem Twp., Bucks Co., Pennsylvania, Charles **Brockden**, gentleman, of Philadelphia, Philadelphia Co., Pennsylvania and Timothy **Horsefield**, butcher, of Brookland Twp., Kings Co., Nassau Island, New York, owes £54, 200 acres...line of Jacob **Ehrenhart**. Signed Sebastian Henry **Knauss**. Wit: David **Miller** and J. **Okelly**.

P. 366, 1 Oct 1747, Jacob **Ehrenhart**, blacksmith, of Upper Milford Twp., Bucks Co., Pennsylvania mortgage to Joseph **Spangerberg**, clerk, of Bethlehem Twp., Bucks Co., Pennsylvania and Timothy **Horsefield**, butcher, of Brookland Twp., Kings Co., Nassau Island, New York, owes £25, 126 acres...line of Sebastian Henry **Knauss**, late George **Hoffman**. Signed Jacob **Ehrenhart**. Wit: David **Miller** and J. **Okelly**.

P. 367, 1 Cot 1747, John **Eastburn**, yeoman, of Southampton Twp., Bucks Co., Pennsylvania mortgage to Sarah **Danby**, (widow of John **Danby**), of Philadelphia, Philadelphia Co., Pennsylvania, owes £110, 102 acres...line formerly Isabel **Cutler**, but now of John **Naylor**, deceased, (in tenure of Charles **Biles**) and John **Gilleylan**. Signed John **Eastburn**. Wit: George **Okill** and Robert **Greenway**.

P. 369, 7 May 1745, Daniel **Burgess**, Joseph **Burgess** and John **Burgess**, sons and heirs of Samuel **Burgess**), yeomen, all of Bucks Co., Pennsylvania to Daniel **Burgess** Jr., (son of the said Joseph **Burgess**), £0.05, 78 acres...Falls Twp...line of John **Hutchinson**...purchased, 1685, of John and Thomas **Rowland** and 140 acres of 300 acres...line of William **Allen** purchased, 1697, of John **Rowland**. Signed Daniel **Burgess**, Joseph **Burgess** and John **Burgess**. Wit: William **Atkinson** and Margaret **Atkinson**.

P. 371, 24 May 1739, Isaac **Pennington**, gentleman, of Bristol, Bucks Co., Pennsylvania to Christian **Vanhorn**, yeoman, of Northampton, Bucks Co., Pennsylvania, £33, 19.25 acres...Northampton... part of 551 acres, patented, 1700, by Edward **Pennington**, who died intestate and went to his only son the said Isaac. Signed Isaac **Pennington**. Wit: John **Frohock** and John **Shaw**. Recorded 1747.

P. 374, 5 Jun 1745, Christian **Vanhorn**, yeoman, of Northampton Twp., Bucks Co., Pennsylvania to his son, John **Vanhorn**, yeoman, of same, £0.5, 119 acres of 500 acres, patented, 1686, by Christopher **Taylor**, went to William **Hibbs**, who, sold, 1731, to said Christian. Signed Christian **Vanhorn**. Wit: Joshua **Jones** and Benjamin **Jones**. Recorded 1747.

P. 377., 16 Oct 1747, John **Gilleylen**, merchant, of Philadelphia, Philadelphia Co., Pennsylvania mortgage to John **Eastburn**, glazier, of Moreland Twp., of Philadelphia Co., Pennsylvania, owes £200, 506 acres...Southampton Twp...line of John Thomas **Harding** and Charles **Biles**. Signed John **Gilleylen**. Wit: Lawrence **Growdon** and Langhorne **Biles**.

P. 378, 13 Jun 1747, Robert & Ann **Heston**, yeoman, of Northampton Twp., Bucks Co., Pennsylvania mortgage to William **Clymer**, merchant, of Philadelphia, Philadelphia Co., Pennsylvania, owes £600, 340 acres...Northampton Twp...line of John **Naylor**, Samuel **Allen**, Christopher **Weatheral** and James **Carter**. Signed Robert **Heston** and Ann **Heston**. Wit: John **Ross** and George **Ross**.

P. 380, 1 Nov 1747, John & Sarah **Hill**, yeoman, of Buckingham Twp., Bucks Co., Pennsylvania mortgage to George **Emlen**, brewer, of Philadelphia, Philadelphia Co., Pennsylvania, owes £300, 107 acres...Buckingham Twp...line of John **Large** and James **Streater**. Signed John **Hill** and Sarah **Hill**. Wit: Charles **Brockden** and Arthur **Forster**.

P. 382, 8 May 1747, Henry **Paxson** Jr., yeoman, of Mason Twp., Bucks Co., Pennsylvania to John **Dark**, yeoman, of Falls Twp., Bucks Co., Pennsylvania, £45, 100 acres of 380.75 acres...Falls Twp... line of William **Paxson** and Giles **Lucas**. Signed Henry **Paxson** Jr. Wit: John **Parson**, William **Strutt** and Jeremiah **Langhorne**.

P. 385, 26 Apr 1743, Thomas **Head**, yeoman, of Plumstead Twp., Bucks Co., Pennsylvania to his son, John **Head**, farmer, of Solebury Twp., Bucks Co., Pennsylvania, for love and affection, 100 acres...Solebury Twp...line of Henry **Paxson**, John **Dawson** and Joseph **Spek**. Signed Thomas (x) **Head**. Wit: John **Wells** and Mary

Wells. Recorded 1747.

P. 386, 31 Oct 1743, Henry & Martha **Paxson**, tanner, of Mountholly, New Jersey to Samuel **Johnson**, carpenter, of Bristol, Bucks Co., Pennsylvania, £50, two lots in Bristol. Signed Henry **Paxson** and Martha **Paxson**. Wit: William **Ashburn**, John **Frohock** and William **Claypoole**. Recorded 1747.

P. 390, 28 Aug 1747, William **Mitchel**, tailor, of Buckingham, Bucks Co., Pennsylvania mortgage to Mary **Wilson**, (widow of James **Wilson**), of same, owes £20, 21 acres...Buckingham...line of Abraham **Scott**, William **Cooper** and Richard & Sarah **Church**...purchased, 1742, of said **Church**. Signed William **Mitchel**. Wit: Thomas **Butler** and John **Watson** Jr.

P. 392, 13 Oct 1729, Thomas **Jones**, yeoman, of Makefield Twp., Bucks Co., Pennsylvania bound to Thomas **Yeardley**, Thomas **Harvye** and James **Downey**, £100, for debt to John **Shawcross**, yeoman, of Oxford Twp., Philadelphia Co., Pennsylvania. Signed Thomas **Jones**. Wit: Stephen **Wilson** and Benjamin **Harvye**. Thomas **Jones** recorded before Lawrence **Growdon** in 1747.

P. 393, 10 Feb 1748, James **Grigg**, yeoman, of Middletown, Bucks Co., Pennsylvania mortgage to William **Allen**, merchant, of Philadelphia, Philadelphia Co., Pennsylvania, £100, 162 acres... Makefield...line of John **Hough**, Thomas **Scott** and John **Whitacre**. Signed James **Grigg**. Wit: George **Cremer** and Alexander **Steart**.

P. 395, 29 Oct 1728, John & Sarah **Hall**, (said Sarah is the daughter and heir of John **Baldwin**), of Bristol, Bucks Co., Pennsylvania to Joseph **Baldwin**, cooper, of Bucks Co., Pennsylvania, £20, 1.5 acres...Bristol...purchased, 1707, of Samuel **Carpenter**. Signed John **Hall** and Sarah **Hall**. Wit: Henry **Tomlinson**, Sarah **Tomlinson** and Hannah **Atkinson**. John **Hall** recorded 1748.

P. 396, 27 May 1730, Joseph & Ann **Baldwin**, (son and heir of John **Baldwon**), cooper, of Bristol Twp., Bucks Co., Pennsylvania to Samson **Cary**, merchant, of same, £30, 0.75 acres ...Bristol ...line of Richard **Mountain**, John **Baldwin** and John **Large**. Signed Joseph

Baldwin and Ann **Baldwin**. Wit: Samson **Cary** Jr., Daniel **Headly** and William **Atkinson**. Recorded 1748, by William **Atkinson**.

P. 398, 3 May 1746, Samuel **Cary**, of Retirement, Bucks Co., Pennsylvania to Daniel **Wright**, cooper, of Bristol, Bucks Co., Pennsylvania, £50, 0.75 acres...purchased of Joseph **Baldwin**. Signed Samuel **Cary**. Wit: James **Welch** and Charles **Reeder**.

P. 401, 16 Oct 1747, Giles **Lawrence**, (husband of Hilmeth, deceased, daughter of John **Johnson**), joiner, of Philadelphia, Philadelphia Co., Pennsylvania mortgage to William **Allen** and Robert **Stocktell**, of same, for money owed, third part of 530 acres...Bristol Twp...Peter & Mary **Bard**, sold, 1745, to said Giles. Signed Giles **Lawrence**. Wit: Anthony **Adamson** and Robert **Greenway**.

P. 403, 10 Jan 1747, Samuel **Faires**, clothier, of Warwick Twp., Bucks Co., Pennsylvania mortgage to John **Harcomb**, tobacconist, of Philadelphia, Philadelphia Co., Pennsylvania, owes £100, 100 acres...Warwick Twp...line of **Jemison** and Abraham **Claypoole**. Signed Samuel **Faires**. Wit: Paul Isaac **Voto** and Sarah **Voto**.

P. 404, 2 Apr 1748, Peter & Margaret **Vanhorn** Jr., yeoman, Middletown Twp. Bucks Co., Pennsylvania to Peter & Elizabeth **Vanhorn** Sr., yeoman, of same, £208, 69 acres...Middletown Twp...line of Anthony **Wright**...purchased, 1746, of Peter Sr. Signed Peter **Vanhorn** and Margaret **Vanhorn**. Wit: Sarah **Growden** and Mary **Harris**.

P. 406, 16 Nov 1747, Mathias **Keen**, carpenter, of Bristol, Bucks Co., Pennsylvania mortgage to Jonathan **Price**, carpenter, of Philadelphia, Philadelphia Co., Pennsylvania, £80, lot in Bristol...line of Samuel **Cary**, Anthony **Burton** and Thomas **Stackhouse**. Signed Mathias **Keen**. Wit: John **Frohock** and John **Frohock** Jr.

P. 408, 1 Jun 1741, James **Bingham**, merchant and William **Bingham**, saddler, (sons and heirs of James **Bingham**), of Philadelphia, Philadelphia Co., Pennsylvania to John Stephen **Benezet**, merchant, of same, £550, 1000 acres...line of Jeremiah

Langhorne and William **Allen** patented 1737. Signed James **Bingham** and William **Bingham**. Wit: Thomas **Grame**, John **Okely**, William **Allen** and Joseph **Pritchard** Jr. Recorded 1748.

P. 412, 5 Dec 1740, William & Margaret **Allen**, merchant, of Philadelphia, Philadelphia Co., Pennsylvania to Isaac **Isestein**, yeoman, Bucks Co., Pennsylvania, £100, 178 acres and island of 10 acres. Signed William **Allen** and Margaret **Allen** Wit: John **Webb** and James **Bingham**. Said Isaac recorded 1748.

P. 413, 27 Dec 1747, John **Tool**, husbandman, of Upper Sacoon, Bucks Co., Pennsylvania mortgage to Derck **Keysey**, cordwinder, of Germantown, of Philadelphia Co., Pennsylvania, owes £120, 200 acres...line of Joseph **Samuel**, John **Landis** and William **Murray**...patented 1747. Signed John **Tool**. Wit: Barch **Wright** and Christian **Lehman**.

P. 415, 10 Apr 1748, Christian & Williamkee **Barnson**, (alias Christian **Vanhorn**), yeoman, of Northampton, Bucks Co., Pennsylvania to Joseph **Richardson**, merchant, of Middletown, Bucks Co., Pennsylvania, £100, 40.75 acres of 80 acres of 250 acres...former line of Thomas **Bayne**, Joseph **Stackhouse** and **Thatcher**...patented, 1682, by John **Scarborough**, who sold, 1696, to his son John **Scarborough**, who sold, 1699, to Henry **Huddleson**, who devised, 1706, to Henry Johnson **Vandike**, who devised to his wife Yanica **Vandike** during her life and then to his son-in-law Christian **Barnson**, (alias **Vanhorn**) and to his granddaughter, Susanna **Vanolug**, now wife of Henry **Vanhorn**. Signed Christian **Vanhorn** and Williamkee (x) **Vanhorn**. Wit: Adam **Harker**, Robert **Collison** and John **Frohock**.

P. 419, 13 Mar 1747, Alexander & Rachel **Graydon**, merchant, of Philadelphia, Philadelphia Co., Pennsylvania to Ennion **Williams**, yeoman, of Bristol, Bucks Co., Pennsylvania, £262, 132 acres ...Bristol Twp...line of Joseph **Shaw**...former estate of John **Burke**, taken in trust of William **Whitacre**, by Joseph **Jackson**, sheriff, of Bucks Co., Pennsylvania and sold to said Alexander. Signed Alexander **Graydon** and Rachel **Graydon**. Wit: Joseph **Atkinson** and John Abraham **DeNormady**.

P. 422, 2 Jun 1747, Presley & Mary **Raymond**, yeoman, of Duck Creek Hundred, Kent Co., Delaware, Rebecca **Steel**, widow, of Philadelphia, Philadelphia Co., Pennsylvania, William & Elizabeth **Shute**, yeoman, of Philadelphia, Philadelphia Co., Pennsylvania, Richard & Anne **Remshaw**, baker, of Philadelphia, Philadelphia Co., Pennsylvania and James **Thompson**, (only son and heir of Ruth **Thompson**), (said Mary, Rebecca, Elizabeth, Ann and Ruth are the only children and heirs of James **Steel**) to Nicholas **Walver**, yeoman, of Upper Melford Twp., Bucks Co., Pennsylvania, £155, 276 acres of 2400 acres...line of Ubrick **Reefer**... James **Steel**, purchased, 1729, of Henry D. & Frances **Acreman**, (said Frances was the only daughter and heir of Mary **Bathwest**, who was the only sister and heir of Theodore **Colby**, of London, England), of the Parish of St. Georges Westminster, Middlesex Co...said Theodore **Colby**, purchased of his aunt, Joanna **Markham**, widow of William **Markham**, late of Philadelphia, Philadelphia Co., Pennsylvania. Signed Presley **Raymond**, Mary **Raymond**, Rebecca **Steel**, William **Shute**, Elizabeth **Shute**, Richard **Remshaw** and Anne **Remshaw**. Wit: John **Clifton**, Adam **Lester**, Joseph **Grove**, Daniel **Forist**, Benjamin **Jones**, Thomas **Remshaw** and Stephen **Sanders**.

P. 426, 18 Mar 1747, James **Baldwin**, joiner, of Bensalem Twp., Bucks Co., Pennsylvania mortgage to Mary **Carter**, widow, of Philadelphia, Philadelphia Co., Pennsylvania, owes £120, 120 acres...line of Dunk **Williams** and John Abraham **DeNormandy**. Signed James **Baldwin**. Wit: Arthur **Forster** and Paul Isaac **Voto**.

12 May 1748, Samuel **Allen**, yeoman, late of Philadelphia, Philadelphia Co., Pennsylvania, but now of Bensalem, Bucks Co., Pennsylvania mortgage to Henry **Vanaken**, merchant, of Philadelphia, Philadelphia Co., Pennsylvania, owes £100, 78 acres...line of John **Johnson**. Signed Samuel **Allen**. Wit: Arthur **Forster** and Paul Isaac **Voto**.

P. 430, 21 Apr 1748, Bartholomew **Young**, yeoman, Bucks Co., Pennsylvania mortgage to William **Allen**, of Philadelphia, Philadelphia Co., Pennsylvania, £348, 275 acres...line of Edward **Eaton**, Joseph **Thomas**, Thomas **Crosley**, James **Halfpenny**, Joseph **Damsog**, Thomas **Kid**. Signed Bartholomew **Young**. Wit: William

Peters and Alexander **Stuart**.

P. 433, 27 Mar 1744, Joseph **Jackson**, shopkeeper, of Bristol, Bucks Co., Pennsylvania to Ann **Burgess**, spinster, of same, £50, lot in Bristol. Signed Joseph **Jackson**. Wit: John **Frohock** and Joseph **White**. Recorded 1748.

P. 435, 10 Mar 1747, Joseph **Thomas**, yeoman, of Hilltown, Bucks Co., Pennsylvania mortgage to George **Davis**, mariner, of Philadelphia, Philadelphia Co., Pennsylvania, owes £188, 200 acres...Hilltown...line of Abraham **Weston** and William **Brittian**. Signed Joseph **Thomas**. Wit: Evan **Thomas** and Arthur **Forster**.

P. 436, 13 Oct 1716, Thomas **Stevenson**, gentleman, of Bensalem Twp., Bucks Co., Pennsylvania to Jonas **Keen**, yeoman, of same, £130, 150 acres...line of George **Vansandt** ...purchased of Cornelius & Derica **Vansandt**. Signed Thomas **Stevenson**. Wit: George **James**, Isaac **Pennington** and Richard **Scott**.

P. 438, 27 Jun 1748, Jacob **Maurer**, yeoman, of Morris Co., New Jersey mortgage to William **Allen**, of Philadelphia, Philadelphia Co., Pennsylvania, £100 148 acres...line of Philip **Bartlet** and Daniel **Worm**. Signed Jacob **Maurer**. Wit: William **Peters** and Alexander **Stuart**.

P. 440, 1 Jun 1748, John **Fullerton**, yeoman, of Warrington Twp., Bucks Co., Pennsylvania mortgage to Richard **Peters** and Lynford **Lardner**, gentlemen, of Philadelphia, Philadelphia Co., Pennsylvania, owes, £33, 47.5 acres...Warrington Twp. Signed John **Fullerton**. Wit: William **Finney**, of Chester Co. and John **Callahan**.

P. 443, 27 Apr 1748, William **Walker**, yeoman, of Warrington Twp., Bucks Co., Pennsylvania mortgage to Richard **Peters** and Lynford **Lardner**, gentlemen, of Philadelphia, Philadelphia Co., Pennsylvania, £55.8, 110.5 acres...Warrington Twp....line of James **Huston**...former line of Charles **Tennant**. Signed William **Walker**. Wit: James **Aiskell** and John **Callahan**.

P. 447, 20 Apr 1748, Ephraim **Leech**, yeoman, of Warrington Twp.,

Bucks Co., Pennsylvania mortgage to Richard **Peters** and Lynford **Lardner**, gentlemen, of Philadelphia, Philadelphia Co., Pennsylvania, £50.35, 94.75 acres...line late of Charles **Tennant**. Signed Ephraim **Leech**. Wit: John **Callahan** and James **Aiskell**.

P. 450, 20 Apr 1748, William **Lack**, of Warrington Twp., Bucks Co., Pennsylvania mortgage to Richard **Peters** and Lynford **Lardner**, gentlemen, of Philadelphia, Philadelphia Co., Pennsylvania, owes £91, 141.75 acres...line of Ephraim **Leech**. Signed William **Lack**. Wit: John **Callahan** and James **Aiskell**.

P. 454, 25 Jul 1746, Nathan **Watson**, cordwinder, of Bristol, Bucks Co., Pennsylvania to Daniel **Wright**, cooper, of same, £240, 5 acres...former line of Joshua **Longdale**...purchased of Adam & Grace **Harker**...and 9 acres...purchased of Samuel & Margaret **Preston**. Signed Nathan **Watson**. Wit: Mark **Watson**, James **Doraugh** and William **Atkinson**. Recorded 1748.

P. 457, 11 Jul 1748, Daniel & Rebecca **Wright**, cooper, of Bristol, Bucks Co., Pennsylvania to Robert **Harvey**, yeoman, of Falls Twp., Bucks Co., Pennsylvania, owes £200, 5 acres...former line of Joshua **Longdale**. Signed Daniel **Wright** and Rebecca **Wright**. Wit: John **Frohock** and Elizabeth **Frohock**.

P. 459, 20 Jun 1748, Lewis & Magdalen **Evans**, yeoman, of New Britain, Bucks Co., Pennsylvania to William **Thomas**, yeoman, of Hilltown, Bucks Co., Pennsylvania, owes £100, 200 acres...line of Thomas **Evans**, William **Wilson**, John **Williams**, Philip **Wood**, John **Grier**, Thomas **Steward** and Thomas **Rowland**. Signed Lewis **Evans** and Magdalen **Evans**. Wit: William **Griffith** and Benjamin **Griffith**.

P. 461, 19 Jun 1748, Lewis **Evans**, yeoman, of Hilltown, Bucks Co., Pennsylvania to his second son, Lewis **Evans** Jr., of New Britain, Bucks Co., Pennsylvania, £100, 200 acres...New Britain... line of Thomas **Evans**, William **Wilson**, John **Williams**, Philip **Wood**, John **Grier**, Thomas **Steward** and Thomas **Rowland**...patented 1734. Signed Lewis (x) **Evans**. Wit: William **Griffith** and Benjamin **Griffith**.

P. 465, 16 Jun 1748, Lewis **Evans**, yeoman, of Hilltown, Bucks Co., Pennsylvania to his eldest son, Thomas **Evans**, yeoman, of New Britain, Bucks Co., Pennsylvania, £100, 200 acres...line of Thomas **Rowland**, Thomas **Jones**, William **Williams**, Richard **Williams**, William **Wilson** and Lewis **Evans** Jr...patented 1734. Signed Lewis (x) **Evans**. Rachel **Bartholomew** and Benjamin **Griffith**.

P. 468, 17 Jun 1748, Thomas **Evans**, yeoman, of New Britain, Bucks Co., Pennsylvania mortgage to John **Bartholomew**, yeoman, of Montgomery, of Philadelphia Co., Pennsylvania, owes £100, 200 acres...line of Thomas **Rowland**, Thomas **Jones**, William **Williams**, Richard **Williams**, William **Wilson** and Lewis **Evans** Jr...patented 1734. Signed Thomas **Evans**. Wit: Rachel **Bartholomew** and Benjamin **Griffith**.

P. 470, 13 Jul 1748, Jacob & Magdalen **Cadwalldar**, (third son of John & Margaret **Cadwalldar**, mason, of Horsham, Philadelphia Co., Pennsylvania), yeoman, of Warrington Twp., Bucks Co., Pennsylvania to Oliver **Hart**, carpenter, of same, £150, 164.75 acres. Signed Jacob **Cadwalldar** and Magdalen **Cadwalldar**. Wit: Joseph **Hart** and John **Hart**.

P. 474, 2 Dec 1729, Daniel **Palmar**, yeoman, of Makefield Twp., Bucks Co., Pennsylvania to John **Palmar**, yeoman, of same, £41, 42 acres... Makefield Twp...line of Jonathan **Palmar** and Nathan **Palmar**...purchased, 1728, of Daniel & Jane **Hoopes**. Signed Daniel **Palmar**. Wit: **Gimcock** and Joshua **Hoopes**. Recorded 1748 by Daniel **Palmar**.

P. 476, 16 Nov 1748, John **Palmar** Sr., yeoman, of Makefield Twp., Bucks Co., Pennsylvania to John **Palmar** Jr., yeoman, of same, £50, 100 acres... Makefield Twp...line of Leonard **Sharcross**, John **Neild** and Joshua **Hoopes**...and 20 acres, adjoining. Signed John **Palmar**. Wit: Joseph **Walm**, Jonathan **Palmar** and Daniel **Palmar**.

P. 479, 2 Feb 1739, Jonas & Frances **Keen**, yeoman, of Bensalem, Bucks Co., Pennsylvania to Robert **Brodnax**, yeoman, of same, £50, 68 acres of 150 acres...Bensalem...line of James **Rues** and former line of Joseph **Growdon**...Cornelius & Derica **Vansandt**, sold to Thomas

Stevenson, who sold, 1716, to said Jonas. Signed Jonas (x) **Keen** and Frances (x) **Keen**. Wit: James (x) **Rue** and John **Howell**. Recorded 1748.

P. 483, 3 Jun 1740, Robert & Christian **Brodnax**, yeoman, of Bensalem, Bucks Co., Pennsylvania to Lawrence **Growdon**, gentleman, of same, £65, 68 acres...line of Timothy **Roberts**, James **Rues**, formerly Joseph **Growdon**...purchased of Jonas & Frances **Keen**. Signed Robert **Brodnax** and Christian **Brodnax**. Wit: Joseph **Langhorne** and Francis (x) **Dunn**. Recorded 1748 by Robert **Brodnax**.

P. 487, 27 Apr 1748, James & Dinah **Carrell**, yeoman, of Northampton Twp., Bucks Co., Pennsylvania mortgage to William **Atwood**, merchant, of Philadelphia, Philadelphia Co., Pennsylvania, owes £150, 100 acres...Northampton Twp....line of Abraham **Bennett**, Nicholas **Crusen** and Thomas **Dungan**...purchased, 1734, of Samuel & Elizabeth **Gilbert**, Silas & Sarah **McCarty** and Robert & Lydia **Tomkin**, (said Elizabeth, Sarah and Lydia the daughters and heirs of James **Carrell**, yeoman, of Northampton, Bucks Co., Pennsylvania). Signed James **Carrell** and Dinah (x) **Carrell**. Wit: Benjamin **Jones** and Barnard **Carrell**.

P. 488, 9 Aug 1748, Edward **Doyle**, yeoman, of New Britain Twp., Bucks Co., Pennsylvania mortgage to Thomas **Watson**, yeoman, of Buckingham Twp., Bucks Co., Pennsylvania, owes £60, 150 acres... New Britain...line late of Jeremiah **Langhorne** and Joseph **Kirkbride**...purchased, 1730, of Joseph & Mary **Kirkbride**. Signed Edward **Doyle**. Wit: Moses **Crawford** and Patrick **Malone**.

P. 490, 10 Feb 1747, Joseph & Hannah **Headly**, carpenter, of Middletown Twp., Bucks Co., Pennsylvania to their son-in-law, Andrew **Moode**, weaver, of same, for love and affection, 12 acres...line of Francis **White** and Peter **Vanhorn** ...part of 250 acres John **Headly**, father of said Joseph, purchased of Peter **White**. Signed Joseph **Headly** and Hannah **Headly**. Wit: John **Hall** and Ennion **Williams**.

P. 491, 1 Nov 1748, John **Praul**, yeoman, of Middletown Twp.,

Bucks Co., Pennsylvania to Stephen **Williams**, yeoman, of same, £3, 1 acre ...Middletown Twp...line of Charles **Plumly** and Stephen **Williams**'s mill. Signed John **Praul**. Wit: Lawrence **Growdon** and Mary **Harris**.

P. 493, 6 Sep 1748, David **Owen**, yeoman, Bucks Co., Pennsylvania mortgage to William **Coleman** and James **Pemberton**, (executors of the estate of Samuel **Powel**), merchants, of Philadelphia, Philadelphia Co., Pennsylvania, £100, 150 acres ...purchased, 1743 of Joseph & Sarah **Samuel**. Signed David **Owen**. Wit: Reiner **Kuster** and Joseph **Gallaway**.

P. 495, 11 Nov 1748, Elias **Diotrick**, mason, Forks of the Delaware, Bucks Co., Pennsylvania mortgage to Mary **Grafton**, widow, of Philadelphia, Philadelphia Co., Pennsylvania, owes £200, 379 acres...line of William **Allen** and Thomas **Craig**. Signed Elias **Diotrick**. Wit: Robert **Levers** and Arthur **Forster**.

P. 496, 6 Jun 1748, John & Alice **Plumly**, of Northampton, Bucks Co., Pennsylvania mortgage to Mary **Plumstead**, widow, of Philadelphia, Philadelphia Co., Pennsylvania, owes £100, 121 acres...line of Robert **Heaton**, Robert **Stockdale** and James **Logan**. Signed John **Plumly** and Alice **Plumly**. Wit: Arthur **Forster** and Paul Isaac **Voto**.

P. 498, 12 Dec 1744, Samuel **Faires**, clothier, of Warwick, Bucks Co., Pennsylvania mortgage to Mary **Plumstead**, widow, of Philadelphia, Philadelphia Co., Pennsylvania, owes £50, 30 acres...line of **Claypoole**, Thomas **Dungan** and Hugh **Hughston**. Signed Samuel **Faires**. Wit: Arthur **Forster** and Paul Isaac **Voto**. Recorded 1748 before John **Kensey** by Samuel **Faires**.

P. 499, 18 Jul 1748, James **Stewart**, yeoman, of Hilltown, Bucks Co., Pennsylvania mortgage to James **Logan**, gentleman, of Stenton, of Philadelphia Co., Pennsylvania, owes £200, 250 acres of 379 acres...line of Jeremiah **Langhorne**, Susannah **Langhorne**, John **Williams** and Thomas **Jones**...Thomas & Susannah **Maples**, sold, 1741, to Barnard & Susannah **Young**, who sold to said James. Signed James **Stewart**. Wit: John (x) **Hewston**, Ruth **Steer** and Christian

Lehman.

P. 501, 10 Jan 1748, Charles & Ann **Plumly**, (eldest brother and heir of William **Plumly**), yeoman, of Middletown, Bucks Co., Pennsylvania to Garret **Vansandt**, yeoman, of same, £520, 214 acres of 500 acres...line of James **Paxon** and Joseph **Richardson** patented, 1681, by Henry & Margary **Paxon**, who sold with Elizabeth **Burgess**, to James & Mary **Plumby** and John **Plumby**, (said James devised, 1702, his executors to be said wife, Mary, his brother Charles **Plumly** and his uncle William **Budd**), land went to John **Plumly**, who devised, 1731, to his sons Charles **Plumly** and William **Plumly**, one half each. Signed Charles **Plumly** and Ann **Plumly**. Wit: Lewis **Rue** and John **Vanhorn**.

P. 504, 20 Oct 1746, Nathaniel & Martha **Bye**, yeoman, of Buckingham, Bucks Co., Pennsylvania to their son, Thomas **Bye**, of same, £100, 172 acres...Buckingham...line of Enoch **Barton**, Thomas **Kinsey**, Samuel **Kinsey**...purchased, 1706, of his father, Thomas **Bye**. Signed Nathaniel **Bye** and Martha (x) **Bye**. Wit: John (x) **Queen** and John **Watson** Jr. Recorded 1748 before John **Wells**.

P. 505, 15 Mar 1744, Enoch & Margaret **Pearson**, yeoman, of Buckingham, Bucks Co., Pennsylvania to Thomas **Bye**, yeoman, of Solebury, Bucks Co., Pennsylvania, £80, 50 acres...line of Samuel **Kinsoy** and Nathaniel **Bye**. Signed Encoh **Pearson** and Margaret **Pearson**. Wit: John **Hirst**, Jonathan **Jorghan** and John **Watson** Jr. Recorded 1748.

P. 507, 19 Nov 1748, Jenkin **Philips**, yeoman, of Rockhill Twp., Bucks Co., Pennsylvania mortgage to William **Coleman** and James **Pemberton**, merchants, of Philadelphia, Philadelphia Co., Pennsylvania, owes £120, 150 acres...Rockhill Twp...line of Philip **Henry**, James **Robeson** and Cornelius **Bryent**...Thomas & Margaret **Frame**, sold, 1735 to Abraham **James**, who sold, 1741, to said Jenkin. Signed Jenkin (x) **Philips**. Wit: Paul Isaac **Voto** and Arthur **Forster**.

P. 508, 29 Nov 1748, Thomas **Philips**, yeoman, of Hilltown Twp., Bucks Co., Pennsylvania mortgage to William **Coleman** and James

Pemberton, merchants, of Philadelphia, Philadelphia Co., Pennsylvania, owes £200, 275 acres...Hilltown Twp...line of John Lewis, Lawrence Growdon and Hamilton. Signed Thomas (x) Philips. Wit: Robert Levers and Arthur Forster.

P. 510, 21 Dec 1748, John Shaw, yeoman, of Tokiekon Twp., Bucks Co., Pennsylvania mortgage to William Coleman and James Pemberton, merchants, of Philadelphia, Philadelphia Co., Pennsylvania, £100, 200 acres...Tokiekon Twp. Signed John Shaw. Wit: Joseph Gallaway and Lench Francis Jr.

P. 511, 2 Jul 1743, Thomas & Catharine Howell, yeoman, of Warwick, Bucks Co., Pennsylvania to James Craven, yeoman, of Warminster, John Gray, yeoman, of Warrington, Alexander Tenyson, yeoman, of Warwick, Robert Walker, yeoman, of Warwick, John McCollough, yeoman, of Warwick, George Hiear, yeoman, of Warwick, Henry Tomyson Jr., yeoman, of Warwick and John Scott, weaver, of Warwick, all of Bucks Co., Pennsylvania, £4, 2 acres of 325.5 acres...line of William Miller Jr., William Miller Sr. Signed Thomas Howell and Catharine (x) Howell. Wit: Robert Jennison and William Lack. Recorded 1748.

P. 513, Feb 1744, James Craven, yeoman, of Warminster, John Gray, yeoman, of Warrington, Alexander Tenyson, yeoman, of Warwick, Robert Walker, yeoman, of Warwick, John McCollough, yeoman, of Warwick, George Hiear, yeoman, of Warwick, Henry Tomyson Jr., yeoman, of Warwick and John Scott, weaver, of Warwick, all of Bucks Co., Pennsylvania to Richard Walker, Daniel Craige, William Craigeton and Thomas Craige, yeomen, all of Warington, Robert Tenyson, Samuel Faries and James Bak, yeomen, all of Warwick, Archibald Kelsey, of New Britain and James Carrell, yeoman, of Northampton, all of Bucks Co., Pennsylvania (and all members of the Presbyterian Church, of Warwick, minister Charles Bealy), create church and graveyard. Signed Alexander Tenyson, Robert Walker, John (x) McCollough, George Hiear, Henry Tomyson Jr., and John (x) Scott. Wit: Moses Crawford and Archibald Crawford. Recorded 1748.

P. 515, 23 Dec 1748, John Town, yeoman, of Bristol Twp., Bucks

Co., Pennsylvania mortgage to John Abraham **DeNormandy**, of Bristol, Bucks Co., Pennsylvania and John **Snowdon**, of Philadelphia, Philadelphia Co., Pennsylvania, (surviving executors of the estate of David **Murray**), owes £100, 118 acres...line of John **Clawson**. Signed John **Town**. Wit: John **DeNormandy** and John **Frohock**.

P. 516, 11 Dec 1746, Lawrence & Sarah **Growdon**, gentleman, of Trevose, Bensalem Twp., Bucks Co., Pennsylvania and Lawrence **Biles**, gentleman, of Falls Twp., Bucks Co., Pennsylvania to John **Lewis**, yeoman, of Hilltown, Bucks Co., Pennsylvania, £197, 200 acres of 500 acres of 4250 acres...John & Priscilla **Rowland**, (formerly Priscilla **Shepherd**) and his brother Thomas **Rowland**, sold, 1711 to Charles **Brockden**, who sold, 1717, to William **Hingston** who died intestate and went to his younger brother Josiah **Hingston**, who sold, 1728, to Thomas **Sober**, who sold, 1730, to Jeremiah **Langhorne**, who devised to the said Lawrence and Langhorne **Biles**, (his nephew). Signed Lawrence **Growdon**, Sarah **Growdon** and Langhorne **Biles**. Wit: Thomas **Morris** and Mary **Harris**. Recorded 1748.

P. 518, 8 Mar 1748, Christian **Moyer**, yeoman, of Shippack, Philadelphia Co., Pennsylvania mortgage to William **Coleman** and James **Pemberton**, merchants, of Philadelphia, Philadelphia Co., Pennsylvania, owes £130, 215 acres...line of Henry **Seibel**, Jeremiah **Langhorne**, Bartholomew **Young** and Thomas **Philips**. Signed Christian **Moyer**. Wit: Charles **Brockton** and Paul Isaac **Voto**.

P. 519, 8 Mar 1748, Henry **Seibel**, yeoman, of Fronconia, Philadelphia Co., Pennsylvania mortgage to William **Coleman** and James **Pemberton**, merchants, of Philadelphia, Philadelphia Co., Pennsylvania, owes £120, 166 acres...line of Jeremiah **Langhorne**, Christian **Moyer** and Bartholomew **Young**. Signed Henry **Seibel**. Wit: Charles **Brockton** and Paul Isaac **Voto**.

P. 520, 25 Oct 1748, William & Margaret **Newman**, yeoman, of Lower Milford Twp., Bucks Co., Pennsylvania mortgage to Morris **Morris** Jr., merchant, of Philadelphia, Philadelphia Co., Pennsylvania, owes £800, 500 acres...line of Joseph **Growdon**. Signed

William (x) **Newman** and Margaret (x) **Newman**. Wit: Hannah **Pugh** and David **Morris**.

P. 521, 12 Jun 1746, John & Elizabeth **Sample**, weaver, of Badminister Twp., Bucks Co., Pennsylvania to Richard **Peters**, of Philadelphia, Philadelphia Co., Pennsylvania, £81, 175.33 acres...line of William **Growdon**...patented 1738. Signed John **Sample** and Elizabeth **Sample**. Wit: James **Davies** and William **Adams**. Recorded 1748 before Robert **Ellis**.

P. 522, 13 Jun 1743, Thomas Bishop **Vickors**, (son and heir of Richard **Vickors**), of Chew Magna, Somerset Co., England and his attorney, Richard **Hockley**, merchant, of Philadelphia, Philadelphia Co., Pennsylvania to Peter **Serew**, yeoman, of Makefield Twp., Bucks Co., Pennsylvania, £175, 483 acres...line of James **Tunniclift** and Abel **Jenny**...patented 1680, by Richard **Vickors**. Signed Richard **Hockley**. Wit: William **Peters** and Richard **Peters**. Recorded 1748.

P. 524, 2 Apr 1744, Nicholas & Elizabeth **Weiser**, yeoman, of Smithfield Twp., Bucks Co., Pennsylvania to Richard **Peters**, gentleman, of Philadelphia, Philadelphia Co., Pennsylvania, £58, 244 acres. Signed Nicholas **Weiser** and Elizabeth **Weiser**. Wit: George **Booke** and Edward **Seull**.

P. 526, 26 Nov 1748, Ralph & Susannah **Dracord**, yeoman, of Northampton Twp., Bucks Co., Pennsylvania mortgage to Anthony **Morris**, brewer, of Philadelphia, Philadelphia Co., Pennsylvania, £60, 28 acres...line of Benjamin **Scott**. Signed Ralph **Dracord** and Susannah **Dracord**. Wit: George **Randall** and Abraham **Chapman**.

P. 527, 1 Mar 1748, James **Morgan**, miller, of Darby Twp., Chester Co., Pennsylvania mortgage to Jacob **Duche**, gentleman, of Philadelphia, Philadelphia Co., Pennsylvania, owes £150, 200 acres...line of Abraham **Griffith** and George **Philips**. Signed James **Morgan**. Wit: Robert **Severs** and Arthur **Hester**.

P. 528, 6 Nov 1742, John **Mitchell**, (son and heir of Thomas **Mitchell**), carpenter, of Middletown, Bucks Co., Pennsylvania, of the first part, Thomas & Martha **Janny**, mason, of Newtown, Bucks

Co., Pennsylvania, of the second part and Joseph & Sarah **Clarke**, tailor, of Bristol Twp., Bucks Co., Pennsylvania, (Thomas **Mitchell**, father of said John, Martha, Sarah and Henry **Mitchell**) land division, of 125 acres...line of John **Town**...and 106.25 acres...line of Robert **Hall**...purchased, 1716, of Hannah **Carpenter**.
Signed John **Mitchell**, Thomas **Janney**, martha **Janney**, Joseph **Clarke** and Sarah **Clarke**. Wit: John **Lloyd** and John **Duncan**. Recorded 1748 by John **Duncan**.

P. 530, 4 Apr 1749, Isaac **Shans**, merchant, of New York City, New York mortgage to Alexander Brown **Huston**, merchant, of Philadelphia, Philadelphia Co., Pennsylvania, owes £700, 120 acres...line of William **Biles** and John **Ackerman**.
Signed Isaac **Shans**. Wit: Charles **Brockden** and Paul Isaac **Voto**.

P. 532, 14 Jun 1746, John **Burden**, (grandson of Henry **Mitchell**, deceased, of Bristol Twp., Bucks Co., Pennsylvania), carpenter, of Bristol Twp., Bucks Co., Pennsylvania to Henry **Mitchell**, blacksmith, of same, £0.05, 125 acres...former line of John **Town**...and 106 acres...former line of Robert **Hall**. Signed John **Burden**. Wit: Philip **White**, George **Mitchell** and William **Atkinson**.

P. 534, 11 Mar 1748, James **Baldwin**, yeoman, Bucks Co., Pennsylvania mortgage to William **Coleman** and James **Pemberton**, merchants, of Philadelphia, Philadelphia Co., Pennsylvania, owes £160, 120 acres...former line of Dunk **Williams** and John Abraham **DeNormandy**. Signed James **Baldwin**. Wit: Charles **Brockden** and Paul Isaac **Voto**.

P. 535, 25 Mar 1749, Henry **Hartsell**, yeoman of Hilltown Twp., Bucks Co., Pennsylvania mortgage to Isaac **Norris**, merchant, of Fair Hill, of Philadelphia, Philadelphia Co., Pennsylvania, owes £500, 530 acres...line of Thomas **Frame**, deceased and James **Logan**. Signed Henry **Hartsell**. Wit: Elizabeth **Norris**, Mary **Hoyd** and Charles (x) **Vinager**.

P. 537, 22 Feb 1748, John & Sarah **Rick**, yeoman, of Plumstead Twp., Bucks Co., Pennsylvania Patrick **Poe**, tailor, of same, £450,

200 acres ...line of Alexander **Brown**, Thomas **Brown** and Francis **Hough**...patented, 1685, by Walter **Hill**, who sold, 1721, to Thomas **Millner**, who sold, 1721, to John & Mary **Davis**, who devise to his wife and daughters, Elizabeth and Ann **Davis**, (said Ann married Awberry **Bevan** who sold, 1726 to Ebenezer & Dorothy **Large**, currier, of Burlington, New Jersey, sold, 1734, to Richard & Elizabeth **Lundy**, who sold, 1735, to Francis **Borden**, who sold, 1741 to said John. Signed John **Rick** and Sarah (x) **Rick**. Wit: William **Hamilton** and William **Tea**.

P. 539, 15 May 1748, Ebenezer & Ann **Large**, (son and heir of Joseph **Large**), yeoman, of Plumstead Twp., Bucks Co., Pennsylvania to John **Russell**, cordwinder, of same, £40, 100 acres...line of Evan **Jones**. Signed Ebenezer **Large** and Ann **Large**. Wit: William **Hough** and Paul **Hester**.

P. 541, 28 Apr 1749, Richard **Hough**, yeoman, of Makefield, Bucks Co., Pennsylvania mortgage to John **Shallcross**, yeoman, of Oxford, Philadelphia Co., Pennsylvania, owes £137, 416 acres....line of Abel **Janney**, Joshua **Hoopes**, Peter **Worrell** and Andrew **Ellet**. Signed Richard **Hough**. Wit: Charles **Brockden** and Paul Isaac **Voto**.

P. 543, 24 Feb 1748, Patrick & Abigail **Poe**, tailor, of Plumstead Twp., Bucks Co., Pennsylvania mortgage to Patrick **Band**, gentleman, of Philadelphia, Philadelphia Co., Pennsylvania, owes £150, 200 acres...line of Alexander **Brown**, Ephraim **Fenton**, Francis **Hughes** and Thomas **Brown**. Signed Patrick **Poe**. Wit: Gario **Cunningham** and John **Rich**.

P. 546, 27 Mar 1733, Anthony **Burton**, gentleman, of Bristol, Bucks Co., Pennsylvania to Rev. Robert **Weyman**, minister, of St. James Church, Bristol, Bucks Co., Pennsylvania, for love and affection, lot in Bristol. Signed Anthony **Burton**. Wit: Mathew **Rue** and Thomas **Worrell**. Recorded 1749 by Anthony **Burton**.

P. 547, 28 Sep 1739, James **Tourney**, yeoman, of Middletown, Bucks Co., Pennsylvania to Benjamin **Abbit**, yeoman, of Makefield, Bucks Co., Pennsylvania, £400, 240 acres...line of John **Whitacre** and Samuel **Baker**...purchased of John **Addis** 118 acres...line of John

Milnor and Samuel **Baker**...purchased of John **Baldwin** Sr. Signed James **Tourney**. Wit: John **Burhoughs** and Charles **Bryan**. Recorded 1748 before Abraham **Chapman**.

P. 550, 11 Apr 1730, John & Elizabeth **Wally**, (son and heir of Shadrick **Wally**). yeoman, of Newtown, Bucks Co., Pennsylvania to Benjamin **Taylor**, blacksmith, of Bucks Co., Pennsylvania, £403, 403 acres...line of James **Gould**, Thomas **Stradlin**, Charles **Read** and Francis **Hague**.
Signed John **Wally** and Elizabeth(x) **Wally**. Wit: James **Arbuckle**, Thomas **Buckman** and Charles **Bryan**. Recorded 1748, by John **Wally**.

P. 552, 31 Dec 1748, Oliver & Sarah **Hart**, carpenter, of Warminster Twp., Bucks Co., Pennsylvania to Joseph **Hart**, yeoman, of same, £100, 50 acres...purchased of Jacob **Cadwallder**
Signed Oliver **Hart** and Sarah **Hart**. Wit: William **Gilbert** and Miles **Hart**.

P. 555, 2 Jul 1748, Alice **Nelson**, (widow of Henry **Nelson**, last of Middletown, Bucks Co., Pennsylvania), her son, Thomas **Nelson** and Euclidus **Longshore**, cordwinder, of Bristol Twp., Bucks Co., Pennsylvania to William **Bidgood**, yeoman, of Bristol, Bucks Co., Pennsylvania, £115, 89 acres...line of Thomas **Dowdney** and Thomas **Sisom**...Rebecca **Hague** lost in suit by John **Hall**, sheriff sold, 1719, to Joseph **Bond**, who sold to said Henry. Signed Alice (x) **Nelson**, Thomas **Nelson** and Euclidus **Longshore**. Wit: John **Keirll** and William **Atkinson**.

Chapter 8
Bucks Co., Pennsylvania
Deed Records
Volume 8
1749-1752

P. 1, 5 May 1740, Thomas **Phillips**, yeoman, of Hilltown Twp., Bucks Co., Pennsylvania mortgage to William **Coleman** and James **Pemberton**, merchants, of Philadelphia, Philadelphia Co., Pennsylvania, owes £100, 275 acres...Hilltown Twp...line of Christian **Moyer** and Bartholomew **Young**. Signed Thomas (x) **Phillips**. Wit: Charles **Brockdon** and Paul Isaac **Voto**. Recorded by Thomas (x) **Phillips**, before Thomas **Greene**, 1749.

P. 2, 1 Jun 1749, John & Ellinor **Seaborn**, yeoman, of Solebury Twp., Bucks Co., Pennsylvania mortgage to Mary **Plumstead**, widow, of Philadelphia, Philadelphia Co., Pennsylvania, £120, 450 acres...Solebury Twp...line of Jedediah **Allen** and Randall **Blackshaw**. Signed John **Seaborn** and Ellinor (x) **Seaborn**. Wit: George **Hughes** and John **Bradfield** Jr.

P. 5, 13 May 1749, Nicholas **Walver**, yeoman, of Gwynedd, Philadelphia Co., Pennsylvania mortgage to George **Emlin**, brewer, of Philadelphia, Philadelphia Co., Pennsylvania, owes £60, 10 acres...Gwynedd...line of John **Jones**, Jonathan **Wright** and John **Davis**...and 276 acres...Upper Milford, Bucks Co. Signed Nicholas **Walver**. Wit: Paul Isaac **Voto** and Peter **Miller** Jr.

P. 7, 19 Jun 1749, Sarah **Bond**, (widow of John **Bond**, of Southampton, Bucks Co., Pennsylvania) to Ellis **Roberts**, yeoman, Bucks Co., Pennsylvania, £240, 9.5 acres...Eastburn Run... line of William **Groom**, Jacobus **Vansandt** and Joseph **Vansandt**.. .purchased, 1741, of John & Prisilla **Tyson**. Signed Sarah **Bond**. Wit:

Lawrence **Growdon** and Anthony **DeNormandy**.

P. 10, 3 Dec 1747, Lawrence **Growdon**, of Treios, Bensalem Twp., Bucks Co., Pennsylvania and Langhorne **Biles**, gentleman, of Bucks Co., Pennsylvania, (two of the executors of the estate of Jeremiah **Langhorne**) to Robert **Scott**, weaver, of Warwick Twp., Bucks Co., Pennsylvania, £157.9, 125 acres...line of Warwick Twp...line of Dr. **Rodman** and Hugh **Miller**...patented 1724. Signed Lawrence **Growdon** and Langhorne **Biles**. Wit: Mary **Harris** and Mary **Pemberton**. Recorded 1749 before Simon **Butler**.

P. 13, 31 Dec 1743, Benjamin **Flounders**, dyer, of Craythorn, York Co., of the first part, James **Wells**, yeoman, of Meelith, York Co., Dorothy **Wells**, spinster, of Sober Hill, York Co., Mary **Wells**, spinster, of Norton, York Co. and William & Ann **Atkinson**, yeoman, of Warlaby, York Co., of the second part, Simon **Bickerdike**, dyer, of Weysley Parish, York Co. and Gideon **Bickerdike**, weaver, of Trent, Hunterdon Co., New Jersey, of third part, (said James, Dorothy, Mary, William and Ann entitled to four fifths of the estate of Richard **Sunley**, late of Wrightstown, Bucks Co., Pennsylvania), £80, Wrightstown. Signed Benjamin **Flounders**, James **Wells**, Dorothy (x) **Wells**, Mary (x) **Wells**, William (x) **Atkinson** and Ann (x) **Atkinson**. Wit: Richard **Peacock**, Nicholas **Robinson** and James **Raisbeck**, mayor of Stockton.

P. 20, 2 Mar 1744, Simon **Bickerdike**, dyer, of Wensley Parish, York Co.power of attorney to Gideon **Bickerdike**, weaver, of Trent, Hunterdon Co., New Jersey, Signed Simon **Bickerdike**. Wit: William **Metcalf**, Richard **Walker**, James **Raisbeck**, mayor of Stockton. Recorded 1749, by Robert **Collison**, weaver, of Middletown, Bucks Co., Pennsylvania, before Mark **Watson**.

P. 21, 3 Jun 1749, John **Frohock**, gentleman, of Bristol, Bucks Co., Pennsylvania to John **Hutchinson**, joiner, of same, £13.5, lot in Bristol...line of Alexander **Gradon**. Signed John **Frohock**. Wit: John **Hall** and Joseph **White**.

P. 23, 16 Mar 1749, Godrey & Charity **VanDuchren**, blacksmith, of Northampton Twp., Bucks Co., Pennsylvania mortgage to

Nicholas **Wyncoop**, blacksmith, of same, £60, 41 acres...line of Christian **Vanhorn**...purchased of Christian & Williamkee **Vanhorn**. Signed Godrey **VanDuchren** and Charity (x) **Vanduchren**. Wit: David **Marenus** and Jonathan **Dubois**.

P. 26, 13 Apr 1748, John & Ellinor **Vanhorn**, yeoman, of Northampton Twp., Bucks Co., Pennsylvania to Nicholas **Wyncoop**, blacksmith, of same, £115, 128.75 acres...Northampton Twp... line of Christian **Vanhorn**. Signed John **Vanhorn** and Ellinor **Vanhorn**. Wit: Adman **Correl** and Godrey **Vanhorn**.

P. 29, 7 Jun 1739, Isaac & Ann **Pennington**, gentleman, of Bristol, Bucks Co., Pennsylvania to Leffert **Leffertre**, yeoman, of Northampton, Bucks Co., Pennsylvania, £492, 400 acres, of 451 acres...Northampton Twp...line of Bernard **Vanhorn**, Henry **Crusen** and Isaac **Bennet**...patented, 1701, by Edward **Pennington**. Signed Isaac **Pennington** and Ann **Pennington**. Wit: John **Frohock** and Adrian **Cornell**. Recorded 1749, by Adrian **Cornell**.

P. 31, 7 Jun 1739, Isaac & Ann **Pennington**, gentleman, of Bristol, Bucks Co., Pennsylvania to Adrian **Cornell**, yeoman, of Northampton, Bucks Co., Pennsylvania, £308, 250 acres...Northampton Twp...line of Henry **Crusen**...patented, 1701, by Edward **Pennington**. Signed Isaac **Pennington** and Ann **Pennington**. Wit: John **Frohock** and Leffert **Leffertre**. Recorded 1749, by Leffert **Leffertre**.

P. 34, 15 Mar 1736, Thomas **Stackhouse**, yeoman, of Middletown, Bucks Co., Pennsylvania to Thomas **Sisom** Jr., yeoman, of Bristol Twp., Bucks Co., Pennsylvania, £75, 63 acres...Bristol Twp...line of John **Sisom**, William **Fishbourn**, Joseph **Peace**, Henry **Nelson** and John **Large**. Signed Thomas **Stackhouse**. Wit: Thomas (x) **Roberds** and John **Vanhorn**. Recorded 1749 by Thomas **Stackhouse**.

P. 36, 5 Apr 1749, Robert & Catharine **Ellis**, merchant, of Philadelphia, Philadelphia Co., Pennsylvania mortgage to William **Allen**, of same, owes £500, 1472 acres...line of John **Eastburne**, William **Allen**, Andrew **Lerich**, Jacob **Cookart**, Thomas **Armstrong**, Thomas **Lloyd**, James **Hughes** and James **Logan**.

Signed Robert **Ellis** and Catharine **Ellis**. Wit: William **Peters** and William **Tea**.

P. 38, 5 Jan 1732, Francis **Gandowet** Sr. of Philadelphia, Philadelphia Co., Pennsylvania to John Abraham **DeNormady**, £50, 500 acres...Charles **Mutel**, clerk, of Pottern, Wilts Co. and John **Child**, yeoman, of Barton Regis, Gloucester Co., of the one part, Solomon **Gandowet**, deceased, Alexander **Gandowet**, Jeremiah **Gandowet**, deceased, Francis **Gandowet** Jr., Mary **Gandowet** and Henritta **Gandowet**, (who married John Abraham **DeNormandy**), (sons and daughters of the said Francis Sr.), of the second part and Samuel **Perry**, gentleman, of Barton Regis and Abraham **Allyes**, gentleman, of Bristol, of the third part...500 acres, sold, 1707, patented by Ann **Cawley**, spinster, who devised to Richard **Webb**, gentleman, of Wilts Co., who sold, 1707, to said Charles **Mutel** and John **Child**, for the use of the said **Gandowet** children, who sold 1730 to said Francis Sr. Signed Francis **Gandwet**. Wit: Daniel **Jackson**, Elizabeth **Casely** and William **Atkinson**. Recorded, 1749, by William **Atkinson**, before John Abraham **DeNormandy**.

P. 41, 6 Jan 1749, William & Mary **James**, yeoman, of New Britain Twp., Bucks Co., Pennsylvania to their son, Isaac **James**, husbandman, of same, £160, 207 acres...line of John **James**, Robert **Kennedy** and John **Thomas**...purchased, 1738, of Thomas & Mary **Edwards**. Signed William **James** and Mary (x) **James**. Wit: John **James** and John **Stephens**.

P. 42, 6 Jun 1749, Isaac & Sarah **James**, yeoman, of New Britain Twp., Bucks Co., Pennsylvania mortgage to William **Thomas**, yeoman, of Hilltown Twp., Bucks Co., Pennsylvania, owes £50, 207 acres...line of John **James**, Robert **Kennedy**, Evan **Thomas**, Thomas **Jones** and John **Thomas**. Signed Isaac **James** and Sarah (x) **James**. Wit: William **James** and Griffith **Owens**.

P. 43, 9 Sep 1749, Edward & Mary **Eaton**, yeoman, of Hilltown Twp., Bucks Co., Pennsylvania to Ephraim **Thomas**, yeoman, of same, £124, 99 acres ...line of Bernard **Young** and Richard **Penn**...part of 195 acres patented 1748. Signed Edward **Eaton** and Mary (x) **Eaton**. Wit: Benjamin **Butler** and Simon **Butler** Jr.

P. 45, 26 Sep 1747, Margaret **Johnson**, widow, of Bristol Twp., Bucks Co., Pennsylvania to Stephen **Williams**, gentleman, of Burlington, New Jersey, £41.5, 6 acres of 520 acres...Neshaminah Creek ...patented, 1684, by John **Clauson**, cooper, who devised to his children, John **Johnson**, Elizabeth **Johnson**, Gartride **Johnson**, Hendrick **Johnson** and Catherine **Johnson**, who sold, 1707, to said John **Johnson** and Bartholomew **Jacob**. Signed Margaret (x) **Johnson**. Wit: Mary (x) **Devon** and John **Frohock**. Recorded by said Margaret 1749.

P. 48, 16 May 1732, Samuel & Priscilla **Rowland**, cordwinder, of New Britain Twp., Bucks Co., Pennsylvania to John **James**, weaver, of same, £111.5, 100 acres of 212.5 acres...New Britain Twp...line of Rees **Lewis**, Thomas **Davis** and Joseph **Kirkbride**...5000 acres, patented, 1683, by Thomas **Hudson**, gentleman, of Makefield, England, who sold, 1698, to William **Lawrence**, John **Tallman**, Joseph **Thorne**, Samuel **Thorne** and Benjamin **Field**, gentlemen, of Queens Co., Island of Nassau, (alias Long Island). who sold, 1718, to Thomas & Sarah **Stevenson**, said Sarah, a widow, sold, 1721 to John **Solcher**, who sold, 1721, to Joseph **Kirkbride**, who sold to Rees **Lewis**, who sold to said Samuel. Signed Samuel **Rowland** and Priscilla **Rowland**. Wit: William **James** and Rees **Lewis**. Samuel **Rowland** recorded 1749.

P. 52, 10 Dec 1744, John **James**, weaver, of New Britain Twp., Bucks Co., Pennsylvania to Christian **Souder**, yeoman, of same, £160, 100 acres...line late of Rees **Lewis**, now Thomas **Davis**, late of Joseph **Kirkbride**, now John **Cressman**, formerly of Samuel **Rowland**, now Peter **Penar** and William **James**...part of 212.5 acres Rees **Lewis**, sold, 1729, to Samuel **Rowland**, who sold, 1732, to said John. Signed John **James**. Wit: Abel **Griffith** and Benjamin **Griffith**. John **James** recorded 1749.

P. 54, 27 Nov 1747, Christian & Margaret **Souder**, yeoman, of Frankonia Twp., Philadelphia Co., Pennsylvania to Henry **Weirman**, yeoman, of New Britain Twp., Bucks Co., Pennsylvania, £200, 100 acres...line of Thomas **Davis**, John **Cressman** and Peter **Penar**. Signed Christian (x) **Souder** and Margaret (x) **Souder**. Wit: John (x) **Lapp** and Griffith **Owen**. Christian **Souder** recorded 1749.

P. 56, 24 Jan 1742, John **Duer**, yeoman, of Makefield, Bucks Co., Pennsylvania to Joseph **Duer**, carpenter, of same, £300, 261 acres... Makefield Twp...line of Charles **Read**, merchant, of Philadelphia, Philadelphia Co., Pennsylvania, deceased, Neil **Grant**, Sarah **Read** and Rueben **Pownal**...purchased, 1739, of James **Reade**. Signed John **Duer**. Wit: Mahlon **Kirkbride** and Joseph **Kirkbride**. John **Duer** recorded 1749.

P. 59, 10 Jun 1745, Samuel & Sarah **Cary**, yeoman, of Newtown Twp., Bucks Co., Pennsylvania to Joseph **Duer**, yeoman, of Makefield Twp., Bucks Co., Pennsylvania, £75, 50 acres...Makefield Twp...purchased, 1734, of Thomas & Sarah **Shoemaker**. Signed Samuel **Cary** and Sarah **Cary**. Wit: Mary **Higgs** and Charles **Bryan**. Samuel **Cary** recorded 1749.

P. 61, 22 Sep 1734, John **Hall**, sheriff of Bucks Co., Pennsylvania to Thomas **Stackhouse**, yeoman, of Middletown, Bucks Co., Pennsylvania, (recovered against Euclious **Longshore**, executor of Mary **Cobbert**), £55, 63 acres...line of John **Sisom**, William **Fishbourn**, Joseph **Peace**, Henry **Nelson**, John **Large** and Thomas **Stackhouse** Jr. Signed John **Hall**. Wit: Isaac **Pennington** and David **Murray**. Upon motion of Enion **Williams**, (executor of the estate of Thomas **Sisom**, whose lands the above now are) recorded 1749.

P. 62, 9 Nov 1749, Andrew **Gatshall**, yeoman, of Bedminster, Bucks Co., Pennsylvania mortgage to William **Coleman** and Joseph **Pemberton**, merchants, of Philadelphia, Philadelphia Co., Pennsylvania, owes £100, 159 acres...line of Robert **Dorrock**... purchased of Thomas **Dorrock**. Signed Andrew (x) **Gatshall**. Wit: Charles **Brockden** and Paul Isaac **Voto**.

P. 64, 13 Nov 1749, Bartholomew & Mary **Young**, yeoman, Bucks Co., Pennsylvania mortgage to William **Allen**, of Philadelphia, Philadelphia Co., Pennsylvania, owes £100, 134.5 acres... line of Thomas **Kidd**. Signed Bartholomew **Young** and Mary (x) **Young**. Wit: William **Peters** and William **Hamilton**.

P. 65, 13 Nov 1749, Thomas **Phillips**, yeoman, Bucks Co., Pennsylvania mortgage to William **Allen**, of Philadelphia,

Philadelphia Co., Pennsylvania, owes £130, 238 acres...line of Thomas **Kidd** and Joseph **Dempsey**. Signed Thomas (x) **Phillips**. Wit: William **Peters** and William **Hamilton**.

P. 66, 24 Oct 1749, Peter **Frexter** Jr., yeoman, of Mahguongee Twp., Bucks Co., Pennsylvania mortgage to Hugh **Roberts**, merchant, of Philadelphia, Philadelphia Co., Pennsylvania, owes £200, 138 acres...line of Jeremiah **Fraxter**, (**Saxten**). Signed Peter **Frexter**. Wit: Charles **Brockden** and Paul Isaac **Voto**.

P. 68, 1 Mar 1744, Nathaniel **Irish**, gentleman, Bucks Co., Pennsylvania to Henry **Antes**, millwright, of Bethlehem, Bucks Co., Pennsylvania, £10, 12.25 acres...line of William **Allen**. Signed Nathaniel **Irish**. Wit: Jasper **Payne**, cooper and James **Greening**, apotheeary and recorded 1749.

P. 69, 15 Nov 1739, Nathaniel **Irish**, gentleman, Bucks Co., Pennsylvania to Isaac **Isellstein**, yeoman, of same, £26.25, 75 acres...purchased, 1738, of Caspar **Woistar**. Signed Nathaniel **Irish**. Wit: Solomon **Jennings**, Cunraht **Rutchie** and Philip Rudolph **Hainer**. Solomon recorded 1749.

P. 70, 11 Feb 1746, Edward **Shippen**, of Philadelphia, Philadelphia Co., Pennsylvania to George **Mack**, cordwinder, Bucks Co., Pennsylvania, £50, 133 acres...patented 1745. Signed Edward **Shippen**. Wit: James **Cunningham** and John **Callahan**, who recorded 1749.

P. 71, 3 Jun 1746, John **Simpson**, merchant, of Lower Hill, London, England through his attorney William **Allen**, of Philadelphia, Philadelphia Co., Pennsylvania to Jasper **Paine**, wine cooper, of Bethlehem, Bucks Co., Pennsylvania, £200, 574 acres...patented,1681,by William **Lowther** and Margaret **Lowther**, (two of the children of Anthony & Margaret **Lowther**), said Margaret Jr. married **Poole**, and had daughter Margaret **Poole**, who married John **Nicoll**, of Coney Hatch, Middlesex Co., England, who sold, 1731, to Joseph **Stanwix**, gentleman, of Bartleth Building, parish of Saint Andrews Holburne, London, who sold, 1731, to said John. Signed John **Simpson** by William **Allen**. Wit: Henry **Antes** and Charles **Brockden**, who recorded 1749.

P. 75, 5 Mar 1745, Charles **Brockden**, gentleman, of Philadelphia, Philadelphia Co., Pennsylvania to Jasper **Paine**, wine cooper, of Bethlehem, Bucks Co., Pennsylvania, £30.8, 197 acres. Signed Charles **Brockden**. Wit: John **Gilleylen**, Reese **Peters** and John Isaac **Voto**. Said Charles recorded 1749.

P. 76, 3 May 1748, John Stephen & Judith **Benezet**, merchant, of Germantown, Philadelphia Co., Pennsylvania to James **Burnside**, merchant, of Bethlehem, Bucks Co., Pennsylvania, £500, 500 acres...patented, 1737, by James **Bingham**, who devised to his sons James **Bingham** and William **Bingham**, who sold to said John. Signed John Stephen **Benezet** and Judith **Benezet**. Wit: Charles **Brockden** and James **Greening**.

P. 78, 2 Feb 1749, Joseph & Jemima **Enoch**, blacksmith, of Southampton, Bucks Co., Pennsylvania to Herman **Enoch**, of Bensalem, Bucks Co., Pennsylvania, £95.7, 3 acres...line of Charles **Biles**...purchased, 1747, of Daniel **Knight**. Signed Joseph **Enoch** and Jemima **Enoch**. Wit: Lawrence **Growdon** and Mary **Pennington**.

P. 80, 24 Feb 1749, George **Bergstrasser**, mason, of Rockhill Twp., Bucks Co., Pennsylvania mortgage to Charles **Brockden**, gentleman, of Philadelphia, Philadelphia Co., Pennsylvania, owes £100, 207 acres...line of Jacob **Herman**, Francis **Lewis** and Adam **Shoffer**. Signed George **Bergstrasser**. Wit: Peter **Miller** Jr. and J. **Okely**.

P. 82, 9 Apr 1733, Isaac **Penington**, sheriff of Bucks Co., Pennsylvania to Robert **Smith**, yeoman, of Buckingham, Bucks Co., Pennsylvania, £52, 90 acres...line of Elizabeth **Hillbourn** and Richard **Parson**...suit against Mary **Gibson**, executor of the estate of Lancelot **Gibson**. Signed Isaac **Penington**. Wit: William **Blackfan**, of Solebury Twp. and Elias **Hughes**, late of Bucks Co., Pennsylvania, now of Burlington, New Jersey, recorded in 1750.

P. 84, 2 Jun 1745, Stephen **Twining**, yeoman, of Durham, Bucks Co., Pennsylvania to Anthony **Tate**, mason, of Newtown, Bucks Co., Pennsylvania, £120, 117 acres...Newtown...64 acres from sheriff

Isaac **Penington** in 1733 and 52 acres purchased, 1735, of Jeremiah **Bowman**... 1697, Richard & Elizabeth **Burgess** sold to Israel **Morris** and Edmond **Cowgill**. Signed Stephen **Twining**. Wit: Anthony **Wilson** and John **Duncan**. Anthony **Wilson** recorded 1750.

P. 86, 31 Mar 1748, John George & Mary **Backman**, yeoman, Bucks Co., Pennsylvania to their son, Jacob **Backman**, of same, for love and affection, 7 acres...line of Christian **Backman** and George **Becktill**. Signed John George **Backman** and Mary (x) **Backman**. Wit: Abraham **Heystand** and Christian (x) **Wowenmo**. Recorded by said John George and Mary before Thomas **Owen**, 1750.

P. 88, 31 Mar 1748, John George & Mary **Backman**, yeoman, Bucks Co., Pennsylvania to their eldest son, Henry **Backman**, of same, for love and affection, 114 acres...line of Christian **Backman** and John **Yoder**. Signed John George **Backman** and Mary (x) **Backman**. Wit: Abraham **Heystand** and Christian (x) **Wowenmo**. Recorded by said John George and Mary before Thomas **Owen**, 1750.

P. 89, 31 Mar 1748, John George & Mary **Backman**, yeoman, Bucks Co., Pennsylvania to Christian **Newcomer**, yeoman, of same, £18, 32 acres...line of Peter **Morsteller**, William **Allen** and George **Backman**...and 31 acres...line of Henry **Rumbfield**, Johannes **Shyfar** and Michael **Kieper**. Signed John George **Backman** and Mary (x) **Backman**. Wit: Abraham **Haystormd** and Jacob **Packman**. Recorded by said John George and Mary before Thomas **Owen**, 1750.

P. 90, 2 Mar 1749, Jacob **Slaight**, yeoman, of Northampton Twp., Bucks Co., Pennsylvania mortgage to Barnard **Vanhorn**, yeoman, of same, £30, 25 acres...line of William **Benek**. Signed Jacob (x) **Slaight**. Wit: David (x) **Griffith** and Evan **Jones**.

P. 92, 19 Oct 1747, Lawrence **Growdon** and Langhorne **Biles**, of Bucks Co., Pennsylvania to David **Buckman**, yeoman, of Newtown, Bucks Co., Pennsylvania, £300, 189 acres of 250 acres... line of Christopher **Taylor** and Elizabeth **Barber**...patented, 1683, by Thomas **Revel**, who sold, 1689, to Michael **Huff**, who devised to his son Michael **Huff**, who sold, 1711, to Thomas **Stevenson**, who sold,

1713, to Thomas **Walmsly**, who sold, 1715, to John **Johnson**, whose widow, Margaret **Johnson**, sold, 1723, to Thomas **Story**...taken by sheriff in 1733 and sold to Jeremiah **Langhorn**, who devised to his nephews, the said Larwence and Langhorne. Signed Lawrence **Growdon** and Langhorne **Biles**. Wit: John **Chapman** and Mary **Harris**. Lawrence and Langhorne recorded 1750.

P. 95, 1 Nov 1740, Benjamin & Hannah **Abbot**, yeoman, of Makefield Twp., Bucks Co., Pennsylvania to John **Mathis**, yeoman, of same, £156, 147 acres...line of Thomas **Harvey** and Samuel **Baker**...patented 1737. Signed Benjamin **Abbot** and Hannah **Abbot**. Wit: William **Chapman** and Abraham **Chapman**. Benjamin and Hannah recorded 1750.

P. 96, 20 Feb 1749, Henry & Susannah **Enoch**, blacksmith, of Bensalem, Bucks Co., Pennsylvania mortgage to Anthony **Morris**, merchant, of Philadelphia, Philadelphia Co., Pennsylvania, owes £242, 50 acres and 23 acres...Bensalem Twp...line of Isaac **Morris** and Joseph **Growdon**. Signed Henry **Enoch**. Wit: Joseph **Enoch** and Anthony **Williams**.

P. 98, 7 Apr 1750, William **Blakey**, yeoman, of Middletown, Twp., Bucks Co., Pennsylvania mortgage to Charles **Brockden**, gentleman, of Philadelphia, Philadelphia Co., Pennsylvania, owes £128, 267 acres...line of Hendrick **VanDike**, Thomas **Lucas** and Thomas **Gill**. Signed William **Blakey**. Wit: Paul Isaac **Voto** and Peter **Miller** Jr.

P. 99, 23 Mar 1749, Jeremiah **Williams**, yeoman, of Bethlehem, Henterdon Co., New Jersey mortgage to Lawrence **Growdon** and Langhorne **Biles**, gentlemen, of Bucks Co., Pennsylvania, owes £175, 251 acres...line of John **Chapman** and Samuel **Barker**. Signed Jeremiah **Williams**. Wit: Robert **Heaton** and Richard **Gibbs**.

P. 100, 2 May 1750, Henry & Susannah **Vanhorn**, (said Susannah was formerly Susannah **Vanvleig**), yeoman, of Newtown, Bucks Co., Pennsylvania to William **Blakley**,, yeoman, of Middletown, Bucks Co., Pennsylvania, £50, 30 acres...line of Benjamin **Field** and Edward **Lucas**...patented, 1682, by Thomas **Croasdell**, yeoman,, of New Hay, York Co., England, who sold to Thomas **Stackhouse**, who sold to Nicholas **Waln**, who sold to Robert **Heaton**, (with deed made good by the sons of said Thomas, William and John **Croasdell**), who sold, 1705, to Hendrick Johnson **Vandike**, yeoman, then of Stratten Island, New York, who devised to his wife, Yanica **Vandike**, to his son-in-law Christian **Burnson** and his granddaughter, the said Susannah **Vanvleig**. Signed Henry **Vanhorn** and Susannah (x) **Vanhorn**. Wit: Joseph **Richardson** and Richard **Gibbs**.

P. 104, 15 May 1750, William **Shiedacre**, cordwinder, of Nockamixon Twp., Bucks Co., Pennsylvania mortgage to Elizabeth **Lloyd**, spinster, of Philadelphia, Philadelphia Co., Pennsylvania, owe £55, 100 acres...patented 1739 by Conrad **Kuster**. Signed William (x) **Shiedacre**. Wit: Paul Isaac **Voto** and Peter **Miller** Jr.

P. 106, 18 Jan 1732, Dr. Francis **Gandouett**, of Philadelphia, Philadelphia Co., Pennsylvania to John Abraham **DeNormandy**, merchant, of Bristol, Bucks Co., Pennsylvania, £250, 220 acres...line of Dunk **Williams** and late of John **Hart**, that was Joseph **Growdon**...part of three tracts...150 acres, Nathaniel **Allen**, cooper, of Philadelphia, Philadelphia Co., Pennsylvania, sold, 1685, to his son, Nathaniel **Allen**, who sold, 1702, to Ceasar **Ghiselin**, who sold, 1707, to Samuel **Marmion**, who sold, 1714, to said Francis...200 acres that Elenor **Allen**, (widow of Nathaniel), Nehemiah **Allen**, (son of Nathaniel), Lydia **Smart**, (daughter of Nathaniel), and the executors, Thomas **Bradford** and Thomas **Paschal**, sold 1694, to said Francis's, children Francis, Jeremiah, deceased, Alexander, Lewis, deceased and Henrietta **Gandouett**, who married the said John Abraham **DeNormandy**, who sold, 1717, to Francis the Father...50 acres, purchased, 1711, of Nathaniel **Allen**, the son. Signed Francis **Gandouett**. Wit: Cesar **Godeffroy**, Thomas **Watson** and William **Atkinson**.

P. 108, 8 Dec 1749, John Abraham **DeNormandy**, merchant, of Bristol, Bucks Co., Pennsylvania to Nicholas **Cruson**, yeoman, of Bensalem, Bucks Co., Pennsylvania, £159, 100 acres...line of James **Baldwin** and late of John **Hart**...part of 220 acres purchased of Francis **Gandouett**. Signed John Abraham **DeNormandy**. Wit: William **Buckley** and John **DeNormandy**.

P. 109, 7 Mar 1738, William & Margaret **Allen**, of Philadelphia, Philadelphia Co., Pennsylvania to Jeremiah **Langhorn**, Bucks Co., Pennsylvania, £1000, two tracts...1002.5 acres...line of Mathew **Hughes**...purchased, 1728, of William **Penn**, grandson, of William **Penn**...and 1000 acres, adjoining...patented, 1681, to John **Lowther** and Anne Sharlott **Lowther**, deceased as an infant, who sold, 1731, to Joseph **Turner**, who sold, 1726, to said William. Signed William **Allen** and Margaret **Allen**. Wit: William **Parson** and James **Bigham**. Said William recorded 1739.

P. 113, 7 Apr 1749, Joseph **Bye**, (son and heir of Nathaniel **Bye**, yeoman, of Buckingham Twp., Bucks Co., Pennsylvania to his brother, Thomas **Bye**, of same, £30, 27 acres...line of Edward **West**. Signed Joseph **Bye**. Wit: Dinah (x) **Wolverton** and John **Watson** Jr.

P. 114, 21 Feb 1746, John & Mary **Brelsford**, carpenter, of Bristol Twp., Bucks Co., Pennsylvania and Isaac & Susannah **Brelsford**, carpenter, of Middletown, Bucks Co., Pennsylvania to William **Davis**, sawyer, of Bristol, Bucks Co., Pennsylvania, £70, lot in Middletown...line of John **Priesly**, Samuel **Cary** and Benjamin **Brelsford**...William **Croasdale**, sold, 1704, to John **Headly**, who devised, 1710, to his son, Joseph **Headly** and his sons-in-law, William **Brelsford** and Samuel **Brelsford** and said Joseph and Samuel sold their share to said William, who devised to his sons, Abraham, John and Isaac **Brelsford**. Signed Isaac **Brelsford**, Susannah **Brelsford**, John **Brelsford** and Mary **Brelsford**. Wit: John **Priesly**, Samuel (x) **Brelsford** and William **Atkinson**. Signers recorded 1747.

P. 117, 4 Aug 1749, Sarah **Davis**, (widow of William **Davis**, sawyer, of Bristol, Bucks Co., Pennsylvania) and William **Buckley**, yeoman, (executor of the estate of William **Davis**), of same to Robert **Harvey**, yeoman, of Falls Twp., Bucks Co., Pennsylvania, £45, lot in Middletown ...purchased of Isaac & Susannah **Brelsford** and John & Mary **Brelsford**. Signed William **Buckley** and Sarah (x) **Davis**. Wit: Joseph **Atkinson** and John **Priestly**.

P. 119, 23 Nov 1733, Samuel & Elizabeth **Swift**, (grandson and heir of John **Swift**), gentleman, of Bensalem, Bucks Co., Pennsylvania to John **Vandegrift**, yeoman, of Bybury, Philadelphia Co.,

Pennsylvania, £350, 271 acres ...former line of John **Bowen**, Joshua **Nicholl**, Nathaniel **Harding**, Claus **Johnson** and Samuel **Allen** Bensalem Town...Daniel **Hodgson**, sold, 1723, to John **Swift**, deceased 1732. Signed Samuel **Swift** and Elizabeth **Swift**. Wit: Malichi **Watson**, Nathaniel **Watson** and M. **Davis**. Samuel **Swift** recorded 1750.

P. 121, 7 Jun 1750, Samuel & Elizabeth **Swift**, gentleman, of manner of Moreland, Philadelphia Co., Pennsylvania to John **Vandegrift**, yeoman, of Bensalem, Bucks Co., Pennsylvania, confirming of the previous deed. Signed Samuel **Swift** and Elizabeth **Swift**. Wit: Lawrence **Growdon** and Richard **Gibbs**.

P. 123, 5 Apr 1750, John **Jones**, blacksmith, late of Worcester, Philadelphia Co., Pennsylvania, but now of Upper Saucon, Bucks Co., Pennsylvania mortgage to Dr. Thomas **Greene**, of Philadelphia, Philadelphia Co., Pennsylvania, owes £500, 500 acres...line of William **Allen**. Signed John **Jones**. Wit: Charles **Brockdon** and Paul Isaac **Voto**.

P. 124, 12 Apr 1750, Adam **Shause**, miller, of Shippack Twp., Philadelphia Co., Pennsylvania mortgage to Abraham **Sailor**, yeoman, of same, £187.65, 100 acres...line of Christian **Doll**. Signed Adam **Shause**. Wit: John **Petes** and David **Griffith**.

P. 126, 16 May 1750, George & ?? **Harris**, blacksmith, of Middletown, Bucks Co., Pennsylvania mortgage to Langhorne **Biles**, gentleman, of same, owes £51.4, 18 perches...Middletown...line of John **Stackhouse** Jr., deceased...and 1 acre adjoining. Signed George **Harris**. Wit: Nathaniel **Parker** and Benjamin **Cutler**.

P. 128, 17 Jul 1750, Alexander Brown **Huston**, merchant, of Philadelphia, Philadelphia Co., Pennsylvania to Isaac **Shano**, merchant, late of New York City, New York, but now of Falls Twp., Bucks Co., Pennsylvania, £700, 173 acres...line of Josiah **Boare**...and 120 acres...line of William **Biles**...Falls Twp...purchased, 1749, of said Isaac. Signed Alexander Brown **Huston**. Wit: Nathaniel **Parker** and Paul Isaac **Voto**.

P. 130, 19 Jul 1750, Langhorne **Biles**, gentleman, of Middletown, Bucks Co., Pennsylvania mortgage to Isaac **Shano**, merchant, of Falls Twp., Bucks Co., Pennsylvania, owes £289, 173 acres...line of Joshua **Boare** and former line of Richard **Ridgeway**...and 120 acres...line of William **Biles** and John **Akerman**. Signed Langhorne **Biles**. Wit: Nathaniel **Parker** and Paul Isaac **Voto**.

P. 131, 18 Jun 1748, Joseph **Walley**, yeoman, of Newtown Twp., Bucks Co., Pennsylvania to Amos **Strickland**, yeoman, of same, yearly rent, Newtown Twp. Signed Joseph **Walley**. Wit: Thomas **Buckman** Jr. and Charles **Bryan**.

P. 133, 1 Mar 1749, Hugh & Elizabeth **Orlton**, yeoman, of Bucks Co., Pennsylvania mortgage to Henry **Crooks**, carpenter, of same, £62.4, 301 acres...line of Casper **Wister**, Peter **Lester** and John **Lester**...patented, 1739, by Nicholas **Hill**, yeoman, of Bucks Co., Pennsylvania, who sold, 1741, to said Hugh. Signed Hugh **Orlton** and Elizabeth (x) **Orlton**. Wit: David **Watson** and Josam **Ruonns**. Recorded before Thomas **Owen**.

P. 136, 22 Feb 1749, Thomas **Yardley**, merchant, of Makefield, Bucks Co., Pennsylvania to his son, William **Yardley**, yeoman, of same, £180, 578 acres...line of Robert **Edwards** and late of Robert **Harvey**...and 18 acres, adjoining... patented, 1681, by William **Yardley** and land descended to said Thomas. Signed Thomas **Yardley**. Wit: Mathew **Brantum** and Thomas **Yardley** Jr.

P. 138, 3 Feb 1749, Gisebert **Bogart**, yeoman, of Solebury Twp., Bucks Co., Pennsylvania mortgage to Mary **Plumstead**, widow, of Philadelphia, Philadelphia Co., Pennsylvania, owes £100, 250 acres...line of Benjamin **Canby** and John **Bye**. Signed Gilbert **Begart**. Wit: William **Peters** and William **Hall**.

P. 141, 13 Mar 1750, Bernard & Susannah **Young**, yeoman, of Bucks Co., Pennsylvania mortgage to Mary **Plumstead**, widow, of Philadelphia, Philadelphia Co., Pennsylvania, owes £150, 275 acres...line of Richard **Penn**, (to be granted to Edward **Eaton**), Thomas **Christy**, Joseph **Thomas**, James **Halfpenny**, Joseph **Dempsey** and Thomas **Kidd**. Signed Bernard **Young**. Wit: William

Peters and William West.

P. 142, 8 Mar 1731, Isaac **Pennington**, sheriff, of Bucks Co., Pennsylvania to John **Milnor**, of Newtown, Bucks Co., Pennsylvania, £145, 139 acres...Newtown...line of John **Hough** and Thomas **Winter**...judgement by John **Cawley** against Jacob **Johnson**, yeoman, late of Bucks Co., Pennsylvania. Signed Isaac **Pennington**. Wit: Joseph **Thornton** and John **Cawley**, who recorded 1750.

P. 144, 14 Jun 1750, Joseph **Hart**, sheriff, of Bucks Co., Pennsylvania to Lawrence **Growdon**, gentleman, of same, £130, 50 acres...Bensalem Twp...line of William **Duncan**...judgement by Lewis **Williams**, against, Thomas **Barrow**, yeoman, of Bensalem, Bucks Co., Pennsylvania. Signed Joseph **Hart**. Wit: Henry **Antes** and Richard **Mitchell**.

P. 146, 25 Jun 1750, Joseph **Hart**, sheriff, of Bucks Co., Pennsylvania to Isaac **Pennington** Jr., of same, £531.8, one eighth part of two tracts in Durham Twp., 5948 acres...patented 1749...judgement by Edward **Shippen** and William **Logan** against Robert **Ellis**, merchant, of Philadelphia, Philadelphia Co., Pennsylvania. Signed Joseph **Hart**. Wit: William **Allen** and Alexander **Stuart**.

P. 150, 28 Apr 1750, Eleanor **Houey**, (widow of Joseph **Houey**, wheelwright), of Abington, Philadelphia Co., Pennsylvania and John **Houey**, wheelwright, (executor of the estate of Joseph **Houey**), of Bucks Co., Pennsylvania to William **Brown**, laborer, of Moorland, Philadelphia Co., Pennsylvania, £53, 76 acres... line of William **Allen**...patented 1743. Signed Eleanor (x) **Houey** and John **Houey**. Wit: John **McCall** and Robert **McDowell**.

P. 152, 13 Apr 1750, William **Brown**, laborer, of Manner of Moorland, of Philadelphia, Philadelphia Co., Pennsylvania mortgage to Eleanor **Houey**, widow, of Philadelphia, Philadelphia Co., Pennsylvania and John **Houey**, wheelwright, of Bucks Co., Pennsylvania, £33, 76 acres...line of William **Allen**. Signed William **Brown**. Wit: John **McCall** and Robert **McDowell**.

P. 154, 25 Nov 1743, William **Fry**, of Middletown, Bucks Co., Pennsylvania to Charles **Briggs**, £170, 212 acres...near the iron works of Durham... patented by said William. Signed William **Fry**. Wit: Benjamin **Tomlinson** and Elizabeth **Tomlinson**. Said William recorded, 1745, before Mathew **Rice**.

P. 155, 6 Jun 1750, John & Deborah **Gregg**, yeoman, of Middletown, Bucks Co., Pennsylvania mortgage to William **Allen**, of Philadelphia, Philadelphia Co., Pennsylvania, owes £106, 159.5 acres...line of Abraham **Vanhorne**. Signed John **Gregg** and Deborah **Gregg**. Wit: William **Peters** and Alexander **Stuart**.

P. 157, 19 Apr, 1726, John & Mary **Addis**, tanner, of Northampton Twp., Bucks Co., Pennsylvania to Solomon **Fussel**, worsted comber, of same, £13.4, 14 acres...line of John **Heaton** and John **Addis**... part of 500 acres, patented, 1687, by Thomas **Atkinson**, who sold to Joseph **Kirkbride**, who sold to Gideon **Freeborn**, who sold to his five daughters, Sarah **Wanton**, (wife of Joseph **Wanton**), Ann **Durfee**, (wife of Thomas **Durfee**), Martha **Cornal**, (wife of Thomas **Cornal**), Susannah **Freeborn** and Patience **Anthony**, (wife of William **Anthony**), and they all sold to Joseph **Wanton**, who sold to said John **Addis**. Signed John **Addis** and Mary (x) **Addis**. Wit: William **Walton** and John **Hart**, who recorded 1750.

P. 160, 13 Dec 1750, Joseph **Hart**, sheriff, of Bucks Co., Pennsylvania to Evan **Jones**, of Northampton, Bucks Co., Pennsylvania, £90, 15 acres...Northampton Twp...line of Benjamin **Coarson**...judgement by Evan **Jones**, against, John **Price**, of Bucks Co., Pennsylvania. Signed Joseph **Hart**. Wit: John **Hart** and Frances **Jordon**.

P. 162, 17 May 1750, Martha **Kelly**, (widow of Thomas **Kelly** and only daughter and heir of Jeremiah **Lewis**), of Bucks Co., Pennsylvania to her father-in-law, John **Kelly**, yeoman, of Hilltown Twp.,Bucks Co., Pennsylvania and Mathew **Grier**, yeoman, of same, £300, 100 acres...former line of Andrew **Buskirk** and William **Thomas**...and 100 acres, adjoining...line of Griffith **Owens** and Benjamin **Phillips**...for the care of the children of said Martha **Kelly**, John, Erasmus and Elinor **Kelly**. Signed Martha **Kelly**, John **Kelly** and Mathew **Grier**. Wit: John **Barnhill**, Charles **Kelso** and Thomas (x) **Smith**.

P. 166, 16 Sep 1749, Amos **Strickland**, sheriff, of Bucks Co., Pennsylvania to John **Kirkbride**, yeoman, of Falls Twp., Bucks Co., Pennsylvania, £142, two lots in Bristol judgement by Arthur **Murphy**, yeoman, of Falls Twp., Bucks Co., Pennsylvania against Thomas **Hutchison**, wheelwright, late of same. Signed Amos **Strickland**. Wit: Thomas **Coarman** and Margery **Woolstone**.

P. 168, 13 Aug 1750, Joseph **Hart**, sheriff, of Bucks Co., Pennsylvania to Amos **Strickland**, of Newtown, Bucks Co., Pennsylvania, £709, one part of four fifths of 600 acres...Newtown Twp. judgement by John **Strickland**, assignee of Amos **Strickland**, against, Abraham **Chapman** and Amos **Strickland**, executors of the estate of Joseph **Walley**. Signed Joseph **Hart**. Wit: William **Anderson** and John **Watson** Jr.

P. 171, 23 Jul 1750, Herman & Mary **Enoch**, blacksmith, of Southampton, Bucks Co., Pennsylvania mortgage to Lawrence **Growdon**, gentleman, of Trevose, Bucks Co., Pennsylvania, owes £100, 3 acres...line of Charles **Biles**. Signed Herman **Enoch** and Mary (x) **Enoch**. Wit: Mary **Harry** and Mary **Pennington**.

P. 172, 2 May 1748, Henry & Mary **Poynter**, yeoman, of Bensalem Twp., Bucks Co., Pennsylvania to Lawrence **Growdon**, gentleman, of same, £90, 40 acres...line of William **Ridge**, John **Waters**, Henry **Pointer** and Thomas **Barrow**... purchased, 1742, of Lawrence & Sarah **Growdon**. Signed Henry **Poynter** and Mary (x) **Poynter**, who recorded 1750. Wit: Langhorne **Biles** and Thomas **Barrow**.

P. 174, 18 Dec 1749, Samuel & Hannah **Woolstone**, blacksmith, of Middletown, Bucks Co., Pennsylvania to James **Wildman**, cordwinder, of same, £110, Middletown...line of Christian **Vanhorne** and Thomas **Bayn**, who sold, 1740, to James **Welsh**, who sold, 1740, to John & Ruth **Smith**, who sold to said Samuel. Signed Samuel **Woolstone** and Hannah **Woolstone**. Wit: William **Wildman** and Benjamin **Cutler**.

P. 176, 1 Dec 1750, Robert **Gregg**, yeoman, Bucks Co., Pennsylvania mortgage to William **Allen**, of Philadelphia, Philadelphia Co., Pennsylvania, owes £97.6, 356 acres...line of Thomas **Armstrong**, Robert **Clendenen** and Robert **Gibson**. Signed Robert (x) **Greeg**. Wit: Alexander **Stuart** and James **Kerr**.

P. 178, 12 Dec 1750, Archibald **Kelso** and his son, Thomas **Kelso**, yeomen, of New Britain Twp., Bucks Co., Pennsylvania mortgage to William **Coleman**, merchant, of Philadelphia, Philadelphia Co., Pennsylvania, owes £210, 152 acres...line of Simon **Mathews**, late of George **Fitzwater** and Henry **Kelso**. Signed Archibald **Kelso** and Thomas **Kelso**. Wit: Henry **Kelso** and John **Reily**.

P. 180, 12 Dec 1750, Henry **Kelso**, yeoman, of New Britain Twp., Bucks Co., Pennsylvania mortgage to William & Hannah **Coleman** and Francis & Mary **Richardson**, (executor of the estate of George **Fitzwater**), merchants, of Philadelphia, Philadelphia Co., Pennsylvania, owes £210, 200 acres...line of Simon **Mathews**, Archibald **Kelso**, Thomas **Kelso**, Griffith **Owens** and Thomas **Lewis**... George **Fitzwater**, devised to his sons-in-law, William **Coleman**, Francis **Richardson**, Joseph **Morris**, Isaac **Griffiths** and Joseph **House** and to his grandson, George **Clymer** and to his granddaughters Peregrine **Hogg** and Mary **Hogg**. Signed Henry **Kelso**. Wit: Thomas **Kelso** and John **Riely**.

P. 183, 17 Dec 1750, David **Morris**, yeoman, of Richland Twp., Bucks Co., Pennsylvania mortgage to William **Coleman** and James **Pemberton**, (executors of the estate of Samuel **Powell** Jr.), merchants, of Philadelphia, Philadelphia Co., Pennsylvania, owes £100, 200.5 acres...line of Morris **Morris**, Thomas **Lancaster** and Joseph **Burr**. Signed David **Morris**. Wit: Charles **Brockden** and Thomas **Marsh**.

P. 184, 26 Sep 1750, Thomas **Groom**, yeoman and William **Groom**, miller, of Southampton, Bucks Co., Pennsylvania mortgage to Paul Isaac **Voto**, merchant, of Philadelphia, Philadelphia Co., Pennsylvania, owes £70, 62 acres...line of William **Groom**, deceased and Oddy **Brook**. Signed Thomas **Groom** and William **Groom**. Wit: Margaret (x) **Groom** and Robert **Thompson**.

P. 185, 17 Nov 1750, Nicholas **Walver**, yeoman, of Macungee Twp., Bucks Co., Pennsylvania mortgage to Richard **Renshaw**, baker, of Myemoning Twp., Philadelphia Co., Pennsylvania and Rebecca **Steel**, widow, of Philadelphia, Philadelphia Co., Pennsylvania, owes £174, 276 acres...line of Urlick **Rese**...purchased, 1747, of Prosley **Raymond**, of Duck Creek Hundred, Kent Co., Delaware. Signed Nicholas **Walver**. Wit: Charles **Brockden**, Thomas **Marsh** and Robert **Thompson**.

P. 187, 1 Oct 1729, Jeremiah **Langhorne**, of Middletown Twp., Bucks Co., Pennsylvania to Walter **Showell**, yeoman, of New Britain Twp., Bucks Co., Pennsylvania, £200, 200 acres...line of Thomas **Meredith**, Robert **Showell** and Jeremiah **Langhorne**...patented 1724. Signed Jeremiah **Langhorne**. Wit: James **Holmes** and John **Cawley**, who recorded 1749.

P. 189, 1 May 1750, Nicholas **Dupue**, yeoman, of Smithfield, Bucks Co., Pennsylvania to Abraham **Vancampen**, of Pachoquary, Morris Co., New Jersey, £800, 126 acres and 20.5 acres... purchased of William **Allen**. Signed Nicholas **Dupue**. Wit: Samuel **Dupue**, Benjamin **Dupue**, Daniel **Dupue**, John **VanCampen** Jr. and James **Hynetshaw**.

P. 191, 1 May 1750, Abraham **Vancampen**, of Pachoquary, Morris Co., New Jersey mortgage to Nicholas **Dupue**, yeoman, of Smithfield, Bucks Co., Pennsylvania, £800, for deed above. Signed Abraham **Vancampen**. Wit: Samuel **Dupue**, Benjamin **Dupue**, Daniel **Dupue**, John **VanCampen** Jr. and James **Hynetshaw**.

P. 192, 16 Aug 1750, William **Allen**, of Philadelphia, Philadelphia Co., Pennsylvania to Nicholas **Dupue**, yeoman, Bucks Co., Pennsylvania, £112.5, 153 acres...Smithfield Twp...line of John **McDowell**...patented by William **Allen**. Signed William **Allen**. Wit: Alexander **Stuart** and Lewis **Gordon**.

P. 194, 16 Nov 1750, George **ZeWitz**, yeoman, of Upper Saucon, Bucks Co., Pennsylvania mortgage to Dunk **Johnson**, yeoman, of Germantown, Philadelphia Co., Pennsylvania, owes £300, 300 acres...line of George **Packman** and John **Yorder**. Signed George (x)

ZeWitz. Wit: Jonathan **Wainwright** and Alexander **Seaton**.

P. 196, 21 Mar 1750, George **Dunn**, yeoman, of Northampton Twp., Bucks Co., Pennsylvania mortgage to Nicholas **Wyncoop**, yeoman, of same, owes £120, 159 acres...line of Abraham **Vanhorne** and John **Gregg**. Signed George **Dunn**. Wit: Lawrence **Growdon** and Richard **Gibbs**.

P. 198, 23 Apr 1751, Joshua **Ely**, yeoman, of Solebury Twp., Bucks Co., Pennsylvania mortgage to Joel **Blakey**, (executor of the estate of William **Blakey**),widower, of Middletown, Bucks Co., Pennsylvania, £750, 400 acres...line of John **Dawson** and John **Scholfield**...John **Smith**, (eldest son and heir of Daniel **Smith**, distiller, of Philadelphia, Philadelphia Co., Pennsylvania), of London, England, through his attorney Thomas **Charkley**, who sold 1724, to William **Blakey**, who sold to John **Dawson** and said Joshua. Signed Joshua **Ely**. Wit: John **Beaumont** and Joseph **Walker**.

P. 200, 13 Aug 1746, Joseph **Kirkbride**, yeoman, of Falls Twp., Bucks Co., Pennsylvania to Mahlon **Kirkbride**, yeoman, of Makefield, Bucks Co., Pennsylvania, £8.25, 4 acres...line of Thomas **Yardley**. Signed Joseph **Kirkbride**. Wit: Henry **Wilson** and Lydia **Hurst**.

P. 201, 23 Apr 1751, Joseph **Milnor**, carpenter, of Falls, Bucks Co., Pennsylvania mortgage to Mahlon **Kirkbride** and William **Paxson**, (executors of the estate of Mark **Watson**), yeomen,, Bucks Co., Pennsylvania, £290, 255 acres...line of Samuel **Dark** and **Hawkins**. Signed Joseph **Milnor**. Wit: William **Palmer** and Benjamin **Wood**.

P. 203, 17 Oct 1747, John **Eastburn**, clockmaker, of Mannor of Moreland, Philadelphia Co., Pennsylvania to John **Gilleylen**, merchant, of Philadelphia, Philadelphia Co., Pennsylvania, £400, 106 acres of 300 acres...line of John Thomas **Harding**, Daniel **Knight** and Charles **Biles** ...patented, 1683, by Robert **Marsh**, who devised, 1688, to his sons, Robert and Hugh **Marsh** and his wife, Sarah **Marsh**, who sold to John **Eastburn**, who devised, 1716, to his wife, Margaret **Eastburn**, two sons, the said John and Thomas & Sarah **Eastburn** and his two daughters, Mary, the wife of Richard

Studdam and Elizabeth, the wife of Thomas **Walton**, who sold, 1746, to said John. Signed John **Eastburn**, who recorded 1747. Wit: Langhorne **Biles** and Mary **Harris**.

3 Jun 1751, John & Esther **Gilleylen**, merchant, of Southampton, Bucks Co., Pennsylvania to John **Strickland**, yeoman, of Frankfort, Philadelphia Co., Pennsylvania, £530, 106 acres...purchased of John **Eastburn**. Signed John **Gilleylen** and Hester **Gilleylen**. Wit: Lawrence **Growdon** and Richard **Gibbs**.

P. 208, 3 Apr 1751, John & Deborah **Gregg**, (son of James **Greeg**, deceased), yeoman, of Middletown, Bucks Co., Pennsylvania to Samuel **Palmer**, yeoman, of Lower Makefield, Bucks Co., Pennsylvania, £400, 159.5 acres...line of Abraham **Vanhorn**. Signed John **Gregg** and Deborah **Gregg**. Wit: John Abraham **DeNormandy** and William **Large**.

P. 211, 17 Nov 1737, Lawrence **Growdon**, of Bensalem Twp., Bucks Co., Pennsylvania to Henry **Brise**, yeoman, of Bensalem Twp., Bucks Co., Pennsylvania, £500, 200 acres...line of said Henry **Brise**...patented 1736. Signed Lawrence **Growdon**, who recorded 1737. Wit: John **Duncan** and Simon **Smith**.

P. 212, 6 Jun 1751, John & Elizabeth **Brise**, (son and heir of Henry **Brise**), yeoman, of Bensalem Twp., Bucks Co., Pennsylvania to Isaac **Laroe**, yeoman, of same, £165, 200 acres...line of Lawrence **Growdon** and Henry **Brise**. Signed John **Brees** and Elizabeth **Brees**. Wit: Lawrence **Growdon** and Richard **Gibbs**.

P. 214, 15 Jun 1751, Mahlon **Kirkbride** and William **Paxson**, (executors of the estate of Mark **Watson**, of Falls Twp., Bucks Co., Pennsylvania), yeoman, of Bucks Co., Pennsylvania to Daniel **Laroe**, yeoman, of Amwell, Hunterdon Co., New Jersey, £950, 300 acres...line of Thomas **Atkinson**...patented, 1686, by John & Priscilla **Rowland**, who sold, 1708, to John **Hiet**, yeoman, of Bucks Co., Pennsylvania, who sold, 1702, (sic), to Thomas & Rebecca **Watson**, who sold, 1737, to Mark **Watson**, of Falls Twp., who devised, 1749, to his wife, Ann **Watson** and his son, Benjamin **Watson**. Signed Mahlon **Kirkbride** and William **Paxson**. Wit: Thomas **Janney** and

William **Buckley**.

P. 217, 21 Jun 1751, Philip & Catherine **Dracord**, yeoman, of Southampton, Bucks Co., Pennsylvania mortgage to Benjamin **Scott**, carpenter, of same, owes £220, 178 acres...line of Joseph **Tomlinson**, Robert **Heaton**, James **Carter**, Thomas **Stackhouse** and John **Sands**. Signed Philip (x) **Dracord**. Wit: William **Sands** and Richard **Gibbs**.

P. 219, 21 Oct 1748, James **McCray**, yeoman, of Northampton, Bucks Co., Pennsylvania to Jonathan **Abbett**, cordwinder, of same, £20, 10 acres... line of William **Bennett**...purchased of John **Waglum**, who purchased of Abraham **Bennett**, who purchased, 1731, of Samuel **Boun**. Signed James **McCray**. Wit: Thomas **Chapman** and Abraham **Chapman**, who recorded 1748.

P. 222, 29 Nov 1750, John & Grace **Eastburn**, yeoman, of Narryton Twp., Philadelphia Co., Pennsylvania to Jacob **Stout**, potter, of Durham Twp., Bucks Co., Pennsylvania, £360, 243 acres ...line of William **Fry** and William **Allen**... patented 1745. Signed John **Eastburn** and Grace (x) **Eastburn**. Wit: John **Stanfeld** and Christian **Lehman**.

P. 223, 28 May 1751, Benjamin **Britton**, baker, of Philadelphia, Philadelphia Co., Pennsylvania to heir of John **Johnson**, £119, 520 acres...purchased of Mary **Sturges**...John **Johnson** devised, 1721, to his wife Hannah **Johnson** and his children, John, (deceased after 21 leaving one child, Mary **Johnson**, (she being the widow of Stephen **Sturges**, blacksmith, late of Maryland), William, (who died after 21, without issue, intestate), Peter, (deceased before 21), Wilmer, Mary, Elizabeth and Hannah **Johnson**, (who died after 21, without issue, intestate)...Margaret **Johnson**, said widow of John **Johnson**, sold, 1723, to Benjamin **Duffield**, deceased, (executor, Thomas **Whitten**, yeoman, of Manner of Mooreland, Philadelphia Co., Pennsylvania). Signed Benjamin **Britton**. Wit: Edward **Duffield** and Alexander **Seaton**.

P. 226, 29 Aug 1751, Elizabeth **Beal**, widow, of Warminster Twp., Bucks Co., Pennsylvania to her son, John **Beal**, yeoman, of Buckingham, Bucks Co., Pennsylvania, £12, 16.5 acres...line of James

Carver...purchased, 1717, of Henry & Mary **Walmsly**. Signed Elizabeth (x) **Beal**. Wit: Mathew **Hughes** and George **Hughes**.

P. 227, 10 Apr 1729, John **Cawley**, yeoman, of Middletown, Bucks Co., Pennsylvania to Abraham **Wood**, mason, of same, £180, 178.25 acres... Makefield Twp...line of Thomas **Pugh**, Joshua **Hoops**, Thomas **Janney**, John **Cawley**, John **Johnson** and John **Hough**...purchased of Thomas **Janney**. Signed John **Cawley**, who recorded 1742. Wit: Joseph **Langhorne** and James **Holmes**.

P. 230, 18 Mar 1730, Timothy **Smith**, sheriff, off Bucks Co., Pennsylvania to Israel **Vansandt**, yeoman, of Middletown, Bucks Co., Pennsylvania, £113, 178.25 acres...judgement by William **Biles**, against, Ursula **Wood**, executor of the estate of Abraham **Wood**. Signed Timothy **Smith**. Wit: William **Fry**, John **Ross** and F. **Bowes**.

P. 232, 27 Feb 1747, Anthony & Ann **Wilson**, mason, of Middletown, Bucks Co., Pennsylvania to Thomas **Dowdney**, yeoman, of Bristol, Bucks Co., Pennsylvania, £85, 50 acres...Bristol Twp...line of Benjamin **Harris**, Thomas **Marriot**, **Nelson** and Thomas **Dowdney**...taken from Rebecca **Hague**, in suit by William **Trent**, and sold, 1719, by Joseph **Bond**, sheriff, of Bucks Co., Pennsylvania to Henry **Nelson**, who devised, 1744, to the said Ann. Signed Anthony **Wilson** and Ann **Wilson**. Wit: Mathew **Rue**, who recorded, 1747, John **Hall** and Thomas **Stackhouse**.

P. 236, 13 Jun 1735, Timothy **Smith**, sheriff, of Bucks Co., Pennsylvania to William **Plumstead**, merchant, of Philadelphia, Philadelphia Co., Pennsylvania, £35, two tracts in Bensalem Twp...21.25 acres...line of Abel **Hinkson**...and 146 acres, adjoining...line of Clause **Johnson**, Thomas **Walmsly**, Tobias **Dymock**, Nehemiah **Allen** and Thomas **Knight**...judgement by Samuel **Plumstead** against John **Baker**. Signed Timothy **Smith**. Wit: Joseph **Pennington** and W. **Pry**. Acknowledged 1735.

P. 237, 23 Nov 1737, Lawrence **Growdon**, (grandson of Lawrence **Growdon**, deceased, of Austell, Cornwall Co., England), of Trevose, Bensalem Twp., Bucks Co., Pennsylvania to William **Plumstead**, £0.25, quit claims his interest in the above deed. Signed Lawrence

Growdon. Wit: James **Steel** and Samuel **Emerson**.

P. 238, 7 Jul 1747, William **Baker**, shoemaker, of Bucks Co., Pennsylvania and Elizabeth **James**, widow, of Manner of Moreland, Philadelphia Co., Pennsylvania, (said William and Elizabeth are the son and daughter of William **Baker**, deceased, of Bucks Co., Pennsylvania) to William **Plumstead**, £0.05, 163.75 acres. Signed William **Baker**, (who recorded 1747) and Elizabeth **Jones**. Wit: William **Peters** and James **Logan**.

P. 239, 5 Oct 1751, Alexander & Elizabeth **Huston**, merchant, of Philadelphia, Philadelphia Co., Pennsylvania to Langhorn **Biles**, gentleman, of Falls Twp., Bucks Co., Pennsylvania, £55.7, 15 acres...purchased, 1747, of the executors of the estate of Joseph **Kirkbride**. Signed Alexander **Huston** and Elizabeth **Huston**. Wit: Robert **Owen** and James **Bell**.

P. 241, 8 Aug 1751, James & Jane **Hart**, yeoman, of Plumsted Twp., Bucks Co., Pennsylvania mortgage to William **Coleman**, merchant, of Philadelphia, Philadelphia Co., Pennsylvania, owes £289, 364 acres...line of William **Wilkinson**. Signed James **Hart** and Jean **Hart**. Wit: Tench **Francis** Jr. and John **Reily**.

P. 242, 28 Sep 1751, Mary **Craig**, widow, of Hunterdon Co., New Jersey mortgage to William **Coleman**, merchant, of Philadelphia, Philadelphia Co., Pennsylvania, owes £149, 170 acres...line of Simon **Mathews**, late of George **Fitzwater**, Griffith **Owens**, late of Lewis **Roberts** and John **Davis**. Signed Mary **Craig**. Wit: William **Wright** and John **Reily**.

P. 244, 29 Sep 1751, William **Allen**, of Philadelphia, Philadelphia Co., Pennsylvania to James **Bodine**, yeoman, of Bucks Co., Pennsylvania, £185.35, half of 259 acres... Bristol Twp...line of John **Bessonet**...purchased, 1747, of Thomas **Clark**. Signed William **Allen**. Wit: William **Dowell**, Lewis **Rue** and Alexander **Stuart**.

P. 247, 24 May 1751, Samuel & Elizabeth **Allen**, yeoman, of Bensalem, Bucks Co., Pennsylvania to George **Walker**, cutler, of Middletown, Bucks Co., Pennsylvania, £16, two lots in

Artleburrough, Middletown Twp., Bucks Co., Pennsylvania ...one purchased of James & Martha **Welsh** and the other of Luckidus **Longshore**. Samuel **Allen** and Elizabeth **Allen**. Wit: James **Haw** and Lawrence **Growdon**.

P. 249, 16 Jul 1728, Thomas & Mary **Brown**, yeoman, of Buckingham, Bucks Co., Pennsylvania to Alexander **Brown**, yeoman, of same, £0.5, 100 acres...Buckingham Twp...line of Daniel **Jackson**, George **Brown** and John **Dyer**...purchased, 1722, of William & Barbara **Musgrave**. Signed Thomas **Brown** and Mary **Brown**, who recorded 1739. Wit: George **Randall** and Stephen **Jenkins**.

P. 251, 16 Sep 1751, Samuel & Elizabeth **Gilbert**, yeoman, of Warminster Twp., Bucks Co., Pennsylvania to their son, Nicholas **Gilbert**, yeoman, of same, for love and affection, 120 acres...line of William **Gilbert**, Charles **Beaty** and John **Comly**...purchased, 1721, of James & Martha **Steel**. Signed Samuel **Gilbert** and Elizabeth (x) **Gilbert**. Wit: John **Radcliff** and William **Gilbert**.

P. 252, 23 Apr 1751, John & Jane **Brown**, yeoman, of Buckingham, Bucks Co., Pennsylvania to Alexander **Brown**, yeoman, of same, £95, 50 acres ...line of Alexander **Brown**, John **Dyer** and Thomas **Hill**...George **Brown**, late of Buckingham, sold, 1733, to James **Evans**, who devised, 1747, through his executors, William **Davis** Jr. and Evan **Stephens**, who sold to said John. Signed John **Brown** and Jane **Brown**. Wit: James **Shaw** and William **Rice**.

P. 254, 26 Nov 1751, John **Clymer**, miller, of Bedminster Twp., Bucks Co., Pennsylvania mortgage to Abraham **Vastine**, yeoman, of Hilltown Twp., Bucks Co., Pennsylvania, owes £200, 53.5 acres...line of William **Means** and Thomas **Good**. Signed John (x) **Clymer**. Wit: John **Louder** and Jeremiah **Vastine**.

P. 256, 22 Dec 1751, John **Clymer**, miller, of Bedminster Twp., Bucks Co., Pennsylvania mortgage to Jeremiah **Vastine**, of Hilltown Twp., Bucks Co., Pennsylvania, owes £33.35, 53.5 acres. Signed John (x) **Clymer**. Wit: John **Louder** and Jeremiah **Vastine**.

P. 257, 3 Jan 1749, William & Margaret **Allen**, of Philadelphia, Philadelphia Co., Pennsylvania to Henry **Antes**, of Bucks Co., Pennsylvania, £324, 324 acres...line of John **Lefevor** and Tatamy the Indian...patented, 1681, by Lawrence **Growdon**, who sold, 1707, to his grandson, Lawrence **Growdon**, who sold, 1740, to said William. Signed William **Allen** and Margaret **Allen**, who recorded 1749. Wit: Alexander **Stuart** and J. **Okely**.

P. 260, 3 Apr 1741, James **Worth**, (son and heir of Joseph **Worth**), yeoman, of Stoney Brook, Middlesex Co., New Jersey to James **Cunning**, yeoman, of Wrightstown, Bucks Co., Pennsylvania, £320, 200 acres...line of Samuel **Bown**, Robert **Cuming** and Nicholas **Ponquita**...200 acres purchased, 1722, of Joseph **Kirkbride**. Signed James **Worth**, who recorded 1741. Wit: William **Chapman**, Robert **Cumings** and Abraham **Chapman**.

P. 263, 20 Feb 1752, Edward **Thomas**, cordwinder, of Richland Twp., Bucks Co., Pennsylvania mortgage to Samuel **Michle**, merchant, of Philadelphia, Philadelphia Co., Pennsylvania, owes £175, 123 acres...line of John **Lester** and late of Joseph **Growdon**...and 14.5 acres...line of Maurice **Morris**. Signed Edward **Thomas**. Wit: James **Bell** and Paul Isaac **Voto**.

P. 264, 20 Feb 1752, John **Lester**, yeoman, of Richland Twp., Bucks Co., Pennsylvania mortgage to Samuel **Michle**, merchant, of Philadelphia, Philadelphia Co., Pennsylvania, owes £175, 158 acres...line of Morris **Morris** and Joseph **Gilbert** ...and 14.5 acres sold to Edward **Morris** and 11 acres sold to Isaac **Lester**. Signed John (x) **Lester**. Wit: Paul Isaac **Voto**, Edward **Thomas** and James **Bell**.

P. 266, 16 Oct 1750, Jane **Cummings**, (widow of James **Cummings**), of Northampton Twp., Bucks Co., Pennsylvania to James **Cummings**, yeoman, of same, quit claim. Signed Jane (x) **Cummings**. Wit: Evan **Jones** and William **Reed**.

P. 267, 26 Nov 1751, George & Elizabeth Barbara **Gut**, (**Good**), miller, of Macungh Twp., Bucks Co., Pennsylvania mortgage to Dr. John **Kearsley**, of Philadelphia, Philadelphia Co., Pennsylvania, owes

£200, 200 acres...line of Christian **Brown**. Signed Georg **Gintz** and Anna Elizabetha Barbara **Guthin**. Wit: Philip Henrick **Ropp** and George **Rex**.

P. 268, 24 Mar 1752, James & Sarah **Cummings**, yeoman, of Northampton, Bucks Co., Pennsylvania mortgage to William **Allen**, merchant, of Philadelphia, Philadelphia Co., Pennsylvania, owes £200, 200 acres...line of Samuel **Bown**, Robert **Cummings** and Nicholas **Penquite**. Signed James **Cummings** and Sarah **Cummings**. Wit: Abraham **Chapman** and Joseph **Chapman**.

P. 269, 1 Jun 1751, John **Simpson**, merchant, of Tower Hill, London, England, through his attorney, William **Allen**, of Philadelphia, Philadelphia Co., Pennsylvania to John **Okely**, gentleman, of Bethlehem Twp., Bucks Co., Pennsylvania, £200, 200 acres...line of William **Allen**...patented 1681, by William and Margaret **Lowther**, two of the children of Anthony & Margaret **Lowther** and Margaret married **Poole**, and had daughter Margaret, who married John **Nicoll**, who sold, to Joseph **Stanwix**, who sold, 1731, to John **Simpson**. Signed William **Allen**. Wit: Alexander **Stuart** and Charles **Brockdon**.

P. 273, 4 Jul 1751, James & Mary **Barnside**, gentleman, of Bethlehem Twp., Bucks Co., Pennsylvania to John **Brownfield**, merchant, of same, £200, 200 acres...line of John Stephen **Benezet**...purchased, 1748, of James Stephen & Judith **Benezet**. Signed James **Barnside** and Mary **Barnside**. Wit: Simon **Hersfield** and J. **Okely**.

P. 275, 13 Oct 1751, Jacob **Francis**, of Bucks Co., Pennsylvania mortgage to John **Stillwaggon**, innholder, of Philadelphia, Philadelphia Co., Pennsylvania, owes £49, line of George **Grundt**, Jacob **Shoemaker**, Frock and Joseph **Carver**. Signed Jacob **Francis**. Wit: David **Shever** and Alexander **Seaton**.

P. 276, 15 Nov 1751, John **Laderock**, yeoman, of Satford Twp., Philadelphia Co., Pennsylvania mortgage to Mary **Plumsted**, widow, of Philadelphia, Philadelphia Co., Pennsylvania, owes £150, 275.5 acres...line of Richard **Penn**, Edward **Eaton**, Thomas **Christy**,

Joseph **Thomas**, James **Halfpenny**, Joseph **Dempsey** and Thomas **Kidd**. Signed John **Laderock**. Wit: Andrew **Leyles** and Lewis **Growdon**.

P. 278, 15 Feb 1752, John & Mary **Strickland**, weaver, of Southampton, Bucks Co., Pennsylvania mortgage to John **Shallcross**, yeoman, of Oxford Twp., Philadelphia Co., Pennsylvania, owes £300, 106 acres...line of John Thomas **Harding**, Daniel **Knight** and Charles **Biles**. Signed John **Strickland** and Mary (x) **Strickland**. Wit: Joseph **Lynn** and Alexander **Seaton**.

P. 279, 15 Apr 1752, Nathaniel **Paterson**, tailor, of Tinicum, Bucks Co., Pennsylvania mortgage to William **Coleman**, merchant, of Philadelphia, Philadelphia Co., Pennsylvania, owes £70, 100 acres...line of Alexander **Wilson**, James **Hart** and Joseph **Hart**. Signed Nathaniel **Peterson**. Wit: Tench **Francis** Jr. and John **Reily**.

P. 280, 26 Jul 1751, William & Hannah **Coleman** and Francis & Mary **Richardson**, (executors of the estate of George **Fitzwater**), merchants, of Philadelphia, Philadelphia Co., Pennsylvania to James **Hart**, yeoman, of Plumsted Twp., Bucks Co., Pennsylvania, £386, 364 acres...line of William **Wilkinson**...purchased of William **Allen**. Signed William **Coleman**, Hannah **Coleman**, Francis **Richardson** and Mary **Richardson**. Wit: John **Reily** and Tench **Francis** Jr.

P. 283, 15 Apr, 1752, James & Jane **Hart**, yeoman, of Plumsted Twp., Bucks Co., Pennsylvania mortgage to William **Coleman**, merchant, of Philadelphia, Philadelphia Co., Pennsylvania, owes £200, 264 acres. Signed James **Hart** and Jean **Hart**. Wit: John **Reily** and Tench **Francis** Jr.

P. 284, 15 Apr 1752, James & Jane **Hart**, yeoman, of Plumsted Twp., Bucks Co., Pennsylvania to Nathaniel **Paterson**, tailor, of Tinicum, Bucks Co., Pennsylvania, £120, 100 acres...part of 364 acres. Signed James **Hart**. Wit: Abraham **Chapman** and Benjamin **Chapman**.

P. 286, 21 Apr 1752, Evan **Griffith**, yeoman, of Hilltown Twp., Bucks Co., Pennsylvania mortgage to William **Allen**, of

Philadelphia, Philadelphia Co., Pennsylvania, owes £100, 150 acres...line of James **Logan**, late of Henry **Paxson**, but now of Evan **Griffith**. Signed Evan Griffith. Wit: Nathaniel **Griffith** and Griffith **Owen**.

P. 287, 20 Dec 1751, Evan & Mary **Jones**, yeoman, of Northampton Twp., Bucks Co., Pennsylvania to Nicholas **Wyncoop**, William **Bennett**, Derick **Kruson** and Joseph **Fenton**, yeomen, of same, £7, 1 acre ...Northampton Twp...line of Richard **Addis**... late estate of Joseph **Hart** and sold by sheriff. Signed Evan **Jones** and Mary **Jones**. Wit: Philip **Remsen**.

P. 288, 21 Dec 1751, Nicholas **Wyncoop**, William **Bennett**, Derick **Kruson** and Joseph **Fenton**, yeomen, of Northampton Twp., Bucks Co., Pennsylvania to the church of the Low Dutch People, 1 acres...purchased of Evan & Mary **Jones**. Signed Nicholas **Wyncoop**, William **Bennett**, Derick **Kruson** and Joseph **Fenton**. Wit: Garret **Wyncoop**, Stoanman **Hollyer** and Evan **Jone**.

P. 290, 29 Apr 1752, William **Whitaker**, merchant, of London, England power of attorney to Charles **Willing**, the elder and Charles **Willing**, the younger, merchants, of Philadelphia, Philadelphia Co., Pennsylvania, Signed William **Whitaker**. Wit: John **Rickey** and Gyles **Lane**.

P. 291, 11 Dec 1751, Richard **Hill**, merchant and Dr. Samuel & Hannah **Moore**, (said Richard and Hannah are devises of Richard **Hill**, of Philadelphia, Philadelphia Co., Pennsylvania), of Philadelphia, Philadelphia Co., Pennsylvania mortgage to William **Allen**, of same, owes £577.25, several rentals. Signed Richard **Hill**, Samuel Preston **Moore** and Hannah **Moore**. Wit: Lawrence **Growdon** and William **Peters**.

P. 295, 3 Feb 1752, Frederick & Johannella **Hoeth**, baker, of Haed of Pocho Pochto Creek, Bucks Co., Pennsylvania mortgage to Casper **Wistar**, brass button maker, of Philadelphia, Philadelphia Co., Pennsylvania, owes £375, 996 acres...line of John **McMickles**. Signed Frederick **Hoeth**. Wit: Charles **Brockdon** and Josiah **Jackson**.

P. 297, 6 Jan 1752, Abraham & Elizabeth **Griffith**, (said Elizabeth is the daughter and heir of Joseph **Lynn** miller, of Northampton, Bucks Co., Pennsylvania to Enion **Williams**, merchant, of Bucks Co., Pennsylvania, £300, 135 acres... Southampton...line of Joseph **Growdon**, Joseph **Tomlinson**, Ralph **Drack** and Thomas **Stackhouse**. Signed Abraham **Griffith** and Elizabeth **Griffith**. Wit: William **Buckley**, Joseph **Church** and Rebecca **Reeve**.

P. 298, 9 Jun 1724, John & Mary **Sands**, yeoman, of Southampton Twp., Bucks Co., Pennsylvania to Joseph **Lynn**, shipwright, of Philadelphia, Philadelphia Co., Pennsylvania, £112, 135 acres. Signed John **Sands**, (who recorded 1752) and Mary **Sands**. Wit: Stephen **Sands** and Richard **Sands**.

P. 300, 23 May 1752, John George & Franica **Kinkner**, weaver, of Southampton Twp., Bucks Co., Pennsylvania to George **Shaw**, mason, of same, £85, 24.5 acres...line of John **Brooke**, Samuel **Allen**, **Jackman**...and 13 acres...purchased of William & Elizabeth **Britton**. Signed John George **Kinkner** and Franica (x) **Kinkner**. Wit: Nicholas **Tucker**, Robert **Parson** and William (x) **Rennals**.

P. 304, 22 Sep 1720, John & Catherine **Collins**, yeoman, of Mountwell, Gloucester Co., New Jersey to Jeremiah **Langhorne**, yeoman, of Middletown, Bucks Co., Pennsylvania, £100, 600 acres...line of James **Claypoole** and David **Lloyd**...purchased, 1702, of Valentine **Huddlestone**, of Dartmouth, Bristol Co., England. Signed John **Collins** and Catherine **Collins**. Wit: John **Holme** and Philip **Johns**. Recorded 1744, by Christian **Harrison**, former wife of Philip **Johns**, before Clement **Plumsted**.

P. 307, 11 Jun 1752, Nicholas & Mary **Johnson**, weaver, Philip & Sarah **Johnson**, yeoman, of Bensalem Twp., Bucks Co., Pennsylvania, Thomas & Bridget **Cohein**, yeoman, of Bensalem Twp., Bucks Co., Pennsylvania, Benjamin & Mary **Allman**, yeoman, of Bristol Twp., Bucks Co., Pennsylvania, Andrew & Ann **Anderson**, yeoman, of Bensalem Twp., Bucks Co., Pennsylvania and Johanna **Johnson**, spinster, of Bensalem Twp., Bucks Co., Pennsylvania, (said Nicholas, Philip, Bridget, Mary, Ann and Johanna are sons and daughters and heirs of Richard **Johnson**) to

Samuel **Johnson**, carpenter, of Philadelphia, Philadelphia Co., Pennsylvania, (another son of said Richard **Johnson**, who was a son of Claus **Johnson**, who devised, 1723, to his sons, John, Lawrence, deceased and Richard **Johnson**), £87.5, 194 acres, 10 acres, 7 acres and 100 acres... line of Francis **Walker**, John **Rodman** and Samuel **Allen**. Signed Nicholas **Johnson**, Mary (x) **Johnson**, Philip (x) **Johnson**, Sarah **Johnson**, Thomas **Gokeen**, Bridget (x) **Johnson**, Benjamin **Allman**, Mary **Allman**, Andrew **Anderson**, Ann (x) **Anderson** and Johanna **Johnson**. Wit: John **Town** and Joshua **Sage**.

P. 311, 17 Mar 1752, Samuel & Sarah **Johnson**, carpenter, of Philadelphia, Philadelphia Co., Pennsylvania mortgage to Joseph **Turner**, (executor of the estate of Andrew **Hamilton**), of Philadelphia, Philadelphia Co., Pennsylvania, owes £100, 194 acres...line of John **Johnson**, Lawrence **Johnson**, Samuel **Allen** and John **Rodman** and 35 acres adjoining and 7 acres adjoining and 100 acres adjoining. Signed Samuel **Johnson** and Sarah **Johnson**. Wit: Alexander **Stuart** and John **Gibson**.

P. 313, 26 Mar 1752, Francis & Magdalena **Rees**, miller, of Sawccing, Bucks Co., Pennsylvania mortgage to Michael **Dell**, of Northern Liberties, of Philadelphia, Philadelphia Co., Pennsylvania, owes £115.75, 75 acres...line of Thomas **Kiver**, Caspar **Ritter** and Daniel **Scott** and 1 acres. Signed Francis **Rees** and Magdalena **Rees**. Wit: J. **Moland** and George **Rees**.

P. 315, 31 Mar 1752, Lawrence **Growdon**, of Trevose, Bucks Co., Pennsylvania and Langhorne **Biles**, gentleman, of Falls Twp., Bucks Co., Pennsylvania, (executors of the estate of Jeremiah **Langhorne**) to Isabel **Crawford**, widow, of Warwick Twp., Bucks Co., Pennsylvania, £313, 156 acres...patented 1724. Signed Lawrence **Growdon** and Langhorne **Biles**. Wit: Robert **Scott** and Richard **Gibbs**.

P. 318, 1 Apr 1752, Isabel **Crawford**, widow, of Warwick Twp., Bucks Co., Pennsylvania mortgage to Lawrence **Growdon**, of Trevose, Bucks Co., Pennsylvania and Langhorne **Biles**, of Falls Twp., Bucks Co., Pennsylvania, owes £213, 156 acres... line of **Mayleigh** and **Kirkbride**. Signed Isabel (x) **Crawford**. Wit: Robert

Scott and Richard **Gibbs**.

P. 319, 13 Mar 1752, Samuel & Ann **Martin** Jr., millwright, of New Britain Twp., Bucks Co., Pennsylvania mortgage to Lawrence **Growdon**, of Trevose, Bucks Co., Pennsylvania, owes £210, 100 acres...line of William **Moses**, Walter **Shavel** and Aaron **James**. Signed Samuel **Martin** Jr. and Ann (x) **Martin**. Wit: Walter **Shavel** and Richard **Gibbs**.

P. 321, 6 May, 1752, Isabel **Crawford**, widow, of Warwick Twp., Bucks Co., Pennsylvania to William **Doyle**, yeoman, of New Britain Twp., Bucks Co., Pennsylvania, £67, 19 acres...line of Negro Joe, **Kirkbride**, **Jones** Edward **Doyle** and William **Scott** ...part of 156 acres purchased of Lawrence **Growdon** and Langhorne **Biles**. Signed Isabel (x) **Crawford**. Wit: Richard **Gibbs** and Robert **Scott**.

P. 323, 13 Sep 1727, Thomas **Biles**, of Bucks Co., Pennsylvania to John **Plumbly**, yeoman, of Middletown, Bucks Co., Pennsylvania, £100, 50 acres...Middletown...line late of George **Vansandt** and Joseph **Growdon** and 2.5 acres and 5 acres...line of Johannes **Praul**...and 3.75 acres, adjoining and grist mills. Signed Thomas **Biles**. Wit: Richard **Mitchell** and Garret **Vandine**. Recorded by said Thomas in 1727 before William **Paxson**. Re-recorded 1752.

P. 325, 11 May 1728, John **Plumbly**, yeoman, of Middletown, Bucks Co., Pennsylvania to William **Brelsford**, carpenter, of Bristol, Bucks Co., Pennsylvania, £90, four tracts purchased of Thomas **Biles**. Signed John **Plumbly**. Wit: Thomas **Watson** and William **Atkinson**. John recorded in 1728.

P. 327, 15 Nov 1734, Johannas & Jane **Praul**, yeoman, of Middletown, Bucks Co., Pennsylvania to Timothy **Roberts**, cooper, of same, ££58.75, one sixth part of four tracts and grist mills. Signed Johannas **Praul** and Jane (x) **Praul**. Wit: William **Fry** and Peter **Praul**. Johannas recorded in 1734.

P. 329, 15 Nov 1734, Jeremiah **Langhorne**, gentleman, of Middletown, Bucks Co., Pennsylvania to Timothy **Roberts**, of same, £88.15, one fourth part of four tracts and grist mills. Signed Jeremiah

Langhorne. Wit: William Fry and Peter Praul. Jeremiah recorded in 1734.

P. 331, 15 Nov 1734, Mathew & Catherine Rue, yeoman, of Middletown, Bucks Co., Pennsylvania to Timothy Roberts, of same, £58.75, one sixth part of four tracts and grist mills. Signed Mathew Rue and Catherine Rue. Wit: William Fry and Peter Praul. Mathew recorded in 1734.

P. 333, 4 Dec 1734, Joseph Headley, yeoman, of Middletown, Bucks Co., Pennsylvania and John Sisom, yeoman, of Bristol Twp., Bucks Co., Pennsylvania to Timothy Roberts, of Middletown, Bucks Co., Pennsylvania, ££58.75, one sixth part of four tracts and grist mills. Signed Joseph Headley and John Sisom. Wit: Samuel Cary, Joseph Yeates and William Shallcross. John recorded in 1734.

P. 336, 20 Nov 1742, Timothy & Mary Roberts, cooper, of Middletown, Bucks Co., Pennsylvania to Joseph Kenderdine, millwright, of Horsham, Philadelphia Co., Pennsylvania, £300, one half of four tracts and grist mills. Signed Timothy Roberts and Mary Roberts. Wit: M. Walton and William Atkinson. John and Mary recorded in 1742.

P. 338, 29 Nov 1742, Timothy & Mary Roberts, cooper, of Middletown, Bucks Co., Pennsylvania to Thomas Whitton, of the Manner of Moreland, Philadelphia Co., Pennsylvania, £150, one fourth part of four tracts and grist mills. Signed Timothy Roberts and Mary Roberts. Wit: Joseph Kenderdine and William Atkinson. John and Mary recorded in 1742.

P. 340, 27 Dec 1742, John Mitchell, Henry Mitchell, James & Elizabeth Barber, Thomas & Martha Jammey and Joseph & Sarah Clark, all of Middletown, Bucks Co., Pennsylvania, (said John, Henry, Elizabeth, Martha and Sarah are children and heirs of Henry Mitchell to Timothy Roberts, of same, £0.05, one fourth part of four tracts and grist mills. Signed John Mitchell, Henry Mitchell, James Barber, Elizabeth Barber, Thomas Janney, Martha Janney, Joseph (x) Clark and Sarah Clark. Wit: Joseph Kenderdine, Lewis Rue and Thomas Whitton.

P. 342, 15 Apr 1745, Joseph **Kenderdine**, millwright, of Horsom, Thomas **Whitton**, yeoman, of the Manner of Moreland, both of Philadelphia, Philadelphia Co., Pennsylvania and Timothy **Roberts**, cooper, of Middletown, Bucks Co., Pennsylvania to John **Harvey**, yeoman, of Falls Twp., Bucks Co., Pennsylvania, £800, four tracts and grist mills. Signed Joseph **Kenderdine**, Thomas **Whitton** and Timothy **Roberts**. Wit: John **Praul**, John **Mitchell** and Benjamin **Hudson**. Recorded 1742, witnessed by John **Harvey** Jr.

P. 344, 27 Dec 1742, William **Witherington**, (brother and heir of James **Witherington**, cooper, deceased, of Pennsylvania), of Ireland power of attorney to Alexander **Moore**, of Bucks Co., Pennsylvania. Signed William **Witherington**. Joseph **Renick**, John **Nilson**, William **Nilson**, Alexander **Nilson**, Robert **Jemison** and James (x) **Nilson**. Robert **Jemison** recorded 1743.

P. 345, 29 Apr 1747, Robert **Harvey**, (brother and heir of John **Harvey**), gentleman, of Falls Twp., Bucks Co., Pennsylvania to Stephen **Williams**, gentleman, of Burlington, New Jersey, £850, four tracts and grist mills. Signed Robert **Harvey**. Wit: Enion **Williams** and John **Frohock**. Robert recorded in 1747.

P. 348, 29 Nov 1748, Charles & Ann **Plumbly**, yeoman, of Middletown, Bucks Co., Pennsylvania to Stephen **Williams**, gentleman, of Burlington, New Jersey, £28.75, 5 acres. Signed Charles **Plumbly**. Wit: William **Eltow** and John **Thomas**. Charles and Ann recorded 1748.

P. 349, 5 Aug 1728, Thomas **Biles**, of Bucks Co., Pennsylvania to Richard **Mitchell**, yeoman, of Middletown, Bucks Co., Pennsylvania, one fourth part of four tracts and grist mills. Signed Thomas **Biles**. Wit: John **Hart**, Nathaniel **Bye** and Hough **Ely**. John **Hart** recorded 1752.

P. 352, 15 May 1752, William & Esther **Buckman**, yeoman, of Newtown, Bucks Co., Pennsylvania to their eldest son, William **Buckman** Jr., for love and affection, 80 acres...line of David **Buckman** and William **Croasdale**...patented, 1681, by Christopher **Taylor**, who devised to his sons, Israel **Taylor** and Joseph **Taylor**, who sold, 1702, to Samuel **Hough**, who sold, 1712, to William **Buckman**, the father of the grantor. Signed William **Buckman**.

P. 354, 1 Aug 1752, Alexander & Rachel **Graydon**, of Bristol Twp., Bucks Co., Pennsylvania and William & Ann **Macellvain**, merchant, of Philadelphia, Philadelphia Co., Pennsylvania mortgage to James **Hamilton**, of Philadelphia, Philadelphia Co., Pennsylvania, owes £1000, 416 acres...line of **Normandy**. Signed Alexander **Graydon**, Rachel **Graydon**, William **Macellvain** and Ann **Macellvain**. Wit: Charles **Willing** and William **Peters**.

P. 357, 28 Jul 1752, William & Grace **Croasdell**, yeoman, of Newtown Twp., Bucks Co., Pennsylvania to Thomas **Mitchell**, yeoman, of same, £46.2, 9 acres...line of William **Ashburn**...part of 200 acres purchased, 1713, of his father Ezra **Croasdell**. Signed William **Croasdell** and Grace (x) **Croasdell**. Wit: Thomas **Janney** and John **Brown**.

P. 359, 15 Apr 1752, Hugh & Elizabeth **Barclay**, yeoman, of New Britain Twp., Bucks Co., Pennsylvania mortgage to William & Hannah **Coleman** and Francis & Mary **Richardson**, merchants, of Philadelphia, Philadelphia Co., Pennsylvania, (executors of the estate of their father-in-law, George **Fitzwater**), owes £200, 151 acres...line of John **Foreman**, David **Jones**, Henry **Nelson**, Thomas **Lewis**, Alexander **Finley** and William **Allen**. Signed Hugh **Barclay** and Elizabeth (x) **Barclay**. Wit: Tench **Francis** Jr. and John **Bowen**.

P. 361, 27 May 1752, Elizabeth **Lloyd** Jr., spinster, of Philadelphia, Philadelphia Co., Pennsylvania assignment of mortgage to Silas **Pryor**, baker, of same, £61.7, 100 acres... mortgaged by William **Shieldacre**, 1750. Signed Elizabeth **Lloyd** Jr. Wit: Charles **Brockdon** and Josiah **Jackson**.

P. 363, 27 May 1752, Thomas **Christy**, yeoman, of Lower Milford, Bucks Co., Pennsylvania mortgage to Standish **Forde**, innholder, of Philadelphia, Philadelphia Co., Pennsylvania, owes £50, 117 acres...Rockhill Twp...line of Charles **Maycock** and **Beucher**. Signed Thomas **Christy**. Wit: John **Reily** and John **Bowen**.

P. 364, 14 Oct 1747, Nicholas & Mary **Tucker**, yeoman, of Southampton Twp., Bucks Co., Pennsylvania to George **Shaw**, miller, of same, £185, 50 acres...line of Thomas **Harding**, deceased...purchased, 1727, of John & Margaret **Brooks**, both deceased. and James **Parry**. Signed Nicholas **Tucker** and Mary (x) **Tucker**. Wit: Robert **Parson**, John **Brown** and John **Hart**. Nicholas and Mary recorded 1747.

P. 367, 222 Aug 1747, Alexander & Rachel **Graydon**, merchant, of Bristol, Bucks Co., Pennsylvania to William **Buckley**, yeoman, of same, £60, lot in Bristol...line of Samuel **Cary** ...purchased, 1743, of the estate of John **Burke**. Signed Alexander **Graydon** and Rachel **Graydon**. Wit: William **Davis** and Joseph **Church**. Alexander and Rachel recorded 1750.

Chapter 9
Bucks Co., Pennsylvania
Deed Records
Volume 9
1752-1759

P. 1, 4 Aug 1735, Peter & Catherine **Synder**, yeoman, of Bucks Co., Pennsylvania to Philip Henry **Setler**, yeoman, of same, £80, 200 acres... line of Abraham **James**, James **Robeson**, Henry **Walmsly** and William **Briggs**...patented, 1735, by Thomas **Frame**, who sold to said Peter. Signed Peter (x) **Synder** and Mary Catherine (x) **Synder**. Wit: Barnaby **Barnes**, William **Parson** and William **Nash**. Peter and Catherine recorded before John **Jemison**, 1752.

P. 2, 1 Jun 1748, Isaac **Watson**, (executor of the estate of Joseph **Peace**, late of Trenton, Hunterdon Co., New Jersey and late husband of Mary **Peace**), yeoman, of Nottingham, Burlington Co., New Jersey to William **Buckley**, merchant, of Bristol, Bucks Co., Pennsylvania, £20, lot in Bristol...former line of Samuel **Carpenter**. Signed Isaac **Watson**. Wit: Thomas **Hooton** and John **Allen** Jr, who recorded 1752.

P. 3, 10 Jun 1748, Alexander & Rachel **Graydon**, merchant, of Bristol, Bucks Co., Pennsylvania to William **Buckley**, yeoman, of same, £25, lot in Bristol, former estate of John **Burk**. Signed Alexander **Graydon** and Rachel **Graydon**, who recorded in 1750. Wit: Mary **Jackson** and William **Hill**.

P. 5, 8 Jul 1749, Alexander & Rachel **Graydon**, merchant, of Bristol, Bucks Co., Pennsylvania to William **Buckley**, yeoman, of same, £15.5, 1 acres lot in Bristol, former estate of John **Burk**. Signed Alexander **Graydon** and Rachel **Graydon**, who recorded in 1750. Wit: Mary **Jackson** and William **Hill**.

P. 6, 13 Jun 1751, Joseph **Hart**, sheriff, of Bucks Co., Pennsylvania to William **Buckley**, miller, of Bristol, Bucks Co., Pennsylvania, judgement by Richard **Smith**, against Daniel **Wright**, cooper, of Bucks Co., Pennsylvania, £4.75, two lots in Bristol...line of John **Large**. Signed Joseph **Hart**. Wit: Joseph **Field** and James **Paxon**.

P. 8, 27 Apr 1752, Thomas **Folkes**, yeoman, of Bordentown, Burlington Co., New Jersey and Samuel **Stokes**, yeoman, of Chester Twp., Chester Co., Pennsylvania, (executors of the estate of Joshua **Wright**, late of Chester Twp., Chester Co., Pennsylvania) to William **Buckley**, merchant, Alexander **Graydon**, of Bristol, Bucks Co. Pennsylvania and William **McDivaine**, merchant, of Philadelphia, Philadelphia Co., Pennsylvania, £450, 200 acres...line of Margaret **Johnson** and William **Fishbourn**...Elizabeth **Bennett**, (widow of Edmond **Bennett**), sold, 1697, to Barbara **Bloughdone**, who died intestate leaving one daughter Mary, who died intestate leaving two daughters, Ann and Mary, said Ann married William **Ginn**, who sold, 1725, to the sister, the said Mary, who had married, William **Jolliffe**, who sold, 1735, to Joshua **Wright**, who devised, 1750, to his wife and five daughters with his brother-in-law, the said Thomas **Folkes** one of the executors. Signed Thomas **Folkes** and Samuel **Stokes**. Wit: William **Skeels** and Jonathan **Thomas**.

P. 10, 7 Jun 1749, Thomas **Hayhurst**, (son of Cuthbert **Hayhurst**, who recorded 1753), yeoman, of Middletown, Bucks Co., Pennsylvania indentures himself to Joseph & Rebeckah **Poole**, taylor, of same, for 8 years from 8 Apr 1749. Signed Joseph **Poole**. Wit: Benjamin **Tomlinson** and Cuthbert **Hayhurst**.

P. 11, 18 Dec 1752, John & Elizabeth **Twining**, yeoman, of Newtown, Bucks Co., Pennsylvania mortgage to owes £247.35, 300 acres...line of Samuel **Grady**, John **Wilkinson**, William **Briggs** and Robert **Jemison**. Signed John **Twining** and Elizabeth (x) **Twining**. Wit: John **Wilkinson** and John **Heston**.

P. 13, 25 Aug, 1752, Lawrence & Sarah **Growdon**, of Trevose, Bucks Co., Pennsylvania to Thomas **Townsend**, yeoman, of Byberry, of Philadelphia Co., Pennsylvania, £15, 5.5 acres...Bensalem Twp...line of John **Beal**, Thomas **Tomlinson** and formerly Elizabeth

Beal...patented 1737. Signed Lawrence **Growdon** and Sarah **Growdon**. Wit: Sarah **Pennington** and Richard **Gibbs**.

P. 14, 4 Nov 1752, Abraham & Elizabeth **Griffith** Jr., miller, of Lower Dublin Twp., of Philadelphia Co., Pennsylvania mortgage to Deborah **Claypoole**, (widow of William **Claypoole**) and John **Swift**, merchant, (executors of the estate of Abraham **Claypoole**, merchant), of Philadelphia, Philadelphia Co., Pennsylvania, owes £220, 56 acres...line of Robert **Heaton**, Ezra **Croasdale**, John **Plumly** and William **Hayhurst**. Signed Abraham **Griffith** and Elizabeth **Griffith**. Wit: Charles **Brockden** and Josiah **Jackson**.

P. 16, 2 Nov 1752, Robert & Ann **Heaton**, miller, of Northampton Twp., Bucks Co., Pennsylvania mortgage to Charles **Norris**, gentleman, of Philadelphia, Philadelphia Co., Pennsylvania, owes £200, 280 acres...line of William **Carter**, deceased, Ralph **Dracord**, Henry **Harding** and Abraham **Griffith**, purchased, 1710, of John **Swift**, by Robert **Heaton**, father of said Robert. Signed Robert **Heaton** and Ann **Heaton**. Wit: Abraham **Griffith** Jr., Ezra **Croasdale** and John **Reily**.

P. 18, 4 Nov 1752, Ralph & Susanna **Dracord**, yeoman, of Northampton Twp., Bucks Co., Pennsylvania mortgage to Michael **Dowd**, weaver, of Newtown, Bucks Co., Pennsylvania, owes £100, 28 acres...line of Benjamin **Scott**. Signed Ralph **Dracord** and Susanna (x) **Dracord**. Wit: Samuel **Woolstone** and Thomas **Inesbe**.

P. 19, 8 Feb 1733, Evan & Sarah **Thomas**, yeoman, of Hilltown, Bucks Co., Pennsylvania to John **Lewis**, sawyer, of same, £60, 100 acres...line of Owen **Evans** and William **James**...patented, 1729, by Edward & Rachel **Farmer** and William & Martha **Lowther**, who sold, 1729, to said Evan. Signed Evan **Thomas** and Sarah (x) **Thomas**, who recorded 1734. Wit: Thomas **Waters** and Benjamin **Griffith**.

P. 21, 20 Dec 1740, John & Elizabeth **Lewis**, yeoman, of Hilltown, Bucks Co., Pennsylvania to James **Mereweather**, currier, of Philadelphia, Philadelphia Co., Pennsylvania, £80, 100 acres ...purchased of Evan **Thomas**. Signed John (x) **Lewis** and Elizabeth

(x) **Lewis**, who recorded 1740. Wit: Charles **Brockdon** and John **Ord**.

P. 23, 13 Jan 1753, Samuel & Margaret **McGrady**, yeoman, of Southampton Twp., Bucks Co., Pennsylvania mortgage to William **Griffith**, merchant, of Philadelphia, Philadelphia Co., Pennsylvania, owes £333.5, 301 acres...line late Thomas **Callowhill**, John **Twining** and Henry **Jemison**...purchased of Deborah **Claypoole** and John **Swift**. Signed Samuel **McGrady** and Margaret (x) **McGrady**. Wit: Lawrence **Growdon** and Richard **Gibbs**.

P. 25, 5 Jan 1753, Robert **Heaton** quit claims to Thomas **Nelson**, £36, his interest in the estate of Henry **Nelson** and Alice **Nelson**. Signed Robert **Heaton**. Wit: John **Beaumon**, Evan **Jones**, Anthony **Teal** and William **Ashburn**.

P. 25, 5 Jan 1753, Anthony **Wilson** quit claims to Thomas **Nelson**, £10, his interest in the estate of Henry **Nelson** and Alice **Nelson**. Signed Anthony **Wilson**. Wit: John **Beaumon**, Evan **Jones**, Anthony **Teal** and William **Ashburn**.

P. 25, 5 Jan 1753, William **Bell** quit claims to Thomas **Nelson**, £36, his interest in the estate of Henry **Nelson** and Alice **Nelson**. Signed William **Bell**. Wit: John **Beaumon**, Evan **Jones**, Anthony **Teal** and William **Ashburn**.

P. 26, 19 Mar 1749, Richard & Sarah **Abbett**, (heir of James **Merreweather**, currier, of Philadelphia, Philadelphia Co., Pennsylvania), cordwinder, of New Britain, Bucks Co., Pennsylvania to James **McColister**, yeoman, of same, £136, 100 acres...line late of Morris **Davis**, now of Morris **Morris**, William **James** and Bartholomew **Young**. Signed Richard **Abbett** and Sarah (x) **Abbett**, who recorded 1749. Wit: Evan **Evans** and Benjamin **Griffith**.

P. 28, 9 Dec 1752, Stephen **Williams**, miller, of Middletown, Bucks Co., Pennsylvania mortgage to Andrew **Reed**, merchant, of Philadelphia, Philadelphia Co., Pennsylvania, owes £800, 50 acres...line late of George **Vansandt**...2.5 acres ...5 acres...line of John **Praul** and 3 acres. Signed Stephen **Williams**. Wit: Lawrence

Growdon and Richard Gibbs.

P. 31, 16 Sep 1748, Amos Strickland, sheriff, of Bucks Co., Pennsylvania to Jonas Preston, miller, of Middletown, Bucks Co., Pennsylvania, £52.05, 4 acres...line of Thomas Stackhouse ...judgement by Timothy Smith, against the estate of William Fry, who recorded 1748. Signed Amos Strickland. Wit: Daniel Broadhead and John Frohock.

P. 32, 29 Sep 1752, Joseph Hart, sheriff, of Bucks Co., Pennsylvania to John Hart, yeoman, of Warminster Twp., Bucks Co., Pennsylvania, £46.25, 11.25 acres...line of Watson and Daniel Jackson, and 2.25 acres...line of James Allen, Henry Tomlinson and Thomas Biles...judgement by Charles Read against John Hall, yeoman, of Bristol, Bucks Co., Pennsylvania. Signed Joseph Hart. Wit: John Watson Jr. and John Chapman.

P. 34, 23 Oct 1752, John & Eleanor Hart, yeoman, of Warminster Twp., Bucks Co., Pennsylvania to his son, Joseph Hart, sheriff, of Bucks Co., Pennsylvania, £47, land above. Signed John Hart and Eleanor Hart. Wit: Jacob Fry, John Eaton Jr. and Hested Crispin.

P. 37, 21 Jul 1752, Abel Noble, of Sterling, Bergen Co., New Jersey mortgage to Joseph Noble, of Burlington, Burlington Co., New Jersey, £260.55, 125.5 acres...line of Joseph Delworth. Signed Abel Noble. Wit: William Master and Benjamin Sykes.

P. 39, 16 Sep 1745, Christian Vanhorne, yeoman, of Northampton Twp., Bucks Co., Pennsylvania to his son, Barnet Vanhorne, yeoman, of same, £100, 50 acres...Northampton Twp...line of William Hibbs and Abraham Vanhorne. Signed Christian Vanhorne, who recorded 1745. Wit: Benjamin Jones and Henry Vanhorne.

P. 41, 28 Dec 1742, Barnard Vanhorne and Nicholas Wincoop, (executors of the estate of Christian Vanhorne), yeomen, of Northampton Twp., Bucks Co., Pennsylvania to Henry Vanhorne, (son and heir of said Christian), yeoman, of same, £70, 200 acres...Newtown Twp...purchased of George and Joseph Randall, deceased. Signed Barnet **Vanhorne** Jr. and Nicholas **Wynkoop**. Wit: Lawrence **Growdon**, who recorded 1753 and Richard **Gibbs**.

P. 42, 12 Feb 1753, Henry & Susannah **Vanhorne**, yeoman, of Newtown Twp., Bucks Co., Pennsylvania mortgage to Joseph **Richardson**, merchant, of Middletown, Bucks Co., Pennsylvania, owes £240, 150 acres...line lately of William **Buckman** and Stephen **Twining**...50 acres...line of Nathaniel **Twining** and 23 acres adjoining. Signed Henry **Vanhorne** and Susannah (x) **Vanhorne**. Wit: Lawrence **Growdon** and Richard **Gibbs**.

P. 44, 28 Sep 1752, Joseph **Hart**, sheriff, Bucks Co., Pennsylvania to Israel **Pemberton** Jr., (executor of the estate of Thomas **Mayleigh**), £485, 500 acres...line of Nathaniel **Bromley**, late John **Tatham** and Francis **Rossell**...judgement by Israel **Pemberton** , of Bucks Co., Pennsylvania against Robert **Greenaway**, deceased, (who died at the house of Joseph **Ogden**, of Bucks Co., Pennsylvania), mariner, of London, England... mortgaged to Thomas **Mayleigh**, deceased, of London, England ...auction at the tavern of William **Doyle**. Signed Joseph **Hart**. Wit: John **Ross** and J. **Moland**.

P. 45, 15 Jan 1753, Peter & Catherine **Synder**, yeoman, of Rockhill Twp., Bucks Co., Pennsylvania mortgage to Joseph **Sims**, (guardian of Sarah **Woodrop**, under 21 years), merchant, of Philadelphia, Philadelphia Co., Pennsylvania, owes £170, 129 acres...line of Michael **Nease** and Dewalt **Nease**. Signed Peter (x) **Synder** and Catherine (x) **Synder**. Wit: John **Stellwagen** and John **Reily**.

P. 47, 27 Nov 1752, Abraham **Bowne**, yeoman, of Northampton, Bucks Co., Pennsylvania mortgage to Nicholas **Wyncoop**, yeoman, of same, owes £120, 159.5 acres...line late of Christian **Vanhorne**. Signed Abraham **Bowne**. Wit: George **Dunn** and Evan **Jones**.

P. 48, 9 Jun 1744, Hugh & Elinor **Young**, yeoman, of Wrightstown, Bucks Co., Pennsylvania to Nathan **McKinstry**, of same, £95, 97 acres...line of David **Spheen**, **Mitchell**'s Mill and Joseph **Chapman**...purchased, 1744, of Mary **Kirkbride**. Signed Hugh **Young** and Helener (x) **Young**, who recorded 1744. Wit: John **Penquite** and Abraham **Chapman**.

P. 50, 11 Dec 1751, Phillip **Mann**, blacksmith, of Springfield Twp., Bucks Co., Pennsylvania power of attorney to Henry **Hanke**, yeoman, of same. Signed Phillip **Mann**. Wit: Henry **Hambrackt** and William **Poole**.

P. 51, 29 Jan 1753, Deborah **Claypoole**, (widow of George **Claypoole**) William **Claypoole**, merchant and John **Swift**, merchant, (executors of the estate of Abraham **Claypoole**, who was the son and heir and only issue of George **Claypoole**), of Philadelphia, Philadelphia Co., Pennsylvania to Samuel **McGrady**, yeoman, of Southampton Twp., Bucks Co., Pennsylvania, £548.8, 301 acres... line late Thomas **Callohill**, John **Twining** and late Samuel **Faries**...Mary **Crap**, patented 1714...judgement by William **Robinson** against Benjamin & Mary **Pierre**, (executors of the estate of said Mary **Crap**) and sold to Edward **Pierce**, who sold, 1728, to George **Claypoole**, who devised, 1729, to his children, Hannah, Deborah, Mary, Abraham, Isaac and Martha **Claypoole**, (all children but Abraham died before 21 years). Signed Deborah **Claypoole**, William **Claypoole** and John **Swift**. Wit: Francis **Richardson** and Charles **Stow**.

P. 54, 11 Nov 1752, John **Sapp**, yeoman, of New Brittian Twp., Bucks Co., Pennsylvania mortgage to Cornelia **Bradford**, widow, of Philadelphia, Philadelphia Co., Pennsylvania, owes £60, 200 acres...New Brittian Twp...line of John **Morris**, Henry **Root**, James **McCallister** and Evan **Evans**. Signed John (x) **Sapp**. Wit: John **Stretch** and Paul Isaac **Voto**.

P. 55, 9 Feb 1750, Benjamin & Susanna **Kinsey**, carpenter, of Buckingham, Bucks Co., Pennsylvania and Henry & Mary **Harvey**, yeoman, of Lower Makefield, Bucks Co., Pennsylvania (said Susanna and Mary are daughters and heirs of George **Brown**, along with their brothers John and Jonathan, deceased) to John **Brown**, for love and affection. Signed Benjamin **Kinsey**, Susanna **Kinsey**, Henry **Harvey** and Mary **Harvey**, who recorded 1750. Wit: Mathew **Hughes**, John **Hall** and Robert **Russell**.

P. 56, 19 Jan 1750, William **Davis** Jr., yeoman and Evan **Stevens** Jr., cordwinder of New Brittian, Bucks Co., Pennsylvania, (executors of the estate of James **Evans**, late of Buckingham, Bucks Co., Pennsylvania) to John **Brown**, yeoman, of Buckingham, Bucks Co., Pennsylvania, £150, 100 acres...line late of John **Dyer**, Alexander **Brown**, late of Daniel **Jackson** and late of George **Brown**. Signed William **Davis** Jr. and Evan **Stevens** Jr, who recorded 1750. Wit: David **Stevens** and Arthur (x) **Thomas**.

P. 58, 25 Mar 1752, William & Margaret **Allen**, of Philadelphia, Philadelphia Co., Pennsylvania to Alexander **Graydon**, of Bristol, Bucks Co., Pennsylvania and William **McDivaine**, merchant, of Philadelphia, Philadelphia Co., Pennsylvania, £275.25, 110.5 acres...line of Charles **Wright**...purchased of Thomas & Sarah **Wright**, who had purchased of Anthony and Charles **Wright**. Signed William **Allen** and Margaret **Allen**. Wit: Henry **Eleves** and Alexander **Stuart**.

P. 60, 31 Jul 1752, William **Whitaker**, merchant, of London, England, through his attorney, Charles **Willing**, merchant, of Philadelphia, Philadelphia Co., Pennsylvania to Alexander **Graydon**, of Bristol, Bucks Co., Pennsylvania, £1500, 1000 acres...Bristol Twp...line of William **Atkinson**, Thomas **Marriott**, Thomas **Stackhouse**, Enion **Williams**, John Abraham **DeNormandy**, Benjamin **Canby**, John **Hall**, William **Hill**, Joshua **Wright** and John **Sissom**...416 acres ...Otter creek...5.5 acres...line of Nathan **Watson**...two lots in Bristol...William **Fishburn**, deceased, sold, 1739, to John **Burke**, deceased, formerly of the Island of Barbadoes, West Indies, but late of Bristol, Bucks Co., Pennsylvania, who mortgaged, 1739, to said William **Whitaker**...Alexander **Graydon** and Caleb **Emerson**, deceased, merchant, of Philadelphia, Philadelphia Co., Pennsylvania, contracted on the land, who devised, 1748, to his son Joshua **Emerson**, who sold to William **McDivaine**... **Whitaker** through his attorneys, Charles **Willing** Sr. and Charles **Willing** Jr., merchants, of Philadelphia, Philadelphia Co., Pennsylvania, demanded payment. Signed Charles **Willing**. Wit: Janet **Marks** and William **Peters**.

P. 67, 31 Jul 1752, William **Whitaker**, merchant, of London, England, through his attorney, Charles **Willing**, merchant, of Philadelphia, Philadelphia Co., Pennsylvania, of the first part,

Alexander & Rachel **Graydon**, of Bristol, Bucks Co., Pennsylvania, of the second part and William **McHvaine**, merchant, of Philadelphia, Philadelphia Co., Pennsylvania, of the third part, £1500, 1000 acres...Bristol Twp...line of William **Atkinson**, Thomas **Marriott**, Thomas **Stackhouse**, Enion **Williams**, John Abraham **DeNormandy**, Benjamin **Canby**, John **Hall**, William **Hill**, Joshua **Wright** and John **Sissom**...416 acres ...Otter creek...5.5 acres...line of Nathan **Watson**...two lots in Bristol...William **Fishburn**, deceased, sold, 1739, to John **Burke**, deceased, formerly of the Island of Barbadoes, West Indies, but late of Bristol, Bucks Co., Pennsylvania, who mortgaged, 1739, to said William **Whitaker**...Alexander **Graydon** and Caleb **Emerson**, deceased, merchant, of Philadelphia, Philadelphia Co., Pennsylvania, contracted on the land, who devised, 1748, to his son Joshua **Emerson**, who sold to William **McDivaine**... **Whitaker** through his attorneys, Charles **Willing** Sr. and Charles **Willing** Jr., merchants, of Philadelphia, Philadelphia Co., Pennsylvania, demanded payment. Signed Charles **Willing**. Wit: Alexander **Graydon**, Rachel **Graydon** and Thomas **Willing**.

P. 73, 15 Feb 1753, Joseph **Hart**, sheriff, of Bucks Co., Pennsylvania to William **Means**, yeoman, of Tennicorn Twp., Bucks Co., Pennsylvania, £201, 191 acres...Tennicorn Twp...line of Samuel **Dyer**...judgement by Thomas **Penn** against George **Cope**, yeoman, of Bucks Co., Pennsylvania. Signed Joseph **Hart**. Wit: Lawrence **Growdon** and Richard **Gibbs**.

P. 75, 2 Aug 1735, Thomas & Margaret **Frame**, of Philadelphia, Philadelphia Co., Pennsylvania to Dewaldt **Nease**, yeoman, of Bucks Co., Pennsylvania, £162.4, 179 acres...line of Michael **Nease**...and 200 acres...line of Abraham **James**, James **Robeson**, Henry **Walmsly** and William **Briggs**...patented 1734. Signed Thomas **Frame** and Margaret **Frame**, who recorded 1735. Wit: John **Georges** and William **Parson**.

P. 77, 29 Jan 1753, Richard **Parson**, yeoman, of Wrightstown, Bucks Co., Pennsylvania mortgage to Joseph **Warner**, cordwinder, of same, £137.75, 88 acres...Wrightstown. Signed Richard **Parson**. Wit: Nathaniel **Dawson** and Paul **Penington**.

P. 78, 9 Jun 1753, Theodorus **Hall**, miller, of Southampton, Bucks Co., Pennsylvania mortgage to John **Hall**, blacksmith, of Byberry, of Philadelphia Co., Pennsylvania, owes £55, 2 acres and grist mill...Southampton...line of Jacob **Vansandt** and William **Groom**. Signed Theodorus **Hall**. Wit: John **Vankirk** and George **Willard**.

P. 80, 22 Jul 1744, Andrew **Ellet**, (son of Andrew **Ellet**), yeoman, late of Makefield, Bucks Co., Pennsylvania to William **Mead**, yeoman, of same, £500, 220 acres...line of Henry **Margeren** and Richard **Hough**...Andrew **Ellet** Sr., deceased, patented, 1701, 320 acres and sold, 1704, 100 acres to his brother William **Ellet** and sold 220 acres to John **Hiett**, who returned to said Andrew 1706, and said Andrew devised to his son. Signed Andrew **Ellet**, who recorded 1744. Wit: Caleb **Parr** and David **Edwards**.

P. 81, 14 May 1747, William **Mead**, yeoman, late of Makefield, Bucks Co., Pennsylvania to Hezekiah **Anderson**, yeoman, of same, £450, 200 acres above. Signed William **Mead**. Wit: Mahlon **Kirkbride**, Joseph **Warder**, who recorded 1753, and Wheeler **Clark**.

P. 83, 24 Apr 1753, Sarah **Winner**, (widow of Jacob **Winner**), of Bucks Co., Pennsylvania to Mary **Martin**, widow, of same, £3, 40 acres... line of Thomas **Dowdney** and William **Bagley**. Signed Sarah **Winner**. Wit: Joseph **Inslee** and William **Anderson**.

P. 84, 24 Apr 1735, Joseph **Shaw**, yeoman, of Northampton, Bucks Co., Pennsylvania partition to his brother, John **Shaw**, yeoman, of same, 200 acres...line of George **Willard**, Isaac **Pennington** and formerly James **Heaton**...John **Shaw**, father of said Joseph and John, purchased, 1697, of William **Buckman**. Signed Joseph **Shaw**. Wit: Enion **Williams**, who recorded 1735, Jonathan **Shaw** and William **Atkinson**.

P. 86, 24 May 1739, Isaac **Pennington**, (son and heir of Edward **Pennington**), gentleman, of Bristol, Bucks Co., Pennsylvania to John **Shaw**, yeoman, of Northampton Twp., Bucks Co., Pennsylvania, 20.75 acres...Northampton Twp... line of Isaac **Bennett**...patented 1701. Signed Isaac **Pennington**, who recorded 1739. Wit: John **Frohock** and Christian **Vanhorne**.

P. 88, 14 Jun 1753, William **Yardley**, sheriff, of Bucks Co., Pennsylvania to Thomas **John**, yeoman, of same, £395, 200 acres...Hilltown Twp...line of John **Williams** ...judgement by Barnard **Young** against James **Stewart**. Signed William **Yardley**. Wit: Joseph **Inslee** and Richard **Gibbs**.

P. 90, 26 Feb 1753, Lawrence **Growdon** and Langhorne **Biles**, gentlemen, of Bucks Co., Pennsylvania, (executors of the estate of Jeremiah **Langhorne**) to John **Crawford**, yeoman, of Warwick Twp., Bucks Co., Pennsylvania, £337.5, 156.5 acres...line of late James **Poole** and William **Scott**...purchased, 1734, of Charles **Read**, Job **Goodson**, Evan **Owens**, George **Fitzwater** and Joseph **Pidgeon**. Signed Lawrence **Growdon** and Langhorne **Biles**. Wit: Richard **Gibbs** and Robert **Scott**.

P. 92, 26 Feb 1753, John & Jane **Crawford**, yeoman, of Warwick Twp., Bucks Co., Pennsylvania mortgage to Lawrence **Growdon**, gentleman, of Trevose, Bucks Co., Pennsylvania, owes £241, 149 acres...Warwick Twp...line of William **Dungan**, William **Scott**, Thomas **Dungan** and late John **Thompson**. Signed John (x) **Crawford** and Jane (x) **Crawford**. Wit: Robert **Scott** and Richard **Gibbs**.

P. 93, 23 May 1753, Lawrence **Growdon** and Langhorne **Biles**, gentlemen, of Bucks Co., Pennsylvania, (executors of the estate of Jeremiah **Langhorne**) to William **Scott**, yeoman, of Warwick Twp., Bucks Co., Pennsylvania, £319.5, 172 acres...line of John **Crawford**, William **Dungan**, Edward **Doyle**, William **Doyle** and Archibald **Crawford**...purchased, 1724, of Charles **Read**, Job **Goodson**, Evan **Owens**, George **Fitzwater** and Joseph **Pidgeon**. Signed Lawrence **Growdon** and Langhorne **Biles**. Wit: Richard **Gibbs** and Archibald **Crawford**.

P. 96, 23 May 1753, William **Scott**, yeoman, of Warwick Twp., Bucks Co., Pennsylvania mortgage to Lawrence **Growdon**, gentleman, of Trevose, Bucks Co., Pennsylvania, owes £253.9, 131 acres ...line of John **Crawford**, William **Dungan** Jr. and Archibald **Crawford**. Signed William **Scott**. Wit: Richard **Gibbs** and Archibald **Crawford**.

P. 97, 6 Aug 1753, William **Scott**, yeoman, of Warwick Twp., Bucks Co., Pennsylvania to Archibald **Crawford**, yeoman, of same, £30, 10 acres...line of Edward **Doyle** and William **Dungan**. Signed William **Scott**. Wit: Langhorne **Biles** and Richard **Gibbs**.

P. 99, 6 Aug 1753, Lawrence **Growdon** and Langhorne **Biles**, gentlemen, of Bucks Co., Pennsylvania, (executors of the estate of Jeremiah **Langhorne**) to Robert **Scott**, weaver, of Warwick Twp., Bucks Co., Pennsylvania, £18.1, 10 acres...line of Isabel **Crawford** and Dr. **Rodman** ...good deed on land conveyed 1747. Signed Lawrence **Growdon** and Langhorne **Biles**. Wit: Richard **Gibbs** and Archibald **Crawford**.

P. 101, 1 May 1753, David **Stephens**, yeoman, of New Brittian, Bucks Co., Pennsylvania mortgage to John **Bartholomew**, yeoman, of Montgomery, of Philadelphia Co., Pennsylvania, owes £100, 107 acres...line of Simon **Mathews**, Thomas **James**, Jonathan **Mason**, late Jeremiah **Langhorne** and David **Morgan**. Signed David **Stephens**. Wit: Elizabeth (x) **Evans** and Benjamin **Griffith**.

P. 102, 24 Mar 1749, Rowland & Sarah **Powell**, husbandman, of Northern Liberties, Philadelphia, Philadelphia Co., Pennsylvania, Mary **Asprell** and Joseph & Catherine **Mountain**, cooper, of Bristol, Bucks Co., Pennsylvania, (said Sarah, Mary and Catherine are daughters of John & Esther **Clay**, said Esther being the daughter of Esther **Wilson**) to Thomas **Stanaland** Jr., yeoman, of Bristol Twp., Bucks Co., Pennsylvania, £220, 104 acres ...line of Thomas **Stanaland**, late of Jacob **Janney** and late of Joseph **Large**...John **Large**, sold, 1707, to Esther **Wilson**, who devised, 1710...Esther **Wilson**, directed her heirs, Jeremiah **Elfreth**, (only surviving child of said Esther), and Mary his wife, Jeremiah **Warder**, (the only child of Sarah **Warder**, daughter of the said Esther) and Mary his wife, Martha **Williams**, (daughter of John **Bowyer**, deceased, who was eldest son of said Esther), Edward & Elizabeth **Ashton**, shipwright, (said Elizabeth another daughter of said John **Bowyer**, Philip & Esther **Boydt**, (said Esther another daughter of said John **Bowyer**), Joseph & Rebecca **Warner**, (said Rebecca another daughter of John **Bowyer**), Samuel & Ruth **Bonam**, (said Ruth another daughter of John **Bowyer**), Joseph & Sarah **Lynn**, (said Joseph was the son of

Joseph **Lynn**, deceased, who was a son of said Esther **Wilson**), John & Mary **Lynn**, (said John another son of said Joseph), Abraham & Elizabeth **Griffith**, (said Elizabeth a daughter of Joseph **Lynn**), Martha **Lynn**, (another daughter of said Joseph) and Peter & Esther **Bankson**, (said Esther another daughter of Joseph **Lynn**). Signed Rowland **Powell**, Sarah **Powell**, Mary **Asprill**, Joseph **Mountain** and Catherine **Mountain**. Wit: Jeremiah **Woolston** and Robert **Jackson**, who recorded 1750.

P. 105, 19 Sep 1745, Alexander **Graydon**, merchant, of Philadelphia, Philadelphia Co., Pennsylvania to John **Frohock**, gentleman, of Bristol, Bucks Co., Pennsylvania, £21, 3.5 acres ...lot in Bristol...line of Joseph **Church** and **Marriott**...former estate of John **Burk**. Signed Alexander **Graydon**, who recorded 1745. Wit: John **Hall** and William **Buckley**.

P. 106, 10 May 1751, Dr. John **DeNormandy**, (executor of the estate of John **Frohock**), of Bristol, Bucks Co., Pennsylvania to John **Hutchinson**, joiner, of same, £6, 1 acres lot in Bristol...line of Joseph **Church** and Thomas **Marriott**. Signed John **DeNormandy**. Wit: Louisa **DeNormandy** and Mary **Annus**.

P. 108, 1 Jun 1751, Anthony **Burton**, (son and heir of Anthony **Burton**), carpenter, of Bristol Twp., Bucks Co., Pennsylvania to John **Hutchinson**, cabinet maker, of Bristol, Bucks Co., Pennsylvania, £20, 2 lots in Bristol. Signed Anthony **Burton**, who recorded 1751. Wit: Thomas **Stackhouse** and John **DeNormandy**.

P. 110, 1 Mar 1753, William **Biles**, gentleman, of Falls Twp., Bucks Co., Pennsylvania mortgage to Lawrence **Growdon**, gentleman, of Trevose, Bucks Co., Pennsylvania, owes £300, 309 acres...line of formerly Samuel **Dark** and formerly Gilbert **Wheeler**. Signed William **Biles**. Wit: Thomas **Biles** and Francis (x) **Lewis**.

P. 111, 28 Apr 1753, Thomas & Martha **Jones**, tailor, of Hilltown, Bucks Co., Pennsylvania mortgage to Hugh **Roberts**, iron worker, of Philadelphia, Philadelphia Co., Pennsylvania, owes £200, 327 acres...line of Bernard **Young**, John **Williams**, Lewis **Evans**, John **Lewis**, Lawrence **Growdon** and Thomas **Janney**. Signed Thomas (x)

Jones and Martha Jones. Wit: Benjamin Town and Gilbert Hicks.

P. 113, 11 Apr 1753, Joseph Frotter and William Parr, (executors of the estate of Samuel Parr, merchant, of Philadelphia, Philadelphia Co., Pennsylvania), of Philadelphia, Philadelphia Co., Pennsylvania to John Anderson, receipt for mortgage paid. Signed Joseph Frotter and William Parr. Wit: Joseph Frotter Jr. and Joseph Stretch.

P. 113, 19 Dec 1751, Rachel Cross, of Burlington, Burlington Co., New Jersey to John Hutchinson, cabinet maker, of Bristol, Bucks Co., Pennsylvania, £30, lot in Bristol. Signed Rachel Cross, who recorded 1751. Wit: Elizabeth Beckett and John DeNormandy.

P. 115, 20 Dec 1751, Anthony Burton, carpenter, of Bristol Twp., Bucks Co., Pennsylvania to John Hutchinson, cabinet maker, of Bristol, Bucks Co., Pennsylvania, £2, lot in Bristol...Anthony Burton, (father of said Anthony) purchased, 1696, from Thomas Brock. Signed Anthony Burton, who recorded 1753. Wit: Margaret Thornton, Clotworthy Reed Jr. and Joseph Thornton.

P. 117, 29 Sep 1752, Joseph Hart, sheriff, of Bucks Co., Pennsylvania to John Hutchinson, cabinet maker, of Bristol, Bucks Co., Pennsylvania, £12.75, 2 lots in Bristol... judgement by Charles Read, of New Jersey, against John Hall, cooper, of Bristol, Bucks Co., Pennsylvania. Signed Joseph Hart. Wit: John DeNormandy and Richard Gibbs.

P. 118, 13 Mar 1748, William & Margaret Allen, of Philadelphia, Philadelphia Co., Pennsylvania to Nicholas Hill, comber, of Plumsted Twp., Bucks Co., Pennsylvania, £65, 100 acres... Plumsted Twp...line of Lawrence Pearson, Enoch Pearson, Samuel Smith, Joseph Shaw, John Smith and John Perlee...Harbert Springett patented, 1681, who devised to his eldest brother, Anthony Springett, who sold, 1729, to John Page, who sold, 1729, to John Simpson, who sold, 1730, to said William. Signed William Allen and Margaret Allen, who recorded 1748. Wit: William Parson and Alexander Stuart.

P. 120, 17 Aug 1753, Thomas & Martha Christy, yeoman, of Lower

Milford Twp., Bucks Co., Pennsylvania mortgage to Arent **Hassert**, merchant, of Philadelphia, Philadelphia Co., Pennsylvania, owes £100, 117 acres...Millford Twp...line of Charles **Maycock**, Jacob **Boacher**, William **Haycock** and late William **Allen**, but now Thomas **Rawlings**. Signed Thomas **Christy** and Martha **Christy**. Wit: Joseph **Jackson** and William **Boddington**.

P. 121, 22 Aug 1753, Jenkin & Esther **Phillips**, yeoman, of Rockhill Twp., Bucks Co., Pennsylvania mortgage to Robert **Moore**, merchant, of Philadelphia, Philadelphia Co., Pennsylvania, owes £400, 308 acres...line of late Thomas **Frame**, Michael **Nease** and John **Johnson**. Signed Jenkin (x) **Phillips** and Esther (x) **Phillips**. Wit: Charles **Brockdon** and Josiah **Jackson**.

P. 123, 10 Oct 1753, Yeomans **Paul**, carpenter, of Oxford Twp., Philadelphia Co., Pennsylvania mortgage to Peter **Turner**, merchant, of Philadelphia, Philadelphia Co., Pennsylvania, owes £50, 159 acres...line of James **Shaw**, late of Richard **Hill**, Samuel **Barker**, deceased and Joseph **Paul**...purchased of his father, Henry **Paul**. Signed Yeomans **Paul**. Wit: Charles **Brockdon** and William **Boddington**.

P. 125, 10 Oct 1753, Joseph & Elizabeth **Paull**, yeoman, of Oxford Twp., Philadelphia Co., Pennsylvania mortgage to Mary **Plumsted**, widow, of Philadelphia, Philadelphia Co., Pennsylvania, owes £100, 200 acres...line of Josiah **Dyer**, Mordecai **Michener**, Alexander **Brown**, James **Shaw**, Yeomans **Paul**, late of Samuel **Barker**. Signed Joseph **Paull** and Elizabeth **Paull**. Wit: Attwood **Shute** and Henry **Jinkenson**.

P. 126, 1 Nov 1722, Joseph **Kirkbride**, gentleman, of Falls Twp., Bucks Co., Pennsylvania to Benjamin **Griffith**, yeoman, of Bucks Co., Pennsylvania, £67.5, 300 acres...line of David **Evans** and Abel **Morgan**...purchased of Thomas & Sarah **Stevenson**. Signed Joseph **Kirkbride**, who recorded 1735. Wit: Mary **Kirkbride**, Richard **Tilbram** and James **Hunter**.

P. 130, 13 Jul 1753, William **Yardley**, sheriff, of Bucks Co., Pennsylvania to Lawrence **Growdon**, of Trevose, Bucks Co.,

Pennsylvania, £55.25, 100 acres...Solebury Twp...line of formerly John **Hough**, formerly Humphry **Murry** and formerly Joseph **Kirkbride**...judgement by Lawrence **Growdon** against estate of William **Latterthwaite**. Signed William **Yardley**. Wit: Grace **Growdon** and Sarah **Pennington**.

P. 132, 25 Jun 1753, Margaret **Greer**, (widow of John **Greer**, late of Bucks Co., Pennsylvania) and James **Sloan**, both of Tyrone Co., Ireland, (executors of the estate of said John) power of attorney to William **Greer**, (son of said John) to recovery from Mathew **Greer**. Signed Margaret (x) **Greer** and James **Sloan**. Wit: Jane (x) **Cavan** and Hugh **Carmichaele**. Recorded in Cumberland Co., 1753, by James **Cavin** and Jean **Cavin**.

P. 133, 1 Sep 1741, William & Jane **Ramsey**, yeoman, of Narwick, Bucks Co., Pennsylvania to John **Beard**, cordwinder, of same, £106, one sixth of 538 acres...line of Henry **Bailey**, James **Claypoole**, deceased, late George **Willard**...106 acres ...line of James **Rogers**, **Walton** and Samuel **Davis**. Signed William **Ramsey** and Jane (x) **Ramsey**, who recorded 1752. Wit: Mathew **Hughes**, Robert **Bready** and Hugh **Mearns**.

P. 136, 5 Feb 1753, Theodorus **Hall**, miller, of Southampton, Bucks Co., Pennsylvania mortgage to John **Keen**, wheelwright, of Moreland, of Philadelphia Co., Pennsylvania, owes £76.6, 9.5 acres and grist mill...line of William **Groom**, Jacobus **Vansandt** and Joseph **Vanpelt**. Signed Theodorus **Hall**. Wit: Samuel (x) **Scott** and William **Walmsley**.

P. 137, 20 Sep 1753, Samuel & Jane **Dean**, late of Makefield, now of Rockhill Twp., Bucks Co., Pennsylvania mortgage to Charles **Norris**, gentleman, of Philadelphia, Philadelphia Co., Pennsylvania, owes £200, 162.5 acres...line of John **Hough**, Thomas **Scott** and John **Whitacre**... purchased, 1751, of John **Gregg**. Signed Samuel **Dean** and Jane **Dean**. Wit: Alexander **Stuart** and John **Bowen**.

P. 139, 4 Apr 1722, John **Chapman**, yeoman, of Wrightstown, Bucks Co., Pennsylvania to Richard **Mitchell**, Abraham **Chapman**, Stephen **Twinning** and John **Laycock**, all of Bucks Co.,

Pennsylvania, £0.05, 2 acres...line of Joseph **Chapman**... patented 1705. Signed John **Chapman**. Wit: John **Twinning**, William **Smith** Jr., who recorded 1753 and Nicholas **Penquite**.

P. 140, 4 Apr 1722, Joseph **Chapman**, yeoman, of Wrightstown, Bucks Co., Pennsylvania to Richard **Mitchell**, Abraham **Chapman**, Stephen **Twinning** and John **Laycock**, all of Bucks Co., Pennsylvania, £0.05, 2 acres...line of John **Chapman**...purchased, 1707, of Abraham **Chapman** Signed Joseph **Chapman**, who recorded 1753. Wit: John **Twinning**, William **Smith** Jr., who recorded 1753 and Nicholas **Penquite**.

P. 142, 5 Apr 1722, Richard **Mitchell**, Abraham **Chapman**, Stephen **Twinning** and John **Laycock**, all of Bucks Co., Pennsylvania to the members of the Quaker Meeting House, 2 acres...purchased of John **Chapmam**. Signed Richard **Mitchell**, Abraham **Chapman**, Stephen **Twinning** and John **Laycock**. Wit: John **Twinning**, William **Smith** Jr., who recorded 1753 and Nicholas **Penquite**.

P. 143, 19 Jun 1753, Thomas **White**, now of Philadelphia, Philadelphia Co., Pennsylvania, but late of Baltimore Co., Maryland to Richard **Hill** Jr., receipt of payment of mortgage, 250 acres...Plumsted Twp...said Richard made partition with his brother-in-law and sister Samuel Preston & Hannah **Moore**. Signed Thomas **White**. Mary **Hewlings** and Josiah **Jackson**.

P. 144, 18 Oct 1753, William **Norcross**, yeoman, of Sussex Co., New Jersey mortgage to James **Hamilton**, of Philadelphia, Philadelphia Co., Pennsylvania, owes £130.65, 155 acres..line of John **Norcross**, John **Creary**, Ezekiel **Rogers** and Sarah **Knight**. Signed William **Norcross**. Wit: William **Peters** and Henry **Jenkinson**.

P. 145, 17 Nov 1753, Jacob & Hannah **Duffield**, of Lower Dublin Twp., Bucks Co., Pennsylvania mortgage to Mary **Andrews**, spinster, of Philadelphia, Philadelphia Co., Pennsylvania, owes £100, 233 acres...line of Thomas **Baines**, Stephen **Watts**, Bartholomew **Penrose** and Richard **Clayton**. Signed Jacob **Duffield** and Hannah **Duffield**. Wit: Alexander **McDowell** and Henry **Jenkinson**.

P. 147, 19 Nov 1753, Edmund **Nutt**, yeoman, of Bucks Co., Pennsylvania mortgage to Mahlon **Kirkbride** and William **Paxson**, yeomen, of same, £100, 200 acres...line of Michael **Hutchinson**. Signed Edmund **Nutt**. Wit: William **Palmer** and Mahlon **Kirkbride** Jr.

P. 148, 15 Feb 1754, John & Mary **Kergan**, (alias **Regents**), late of Solebury Twp., now of Nockamuxon Twp., Bucks Co., Pennsylvania mortgage to William **Coleman** and James **Pemberton**, merchants, of Philadelphia, Philadelphia Co., Pennsylvania, (executors of the estate of Samuel **Powell** Jr.), owes £150, 206 acres...line of late Patrick **Carty**, John **Durham**, William **Muce**. Signed John **Regents** and Mary (x) **Regents**. Wit: George **Hughes** and John **Hughes**.

P. 150, 25 Feb 1754, James & Margaret **Bartley**, husbandman, of Warrington, Bucks Co., Pennsylvania mortgage to William **Coleman** and James **Pemberton**, merchants, of Philadelphia, Philadelphia Co., Pennsylvania, (executors of the estate of Samuel **Powell** Jr.), owes £150, 212 acres...line of late William **Allen**, John **Nyer**, Archibald **Finlow**, Daniel **Craig** and late Mary **Phillips**. Signed James **Bartley** and Margaret (x) **Bartley**. Wit: George **Shoemaker** and Samuel **Niear**.

P. 151, 6 Feb 1754, Bartholomew & Mary **Young**, yeoman, of Hilltown Twp., Bucks Co., Pennsylvania mortgage to Peter **Turner**, merchant, of Philadelphia, Philadelphia Co., Pennsylvania, owes £170, 150.25 acres...Hilltown Twp...line of John **Vastme**, Evan **Mathias**, James **McColestor** and Archibald **Hamilton**. Signed Bartholomew **Young** and Mary (x) **Young**. Wit: Charles **Brockden** and William **Boddington**.

P. 152, 6 Mar 1754, Robert & Mary **Penrose**, tanner, of Richland Twp., Bucks Co., Pennsylvania mortgage to Jacob **Duchee**, merchant, of Philadelphia, Philadelphia Co., Pennsylvania, owes £150, 200 acres...Richland Twp...line of Abraham **Griffith** and George **Phillips**. Signed Robert **Penrose** and Mary **Penrose**. Wit: William **Boddington** and Josiah **Jackson**.

P. 154, 8 Mar 1754, George **Marple**, sawyer, of Evesham, Burlington Co., New Jersey mortgage to Restore **Lippincott**, bricklayer, of Greenwich, Gloucester Co., New Jersey, £200, 103 acres... Bristol Twp...line of Henry **Tomlinson**, Jeffrey **Pollard**, William **Fishbourn** and Daniel **Jackson**...and 64 acres...Gloucester Co...line of John **Sharp**...and 128 acres...Gloucester Co... and 50 acres...and 150 acres...Gloucester Co... line of John **Prichet**. Signed George **Marple**. Wit: Charles **Norris** and Debby **Norris**.

P. 156, 17 Apr 1754, Samuel & Elizabeth **Baker**, yeoman, of Makefield Twp., Bucks Co., Pennsylvania mortgage to Charles **Willing**, merchant, of Philadelphia, Philadelphia Co., Pennsylvania, owes £336, 204 acres...Makefield Twp...line of John **Hough** and Henry **Baker**...and 359 acres...line of John **Baldwin**. Signed Samuel **Baker** and Elizabeth (x) **Baker**. Wit: Thomas **Jammey**, George **Merrick** and Hannah **Young**.

P. 158, 14 Mar 1754, William **Yardley**, sheriff, of Bucks Co., Pennsylvania to Phillip **Dracord**,
yeoman, of Southampton Twp., Bucks Co., Pennsylvania, £5.5, 28 acres...line of Benjamin **Scott**...judgement by Catherine **Wistar**, Richard **Johnson**, David **Deshler** and Richard **Wistar**, (executors of the estate of Caspar **Wistar**), against Ralph **Dracord** and John **Eastbourn**, of Bucks Co., Pennsylvania. Signed William **Yardley**. Wit: Evan **Jones** and Richard **Gibbs**.

P. 160, 3 Oct 1754, Richard **Hill**, merchant, late of Philadelphia, Philadelphia Co., Pennsylvania through his attorney Dr. Samuel Preston & Hannah **Moore**, of London Town, Maryland to Mathew **Grier**, yeoman, of Plumsted Twp., Bucks Co., Pennsylvania, £250, 250 acres...line of Hugh **Ferguson**, John **Savage** and Abraham **Hill**... patented, 1704, by Francis **Plumsted**, who sold, 1707, to Richard **Hill**, merchant, of Philadelphia, Philadelphia Co., Pennsylvania, who was the uncle of the father of said Richard **Hill**. Signed Samuel Preston **Moore** and Hannah **Moore**. Wit: Richard **Walker** and Henry **Steel**.

P. 165, 18 Jan 1754, Alexander **Edwards**, shopkeeper, of Philadelphia, Philadelphia Co., Pennsylvania to Josiah **Foster**, weaver, of Middletown, Bucks Co., Pennsylvania, £120, 40 acres of 300 acres...line of **Plumbly**, James **Vansandt**, **Langhorne** and Jonathan **Hibbs**... patented, 1686, by Henry & Sarah **Paulin**, who sold, 1706, to Stophel **Vansandt**, who sold to his son, John **Vansandt**, who devised, 1749, to said Alexander. Signed Alexander **Edwards**. Wit: Gilbert **Hicks** and Robert **Brodnax**.

P. 167, 19 Jan 1754, Josiah **Foster**, weaver, of Middletown, Bucks Co., Pennsylvania mortgage to Alexander **Edwards**, shopkeeper, of Byberry, Philadelphia Co., Pennsylvania, £58, 40 acres ...line of **Plumbly**, James **Vansandt**, **Langhorne** and Jonathan **Hibbs**. Signed Josiah **Foster**. Wit: Gilbert **Hicks** and Robert **Brodnax**.

P. 168, 24 Jan 1754, Alexander **Edwards**, (executor of the estate of John **Vansandt**), of Byberry Twp., Philadelphia Co., Pennsylvania to James **Vansandt**, saddler, of Bristol Twp., Bucks Co., Pennsylvania, £125, 52.5 acres...line of Josiah **Vansandt**, late of Jeremiah **Langhorne**, Stoffold **Vansandt**, John **Vansandt** and Charles **Plumly**...patented, 1686, by Henry & Sarah **Pawlin**, who sold, 1706, to Stoffold **Vansandt**, who devised, 1749, to his son John & Rebecca **Vansandt**, who devised, 1749, that said Alexander be his executor. Signed Alexander **Edwards**. Wit: Peter Peterson **Vanhorn** and Thomas **Rush**.

P. 170, 8 Jan 1754, James **Vansandt**, saddler, of Bristol Twp., Bucks Co., Pennsylvania mortgage to Alexander **Edwards**, of Byberry, of Philadelphia Co., Pennsylvania, £125, 52.5 acres. Signed James **Vansandt**. Wit: Thomas **Rush** and Peter Peterson **Vanhorn**.

P. 171, 3 Aug 1736, William & Margaret **Allen**, of Philadelphia, Philadelphia Co., Pennsylvania to Richard **Walker**, yeoman, of Warrington, Bucks Co., Pennsylvania, £0.25, 105 acres...line of John **Barclay**...purchased, 1728, of William **Penn**, grandson of William **Penn**. Signed William **Allen** and Margaret **Allen**, who recorded 1738. Wit: Thomas **Craig** and William **Parson**.

P. 173, 9 Mar 1738, William & Margaret **Allen**, of Philadelphia, Philadelphia Co., Pennsylvania to Richard **Walker**, yeoman, of Warrington, Bucks Co., Pennsylvania, £118, 148 acres...line of James

Currey, Joseph **Hough**, late of Thomas **Hudson** ...purchased, 1728, of William **Penn**, grandson of William **Penn**. Signed William **Allen** and Margaret **Allen**, who recorded 1740. Wit: William **Parson** and James **Bingham**.

P. 175, 17 Oct 1749, Oliver & Sarah **Hart**, carpenter, of Warminster Twp., Bucks Co., Pennsylvania to Isaac **Hough**, tailor, of same, £60, 50 acres...line of John **Delworth**, Abel **Noble**, Job **Noble** and Jacob **Cadwallador**... John & Margaret **Cadwallador**, mason, late of Horsham, sold, 1736, to his third son, Jacob & Magdalen **Cadwallador**, who sold, 1748, to said Oliver. Signed Oliver **Hart**, Sarah **Hart** and Isaac **Hough**, who recorded 1749. Wit: Joseph **Hart**, William **Gilbert** and John **Hart**.

P. 177, 6 Nov 1752, Robert & Ann **Heaton**, miller, of Northampton Twp., Bucks Co., Pennsylvania to Ezra **Croasdale**, weaver, of same, £220, 120 acres ...line of Robert **Stockdale**, John **Plumley**, Abraham **Griffith**, Henry **Harding**, **Coffing** and John **Cole**....purchased, 1710, of John **Swift**. Signed Robert **Heaton** and Ann **Heaton**, who recorded 1752. Wit: Josiah **Jackson** and William **Boddington**.

P. 179, 3 May 1754, Samuel & Jane **Dean**, yeoman, of Makefield, now Rockhill Twp., Bucks Co., Pennsylvania to Edmund **Briggs**, yeoman, of Middletown, Bucks Co., Pennsylvania, £213, 162.5 acres...line of John **Hough**, Thomas **Scott** and John **Whiteacre**...purchased, 1750, of John **Gregg**, (son and heir of James **Gregg**). Signed Samuel **Dean** and Jane (x) **Dean**. Wit: John **Reily** and John **Brown**.

P. 181, 13 Mar 1754, James & Mary **Wildman**, cordwinder, of Middletown, Bucks Co., Pennsylvania to Joseph **Bennett**, attorney, of Philadelphia, Philadelphia Co., Pennsylvania, £100, lot in Middletown...purchased, 1749, of Samuel **Woolston**. Signed James **Wildman** and Mary **Wildman**. Wit: Charles **Brockdon**, William **Boddington** and Josiah **Jackson**.

P. 182, 11 Jan 1754, Thomas **Good**, yeoman, of New Britain Twp., Bucks Co., Pennsylvania mortgage to Francis **Richardson**, merchant, of Philadelphia, Philadelphia Co., Pennsylvania, owes £210.3, 153 acres...line of Owen **Roberts**, Mahlon **Kirkbride**, late of William **Beal**, deceased and Nathan **Preston**...purchased of Francis **Richardson**. Signed Thomas **Good**. Wit: Glover **Hunt** and Paul Isaac **Voto**.

P. 183, 12 Apr 1754, Walter & Mary **Shewell**, yeoman, of New Britain, Bucks Co., Pennsylvania mortgage to Joseph **Fox**, carpenter, of Philadelphia, Philadelphia Co., Pennsylvania, owes £150, 150 acres...line of William **Hare**, Evan **Stephens** and Jeremiah **Langhorne**. Signed Walter **Shewell** and Mary **Shewell**. Wit: Rebecca **Butler** and Hugh **Edmund**.

P. 184, 25 Mar 1754, Jonathan **Willett**, yeoman, of Flushing Twp., Queens Co., New York mortgage to David **Linsey**, yeoman, of Northampton Twp., Bucks Co., Pennsylvania, £598.75, 215 acres... line of William **Ramsey**, **Dungan**, John **Cummings** and James **Adams**. Signed Jonathan **Willett**. Wit: John **Rodman** Jr. and Evan **Jones**.

P. 186, 26 Apr 1753, George **Mill**, weaver, of Tohikon, Bucks Co., Pennsylvania mortgage to William **Phillips**, yeoman, of Northampton, Bucks Co., Pennsylvania, owes £130, 108 acres...line of Thomas **Carty** and John **Hutchinson**. Signed George (x) **Mill**. Wit: Sarah **Griffith** and Joseph **Griffith**.

P. 187, 9 Oct 1753, Josiah & Grace **Robarts**, (said Grace is the only child and heir of William **Seward**, late of London, England) power of attorney to Joseph **Spangenberg**, clerk, of Bethlehem, Northampton Co., Pennsylvania... mortgage by George **Whitfield**, of Georgia. Signed Josiah **Robarts** and Grace **Robarts**. Wit: Frederick William **Marshall**, W. **Windle**, L.C. **Lembhe**, M. **Schmith** and John **Ettwein**.

P. 188, 19 Dec 1753, Edward **Rice**, weaver, of Buckingham Twp., Bucks Co., Pennsylvania mortgage to Israel **Pemberton** Jr., merchant, of Philadelphia, Philadelphia Co., Pennsylvania, £185.65, 153 acres...line of John **Watson**, John **Rodman** and William **Corbet**. Signed Edward **Rice**. Wit: William **Dickinson** and Joseph **Jordan**.

P. 189, 1 May 1754, Nathan **McKinstry**, yeoman, of Buckingham Twp., Bucks Co., Pennsylvania mortgage to Israel **Pemberton** Jr., merchant, of Philadelphia, Philadelphia Co., Pennsylvania, £450, 200 acres...line of John **Rodman** and Robert **Henderson**. Signed Nathan **McKinstry**. Wit: Elizabeth **Smith** and John **Watson** Jr.

P. 190, Joseph **Smith**, yeoman, of Bristol Twp., Bucks Co., Pennsylvania to Mary **Martin**, widow, of same, £60, 40 acres...line of Thomas **Downey** and formerly William **Bagley**...George & Elizabeth **Gwinup**, sold, 1726, to Daniel **Jones**, who died intestate and went to his widow, Elizabeth **Jones**, and his daughters, Grace, Mary and Sarah **Jones**, who sold, 1743, to William **Hooper**, who died intestate, land taken by sheriff and sold to said Mary **Martin** and Sarah **Winner**, formerly Sarah **Hooper**, claimed land and quit claimed and then sold to said Joseph. Signed Joseph **Smith**. Wit: Ruth **Buckley** and John **Green**.

P. 192, 12 Jun 1753, William **Yardley**, sheriff, of Bucks Co., Pennsylvania to Mary **Martin**, widow, of Bristol Twp., Bucks Co., Pennsylvania, £55, 40 acres...judgement by Abraham & Grace **Brown**, assignee of Elizabeth **Jones**, against Sarah **Hooper**, (executor of the estate of William **Hooper**). Signed William **Yardley**. Wit: Benjamin **Town** and John **Foger**.

P. 194, 15 May 1754, Richard & Margery **Gibbs**, yeoman, of Bensalem Twp., Bucks Co., Pennsylvania mortgage to Anthony **Morris**, the elder, brewer, of Philadelphia, Philadelphia Co., Pennsylvania, owes £200, 23 acres... Bensalem Twp...line of Joseph **Growdon** and Isaac **Norris**...and 50 acres, adjoining. Signed Richard **Gibbs** and Margery **Gibbs**. Wit: Sarah **Growdon** and Sarah **Pennington**.

P. 195, 1 Jun 1748, Samuel **Woolston**, blacksmith, Jeremiah **Woolston**, carpenter and Benjamin **Woolston**, tailor, (sons and heirs of Jonathan **Woolston**), all of Middletown, Bucks Co., Pennsylvania to their brother, John **Woolston**, yeoman, of same, £90, 62 acres...line of James **Sitton**. Signed Samuel **Woolston**, Jeremiah **Woolston** and Benjamin **Woolston**, who recorded 1748. Wit: Thomas **Jenks**, Mary **Jenks** and John **Betts**.

P. 196, 15 Feb 1752, John & Sarah **Preston**, yeoman, of Middletown, Bucks Co., Pennsylvania to John **Woolston**, yeoman, of same, £224, 62 acres...Middletown...line of John **Cawley**, John **Croasdale**, John **Wildman**, late George **Hulms**, now John **Kirkbride** and Jonas **Preston**... and 50 acres...line of Benjamin **Field** and Joseph **Walker** ...purchased of Jacob **Wildman**, who inherited from his father, Joseph **Wildman**. Signed John **Preston** and Sarah **Preston**, who recorded 1752. Wit: Cuthbert **Hayhurst** and Michael **Wiseley**.

P. 199, 27 Apr 1749, Sarah **Kirkbride**, Mark **Watson**, Mahlon **Kirkbride**, of Bucks Co., Pennsylvania and Nicholas **Austin**, of Philadelphia, Philadelphia Co., Pennsylvania, (executors of the estate of Joseph **Kirkbride**) to Joseph **Miller**, carpenter, of Bucks Co., Pennsylvania, £511, 255.5 acres...line of Samuel **Dark** and **Hawkins**. Signed Sarah **Kirkbride**, Mark **Watson**, Nicholas **Austin** and Mahlon **Kirkbride**, who recorded 1754. Wit: Henry **Wilson**, Joseph **Hough** and Joseph **Kirkbride**.

P. 200, 28 Feb 1754, Richard & Abigail **Johnson**, yeoman, of Bristol Twp., Bucks Co., Pennsylvania to John Abraham **DeNormandy**, merchant, of same, £135, 60 acres...line of Samuel **Cary**...patented, 1684, by Abraham **Mann**, who sold, 1727, to Jacob **Peluxon**, (alias **Pellisson**), of Warsaw, Poland and Philip **Pellison**, merchant, of Berlin, Germany, who sold to Thomas **Aldworth**, of Hanover, Bucks Co., Pennsylvania, who died intestate and land went to John **Johnson**, by sheriff's sale, who died intestate and went to his son the said Richard and his daughter, Sarah **Johnson**, wife of Samuel **Johnson**, (Samuel & Sarah sold their share to said Richard). Signed Richard **Johnson** and Abigail **Johnson**. Wit: Margaret **Allen** and Mary **Bowar**.

P. 202, 1 Apr 1754, Samuel **Burgess**, yeoman, of Falls Twp., Bucks Co., Pennsylvania mortgage to John **Williams**, yeoman, of same, owes £300, 283 acres...line of John **Clark**, Daniel **Burgess**, Joseph **Kirkbride**, Samuel **Dark** and Robert **Harvey**. Signed Samuel **Burgess**. Wit: Hannah **Biles** and Langhorne **Biles**.

P. 203, 18 Nov 1735, Thomas & Margaret **Frame**, of Philadelphia,

Philadelphia Co., Pennsylvania to John **Lacy**, yeoman, of Bucks Co., Pennsylvania, £100, 200 acres...purchased of Isaac **Norris**, (son and heir of Isaac **Norris**). Signed Thomas **Frame** and Margaret **Frame**. Wit: Joseph **Yeates** and William **Parson**, who recorded 1735.

P. 205, 17 Mar 1745, Andrew & Catherine **Gattsall**, yeoman, of Bucks Co., Pennsylvania to Abraham **Ushme**, of Hilltown Twp., Bucks Co., Pennsylvania, £150, 25 acres...line of Thomas **Lancaster**...patented 1743. Signed Andrew A **Gattsall** and Catherine (x) **Gattsall**, who recorded 1753. Wit: John **Hay** and Chenny **Vadams**.

P. 207, 20 May 1746, George **Shive**, yeoman, of Bedminster Twp., Bucks Co., Pennsylvania to Abraham **Ushme**, (**Vastine**), yeoman, of Hilltown Twp., Bucks Co., Pennsylvania, £40, 50 acres...line of John **Dean**...patented, 1743, by John & Jane **Hutchinson**, who sold, 1745, to said George. Signed George **Shive**, who recorded 1746. Wit: Jacob **Shive**, William **Jones** and Abigail **Vastine**.

P. 208, 12 Aug 1746, Eleaser **Doan**, yeoman, of Bedminster Twp., Bucks Co., Pennsylvania to Abraham **Vastine**, yeoman, of Hilltown Twp., Bucks Co., Pennsylvania, £3, 12 acres...patented 1738. Signed Eleaser **Doan**, who recorded 1753. Wit: Peter **Wallis**.

P. 210, 26 Nov 1746, Eleaser **Doan**, yeoman, of Bedminster Twp., Bucks Co., Pennsylvania to Frederick **Gatchill**, yeoman, of same, £3, 12 acres...patented 1738. Signed Eleaser **Doan**, who recorded 1753. Wit: Robert **Smith**, Bezatell **Wiggins** and William **Reader**.

P. 211, 13 May 1749, Andrew & Catherine **Gotshall**, of Frankonia Twp., Philadelphia Co., Pennsylvania to Yost **Panakucka** and Ann Mary **Gotshall**, of same, £160, 25 acres...line of late John **Hutchinson**...patented 1743. Signed Andrew (x) **Gotshall** and Catherine (x) **Gotshall**, who recorded 1749. Wit: Johannes **Shallanbaryer** and Paul **Linde**.

P. 212, 19 Jun 1749, Yost **Panakucka**, yeoman and Anne Mary **Gotshall**, (widow of Frederick **Gotshall**), of Frankonia Twp., Philadelphia Co., Pennsylvania to John **Trout**, yeoman, of Upper

Dublin Twp., Philadelphia Co., Pennsylvania £70, 12 acres. Signed Yost **Panakucka** and Anne Mary (x) **Gotshall**, who recorded 1749. Wit: Margaret (x) **Owen** and Griffith **Owen**.

P. 214, 19 Jun 1749, Yost **Panakucka**, yeoman and Anne Mary **Gotshall**, (widow of Frederick **Gotshall**), of Frankonia Twp., Philadelphia Co., Pennsylvania to John **Trout**, yeoman, of Upper Dublin Twp., Philadelphia Co., Pennsylvania £155, 25 acres. Signed Yost **Panakucka** and Anne Mary (x) **Gotshall**, who recorded 1749. Wit: Margaret (x) **Owen** and Griffith **Owen**.

P. 216, 17 May 1753, John & Anne Margaret **Trout**, yeoman, Christopher **Zeigenfus**, yeoman and Jacob **Zeigenfus**, yeoman, of Bedminister Twp., Bucks Co., Pennsylvania to Jacob **Stout**, yeoman, of Rockhill Twp., Bucks Co., Pennsylvania, £208, 25 acres and 12 acres. Signed John **Trout**, Anne Margaret (x) **Trout**, Christopher **Zeigenfus** and Jacob **Zeigenfus**. Wit: Patrick **Matley** and John **Doan**.

P. 219, 8 Feb 1754, Eleazer **Doan**, yeoman, of Bedminister Twp., Bucks Co., Pennsylvania to Abraham **Vastine**, yeoman, of Hilltown Twp., Bucks Co., Pennsylvania, £4, 5 acres...line of Josiah **Baldwin** and **Winkle**...patented 1738. Signed Eleazer **Doan**. Wit: Mathew **Hughes** and Joseph **Sackett**.

P. 220, 13 Feb 1754, Abraham & Sarah **Vastine**, yeoman, of Hilltown Twp., Bucks Co., Pennsylvania to Jacob **Stout**, potter, of Bucks Co., Pennsylvania, £311, 25 acres...line of John **Hutchinson**. Signed Abraham **Vastine** and Sarah (x) **Vastine**. Wit: John **Louder** and Ruth **Vastine**.

P. 222, 6 Aug 1754, Benjamin & Sarah **Gilbert**, yeoman, of Upper Makefield Twp., Bucks Co., Pennsylvania mortgage to Charles **Willing**, of Philadelphia, Philadelphia Co., Pennsylvania, owes £250, 252 acres...Upper Makefield Twp... line of Mathias **Harvey** and **Milner**. Signed Benjamin **Gilbert** and Sarah **Gilbert**. Wit: Thomas **Janney** and Abigail **Gilbert**.

P. 224, 1 Jun 1754, Thomas **Rawlings**, yeoman, of Richland Twp.,

Bucks Co., Pennsylvania mortgage to William **Allen**, of Philadelphia, Philadelphia Co., Pennsylvania, owes £97.7, 102 acres...line of Walter **McCool**. Signed Thomas **Rawlings**. Wit: John **Burd** and Alexander **Stuart**.

P. 225, 6 Aug 1754, Robert & Ann **Tomkins**, yeoman, of Warrington Twp., Bucks Co., Pennsylvania mortgage to Jacob **Duche**, gentleman, of Philadelphia, Philadelphia Co., Pennsylvania, owes £125, 128 acres...line of Samuel **Gilbert** and Joseph **Paul**. Signed Robert **Tomkins** and Ann **Tomkins**. Wit: William **Boddington** and Josiah **Jackson**.

P. 226, 8 Jul 1754, Thomas **Kidd**, yeoman, of Hilltown Twp., Bucks Co., Pennsylvania mortgage to John **Bartholomew**, of Montgomery Twp., Philadelphia Co., Pennsylvania, owes £190, 200 acres...line of Blar **Biors**, Michael **Frylick** and William **Miller**. Signed Thomas **Kidd**. Wit: Joseph **Lucken** and Benjamin **Griffith**.

P. 227, 30 Dec 1708, William **Duncan**, yeoman, of Bensalem Twp., Bucks Co., Pennsylvania to his son, George **Duncan**, of same, £0.25, 184 acres...Bensalem Twp...line of Francis **Searl** and Samuel **Scott**...purchased, 1797, of Joseph **Growdon**. Signed William (x) **Duncan**. Wit: Patrick **Ogilby**, John **Duncan** and Edmond **Duncan**, who recorded 1754.

P. 228, 19 Aug 1718, Alexander & Ellen **Mood**, yeoman, of Bensalem Twp., Bucks Co., Pennsylvania Thomas **Rogers** Jr., yeoman, of same, £250, 184 acres...line of William **Duncan** and Francis **Searl**...purchased, 1714, of George **Duncan**. Signed Alexander (x) **Mood** and Ellen **Mood**. Wit: Thomas **Rogers**, Jeremiah **Langhorne**, Isabel **Carver** and Margerie **Duncan**. Samuel **Cary** recorded 1754.

P. 231, 2 May 1723, Thomas **Rogers** Jr., yeoman, of Bensalem Twp., Bucks Co., Pennsylvania to Peter **Starch**, yeoman, of same, £250, 184 acres. Signed Thomas **Rogers** Jr, who recorded 1737. Wit: John dal (x) **Pickerling** and William **Duncan**.

P. 233, 6 Aug 1754, Michael & Agnes **Weesley**, yeoman, Jacob &

Lucretia **Strickler**, yeoman, Thomas & Magdalen **Morgan**, of Middletown Twp., Bucks Co., Pennsylvania, Elizabeth **Overholst**, widow, of Bedminister Twp., Bucks Co., Pennsylvania, (said Agnes, Lucretia, Magdalen and Elizabeth are the daughters and heirs of Peter **Staals**) and John & Susannah **Lewis**, (late Susannah **Strickler**) to Abraham **Staals**, yeoman, of Bensalem Twp., Bucks Co., Pennsylvania, £0.25, 92 acres, of 184 acres...line of Edmond **Duncan**...Peter **Staals** devised, 1745, to his sons, Peter and Abraham **Staals** and to his daughters. Signed Michael **Weesley**, Agnes (x) **Weesley**, Jacob (x) **Strickler**, Lucretia (x) **Strickler**, Thomas **Morgan**, Magdalen (x) **Morgan**, Elizabeth (x) **Overholt**. Wit: Samuel **Cary** and Richard **Gibbs**.

P. 234, 6 Aug 1754, Abraham & Elizabeth **Staals**, yeoman, of Bensalem Twp., Bucks Co., Pennsylvania to Isaac **Larew**, yeoman, of same, £105, 42 acres, of 184 acres...line of Edmond **Duncan** and Peter **Staals**. Signed Abraham (x) **Staals**. Wit: Samuel **Cary** and Richard **Gibbs**.

P. 236, 9 Sep 1752, Joseph **Hart**, sheriff, of Bucks Co., Pennsylvania to Robert **Harvey**, yeoman, of Bucks Co., Pennsylvania, £145, 92 perches...line of Nathan **Watson**...judgement by Septimus **Robinson**, against Deborah **Hough**, (widow of Joseph **Hough**). Signed Joseph **Hart**, who recorded 1752. Wit: John **DeNormandy** and Richard **Gibbs**.

P. 238, 31 Aug 1754, Philip & Catherine **Dracord**, yeoman, of Southampton Twp., Bucks Co., Pennsylvania mortgage to Benjamin **Scott**, carpenter, of same, owes £375, 178 acres...line of Joseph **Tomlinson**, Robert **Heaton** and Thomas **Stackhouse**. Signed Philip (x) **Dracord** and Catherine (x) **Dracord**. Wit: Edmond **Briggs** and Benjamin (x) **Herbert**.

P. 239, 1 Feb 1749, Joseph & Mary **Tomlinson**, yeoman, of Makefield, Bucks Co., Pennsylvania to Robert **Harvey**, yeoman, of Falls Twp., Bucks Co., Pennsylvania, £195, 155 acres...line of Thomas **Jones**, Timothy **Smith**, Stephen **Wilson** and Thomas & Dorothy **Stackhouse**, who sold, 1726, to said Joseph. Signed Joseph **Tomlinson** and Mary (x) **Tomlinson**, who recorded 1749. Wit: Elisa

Chapman and Joseph **Chapman**.

P. 241, 12 Sep 1751, Joseph **Hart**, sheriff, of Bucks Co., Pennsylvania to Robert **Harvey**, yeoman, of Falls Twp., Bucks Co., Pennsylvania, £181, 9 acres...line of Josiah **Langdale** and 5 acres...judgement by said **Harvey**, against Rebecca **Wright**, Andrew **Wright** and James **Wright**, (executors of the estate of Daniel **Wright**). Signed Joseph **Hart**, who recorded 1754. Wit: Edward **Shippen** and Richard **Gibbs**.

P. 243, 4 Sep 1753, Ambrose **Harvey**, (uncle and heir of Robert **Harvey**), yeoman, of Floore, Northampton Co., England power of attorney to his son Thomas **Harvey**, of Shefford, Bedford Co. Signed Ambrose (x) **Harvey**. Wit: John **Hackett**, mayor of Northampton, John **Rowell**, deputy to George **Rowell**, town clerk of Northampton.

P. 244, 19 Apr 1745, Malachi & Mary **Walton**, yeoman, of Bristol, Bucks Co., Pennsylvania to Charles **Read**, of Burlington, Burlington Co., New Jersey, £100, 20 acres...line of John **Hall**, Joseph **Jackson**, John **Large** and Joseph **White**... purchased of Nathan **Watson**. Signed Malachi **Walton** and Mary **Walton**, who recorded 1754. Wit: John **Frohock**.

P. 246, 31 Jan 1729, Samuel & Martha **Harker**, mason, of Bristol, Bucks Co., Pennsylvania to Nathan **Watson**, cordwinder, of same, £8, 2.25 acres...line of Adam **Harker** and Nathan **Watson** ...purchased of his father, Adam **Harker**. Signed Samuel **Harker** and Martha (x) **Harker**. Wit: Thomas **Watson**, Thomas **Marriott**, who recorded 1754 and John **Hall**.

P. 248, 31 Jan 1729, Adam & Grace **Harker**, mason, of Middletown, Bucks Co., Pennsylvania to Nathan **Watson**, cordwinder, of Bristol, Bucks Co., Pennsylvania, £93.5, 8.25 and 5 acres. Signed Adam **Harker**. Wit: Thomas **Watson**, Thomas **Marriott**, who recorded 1754 and John **Hall**.

P. 250, 11 Aug 1741, Nathan **Watson**, cordwinder, of Bristol, Bucks Co., Pennsylvania to Malachi **Walton**, innholder, of same, £140, 20 acres... Bristol...line of John **Hall**, Joseph **Jackson**... purchased of Samuel & Margaret **Preston**. Signed Nathan **Watson**, who recorded 1754. Wit: Isreal **Pennington** and Joseph **Bradsford**.

P. 252, 31 Jul 1684, Patent to Joshua **Boore**, 121 acres...line of Robert **Lucas** and William **Biles**. Signed William **Penn**.

P. 252, 5 Jan 1682, Patent to Anne **Milcom**, 250 acres...line of James **Hill**, Edward **Hill** and Jeffery **Hankins**. Signed William **Penn**.

P. 253, 31 Aug 1726, Thomas & Dorothy **Stackhouse**, yeoman, of Makefield Twp., Bucks Co., Pennsylvania to Joseph **Tomlinson**, yeoman, of same, £127.5, 255 acres...line of Thomas **Jones**, Timothy **Smith**, Samuel **Stackhouse**, **Scott** and Stephen **Wilson**...patented 1707. Signed Thomas **Stackhouse** and Dorothy (x) **Stackhouse**, who recorded 1731. Wit: Ezra **Croasdale** and Jeremiah **Croasdale**.

P. 254, 25 Mar 1728, Joseph **Tomlinson**, yeoman, of Makefield Twp., Bucks Co., Pennsylvania to Thomas **Jones**, yeoman, of same, £85, 100 acres, of 255 acres. Signed Joseph **Tomlinson**, who recorded 1734. Wit: Joseph **Kirkbride** Jr. and Thomas **Yeardley**.

P. 256, 1 Jul 1754, Abraham **Vicar**, yeoman, of Plumsted Twp., Bucks Co., Pennsylvania mortgage to Hugh **Ferguson**, yeoman, of same, owes £100, 187.5 acres...line of William **Michener** and John **Savage**. Signed Abraham **Vicar**. Wit: Mathew **Hughes** and John **Hughes**.

P. 257, 16 Apr 1717, Samuel **Darke**, yeoman, of Falls Twp., Bucks Co., Pennsylvania to Robert **Harvey**, of same, £285, 340 acres...line of late Phillip **Conway**, late Henry **Siddall**, Joseph **Kirkbride** and Roger **Moore**...patented 1694. Signed Samuel **Darke**. Wit: Samuel **Beakes** and Thomas **Worrall**. Mary (x) **Worrall** recorded 1754.

P. 259, 26 Nov 1726, Edward **Shippen**, gentleman, of Philadelphia, Philadelphia Co., Pennsylvania to Thomas **Jones**, yeoman, of Makefield Twp., Bucks Co., Pennsylvania, £60, 150 acres...line of Thomas **Hilbourn**, Ezra **Croasdale**, Thomas **Stackhouse**, Timothy **Smith** and Thomas **Stradlin**... patented by Charles **Jones** Sr. and

Charles **Jones** Jr., sold, 1711, to said Edward & Esther **Shippen**. Signed Edward **Shippen**, who recorded 1754. Wit: Thomas **Biles**.

P. 262, 6 Aug 1754, Peter **Staats**, (one of the sons and executers of the estate of Peter **Staats**, yeoman, of Bensalem, Bucks Co., Pennsylvania), yeoman, of Bensalem, Bucks Co., Pennsylvania to his brother, Abraham **Staats**, £0.25, 92 acres...line of Edmund **Dunkan** and Isaac **Larew**. Signed Peter **Staats**. Wit: Samuel **Cary** and Richard **Gibbs**.

P. 262, Abraham **Staats**, (one of the sons and executers of the estate of Peter **Staats**, yeoman, of Bensalem, Bucks Co., Pennsylvania), yeoman, of Bensalem, Bucks Co., Pennsylvania to his brother, Peter **Staats**, £0.25, 92 acres...line of Edmund **Dunkan** and Isaac **Larew**. Signed Abraham **Staats**. Wit: Samuel **Cary** and Richard **Gibbs**.

P. 263, 1 May 1754, John & Hannah **Scott**, husbandman, of Upper Makefield, Bucks Co., Pennsylvania mortgage to James **Tourney**, of same, £80, 47 acres...line of formerly John **Whitacre**, Thomas **Stackhouse** and Samuel **Bunting**. Signed John **Scott** and Hannah **Scott**. Wit: Jeane **Haire** and John **Beaumont**.

P. 264, 12 Dec 1754, William **Yeardley**, sheriff, of Bucks Co., Pennsylvania to John **Fowler**, tailor, of Bristol, Bucks Co., Pennsylvania, £30, lot in Bristol...judgement by John Abraham **DeNormandy**, against James **Murphy**, yeoman, of Bucks Co., Pennsylvania. Signed William **Yeardley**. Wit: William **Decoursey**, Phillip (x) **Dracord** and Richard **Gibbs**.

P. 266, 9 Aug 1754, Philip **Young**, yeoman, of Hilltown Twp., Bucks Co., Pennsylvania mortgage to Lynford **Lardner**, gentleman, of Philadelphia, Philadelphia Co., Pennsylvania, £103.3, 150.25 acres...line of John **Vastine**, Evan **Mathias**, Morris **Morris**, Archibald **Hamilton**, James **McColester** and Bartholomew **Young**. Signed Philip **Young**. Wit: Malachi **Jones** and Joseph **Hart**.

P. 267, 9 Jun 1740, John **Hart**, sheriff, of Bucks Co., Pennsylvania to Charles **Biles**, yeoman, of Southampton Twp., Bucks Co., Pennsylvania, £490.5, 359 acres...line of John **Baldwin**, Henry **Baker** and Samuel **Baker** Jr...judgement against Samuel **Baker**, yeoman, late of Bucks Co., Pennsylvania. Signed John **Hart**, who recorded 1755. Wit: Joseph **Hart**, Samuel **Baker** and Titas **Hart**.

P. 268, 4 Feb 1755, Joseph & Mary **Kirkbride**, gentleman, of Falls Twp., Bucks Co., Pennsylvania mortgage to Thomas **Willing**, merchant, of Philadelphia, Philadelphia Co., Pennsylvania, owes £500, 200 acres...Falls Twp...line of Solomon **Warder**... and 304 acres, adjoining. Signed Joseph **Kirkbride** and Mary **Kirkbride**. Wit: Thomas **Janney** and Joseph **Hough**.

P. 270, 22 Jan 1755, Thomas **Phillips**, yeoman, of Hilltown Twp., Bucks Co., Pennsylvania mortgage to John **Kelly**, yeoman, of same, owes £150, 137.5 acres...line of John **Lewis**, Griffith **Owens** and Lawrence **Growdon** ...purchased of Thomas & Hannah **Janney**. Signed Thomas (x) **Phillips**. Wit: Simon **Butler** Jr. and Rebecca **Butler**.

P. 271, 18 Mar 1755, Thomas & Mary **Carrington**, yeoman, of Manner of Moreland, Philadelphia Co., Pennsylvania mortgage to Joseph **Hart**, yeoman, of Warminster Twp., Bucks Co., Pennsylvania, owes £208.5, 150.25 acres...line of John **Vastine**, Evan **Mathias**, Morris **Morris**, James **McCollester**, Archibald **Hamilton** and Bartholomew **Young**. Signed Thomas **Carrington** and Mary **Carrington**. Wit: Jacob **Frey** and John **Hart**.

P. 273, 13 Feb 1750, Samuel & Jane **Smith**, (said Jane is one of the daughters and heirs of Joseph **Kirkbride**), merchant, of Burlington, Burlington Co., New Jersey to Israel **Pemberton** Jr., merchant, of Philadelphia, Philadelphia Co., Pennsylvania, £160, 42 acres...line of Edward **Doyle** and William **Doyle**...and 100 acres, adjoining. Signed Samuel **Smith** and Jane **Smith**, who recorded 1754. Wit: John **Smith** and Samuel **Noble**.

P. 275, 25 Feb 1750, Mary **Kirkbride**, (widow of Joseph **Kirkbride**), of Bucks Co., Pennsylvania to Israel **Pemberton** Jr., merchant, of Philadelphia, Philadelphia Co., Pennsylvania, £0.25, her interest in estate. Signed Mary **Kirkbride**. Wit: John **Kirkbride** Jr., who recorded 1754 and Grace **Kirkbride**.

P. 276, Ann **Harris**, (widow of Benjamin **Harris**, wheelwright, of Bristol, Bucks Co., Pennsylvania), of Bristol, Bucks Co., Pennsylvania and Joseph **Shaw**, yeoman, of Northampton, Bucks Co., Pennsylvania (executers of the estate of said Benjamin) to Joseph **Atkinson**, £30, 4 acres...lot in Bristol...purchased of William & Mary **Atkinson**. Signed Ann **Harris** and Joseph **Shaw**. Wit: john **Hall** and William **Atkinson**.

P. 277, 6 Feb 1755, Joseph **Atkinson**, cooper, of Bristol, Bucks Co., Pennsylvania to John **Baldwin**, shoemaker, of same, £27.5, 4 acres...lot in Bristol. Signed Joseph **Atkinson**. Wit: William **Buckly** and Ruth **Buckly**,

P. 279, Archibald **McClean**, (executer of the estate of Ephraim **Leech**, yeoman, of Warrington, Bucks Co., Pennsylvania), yeoman, of Hersham Twp., Philadelphia Co., Pennsylvania to William **Birney**, yeoman, of same, £500 bond, his executorship. Signed Archibald **McClean**. Wit: John **Barnes** and Jacob **Jones**.

P. 280, 18 Jan 1755, Abraham & Elizabeth **Staats**, yeoman, of Bensalem, Bucks Co., Pennsylvania mortgage to William **Decoursey**, yeoman, of same, owes £25, 50 acres...line of Edmund **Dunkan**, Isaac **Larew** and Peter **Staats**. Signed Abraham (x) **Staats** and Elizabeth **Staats**. Wit: Gilbert **Hicks** and Richard **Gibbs**.

P. 281, 31 Jul 1684, Patent to John **Clason**, cooper, 520 acres. Signed William **Penn**.

P. 282, 15 Apr 1755, Lawrence & Sarah **Growdon**, of Trevose, Bucks Co., Pennsylvania to Thomas **Worthington**, yeoman, of Bensalem Twp., Bucks Co., Pennsylvania, £229.8, 70 acres...line of Nicholas **Vansandt**, Edmund **Dunkan** and William **Dunkan**...patented 1737. Signed Lawrence **Growdon**. Wit: Gilbert **Hicks** and Richard **Gibbs**.

P. 283, 16 Apr 1755, Thomas & Hannah **Worthington**, yeoman, of Bensalem Twp., Bucks Co., Pennsylvania mortgage to Lawrence **Growdon**, gentleman, of Trevose, Bucks Co., Pennsylvania, owes £206.8, 70 acres. Signed Thomas **Worthington** and Hannah

Worthington. Wit: Gilbert **Hicks** and Charles **Janney**.

P. 285, 13 Jun 1755, William **Yeardley**, sheriff, of Bucks Co., Pennsylvania to David **Lindsey**, yeoman, of Warwick Twp., Bucks Co., Pennsylvania, £380, 170 acres...line of Simon **Mathews**, George **Fitzwater**, deceased, Griffith **Owens**, Lewis **Roberts** and John **Davis**... judgement by John **Frazer**, against Mary **Little**, spinster, of Bucks Co., Pennsylvania. Signed William **Yeardley**. Wit: Thomas **Janney**, Thomas **Rodman** and Evan **Jones**.

P. 287, 11 Jan 1726, Jeremiah **Langhorne**, gentleman, of Middletown Twp., Bucks Co., Pennsylvania to Evan **Griffith**, husbandman, of Bucks Co., Pennsylvania, £37.5, 150 acres...line of James **Logan**...purchased of Thomas **Fressby**. Signed Jeremiah **Langhoren**, who recorded 1737. Wit: Evan **Evans** and William **Saterthwaite**.

P. 289, 9 Nov 1752, Evan & Mary **Griffith**, yeoman, of Hilltown Twp., Bucks Co., Pennsylvania to Charles **Leidie**, yeoman, of same, £250, 101 acres...line of William **Thomas** and Richard **Thomas**...Jeremiah **Langhorne**, sold, 1720, to Henry **Paxton**, who devised to this son-in-law John **Plumly**'s son John and to his nephew William **Paxton**'s son Henry and said John sold to said Evan. Signed Evan **Griffith** and Mary (x) **Griffith**, who recorded 1755. Wit: Benjamin **Griffith** and Joseph **Griffith**.

P. 292, 20 Nov 1738,, John **Plumly**, yeoman, of Hilltown Twp., Bucks Co., Pennsylvania to Evan **Griffith**, yeoman, of same, £225, 325 acres...Hilltown Twp...line of William **Thomas**, James **Logan** and Henry **Paxton**...devised by Henry **Paxton**. Signed John **Plumly**, who recorded 1738. Wit: Charles **Plumly** and John **Duncan**.

P. 293, 13 Jun 1755, Stephen **Williams**, miller, of Middletown Twp., Bucks Co., Pennsylvania mortgage to Alexander **Edwards**, (executor of the estate of John **Vansandt**, yeoman, of Middletown, Bucks Co., Pennsylvania), of Bybury, Philadelphia Co., Pennsylvania, £76, 52 acres...Middletown...line of Josiah **Vansandt**. Signed Stephen **Williams**. Wit: William **Yeardley**, Jonathan **Abbett** and Joseph **Ynslee**.

P. 296, 3 May 1755, John **Forman**, turner, of New Britain, Bucks Co., Pennsylvania mortgage to Joseph **Kenderdine**, miller, of Horsham, Philadelphia Co., Pennsylvania, owes £120, 150 acres...New Britain...line of Andrew **Hamilton** and George **Fitzwater**. Signed John **Forman**. Wit: Richard **Walker** and Sarah **Walker**.

P. 297. 3 Mar 1755, James **Morgan**, yeoman, of Richland Twp., Bucks Co., Pennsylvania mortgage to Jonathan **Heacock**, yeoman, of same, owes £80, 1.25 acres...Richland Twp...line of Abraham **Griffith** and Robert **Penrose**. Signed James **Morgan**. Wit: Abraham **Griffith** and Isaac **Griffith**.

P. 298, 22 Apr 1751, John **Gray**, (brother and heir of Henry **Gray**, clothier, of Rack Coon Creek Pennsylvania), maulster, of Crewkerne, Somerset Co. power of attorney to Lawrence **Growdon**, merchant, of Pennsylvania. Signed John **Gray**. Wit: John **Bradford** and Edward **Young**, NP.

P. 299, 16 Feb 1753, Lawrence **Growdon**, merchant, of Pennsylvania power of attorney for John **Gray** to John **Beaumont**, yeoman, of Upper Makefield, Bucks Co., Pennsylvania. Signed Lawrence **Growdon**, who recorded 1755. Wit: William **Yeardley** and Richard **Gibbs**.

P. 300, 27 Sep 1751, William & Hannah **Coleman**, merchant and Francis & Mary **Richardson**, merchant, (executors of the estate of George **Fitzwater**), of Philadelphia, Philadelphia Co., Pennsylvania to Mary **Craig**, widow, of Hunterdon Co., New Jersey, £149, 170 acres...line of Simon **Mathews**, Griffith **Owens**, Lewis **Roberts** and John **Davis**...patented 1718. Signed William **Coleman**, Hannah **Coleman**, Francis **Richardson** and Mary **Richardson**, who recorded 1751. Wit: William **Wright** and John **Reily**.

P. 302, 25 Sep 1746, Richard & Dianah **Woods**, tanner, of Northampton Twp., Bucks Co., Pennsylvania and John & Elizabeth **Davis**, blacksmith, of Horsham, Philadelphia Co., Pennsylvania to James **Lewis** and Isaac **Lewis**, yeomen, of Warminster Twp., Bucks Co., Pennsylvania, £100, 3.75 acres...line of Samuel **Gilbert** and

Francis **Davis**...John **Lewis**, who died intestate is the father of the said Elizabeth, Dianah, James and Isaac. Signed Richard (x) **Woods**, Diana **Woods**, John **Davis** and Elizbeth **Davis**. Wit: William **Miller** and Evan **Jones**.

P. 304, 17 May 1755, Henry & Rebekah **Hough**, Thomas & Deborah **Davis**, Margary **Saalts**, (widow of Jonathan **Saalts**, of Philadelphia, Philadelphia Co., Pennsylvania) and Anthony & Mary **Burton**, of Bucks Co., Pennsylvania to Hezekiah **Anderson**, of Bucks Co., Pennsylvania, £249, 99 acres...line of Hezekiak **Anderson**, Thomas **Janney**, Abel **Janney** and Joshua **Hoops**...patented, 1701, by Richard **Hough**, who devised to his children, John, Richard and Joseph **Hough**, and Richard **Hough**, devised to his children, the said Henry, Deborah, Margary and Mary. Signed Henry **Hough**, Rebekah **Hough**, Thomas **Davis**, Deborah **Davis**, Anthony **Burton**, Mary **Burton** and Margary (x) **Saalts**. Wit: Thomas **Janney** and Hannah **Janney**.

P. 306, 8 Nov 1755, Robert & Rebecca **Greenaway**, merchant, of Philadelphia, Philadelphia Co., Pennsylvania mortgage to Charles **Harrison**, merchant, of same, owes £300, 103.25 acres...Bensalem Twp...line of Folkert **VanDegrist**, Leonard **VanDegrist** and Lawrence **Growdon**...and 75 acres...line of Richard **Morrey**, **Hicks**, Thomas **Sylenee** and William **Nice**...and a lot in Germantown. Signed Robert **Greenaway** and Rebecca **Greenaway**. Wit: Robert **Jackson** and John **Edwards**.

P. 308, 11 Dec 1755, William **Yeardley**, sheriff, of Bucks Co., Pennsylvania to Baltes **Peckel**, yeoman, of Reading Twp., Hunterdon Co., New Jersey, £105, 100 acres...Plumsted Twp...line of Lawrence **Pearson**...judgement by Baltes **Peckel**, against Henrick **Peckel**, (executor of the estate of Nicholas **Parker**). Signed William **Yeardley**. Wit: Joseph **Galloway** and Henry (x) **Peckle**.

P. 309, 27 Jun 1755, Hugh **Miller**, yeoman, of Warwick Twp., Bucks Co., Pennsylvania mortgage to James **Crawford**, chapman, of Philadelphia, Philadelphia Co., Pennsylvania, owes £100, 152 acres...Warwick Twp...line of Thomas **Duncan**, Robert **Scott** and Dr. **Rodman**. Signed Hugh **Miller**. Wit: Robert **Scott**, Paul Isaac

Voto and John **Mountgomry**.

P. 311, 11 Sep 1755, Joseph & Elizabeth **Warder**, maulster, of Falls Twp., Bucks Co., Pennsylvania mortgage to Anthony **Morris**, of Philadelphia, Philadelphia Co., Pennsylvania, owes £278.4, 182 acres...Makefield Twp...line of John **Snowden**, Thomas **Warrel** and Henry **Margarum**. Signed Joseph **Warder** and Elizabeth **Warder**. Wit: Charles **Brockden** and Josiah **Jackson**.

P. 312, Abraham **Brown**, planter, of Philadelphia, Philadelphia Co., Pennsylvania mortgage to Paul Isaac **Voto**, of same, £40 owed Ann **Strettell**, spinster, of same, 20 acres...Plumsted Twp... line of John **Shockley** and Patrick **Poe**. Signed Abraham **Brown**. Wit: Thomas **Flower** and Henry **Flower**.

P. 313, 5 Nov 1755, Evan **Thomas**, yeoman, of New Britain Twp., Bucks Co., Pennsylvania mortgage to Nathaniel **Stokes**, mariner, of Milford, Pembroke Shire, South Wales, Britain, owes £41, 150.5 acres...New Britain Twp...line of Thomas **Jones**, Joseph **Kirkbride**, Thomas **Edwards** and John **Kelly**. Signed Evan (x) **Thomas**. Wit: Joseph **Davies** and Paul Isaac **Voto**.

P. 314, 22 Dec 1755, John **Milane**, saddler, of Warminster, Bucks Co., Pennsylvania mortgage to Paul Isaac **Voto**, of Philadelphia, Philadelphia Co., Pennsylvania, owes £15, 2 acres...line of John **Linter**. Signed John **Mollaan**. Wit: Jonathan **Shoemaker** and Christopher **Lang**.

P. 315, 16 Oct 1710, Mathew **Grange**, yeoman, of Burlington Co., New Jersey to Enoch **Pearson**, carpenter, of Buckingham, Bucks Co., Pennsylvania, £0.3, 100 acres...line of Nathaniel **Bye** and John **Scarbrough**...patented 1681. Signed Mathew (x) **Grange**. Wit: Reuben **Pownall**, who recorded 1739, Samuel **Wright** and John **Watson**.

P. 317, 10 Feb 1710, Nathaniel & Martha **Bye**, yeoman, of Buckingham, Bucks Co., Pennsylvania to Enoch **Pearson**, carpenter, of same, £38, 200 acres...line of John **Scarbrough** and James **Streator**...patented by Thomas **Bye**, father of said Nathaniel. Signed

Nathaniel **Bye** and Martha **Bye**, who recorded 1731. Wit: Thomas **Bye**, Mathew **Hughes** and John **Bye**.

P. 318, 13 Feb 1747, Enoch & Margaret **Pearson**, yeoman, of Buckingham, Bucks Co., Pennsylvania to their son, William **Pearson**, £300, 250 acres ...Buckingham...line of Thomas **Bye** and John **Reynolds**. Signed Enoch **Pearson** and Margaret **Pearson**, who recorded 1746. Wit: Joseph **McCreay**, Richard **Hinton** and John **Watson** Jr.

P. 319, 29 May 1723, John **Milner**, yeoman, of Makefield Twp., Bucks Co., Pennsylvania to Timothy **Smith**, yeoman, of same, £20, 200 acres...line of Thomas **Stackhouse** and Benjamin **Harvey**...was owned by Joseph **Milner**, father of said John. Signed John **Milner**, who recorded 1723. Wit: Jeremiah **Langhorne** and Samuel **Harker**.

P. 321, 7 Feb 1756, Timothy & Rachel **Smith**, yeoman, of Upper Makefield Twp., Bucks Co., Pennsylvania mortgage to Thomas **Willing**, (executor of the estate of Charles **Willing**), of Philadelphia, Philadelphia Co., Pennsylvania, owes £160, 200 acres...Upper Makefield Twp... line of Thomas **Stackhouse** and Benjamin **Harvey**. Signed Timothy **Smith** and Rachel **Smith**. Wit: D. **Conduit** and John **Edwards**.

P. 322, 12 Mar 1756, Ralph & Elizabeth **Bertlett**, (said Elizabeth is the only child and heir of John **Edwards**, husbandman, of Chidcock, who was the only brother of Robert **Edwards**, deceased, formerly of Chidcock, but late of Pennsylvania), husbandman, of Chidcock, Dorset Co. power of attorney to John **Fritzherbert**, merchant, of Parish of Clifton, Gloucester Co., England, Thomas **Willing**, merchant, of Philadelphia, Philadelphia Co., Pennsylvania and Samuel **Parr**, gentleman, of Gloucester Co., New Jersey. Signed Ralph (x) **Bertlett** and Elizabeth (x) **Bertlett**. Wit: Nathaniel **Downe**, clerk of Bridport, Dorset Co.

P. 323, 11 Mar 1756, Benjamin **Chapman**, sheriff, of Bucks Co., Pennsylvania to John **Bartholomew**, tanner, of Montgomery Twp., Philadelphia Co., Pennsylvania, £246.05, 200 acres...Rockhill Twp...line of Samuel **Dean**, Abraham **England**, Samuel **Smith** and

George **Barrackstraiser**... judgement by Joseph **Lucken**, against Thomas **Kidd**, yeoman, of Rockhill Twp. Bucks Co., Pennsylvania. Signed Benjamin **Chapman**. Wit: Samuel **Cary** and Richard **Gibbs**.

P. 325, 15 Jan 1756, John **Mickener**, yeoman, of Plumstead Twp., Bucks Co., Pennsylvania mortgage to Dr. John **Watson**, of Buckingham Twp., Bucks Co., Pennsylvania, £34, 12 acres...New Britain Twp...line of Thomas **Good**, late William **Beal** and Nathan **Preston**...and 15 acres, adjoining. Signed John **Mickener**. Wit: Mary **Smith** and Margaret **Smith**.

P. 326, Feb 1756, Anthony **Haines**, yeoman, of Rockhill Twp., Bucks Co., Pennsylvania mortgage to Elizabeth **Norris**, single woman, of Philadelphia, Philadelphia Co., Pennsylvania, owes £100, 200 acres...line of late of William **Briggs** and Andrew **Hamilton**, deceased. Signed Anthony **Haines**. Wit: Isaac **Norris** and Walter (x) **Cool**.

P. 327, 15 Dec 1755, John & Hannah **Frego**, yeoman, of Upper Makefield, Bucks Co., Pennsylvania mortgage to Thomas **Harvey**, of Lower Makefield, Bucks Co., Pennsylvania, £150, 140 acres...Makefield...line of William **Smith** and Richard **Paxson**...and 10 acres...line of Eleazer **Dones**. Signed John **Frego** and Hannah (x) **Frego**. Wit: Thomas **Janney**, John **Beaumont** and Joseph **Jorstoe**.

P. 328, 29 Nov 1755, William & Mary **James**, yeoman, of New Britain Twp., Bucks Co., Pennsylvania mortgage to William **Colemen** and James **Pemberton**, (executors of the estate of Samuel **Powell**), merchants, of Philadelphia, Philadelphia Co., Pennsylvania, owes £150, 235 acres...New Britain Twp...line of James **McColister**, Thomas **Jones**, Thomas **James** and Henry **Weirman**. Signed William **James** and Mary (x) **James**. Wit: James (x) **McColister** and Griffith **Owen**.

P. 330, 27 Feb 1756, Christopher & Catharine **Ziegefuss**, miller, of Nockamixon Twp. Bucks Co., Pennsylvania mortgage to Adam **Hampfer**, shopkeeper, of Philadelphia, Philadelphia Co., Pennsylvania, owes £100, 50 acres...Nockamixon Twp...line of James **Loughrey** and Hugh **Baxter**. Signed Christopher **Ziegefuss** and

Catharine (x) **Ziegefuss**. Wit: Peter **Miller** and Jacob **Caroer**.

P. 331, 3 Jan 1756, Yeamans **Paul**, carpenter, of Oxford Twp., Philadelphia Co., Pennsylvania mortgage to George **Emlen**, merchant, of Philadelphia, Philadelphia Co., Pennsylvania, owes £130, 159 acres...Plumsted Twp...line of James **Shaw**, Richard **Hill**, Samuel **Baker**, deceased and Joseph **Paul**. Signed Yeamans **Paul**. Wit: Charles **Brockden** and J. **Bartlett**.

P. 333, 3 Mar 1755, John **Suber**, yeoman, of Middletown, Bucks Co., Pennsylvania mortgage to Amos **Strickland**, yeoman and John **Story**, tailor, of Newtown, Bucks Co., Pennsylvania, owes £300, 289 acres...Middletown Twp...line of Josiah **Vansandt**, Thomas **Jenks**, Thomas **Morgan** and William **Phillpot**. Signed John (x) **Suber**. Wit: Lawrence **Growdon** and Richard **Gibbs**.

P. 334, 16 Dec 1745, John **Harvey**, yeoman, of Middletown Twp., Bucks Co., Pennsylvania leases for 3 years to John **Hall**, of Bristol, Charles **Plumly**, yeoman, of Middletown Twp. and Edward **Roberts**, miller, of Bristol, all of Bucks Co., Pennsylvania, 8 acres...Middletown Twp...two grist mills. Signed John **Harvey**, John **Hall**, Charles **Plumly** and Edward **Roberts**. Wit: John **DeNormandy** Jr., who recorded 1756 and Robert **Harvey**.

P. 336, 29 Apr 1747, Robert **Harvey**, (brother and heir of John **Harvey**, deceased), of Falls Twp., Bucks Co., Pennsylvania assignment of lease to Stephen **Williams**, gentleman, of Burlington, New Jersey. Signed Robert **Harvey**. Wit: Enoch **Williams**, who recorded 1756 and John **Frohock**.

P. 337, 27 Oct 1755, deposition of William **Pembroke**, about 55 years old, states he was in the army that went against Cape Breton in the Regiment commanded by Sir William **Pepperell** and there saw John **Walley**. Signed William **Pembroke**.

P. 337, 15 Nov 1755, Joseph & Lydia **Richards**, (said Lydia is the daughter and heir of James & Damariv **Chick**, joiner, of Philadelphia, Philadelphia Co., Pennsylvania, which Damariv was one of the sisters of Shedrick **Walley**, deceased, yeoman, of

Newtown, Bucks Co., Pennsylvania), mason, of Aston Twp., Chester Co., Pennsylvania, John **Carter**, blacksmith, of Aston Twp., Chester Co., Pennsylvania, Hannah **Harlin**, widow, of Bradford Twp., Chester Co., Pennsylvania, (the said John and Hannah being the issue of Lydia **Carter**, formerly Lydia **Walley**, another sister of Shedrick **Walley**), Thomas & Hannah **Jones**, carpenter, of Tedryfin, Chester Co., Pennsylvania and Lydia **Jones**, widow, of same, (said Hannah and Lydia **Jones**, being the issue of William **Gorsuch**, deceased, who was the only issue of Hannah **Gorsuch**, formerly Hannah **Walley**, who was another sister of Shedrick **Walley**) power of attorney to Joseph **Poole**, of Newtown, Bucks Co., Pennsylvania, Shedrick **Walley**, died intestate leaving issue one son John **Walley**, deceased. Signed Joseph **Richards**, Lydia **Richards**, John **Carter**, Hannah **Harlin**, Thomas **Jones**, Hannah **Jones** and Lydia **Jones**. Wit: John **Reily** and Mathew **Poulson**.

P. 338, 1 Jan 1753, Replacement of James **Steel**, deceased and Lynford **Lardner**, as rent collectors with Richard **Hockley** and Edmund **Physick**. Signed James **Hamilton**.

P. 339, 29 Nov 1755, Samuel & Sarah **Johnson**, carpenter, of Philadelphia, Philadelphia Co., Pennsylvania mortgage to Hugh **Wright**, mariner, of same, owes £200, 194 acres, 3 acres, 35 acres and 10 acres... Bensalem Twp...line of John **Johnson**, Lawrence **Johnson**, Samuel **Allen** and **Rodman**. Signed Samuel **Johnson** and Sarah **Johnson**. Wit: P. **Turner** Jr. and William **Turner**.

P. 341, 17 Jun 1756, Benjamin **Chapman**, sheriff, of Bucks Co., Pennsylvania to John **Palmer** Jr., wheelwright, of Lower Makefield, Bucks Co., Pennsylvania, £265, 150 acres...line of Lawrence **Growdon** and Isaac **Larew**, deceased...judgement by John **Kean**, assignee of Charles **Edwards**, who was assignee of Henry **Krewson** and Garret **Vansandt**, against Elizabeth **Breese**, (executor of the estate of John **Breese**). Signed Benjamin **Chapman**. Wit: Henry **Jamison** and Richard **Gibbs**.

P. 342, 26 May 1756, James & Sarah **Bodine**, mason, of Bristol Twp., Bucks Co., Pennsylvania mortgage to John **Praul**, yeoman, of Middletown Twp., Bucks Co., Pennsylvania, owes £50, 259 acres...Bristol Twp...line of John **Bessonett**. Signed James **Bodine** and Sarah (x) **Bodine**. Wit: Lawrence **Growdon** and Richard **Gibbs**.

P. 344, 6 Jul 1756, Hannah **Tunniclift**, widow, of Makefield, Bucks Co., Pennsylvania and her son John **Doble**, of same mortgage to Andrew **Reed**, merchant, of Trenton, Hunterdon Co., New Jersey, £100, 260 acres...Makefield...line of **Baker**, Peter **Larew** and **Yeardley**. Signed Hannah (x) **Tunniclift** and John **Dobel**. Wit: Esther **Bowes** and Moore **Farman**.

P. 346, 1 May 1756, Benjamin & Sarah **Twining**, yeoman, of Newtown, Bucks Co., Pennsylvania mortgage to Michael **Dowd**, yeoman, of Northampton Twp., Bucks Co., Pennsylvania, owes £100, 52.25 acres, 4 acres and 3 acres...line of Samuel **Twining**, Thomas **Buckman**, Nathaniel **Twining** and Sarah **Twining**. Signed Benjamin **Twining** and Sarah **Twining**. Wit: Anthony **Teate** and Gilbert **Hicks**.

P. 347, 7 Jun 1756, James **Foster**, gentleman and Margaret **Foster**, widow, of Philadelphia, Philadelphia Co., Pennsylvania mortgage to John **Morris**, miller, of Philadelphia Co., Pennsylvania, owes £100, 102 acres...Solebury Twp...line of Thomas **Sellers**, James **Perrine**, George **Pownal**, late Ambrose **Bearcroft**, now John **Edwards**. Signed James **Foster** and Margaret **Foster**. Wit: Charles **Brockden** and John **Bartlett**.

P. 349, 1 Apr 1756, Stephen **Davis**, cordwinder, of New Britain Twp., Bucks Co., Pennsylvania mortgage to John **Davis**, yeoman, of same, £26, 47 acres...New Britain Twp...line of Simon **Butler**, Thomas **Davis** and Christian **Haltie**. Signed Stephen **Davis**. Wit: Andrew **Barns** and Griffith **Owen**.

P. 350, 10 Jun 1756, Benjamin & Mary **Swaine**, yeoman, of Bristol Twp., Bucks Co., Pennsylvania mortgage to Robert **Heaton**, yeoman, of Byberry Twp., Philadelphia Co., Pennsylvania and William **Ashburn**, weaver, of Newtown, Bucks Co., Pennsylvania, owes £400, 283 acres...Middletown ...line of John **Twining**. Signed Benjamin (x) **Swaine** and Mary **Swaine**. Wit: Gilbert **Hicks** and Thomas **Rodman**.

P. 351, 10 Apr 1756, John **Grossman**, yeoman, of Rockhill Twp., Bucks Co., Pennsylvania mortgage to Henry **Hertzel**, yeoman, of same, owes £100, 283 acres...Rockhill Twp...line of William **Briggs**, Martin **Humble**, Andrew **Hamilton** and Henry **Walmsley**. Signed Johannes **Grossman**. Wit: Alexander **Allaire** and Peter **Miller**.

P. 352, 5 Jul 1756, Peter & Elizabeth **White**, yeoman, of Middletown, Bucks Co., Pennsylvania mortgage to William **Allen**, of Philadelphia, Philadelphia Co., Pennsylvania, owes £81, 134.5 acres...Bristol Twp. Signed Peter **White** and Elizabeth (x) **White**. Wit: Anthony **DeNormandy** and Joseph **Hoops**.

P. 354, 16 Nov 1707, James **Shattick**, yeoman, of Philadelphia Co., Pennsylvania to James **Carrell**, yeoman, of Bucks Co., Pennsylvania, £21, 100 acres...line of Thomas **David** and John **Hart**... patented, 1681, by William **Lawrence**, of Somerset Co., England, who sold half to his son Jasper **Lawrence** and half to James **Plumley**, who sold to Anthony **Whatley**, who sold to said James. Signed James **Shattick**. Wit: Edward **Harman**, Nathaniel **Walton** and Henry **Camly**, who recorded 1748.

P. 356, 11 Dec 1719, Thomas & Esther **Hart**, (son and heir of John **Hart**, formerly of Whitney, Oxford Co., England, but late of Warminster Twp., Bucks Co., Pennsylvania), yeoman, of Warminster Twp., Bucks Co., Pennsylvania to James **Rush**, blacksmith, of Bybury Twp., Philadelphia Co., Pennsylvania, £200, 485 acres...line of James **Carrell** and Thomas **David**...patented 1681. Signed Thomas **Hart** and Esther **Hart**. Wit: John **Cart** and Thomas (x) **Tosin**. Charles **Brockden** recorded 1744.

P. 358, 12 Dec 1719, John **Hart**, (eldest son and heir of John **Hart**), of Warminster Twp., Bucks Co., Pennsylvania to James **Rush**, blacksmith, of Bybury Twp., Philadelphia Co., Pennsylvania, £0.25, quit claims his interest in 200 acres. Signed John **Hart**. Wit: Charles **Brockden**, who recorded 1744. and Charles **Osborne**.

P. 359, 19 Aug 1732, James & Dinah **Carrell**, (eldest son and heir of James **Carrell**), yeoman, of Northampton Twp., Bucks Co., Pennsylvania to Gideon **DeCamp**, husbandman, of Warminster

Twp., Bucks Co., Pennsylvania, £132, 100 acres... Warminster Twp...line of Bartholomew **Longstreth**, Thomas **David** and Nicholas **Crussen**. Signed James **Carrell** and Dinah (x) **Carrell**, who recorded 1735. Wit: Benjamin **Carrell**, Joseph **Hart** and John **Hart**.

P. 360, 4 Feb 1735, Gideon & Henrica **DeCamp**, yeoman, of Warminster, Bucks Co., Pennsylvania to James **Vansandt** Jr., mason, of Southampton, Bucks Co., Pennsylvania, £160, 100 acres... Warminster Twp...line of James **Carrell**, Thomas **David**, Bartholomew **Longstreth** and Nicholas **Crussen**. Signed Gideon **DeCamp** and Henrica (x) **DeCamp**, who recorded 1735. Wit: Jacobus (x) **Vansandt** and Stephen **Jenkins**.

P. 363, 24 Dec 1736, Rachel **Stephenson**, (widow of James **Rush**), of Bybury Twp., Philadelphia Co., Pennsylvania, John **Rush**, (eldest son and heir of said James), Thomas, William, Joseph and James **Rush**, (sons and heirs of said James), Edward & Elizabeth **Cary**, blacksmith, of Warminster Twp., Bucks Co., Pennsylvania and John & Ann **Ashmead**, blacksmith, of Germantown, Philadelphia Co., Pennsylvania, (said Elizabeth and Ann are daughters and heirs of said James **Rush**) to John **Hart**, yeoman, of Warminster Twp., Bucks Co., Pennsylvania, £100, 100 acres... Warminster Twp. Signed Rachel (x) **Stephenson**, John **Rush**, Thomas **Rush**, William **Rush**, Joseph **Rush**, Edward **Cary**, Elizabeth **Cary**, John **Ashmead** Jr. and Ann **Ashmead**, who recorded 1736. Wit: George **Bringhurst**, Peter **Shoemaker** Jr., Oliver **Hart**, James **Eaton** and John **Lawrence**.

P. 366, 22 Feb 1736, John & Elinor **Hart**, yeoman, of Warminster Twp., Bucks Co., Pennsylvania to Edward **Cary**, blacksmith, of same, £150, 100 acres...Warminster Twp. Signed John **Hart** and Elinor **Hart**, who recorded 1736. Wit: Joseph **Hart**, Thomas **Rush** and John **Hart**.

P. 368, 4 Apr 1741, Edward & Elizabeth **Cary**, blacksmith, of Warminster Twp., Bucks Co., Pennsylvania to Joseph **Hart**, husbandman, of same, £84.5, 100 acres...Warminster Twp. Signed Edward **Cary** and Elizabeth **Cary**, who recorded 1741. Wit: Thomas **Dungan** and John **Lawrence**.

P. 370, 31 Dec 1742, Thomas **Rush**, carpenter, of Bybury Twp., Philadelphia Co., Pennsylvania to Joseph **Hart**, yeoman, of Warminster Twp., Bucks Co., Pennsylvania, £84.5, 100 acres... Warminster Twp. Signed Thomas **Rush**, who recorded 1742. Wit: Thomas **Dungan** and John **Hart**.

P. 372, 9 Feb 1742, Edward & Elizabeth **Cary**, blacksmith, of Warminster Twp., Bucks Co., Pennsylvania to John **Baldwin**, mason, of Southampton Twp., Bucks Co., Pennsylvania, £170, 62 acres...Warminster Twp. Signed Edward **Cary** and Elizabeth **Cary**, who recorded 1742. Wit: Thomas **Potts** and John **Hart**.

P. 374, 27 Mar 1744, John & Elizabeth **Baldwin**, mason, of Warminster Twp., Bucks Co., Pennsylvania to Joseph **Hart**, £175, 62 acres... Warminster Twp. Signed John **Baldwin** and Elizabeth **Baldwin**, who recorded 1744. Wit: John **Griffith**, Edith **Hart** and Thomas (x) **West**.

P. 376, 4 Jun 1744, John **Rush**, Thomas **Rush**, William **Rush**, Joseph **Rush**, (sons and heir of James **Rush**, blacksmith, of Bybury Twp., Philadelphia Co., Pennsylvania, Edward & Elizabeth **Cary** and John & Ann **Ashmead**, (said Elizabeth and Ann are daughters and heirs of said James **Rush**) to Joseph **Hart**, of Warminster Twp., Bucks Co., Pennsylvania, £40, 200 acres ...Warminster Twp. Signed John **Rush**, Thomas **Rush**, William **Rush**, Joseph **Rush**, Edward **Cary**, Elizabeth **Cary**, John **Ashmead** and Ann **Ashmead**, who recorded 1744. Wit: William **Gilbert** and John **Hart**.

P. 378, 30 Apr 1748, James & Margaret **Vansandt**, mason, of Warminster Twp., Bucks Co., Pennsylvania to Joseph **Hart**, yeoman, of same, £230, 100 acres...Warminster Twp. Signed James **Vansandt** and Margaret **Vansandt**, who recorded 1748. Wit: Benjamin **Jones** and John **Hart**.

P. 380, 8 Dec 1756, Clement & Eleanor **Dungan**, yeoman, of Northampton Twp., Bucks Co., Pennsylvania mortgage to Catharine **Wistar**, widow, Hugh **Roberts**, merchant and David **Doshler**, shopkeeper, of Philadelphia, Philadelphia Co., Pennsylvania, owes £100, 260 acres...Northampton Twp...line of late John **Cart**,

Jeremiah **Dungan**, George **Dungan** and David **Dungan**. Signed Clement **Dungan** and Eleanor (x) **Dungan**. Wit: Thomas **Shoemaker** and Paul Isaac **Voto**.

P. 382, 2 Aug 1735, Thomas & Margaret **Frame**, of Philadelphia, Philadelphia Co., Pennsylvania to John **Janson**, yeoman, of Bobbers Twp., Philadelphia Co., Pennsylvania, £46.6, 102 acres ...line of Jacob **Boyer**, Michael **Neance** and John **Bryant**. Signed Thomas **Frame** and Margaret **Frame**. Wit: Ann **Fong** and William **Parson**, who recorded 1743.

P. 383, 18 Jan 1742, John **Janson**, yeoman, of Bobber Twp., Philadelphia Co., Pennsylvania to George **Wambolt**, carpenter, of Salford, Philadelphia Co., Pennsylvania, £120, 102 acres. Signed John **Janson**. Wit: Johannes **Frete**, Joseph **Lucken** and Robert **Jones**.

P. 384, 11 Dec 1756, Samuel & Hannah **Woolstone**, blacksmith, of Middletown Twp., Bucks Co., Pennsylvania mortgage to Joseph **Richardson**, merchant, of same, owes £100, 3 lots in Middletown. Signed Samuel **Woolstone** and Hannah **Woostone**. Wit: Sarah **Pennington**.

P. 385, 10 Dec 1756, Joseph **Duer**, carpenter, of Makefield Twp., Bucks Co., Pennsylvania mortgage to Samuel **Emlen**, shopkeeper, of Philadelphia, Philadelphia Co., Pennsylvania, owes £100, 261 acres...Makefield Twp...line of Charles **Reed** and Sarah **Read**. Signed Joseph **Duer**. Wit: Michael **Ege** and Peter **Miller**.

P. 387, 24 Dec 1756, Robert **Tomkins**, yeoman, of Warrington Twp., Bucks Co., Pennsylvania mortgage to John **Johnson**, saddler, of Germantown, Philadelphia Co., Pennsylvania, owes £400, 200 acres...Warrington Twp...line of William **Allen**, Thomas **Prichard** and Daniel **Prichard**. Signed Robert **Tomkins**. Wit: Charles **Brockden** and Lewis **Weis**.

P. 388, 27 Aug 1756, Richard & Abigail **Smith**, yeoman, of Wrightstown Twp., Bucks Co., Pennsylvania mortgage to Jonathan **Walton**, yeoman, of Warminster Twp., Bucks Co., Pennsylvania, owes £45, 62 acres...Wrightstown Twp...line of Sarah **Penquite**,

William **Smith** and Isaac **Chapman**. Signed Richard **Smith** and Abigail **Smith**. Wit: John **Hart** and Abel **Wells**.

P. 389, 9 Feb 1757, Adrian & Mary **Scout**, weaver, of Warminster, Bucks Co., Pennsylvania mortgage to Jonathan **Walton**, yeoman, of same, owes £190, 160 acres...Warminster Twp...line of Abel **Noble**, Thomas **Dungan**, Joseph **Todd**, Joshua **Walton** and John **Hart**. Signed Adrian **Scout** and Mary **Scout**. Wit: Charles **Brockden** and Robert **Harper**.

P. 390, 18 Jan 1757, Robert & Margaret **Heaton**, yeoman, of Hilltown, Bucks Co., Pennsylvania mortgage to Joseph **Hart**, yeoman, of Warminster, Bucks Co., Pennsylvania, owes £122, 150 acres...line of John **Vastine**, Evan **Mathias**, Evan **Thomas**, Morris **Morris**, Archibald **Hamilton** and Bartholomew **Young**. Signed Robert **Heaton** and Margaret (x) **Heaton**. Wit: Daniel **Longstreth** and Thomas **Carrington**.

P. 391, 22 Apr 1730, John **Blaker**, yeoman, of Northampton, Bucks Co., Pennsylvania to his son, Paul **Blaker**, yeoman, £5, 450 acres...Northampton ...line of Peter **Blaker**, Bernard **Vanhorn**, William **Clinkinbarr**, **Brown** and Samuel **Blaker**... patented, 1690, by Robert **Turner**, who sold, 1699, to Charles **Brooks**. Signed John (x) **Blaker**. Wit: Jeremiah **Chapman**, Alles **Mitchell** and Abraham **Chapman**, who recorded 1733.

P. 393, 20 Feb 1757, William & Hickey **Bennett**, blacksmith and Jacob & Mickey **Bennett**, weaver, of Northampton Twp., Bucks Co., Pennsylvania mortgage to William **Logan**, of Stanton, Philadelphia Co., Pennsylvania, owes £300, 150 acres...Northampton Twp...line of Folkert **VanNastreet**, John **Waylan**, Abraham **Bennett** Sr. and Paul **Blaker**...and 200 acres, adjoining. Signed William **Bennett**, Hickey **Bennett**, Jacob **Bennett** and Mickey **Bennett**. Wit: Sarah **Warner**, Agnes **Mitchell** and Richard **Mitchell**.

P. 395, 27 Sep 1756, Robert **Tomkins**, yeoman, of Warrington Twp., Bucks Co., Pennsylvania mortgage to Thomas **Nedrow**, yeoman, of Bristol Twp., Bucks Co., Pennsylvania, owes £130, 19 acres...Warrington Twp...line of George **Grear** and John **Ewer**.

Signed Robert **Tomkins**. Wit: Jonathan **Davies** and John **Lukens**.

P. 396, 22 Oct 1733, George & Mary **Emott**, (said Mary is the widow of John **Latham**, son of John & Elizabeth **Latham**, alias **Gray**), gentleman, of New York City, New York to Benjamin **Field**, yeoman, of Middletown, Bucks Co., Pennsylvania, quit claim, patented 1688. Signed George **Emott** and Mary **Emott**. Wit: Thomas **Hill** and John **Radley**, who recorded 1756.

P. 397, 12 Nov 1754, Thomas **Penn** and Richard **Hockley**, of Philadelphia, Philadelphia Co., Pennsylvania to Walter **McCool**, yeoman, of Perkasie, Bucks Co., Pennsylvania, £400, 2780 acres...purchased of Thomas & Margaret **Frame**. Signed Thomas **Penn** and Richard **Hockley**, who recorded 1757. Wit: James **Shirley** and Thomas **Barron**.

P. 399, 20 Jan 1757, Walter & Mary **McCool**, yeoman, of Rockhill Twp., Bucks Co., Pennsylvania mortgage to Anne **Willing** and Thomas **Willing**, (executors of the estate of Charles **Willing**), of Philadelphia, Philadelphia Co., Pennsylvania, owes £150, 201 acres...Perkasie Manner...line of Jacob **Stout**, Thomas **Freame** and Isaac **Hunt**. Signed Walter **McCool** and Mary (x) **McCool**. Wit: D. **Conduit** and John **Edwards**.

P. 400, 12 Mar 1757, Walter **McCool**, Yeoman, of Rockhill Twp., Bucks Co., Pennsylvania mortgage to Thomas **Penn** and Richard **Hockley**, of Philadelphia, Philadelphia Co., Pennsylvania, owes £124, 201 acres. Signed Walter **McCool**. Wit: Robert **Greenway** and D. **Conduit**.

P. 401, 12 Mar 1757, Isaac **Huntsbarger**, yeoman, of Rockhill Twp. Bucks Co., Pennsylvania mortgage to Thomas **Penn** and Richard **Hockley**, of Philadelphia, Philadelphia Co., Pennsylvania, owes £100, 138 acres...Rockhill Twp...line of Walter **McCool**. Signed Isaac **Huntsbarger**. Wit: D. **Conduit** and John **Edwards**.

P. 403, 13 Jan 1757, Peter & Catherine **Snider**, yeoman, of Rockhill Twp., Bucks Co., Pennsylvania to John **Rhoads**, yeoman, of same, £400, 179 acres...Rockhill Twp...line of Michael **Nease** and Dewald

Nease. Signed Peter (x) **Snider** and Catherine (x) **Snider**. Wit: Robert **Greenway** and D. **Conduit**.

P. 404, 17 Jan 1757, John & Judith **Rhoads**, yeoman, of Rockhill Twp., Bucks Co., Pennsylvania mortgage to Anne **Willing** and Thomas **Willing**, of Philadelphia, Philadelphia Co., Pennsylvania, owes £147.5, 179 acres...Rockhill Twp. Signed John **Rhoads** and Judith (x) **Rhoads**. Wit: D. **Conduit** and John **Edwards**.

P. 405, 15 Mar 1757, Samuel & Margaret **McGrady**, yeoman, of Southampton Twp., Bucks Co., Pennsylvania mortgage to Anne **Willing** and Thomas **Willing**, of Philadelphia, Philadelphia Co., Pennsylvania, owes £200, 301 acres...Warwick Twp...line of Thomas **Callowhill**, John **Twining** and Samuel **Farris**...purchased, 1753, of Deborah **Claypole**, widow, William **Coleman** and John **Swift**. Signed Samuel **McGrady** and Margaret (x) **McGrady**. Wit: Lawrence **Growdon** and Israel **Morris** Jr.

P. 407, 25 Feb 1757, Robert **Cumings**, yeoman, of Northampton Twp., Bucks Co., Pennsylvania mortgage to Anna Maria **Clampfer**, widow, of Philadelphia, Philadelphia Co., Pennsylvania, owes £60, 100 acres...Northampton Twp...line of William **Chapman** and James **Cumings**. Signed Robert **Cumings**. Wit: William **Clampfer** and Peter **Miller**.

P. 408, Joseph & Abigail **Duer**, yeoman, of Makefield Twp., Bucks Co., Pennsylvania mortgage to Peter **Turner**, merchant, of Philadelphia, Philadelphia Co., Pennsylvania, owes £280, 261 acres...Makefield Twp...line of Charles **Reed** and Sarah **Reck**...and 50 acres...line of Samuel **Cary**. Signed Joseph **Duer** and Abigail **Duer**. Wit: William **Yeardley**, Mary **Yeardley** and Thomas **Yeardley**.

P. 409, 7 Jan 1757, Enion & Elizabeth **Williams**, merchant, of Bristol, Bucks Co., Pennsylvania to Abraham **Griffith**, miller, of Lower Dublin, Philadelphia Co., Pennsylvania, £300, 135 acres ...Southampton...line of Joseph **Growdon**, Joseph **Tomlinson** and Ralph **Dracote**...patented, 1703, by Evan **Griffith**, who sold, 1711, to John & Mary **Sands**, who sold, 1724, to Joseph **Lynn**, who devised to his daughter Elizabeth, who married Abraham **Griffith**, who sold to said Enion. Signed Enion **Williams** and Elizabeth **Williams**. Wit: Rebecca **Reave** and Gilbert **Hicks**.

P. 410, 7 Jan 1757, Abraham **Griffith**, miller, of Lower Dublin, Philadelphia Co., Pennsylvania mortgage to Michael **Dowd**, innholder, of Bensalem, Bucks Co., Pennsylvania, owes £200, 135 acres. Signed Abraham **Griffith**. Wit: Enion **Williams** and Gilbert **Hicks**.

P. 412, 16 May 1757, Richard & Sarah **VanDike**, yeoman, of Solebury Twp., Bucks Co., Pennsylvania mortgage to John **Praul**, yeoman, of Middletown Twp., Bucks Co., Pennsylvania, owes £100, 143 acres...Plumsted Twp...line of John **Lack**, John **Britain** and Thomas **Farniss**. Signed Richard **VanDike** and Sarah (x) **VanDike**. Wit: Richard **Gibbs** and Margery **Gibbs**.

P. 413, 13 May 1757, Charles **Swartz**, yeoman, of New Britain, Bucks Co., Pennsylvania mortgage to Christian **Ruth**, yeoman, of same, owes £300, 100 acres...New Britain...line of Morris **Morris**, Henry **Lewis** and John **Lapp**. Signed Charles **Swartz**. Wit: Joseph **Griffith** and Benjamin **Griffith**.

P. 413, 8 Feb 1720, Jeremiah **Langhorne**, yeoman, of Middletown, Bucks Co., Pennsylvania to John **Kelly**, husbandman, of Hilltown Twp., Bucks Co., Pennsylvania, £60, 200 acres...line of Charles **Brockden**. Signed Jeremiah **Langhorne**. Wit: Edward **Roberts** and David **Evans**. Langhorne **Biles** recorded 1757.

P. 415, 16 Dec 1756, John **Nutt** and Elizabeth **Nutt**, (executors of the estate of Edmond **Nutt**, son and heir of Jonathan **Nutt** of Falls, Bucks Co., Pennsylvania), of Fall Twp., Bucks Co., Pennsylvania to Mahlon **Kirkbride**, of Lower Makefield, Bucks Co., Pennsylvania, £416, 210 acres...Falls Twp... line of Robert **Lucas** and formerly Henry **Mangerum**. Signed John **Nutt** and Elizabeth **Nutt**. Wit: Thomas **Janney** and William **Rodman**.

P. 417, 8 Aug 1753, William **Scott**, yeoman, of Warwick Twp., Bucks Co., Pennsylvania to William **Dungan**, yeoman, of New

Britain Twp., Bucks Co., Pennsylvania, £90.1, 30 acres...Warwick Twp... line of John **Crawford** and William **Dungan** Sr. Signed William **Scott**, who recorded 1753. Wit: Archibald **Crawford** and Robert **Scott**.

P. 418, 12 Jul 1747, John & Deborah **Gregg**, miller, of Northampton Twp. Bucks Co., Pennsylvania mortgage to Deborah **Claypoole**, widow, William **Coleman** and John **Swift**, of Philadelphia, Philadelphia Co., Pennsylvania, owes £220, 56 acres...Northampton Twp...line of Robert **Heaton**, John **Plumly** and William **Hayhurst**. Signed John **Gregg** and Deborah **Gregg**. Wit: Lawrence **Growdon** and Richard **Gibbs**.

P. 420, 1 May 1753, Nathan & Mary **McKinstrey**, yeoman, of Wrightstown Twp., Bucks Co., Pennsylvania to John **Wilson**, yeoman, of Buckingham Twp., Bucks Co., Pennsylvania, £212, 97.5 acres...purchased of Hugh **Young**. Signed Nathan **McKinstrey** and Mary (x) **McKinstrey**, who recorded 1753. Wit: George **Hughes** and James **Hart**.

P. 421, 13 Apr 1754, John & Jane **Wilson**, yeoman, of Buckingham, Bucks Co., Pennsylvania to Isaac **Chapman**, yeoman, of Wrightstown, Bucks Co., Pennsylvania, £182, 27 acres...purchased of Nathan **McKinstrey**. Signed John **Wilson** and Jane **Wilson**, who recorded 1754. Wit: Thomas **Chapman**, Benjamin **Chapman** and Benjamin **Warner**.

P. 423, 7 Jun 1742, Mary **Kirkbride**, widow, of Falls Twp., Bucks Co., Pennsylvania to Hugh **Young**, yeoman, of Wrightstown, Bucks Co., Pennsylvania, £190, 195 acres...Wrightstown... line of John **Penquite**, Joseph **Chapman**, Ichabad **Wilkinson**...patented by Joseph **Kirkbride**, deceased. Signed Mary **Kirkbride**. Wit: John **Kirkbride**, Nathan **McKinstrey** and Alice **Chapman**. Abraham **Chapman** recorded 1744.

P. 425, 31 Aug 1757, Ralph **Smith**, yeoman, of Wrightstown, Bucks Co., Pennsylvania mortgage to John **Benson**, baker, of Philadelphia, Philadelphia Co., Pennsylvania, owes £85, 42 acres and 5 acres...line of John **Wilson**, Hugh **Young** and Isaac **Chapman**. Signed Ralph

Smith. Wit: Charles **Brockden** and L. **Weiss**.

P. 426, 15 Sep 1757, Benjamin **Chapman**, sheriff, of Bucks Co., Pennsylvania to John **Bradford**,, yeoman, of Buckingham, Bucks Co., Pennsylvania, £150, 134.5 acres...Buckingham Twp...line of Daniel **Jackson**, heirs of John **Atkinson** and Rebeckah **Linton**...judgement by John **Bradford**,against Jane **Bradford**, (executor of the estate of John **Bradford**). Signed Benjamin **Chapman**. Wit: William **Ashburn** and Richard **Gibbs**.

P. 427, 19 Sep 1757, William **Mitchell**, tailor, of Buckingham Twp., Bucks Co., Pennsylvania mortgage to Daniel **Knight**, of Bybury Twp., Philadelphia Co., Pennsylvania, owes £30, 21 acres...Buckingham...line of Abraham **Scott**, late William **Cooper** and Richard & Sarah **Church**. Signed William **Mitchell**. Wit: Joseph **Mitchell** and Robert **Heaton**.

P. 428, 28 Jun 1757, Thomas **Evans**, yeoman, of New Britain Twp., Bucks Co., Pennsylvania mortgage to Mary **Bartholomew**, (widow of John **Bartholomew**), of Montgomery, Philadelphia Co., Pennsylvania, owes £100, 200 acres New Britain Twp...line of late Thomas **Rowland**, Robert **Barnhill**, Owen **Rowland**, Thomas **Jones**, weaver, William **Williams** and Lewis **Evans** Jr. Signed Thomas **Evans**. Wit: Sarah **Perry** and Benjamin **Griffith**.

P. 430, 27 Nov 1756, John & Mary **Barns**, mason, of Perkgomie Twp, Philadelphia Co., Pennsylvania to Frederick **Swenche**, yeoman, of Rockhill Twp., Bucks Co., Pennsylvania, £200, 137 acres... Rockhill Twp...line of late of Gershom **Bernbow**, Jacob **Facbin** and Solomon **Light**....patented, 1743, by James & Ann **Vansandt**, who sold, 1751, to said John. Signed John **Barns** and Mary (x) **Barns**. Wit: Mathew **Hendrick** and Robert **Jones**.

P. 431, 10 May 1757, Frederick **Swenche**, of Rockhill Twp., Bucks Co., Pennsylvania mortgage to George **Barchshaser**, of same, £90, 137 acres. Signed Frederick **Swenche**. Wit: Everhart **Miller** and Ingel **Iserlow**.

P. 432, 7 Jun 1757, Benjamin & Mary **Swain**, yeoman, of Bristol

Twp., Bucks Co., Pennsylvania mortgage to Enion **Williams**, (executor of the estate of Thomas **Sisom**, brickmaker, of Bristol, Bucks Co., Pennsylvania), of Bristol, Bucks Co., Pennsylvania, owes £150, 63 acres...Bristol Twp...line of John **Sisom**, William **Fishbourn**, Henry **Nelson**, John **Large** and Thomas **Stackhouse** ...and 50 acres...line formerly of Samuel **Carpenter** and Richard **Radcliff**...and 70 acres ...line of Henry **Nelson**, Thomas **Clark**, Daniel **Wright** and Andrew **Wright**. Signed Benjamin (x) **Swain** and Mary **Swain**. Wit: Alexander **Graydon** and Rachel **Graydon**.

P. 434, 23 Aug 1757, Baltez & Elizabeth **Erback**, yeoman, of Hilltown Twp., Bucks Co., Pennsylvania mortgage to Thomas **White**, of Philadelphia, Philadelphia Co., Pennsylvania, owes £80, 106 acres...Hilltown Twp...line of William **Allen**, late Jeremiah **Langhorne**, now **Hamilton**. Signed Baltez **Erback** and Elizabeth (x) **Erback**. Wit: Charles **Brockden** and John **Stillwagon**.

P. 435, 18 Aug 1757, Joseph **Phillips**, blacksmith, of Richland Twp., Bucks Co., Pennsylvania mortgage to Thomas **White**, of Philadelphia, Philadelphia Co., Pennsylvania, owes £100, 132 acres...Richland Twp...line of Morris **Morris**, Edward **Roberts**, John **Edwards** and Thomas **Roberts**. Signed Joseph **Phillips**. Wit: Anthony **Albright** and Charles **Brockden**.

P. 436, 29 Aug 1757, Robert **Tomkins**, yeoman, of Warrington Twp., Bucks Co., Pennsylvania mortgage to Thomas **White**, merchant, of Philadelphia, Philadelphia Co., Pennsylvania, owes £400, 128 acres...Warrington Twp...line of Samuel **Gilbert**, Joseph **Paul** and Andrew **Long**... and 113 acres in Philadelphia Co. Signed Robert **Tomkins**. Wit: William **Reed** and Paul Isaac **Voto**.

P. 438, 23 Aug 1757, William & Elizabeth **Read**, yeoman, of Warrington Twp., Bucks Co., Pennsylvania mortgage to Thomas **Campbell**, shopkeeper, of Philadelphia, Philadelphia Co., Pennsylvania, owes £100, 110 acres...Warrington Twp...line of William **Walker**. Signed William **Read** and Elizabeth (x) **Read**. Wit: John **Reily** and John **Kirke**.

P. 440, 15 May 1732, John **Bye**, cordwinder, of Solebury Twp.,

Bucks Co., Pennsylvania to Nathaniel **Bye**, yeoman, of Buckingham, Bucks Co., Pennsylvania, £120, 200 acres...Solebury...line of Thomas **Camby**...patented, 1681, by Thomas & Martha **Bye**, who sold, 1706, to said John. Signed John **Bye**, who recorded 1732. Wit: John **Chapman** and Cephas **Chite**.

P. 441, 3 Sep 1745, Nathaniel **Bye**, yeoman, of Buckingham, Bucks Co., Pennsylvania to Thomas **Bye**, yeoman, of Solebury, Bucks Co., Pennsylvania, £120, 200 acres...Solebury. Signed Nathaniel **Bye**. Wit: John **Wells**, who recorded 1745 and George **Wall**.

P. 443, 14 Oct 1755, Joseph **Bye**, (son and heir of Nathaniel **Bye**), yeoman, of Buckingham Twp., Bucks Co., Pennsylvania to Thomas **Bye**, yeoman, of same, £50, 23 acres...Buckingham Twp...line of late John **Reynolds**. Signed Joseph **Bye**, who recorded 1755. Wit: Benjamin **Kinsey**, Andrew **Ellicott** and David **Kinsey** Jr.

P. 444 17 Oct 1757, Thomas & Deborah **Davis**, yeoman, of Lower Makefield Twp., Bucks Co., Pennsylvania mortgage to Leonard **Shallcross**, yeoman, of Oxford Twp., Philadelphia Co., Pennsylvania, owes £60, 66.75 acres...Lower Makefield...line of Henry **Hughes** and Alexander **Rickey**. Signed Thomas **Davis** and Deborah **Davis**. Wit: John **Strickland** and Richard **Gibbs**.

P. 445, 17 Nov 1737, Lawrence **Growdon**, of Trevose, Bensalem Twp., Bucks Co., Pennsylvania to Richard **Sands**, yeoman, of Bensalem Twp., Bucks Co., Pennsylvania, £83, 50 acres... Bensalem Twp...and 33 acres. Signed Lawrence **Growdon**, who recorded 1737. Wit: John **Duncan** and Timothy **Smith**.

P. 446, 16 Nov 1720, Sarah **Stevenson**, widow, of Bensalem Twp. and Joseph **Kirkbride**, yeoman, of Falls Twp., Bucks Co., Pennsylvania, (executors of the estate of Thomas **Stevenson**) to Henry **Enoch**, blacksmith, of Bensalem Twp., Bucks Co., Pennsylvania, £23, 23 acres...Bensalem Twp. Signed Sarah **Stevenson** and Joseph **Kirkbride**. Wit: Stoffel **Vansandt** and Jeremiah **Langhorne**. Langhorne **Biles** recorded 1757.

P. 448, 28 Mar 1722, Sarah **Stevenson**, widow, of Bensalem Twp.

and Joseph **Kirkbride**, yeoman, of Falls Twp., Bucks Co., Pennsylvania, (executors of the estate of Thomas **Stevenson**) to Isaac **Norris**, gentleman, of Philadelphia Co., Pennsylvania, £55, 50 acres...Bensalem Twp... purchased of John **Tatham**. Signed Sarah **Stevenson** and Joseph **Kirkbride**. Wit: Mahlon **Kirkbride** and Henry **Enoch**, who recorded 1757.

P. 449, 17 Nov 1737, Lawrence **Growdon**, of Trevose, Bensalem Twp., Bucks Co., Pennsylvania to Henry **Enoch**, blacksmith, of Bensalem Twp., Bucks Co., Pennsylvania, £23, 23 acres... Bensalem Twp. Signed Lawrence **Growdon**, who recorded 1737. Wit: John **Duncan** and Timothy **Smith**.

P. 451, 21 Feb 1749, Isaac **Norris**, of Fairhill, Philadelphia, Philadelphia Co., Pennsylvania to Henry **Enoch**, yeoman, of Bensalem Twp., Bucks Co., Pennsylvania, £111, 50 acres...Bensalem Twp...purchased of Sarah **Stevenson** and Joseph **Kirkbride**. Signed Isaac **Norris**, who recorded 1749. Wit: Anthony **Morris** and Joseph **Enoch**.

P. 452, 14 May 1752, Henry **Enoch**, blacksmith, of Bensalem Twp., Bucks Co., Pennsylvania to Anthony **Morris**, brewer, of Philadelphia, Philadelphia Co., Pennsylvania, £0.25, 23 acres and 50 acres. Signed Henry **Enoch**, who recorded 1753. Wit: Joseph **Enoch** and Hannah (x) **Hagon**.

P. 454, 14 May 1754, Anthony & Phebe **Morris**, brewer, of Philadelphia, Philadelphia Co., Pennsylvania to Richard **Gibbs**, yeoman, of Bensalem, Bucks Co., Pennsylvania, £290, 23 acres and 50 acres. Signed Anthony **Morris** and Phebe **Morris**, who recorded 1754. Wit: Lenherd **Melcher** and Gilbert **Hicks**.

P. 456, 27 Jun 1755, James **Sterling**, farmer, late of Muckimer, Antrin Co., lately in Pennsylvania, died intestate without issue and one half sister, Elianor **Knowles**, otherwise Greer wife of William **Knowles**, farmer, of Carnan, Ardbee Parish, Tyrone Co., who is the daughter of Elizabeth **McD??**, otherwise Greer, who married with John **Sterling**, father of said James **Sterling** by the said Elizabeth **Greer** and said Elianor **Knowles** is nearest living relative, thus

William & Elianor **Knowles** power of attorney to William **McHroy**, farmer, of Philadelphia, Philadelphia Co., Pennsylvania, but late of Tamnaghmore, Ireland. Signed William (x) **Knowles** and Elianor (x) **Knowles**. Wit: Samuel **Miller**, now in America and Ann (x) **Greer**, of Bucks Co., Pennsylvania recorded 1756.

P. 457, 21 Dec 1757, John **Davies**, carpenter, of New Britain Twp., Bucks Co., Pennsylvania mortgage to James **Stoops**, brickmaker, of Philadelphia, Philadelphia Co., Pennsylvania, owes £70, 147 acres...New Britain Twp...line of late Peter **Paul**, now Thomas **David**, Henry **Wireman**, Hugh **Edmunds** and Benjamin **Butler**. Signed John **Davies**. Wit: Paul Isaac **Voto** and Sarah **Voto**.

P. 458, 16 Dec 1757, Benjamin **Chapman**, sheriff, of Bucks Co., Pennsylvania to Joseph **Richardson**, merchant, of Middletown, Bucks Co., Pennsylvania, £483.25, 178 acres...line of Joseph **Tomlinson**, Robert **Heaton**, James **Carter**, Thomas **Stackhouse** and John **Sands**...judgement by John **Shaw**, against Philip **Dracord**. Signed Benjamin **Chapman**. Wit: William **Ashburn** and Joseph **Thornton**.

P. 460, 7 Nov 1757, William & Ann **Hoge** Sr., yeoman, of Richland Twp., Bucks Co., Pennsylvania to William **Hoge** Jr., yeoman, of same, £200, 97 acres...Richland Twp...line of **Phillips**...purchased of William & Margaret **Allen**. Signed William **Hoge** Sr. and Ann **Hoge**. Wit: William **Heacock** and Anne **Hoge** Jr.

P. 461, 8 Nov 1757, William & Esther **Hoge** Jr., yeoman, of Richland Twp., Bucks Co., Pennsylvania mortgage to Catherine **Wistar**, widow, David **Deshler**, shopkeeper, Richard **Wistar**, of Philadelphia, Philadelphia Co., Pennsylvania and Richard **Johnson**, saddler, of Germantown, Philadelphia Co., Pennsylvania, owes £100, 97 acres. Signed William **Hoge** Jr. and Esther (x) **Hoge**. Wit: William **Heacock** and Anne **Hoge** Jr.

P. 462, 6 Jan 1758, Stephen & Sarah Ann **Williams**, gentleman, of Middletown, Bucks Co., Pennsylvania mortgage to Daniel **Williams**, merchant, of Philadelphia, Philadelphia Co., Pennsylvania, owes £800, 50 acres. 2 acres, 5 acres and 3.75 acres...line of late George

Vansandt. Signed Stephen **Williams** and Sarah Ann **Williams**. Wit: Lawrence **Growdon** and Richard **Gibbs**.

P. 464, 20 Jan 1758, John & Christian **Mitzeler**, yeoman, of Tohickon, Bucks Co., Pennsylvania mortgage to Catherine **Wistar**, widow, David **Deshler**, shopkeeper, Richard **Wistar**, of Philadelphia, Philadelphia Co., Pennsylvania and Richard **Johnson**, saddler, of Germantown, Philadelphia Co., Pennsylvania, (executor of the estate of Caspar **Wistar**), owes £80, 100 acres... line of **Steadman**, Adam **Biever** and Henry **Hiller**. Signed Johannes **Mitzeler** and Christian (x) **Micheler**. Wit: John **Wilson** and Jean **Wilson**.

P. 465, 8 Jul 1756, Joseph & Jane **Beddome**, merchant, of Bristol, England to Lawrence **Growdon**, of Bucks Co., Pennsylvania, £762, lots in Philadelphia, Philadelphia Co., Pennsylvania. Signed Joseph **Beddome** and Jane **Beddome**. Wit: Blathwaite **Jones** and George **Robotham**.

P. 467, 12 Sep 1754, Robert **Grant**, yeoman, of Bucks Co., Pennsylvania mortgage to Thomas **Cadwalader**, of Philadelphia, Philadelphia Co., Pennsylvania, Elizabeth **Biles** and Ashsah **Lambert**, of Trenton, Hunterdon Co., New Jersey, £300, 200 acres...line of Thomas **Bond**. Signed Robert **Grant**, who recorded 1757. Wit: Enoch **Anderson** and Robert **Grant**.

P. 469, 28 Sep 1757, Robert & Agnes **Cumings**, yeoman, of Northampton Twp., Bucks Co., Pennsylvania mortgage to Jacob **Duchee**, merchant, of Philadelphia, Philadelphia Co., Pennsylvania, owes £150, 240 acres...Northampton Twp...line of James **North** and George **Dungan**. Signed Robert **Cumings** and Agnes (x) **Cumings**. Wit: Edward **Mathews** and Charles **Brockden**.

P. 470, 9 Dec 1757, Robert & Esther **Sherrod**, tailor, of Rockhill Twp., Bucks Co., Pennsylvania mortgage to Thomas **Bourne**, merchant and Mary **Johnson**, widow, of Philadelphia, Philadelphia Co., Pennsylvania, (executors of the estate of Samuel **Johnson**), owes £105, 139.5 acres...Rockhill Twp...line of John **Walker**, Thomas **Christy**, Solomon **Hoge**, William **Hoge** and William **Heacock**. Signed Robert **Sherrod** and Esther **Sherrod**. Wit: Paul Isaac **Voto** and Newburgh **Clause**.

P. 471, 15 Feb 1758, Stephen & Sarah Ann **Williams**, gentleman, of Middletown, Bucks Co., Pennsylvania mortgage to Elizabeth **Moode**, spinster, of Philadelphia, Philadelphia Co., Pennsylvania, owes £400, 50 acres. 2 acres, 5 acres and 3.75 acres...line of late George **Vansandt**. Signed Stephen **Williams** and Sarah Ann **Williams**. Wit: Lawrence **Growdon** and Richard **Gibbs**.

P. 473, 14 Jan 1758, Abraham & Elizabeth **Staats**, yeoman, of Bensalem Twp., Bucks Co., Pennsylvania mortgage to Joseph **Jackson**, wheelwright, of same, owes £40, 50 acres... Bensalem Twp...line of Edmund **Duncan**, Isaac **Larew** and Peter **Staats**. Signed Abraham (x) **Staats** and Elizabeth **Staats**. Wit: Lawrence **Growdon** and Richard **Gibbs**.

P. 474, 20 May 1741, Larwence & Sarah **Growdon**, of Trevose, Bensalem Twp., Bucks Co., Pennsylvania to Herman **Vansandt**, yeoman, of Bensalem Twp., Bucks Co., Pennsylvania, £160, 100 acres...Bensalem Twp...line of Thomas **Tomlinson**, Robert **White** and John **Rodman**... patented 1737. Signed Larwence **Growdon** and Sarah **Growdon**, who recorded 1757. Wit: Garret **Vansandt**, Jacob **Stiger** and Robert **White**.

P. 475, 10 Jun 1730, Timothy **Smith**, sheriff, of Bucks Co., Pennsylvania to Jeremiah **Langhorne**, of Bucks Co., Pennsylvania, £77, 100 acres... Falls Twp...line of late Robert **Shaw** and Thomas **Biles**...judgement by Ann **Pidgeon**, against James **Gould**, gentleman, late of Bucks Co., Pennsylvania. Signed Timothy **Smith**, who recorded 1730. Wit: Abraham **Chapman** and Simon **Butler**.

P. 477, 15 Sep 1757, Hugh **Miller**, yeoman, of Warwick Twp., Bucks Co., Pennsylvania mortgage to George **Greer**, of same, owes £123, 152 acres ...Warwick Twp...line of Thomas **Dungan**, Robert **Scott** and Dr. **Rodman**. Signed Hugh **Miller**. Wit: Joseph **Justee** and Joseph **Galloway**.

P. 478, 1 Mar 1758, William & Elizabeth **Read**, yeoman, of Warrington Twp., Bucks Co., Pennsylvania mortgage to David

Lindsey, yeoman, of New Britain, Bucks Co., Pennsylvania, owes £70, 60 acres...Warwick Twp...line of Joseph **Dungan** and John **Corning**. Signed William **Read** and Elizabeth (x) **Read**. Wit: William **Marshall** and Paul Isaac **Voto**.

P. 479, 22 Mar 1758, William & Martha **Evans**, yeoman, of Warwick, late of Hilltown, Bucks Co., Pennsylvania mortgage to Peter **Turner**, merchant, of Philadelphia, Philadelphia Co., Pennsylvania, owes £60, 139 acres...Hilltown Twp...line of Thomas **Morris**, John **Kelly**, Thomas **Jones** and John **Lewis**. Signed William **Evans** and Martha **Evans**. Wit: Paul Isaac **Voto** and Sarah **Voto**.

P. 480, 14 Feb 1758, Mathew **Rue**, yeoman, of Middletown Twp., Bucks Co., Pennsylvania mortgage to Alexander **Murray**, sail maker, of Philadelphia, Philadelphia Co., Pennsylvania, owes £122.8, 118 acres...Bristol Twp...line of John **Clauson** and **Spencer**. Signed Mathew **Rue**. Wit: Burnell **Richards** and John **DeNormandy**.

P. 481, 1 Jan 1758, Brian & Mary **Schout**, weaver, of Warminster Twp., Bucks Co., Pennsylvania to Jonathan **Walton**, yeoman, of same, £462.5, 160 acres...Warminster Twp...line of Abel **Nobel**, Joseph **Todd**, Joshua **Walton** and John **Hart**. Signed Brian **Schout** and Mary **Schout**. Wit: Joseph **Hart**, Mathew **Donaway** and James **Spencer**.

P. 482, 24 Apr 1758, Henry & Martha **Dennis**, shipwright, of Philadelphia, Philadelphia Co., Pennsylvania mortgage to Mathew **Drason**, mariner, of same, owes £100, 16 acres and 79 acres...Northampton Twp...line of William and Abraham **Coffing**, Thomas **Harding**, Robert **Heaton** and William **Stockdell**. Signed Henry **Dennis** and Martha **Dennis**. Wit: William **Biles** Jr. and Paul Isaac **Voto**.

P. 483, 25 Feb 1758, Hugh & Elizabeth **Barclay**, yeoman, of New Britain Twp., Bucks Co., Pennsylvania mortgage to William **Coleman** and James **Pemberton**, merchants, of Philadelphia, Philadelphia Co., Pennsylvania, owes £100, 151 acres...New Britain Twp...line of John **Forman**, David **Jones**, Henry **Kelson**, Thomas **Lewis**, Alexander **Finley** and William **Allen**. Signed Hugh **Barkly** and Elizabeth (x) **Barkly**. Wit: Charles **Beatty** and Richard **Walker**.

P. 484, 28 Jan 1758, Cuthbert **Hayhurst**, yeoman, of Northampton, Bucks Co., Pennsylvania mortgage to Bezeteel **Wiggins**, yeoman, of Upper Makefield, Bucks Co., Pennsylvania, owes £350, 248 acres... Northampton Twp...line of James **Dyer**, William **Hayhurst** and William **Carter**, deceased... patented, 1685, by Mary **Hayhurst**, who devised to her eldest son, William, who sold, 1706, to said Cuthbert. Signed Cuthbert **Hayhurst**. Wit: Abraham **Chapman** and Thomas **Chapman**.

P. 485, 1 May 1758, Henry & Mary **Paynter**, yeoman, of Bensalem, Bucks Co., Pennsylvania to John **Foster**, yeoman, of Philadelphia Co., Pennsylvania, £187.5, 150 acres...Bensalem Twp...patented 1737. Signed Henry **Paynter** and Mary (x) **Paynter**. Wit: Thomas **Knight** and Richard **Gibbs**.

P. 487, 13 Aug 1756, Thomas & Deborah **Davis**, of Lower Makefield Twp., Anthony & Mary **Burton**, of Falls Twp., and Margaret **Salter**, (late Margaret **Hough**), of Lower Makefield Twp., Bucks Co., Pennsylvania to Henry **Hough**, yeoman, of Lower Makefield, Bucks Co., Pennsylvania, £0.25, 129.5 acres...Lower Makefield Twp...line of Alexander **Reky**, formerly Abel **Janney**...patented, 1701, by Richard **Hough** Sr., who devised to his son Richard **Hough**, who devised to his children, Henry **Hough** and the said Deborah, Mary and Margaret **Hough**. Signed Thomas **Davis**, Deborah **Davis**, Anthony **Burton**, Mary **Burton** and Margaret **Salter**. Wit: Robert **Kirkbride** and Mahlon **Kirkbride**.

P. 489, 10 May 1758, Henry & Rebeckah **Hough**, yeoman, of Lower Makefield, Bucks Co., Pennsylvania mortgage to John **Palmer**, yeoman and Mary **Palmer**, widow, (executors of the estate of Samuel **Palmer**), of Bucks Co., Pennsylvania, owes £80, 129.5 acres. Signed Henry **Hough** and Rebeckah **Hough**. Wit: Lawrence **Growdon** and Richard **Gibbs**.

P. 490, 12 May 1758, John **Edwards**, yeoman, Lower Milford, Bucks Co., Pennsylvania mortgage to Catherine **Wistar**, widow, David **Deshler**, shopkeeper, Richard **Wistar**, of Philadelphia, Philadelphia

Co., Pennsylvania and Richard **Johnson**, saddler, of Germantown, Philadelphia Co., Pennsylvania, (executor of the estate of Caspar **Wistar**), owes £75, 216 acres...Lower Milford...line of George **Philips**, Michael **Lightfoot** and Joshua **Richardson**. Signed John **Edwards**. Wit: Thomas **Christy** and Paul Isaac **Voto**.

P. 491, 18 May 1758, William **Skelton**, millwright, of Solebury Twp., Bucks Co., Pennsylvania mortgage to Paul Isaac **Voto**, of Philadelphia, Philadelphia Co., Pennsylvania, owes £50, 103 acres...Solebury Twp...line of John **Seaborn** and Elleanor **Hough**. Signed William **Skelton**. Wit: Robert **Kernes** and Joseph (x) **Hough**.

P. 492, 26 Apr 1858, Abraham & Mary **Vanhorn**, yeoman, of Northampton Twp., Bucks Co., Pennsylvania mortgage to William **Coleman** and James **Pemberton**, merchants, of Philadelphia, Philadelphia Co., Pennsylvania, owes £200, 276 acres...Northampton Twp...line of William **Cutler**, Christian **Vanhorn** and George **Dunn**. Signed Abraham **Vanhorn** and Mary (x) **Vanhorn**. Wit: Thomas **Janney** and Hannah (x) **Janney**.

P. 493, 16 Mar 1758, Benjamin **Chapman**, sheriff, Bucks Co., Pennsylvania to John **Watson**, yeoman, of Middletown, Bucks Co., Pennsylvania, £88.3, 400 acres, 100 acres and 23 acres...Middletown Twp...James **Wildman** and John **Woolston**... judgement by Lawrence **Growdon** and Langhorne **Biles**, against John **Cawley**. Signed Benjamin **Chapman**. Wit: Benjamin **Price** and William **Ashburn**.

P. 494, 28 Nov 1757, Theophilus & Margaret **Foulke**, yeoman, of Richland, Bucks Co., Pennsylvania to Walter **McCoole**, yeoman, of same, £100, 40 acres...Richland Twp...line of Henry **Camly**, Lewis **Lewis** and Samuel **Foulke**... purchased, 1756, of Hugh & Ann **Foulke**. Signed Theophilus **Foulke** and Margaret **Foulke**. Wit: Hugh **Foulke** and Lewis **Lewis**.

P. 495, 26 May 1758, Samuel **Pritchard**, tanner, of Southampton Twp., Bucks Co., Pennsylvania mortgage to Peter **Turner**, merchant, of Philadelphia, Philadelphia Co., Pennsylvania, owes £150, 62 acres...Southampton Twp...line of Richard **Loadom**, Robert

Heaton, George **Shaw**, James **Pritchard** and Hannah **Duncan**. Signed Samuel **Pritchard**. Wit: Joseph **Addis** and Paul Isaac **Voto**.

P. 497, 16 Mar 1758, Thomas **Hayhurst**, yeoman, of Northampton, Bucks Co., Pennsylvania mortgage to John **Hayhurst**, weaver, of Upper Makefield, Bucks Co., Pennsylvania, owes £21.6, patented, eighth part of 248 acres...1685, by Mary **Hayhurst**, who devised to her oldest son William **Hayhurst**, deceased, with brother John, deceased and Cuthbert **Hayhurst** and went to Cuthbert **Hayhurst** Jr., who died intestate, leaving 7 children, the said Thomas was the youngest. Signed Thomas **Hayhurst**. Wit: John **Derbeshire** and Cuthbert **Hayhurst**.

P. 498, 6 May 1754, Nathaniel **Twining**, Middletown, Bucks Co., Pennsylvania to Samuel **Twining**, of Newtown, Bucks Co., Pennsylvania, £252, 63 acres...Newtown...line of John **Twining**. Signed Nathaniel **Twining** and Samuel **Twining**. Wit:Joseph **Savidge** and William **Opdyck**, who recorded 1758.

P. 499, 15 Jun 1758, Benjamin **Chapman**, sheriff, of Bucks Co., Pennsylvania to Redmond **Coninghank**, merchant, of Philadelphia, Philadelphia Co., Pennsylvania, £170, 89 acres...Lower Milford...line of Richard **Roberts**, Thomas **Roberts**, Samuel **Morris**, Thomas **Rollins** and Robert **Sherrie**...judgement by William **Griffith**, against Thomas **Christy**. Signed Benjamin **Chapman**. Wit: William **Ashburn** and Evan **Jones**.

P. 501, 21 Feb 1758, John & Martha **Brooks**, yeoman, of Southampton, Bucks Co., Pennsylvania mortgage to Joseph **Hart**, of Warminster, Bucks Co., Pennsylvania, owes £162, 100 acres...line of James **Craven** and **Nobel**.. Signed John **Brooks** and Martha (x) **Brooks**. Wit: James **Sterling** and John **Hart**.

P. 501, 1 Apr 1758, Lewis **Lenoir**, yeoman, of Bristol Twp., Bucks Co., Pennsylvania mortgage to Alexander **Murray**, sail maker, of Philadelphia, Philadelphia Co., Pennsylvania, £75, 23 acres, 1 acre, 2 acres and 9.5 acres...Bristol Twp...line of Jacob **Pellison**, formerly William **Watson**, Joseph **White**, Henry **Tomlinson**, late Thomas **Bills**, John **Hall**, James **Allen** and Richard **Johnson**. Signed Lewis

Lenoir. Wit: William **Buckley** and John **DeNormandy**.

P. 503, Israel & Mary **Pemberton**, merchant, of Philadelphia, Philadelphia Co., Pennsylvania to John **Samuels**, yeoman, of Warwick Twp., Bucks Co., Pennsylvania, £250, 100 acres...Buckingham Twp...line of Negro **Joes** and John **Felt**... patented, 1682, by Robert **Greenway**, who sold, 1682, to Charity **Nutt**, who devised to the son of her brother, Thomas **Mayleigh** Jr., who devised, 1727, to his sons, Thomas and Samuel **Mayleigh**, and went to the daughter of Samuel, Hannah **Mayleigh** and by sheriff's deed to said Israel. Signed Israel **Pemberton** and Mary **Pemberton**. Wit: Richard **Walker**, James **Pemberton** and Robert **Crawford**.

P. 505, 4 Jan 1758, Joseph & Grace **Galloway**, attorney, of Philadelphia, Philadelphia Co., Pennsylvania to Susanna **Edwards**, widow, of New Britain Twp., Bucks Co., Pennsylvania, £575, 230 acres...Makefield Twp...line of **Yardley**, Thomas **Edwards** and Robert **Bond**...Robert **Edwards**, formerly of Chidcock, Dorset Co., England, but late of Pennsylvania, died intestate, went to his niece, Elizabeth **Bartlet**, (wife of Ralph **Bartlet** formerly Elizabeth **Edwards**, daughter of John **Edwards**, of Chidcock, deceased), sold to said Joseph. Signed Joseph **Galloway** and Grace **Galloway**. Wit: Evan **Jones** and Nicholas **Wales**.

P. 506, 5 Jun 1758, Anthony & Mary **Burton**, wheelwright, of Bristol Twp., Bucks Co., Pennsylvania mortgage to John **Fisher**, merchant, of Philadelphia, Philadelphia Co., Pennsylvania, owes £200, 142.75 acres...Bristol Twp...line of William **Biles**, John **Burgess**, Thomas **Terry**, Thomas **Watson** and Solomon **Warder**. Signed Anthony **Burton** and Mary **Burton**. Wit: Gabriel **Vanhorn** and Deborah **Green**.

P. 507, 25 Aug 1758, Joseph & Elizabeth **Warder**, maulster, of Falls Twp., Bucks Co., Pennsylvania mortgage to Anthony **Morris**, brewer, of Philadelphia, Philadelphia Co., Pennsylvania, owes £130, 300 acres...Falls Twp. Signed Joseph **Warder** and Elizabeth **Warder**. Wit: Anthony **Morris** Jr. and John **Morris** Jr.

P. 508, 25 May 1758, Christopher & Catherine **Siegefuce**, miller, of

Nockamixon Twp., Bucks Co., Pennsylvania mortgage to George **Dash**, farmer, of same, owes £100, 50 acres... Nockamixon Twp...line of James **Loughrey** and Hugh **Baxter**. Signed Christopher **Siegefuce** and Catherine (x) **Siegefuce**.

P. 510, 17 Mar 1758, Robert **Parson**, weaver, of Northampton Twp., Bucks Co., Pennsylvania mortgage to William **Coleman** and James **Pemberton**, merchants, of Philadelphia, Philadelphia Co., Pennsylvania, owes £150, 199 acres...Northampton Twp...line of Robert **Heaton**, Jacob **Coffing**, John **Brooks** and George **Willard**. Signed Robert **Parson**. Wit: Paul Isaac **Voto** and Sarah **Voto**.

P. 511, 1 May 1758, Derrick **Kroeson**, yeoman, of Northampton Twp., Bucks Co., Pennsylvania mortgage to Peter **Nese**, yeoman, of Lower Makefield, Bucks Co., Pennsylvania, owes £500, 180 acres...Northampton Twp...line of William **Bennett**, Cornelius **Corson**, John **Vanandale**, James **Edem**, John **Cumings** and Jeremiah **Dungan**. Signed Derrick **Kroeson**. Wit: William **Anderson**, Cornelius **Neefies** and John **Hart**.

P. 512, 1 May 1758, Herbert **Cassel**, joiner, of Framonia Twp., Philadelphia Co., Pennsylvania mortgage to Christian **Funk**, yeoman, of same, owes £100, 106 acres...line of William **Allen** and late Jeremiah **Langhorne**, now **Hamilton**. Signed Herbert **Cassel**. Wit: Johannes **Friendt** and Henryet **Friendt**.

P. 513, 16 Sep 1758, John **Morgan**, yeoman, of Richland Twp., Bucks Co., Pennsylvania mortgage to Peter **Turner**, merchant, of Philadelphia, Philadelphia Co., Pennsylvania, owes £50, 70 acres...Richland Twp...line of Walter **McCool**, Joseph **Butts**, Jonathan **Haycock** and Henry **Rickert**. Signed John **Morgan**. Wit: Robert **Harper** and Joseph **Berry**.

P. 514, 2 Dec 1727, Anthony **Burton**, yeoman, of Bristol Twp., Bucks Co., Pennsylvania to Enoch **Pearson**, carpenter, of Buckingham Twp., Bucks Co., Pennsylvania, £20, 100 acres...Buckingham Twp...line of John **Reynolds** and Thomas **Bye**... patented 1714. Signed Anthony **Burton**. Wit: Mary **Gray** and Joseph **Kirkbride** Jr, who recorded 1728.

P. 514, 23 Aug 1758, John & Hannah **Scott**, yeoman, of Makefield Twp. Bucks Co., Pennsylvania mortgage to Joshua **Maddox** and Thomas **Leech**, gentlemen, of Philadelphia, Philadelphia Co., Pennsylvania, (executors of the estate of John **Hyatt**), owes £200, 108 acres ...Makefield Twp...line of John **Stackhouse**, Robert **Whitaker** and John **Whitaker**. Signed John **Scott** and Hannah (x) **Scott**. Wit: Thomas **Janney** and Hannah **Janney**.

P. 516, 15 Apr 1758, Roger & Elizabeth **Moon**, of Falls Twp., Bucks Co., Pennsylvania Samuel **Burgess**, yeoman, of same, £320, 155 acres... Falls Twp...line of Henry **Margerum**, formerly William **Derby**, formerly Samuel **Dark**...Roger **Hawkins** sold to Thomas **Miller**, who sold to Thomas & Elizabeth **Story**, of Wrightstown, who sold to said Roger. Signed Roger (x) **Moon** and Elizabeth (x) **Moon**. Wit: James **Moon** and John **Moon**.

P. 518, 14 Nov 1758, Samuel **Burgess**, yeoman, of Falls Twp., Bucks Co., Pennsylvania mortgage to Samuel **Smith**, of Burlington, New Jersey, £150, 155 acres...Falls Twp. Signed Samuel **Burgess**. Wit: John **DeNormandy**, Daniel **Ellis** and Samuel **Stevenson**

P. 519, 1 Jun 1758, John & Hannah **Mifflin** Jr., merchant, of Philadelphia, Philadelphia Co., Pennsylvania to Adam and George **Singmaster**, wheelwrights, of Lower Milford, Bucks Co., Pennsylvania, £90, 38 acres...Lower Milford ...line of Thomas **Roberts** and George **Philips** ...purchased of Samuel **Morris**. Signed John **Mifflin** Jr. and Hannah **Mifflin**. Wit: John **Martin** and Elijah **Brown**.

P. 520, 2 Jun 1758, Adam and George **Singmaster**, wheelwrights, of Lower Milford, Bucks Co., Pennsylvania mortgage to John **Mifflin** Jr., merchant, of Philadelphia, Philadelphia Co., Pennsylvania, owes £90, 38 acres. Signed Adam **Singmaster** and George **Singmaster**. Wit: John **Martin** and Elijah **Brown**.

P. 522, 2 May 1753, Joseph **Smith**, (son and heir of Robert **Smith**), yeoman, of Bristol, Bucks Co., Pennsylvania to Enion **Williams**, of same, £26, 2 acres...lot in Bristol. Signed Joseph **Smith**, who recorded 1753. Wit: Benjamin **Gilbert**, John **Headly** and Joseph

Church.

P. 524, 10 May 1754, Alexander & Rachel **Graydon**, of Bristol, Bucks Co., Pennsylvania and William & Ann **McDevaine**, merchant, of Philadelphia, Philadelphia Co., Pennsylvania to Enion **Williams**, of Bristol, Bucks Co., Pennsylvania, £46, lot in Bristol. Signed Alexander **Graydon**, Rachel **Graydon**, William **McHvaine** and Ann **McHvaine**. Wit: William **Buckley** and Thomas **Stapler**.

P. 526, 23 Sep 1758, Walter & Mary **McCool**, yeoman, of Richland Twp., Bucks Co., Pennsylvania mortgage to William **Allen**, of Philadelphia, Philadelphia Co., Pennsylvania, owes £244.1, 40 acres...Richland Twp...line of Henry **Comly**, Lewis **Lewis** and Samuel **Faulker**. Signed Walter (x) **McCool**. Wit: William **Peters** and Alexander **Stuart**.

P. 528, 30 Sep 1758, Benjamin **Chapman**, sheriff, of Bucks Co., Pennsylvania to Thomas **Jenks**, of Middletown Twp., Bucks Co., Pennsylvania, £420, 145 acres...line of **Yeardley** and John **Watson** ...judgement by Lawrence **Growdon** and Langhorne **Biles**, against John **Cawley**. Signed Benjamin **Chapman**. Wit: Abraham **Chapman** and John **Verity**.

P. 530, 7 Jul 1755, Richard & Mary **Margeram**, yeoman, of Makefield, Bucks Co., Pennsylvania to James **Downey** Jr., cordwinder, of same, £300, 100 acres...Makefield...line of James **Downey**, Edmond **Roberts**, Widow **Chapman** and Randel **Hutchinson**... patented, 1681, by William & Mary **Beakes** of Blackwell, Somerset Co., England, said Mary, widow, William **Beakes** Jr., Stephen **Beakes** and Samuel **Beakes**, sons, sold to Abraham **Beakes**, another son, who sold, 1693, to Henry **Margeram**, who devised to his son the said Richard. Signed Richard **Margeram** and Mary **Margeram**, who recorded 1755. Wit: Thomas **Janney**, Charles **Clark** and John **White**.

P. 532, 1 Jan 1759, James **Downey** Jr., cordwinder, of Makefield, Bucks Co., Pennsylvania mortgage to Joseph **Richardson**, merchant, of Middletown, Bucks Co., Pennsylvania, owes £100, 100 acres. Signed James **Downey** Jr. Wit: Lawrence **Growdon** and Richard

Gibbs.

P. 533, 10 Nov 1759, Henry & Susanna **Vanhorn**, yeoman, of Newtown Twp., Bucks Co., Pennsylvania to Joshua **Richardson**, yeoman, of Middletown Twp., Bucks Co., Pennsylvania, £137, 48.5 acres ...Middletown Twp...line of Robert **Crosdel**, James **Thackry**, Lawrence **Growdon**, John **Mitchel**, Robert **Coliver** and Joseph **Stackhouse**. Signed Henry **Vanhorn** and Susannah (x) **Vanhorn**. Wit: Joseph **Walker** and Evan **Jones**.

P. 535, 16 Oct 1756, Uriah & Jennet **Hughes**, tanner, of Buckingham Twp., Bucks Co., Pennsylvania to William **Hill**, carpenter, of same, £12, 15 acres...line of Richard **Church** and Mathew **Hughes**. Signed Uriah **Hughes** and Janet **Hughes**, who recorded 1756. Wit: Mathew **Hughes** and Eliza **Hughes**.

P. 536, 13 Dec 1758, Henry & Rachel **Preston**, yeoman, of Tinicum Twp., Bucks Co., Pennsylvania mortgage to Samuel **Emten**, shopkeeper, of Philadelphia, Philadelphia Co., Pennsylvania, owes £200, 144 acres...Tinicum Twp...line of James **Johnson**, William **Gooding** and John **Sample**. Signed Henry **Preston** and Rachel (x) **Preston**. Wit: Paul Isaac **Voto** and Sarah **Voto**.

P. 537, 3 Jun 1748, Lawrence **Growdon**, of Trevose, Bensalem Twp. and Langhorne **Biles**, gentleman, Bucks Co., Pennsylvania to William **Moss**, yeoman, of New Britain Twp., Bucks Co., Pennsylvania, £134.4, 112 acres...New Britain Twp...line of Samuel **Martin**, Aaron **James**, Thomas **James**, William **James**, John **Thomas**, Thomas **John** and Evan **Stephens**. Signed Lawrence **Growdon** and Langhorne **Biles**. Wit: Mary **Harris** and Stephen (x) **Garden**.

P. 539, 3 Apr 1759, Thomas & Ann **Rawlings**, yeoman, of Richland Twp., Bucks Co., Pennsylvania to Joseph **Rawlings**, weaver, of same, £200, 102 acres... Richland Twp...line of **Roberts**, Charles **Cross** and Elisha **Parker**... purchased of Abraham **Griffith**. Signed Thomas **Rawlings** and Ann (x) **Rawlings**. Wit: Thomas **Stalford** and Samuel **Foulke**.

P. 540, 5 Jan 1759, Philip & Elizabeth **Person**, yeoman, of Nockamixon Twp., Bucks Co., Pennsylvania mortgage to Mathias **Shade**, sugar baker, of Philadelphia, Philadelphia Co., Pennsylvania, owes £125, 300 acres...Nockamixon Twp...line of John **Anderson** and Edmund **Blaney**. Signed Phillip **Person** and Elizabeth (x) **Person**. Wit: Peter **Eicher** and Herman **Junhen**.

P. 540, 21 Dec 1758, John & Mary **Foulke**, smith, of Rockhill Twp., Bucks Co., Pennsylvania to John **Demood**, of same, £100, 101 acres...line of William **Ermoll**. Signed John **Foulke** and Mary **Foulke**. Wit: John **Jemison**.

P. 542, 1 Feb 1759, John & Gertrude **Demood**, cooper, of Rockhill Twp., Bucks Co., Pennsylvania mortgage to Christopher **Sower**, printer, of Germantown, Philadelphia Co., Pennsylvania, owes £80, 101 acres. Signed John **Demood** and Anna Gertrude **Demood**. Wit: Alice (x) **Jemison**.

P. 543, 13 Jun 1747, William & Sarah **Wilson**, yeoman, of New Britain Twp., Bucks Co., Pennsylvania to John **Crawford**, yeoman, of same, £64.6, 86 acres...New Britain Twp...line of Thomas **John**, Thomas **Morris** and John **Wigdom**. Signed William **Wilson** and Sarah (x) **Wilson**, who recorded 1747. Wit: Simon **Mathew**.

P. 544, 12 Nov 1758, Henry & Susannah **Vanhorn**, yeoman, of Newtown, Bucks Co., Pennsylvania mortgage to Joseph **Richardson**, merchant, of Middletown Twp., Bucks Co., Pennsylvania, owes £120, 250 acres...line of John **Johnson**, Samuel **Twining** and Nathaniel **Twining**. Signed Henry **Vanhorn** and Susannah (x) **Vanhorn**. Wit: Joshua **richardson** and Evan **Jones**.

P. 545, 4 Apr 1759, Joseph **Rawlings**, weaver, Richland Twp., Bucks Co., Pennsylvania mortgage to Thomas **Blackledge**, tanner, of Lower Milford, Bucks Co., Pennsylvania, owes £200, 102 acres ...Richland Twp...line of **Roberts**, Charles **Cross** and Elisha **Parker**. Signed Joseph **Rawlings**. Wit: William **Hicks** and Robert **Blackledge**.

P. 546, 22 Sep 1758, Benjamin **Blackledge**, farmer, late of Dublin

Twp., Philadelphia Co., Pennsylvania, but now of Johnston Co., North Carolina and his son Richard **Blackledge**, of Craven Co., North Carolina to Samuel **Swift**, farmer, of Philadelphia Co., Pennsylvania, £200, 250 acres...Bristol Twp...line of Samuel **Allen** and Richard **Noble**. Signed Benjamin **Blackledge**. Wit: Benjamin **Corle** and Samuel **Branton**. Signed Richard **Blackledge** and Samuel **Swift**. Wit: John **Ross** and Lewis **Gordon**. Power of attorney to Peter **Storks**, farmer, of Philadelphia Co., Pennsylvania.

P. 550, 12 Apr 1759, Abraham & Elizabeth **Staats**, yeoman, of Bensalem Twp., Bucks Co., Pennsylvania mortgage to Joseph **Jackson**, wheelwright, of same, owes £84, 50 acres... Bensalem Twp...line of Isaac **Larew**. Signed Abraham **Staats** and Elizabeth **Staats**. Wit: Lawrence **Growdon** and Richard **Gibbs**.

P. 551, 9 Apr 1759, Abraham **Bowne**, yeoman, of Bristol Twp., Bucks Co., Pennsylvania mortgage to Nicholas **Wynkoop**, of Northampton Twp., Bucks Co., Pennsylvania, owes £180, 159 acres... Northampton Twp...line of Abraham **Vanhorn**, John **Griggs** and Christian **Vanhorn**. Signed Abraham **Bowne**. Wit: Jonathan **DuBois** and D. **Water**.P. 552,

P. 552, 14 Apr 1750, James & Catherine **Edams**, yeoman, of Northampton Twp., Bucks Co., Pennsylvania mortgage to Catherine **Butlock**, widow, John **Lock**, mariner and Joseph **Howell**, tanner, of Philadelphia, Philadelphia Co., Pennsylvania, (executors of the estate of George **Butlock**), owes £400, 111 acres...Northampton Twp...line of William **Ramsey**, John **Cumings** and William **Spencer**. Signed James **Edams**. Wit: Robert **Con** and Paul Isaac **Voto**.

P. 553, 5 May 1759, John **Plumly**, yeoman, of Middletown Twp., Bucks Co., Pennsylvania mortgage to John **Praul**, yeoman, of same, owes £250, 268 acres...Middletown Twp...line of Jonathan **Hibbs** and George **Plumly**. Signed John **Plumly**. Wit: Lawrence **Growdon** and Richard **Gibbs**.

P. 554, 28 Mar 1759, Thomas **Stanaland**, yeoman, of Bristol Twp., Bucks Co., Pennsylvania mortgage to Joseph **Milner**, carpenter, of Falls Twp., Bucks Co., Pennsylvania, owes £145, 104 acres...Bristol

Twp...line of late Jacob **Janney**. Signed Thomas **Stanaland**. Wit: William **Moon** and John (x) **McDaniel**.

P. 555, 25 May 1759, Jeremiah & Jane **Vanhorn**, tanner, of Newtown, Bucks Co., Pennsylvania mortgage to Anthony **Tate**, miller, of Middletown, Bucks Co., Pennsylvania, owes £100, 101 acres... Newtown...line of Henry **Nelson**. Signed Jeremiah **Vanhorn** and Jane (x) **Vanhorn**. Wit: Lawrence **Growdon** and Sarah **Pennington**

Chapter 10
Bucks Co., Pennsylvania
Deed Records
Volume 10
1759-1763

P. 1, 2 Apr 1759, Lewis **Lenoir**, yeoman, of Bristol Twp., Bucks Co., Pennsylvania to Dr. John **DeNormandy**, of Bristol, Bucks Co., Pennsylvania, £75, 23.5 acres, 1.75 acres, 2 acres and 9.5 acres...lots in Bristol...line of William **Watson**, Henry **Tomlinson** and Richard **Johnson**. Signed Lewis **Lenoir**. Wit: Sarah **Wright** and Alexander **Graydon**.

P. 2, 7 May 1759, Jonathan **Carlile**, weaver, of Middletown, Bucks Co., Pennsylvania mortgage to Mahlon **Kirkbride** and William **Paxson**, yeomen, of Bucks Co., Pennsylvania, (executor of the estate of Mark **Watson**, late of Falls, Bucks Co., Pennsylvania), owes £100, 126 acres...Middletown ...line of John **Cawley**, John **Kirkbride** and sold to James **Worstal** by Daniel **Palmer**. Signed Jonathan **Carlile**. Wit: Hannah **Janney** and Ann **Janney**.

P. 4, 2 Jun 1759, Henry **Forst**, farmer, of Bensalem Twp., Bucks Co., Pennsylvania mortgage to Philip **Johnson**, yeoman, of same, owes £95, 100 acres...Bensalem Twp...line of John **Williams**, Peter **Williams**, **Rodman** and Richard **Johnson**. Signed Henry **Forst**. Wit: Lawrence **Growdon** and Richard **Gibbs**.

P. 5, 30 May 1759, John & Elizabeth **Beard**, cordwinder, of Warwick, Bucks Co., Pennsylvania mortgage to Thomas **White**, merchant, of Philadelphia, Philadelphia Co., Pennsylvania, owes £220, 128 acres...Warrington...line of Samuel **Gilbert**, Joseph **Paul** and Andrew **Long**. Signed John **Beard** and Elizabeth (x) **Beard**. Wit: Benjamin **Tomkins** and John **Lukins**.

P. 7, 6 Feb 1759, Thomas **Pugh**, carpenter, of New Britain Twp., Bucks Co., Pennsylvania mortgage to Nicholas **Tucker**, yeoman, of Buckingham Twp., Bucks Co., Pennsylvania, owes £100, 46.5 acres ...New Britain Twp...line of William **Beal**, Alexander **Brown** and John **Michener**. Signed Thomas **Pugh**. Wit: Ambrose **Barcroft** and John **Watson** Jr.

P. 8, 13 Mar 1759, William & Elizabeth **Reed**, yeoman, of Warrington, Bucks Co., Pennsylvania mortgage to Thomas **Campbell**, gentleman, of Philadelphia, Philadelphia Co., Pennsylvania, owes £50, 60 acres...Warwick Twp...line of Joseph **Dungan** and John **Cumings**. Signed William **Reed** and Elizabeth (x) **Reed**. Wit: James **Stephens** and John **Reily**.

P. 9, 13 May 1759, John & Mary **McLaughlin**, yeoman, of Tinicum Twp., Bucks Co., Pennsylvania mortgage to Thomas **Campbell**, gentleman, of Philadelphia, Philadelphia Co., Pennsylvania, owes £100, 203 acres...Tinicum Twp...line of William **Colter** and James **McLaughlin**. Signed John **McLaughlin** and Mary **McLaughlin**. Wit: John **Wilkinson** Jr. and John **Reily**.

P. 10, 31 May 1759, John **Orr**, yeoman, of Bedminster, Bucks Co., Pennsylvania mortgage to Peter **Turner**, merchant, of Philadelphia, Philadelphia Co., Pennsylvania, owes £100, 180 acres...Bedminster...line of Edward **MaGennis**, Joseph **Growdon** and James **Hayes**. Signed John **Orr**. Wit: Paul Isaac **Voto** and Sarah **Voto**.

P. 12, 29 Jan 1731, John **Bowne**, Joseph & Martha **Thorn**, yeomen, of Flushing, Queens Co., Nassau Island, (Long Island), New York, Richard & Annie **Hallett**, yeoman and Ruth **Bowne**, spinster, of Newtown, Queens Co., New York to Abraham **Bennett**, yeoman, of Northampton Twp., Bucks Co., Pennsylvania, £500, 500 acres...line of formerly Robert **Turner**...patented, 1688, by John **Bowne**, deceased, who devised to his children, Samuel **Bowne**, said John, Martha, Anne and Ruth. Signed John **Bowne**, Joseph **Thorn**, Martha **Thorn**, Richard **Hallett**, Annie **Hallett** and Ruth **Bowne**, who recorded 1731. Wit: Margrit **Haptumstall**, D. **Humphrey**, Richard **Betts** and Mary **Bowne**.

P. 14, 5 May 1731, Samuel **Bowne,** of Flushing, Queens Co., Nassau Island, New York to Abraham **Bennett,** yeoman, of Northampton Twp., Bucks Co., Pennsylvania, £450, his interest in the aforesaid 500 acres. Signed Samuel **Bowne,** who recorded 1731. Wit: Cornelius **Cornel** and S. **Gervitson.**

P. 16 and 17 missing.

P. 18, Jacob **Bennett** to James **McCray,** 34.75 acres. Signed Jacob **Bennett,** who recorded 1739. Wit: Malachi **Jones** and David **Parry.**

P. 18, 27 Mar 1740, John **Wagelam,** weaver, of Northampton, Bucks Co., Pennsylvania to James **McCray,** yeoman, of same, £200, 155 acres...Northampton...line of Abraham **Bennett** and William **Bennett**...part of 500 acres purchased of Samuel **Bowne.** Signed John **Wagelum.** Wit: William **Wright** and David **Parry,** who recorded 1740.

P. 20, 26 Mar 1751, Godfrey & Charity **VanDuchren,** blacksmith, of Solebury Twp., Bucks Co., Pennsylvania to Adrian **Cornel,** yeoman, of Northampton Twp., Bucks Co., Pennsylvania, £130, 41 acres...Northampton Twp...line of John **Vanhorn,** Christian **Vanhorn** and George **Dunn**... purchased from Christian & Williamkee **Vanhorn.** Signed Godfrey **VanDuchren** and Charity **VanDuchren,** who recorded 1751. Wit: Piem **VanDerbelt** and Gilyom **Cornel.**

P. 22, 8 May 1754, James & Ann **McCray,** yeoman, of Oxford, Philadelphia Co., Pennsylvania to Philip **Ramson,** yeoman, of Northampton Twp., Bucks Co., Pennsylvania, £508, 180 acres... Northampton Twp...line of Jonathan **Abbot,** William **Cooper** and William **Bennett.** Signed James **McCrea** and Ann M. **McCrey.** Wit: Leffort **Leffertzan,** Joseph **Addis** and Evan **Jones,** who recorded 1759.

P. 24, 14 Jun 1759, Timothy **Smith,** sheriff, of Bucks Co., Pennsylvania to John **Twining,** yeoman, of Newtown, Bucks Co., Pennsylvania, £500, 180 acres...judgement by John **Harris,** against Philip **Ranson.** Signed Timothy **Smith.** Wit: Benjamin **Price,**

Timothy **Smith** Jr. and Dorrick **Kreeven**.

P. 25, 7 Jun 1759, Timothy **Smith**, sheriff, of Bucks Co., Pennsylvania to Robert **Kennedy**, yeoman, of Tinicum Twp., Bucks Co., Pennsylvania, £220, 200 acres...line of Patrick **Carty**, John **Durham** and William **Mue**...judgement by William **Coleman** and James **Pemberton**, against John **Keegan**, (alias **Regent**). Signed Timothy **Smith**. Wit: William **Ashburn** and Evan **Jones**.

P. 27, 22 May 1759, Joseph & Margaret **Bennett**, attorney, of Kent Co., Delaware to John **Merrick**, yeoman, of Lower Makefield, Bucks Co., Pennsylvania, £110, lot in Middletown...line of Christian **Vanhorn**...purchased, 1754, of James & Mary **Wildman**. Signed Joseph **Bennett** and Margaret **Bennett**. Wit: David **White** and Luke **Mathewman**. Money received by Margaret **Abercromby** on behalf of her father Joseph **Bennett**. Wit: Charles **Stedman** and Ann **Stedman**.

P. 29, 6 Sep 1740, David & Mary **Stephens**, yeoman, of New Britain Twp., Bucks Co., Pennsylvania to Jonathan **Mason**, fuller, of Lower Dublin Twp., Philadelphia Co., Pennsylvania, £24.9, 19.75 acres...New Britain Twp...line of Jeremiah **Langhorne** and David **Morgan**...purchased, 1731, of Joseph **Kirkbride**. Signed David **Stephens** and Mary **Stephens**, who recorded 1740. Wit: Evan **Stephens** and Livinica **Stephens**.

P. 30, 1 Jan 1748, William & Mary **Moss**, yeoman, of New Britain Twp., Bucks Co., Pennsylvania to Thomas **James**, yeoman, of same, £24, 20 acres... New Britain Twp...line of Thomas **John**, John, Thomas and Isaac **James**. Signed William (x) **Moss** and Mary (x) **Moss**. Wit: William **Davies** Jr. and William **Davies**, who recorded 1755.

P. 32, 23 Jan 1748, William & Mary **Moss**, yeoman, of New Britain Twp., Bucks Co., Pennsylvania to Thomas **James**, yeoman, of same, £113, 92 acres... New Britain Twp...line of Aaron **James**, Thomas **James**, Thomas **John** and Evan ??**oen**. Signed William (x) **Moss** and Mary (x) **Moss**. Wit: William **Davies** Jr. and William **Davies**, who recorded 1755.

P. 35, 2 Feb 1759, Benjamin & Rebecca **Fereby**, yeoman, of Plumstead Twp., Bucks Co., Pennsylvania mortgage to Thomas **Smith**, yeoman, of same, £40, 106 acres...line of Mathew **Hughes** and Ebenezer **Large**. Signed Benjamin (x) **Fereby** and Rebecca (x) **Fereby**. Wit: Nathan **Price** and John **Beaumont**.

P. 37, 19 May 1757, James & Mary **Huston**, shopkeeper, of Philadelphia, Philadelphia Co., Pennsylvania, of the first part, John **Fullerton**, yeoman, of Warrington Twp., Bucks Co., Pennsylvania, of the second part and to William **Read**, yeoman, of Warrington Twp., Bucks Co., Pennsylvania, of the third part, £200.35, 110.25 acres...Warrington Twp...line of William **Walker** ...patented 1748. Signed James **Huston**, Mary **Huston** and John **Fullerton**, who recorded 1757. Wit: John **Reily** and John **Kirke**.

P. 39, 18 Jun 1759, Samuel & Mary **Gourley**, yeoman, of Warwick Twp., Bucks Co., Pennsylvania mortgage to William **Coleman** and James **Pemberton**, of Philadelphia, Philadelphia Co., Pennsylvania, (executors of the estate of Samuel **Powell** Jr.), owes £110, 120 acres...Warwick Twp...line of Robert **Jeminson**, William **Rodman**, Samuel **Rodman**, John **Beard** and Andrew **Long**. Signed Samuel **Gourley** and Mary **Gourley**. Wit: Richard **Walker** and Andrew **Long**.

P. 41, 8 May 1759, Conrad & Anna Maria **Kader**, yeoman, of Hilltown Twp., Bucks Co., Pennsylvania mortgage to John **Johnson**, saddler, of Germantown, Philadelphia Co., Pennsylvania, owes £100, 111 acres...Hilltown Twp...line of Henry **Funk**, Richard **Penn** and Thomas **Penn**. Signed Conrad **Kader** and Anna Maria (x) **Kader**. Wit: Andrew **Koyser** and Peter **Stoy**.

P. 42, 28 May 1759, Alexander & Margaret **Holder**, and Michael Henry & Maria Cathrina **Holder**, yeomen, of Hilltown Twp., Bucks Co., Pennsylvania mortgage to Dirk **Johnson**, of Germantown, Philadelphia Co., Pennsylvania, owes £200, 100 acres...Hilltown Twp...line of John **Penn**, Bartholomew **Young** and Mary **Lewis**. Signed Alexander **Holder**, Margaret (x) **Holder**, Michael Henry **Holder** and Maria Cathrina **Holder**. Wit: Arthur **Thomas** and William **Dicey**.

P. 43, 1 Sep 1759, Sidney **George**, spinster, of Hilltown Twp., Bucks Co., Pennsylvania mortgage to John **Kelly**, yeoman, of same, owes £50, 100 acres...Hilltown Twp...line of John **Williams**, Henry **Waimor**...purchased of David **George**. Signed Sidney **George**. Wit: Mary (x) **Morgan** and Hannah **Kelly**.

P. 45, 7 Apr 1758, Daniel **DeNormandy**, merchant, of Bristol, Bucks Co., Pennsylvania power of attorney to John **DeNormandy**, of same. Signed Daniel **DeNormandy**. Wit: William **Large** and Joseph **Keese**.

P. 46, 1 Sep 1759, Thomas & Jane **Kelso**, yeoman, of New Britain Twp., Bucks Co., Pennsylvania mortgage to Deborah **Claypoole**, widow, William **Coleman** and John **Swift**, merchants, of Philadelphia, Philadelphia Co., Pennsylvania, (executors of the estate of Abraham **Claypoole**), owes £100, 152 acres...New Britain Twp...line of Simon **Mathews**, John **Mathews**, late George **Fitzwater** and Henry **Kelso**. Signed Thomas **Kelso** and Jane **Kelso**. Wit: Richard **Walker** and John **Garrin**.

P. 47, 30 Jul 1759, Joseph & Mary **Jessop**, yeoman, of Philadelphia, Philadelphia Co., Pennsylvania mortgage to Dr. Francis **Allison**, of same, owes £100 along with Andrew **Jessop**, yeoman and John **Jessop**, wheelwright, of same, 74 acres ...Plumstead Twp...line of Samuel **Baker**, Joshua **Dyer**, John **Britton** and William **Allen**. Signed Joseph (x) **Jessop** and Mary (x) **Jessop**. Wit: Charles **Brockden** and Richard **Phelps**.

P. 49, 5 May 1759, John **Suber** and George **Suber**, yeomen, of Middletown, Bucks Co., Pennsylvania mortgage to Catherine **Wistar**, widow, David **Deshler**, shopkeeper, Richard **Wistar**, button maker, of Philadelphia, Philadelphia Co., Pennsylvania and Richard **Johnson**, saddler, of Germantown, Philadelphia Co., Pennsylvania, (executors of the estate of Casper **Wistar**), owes £300, 289 acres...Middletown Twp...line of Israel **Vansandt**, John **Cawley**, Thomas **Morgan** and William **Philpot**. Signed John **Suber** and George **Suber**. Wit: Paul Isaac **Voto** and Sarah **Voto**.

P. 51, 20 Sep 1759, George **Walker**, blacksmith, of Middletown,

Bucks Co., Pennsylvania mortgage to Joseph **Richardson**, merchant, of same, owes £100, lot in Artteborough. Signed George **Walker**. Wit: Margery **Gibbs** and Lawrence **Growdon**.

P. 52, 17 Mar 1740, Timothy **Smith**, sheriff, of Bucks Co., Pennsylvania to Henry **Hageman**, yeoman, of Somerset Co., New Jersey, £408.5, 282 acres...line of Thomas **Yeardley** and Thomas **Winder**...judgement by Joseph **Kirkbride**, against John **Clowes**. Signed Timothy **Smith**, who recorded 1759. Wit: John **Jackson**, John **Duncan** and William **Fry**.

P. 55, 18 Feb 1758, Joseph **Atkinson**, cooper, of Bristol and Thomas & Rachel **Stapler**, blacksmith, of Middletown, Bucks Co., Pennsylvania, (said Joseph and Rachel are children and heirs of William **Atkinson**) to William **Atkinson** Jr., (another son), shipwright, of Philadelphia, Philadelphia Co., Pennsylvania, £75, lot in Bristol. Signed Joseph **Atkinson**, Thomas **Stapler** and Rachel **Stapler**. Wit: John **Biles** and Joseph **Brown**.

P. 56, 8 Apr 1754, Abraham & Rachel **Williamson**, wheelwright, of Northampton Twp., Bucks Co., Pennsylvania to Edward **Hill**, yeoman, of Bensalem Twp., Bucks Co., Pennsylvania, £200, 100 acres ...Bensalem Twp...William **Dunk** and Tobias **Dymeck**. Signed Abraham **Williamson** and Rachel (x) **Williamson**, who recorded 1754. Wit: Jacob **Williamson** and Thomas **Stammeru**.

P. 58, 22 Mar 1759, David **Eaton**, cooper, of Warminster Twp., Bucks Co., Pennsylvania to Jonathan **Walton**, yeoman, of same, £50, 60 acres ...Warminster Twp...line of John **Earle**, Joshua **Walton** and Joseph **Todd**...John **Eaton**, devised, 1753, to his three sons, John, David and Edward **Eaton**. Signed David **Eaton**. Wit: Benjamin **Tomkins** and John **Lukens**.

P. 59, 21 Nov 1737, Lawrence **Growdon**, of Trevose, Bensalem Twp., Bucks Co., Pennsylvania to Stephen **Townsend**, yeoman, of Solebury, Bucks Co., Pennsylvania, £56.25, 56 acres...line of Stephen **Sands**. Signed Lawrence **Growdon**, who recorded 1737. Wit: John **Duncan** and Timothy **Smith**.

P. 61, 4 Jun 1740, Thomas **Mayberry**, blacksmith, of Newtown, Bucks Co., Pennsylvania to James **Arbuckle**, yeoman, of Southampton, Bucks Co., Pennsylvania, £1.75, 1 acres lot in Newtown. Signed Thomas **Mayberry**, who recorded 1740. Wit: Jeremiah **Langhorne** and Stephen (x) **Townsend**.

P. 62, 13 Mar 1748, James **Arbuckle**, yeoman, of Newtown, Bucks Co., Pennsylvania to Samuel **Cary**, yeoman, of same, £636, 239 acres...Newtown... line of **Wally**, Benjamin and Bernard **Taylor**, Peter **Taylor**, **Baker**, Joseph **Burrus** and William **Ashburn**...part patented by John **Frost**, deceased and part patented by Jonathan **Elridge**, who sold to Shadrach **Walley**...another part patented by Thomas **Hilbourn**...another part form John and Margaret **Cook**, 1701...Samuel **Baker**, (son and heir of Henry **Baker**), sold a part to Thomas **Hilbourn**, who sold to Edmund **Cowgill**, who sold to Henry & Mary **Cooper**, who devised to his wife, who sold to John **Frost**, who devised to his brothers Joseph & Hannah **Frost** and Edmund **Frost**, who sold to James **Goold**, mariner, of Boston, who sold, 1732, to Thomas **Mayberry** who sold to said James. Signed James **Arbuckle**, who recorded 1748. Wit: Joseph **Justee** and Joseph **Duer**.

P. 66, 3 Jul 1759, Peter & Elizabeth **Knight**, merchant, of Philadelphia, Philadelphia Co., Pennsylvania mortgage to Thomas **Cuthbert**, shipwright, of same, owes £300, 250 acres...line of Samuel **Allen**, Jacob **Pellison** and Richard **Noble**. Signed Peter **Knight** and Elizabeth **Knight**. Wit: Jacob **Heldebrand** and William **Clampfer**.

P. 67, 13 Dec 1754, John & Margaret **Cawley**, tanner, of Middletown, Bucks Co., Pennsylvania to Isaiah **Vansandt**, yeoman, of Lower Makefield Twp., Bucks Co., Pennsylvania, £12, 3 acres... Middletown. Signed John **Cawley** and Margaret **Cawley**, who recorded 1754. Wit: Thomas **Janney** and Daniel **Bratt**.

P. 69, 22 Jun 1759, John **Cawley** Jr., yeoman, of Northampton Twp., Bucks Co., Pennsylvania mortgage to David **Twining**, yeoman, of Newtown, Bucks Co., Pennsylvania, for love and affection to his wife Sarah **Cawley** and for 60 acres she received from her father Nathaniel **Twining**...14 acres...line of Benjamin

Corsom, John **Price** and Richard **Addis**...purchased of James & Elizabeth **Cummins** and 10 acres, adjoining. Signed John **Cawley** Jr. Wit: Cornelius **Corsom** and Thomas **Daughty**.

P. 71, 29 Jun 1759, Peter & Leah **Williamson**, yeoman, of Bensalem Twp., Bucks Co., Pennsylvania mortgage to Anne **Willing** and Thomas **Willing**, (executors of the estate of Charles **Willing**), of Philadelphia, Philadelphia Co., Pennsylvania, owes £50, 115 acres...Bensalem Twp...line of William **Williamson** and Henry **Forst**. Signed Peter **Williamson** and Leah **Williamson**. Wit: Robert **Greenway** and Sarah **Rue**.

P. 73, 18 Nov 1759, Robert **Heaton**, yeoman, of Hilltown Twp., Bucks Co., Pennsylvania mortgage to Joseph **Hart**, of Warminster Twp., Bucks Co., Pennsylvania, owes £155, 150.25 acres...line of Evan **Mathias**, Evan **Thomas**, Morris **Morris**, Archibald **Hamilton**, James **McCollister** and Bartholomew **Young**. Signed Robert **Heaton**. Wit: John **Scott** and Abel **Dungan**.

P. 74, 30 Nov 1759, George **Wildanger**, tailor, of Bedminster Twp., Bucks Co., Pennsylvania mortgage to Catherine **Gerhard**, widow, of Philadelphia, Philadelphia Co., Pennsylvania, owes £35, 67 acres...Bedminster Twp...line of Baltz **Stover** and Blasins **Boyer**. Signed George **Wildanger**. Wit: Peter **Miller** and Theodorus **Carbon**.

P. 75, 1 May 1759, Abraham **Hayler**, yeoman, of Plumstead Twp., Bucks Co., Pennsylvania mortgage to Hugh **Ferguson**, yeoman, of same, owes £200, 75 acres...Plumstead Twp...line of John **Dyer** and Henry **Childs** and 70 acres...line of Josiah **Dyer**. Signed Abraham **Hayler**. Wit: Lewis **Lewis** and Christian **Halte**.

P. 77, 31 May 1759, Abraham & Hannah **Griffith**, cordwinder, of Rockhill Twp., Bucks Co., Pennsylvania to his son Abraham **Griffith**, £112, 100.5 acres...Rockhill Twp...line of George **Palmer**, Jonathan **Haycock**, Robert **Penrose** Jr. and William **Haycock**...patented 1740. Signed Abraham **Griffith** and Hannah **Griffith**. Wit: John **Hughes**, David **Kennedy** and Charles **Brockden**.

P. 78, 24 Apr 1755, Edmund & Phebe **Levet** Jr., yeoman, of Falls, Bucks Co., Pennsylvania to John **Kirkbride**, of same, £60, 12.25 acres... line of Samuel **Burgess** and Roger **Moon**... patented, 1681, by James **Hill**, who devised to his son Richard & Agnes **Hill**, who sold, 1715, to John **Burgess**, who devised to his son, Samuel **Burgess**, who sold to Edmund **Levet**. Signed Edmund **Levet** Jr. and Phebe **Levet**, who recorded 1755. Wit: Samuel **Sykes** and Clement **Terry** Jr.

P. 80, 29 Mar 1756, Samuel **Burgess**, yeoman, of Falls Twp., Bucks Co., Pennsylvania to John **Kirkbride**, yeoman, of same, £95, 13 acres... Falls Twp...line of formerly John **Burgess** and Anthony **Burton**...Samuel **Burgess** purchased, 1685, and devised to his son, Daniel & Dorothy **Burgess** who with Joseph **Burgess**, sold, 1740, to John **Burgess**, who devised, 1746, to his son, the said Samuel. Signed Samuel **Burgess**, who recorded 1756. Wit: Samuel **Sykes** and Clement **Terry** Jr.

P. 82, 2 Apr 1751, Anthony **Burton**, yeoman, of Bristol, Bucks Co., Pennsylvania to William **Freak**, weaver, of same, £10, lot in Bristol. Signed Anthony **Burton**. Wit: Mahlon **Kirkbride**, who recorded 1751, Mary **Kirkbride** and Sarah **Kirkbride**.

P. 84, 10 Jan 1754, Anthony & Mary **Burton**, yeoman, of Bristol, Bucks Co., Pennsylvania to William **Freak**, weaver, of same, £70, 25 acres...line of Robert **Sotcher** and William **Biles** Signed Anthony **Burton**. Wit: Joseph **Bunting** and Lawrence **Wasly**.

P. 85, 10 May 1754, Anthony & Mary **Burton**, yeoman, of Bristol, Bucks Co., Pennsylvania to William **Freak**, weaver, of same, 18 pence, 1 acres lot in Bristol. Signed Anthony **Burton** and Mary **Burton**, who recorded 1755. Wit: David **Headly**, Lawrence **Johnson** and Lawrence ??

P. 86, 13 Dec 1759, John **Child** and Isaac **Child**, (heirs of Cephas **Child**), of Plumstead Twp., Bucks Co., Pennsylvania to William **Erwine**, of same, £0.25, 151 acres...Plumstead Twp...line of John **Child**, formerly Henry **Child**, Abraham **Hayter**, formerly John **Bassott**, Alexander **Brown**, Christopher and Mathew **Dyer**. Signed

John **Child** and Isaac **Child**. Wit: George **Shoemaker** and Aaron **Lancaste**.

P. 87, 13 Oct 1747, Samuel & Sarah **Cary**, yeoman, of Newtown, Bucks Co., Pennsylvania to Joseph **Atkinson**, cooper, of Bristol, Bucks Co., Pennsylvania, £60, lot in Bristol. Signed Samuel **Cary** and Sarah **Cary**, who recorded 1748. Wit: Juli Calrena (x) **Hannas** and Robert **Slutepbren**.

P. 89, 13 Jul 1749, Adam **Harker**, mason, Middletown, Bucks Co., Pennsylvania to Joseph **Atkinson**, cooper, of Bristol, Bucks Co., Pennsylvania, £120, 10 acres and 4 acre lots in Bristol. Signed Adam **Harker**, who recorded 1749. Wit: William **Buckley**, Ralph **Dracord** and William **Atkinson**.

P. 92, 13 Mar 1760, Timothy **Smith**, sheriff, of Bucks Co., Pennsylvania to Joseph **Mitchener**, husbandman, of Plumstead Twp., Bucks Co., Pennsylvania, £269, 200 acres...Plumstead Twp...line of Josiah **Dyer**, Alexander **Brown**, James **Shaw**, Yeoman **Paul** and late Samuel **Baker**... judgement by George **Emlen**, against Joseph **Paul**. Signed Timothy **Smith**. Wit: Samuel **Cary**, Benjamin **Britton** and Timothy **Smith** Jr.

P. 94, 14 Nov 1749, Stephen & Mary **Davies**, cordwinder, of New Britain, Bucks Co., Pennsylvania mortgage to Paul Isaac **Voto**, of Philadelphia, Philadelphia Co., Pennsylvania, owes £55, 47 acres...New Britain Twp...line of Simon **Butler**, William **James**, Thomas **Davies** and Christian **Halday**. Signed Stephen **Davies** and Mary (x) **Davies**. Wit: Thomas **Manning** and John **Davis**.

P. 95, 21 Nov 1759, George & Ann **Wagner**, yeoman, of Lower Milford, Bucks Co., Pennsylvania mortgage to Catherine **Bullock**, widow, John **Lock**, mariner and Joseph **Howell**, tanner, of Philadelphia, Philadelphia Co., Pennsylvania, (executors of the estate of George **Bullock**), owes £100, 103.25 acres...Lower Milford...line of John **Jemison**, Joshua **Richards** and William **Edwards**. Signed George **Wagner** and Ann (x) **Wagner**. Wit: Paul Isaac **Voto** and John **Hill**.

P. 97, 3 Jan 1760, Bartholomew **White**, yeoman, of Bedminster Twp., Bucks Co., Pennsylvania mortgage to Richard **Hockley**, gentleman, of Philadelphia, Philadelphia Co., Pennsylvania, owes £250, 169 acres...Bedminster Twp...line of Roger **Cannon**, Hartman **Teetemer** and Valentine **Philips** and 101 acres...line of Christopher **Growman**, Godfried **Gruber** and late Roger **Cannon**. Signed Bartholomew **White**. Wit: Edmund **Physick** and Peter **Miller**.

P. 98, 1 Feb 1760, Philip **Stein**, yeoman, of Bedminster Twp., Bucks Co., Pennsylvania mortgage to Philip **Herbel**, yeoman, Henry **Ketter**, weaver, Georg **Schwartz**, yeoman and Jacob **Gehrling**, yeoman, of Bucks Co., Pennsylvania, owes £100, 113 acres...Bedminster Twp...line of Godfrey **Gruber** and Conrad **Michman**. Signed Philip **Stein**. Wit: Moses **Hayman** and Peter **Miller**.

P. 100, 16 Nov 1759, Thomas **Evans**, yeoman, of New Britain, Bucks Co., Pennsylvania mortgage to John **Kelly**, yeoman, of Hilltown, Bucks Co., Pennsylvania, owes £200, 200 acres...New Britain...line of Thomas **Rowland**, Thomas Jones **Weaver**, Richard **Williams** and William **Williams**. Signed Thomas **Evans**. Wit: Elizabeth (x) **Eaton** and Benjamin **Griffith**.

P. 101, 29 Dec 1749, Evan **Thomas** Jr., yeoman, of Hilltown, Bucks Co., Pennsylvania mortgage to William **Allen**, (executor of the estate of Mary **Plumsted**, widow, of Philadelphia, Philadelphia Co., Pennsylvania), owes £100, 50 acres... Hilltown...line of Evan **Mathias**, Bartholomew **Young** and Evan **Thomas**. Signed Evan **Thomas**, who recorded 1760. Wit: Alexander **Stuart** and John **Thomas**.

P. 102, 14 Jan 1760, Isaac & Phebe **Griffith**, yeoman, of Hilltown Twp., Bucks Co., Pennsylvania mortgage to Manases **Thomas**, yeoman, of same, owes £80, 103 acres...Hilltown Twp... line of Charles **Leydy**, James **Logan** and Thomas **Thomas**. Signed Isaac **Griffith** and Phebe **Griffith**. Wit: Milford **Philips** and Thomas **Thomas**.

P. 103, 1 Oct 1759, John & Ann **Davis**, yeoman, of New Britain

Twp., Bucks Co., Pennsylvania mortgage to John **Kirkbride**, miller, of Falls Twp., Bucks Co., Pennsylvania, owes £311.7, 250 acres...Bedminster Twp...line of David **George**, Lawrence **Growdon**, Thomas **Phillips**, Thomas **Durrough** and Enoch **Flowers**...purchased, 1757, of James & Priscilla **Murphy**, mariner, of Trenton, New Jersey. Signed John **Davis** and Ann (x) **Davis**. Wit: Richard **Walker** and Sarah **Walker**.

P. 105, 28 Feb 1760, Philip & Catherine **Smith**, blacksmith, of Lower Milford Twp., Bucks Co., Pennsylvania mortgage to Peter **Turner**, merchant, of Philadelphia, Philadelphia Co., Pennsylvania, owes £100, 97 acres...Richland Twp. Signed Philip **Smith** and Catherine (x) **Smith**. Wit: John **Jemison** and William **Hoge** Jr.

P. 106, 11 Dec 1731, Joseph **Duer**, carpenter, of Solebury, Bucks Co., Pennsylvania to Andrew **Ellicott**, wool comber, of same, £50, 60 acres... Solebury...line of Samuel **Beak**...purchased, 1729, of Thomas & Grace **Howard**, (formerly Grace **Beaks**)...same land Mathew & Elizabeth **Hughes**, (said Elizabeth was the widow of Stephen **Beaks**) and her son John **Beaks**, quite claimed, 1719, to said Grace and Stephen **Beaks**, (son of Abraham **Beaks**, brother of Stephen **Beaks**, deceased), quite claimed, 1724, to said Grace. Signed Joseph **Duer**, who recorded 1731. Wit: Edward **Pleadmoll** and Abel **Preston**.

16 June 1759, Joseph & Rebecca **Bye**, (son and heir of Nathaniel **Bye**), yeoman, of Buckingham Twp., Bucks Co., Pennsylvania to Joseph **Ellicott**, millwright, of same, £27.95, 10 acres... Buckingham...line of Thomas **Ely**, Samuel **Kinsey** and Andrew **Ellicott**...and 3 acres, adjoining. Signed Joseph **Bye** and Rebekah **Bye**. Wit: Thomas **Bye** Jr., Mathias **Harage** and John **Kinsey**.

P. 110, 16 Jun 1759, Joseph & Rebecca **Bye**, yeoman, of Buckingham Twp., Bucks Co., Pennsylvania to Andrew **Ellicott**, carpenter, of same, £16, 5 acres...Buckingham Twp...line of Joseph **Ellicott**...and 3 acres, adjoining. Signed Joseph **Bye** and Rebekah **Bye**. Wit: Thomas **Bye**, Mathias **Harage**, Joseph **Ellicott** and Isaac **Letch**.

P. 111, 17 Jan 1760, Frustram & Isabella **Davis**, (son and heir of John **Davis**), mason, of Hilltown Twp., Bucks Co., Pennsylvania to his brother, John & Ann **Davis**, yeoman, of Montgomery Twp., Philadelphia Co., Pennsylvania, £409, 207 acres...New Britain Twp...line of Abraham **Richards** and David **Williams**. Signed Frustram **Davies**. Wit: James **Shannon** and Joseph **Robinson**.

P. 113, 9 Apr 1753, Thomas & Mary **Craige**, yeoman, of Allentown, Northampton Co., Pennsylvania to James **Bartley**, husbandman, of Warminster, Bucks Co., Pennsylvania, £340, 212 acres...Warminster...line of William **Allen**, John **Mye**, Archibald **Finlow**, David **Craige** and Marcey **Phillips**. Signed Thomas **Craig** and Mary (x) **Craig**, who recorded 1753. Wit: Charles **Beatty** and Daniel **Craig**.

P. 115, 24 Apr 1756, John & Hannah **Fowler**, (said Hannah is the widow of Arthur **Murphy**), of Bristol, Bucks Co., Pennsylvania to James **Murphy**, (son of said Arthur and Hannah), £60, her dower rights in land in possession of John **Davis** in Bedminster Twp. Signed John **Fowler** and Hannah **Fowler**, who recorded 1756. Wit: Joseph **Keese** and Dennai **McCarty**.

P. 116, 29 Sep 1741, Samuel **Blaker**, of Buckingham, Bucks Co., Pennsylvania to William **Cooper**, yeoman, of Northampton, Bucks Co., Pennsylvania, £199.3, 130 acres... Northampton...line of John **Cooper**, **Brown** and Paul **Blaker**...purchased, 1719, of his father, John **Blaker**. Signed Samuel (x) **Blaker**, who recorded 1746. Wit: Peter (x) **Blaker**, John (x) **Cooper** and Abraham **Chapman**.

P. 118, 29 Sep 1741, Samuel **Blaker**, of Buckingham, Bucks Co., Pennsylvania to John **Cooper**, yeoman, of Northampton, Bucks Co., Pennsylvania, £260, 170 acres... Northampton ...line of William **Cooper**, **Brown** and Peter **Blaker**...purchased, 1719, of his father, John **Blaker**. Signed Samuel (x) **Blaker**, who recorded 1745. Wit: Peter (x) **Blaker**, William (x) **Cooper** and Abraham **Chapman**.

P. 121, 27 Dec 1750, Paul & Phebe **Blaker**, yeoman, of Northampton Twp., Bucks Co., Pennsylvania to William **Cooper**, yeoman, of same, £30, 15 acres...Northampton Twp...line of John

Blaker...purchased, 1730, of John **Blaker**. Signed Paul (x) **Blaker** and Phebe (x) **Blaker**, who recorded 1756. Wit: John **O'Carroll**, Evan **Jones** and Sarah (x) **Price**.

P. 122, 25 Feb 1760, Sarah **Walker**, (widow of Joseph **Walker**, yeoman, of Middletown, Bucks Co., Pennsylvania) to George **Walker**, Joseph **Walker**, Sarah **Palmer** and Robert **Walker**, all of Middletown, Benjamin & Grace **Scott**, carpenter, of Southampton, Emanuel & Ann **Walker**, yeoman, of Newtown Twp. and Samson & Margaret **Cary**, yeoman, of Newtown, Bucks Co., Pennsylvania, (which George, Joseph, Sarah, Robert, Grace, Emanuel and Margaret are sons and daughters of said Sarah), £200, 319 acres...Middletown Twp...line of late Henry **Huddleston**, Joseph **Lupton** and Thomas **Gill**. Signed Sarah **Walker**. Wit: Joseph **Buckman** and Lawrence **Growdon**.

P. 123, 26 Feb 1760, George **Walker**, Blacksmith, Joseph **Walker**, yeoman, of Middletown Twp., Benjamin & Grace **Scott**, carpenter, of Southampton, Sarah **Palmer**, widow, of Middletown, Robert **Walker**, carpenter, of Middletown, Emanuel & Ann **Walker**, yeoman, of Newtown and Samson & Margaret **Cary**, yeoman, of Newtown, Bucks Co., Pennsylvania to Joseph **Richardson**, merchant, of Newtown Twp., Bucks Co., Pennsylvania, £1400, 319 acres. Signed George **Walker**, Joseph **Walker**, Benjamin **Scott**, Sarah **Palmer**, Robert **Walker**, Emanuel **Walker** and Samson **Cary**. Wit: Joseph **Buckman** and Lawrence **Growdon**.

P. 126, 10 Jul 1758, William & Margaret **Allen**, of Philadelphia, Philadelphia Co., Pennsylvania to Lawrence **Growdon**, gentleman, of Bucks Co., Pennsylvania, £1400, 180 acres...line of William **Biles** and Robert **Lucas**...patented, 1684, by Gilbert **Wheeler**, deceased, of Falls Twp...and 300 acres...John and Thomas **Rowland**, sold, 1687, to said Gilbert, who died intestate leaving only issue, Ann, wife of Hemp **Kitchin** and Martha, wife of John **Clark**, both John & Martha died intestate, leaving only issue, son John **Clark** and seven daughters, Sarah, wife of James **Richards**, Ann, wife of Samuel **Brown**, Elizabeth, wife of Thomas **Brown**, Rachel wife of Richard **Glover**, Mary **Clark**, ?? **Clark** and Christian **Clark**, land went to said son John **Clark** and Rachel his wife, and John died and named executors, his wife Rachel, his father-in-law, Solomon **Warder** and Joseph **Kirkbride**, who sold, 1732, to said William **Allen**. Signed William **Allen** and Margaret **Allen**, who recorded 1759. Wit: Elizabeth **Waters** and Alexander **Stewart**.

P. 131, 17 May 1760, Adam & Mary **Heinbach**, yeoman, of Plumstead Twp., Bucks Co., Pennsylvania mortgage to Elizabeth **Moode**, spinster, of Philadelphia, Philadelphia Co., Pennsylvania, owes £200, 143 acres...Plumstead Twp...line of Thomas **Turnis**, John **Lock** and John **Britain**. Signed Adam **Heinbach** and Mary (x) **Heinbach**. Wit: John **Reily** and John **Middleton**.

P. 132, 14 May 1759, Thomas **Clare** and Joseph **clare**, saddlers, of Liverpool, Lancaster Co., Pennsylvania power of attorney to William **Peters**, of Philadelphia, Philadelphia Co., Pennsylvania to recover from Richard **Yeardley**, of Philadelphia, Philadelphia Co., Pennsylvania. Signed Thomas **Clare** and Joseph **Clare**. Wit: Thomas **Whitlock** and Henry **Jenkinson**.

P. 133, 4 Mar 1754, Hannah **Lowe**, widow, of Newton, Chester Co., Pennsylvania power of attorney to William **Peters**, of Philadelphia, Philadelphia Co., Pennsylvania, to recover from Daniel **Bratt**, husbandman, late of Church Hahn, Chester Co., Pennsylvania. Signed Hannah **Lowe**. Wit: James **Bartlett**, of Church Hahn.

P. 134, 25 Feb 1760, Robert & Mary **Jamison**, yeoman, of Warwick Twp., Bucks Co., Pennsylvania mortgage to Anne **Willing** and Thomas **Willing**, (executors of the estate of Charles **Willing**, of Philadelphia, Philadelphia Co., Pennsylvania), of Philadelphia, Philadelphia Co., Pennsylvania, owes £250, 236 acres... Warwick Twp...line of late George **Claypoole**, Abraham **Claypoole**, Howell and Dr. **Rodman**, deceased. Signed Robert **Jamison** and Mary **Jamison**. Wit: William **Hart** and Joseph **Hart**.

P. 135, 30 Apr 1760, Adam & Mary **Hambough**, yeoman, of Plumstead Twp., Bucks Co., Pennsylvania mortgage to Richard & Sarah **Vandike**, yeoman, of Solebury Twp., Bucks Co., Pennsylvania, owes £46, 146 acres... Plumstead Twp...line of Thomas **Turnis**, John **Lock** and John **Britain**. Signed Adam **Hambough** and

Mary (x) **Hamburg**. Wit: Thomas **Janney** and Joseph **Hutchinson**.

P. 136, 7 Feb 1759, Richard **Peters**, of Philadelphia, Philadelphia Co., Pennsylvania to John **Wilson**, of Tinicum Twp., Bucks Co., Pennsylvania, £175, 175 acres...Tinicum Twp... line of William **Goodin**...patented, 1737, by John & Elizabeth **Sample**, who sold, 1746, to said Richard. Signed Richard **Peters**. Wit: Richard **Hockley** and Richard **Tea**.

P. 137, 30 Apr 1760, John & Judith **Wilson**, yeoman, of Tinicum Twp., Bucks Co., Pennsylvania mortgage to Catherine **Bullock**, widow of George **Bullock**) and Joseph **Howell**, of Philadelphia, Philadelphia Co., Pennsylvania, £200, 175 acres. Signed John **Wilson** and Judith **Wilson**. Wit: Joseph **Belt** and Robert **Levers**.

P. 139, 27 May 1760, Joseph & Catherine **Hibbs**, yeoman, of Buckingham Twp., Bucks Co., Pennsylvania mortgage to Richard **Worthington**, of same, £160, 100 acres...Buckingham...line of John **Worthington**, **Walmsly** and Joseph **Lacey**. Signed Joseph (x) **Hibbs** and Catherine **Hibbs**. Wit: Joseph **Lacey**, Margaret **Chapman** and Thomas **Chapman**.

P. 140, 1 Dec 1759, Lawrence & Sarah **Growdon**, of Trevose, Bucks Co., Pennsylvania to Thomas **Ridge**, carpenter, of Bensalem, Bucks Co., Pennsylvania, £320, 50 acres...Bensalem...line of William **Duncan**...purchased, 1748, of Henry & Mary **Paynter**. Signed Lawrence **Growdon** and Sarah **Growdon**. Wit: Richard **Gibbs** and Sarah **Pennington**.

P. 142, 2 Dec 1759, Thomas **Ridge**, carpenter, of Bensalem Twp., Bucks Co., Pennsylvania mortgage to Lawrence **Growdon**, of Trevose, Bucks Co., Pennsylvania, £640, 90 acres...Bensalem Twp...line of William **Duncan** and William **Ridge**. Signed Thomas **Ridge**. Wit: Sarah **Pennington** and Richard **Gibbs**.

P. 144, 22 May 1760, Thomas & Hannah **Worthington**, yeoman, of Southampton, Bucks Co., Pennsylvania mortgage to John **Fisher**, merchant, of Philadelphia, Philadelphia Co., Pennsylvania, owes £150, 102 acres...Southampton Twp...line of George **Shaw**, Richard

Leadom and James **Prichard**. Signed Thomas **Worthington** and Hannah **Worthington**. Wit: Jonathan **Walton** and Joseph **Worthington**.

P. 145, 13 Mar 1760, Thomas **Marlin**, yeoman, of Amwell Twp., Hunterdon Co., New Jersey mortgage to Jonas **Preston**, miller, of Chester Twp., Chester Co., Pennsylvania, owes £726, 3 acres, 1 acre, 2 acres and 60 acres...Middletown Twp...line of **Denormandy**, John **Wildman** and Thomas **Stackhouse**. Signed Thomas **Marlin**. Wit: Joseph **Richardson** and Robert **Comfort**.

P. 148, 4 Apr 1760, Joseph & Ann **Rawlings**, weaver, of Richland Twp., Bucks Co., Pennsylvania mortgage to Thomas **Blackledge**, of Lower Milford Twp., Bucks Co., Pennsylvania, £100, 32 acres...Richland Twp...line of John **Smith**, Joseph **Shelly**, William **Hogh**, Elisha **Paster** and Charles **Cross**. Signed Joseph **Rawlings** and Ann **Rawlings**. Wit: John **Roberts** and John **Smith**.

P. 149, 24 Apr 1760, John & Martha **Roberts**, yeoman, of Lower Milford Twp., Bucks Co., Pennsylvania mortgage to Thomas **Blackldege**, tanner, of same, £100, 34 acres...Richland Twp...line of Richard **Roberts**, John **Smith** and Joseph **Shelly**. Signed John **Roberts** and Martha **Roberts**. Wit: John **Smith** and Joseph **Rawlings**.

P. 150, 18 Jun 1760, Joseph **Duer**, yeoman, of Makefield Twp., Bucks Co., Pennsylvania mortgage to Peter **Turner**, merchant, of Philadelphia, Philadelphia Co., Pennsylvania, owes £130, 111 acres...Makefield Twp...line of John **Duer**, Ruben **Pownall** and Charles **Read**. Signed Joseph **Duer**. Wit: Peter **Miller** and Bernard **Taylor**.

P. 151, 15 Jun 1760, Edward **Dyer**, Yeoman, of Northampton Twp., Bucks Co., Pennsylvania mortgage to John **Fisher**, merchant, of Philadelphia, Philadelphia Co., Pennsylvania, £150, 200 acres...Northampton Twp...line of Simon **Vanestol**, Abraham **Vanhorn**, Samuel **Dyer**, James **Dyer**, Cuthbert Hayhurst. Signed Edward Dyer. Wit: John **Strickland** and Paul Isaac Voto.

P. 152, 5 Jul 1760, Joseph & Mary **Richardson**, cooper, of Northampton Twp., Bucks Co., Pennsylvania mortgage to Peter **Turner**, merchant, of Philadelphia, Philadelphia Co., Pennsylvania, owes £300, 212.5 acres...Northampton Twp...line of John **Cumings**, John **Dungan**, Jonathan **Bavington** and Clement **Duncan**. Signed Joseph **Richardson** Mary **Richardson**. Wit: Johannes **Frederick** and Peter **Miller**.

P. 154, 14 Jul 1760, John **Plumly**, yeoman, of Middletown Twp., Bucks Co., Pennsylvania mortgage to John **Praul**, yeoman, of same, owes £350, 268 acres...Middletown Twp...line of Jonathan **Hibbs**, George **Plumly**, Gabriel **Vanhorne** and Garret **Vansandt**. Signed John **Plumly**. Wit: Lawrence **Growdon** and Richard **Gibbs**.

P. 155, 2 May 1705, James **Paxson**, yeoman, of Falls Twp., Bucks Co., Pennsylvania to Edward **Lucas**, yeoman, of same, £5.05, 25 acres...Falls Twp...line of John **Webster** and William **Dark**...patented 1702. Signed James (x) **Paxson**. Wit: William **Biles**, William **Beakes** and Joseph **Kirkbride**. Recorded 1760 by Mahlon **Kirkbride**.

P. 156, 22 Sep 1700, William **Allen**, of Philadelphia, Philadelphia Co., Pennsylvania power of attorney to Richard **Gibbs**, to obtain payment from Samuel **Preston**. Signed William **Allen**. Wit: Thomas **White** and John **Gibson**.

P. 156, 17 Apr 1760, Samuel & Elizabeth **Baker**, yeoman, of Makefield Twp., Bucks Co., Pennsylvania mortgage to Joseph **Baker**, cutter, of Philadelphia, Philadelphia Co., Pennsylvania, owes £560, 204 acres...Makefield Twp...line of John **Hough** and Henry **Baker**...and 359 acres, adjoining. Signed Samuel **Baker** and Elizabeth **Baker**. Wit: Samuel **Baker**, Charles **Brockden** and Robert **Lewton**.

P. 158, 26 Feb 1760, John & Margery **Strickland**, weaver, of Southampton, Bucks Co., Pennsylvania mortgage to Leonard **Shallcross**, yeoman, of Oxford Twp., Philadelphia Co., Pennsylvania, owes £300, 106 acres...Southampton...line of John Thomas **Harding**, Daniel **Knight** and Charles **Biles**...purchased, 1751, of John & Esther **Gilleylen** Signed John **Strickland** and Margery **Strickland**. Wit: Lawrence **Growdon** and Richard **Gibbs**.

P. 159, 29 Jul 1760, Thomas & Mary **Hilbourn**, cordwinder, of Lower Dublin, Philadelphia Co., Pennsylvania to John **Strickland**, innholder, of Southampton, Bucks Co., Pennsylvania, £35, 3 rods...Southampton Twp...line of Joseph **Hart**. Signed Thomas **Hilbourn** and Mary **Hilbourn**. Wit: Samuel **Prichard** and John **Evans**.

P. 161, 10 Mar 1760, Leonard & Barbara **Schmid**, tailor, of Plumstead Twp., Bucks Co., Pennsylvania mortgage to Mathias **Shade**, sugar baker, of Philadelphia, Philadelphia Co., Pennsylvania, owes £200, 146 acres...Plumstead Twp...line of Thomas **Knight**, Joseph **Stedman**, John **Scolfield**, William **Jessop** and William **Norcross**...purchased of Michael & Elizabeth **Brannin**. Signed Leonard **Schmid** and Barbara (x) **Schmid**. Wit: L. **Weiss** and Adam **Heinbaugh**.

P. 162, 15 Apr 1760, David & Mary **Schmid**, yeoman, of Plumstead Twp., Bucks Co., Pennsylvania mortgage to Mathias **Shade**, sugar baker, of Philadelphia, Philadelphia Co., Pennsylvania, owes £300, 200 acres...Plumstead Twp...line of Alexander **Brown**, Thomas **Brown**, Ephrain **Featon** and Francis **Hough**...purchased, 1759, of Edward **Poe**. Signed David **Schmid**. Wit: Edward **Poe** and L. **Weiss**.

P. 164, 30 May 1760, John **Jessup**, wheelwright, of Philadelphia, Philadelphia Co., Pennsylvania mortgage to Mathias **Shade**, sugar baker, of same, owes £100, 76 acres...Plumstead Twp...line of John **Chesnut**, John **Britain**, Joseph **Brown** and Josiah **Dyer**...purchased, 1759, of William & Catherine **Chesnut**, laborer, of Plumstead Twp., Bucks Co., Pennsylvania. Signed John **Jessup**. Wit: Andrew **Jessup** and L. **Weiss**.

P. 165, 9 Jul 1760, Conrad & Johannah **Stochr**, nail maker, of Roxborough Twp., Philadelphia Co., Pennsylvania mortgage to Mathias **Shade**, sugar baker, of Philadelphia, Philadelphia Co., Pennsylvania, owes £50, 2 acres...Lower Milford Twp...line of Morris **Morris**, Jacob **Martin** and Jacob **Graff**...and 12 acres...line of John **Drissel**, Jacob **Mayrn** and Abraham **Zetty**...and 10 acres...line of Abraham **Zetty**, William **Newman**, Jacob **Graves** and Jacob **Martin**...purchased, 1759, of Jacob & Franegah **Graff**, (alias

Grove). Signed Conrad **Stochr** and Johannah **Stochr**. Wit: James **Adams** and L. **Weiss**.

P. 166, 29 Apr 1760, William & Susanna **Edwards**, yeoman, of Philadelphia, Philadelphia Co., Pennsylvania mortgage to John **Sayre**, distiller, of same, owes £400, 100 acres...Bensalem Twp... line of James **Baldwin**, late John Abraham **DeNormandy** and late John **Hart**. Signed William (x) **Edwards** and Susanna **Edwards**. Wit: John **Reily** and John **Middleton**.

P. 168, 23 Apr 1754, Benjamin & Hannah **Taylor**, blacksmith, of Makefield, Bucks Co., Pennsylvania to Timothy **Taylor**, carpenter, of Newtown, Bucks Co., Pennsylvania, £0.25, 158.25 acres...Newtown...line of Samuel **Cary** and Richard **Yeardley**...patented by Shadrick **Wally**, who devised to his son, John **Wally**, who sold, 1730, to said Benjamin. Signed Benjamin **Taylor** and Hannah (x) **Taylor**, who recorded 1760. Wit: Bernard **Taylor** and Mark **Watson**.

P. 170, 15 Mar 1748, Samuel & Sarah **Cary**, yeoman, of Newtown, Bucks Co., Pennsylvania to William **Bidgood**, yeoman, of Bristol, Bucks Co., Pennsylvania, £100, 93.5 acres...Bristol...line of William **Atkinson**...and 5.5 acres...Ann **Stackhouse**, (widow of Edward **Mayoes**, merchant, of Bristol, Bucks Co., Pennsylvania), and had child, Mary **Mayoes**, and then said Ann married Thomas **Stackhouse**, and had children, Jacob, Isaac, Ann, (now the widow of Charles **Plumly**) and the said Sarah. Signed Samuel **Cary** and Sarah **Cary**, who recorded 1748. Wit: William **Atkinson**, Thomas **Jenks** and John **Hall**.

P. 172, 16 Nov 1751, Martin **Wildman**, cordwinder, James **Wildman**, cordwinder, (sons of Mathew **Wildman**), of Middletown, Bucks Co., Pennsylvania, Benjamin & Ann **Hamton**, joiner, of Wrightstown and James & Rachel **Spicer**, mason, of Wrightstown, Bucks Co., Pennsylvania, (said Ann and Rachel are daughters of said Mathew **Wildman**) to Deborah **Dyer**, widow, of Northampton, Bucks Co., Pennsylvania, £110, 60 acres...Middletown Twp...line of John **Hayhurst**...purchased, 1697, of James **Dillworth**. Signed Martin **Wildman**, James **Wildman**, Benjamin **Hamton**, Ann

Hamton, James **Spicer** and Rachel **Spicer**, who recorded 1751. Wit: Joseph **Hamton** and Mary **Hamton**.

P. 174, 20 Oct 1759, Henry & Susanna **Lacy**, (son and heir of John **Lacy**), yeoman, of Hilltown, Bucks Co., Pennsylvania and his brother, John **Lacy**, potter, of Rockhill, Bucks Co., Pennsylvania to Jacob **Stout**, potter, of Rockhill, Bucks Co., Pennsylvania, £500, 200 acres...Rockhill...line of late Thomas **Freame** ...of 10,000 acres, patented, 1701, by Samuel **Carpenter**, Edward **Pennington** and Isaac **Norris**, all who died intestate, went to Isaac **Norris** Jr. and William & Hannah **Penn**, had children, John **Penn**, Thomas **Penn**, Richard **Penn** and Margaret **Penn**, (wife of Thomas **Freame**), made a partition and said Thomas & Margaret sold 200 acres to John & Anna **Lacy** Sr., said John died intestate and said Anna married the said Jacob **Stout**. signed Henrich **Lacy**, Susannah (x) **Lacy** and Johannes **Lacy**, who recorded 1759. Wit: Rachel **Griffith** and Benjamin **Griffith**.

P. 175, 1 Feb 1706, Joshua **Hoopes**, yeoman, of Makefield Twp., Bucks Co., Pennsylvania to Joseph **Kirkbride**, Thomas **Watson**, tanner, Abel **Janney**, Samuel **Baker**, Edward **Lucas** and William **Atkinson**, of Bucks Co., Pennsylvania, £0.25, 72 perches...Makefield Twp...patented 1690. Signed Joshua **Hoopes**. Wit: Jonathan **Palmer**, who recorded 1757 and John **Palmer** Jr.

P. 177, 8 May 1760, Robert & Mary **Kennedy**, yeoman, of Nockamixon Twp., Bucks Co., Pennsylvania mortgage to William **Coleman** and James **Pemberton**, merchants, of Philadelphia, Philadelphia Co., Pennsylvania, owes £130, 206 acres...Nockamixon Twp...line of late Patrick **Carty**, John **Durham** and William **Mue**. Signed Robert **Kennedy** and Mary **Kennedy**. Wit: John **McGlaughlin** and James **Johnston**.

P. 178, 1 Feb 1706, William **Biles** and Joshua **Hoopes**, yeomen, of Bucks Co., Pennsylvania to Joseph **Kirkbride**, Thomas **Watson**, tanner, Abel **Janney**, Samuel **Baker**, Edward **Lucas** and William **Atkinson**, all of same, £0.25, 6 acres...Falls Twp. Signed William **Biles** and Joshua **Hoopes**. Jonathan **Palmer** and John **Palmer** Jr. John **Palmer**, yeoman, of Makefield Twp., Bucks Co., Pennsylvania, recorded 1760.

P. 180, 1 Feb 1706, Joseph **Kirkbride**, Thomas **Watson**, tanner, Abel **Janney**, Samuel **Baker**, Edward **Lucas** and William **Atkinson**, all of Bucks Co., Pennsylvania to the Quaker Meeting House at Falls, 6 acres. Signed Joseph **Kirkbride**, Thomas **Watson**, Abel **Janney**, Samuel **Baker**, Edward **Lucas** and William **Atkinson**. Wit: Samuel **Dark**, John **Laycock** and John **Sotcher**. Robert **Lucas** recorded 1760.

P. 181, 18 May 1738, William **Atkinson**, yeoman, of Bristol, Bucks Co., Pennsylvania to Joseph **Kirkbride**, William **Blakey**, Samuel **Bunting**, John **Hutchinson** Jr., Thomas **Marriott** and Joseph **Atkinson**, all of Bucks Co., Pennsylvania, £0.25, 4 acres...Bristol. Signed William **Atkinson**. Wit: John **Large** and Thomas **Marriott**. Emmion **Williams** recorded 1758.

P. 183, 19 May 1738, Joseph **Kirkbride**, William **Blakey**, Samuel **Bunting**, John **Hutchinson** Jr., Thomas **Marriott** and Joseph **Atkinson**, all of Bucks Co., Pennsylvania to the members of the Falls Meeting House, 4 acres...Bristol. Signed Joseph **Kirkbride**, William **Blakey**, Samuel **Bunting**, John **Hutchinson** Jr., Thomas **Marriott** and Joseph **Atkinson**, who recorded 1759. Wit: John **Large**, Thomas **Marriott** and Nicholas **Allen**.

P. 184, 19 Jan 1721, Abel **Janney**, yeoman, of Bucks Co., Pennsylvania to Samuel **Baker**, Thomas **Yeardley**, Richard **Hough**, James **Downey**, John **Clows** and John **Millnor**, yeomen, of same, £0.25, Makefield Twp. Signed Abel **Janney**. Wit: Joseph **Janney**, Francis **Parrell**, who recorded 1757 and William **Atkinson**.

P. 186, 20 Jan 1721, Samuel **Baker**, Thomas **Yeardley**, Richard **Hough**, James **Downey**, John **Clows** and John **Millnor**, yeomen, of Bucks Co., Pennsylvania to members of the Falls Meeting House, Makefield Twp. Signed Samuel **Baker**, Thomas **Yeardley**, Richard **Hough**, James **Downey**, John **Clows** and John **Millnor**. Wit: Joseph **Janney**, Francis **Parrell**, who recorded 1757 and William **Atkinson**.

P. 187, 5 Mar 1753, Thomas **Harvey**, yeoman, of Makefield Twp.,

Bucks Co., Pennsylvania to Henry **Harvey**, Abraham **Harvey**, Bernard **Taylor**, Joseph **Duer**, Timothy **Taylor** and Robert **Whiteker**, yeomen, of same, £5, 1 acre...Makefield...patented, 1683, by Jacob **Hall**, who sold, 1691, to Thomas **Hudson**, who sold to Mathias **Harvey**, who devised to his three sons, Mathias, Thomas and Benjamin **Harvey**. Signed Thomas **Harvey**, who recorded 1754. Wit: Benjamin **Taylor** and Mahlon **Kirkbride**.

P. 190, 6 Mar 1753, Henry **Harvey**, Abraham **Harvey**, Bernard **Taylor**, Joseph **Duer**, Timothy **Taylor** and Robert **Whiteker**, yeomen, of Bucks Co., Pennsylvania to members of the Falls Meeting House, 1 acres...Makefield. Signed Henry **Harvey**, Abraham **Harvey**, Bernard **Taylor**, Joseph **Duer**, Timothy **Taylor** and Robert **Whiteker**, who recorded 1760.

P. 191, 26 Aug 1737, Thomas **Hillborne**, yeoman, of Newtown, Bucks Co., Pennsylvania to his brother John **Hillborne**, £0.25, 260 acres...Newtown...line of Samuel **Hillborne**, Thomas **Hillborne** and Robert **Hillborne**...part of 500 acres, patented, 1701, by Margret **Cooke**, who sold to Thomas **Hillborne**, (father of the said Thomas), who devised to his wife Elizabeth **Hillborne** and the said Thomas. Signed Thomas **Hillborne**, who recorded 1760. Wit: John **Chapman** Jr. and Abraham **Chapman**.

P. 192, 18 Jun 1760, Thomas **Stanaland**, yeoman, of Bristol Twp., Bucks Co., Pennsylvania mortgage to Joseph **Milnor**, carpenter, of Falls Twp., Bucks Co., Pennsylvania, owes £155, 100 acres and 50 acres...Bristol Twp...line of formerly William **Bennett** and formerly Joseph **Large**. Signed Thomas **Stanaland**. Wit: John **Pursell** and John (x) **Mackdaniel**.

P. 194, 18 Jun 1760, James & Phebe **Dyer**, yeoman, of Northampton Twp., Bucks Co., Pennsylvania mortgage to Michael **Dowd**, yeoman, of Philadelphia Co., Pennsylvania, owes £220, 406 acres...Northampton Twp...line of Cuthbert **Hayhurst**, Abraham **Vanhorne** and Samuel **Dyer**. Signed James **Dyer** and Phebe (x) **Dyer**. Wit: Richard **Gibbs** and Harriet **Loramar**.

P. 195, 18 Aug 1760, Martin **Bechtell**, weaver, of Hanover Twp.,

Philadelphia Co., Pennsylvania mortgage to his father, George **Bechtell**, £157, 48 acres...line of Peter **Hurty**, Philip **Soller**, Jacob **Bechtell** and John **Redcock**...and 56 acres, adjoining. Signed Martin **Bechtell**. Wit: Alice (x) **Jamison** and Mary **Jamison**.

P. 197, 8 Dec 1760, Jacob & Catherine **Bechtell**, yeoman, of Bucks Co., Pennsylvania mortgage to his father, George & Magdalena **Bechtell**, yeoman, of Hanover Twp., Philadelphia Co., Pennsylvania, £225, 160 acres...line of Jacob **Weaver**, Martin **Bechtell**, Philip **Soller**, Abraham **Backman**. Signed Jacob **Bechtell** and Catherine (x) **Bechtell**. Wit: Alice (x) **Jamison** and Mary **Jamison**.

P. 198, 1 Dec 1760, Jacob **Dungan** and Jonathan **Dungan**, yeomen, of Warwick Twp., Bucks Co., Pennsylvania mortgage to Thomas **Campbell**, gentleman, of Philadelphia, Philadelphia Co., Pennsylvania, owes £75, 120 acres...Warwick Twp...line of Samuel **Dungan**, John **Cart** and David **Linsey**. Signed Jacob (x) **Dungan** and Jonathan (x) **Dungan**. Wit: John **Reily** and Henry **Burnet**.

P. 199, 11 Dec 1760, Thomas & Mary **Cooper**, yeoman, late of Philadelphia, Philadelphia Co., Pennsylvania, but now of Warwick Twp., Bucks Co., Pennsylvania mortgage to Thomas **Campbell**, gentleman, of Philadelphia, Philadelphia Co., Pennsylvania, owes £100, 38 acres...Warwick Twp...line of Elizabeth **Davis**, Job **Noble**, John **Dodson** and Isaac **Lewis**. Signed Thomas **Cooper** and Mary (x) **Cooper**. Wit: John **Reily** and Henry **Burnet**.

P. 200, 26 Nov 1760, John **Edwards**, yeoman, of the Mananer of Richland, Milford Twp., Bucks Co., Pennsylvania mortgage to Peter **Turner**, merchant, of Philadelphia, Philadelphia Co., Pennsylvania, owes £50, 216 acres...Manner of Richland...line of George **Philips**, Arthur **Jones**, Michael **Lightfoot** and Joshua **Richardson**. Signed John **Edwards**. Wit: Paul Isaac **Voto** and Sarah **Voto**.

P. 202, 17 Aug 1759, Anthony **Wilson**, mason, of Middletown, Bucks Co., Pennsylvania to Joseph **Atkinson**, cooper, of Bristol, Bucks Co., Pennsylvania, £100, lot in Bristol. Signed Anthony **Wilson**. Wit: Thomas **Marriott** and John **Hutchinson**.

P. 203, 6 Dec 1740, Christian **Vanhorn**, yeoman, of Northampton, Bucks Co., Pennsylvania to Nicholas **Winekoop**, blacksmith, of same, £9.75, 3.5 acres and 2 acres...line of Robert **Heaton**. Signed Christian **Vanhorn**, who recorded 1741. Wit: Benjamin **Corsen**, John **Noses** and Jacob **Vanhooren**.

P. 206, 7 Jun 1760, Jonathan & Hellanah **DeBors**, of Northampton Twp., Bucks Co., Pennsylvania to Henry **Wynekoop**, gentleman, of same, (the said Henry **Wynekoop** and Hellanah are the only children of Nicholas & Anna **Wynekoop**), £80, 279 acres...purchased of Garret **Wynekoop**, brother of said Nicholas and John & Eleanor **Vanhorn**. Signed Jonathan **DeBors** and Hellanah **DeBors**. Wit: John **Chapman** and Thomas **Chapman**.

P. 207, 7 Jun 1760, Henry **Wynekoop**, gentleman, of Northampton Twp., Bucks Co., Pennsylvania to Jonathan & Hellanah **DeBors**, of same, £0.25, 55 acres and 17 acres...line of Adrian **Cornel** and Joseph **Fenton**. Signed Henry **Wynekoop**. Wit: John **Chapman** and Thomas **Chapman**.

P. 209, 15 Mar 1760, John & Sarah **Dobel**, yeoman, Bucks Co., Pennsylvania mortgage to Mary **Andrews**, spinster, of Philadelphia, Philadelphia Co., Pennsylvania, owes £80, 266 acres...line of Edward **Baker**, Peter **Lerdine** and Thomas **Yardley**. Signed John **Dobel** and Sarah **Dobel**. Wit: David **Caldwell** and William **Gallagher**.

P. 211, 22 Feb 1723, Samuel **Bayard**, of New York City, New York to Joseph **Rodman**, of Flushing, Queens Co., New York, £437.5, 581 acres... Bensalem Twp...line of Joseph **Growdon**, Henry **Enoch** and Herman **Vansandt**...and 133.33 acres...Middletown Twp..line of Bartholomew **Jacobs**, John **Johnson** and Francis **White**...and 275 acres...Bensalem Twp...line of Thomas **Walmsley**, Claus **Johnson**, Abel **Kinkson**, Joseph **Growdon** and Thomas **Stevenson**...and 300 acres...Bensalem Twp...line of Samuel **Allen**, Claus **Johnson**, late of George **Philips** and Henry **Mitchell**...and 77 acres...Bensalem Twp...line of Joseph **Growdon**. Signed Samuel **Bayard**. Wit: John **Foster**, Thomas **Thorne**, John **Rodman** Jr., William **Philips**, Joseph **Severns** and Obediah (x) **Wildey**, who recorded 1760.

P. 214, 18 Jan 1759, Joseph & Elinor **Rodman**, gentleman, of West Chester Co., New York to his son-in-law and daughter, Gilbert & Mary **Hicks**, gentleman, of Bensalem Twp., Bucks Co., Pennsylvania, £700, 652 acres. Signed Joseph **Rodman** and Helena **Rodman**. Wit: David **Lespinard** and Gilbert **Bowne**.

P. 217, 24 Apr 1760, Langhorne & Hannah **Biles**, gentleman, of Bucks Co., Pennsylvania to Lawrence **Growdon**, of Trevose, Bucks Co., Pennsylvania, £350, 5948 acres...Durham Twp... line of late Jeremiah **Langhorne**, Jacob **Freylieh**, John **Groves**, late Daniel **Harkin**, John **Young**, James **Sample**, William **Crook** and formerly James **Logan**...and 1472 acres...line of John **Eastburn**, William **Allen**, Jacob **Crookart**, Thomas **Lloyd**, Thomas **Armstrong** and James **Hughes**. Signed Langhorne **Biles** and Hannah **Biles**. Wit: Thomas **Janney** and Joseph **Hough**.

P. 220, 11 Dec 1750, William & Hannah **Coleman**, merchant and Francis & Mary **Richardson**, merchant, of Philadelphia, Philadelphia Co., Pennsylvania, (executors of the estate of George **Fitzwater**) to Henry **Kelso**, (one of the sons of Archibald **Kelso**), yeoman, of New Britain Twp., Bucks Co., Pennsylvania, £384, 200 acres...line of Simon **Mathews**, Archibald **Kelso**, Thomas **Kelso**, Archibald **Finley**, Griffith **Owen**, Thomas **Lewis**, David **Johns** and Simon **Butler**. Signed William **Coleman**, Hannah **Coleman**, Francis **Richardson** and Mary **Richardson**, who recorded 1750. Wit: Archibald **Kelso**, Thomas **Kelso** and John **Reily**.

P. 222, 24 Feb 1761, James **Hamilton** removes Alexander **Graydon** as judge of Bucks Co., Pennsylvania . Signed James **Hamilton**.

P. 222, 24 Feb 1761, James **Hamilton** removes George **Hicks** as judge of Bucks Co., Pennsylvania. Signed James **Hamilton**.

P. 223, 24 Feb 1761, James **Hamilton** removes Joseph **Kirkbride** as judge of Bucks Co., Pennsylvania. Signed James **Hamilton**.

P. 223, 12 Jan 1761, Thomas **White**, formerly of Maryland, but now of Philadelphia, Philadelphia Co., Pennsylvania power of attorney to Lawrence **Growdon**, to recover from Samuel Preston **Moore**.

Signed Thomas **White**. Wit: Charles **Brockden** and David **Kennedy**.

P. 224, 1 Apr 1758, Daniel **Magee**, sergeant in the forty eighth regiment commanded by Gen. **Webb** power of attorney to his father, Thomas **Magee** and his brother Abraham **Emmet**, farmers, of Chester Co., Pennsylvania. Signed Daniel **Magee**. Wit: Patrick **Hanton**, who recorded 1761 and Samuel **Atkinson**.

P. 225, 4 Apr 1755, Samuel & Mary **Dyer**, yeoman, late of Plumstead Twp., Bucks Co., Pennsylvania, but now of Frederick Co., Virginia to William **Erwin**, merchant, of Plumstead Twp., Bucks Co., Pennsylvania, £183, 75 acres...Plumstead Twp... line of Abraham **Hiter**, Richard **Hill** and **Brown**... purchased, 1723, of John **Bassett**, by John **Dyer**, who devised, 1738, to his sons the said Samuel and John. Signed Samuel **Dyer** and Mary (x) **Dyer**, who recorded 1755. Wit: Josiah **Jackson** and William **Beddington**.

P. 226, 6 May 1732, Joseph & Mary **Kirkbride**, gentleman, of Falls Twp., Bucks Co., Pennsylvania to Sarah **Harry**, (widow of Thomas **Harry**), of New Britain Twp., Bucks Co., Pennsylvania, £48, 96 acres...New Britain Twp... line of Thomas **Morris**, David **Reese** and Evan **Stevens**. Signed Joseph **Kirkbride** and Mary **Kirkbride**. Wit: Isaac **Evans**, who recorded 1761, David **Edward** and Evan (x) **Stevens**.

P. 229, 20 Jun 1753, James **Hamilton**, of Philadelphia, Philadelphia Co., Pennsylvania, William & Margaret **Allen**, Longhorne & Hannah **Biles**, gentleman, of Bucks Co., Pennsylvania, Joseph **Turner**, of Philadelphia, Philadelphia Co., Pennsylvania and William **Plumsted**, of Philadelphia, Philadelphia Co., Pennsylvania to Robert **Thompson**, yeoman, of Solebury Twp., Bucks Co., Pennsylvania, £1000, 505 acres...Solebury Twp...line of Gilbert **Wheeler**. Signed James **Hamilton**, William **Allen**, who recorded 1760, Margaret **Allen**, Longhorne **Biles**, Hannah **Biles**, Joseph **Turner** and William **Plumsted**. Wit: Esther (x) **Adair** and John **Duncan**.

P. 232, 10 Sep 1760, John **Fowler**, tailor, of Bristol, Bucks Co., Pennsylvania mortgage to William **DeCoursey**, of Bensalem, Bucks Co., Pennsylvania, owes £25, lot in Bristol...line of Israel **Pemberton** and Samson **Cary**. Signed John **Fowler** and William **DeCoursey**. Wit: Joseph **Atkinson** and Samuel **Woolston**.

P. 233, 12 Nov 1760, Rebecca **Ogilby**, widow, of Richland, Bucks Co., Pennsylvania, Joseph **Rakestraw**, carpenter, of Philadelphia, Philadelphia Co., Pennsylvania and Joseph **Ogilby**, yeoman, of Richland, Bucks Co., Pennsylvania mortgage to James **Hendricks**, cutter, of Philadelphia, Philadelphia Co., Pennsylvania, owes £100, 253 acres...Richland...line of Phebe **Comly**, James **Logan** and John **Bond**. Signed Rebecca **Ogilby**, Joseph **Rakestraw** and Joseph **Ogilby**. Wit: John **Bissell** and Paul Isaac **Voto**.

P. 234, 17 Jan 1761, Edward **Bayly**, (son and heir of Thomas **Bayly**), yeoman, of Makefield Twp., Bucks Co., Pennsylvania mortgage to Catherine **Wistar**, widow, Richard **Johnson**, saddler, of Germantown, David **Dashler**, shopkeeper and Richard **Wistar**, brass button maker, of Philadelphia, Philadelphia Co., Pennsylvania, (executors of the estate of Caspar **Wistar**), owes £300, 264 acres...Makefield Twp... line of Richard **Hough**, Mahlon **Stacey**, Thomas **Tunicklief**. Signed Edward **Bayly**. Wit: Paul Isaac **Voto** and Sarah **Voto**.

P. 236, 20 Oct 1760, Francis & Martha **Joden**, yeoman, of Warrington Twp., Bucks Co., Pennsylvania mortgage to John **Thomas**, yeoman, of Clieltenham Twp., Philadelphia Co., Pennsylvania, owes £100, 100 acres...Warrington Twp...line of William **Long** and Robert **Tompkins**, deceased. Signed Francis **Joden** and Martha **Joden**. Wit: Hannah **Joden** and Joseph **Hart**.

P. 237, 13 Nov 1760, Isaac & Ann **Griffith**, tanner, of Rockhill Twp., Bucks Co., Pennsylvania mortgage to Abel **James**, merchant and Martha **Stackhouse**, widow, of Philadelphia, Philadelphia Co., Pennsylvania, owes £100, 100 acres...Rockhill Twp...line of George **Palmer**, Jonathan **Haycock**, Robert **Penrose** and William **Haycock**...purchased of Abraham & Elizabeth **Griffith**. Signed Isaac **Griffith** and Ann (x) **Griffith**. Wit: Joseph **Jennison**.

P. 238, 1 Jan 1761, Conrad **Milman**, yeoman, of Bedminster Twp., Bucks Co., Pennsylvania mortgage to Richard **Hockley**, of

Philadelphia, Philadelphia Co., Pennsylvania, owes £100, 101 acres...Bedminster Twp...line of Adam **Stone** and Hartman **Teetermer**. Signed Conrad **Milman**. Wit: Edmund **Physick** and Peter **Miller**.

P. 240, 7 Feb 1761, Abraham **Vandegrift**, carpenter, Garret **Vandegrift**, carpenter, of Philadelphia, Philadelphia Co., Pennsylvania, Yost & Christian **Miller**, yeoman, of Salem, New Jersey, Mathew & Mary **Corbert**, yeoman, of Bensalem, Bucks Co., Pennsylvania and George & Jemima **Taylor**, carver, of Chesterfield, Burlington Co., New Jersey to Leonard **Vandegrift**, (eldest son of Abraham **Vandegrift**, deceased, who is the father of the parties of the first part), their interest in the estate. Signed Abraham **Vandegrift**, Garret **Vandegrift**, Yost **Miller**, Christian **Miller**, Mathew **Corbert**, Mary **Corbert**, George **Taylor** and Jemima (x) **Taylor**. Wit: Joseph **Jackson** and Thomas **Evans**.

P. 241, 27 Feb 1761, Abraham **Vandegrift**, carpenter, Garret **Vandegrift**, carpenter, of Philadelphia, Philadelphia Co., Pennsylvania, Yost & Christian **Miller**, yeoman, of Salem, New Jersey, Mathew & Mary **Corbert**, yeoman, of Bensalem, Bucks Co., Pennsylvania and George & Jemima **Taylor**, carver, of Chesterfield, Burlington Co., New Jersey to Leonard **Vandegrift**, (eldest son of Abraham **Vandegrift**, deceased, who is the father of the parties of the first part), 107 acres...line of Lawrence **Growdon**...and 76 acres...line of Johannes **Vandegrift**. Signed Abraham **Vandegrift**, Garret **Vandegrift**, Yost **Miller**, Christian **Miller**, Mathew **Corbert**, Mary **Corbert**, George **Taylor** and Jemima (x) **Taylor**. Wit: Joseph **Jackson** and Thomas **Evans**.

P. 243, 6 Apr 1761, Leonard & Charity **Vandegrift**, yeoman, of Bensalem Twp., Bucks Co., Pennsylvania mortgage to Joseph **Jackson**, wheelwright, of same, owes £200, 107 acres. Signed Leonard **Vandegrift** and Charity (x) **Vandegrift**. Anthony **Teale** and Richard **Gibbs**.

P. 244, 23 Feb 1761, Frenstrum & Isabella **Davies**, mason, of Hilltown, Bucks Co., Pennsylvania to Jared **Irwin**, blacksmith, of same, £250, 50 acres...Hilltown Twp...line of Joseph **Kirkbride** and

Thomas **Phillips**. Signed Frenstrum **Davies** and Isabella (x) **Davies**. William **Hart**, Robert **Robinson** and Joseph **Irwin**.

P. 246, 31 Dec 1759, Robert & Jane **Collison**, (said Jane is the daughter of Adam **Harker**), weaver, of Middletown, Bucks Co., Pennsylvania to George **Merrick**, carpenter, of same, £94, 23.5 acres...Middletown...line formerly of Thomas **Bain**, formerly Thomas **Stackhouse**, formerly Christian **Vanhorne** and John **Stackhouse**. Signed Robert **Collison** and Jane **Collison**. Wit: Thomas **Janney** and James **Thackray**.

P. 248, 3 Mar 1713, John **Stackhouse**, yeoman, of Middletown Twp., Bucks Co., Pennsylvania to Adam **Harker**, mason, of same, £0.25, 250 acres, division of land they own. Signed John **Stackhouse**. Wit: Jonathan **Woolston** and John **Wildman**, who recorded 1735.

P. 250, 19 Mar 1761, Lawrence & Sarah **Growdon**, of Trevose, Bucks Co., Pennsylvania to Henry **Tomlinson** Sr., carpenter, of Moreland Twp., Philadelphia Co., Pennsylvania, £400, 112 acres ...Bensalem Twp...line of Thomas **Townsend**, Jacob **Titus** and **Beale**. Signed Lawrence **Growdon** and Sarah **Growdon**. Wit: John **Ewer** and Richard **Gibbs**.

P. 251, 20 Mar 1761, Henry & Jemima **Tomlinson**, carpenter, of Moreland, of Philadelphia Co., Pennsylvania mortgage to Lawrence **Growdon**, of Trevose, Bucks Co., Pennsylvania, £120.7, 112 acres... Bensalem Twp...line of Thomas **Townsend**, Thomas **Tomlinson**, Jacob **Litus** and Giles **Knight**. Signed Henry **Tomlinson** and Jemima **Tomlinson**. Wit: Richard **Gibbs** and John **Ewer**.

P. 253, 26 Mar 1761, William & Mary **Brown**, blacksmith, of Upper Dublin Twp., Philadelphia Co., Pennsylvania mortgage to Catherine **Bullock**, widow, John **Lock**, mariner and Joseph **Howell**, tanner, of Philadelphia, Philadelphia Co., Pennsylvania, (executors of the estate of George **Bullock**), owes £160, 86 acres...New Britain Twp...line of Thomas **John**, Thomas **Morris**, John **Wigdom** and John **Fraser**... purchased of John & Jane **Crawford**. Signed William **Brown** and Mary (x) **Brown**. Wit: William **Brown**, Joseph **McClean**, Thomas **Brown** and Paul Isaac **Voto**.

P. 255, 17 Apr 1761, John **Eastburn**, clock maker, of Manor of Moreland, Philadelphia Co., Pennsylvania to Jonathan **Knight**, yeoman, of Southampton Twp., Bucks Co., Pennsylvania, £350, 102 acres...Southampton Twp...line of Samuel **Biles**, late Isabel **Cutler**, Peter **Groom** and John **Strickland**...patented, 1684, by Robert **Marsh**, who devised, 1688, to his wife Sarah and son Hugh **Marsh**, who sold, 1693, to John **Eastburn**, who devised, 1716, to his wife, Margaret **Eastburn**, who devised, 1739, her children, said John, Thomas & Sarah **Eastburn**, Richard & Mary **Studain** and Thomas & Elizabeth **Walton**. Signed John **Eastburn**. Folchert **Vandegrift** and Gilbert **Hicks**.

P. 257, 17 Apr 1761, Jonathan & Grace **Knight**, yeoman, of Southampton Twp., Bucks Co., Pennsylvania mortgage to John **Eastburn**, clock maker, of Manor of Moreland, Philadelphia Co., Pennsylvania, owes £200, 102 acres. Signed Jonathan **Knight** and Grace **Knight**. Wit: Mary **Hicks** and Gilbert **Hicks**.

P. 258, 10 Nov 1759, Thomas **Smith**, (eldest son), yeoman, Timothy **Smith**, blacksmith, Benjamin **Smith**, blacksmith, Samuel **Smith**, yeoman, of Buckingham Twp., Robert **Smith**, yeoman, Joseph **Smith**, yeoman, of Wrightstown Twp., Bucks Co., Pennsylvania, (sons and heirs of Robert **Smith**) to John **Watson**, surveyor, of Buckingham Twp., Bucks Co., Pennsylvania, £1003.7, 162 acres... Buckingham Twp...line of John **Tregoe** and George **Newborn**... second tract...Buckingham Twp...line of Joseph **Warner**, Jacob **Heston**, Abraham **Chapman** and Joseph **Chapman**, deceased. Signed Thomas **Smith**, Timothy **Smith**, Robert **Smith**, Joseph **Smith**, Benjamin **Smith** and Samuel **Smith**. Wit: Mary (x) **Reston** and Mary **Reston** Jr.

P. 261, 7 Feb 1761, Jonathan & Ruth **West**, yeoman, of Warwick Twp., Bucks Co., Pennsylvania mortgage to John **Pemberton**, merchant, of Philadelphia, Philadelphia Co., Pennsylvania, owes £150, 75 acres...Buckingham Twp...line of Nathan **McKinstrey** and Isreal **Pemberton**...purchased of Israel & Mary **Pemberton**. Signed Jonathan **West** and Ruth (x) **West**. Wit: Jacob **Setwin** and John **Hart**.

P. 262, 8 Dec 1760, Abel **Griffith**, yeoman, of New Britain Twp., Bucks Co., Pennsylvania mortgage to Benjamin **Griffith** and Joseph **Griffith**, yeomen, of same, owes £100, 50 acres...New Britain Twp... line of Christopher **Weles** and David **Davis**. Signed Abel **Griffith**. Wit: Thomas (x) **James** and William **James**.

P. 263, 25 Mar 1759, Gilbert & Mary **Hicks**, of Bensalem Twp., Bucks Co., Pennsylvania to Lawrence **Growdon**, of same, £344.6, 114 acres...line of Jonas **Keen**, James **Rue**...purchased of Joseph & Helena **Rodman**. Signed Gilbert **Hicks** and Mary **Hicks**. Wit: Richard **Gibbs** and Hannah **Loramar**.

P. 265, 6 Jun 1761, Richard **Peters** and Lynford **Lardner**, gentlemen, of Philadelphia, Philadelphia Co., Pennsylvania power of attorney to Lawrence **Growdon**, of Bucks Co., Pennsylvania, to collect in Warrington Twp. Signed Richard **Peters** and Lynford **Lardner**. Wit: James **Huston** and John **Keble**.

P. 266, 4 Apr 1761, Thomas **Dungan**, (son and heir of Thomas **Dungan**), yeoman, of Warminster Twp., Bucks Co., Pennsylvania mortgage to Richard **Treat**, clerk, of Abington, of Philadelphia Co., Pennsylvania, owes £200, 100 acres...Warminster Twp...line of Abel **Noble**, James **Rush** and Thomas **Hart**. Signed Thomas **Dungan**. Wit: Silas **Yerkes**, Enoch **Dungan** and Joseph **Hart**.

P. 267, 20 Dec 1760, Philip & Catherine **Leister**, yeoman, of Rockhill Twp., Bucks Co., Pennsylvania mortgage to Andrew **Zeigler**, yeoman, of Lower Sulford Twp., Philadelphia Co., Pennsylvania, owes £450, 150 acres...Rockhill Twp...line of Thomas **Freame**, Peter **Snyder**, Michael **Neese**, Henry **Fried** and John **Johnson**...and .75 acre...line of George **Wambel**...and 152 acres... line of Philip Henry **Sollar**, James **Robinson** and Cornelius **Bryant**. Signed Philip **Leister** and Katherinah (x) **Leister**. Wit: Alice (x) **Jamison**.

P. 268, 5 May 1757, Benjamin & Sarah **Twining**, (son and heir of Nathaniel **Twining**), tailor, of Newtown Twp., Bucks Co., Pennsylvania to John **Harris**, shopkeeper, of same, £320, three tracts. Signed Benjamin **Twining** and Sarah **Twining**, who recorded

1761. Wit: Thomas **Janney** and Sarah **Bales**.

P. 271, 7 Mar 1758, Garret **Wynkoop** and Evan **Jones**, (executors of the estate of Christian **Vanhorn**), of Northampton Twp., Bucks Co., Pennsylvania to John **Harris**, merchant, of Newtown Twp., Bucks Co., Pennsylvania, £204.75, 30 acres...line of Bernard **Vanhorn**. Signed Garret **Wynkoop** and Evan **Jones**, who recorded 1758. Wit: William **Paxson**, Anthony **Teale** and James **Stackhouse**.

P. 273, 3 Apr 1761, Hezekiah & Mary **Bye**, yeoman, of Solebury, Bucks Co., Pennsylvania to John **Harris**, merchant, of Newtown, Bucks Co., Pennsylvania, £350, 137.5 acres...line of Peter **Johnson**, Robert **Fonthouse**, Henry **Baker**, Charles **Stuart** and Samuel **McNair**. Signed Hezekiah **Bye** and Mary (x) **Bye**. Wit: Paul **Preston**, John **Terry** Jr. and Jonathan **Jones**.

P. 275, 4 Feb 1761, Ann **Okill**, widow, Henry **Harrison**, merchant, (executors of the estate of George **Okill**), of Philadelphia, Philadelphia Co., Pennsylvania, Samuel **Parr**, (eldest son and heir of Samuel **Parr**, who had wife Hannah and son John **Parr**), and Thomas & Mary **Willard**, (said Mary is a daughter and heir of said Samuel **Parr**, deceased), of Waterford Twp., Gloucester Co., New Jersey to William **Bryon**, yeoman, of Tinicum Twp., Bucks Co., Pennsylvania, £350, 540 acres...line of Joseph **Pike**, Jacob **Reisz**, Peter **Latherman**, George **Shoeman**, Silas **McCarty**, deceased, James **McCarty** and William **Logan**...patented, 1687, by the children of William **Asheton**, Robert, deceased, Frances, widow, (who married Mr. **Legh**, Manchester, Lancaster Co., Pennsylvania) Mary, widow, (who married Mr. **Warburton**, of Salford), Rachel, deceased and John **Asheton**, deceased, who sold to said George. Signed Ann **Okill**, Henry **Harrison**, Samuel **Parr**, Thomas **Willard** and Mary **Willard**. Wit: Abel **Nicholson** and Samuel **Spicer**.

P. 279, 8 May 1759, William **Yeardley** and Thomas **Yeardley**, gentlemen, of Lower Makefield Twp., Bucks Co., Pennsylvania, Mary **Janney**, widow, Francis & Jane **Hague**, planter, of Truro Twp., London Co., Virginia, David & Sarah **Kinsey**, yeoman, of Solebury, Bucks Co., Pennsylvania and Nathan & Joyce **Baker**, miller, of North East, Cecil Co., Maryland, (the said William,

Thomas, Mary, Jane, Sarah and Joyce are children of Thomas **Yeardley**, deceased, yeoman, of Makefield, Bucks Co., Pennsylvania), of the first part, Richard **Yeardley**, of Solebury, Bucks Co., Pennsylvania, of the second part and Thomas **Yeardley**, yeoman, of Newtown, Bucks Co., Pennsylvania, of the third part, £600, 37.5 acres of 600 acres...Newtown Twp...line of John **Walley**, late of John **Hough**. Signed William **Yeardley**, Thomas **Yeardley**, Mary **Janney**, Francis **Hague**, Jane **Hague**, David **Kinsey**, Sarah **Kinsey**, Nathan **Baker**, Joyce **Baker** and Richard **Yeardley**, who recorded 1760. Wit: Thomas **Janney** and Stacy **Kirkbride**.

P. 283, 16 Nov 1758, Stephen & Margaret **Twining**, yeoman, of Springfield Twp., Bucks Co., Pennsylvania to John **Chapman**, of same, £125, 110 acres...Springfield...line of Isaac **Hicks** and Gaspar & Catherine **Wistar**. Signed Stephen **Twining** and Margaret **Twining**, who recorded 1760. Wit: Jacob **Verity**, Stephen **Twining** Jr. and John **Watson** Jr.

P. 285, 20 Feb 1761, John & Mary **Chapman**, of Springfield Twp., Bucks Co., Pennsylvania to Jacob **Kochert**, of same, £400, 104 acres...Springfield Twp...line of Stephen **Twining**, Isaac **Hicks** and late Caspar **Wistar**. Signed John **Chapman** and Mary **Chapman**. Wit: Stephen **Twining** Jr. and Samuel **Foulke**.

P. 286, 12 Sep 1760, Joseph **Thornton**, sheriff, of Bucks Co., Pennsylvania to Joseph **Addis**, yeoman, of Northampton Twp., Bucks Co., Pennsylvania, £160.25, 64 acres...Northampton Twp... line of John **Prichard** and James **Prichard**...judgement by Thomas **Worthington**, against Joseph & Mary **Addis**. Signed Joseph **Thornton**. Wit: William **Ashburn** and Samuel **Biles**.

P. 288, 27 Apr 1717, Henry & Mary **Walmsley**, yeoman, of Bensalem Twp., Bucks Co., Pennsylvania to James **Carver**, yeoman, of Byberry, Philadelphia Co., Pennsylvania, £43.75, 35 acres... Bensalem Twp...line of Widow **Beale**. Signed Henry **Walmsely** and Mary (x) **Walmsley**, who recorded 1757. Wit: William (x) **Carver**, Jonathan **Hibbs** and John **Cutler**.

P. 289, 27 Apr 1717, Henry & Mary **Walmsley**, yeoman, of

Bensalem Twp., Bucks Co., Pennsylvania to Elizabeth **Beal**, widow, of same, £16, 16.5 acres...Bensalem Twp...line of James **Carver**. Signed Henry **Walmsely** and Mary (x) **Walmsley**, who recorded 1757. Wit: William (x) **Carver**, Jonathan **Hibbs** and John **Cutler**.

P. 290, 14 Jul 1761, John **Plumly**, yeoman, of Middletown Twp., Bucks Co., Pennsylvania mortgage to John **Praul**, yeoman, of same, owes £500, 268 acres...Middletown Twp...line of Jonathan **Hibbs**, George **Plumly**, Gabriel **Vanhorn** and Garret **Vansandt**. Signed John **Plumly**. Wit: Lawrence **Growdon** and Richard **Gibbs**.

P. 292, 12 Mar 1761, Joseph **Thornton**, sheriff, of Bucks Co., Pennsylvania to Amos **Strickland**, of Newtown, Bucks Co., Pennsylvania, £40, lot in Newtown...judgement by Joseph **Hillbourn**, against Amos **Strickland**, (executor of the estate of Joseph **Walley**). Signed Joseph **Thornton**. Wit: Abraham **Chapman**, Samuel **Vance** and Benjamin **Lancaster**.

P. 293, 3 Apr 1760, Thomas **Leech** Jr., (son and heir of Isaac **Leech**), saddler, of Chattenham Twp., Philadelphia Co., Pennsylvania to Josiah **Winter**, weaver, of Solebury Twp., Bucks Co., Pennsylvania, £50, 200 acres...20 miles above the Falls of the Delaware River...line of Edward **Corne** and Joseph **Pike**...Humphrey **Morrey**, sold, 1723, to John **Wilson**, who, sold, 1723 to Joseph **Shippen**, John **Leech**, Thomas **Leech**, Humphrey **Morrey**, John **Budd**, John **Ashmead**, Isaac **Leech**, Jacob **Leech**, Owen **Roberts**, Thomas **Shute** and Henry **Paxton**. Signed Thomas **Leech**. Wit: James **Johnson** and John **Reily**.

P. 295, 17 Sep 1761, Joseph **Thornton**, sheriff, of Bucks Co., Pennsylvania to Nicholas **Mumbaur**, yeoman, of Lower Milford Twp., Bucks Co., Pennsylvania, £204, 99 acres...Lower Milford Twp...line of Adam **Bisher** and Jacob **Myer**...and 53 acres...Mannor of Richland...judgement by Adam **Bisher**, against Nicholas **Mumbaur**, (executor of the estate of Abraham **Penny**). Signed Joseph **Thornton**. Wit: Samuel **Johnston** and Richard **Gibbs**.

P. 297, 29 Dec 1760, William **Carter**, (heir of William **Carter**), gentleman, of Northampton Twp., Bucks Co., Pennsylvania to his brother, James **Carter**, merchant, of Philadelphia, Philadelphia Co.,

Pennsylvania, £456, 150 acres and 2 acres...Northampton Twp...line of Jonathan **Willett**, David **Wilson**, Joseph **Richardson**, late Samuel **Willett** and Robert **Heaton**. Signed William **Carter**. Wit: Abraham **Chapman**, John **Verity** and Thomas **Chapman**.

P. 299, 16 Sep 1761, William **Coleman** power of attorney to Lawrence **Growdon**, to record satisfaction of mortgage by Jenkin **Phillips**, by his assignee George Henry **Joseph**. Signed William **Coleman**. Wit: Thomas **Milton** and Andrew **Hamilton**.

P. 299, 21 Aug 1761, Thomas **Watson**, (son and heir of John **Watson**, who also devised to his wife Sarah **Watson**, daughter, Elizabeth **Fell** and grandsons, Jonathan **Fell** and John **Watson**), yeoman, of Buckingham Twp., Bucks Co., Pennsylvania to his brother, Joseph **Watson**, yeoman, of same and John **Fell**, yeoman, of Warwick Twp., Bucks Co., Pennsylvania, £0.25, 205 acres... Warwick and Buckingham Twp...line of Thomas **Murray**, deceased ...and 55 acres...line of Charles **Hicks**, deceased. Signed Thomas **Watson**. Wit: John **Beal** Jr., William **Britton** and John **Feller**.

P. 303, 1 Sep 1761, Sarah **Watson**, wife of Thomas **Watson**, release of her dower rights on land to Joseph **Watson** and John **Fell**. Signed Sarah **Watson**. Wit: John **Beal** Jr., William **Britton** and John **Feller**.

P. 304, 20 Jul 1761, Jared **Irwin**, yeoman, of Hilltown, Bucks Co., Pennsylvania mortgage to William **Bryan** Sr., gentleman, of Rockhill, Bucks Co., Pennsylvania, £200, 50 acres...Hilltown...line of Joseph **Kirkbride** and Thomas **Phillips**. Signed Jared **Irwin**. Wit: William (x) **Williams** and James **Irwin**.

P. 306, 25 May 1761, Christian & Catharina **Claymer**, weaver, of Springfield Twp., Bucks Co., Pennsylvania mortgage to Conrad **Keil**, miller, of Lower Milford, Bucks Co., Pennsylvania, owes £99.75, 27 acres...Springfield Twp...line of Andrew **Miller**, Jacob **Fenstar** and Christian **Shook**...and 112 acres...line of Theobald **Leatherman**, Christian **Shook**, John **Griffith** and James **Green**. Signed Christian (x) **Claymer** and Catharina (x) **Claymer**. Wit: John **Barkey** and Jacob **Climer**.

P. 307, 1 May 1761, Isaac & Phebe **Hutchinson**, yeoman, of Warwick Twp., Bucks Co., Pennsylvania mortgage to John **Barnhill**, innkeeper, of same, 316 acres...Warwick Twp...line of Thomas **West**, Jonathan **West** and John **Johnson**. Signed Isaac **Hutchinson** and Phebe **Hutchinson**. Wit: Daniel **Craig** and Robert **Jamison**.

P. 309, 20 Nov 1721, John & Christian **Palmer**, yeoman, of Makefield, Bucks Co., Pennsylvania to their eldest son, Jonathan **Palmer**, yeoman, of same, £64, 300 acres...Makefield...line of Joshua **Hoops**, Richard **Hough**, Joseph **Higginbotham** and Joseph **Hough**. Signed John **Palmer** and Christian (x) **Palmer**. Wit: George **Hulm**, James **Thockray**, who recorded 1739 and Margaret (x) **Todhunt**.

P. 310, 1 Dec 1729, Daniel **Palmer**, yeoman, of Makefield Twp., Bucks Co., Pennsylvania to Jonathan **Palmer**, yeoman, of same, £47, 30 acres of 250 acres...line of Richard **Hough**...purchased, 1728, of Daniel & Jane **Hoopes**. Signed Daniel **Palmer**, who recorded 1739. Wit: **Linteack** and Joshua **Hoopes**.

P. 313, 5 Nov 1761, Lawrence & Sarah **Growdon**, of Trevose, Bucks Co., Pennsylvania to Jacob **Vandegrift**, (son of Jacob **Vandegrift**), yeoman, of Bensalem Twp., Bucks Co., Pennsylvania, £80, 512 acres ...Bensalem Twp...line of Folkert **Vandegrift**, Abraham **Vandegrift** and Samuel **Hasel**. Signed Lawrence **Growdon** and Sarah **Growdon**. Wit: Richard **Gibbs** and Sarah **Rue**.

P. 314, 1 May 1749, Richard **Hough**, (son of Richard **Hough**, deceased, yeoman, late of Makefield, Bucks Co., Pennsylvania) to Jonathan **Palmer**, yeoman, of same, £88.8, 50 acres...Makefield...line of Daniel **Palmer**...patented 1701. Signed Richard **Hough**, who recorded 1749. Wit: Lawrence **Growdon** and Anthony **DeNormandy**.

P. 316, 20 Jun 1761, William **Barnhill**, yeoman, of New Britain Twp., Bucks Co., Pennsylvania mortgage to Sarah **Green**, widow, of Philadelphia, Philadelphia Co., Pennsylvania, owes £130, 135 acres ...New Britain Twp...line of late Thomas **Evans**, Richard **Williams**, Thomas **Jones**, John **Williams** and late Lewis **Evans**...purchased of

Joseph & Martha **Arthur**. Signed William **Barnhill**. Wit: Paul Isaac **Voto** and Sarah **Voto**.

P. 317, 15 Sep 1761, Edmund & Rachel **Briggs**, miller, Northampton Twp., Bucks Co., Pennsylvania mortgage to Thomas **Barnsley**, of Philadelphia, Philadelphia Co., Pennsylvania, owes £400, 50 acres and mills...Northampton Twp...line of Robert **Huston**, Ezra **Croasdale**, John **Plumly** and William **Hayton**... purchased of John & Deborah **Gregg**. Signed Edmund **Briggs** and Rachel **Briggs**. Wit: Peter **Miller** and Thomas **Milflin**.

P. 319, 10 Oct 1761, Roger & Agness **Hartley**, blacksmith, of Solebury Twp., Bucks Co., Pennsylvania mortgage to George **Emlen**, merchant, of Philadelphia, Philadelphia Co., Pennsylvania, owes, 800 pieces of eight, 147 acres...Solebury Twp...line of William **White**, John **Wilson**, Thomas **Baker**, Thomas **Hartley**, Rebecca **Hartley**, Ann **Hinchman**, John **Scarborough** and heirs of John **Chadwick**...and 29 acres...line of formerly, Edward **Hartley**. Signed Roger **Hartley** and Agness (x) **Hartley**. Wit: James **Hartley** and Paul Isaac **Voto**.

P. 321, 4 Nov 1761, Caspar **Naglie**, yeoman, of Bedminster Twp., Bucks Co., Pennsylvania mortgage to Richard **Hockley**, of Philadelphia, Philadelphia Co., Pennsylvania, owes £250, 138 acres ...Bedminster Twp...line of Hartman **Teeterman**, Henry **Finer**...and 104.24 acres...Bedminster Twp...line of Conrad **Milman** and Hartman **Teeterman**. Signed Caspar **Naglie**. Wit: Edmund **Physick** and Peter **Miller**.

17 Nov 1761, Dr. John **Fothergill** and Daniel **Zachary**, gentleman, Thomas **How**, goldsmith, Deverence **Bowley**, watchmaker, Luke **Hinde**, stationer, Richard **How**, Jacob **Rogers**, Silvanus **Green** and William **Keron** of London, England, by their attorneys Jacob **Cooper**, Samuel **Shoemaker** and Joshua **Howell** to William **Smith**, of Wrightstown, Bucks Co., Pennsylvania, £713.75, 237 acres... Upper Makefield Twp...line of William **Dillon**, Thomas **Smith** and Joseph **Hampton**. Signed Jacob **Cooper**, Samuel **Shoemaker** and Joshua **Howell**. Wit: Joseph **Smith** and Benjamin **Shoemaker**.

P. 326, 17 Nov 1761, William **Smith**, farmer, of Wrightstown, Bucks Co., Pennsylvania mortgage to Letitia **Prier**, widow, of Philadelphia, Philadelphia Co., Pennsylvania, owes £400, 237 acres. Signed William **Smith**. Wit: Nicholas **Waln** and Hurbert **Hughes**.

P. 327, 15 Dec 1761, Godfrey **Vanduchren**, blacksmith, of Northampton Twp., Bucks Co., Pennsylvania mortgage to Garret **Wynkoop** and Loffert **Loffertson**, (executors of the estate of Barnet **Vanhorn**), of same, owes £150, 50 acres, 5 acres and 20 acres... Northampton Twp...line of John **Carls**, George **Nefie**, late Benjamin **Jones**, late David **Linsey** and John **Cummings**. Signed Godfrey **Vanduchren**. Wit: Hugh **Edems** and Gayn **Edems**

P. 329 Nov 1749, Edward **Lucas**, yeoman, of Bucks Co., Pennsylvania to Robert **Lucas**, yeoman, of same, £100, 218 acres... Middletown Twp...line of Benjamin **Fields**, Henry **Vanhorn**, Thomas **Paxson**, William **Paxson**, William **Blakey** and Benjamin **Hicks**. Signed Edward **Lucas**, who recorded 1749. Wit: James **Moon** and Mary **Tuckness**.

P. 330, 29 Jan 1749, Robert & Sarah **Lucas**, yeoman, Bucks Co., Pennsylvania to James **Moon**, yeoman, of same, £480, 218 acres. Signed Robert **Lucas** and Sarah **Lucas**, who recorded 1749. Wit: Thomas **Green** and John **Ash**.

P. 332, 9 Apr 1722, John & Mary **Bowne**, yeoman, of Bristol Twp., Bucks Co., Pennsylvania to Edmund **Lovett**, of Bucks Co., Pennsylvania, £90.5, 100 acres...Bristol Twp...line of John **Hieth** and Anthony **Burton**...purchased, 1714, of Joseph & Susannah **Terry**. Signed John **Bowne** and Mary **Bowne**. Wit: Solomon **Warder** and William **Atkinson**. Emmion **Williams** recorded 1761.

P. 334, 23 Feb 1734, Thomas & Rebecca **Watson**, yeoman, of Bristol, Bucks Co., Pennsylvania to Edmund **Lovett**, of same, £130, 100 acres...Bristol Twp...line of Joseph **Headley**, George **White**, Daniel **Jackson** and Thomas **Terry**...purchased, 1722, of John & Elizabeth **Addington**. Signed Thomas **Watson** and Rebecca (x) **Watson**. Wit: Evan **Harris**, Joseph **Ballard** and William **Atkinson**. Enion **Williams** recorded 1761.

P. 335, 29 Jun 1761, William & Katherine **Dungan**, yeoman, of New Britain Twp., Bucks Co., Pennsylvania to their son, William **Dungan** Jr., yeoman, of same, £30, 100 acres...New Britain Twp... line of **Doyle**, Isaac **Evans**, Joseph **Burton** and Benjamin **Snodgrass**. Signed William **Dungan** and Catherine (x) **Dungan**. Wit: William **Davis** and William **Doyle**.

P. 337, 6 Oct 1761, William & Mary **Rodman**, (heir and brother of Samuel **Rodman**), yeoman, of Bensalem Twp., Bucks Co., Pennsylvania to Seaman **Rodman**, yeoman, of Burlington Co., New Jersey, £300, 139 acres...Warwick Twp...line of Samuel **Rodman**. Signed William **Rodman** and Mary **Rodman**. Wit: Gilbert **Hicks** and Lawrence **Growdon**.

P. 339, 10 Oct 1761, Seaman **Rodman**, (son and heir of John **Rodman**), yeoman, of Burlington Co., New Jersey to William **Rodman**, yeoman, of Bensalem Twp., Bucks Co., Pennsylvania, £300, Warwick Twp...line of Samuel **Rodman**. Signed Seaman **Rodman**. Wit: Gilbert **Hicks** and Lawrence **Growdon**.

P. 341, 13 Jun 1760, Lawrence **Growdon** and Langhorne **Biles**, (executors of the estate of Jeremiah **Langhorne**), gentlemen, of Bucks Co., Pennsylvania to Samuel **Martin** Jr., millwright, of New Britain Twp., Bucks Co., Pennsylvania, £283.3, 90 acres...New Britain Twp. Signed Lawrence **Growdon** and Langhorne **Biles**. Thomas **Yordley** and Josiah **Winter**.

P. 343, 26 Dec 1758, Richard & Ann **Blackledge**, planter, of Craven Co., North Carolina to Peter **Knight**, merchant, of Philadelphia, Philadelphia Co., Pennsylvania, £450, 250 acres...Bristol Twp...line of Samuel **Allen**, Richard **Noble** and Jacob **Pellison**. Signed Richard **Blackledge** and Ann **Blackledge**, who recorded 1758. Wit: Brian **Wilkinson** and John **Reily**.

P. 345, 17 Mar 1760, Peter & Elizabeth **Knight**, merchant of Philadelphia, Philadelphia Co., Pennsylvania to Gunning **Bedford**, house carpenter, of same, £570, 250 acres...Bristol Twp...purchased, 1758, of Richard & Ann **Blackledge**, planter, of Craven Co., North Carolina. Signed Peter **Knight** and Elizabeth **Knight**. Wit: Brian

Wilkinson and Ann **Mankin**.

P. 347, 10 May 1759, Elizabeth **Carver**, widow, of Buckingham Twp., Thomas & Joan **Tomlinson**, yeoman, William & Mary **Ridge**, yeoman, of Bensalem Twp., Abel & Rebecca **Walton**, yeoman, of Moreland, Philadelphia Co., Pennsylvania, William & Sarah **Kinsey**, yeoman, of Bristol Twp., John & Ann **Waters** and Benjamin & Grace **Herbert**, of Bensalem Twp., Bucks Co., Pennsylvania, (which said Elizabeth **Carver**, Joan **Tomlinson**, Mary **Ridge**, Ann **Waters**, Grace **Herbert**, Rebecca **Walton** and Sarah **Kinsey** are all daughters of Henry **Walmsley**, deceased, late of Bensalem, Bucks Co., Pennsylvania and Mary, his wife, formerly Mary **Searl**, deceased, who was on of the daughters of Francis **Searl**) to Francis **Walmsley**, yeoman, of Bensalem Twp. and Thomas **Walmsley**, carpenter, of Southampton Twp., Bucks Co., Pennsylvania, £280, 25 acres and 220 acres...Bensalem Twp...line of Joseph **Tomlinson**. Signed Elizabeth (x) **Carver**, Thomas **Tomlinson**, Joan **Tomlinson**, William **Ridge**, Mary (x) **Ridge**, John (x) **Waters**, Ann (x) **Waters**, Benjamin **Herbert**, Grace **Herbert**, Abel **Walton**, Rebecca (x) **Walton**, William **Kinsey** and Sarah (x) **Kinsey**, who recorded 1759. Wit: Lawrence **Growdon** and Richard **Gibbs**.

P. 351, 3 Oct 1761, John **Mires**, yeoman, of Northampton Twp., Bucks Co., Pennsylvania mortgage to Joseph **Dungan**, of Warwick Twp., Bucks Co., Pennsylvania, owes £200, 83 acres ...Northampton Twp...line of Jacob **Bennet**, Derrick **Croesen**, John **Addis**, Rem **Vanderbilt** and Jeremiah **Dungan**. Signed John (x) **Mires**. Wit: John **Hart** and Joseph **Hart**.

P. 352, 12 Dec 1761, John **Plumly**, (son and heir of Charles **Plumly**), carpenter, of Middletown Twp., Bucks Co., Pennsylvania to Jonathan **Hibbs**, carpenter, of same, £315, 65 acres...line of Garret **Vansandt**. Signed John **Plumly**. Wit: Robert **Brodnare** and John **Praul** Jr. Sarah **Plumly**, releases her dower rights. Signed Sarah **Plumly**. Wit: Richard **Gibbs** and Margery **Gibbs**.

P. 354, 12 Dec 1761, John **Plumly**, (son and heir of Charles **Plumly**), carpenter, of Middletown Twp., Bucks Co., Pennsylvania to Jonathan **Hibbs**, carpenter, of same, £500, 200 acres...Middletown ...line of formerly **Vansandt**, George **Plumly**, Johannes **Praul**, Gabriel **Vanhorn**. Signed John **Plumly**. Wit: Robert **Brodnax**, Mathew **Case** and Sarah **Plumby**.

P. 355, 17 Feb 1762, Lawrence **Growdon**, (son and heir of Joseph **Growdon** and grandson of Lawrence **Growdon**), gentleman, of Bensalem, Bucks Co., Pennsylvania to John **Rodman** and William **Rodman**, gentlemen, of same, £0.25, three tracts...Bensalem Twp. Signed Lawrence **Growdon**. Wit: Gilbert **Hicks** and Richard **Gibbs**.

P. 356, James **Hendricks** power of attorney to Lawrence **Growdon**...payment received from Rebecca **Ogilby**, Joseph **Rakestrace** and Joseph **Ogilby**. Signed James **Hendricks**. Wit: Richard **Hall** and Paul Isaac **Voto**.

P. 358, 31 May 1737, Derrick & Elizabeth **Craven**, yeoman, of Southampton Twp., Bucks Co., Pennsylvania to their son, Derrick **Craven** Jr., husbandman, of same, for love and affection, 580 acres ...Southampton Twp...line of **Jones**. Signed Derrick (x) **Kraesen** and Elizabeth (x) **Kraesen**. Wit: Derrick **Hogeland** and Cobus (x) **Vansandt**, who recorded 1737.

P. 359, 16 May 1741, Henry & Mary **Paynter**, (grandson of Henry **Paynter**), yeoman, of Southampton Twp. Bucks Co., Pennsylvania, John & Hannah **Hyder**, of Virginia, Mary **Paynter**. spinster, and Sarah **Paynter**, spinster to Derrick **Kraesen**, of Southampton Twp., Bucks Co., Pennsylvania, £153, 88 acres...Southampton Twp...line of John **Jones**, deceased and Henry **Kraesen**...Henry **Paynter**, the grandfather, devised, 1702, to his son, who had issue, the said Henry, Hannah, Mary and Sarah. Signed Henry **Paynter**, who recorded 1747, Mary (x) **Paynter**, John **Hyder**, Hannah **Hyder**, Mary **Paynter** and Sarah **Paynter**. Wit: Henry **Kraesen** and Reyck **Vanende**.

P. 361, 4 Jan 1762, John & Ann **Davis**, yeoman, of Montgomery Twp., Philadelphia Co., Pennsylvania mortgage to Mary **Standley**, widow, of Philadelphia, Philadelphia Co., Pennsylvania, owes £200, 207 acres...Bristol Twp...line of Abraham **Richardson** and David

Williams ...purchased of Frustram **Davis**. Signed John **Davis** and Ann **Davis**. Wit: William **Murray** and Richard **Thomas**.

P. 362, 5 Dec 1761, Mahlon **Dean**, yeoman, of Upper Makefield Twp., Bucks Co., Pennsylvania mortgage to William **Allen**, owes £200, 124 acres ...Makefield Twp...line of Jonathan **Cooper**, David **Lewis**, William **Dillon** and Samuel **Merrick**. Signed Mahlon **Dean**. Wit: Paul Isaac **Voto** and Sarah **Voto**.

P. 364, 23 Dec 1761, Samuel & Sarah **Rich**, house carpenter, of Plumstead Twp., Bucks Co., Pennsylvania mortgage to Mary **Murgatroy**, widow, of Philadelphia, Philadelphia Co., Pennsylvania, owes £267, 86 acres...Plumstead Twp...line of John **Parker**, John **Russel**, Adain **Hymbough**, William **MacCalla**, Robert **McFarling**, Leonard **Smith**, Nicholas **Penquite** and William **Jessup**. Signed Samuel **Rich** and Sarah (x) **Rich**. Wit: William **Greenway** and John **Edwards**.

P. 375, 11 Mar 1762, Thomas **Groom**, of Southampton Twp., Bucks Co., Pennsylvania bond to William **Groom**. Signed Thomas **Groom**.

P. 366, 11 Mar 1762, Thomas **Groom**, of Southampton Twp., Bucks Co., Pennsylvania bond to Esther **Groom**, spinster. Signed Thomas **Groom**.

P. 366, 11 Mar 1762, Thomas **Groom**, of Southampton Twp., Bucks Co., Pennsylvania bond to Thomas **Groom**, the younger. Signed Thomas **Groom**.

P. 367, 11 Mar 1762, Thomas **Groom**, of Southampton Twp., Bucks Co., Pennsylvania bond to Mary **Groom**, spinster. Signed Thomas **Groom**.

P. 367, 11 Mar 1762, Thomas **Groom**, of Southampton Twp., Bucks Co., Pennsylvania bond to Mahlon **Groom**. Signed Thomas **Groom**.

P. 368, 6 Mar 1762, James & Alice **Kinnard**, of Bedminster Twp., Bucks Co., Pennsylvania mortgage to Joseph **Hart**, of Warminster Twp., Bucks Co., Pennsylvania, owes £150, 106 acres and 50 acres

...Bedminster Twp...line of William **Allen**, Joseph **Townsend**, James **Peddy**, Anthony **Kinnard** and Nicholas **Dillon**. Signed James **Kinnard** and Alice **Kinnard**. Wit: John **Roberts** and John (x) **Kinnard**.

P. 369, 13 Dec 1761, William **Coleman** power of attorney to Lawrence **Growdon**...£100 received of Thomas **Kelso**. Signed William **Coleman**. Wit: Thomas **Mifflin**.

P. 369, 2 Mar 1761, John & Mary **Moore**, weaver, of Northampton Twp., Bucks Co., Pennsylvania mortgage to Mathew **Drason**, mariner, of Philadelphia, Philadelphia Co., Pennsylvania, owes £51, 25 acres...Northampton Twp...line of **Harding**, Robert **Keaton**, William **Shepherd**, William **Stockdale** and Henry **Dennis**. Signed John **Moore** and Mary (x) **Moore**. Wit: Paul Isaac **Voto** and Sarah **Voto**.

P. 371, 20 Mar 1762, John & Hannah **Barcroft**, yeoman, of Solebury Twp., Bucks Co., Pennsylvania mortgage to Thomas **White**, of Philadelphia, Philadelphia Co., Pennsylvania, owes £300, 240 acres...Plumstead Twp...line of Ebenezer **Large**. Signed John **Barcroft** and Hannah (x) **Barcroft**. Wit: Jacob **Bogart** and Gisebart **Bogart**.

P.372, 9 Mar 1762, Thomas & Lydia **Groom**, miller, of Southampton Twp., Bucks Co., Pennsylvania mortgage to Catherine **Bullock**, widow, John **Lock**, mariner and Joseph **Howell**, tanner, (executors of the estate of George **Bullock**), of Philadelphia, Philadelphia Co., Pennsylvania, owes £200, 50 acres...Southampton Twp...line of Peter **Groom**...and 62 acres...line of William **Groom**, Joseph **Jones** and Oddy **Brock**. Signed Thomas **Groom** and Lydia **Groom**. Wit: John **Searson** and Paul Isaac **Voto**.

P. 374, 19 Oct 1761, Charles **Wohmsiedlor**, yeoman and Philip **Wohmsiedlor**, weaver, of Gravehopen, Philadelphia Co., Pennsylvania mortgage to Mathias **Shade**, sugar baker, of Philadelphia, Philadelphia Co., Pennsylvania, owes £60, 176 acres... Plumstead Twp...line of Thomas **Knight**, Joseph **Hedman**, John **Scholfield**, William **Jessup** and William **Norcross**. Signed Charles (x)

Wohsiedlor and Philip (x) Wohsiedlor. Wit: Leonard Smith and L. Weiss.

P. 375, 18 Nov 1761, Charles Kress, cordwinder, of Whitpain Twp., Philadelphia Co., Pennsylvania to John Smith, innkeeper, of Lower Milford, Bucks Co., Pennsylvania, £200, 31 acres...Lower Milford Twp...line of Philips and Bartholomew Young...purchased, 1756, of Elisha & Sybilla Parker. Signed Charles Kress. Wit: John Foulke and Edward Thomas.

P. 377, 6 Apr 1762, James & Mary McGlaughlin, yeoman, of Tinicum Twp., Bucks Co., Pennsylvania mortgage to Joseph Fox, of Philadelphia, Philadelphia Co., Pennsylvania, owes £100, 196 acres ...Tinicum Twp...line of John McGlaughlin. Signed James McGlaughlin and Mary (x) McGlaughlin. Wit: John McGlaughlin and Paul Isaac Voto.

P. 379, 15 Jan 1762, Christian Vanhorn and Henry & Elizabeth Vanhorn, of Newtown Twp., Bucks Co., Pennsylvania to John Merrick, of Lower Makefield Twp., Bucks Co., Pennsylvania, £5, 63 perches...Middletown Twp...line of Joseph Richardson, George Walker and Joseph Stackhouse. Signed Christian Vanhorn, Henry Vanhorn and Elizabeth Vanhorn. Wit: Henry Hany and Susannah (x) Vanhorn.

P. 381, 7 Apr 1756, Jacob & Hannah Scott, yeoman, of Bensalem Twp., Bucks Co., Pennsylvania to John Townsend, yeoman, of same, £239.25, 66 acres...Bensalem Twp...Timothy Scott, devised, 1702, to his youngest son Thomas Scott, who died before 21 years, land went to his eldest brother, Samuel Scott, who sold to his son, said Jacob. Signed Jacob Scott and Hannah Scott, who recorded 1756. Wit: Thomas Tomlinson and Thomas Mardon.

P. 383, 8 Mar 1761, Joseph & Rebekah Bye, yeoman, of Buckingham, Bucks Co., Pennsylvania to Joseph Ellicott, millwright, of same, £111.55, 227 acres...Buckingham Twp...line of Thomas Ely and Andrew Ellicott. Signed Joseph Bye and Rebekah Bye. Wit: Thomas Bye and Thomas Bye Jr.

P. 385, 14 Jun 1760, Mary **Palmer**, (late Mary **Martin**, daughter of Lancelot **Martin**, deceased, yeoman, of Bristol Twp., Bucks Co., Pennsylvania and widow of Samuel **Palmer**, yeoman, of Bucks Co., Pennsylvania) to John **Martin**, (eldest son of Lancelot **Martin**, who died intestate leaving four children, Mary, James, deceased, John and Margaret **Martin**, deceased), £200, three tracts in Bristol Twp...line of John **Smith**, William **Dungan** and Robert **Smith**. Signed Mary **Palmer**, Wit: Thomas **Marriot** and James **O'Hanton**.

P.386, 9 Mar 1722, John & Elizabeth **Addington**, yeoman, of Bristol Twp., Bucks Co., Pennsylvania to Thomas **Watson**, of Falls Twp., Bucks Co., Pennsylvania, £75, 100 acres...Bristol Twp...line of Joseph **Headley**, George **White**, Daniel **Jackson** and late Thomas **Terry**...purchased of Edmund **Lovett**. Signed John **Addington** and Elizabeth (x) **Addington**. Wit: Adam **Harker** and John **Sother**. Recorded, 1762, by Jane **Collison**, wife of Robert **Collison** and daughter of Adam **Harker**.

P. 388, 24 Apr, 1749, Adam **Harker**, mason, of Middletown, Bucks Co., Pennsylvania to Robert **Collison**, weaver, of same, £200, 86 acres...Middletown Twp...line of James **Paxson** and Joseph **Stackhouse**...and 110 acres...line of formerly Thomas **Bayne**, Thomas **Stackhouse**, John **Stackhouse** and Christian **Vanhorn**...purchased, 1700, of John **Scarbrough**. Signed Adam **Harker**, who recorded 1749. Wit: Thomas **Cornthwaite**, William **Atkinson** and Joseph **Atkinson**.

P. 390, 9 Apr 1748, Christian & Williamkee **Barnson**, (alias **Vanhorn**), yeoman, of Northampton, Bucks Co., Pennsylvania to Robert **Collison**, weaver, of Middletown, Bucks Co., Pennsylvania, £100, 80 acres...Middletown Twp...line of formerly Thomas **Bayne** and formerly **Thatcher**...John **Scarbrough**, had his son John **Scarbrough**, sell, 1796, to Henry **Huddlestone**, who devised that his father-in-law, William **Cooper** be his executor and was sold, 1706, to Henry Johnson **Vandike**, who devised, 1717, to his wife Yanica **Vandike**, for life and then to son-in-law, said Christian and granddaughter Susannah **Vanoleig**, who married Henry **Vanhorn**, who sold, 1737, to Jeremiah **Langhorne**, who sold, 1737, to said Christian. Signed Christian **Vanhorn** and Williamkee (x) **Vanhorn**, who recorded 1748. Wit: Adam **Harker**, Joseph **Richardson** and John **Frohock**.

P. 393, 16 Jun 1756, John & Rachel **Career** Jr., of Byberry Twp., Philadelphia Co., Pennsylvania to Thomas **Walmsley**, carpenter, of Southampton Twp., Bucks Co., Pennsylvania, £204.15, 55 acres... Southampton Twp...line of William **Ridge**, Henry **Walmsley** and Samuel **Biles**...patented, 1706, by Thomas **Cutler**, who sold, 1708, to John **Nailer**, (the grandfather), who sold, 1717, to John **Nailer**, (the father), who died intestate leaving John **Nailer**, (the eldest son) and other children, and was sold to Thomas **Edwards**, (who married the said intestate's eldest daughter), who sold to said John. Signed John **Career** Jr. and Rachel **Career**, who recorded 1756. Wit: Mary **Hicks** and Gilbert **Hicks**.

P. 395, 23 Mar 1762, Charles & Mary **Williams**, blacksmith, late of Bedminster Twp., Bucks Co., Pennsylvania, but now of Mill Creek Hundred, New Castle Co., Delaware to Edward **Murphrey**, weaver, of Bedminster Twp., Bucks Co., Pennsylvania, £244, 96 acres... Bedminster Twp...line of John **Sample**, deceased, William **Harkin**, John **Townsend**, Nicholas **Dillon** and Francis **McFall**, deceased... patented 1752. Signed Charles **Williams** and Mary **Williams**. Wit: William **Main** and William **Bowman**.

P. 396, 1 Mar 1762, George & Elizabeth **Walker**, blacksmith, of Middletown, Bucks Co., Pennsylvania mortgage to his mother, Sarah **Walker**, (widow of Joseph **Walker**), of same, owes £100, Middletown...line of late, William **Huddlestone** and formerly Thomas **Taylor**. Signed George **Walker** and Elizabeth (x) **Walker**. Wit: Richard **Gibbs** and Margery **Gibbs**.

P. 398, 9 Nov 1761, William & Sarah **Jessep**, yeoman, of Plumstead Twp., Bucks Co., Pennsylvania to Samuel **Rick**, carpenter, of same, £220, 86 acres...Plumstead Twp...line of late John **Parker**, John **Ross**, Adam **Hymbough**, William **MacColler**, Robert **MacFarling**, Nicholas **Perquite**, Leonard **Smith** and John **Russell**. Signed William **Jessep** and Sarah **Jessep**. Wit: Nathaniel **Brittain** and Joseph **Brittain**.

P. 399, 7 May 1762, William & Rachel **Dillion**, yeoman, of Upper Makefield Twp., Bucks Co., Pennsylvania mortgage to John **Fisher**, gentleman, of Philadelphia, Philadelphia Co., Pennsylvania, owes £147, 154 acres...Upper Makefield Twp...line of John **Chapman**, James **Dillion**, William **Smith** and Joseph **Hamton**. Signed William **Dillion** and Rachel **Dillion**. Wit: Nicholas **Waln** and Hick **Hughes**.

P. 401, 18 Jan 1762, Stephen **Rowland**, cordwinder, of New Britain Twp., Bucks Co., Pennsylvania mortgage to Moses **Aaron**, cordwinder, of Hilltown Twp., Bucks Co., Pennsylvania, owes £205, 103 acres...New Britain Twp...line of Thomas **Evans**, John **Lundy**, John **Wiggdon** and William **Barnhill**. Signed Stephen **Rowland**. Wit: John **Ferrell** and John (x) **Lapps**.

P. 402, 3 May 1762, William **Coleman** power of attorney to Lawrence **Growdon**...has received £60 mortgage from Christopher **Moyer**. Signed William **Coleman**.

P. 402, 29 Apr 1762, William & Elizabeth **Bowman**, blacksmith, of Bedminster Twp., Bucks Co., Pennsylvania mortgage to Joseph **Simms**, merchant, of Philadelphia, Philadelphia Co., Pennsylvania, owes £100, 100 acres...Bedminster Twp...line of Edward **Murphry**, late John **Thompson**, Alexander **Wilson**, James **Martin** and John **Sample**. Signed William **Bowman** and Elizabeth (x) **Bowman**. Wit: Paul Isaac **Voto** and Patrick **Barrett**.

P. 404, 20 Apr 1759, Evan **Morris**, (son and heir of William **Morris**), of Parish of Llanbardarn Vquid, Radnor Co., England power of attorney to Richard **Hockley**, merchant, of Philadelphia, Philadelphia Co., Pennsylvania...to recover on land that was sold, 1745, to Hugh **Wilson**, of Philadelphia, Philadelphia Co., Pennsylvania, in possession of John **Morris**, deceased, (uncle of said William)...released to John **Brown**...said Hugh **Wilson**, devised, to his brother John **Wilson**. Signed Evan **Morris**. Wit: James **Lloyd**, of Knighton, Radnor Co., England and James **Baxter**, of same, before Thomas **Davis**, bailiff, of New Radnor, Radnor Co., England.

P. 406, 15 Jul 1760, William **Peters**, gentleman, of Philadelphia, Philadelphia Co., Pennsylvania, of the first part, Evan **Morris**, (son and heir of William **Morris**), of Parish of Llanbardarn Vquid, Radnor Co., England by his attorney Richard **Hockley**, merchant, of Philadelphia, Philadelphia Co., Pennsylvania, of the second part to John **Wilson**, (brother and heir of Hugh **Wilson**), gentleman, of Beanmoris, North Wales, 600 acres...Southampton Twp. Signed Evan **Morris**, by Richard **Hockley**. Wit: James **Biddle** and Samuel **Johnson**. William **Peters** recorded 1762.

21 Jan 1762, John **Wilson**, (brother and heir of Hugh **Wilson**, of Philadelphia, Philadelphia Co., Pennsylvania), gentleman, formerly of Caernarvon, Caernarvon Co., North Wales, but now of Sherborn, Dorset Co. to William **Folwell**, yeoman, Bucks Co., Pennsylvania, £1350, 672 acres...Southampton Twp...line of William **Gregory**, John **Rush** and George **Willard**. Signed John **Wilson**, by his attorney, Richard **Hockley**. Wit: William **Peters** and Joseph **Hart**.

P. 413, 1 Mar 1762, Mary **Linton**, widow, of Northampton Twp. Bucks Co., Pennsylvania to Robert & Mary **Walker**, husbandman, of Newtown Twp., Bucks Co., Pennsylvania, for love and affection to her daughter, Mary **Walker**, 278 acres...Buckingham Twp...line of Joseph **Pike**, John **Smith**, Philip **Woods**, Joseph **Fisher** and John **Fisher**...Nehemiah **Blackshaw**, devised 1743, to his daughter, the said Mary **Linton**. Signed Mary (x) **Linton**. Wit: Richard **Gibbs** and Lawrence **Growdon**.

P. 415, 5 May 1761, Thomas & Elizabeth **Yeardley**, (son and heir of Richard **Yeardley**), yeoman, of Newtown, Bucks Co., Pennsylvania to Samuel **Yeardley**, yeoman, of same, £700, 37.5 acres...Newtown... line of John **Walley**, late John **Hough**...and 220.75 acres...line of Timothy **Taylor**, Barnet **Taylor** and Isaac **Ashton**...Francis & Jane **Hague**, sold, to Thomas **Yeardley**, of Makefield Twp., Bucks Co., Pennsylvania, who sold to Richard **Yeardley**...heirs of Thomas **Yeardley** were: William **Yeardley**, Thomas **Yeardley**, Mary **Janney**, widow, of True Twp., Loudoun Co., Virginia, Francis & Jane **Hague**, planter, of same, David & Sarah **Kinsey**, yeoman, of Solebury Twp., Bucks Co., Pennsylvania and Nathan & Joyce **Baker**, miller, of Cecil Co., Maryland. Signed Thomas **Yeardley** and Elizabeth **Yeardley**. Wit: Samuel **Field**, William **Yeardley** and

Thomas **Yeardley**.

P. 418, 16 Feb 1762, John **McMasters**, miller, of Southampton Twp., Bucks Co., Pennsylvania to William **Briggs**, £0.35, chattel goods. Signed John **McMasters**. Wit: Mary **Hicks** and Gilbert **Hicks**.

P. 419, 18 Dec 1761, Grace **Bowne**, (widow of Abraham **Bowne**) to William **Large** and John **Martin**, to be guardians of her children...land in Northampton Twp. Signed Grace (x) **Bowne**. Wit: Gilbert **Hicks** and John **DeNormandy**.

P. 419, 1 Mar 1763, Joshua **Walton**, Albinson **Walton**, (son of Joshua **Walton**, deceased, of Byberry Twp., Philadelphia Co., Pennsylvania), Richard & Elizabeth **Thomas**, yeoman, of Hilltown Twp., Bucks Co., Pennsylvania, Hannah **Shearman** and Ann **Walton**, (the said Elizabeth, Hannah and Ann being daughters of said Joshua **Walton**, deceased) to Jonathan **Walton**, (eldest son of said Joshua), £0.25, 166 acres... Warminster Twp...line of **Spencer**, Joseph **Hart**, Joseph **Todd** and **Eaton**. Signed Joshua **Walton**, Richard **Thomas**, Elizabeth (x) **Thomas**, John **Horn**, Hannah **Horn**, (sic) and Ann **Walton**. Wit: Joseph **Hart** and James **Spencer**.

P. 421, 1 Jan 1762, James **Smith**, yeoman, of Tinicum Twp., Bucks Co., Pennsylvania mortgage to James **Logan**, gentleman, of Philadelphia, Philadelphia Co., Pennsylvania, owes £100, 147 acres ...Tinicum Twp. Signed James **Smith**. Wit: James **Heuston** and John **Humphry**.

P. 422, 10 May 1762, Arthur & Mary **Rogers**, cordwinder, of Bedminster Twp., Bucks Co., Pennsylvania mortgage to Joseph **Hart**, of Warminster Twp., Bucks Co., Pennsylvania, owes £100, 54 acres...Bedminster Twp...line of John **Burrograft**, William **Harkins** and Henry **Huddlestone**. Signed Arthur **Rogers** and Mary (x) **Rogers**. Wit: Jacob **Bogarta** and Margret **Davitt**.

P. 423, 28 May 1762, Samuel & Ann **Stewart**, yeoman, of New Britain Twp., Bucks Co., Pennsylvania mortgage to Joseph **Hart**, of Warminster Twp., Bucks Co., Pennsylvania, owes £45, 192 acres...

New Britain Twp...line of William and Robert **Barnhill**, Joseph **Scott** and Daniel **Pennington**. Signed Samuel **Stewart** and Ann (x) **Stewart**. Wit: Simon **Butler** Jr. and Rebecca **Butler**.

P. 425, 1762, Abraham **Brown**, yeoman, of Plumstead Twp., Bucks Co., Pennsylvania mortgage to Alexander **Brown** and Nathan **Preston**, yeomen, of Buckingham Twp., Bucks Co., Pennsylvania, 18 acres...Plumstead Twp...line of Isaac **Brown** and William **Reader**. Signed Abraham **Brown**. Wit: Andrew **Ellicott** and Jonathan **Ingham**.

P. 426, 14 Apr 1762, Abraham **Brown**, yeoman, of Plumstead Twp., Bucks Co., Pennsylvania mortgage to William **Preston**, mason, of Buckingham, Bucks Co., Pennsylvania, £39, 10 acres...Plumstead Twp...line of Isaac **Brown**, William **Reeder** and David **Smith**. Signed Abraham **Brown**. Wit: Andrew **Ellicott** and Jonathan **Shaw**.

P. 427, 1 Mar 1762, Thomas **Evans**, yeoman, of New Britain Twp., Bucks Co., Pennsylvania mortgage to Eleanor **Kelly**, widow, of same, owes £40, 63 acres...New Britain Twp...line of Benjamin **Johns**, Thomas Jones **Weaver** and William **Barnhill**. Signed Thomas **Evans**. Wit: Erasmus **Kelly** and John **Vastine**.

P. 429, 23 May 1762, David **George**, yeoman, of Hilltown Twp., Bucks Co., Pennsylvania mortgage to John **Grier**, yeoman, of New Britain Twp., Bucks Co., Pennsylvania, owes £250, 150 acres...Hilltown Twp...line of late David **Marple**. Signed David (x) **George**. Wit: Erasmus **Kelly** and John **Wilson**.

P. 430, 3 Apr 1756, John **Gitleman**, (**Kiltman**), yeoman, of Rockhill Twp., Bucks Co., Pennsylvania articles of agreement with Jacob & Magdalena **Boyer**, yeoman, of same, for favors, chattel goods. Signed John (x) **Boyer** and John **Gitleman**, who recorded 1761, concerning getting firewood for his mother and father-in-law.. Wit: Peter (x) **Snodel** and Rodolf (x) **Hornehar**.

P. 431, 20 Mar 1762, Thomas **Evans**, yeoman, of New Britain Twp., Bucks Co., Pennsylvania to William **Barnhill**, yeoman, of same, £453.75, 150 acres...New Britain Twp...line of Samuel **Barnhill**,

Lewis **Evans** Jr. and Joseph **Arthur**. Signed Thomas **Evans**. Wit: James **Irwin** and Mathew **Grier** and Joseph **Quinn**.

P. 433, 20 Mar 1762, William **Barnhill**, yeoman, of New Britain Twp., Bucks Co., Pennsylvania mortgage to Eleanor **Kelly**, widow, of Hilltown Twp., Bucks Co., Pennsylvania, owes £200, 150 acres ...New Britain Twp. Signed William **Barnhill**. James **Irwin**, Joseph **Quinn** and Mathew **Grier**.

P. 434, 14 Jun 1762, Eleanor **Kelly**, (widow of John **Kelly**), of Hilltown Twp., Bucks Co., Pennsylvania power of attorney to Richard **Gibbs**, of Bucks Co., Pennsylvania. Signed Eleanor (x) **Kelly**. Wit: Erasmus **Kelly** and John **Wilson**.

P. 435, 10 Mar 1762, Eleanor **Kelly**, (widow of John **Kelly**), of Hilltown Twp., Bucks Co., Pennsylvania power of attorney to Richard **Gibbs**, of Bucks Co., Pennsylvania. Signed Eleanor (x) **Kelly**. Wit: James **Irwin** and Joseph **Lunn**.

P. 435, 29 Sep 1755, Thomas & Mary **Jones**, (said Mary is a daughter and heir of Jacob **Usher**, by Ruth, his wife, deceased, who was the daughter of Richard **Wood**, wine cooper, of Bristol, Bucks Co., Pennsylvania), of Frederick Co., Virginia to Bartholomew **Pearose**, merchant, of Philadelphia, Philadelphia Co., Pennsylvania, £45, 493 acres...Southampton Twp...line of formerly Thomas **Lloyd** and formerly John **Jones**...and 51.25 acres...line of Nicholas **Randal** and formerly John **Jones**. Signed Thomas **Jones** and Mary **Jones**. Wit: John **Reily** and Patt. **Poulson**.

P. 438, 10 Apr 1760, William **Croasdale**, yeoman, of Newtown, Bucks Co., Pennsylvania to William **Backman**, yeoman, of same, £300, 10 acres and 99 acres, of 200 acres...line of Thomas **Mitchell**, William **Ashburn**, Jacob **Backman**, John **Backman**, Henry **Hardin**, John **Storge**...patented, 1682, by William **Bennett**, who devised, 1683, to his daughters, Elizabeth, Rebeckah, Ann, Sarah and wife Rebeckah **Bennett** and said Rebeckah, widow married Thomas **Williams**, of Burlington, New Jersey, said Sarah married Robert **Edwards**, cooper, of Burlington, New Jersey and said Rebeckah, the daughter, married Thomas **Scholak**, yeoman, of Burlington Co.,

New Jersey, who sold, 1702, to Ezra **Croasdale**, yeoman, of Middletown, Bucks Co., Pennsylvania, who devised, 1727, to his son, the said William. Signed William **Croasdale**, who recorded 1762. Wit: Joseph **Thornton** and Amos **Strickland**.

P. 441, 6 Apr 1762, William **Croasdale**, yeoman, of Newtown, Bucks Co., Pennsylvania to Jacob **Backman**, yeoman, of same, £300, 10 acres, 65 acres and 15 acres, of 200 acres. Signed William **Croasdale**. Wit: Joseph **Thornton** and Amos **Strickland**.

P. 443, 23 Apr 1728, Stephen **Twining**, yeoman, of Newtown, Bucks Co., Pennsylvania to Christian **Vanhorne**, yeoman, of same, £0.25, 23 acres...Newtown...line of Nathaniel **Twining**. Signed Stephen **Twining**, who recorded 1762. Wit: Benjamin (x) **Fereby** and Susannah **Chapman**.

P. 445, 1 Jul 1762, James & Isabel **Wallard**, yeoman, of Warwick Twp., Bucks Co., Pennsylvania mortgage to Thomas **Campbell**, gentleman, of Philadelphia, Philadelphia Co., Pennsylvania, owes £100, 234 acres...Warwick Twp...line of John **Miller**, Isabella **Long**, Andrew **Long**...purchased of William & Elizabeth **Long** and Andrew & Mary **Long**. Signed James **Wallard** and Isabel **Wallard**. Wit: John **Reily** and Henry **Burnet**.

P. 445, 29 Mar 1762, Benjamin **Hamilton**, yeoman, of Warwick Twp., Bucks Co., Pennsylvania mortgage to John **Earl**, yeoman, of same, owes £200, 126 acres...Warwick Twp...line of James **Wallard**, Thomas **Howel** and Robert **Henderson**. Signed Benjamin (x) **Hamilton**. Wit: William **Long** and James **Wallard**.

P. 447, 13 Sep 1762, Baltzer & Mary **Heyler**, yeoman, of Tinicum Twp., Bucks Co., Pennsylvania mortgage to Joseph **Coffman**, merchant, of Philadelphia, Philadelphia Co., Pennsylvania, owes £200, 150.25 acres...Tinicum Twp...line of Christian **Henk**, John **Wallis**, Moses **Marshall**, John **Sample** and John **Patterson**. Signed Baltzer **Heyler** and Mary (x) **Heyler**. Wit: Amy **Seyfort** and Henry **Burnet**.

P. 449, 23 Aug 1762 Thomas & Martha **Merrick**, yeoman, of Upper

Makefield Twp., Bucks Co., Pennsylvania mortgage to Joshua **Fisher**, merchant, of Philadelphia, Philadelphia Co., Pennsylvania, owes £1000, 260 acres...line of Joseph **Hamton**, James **McNein** and Samuel **Merrick**. Signed Thomas (x) **Merrick** and Martha **Merrick**. Wit: John **Ross**, John **Knowles** and John **Beaumont**.

P. 451, 3 Jun 1762, Jonathan & Sarah **Cooper**, Jr, yeoman, of Upper Makefield Twp., Bucks Co., Pennsylvania mortgage to James **Jonesey**, cordwinder, of Solebury Twp., Bucks Co., Pennsylvania, 118 acres...Upper Makefield Twp...line of William **Keith**, Samuel **Merrick**, Israel **Doan**, Thomas **Smith**, Robert **Smith**, John **Stockdall** and Zubulon **Heston**. Signed Jonathan **Cooper** and Sarah (x) **Cooper**. Wit: Jonathan **Ingham** and William **Kitchin**.

P. 452, 8 Apr 1762, Euclidus & Mary **Scarbrough**, yeoman, of Solebury Twp., Bucks Co., Pennsylvania mortgage to George **Emten**, merchant, of Philadelphia, Philadelphia Co., Pennsylvania, owes £125, 169.5 acres...Solebury Twp...line of James **Logan**, John **Sickering**, Isaac **Pillar** and Enoch **Pearson**...and 47 acres, adjoining. Signed Euclidus **Scarbrough** and Mary (x) **Scarbrough**. Wit: Joseph **Burgess** and Enoch **Yardley**.

P. 454, 27 May 1762, Robert & Sarah **Ashton**, Springfield, Bucks Co., Pennsylvania mortgage to Thomas **Blackledge**, tanner, of Lower Milford, Bucks Co., Pennsylvania, owes £250, 219 acres... Mannor of Richland...line of Thomas **Adamson**, John **Lewis**, Samuel **Thomas**, Thomas **Thomas**, John **Weaver** and George **Shoeman**. Signed Robert **Ashton** and Sarah **Ashton**. Wit: Thomas **Thomas** and John **Thomas**.

P. 455, 16 Sep 1762, Rebecca **Poole**, (widow of Joseph **Poole**,, tailor, late of Newtown, Bucks Co., Pennsylvania), William **Poole**, of Wilmington, New Castle, Delaware, Thomas & Elizabeth **Yardley**, and Sarah **Poole**, of Newtown, Bucks Co., Pennsylvania, (the said William is the eldest son and the said Elizabeth and Sarah are daughters of the said Joseph, deceased) power of attorney to Thomas **Yeardley**, gentleman, of Makefield Twp. and John **DeNormandy**, of Bristol, Bucks Co., Pennsylvania. Signed Rebekah **Poole**, William **Poole**, Thomas **Yeardley**, Elizabeth **Yeardley** and Sarah **Poole**. Wit:

Isaac **Decow** and Samuel **Bard**.

P. 457, 17 Sep 1762, Rebecca **Poole**,, William **Poole**, Thomas & Elizabeth **Yeardley** and Sarah **Poole**, (heirs of Joseph **Poole**) bond in trust to Thomas **Yeardley** and John **DeNormandy**, £0.25, 95 acres... Newtown ...line of Thomas **Yeardley**, Thomas **Janney**, mason, Thomas **Morgan**, Anthony **Late** and John **Walley**. Signed Rebekah **Poole**, William **Poole**, Thomas **Yeardley**, Elizabeth **Yeardley** and Sarah **Poole**. Wit: Isaac **Decow** and Samuel **Bard**.

P. 458, 16 Aug 1718, Hannah **Carpenter**, (widow of Samuel **Carpenter**, merchant, merchant, of Philadelphia, Philadelphia Co., Pennsylvania) to John **Large**, of Bristol, Bucks Co., Pennsylvania, £7.5, 40 perches...Bristol...line of George **Clough**. Signed Hannah **Carpenter**. Wit: Thomas **Clifford** and William **Atkinson**, who recorded 1736.

P. 460, 6 Jan 1726, Nathan & Sarah **Watson**, cordwinder, of Bristol, Bucks Co., Pennsylvania to John **Large**, of same, £48.5, 27.5 acres ...Bristol Twp...purchased, 1726, of Samuel & Margaret **Preston**, (said Margaret is the widow of Josiah **Longdale**, late of Bridlington, York Co., England). Signed Nathan **Watson** and Sarah **Watson**, who recorded 1736. Wit: John **Welsh** and William **Atkinson**.

P. 462, 3 May 1739, Nathan **Watson**, cordwinder, of Bristol, Bucks Co., Pennsylvania to John **Large**, tailor, of same, £60, 9.75 acres...Bristol Twp. Signed Nathan **Watson**. Wit: Charles **Brockden** and Samuel **Gilford**, who recorded 1744.

P. 466, 16 May 1749, Peter **Larew**, yeoman, of Makefield Twp., Bucks Co., Pennsylvania to Nicholas **Larzelere**, yeoman, of same, £520, 216 acres...line of James **Tunnisclift**, **Waker**, Abel **Janney** and Thomas **Yardley**. Signed Peter **Larew**, who recorded 1749. Wit: Colin **Campbell** and Mathew **Rue**.

P. 468, 7 Oct 1729, Francis & Martha **White**, yeoman, of Middletown Twp., Bucks Co., Pennsylvania to Peter Barnson **Vanhorne**, yeoman, of same, £600, 426 acres...line of Bartholomew **Jacobs**, Joseph **Headley**, Robert **Carter** and John **Plumbly**...four tracts, one from his father and the others purchased...John **White**, devised, 1695, to his widow, Elizabeth **White**, who devised to her son the said Francis. Signed Francis **White** and Martha **White**. Wit: John **White**, who recorded 1762 and Martha **White** Jr.

P. 470, 8 May 1762, John **Merrick**, farmer, of Makefield Twp., Bucks Co., Pennsylvania to Robert **Lucas**, yeoman,, of Falls Twp., Bucks Co., Pennsylvania, £437, 230 acres...Makefield Twp...line of William **Yeardley** and **Harvey**...patented, 1681, by George **Powell** and descended to his eldest son, Rubin **Powell** and sold, 1740, by sheriff to Robert **Edwards** and descended to the oldest daughter of his brother, John **Edwards**, deceased, late of Chidcock, Dorset Co., England, Elizabeth **Bartlett**, wife Ralph **Bartlett**, who sold, 1756, to Joseph & Grace **Galloway**, who sold, 1758, to Susannah **Edwards**, who devised that it be sold and was sold to Samuel **Burgess**, who sold to said John. Signed John **Merrick**. Wit: William **Yeardley**, Mahlon **Kirkbride** and Mahlon **Kirkbride** Jr.

P. 471, 3 Jun 1762, John & Sarah **Burgess**, yeoman, and Mary **Burgess**, (widow Jeffrey **Burgess** and mother of said John), of Solebury Twp., Bucks Co., Pennsylvania mortgage to Hugh **Roberts**, gentleman and director of the hospital of Philadelphia, Philadelphia Co., Pennsylvania, owes £500, 200 acres...line of John **Picock**. Signed John **Burgess**, Sarah **Burgess** and Mary (x) **Burgess**. Wit: Euclidus **Scarbrough** and Enoch **Yardley**.

P. 473, 30 Sep 1762, Yeomans **Gillingham**, wheelwright, of Buckingham Twp. Bucks Co., Pennsylvania mortgage to Charles **Norris**, (attorney for Richard **Pike**, merchant, of Cork), of Philadelphia, Philadelphia Co., Pennsylvania, owes £300, 200 acres ...Solebury Twp...line of Stephen **Townsend**. Signed Yeomans **Gillingham**. Wit: James **Johnston** and Joseph **Smith**.

P. 474, 3 Aug 1762, James & Jane **Kennedy**, yeoman, of Tinicum Twp., Bucks Co., Pennsylvania and John & Ann **Maxwell**, of Essex Co., New Jersey mortgage to Phitotesia **Strettell**, widow and Amos **Strettell**, merchant, (executors of the estate of Robert **Strettell**), of Philadelphia, Philadelphia Co., Pennsylvania, owes £260, 219 acres and 103 acres...Tinicum Twp...line of late Barnet **snyder**, late Henry

McIntire, late Samuel **Mathers**, Abraham **Fretz**. Signed James **Kennedy**, Jane (x) **Kennedy**, John **Maxwell** and Ann (x) **Maxwell**. Wit: George **Taylor** and Richard **Backhouse**.

P. 476, 3 Sep 1762, Robert & Sarah **Paterson**, yeoman, of Tinicum Twp., Bucks Co., Pennsylvania mortgage to Redmond **Conyingham** and John Maxwell **Nesbitt**, merchants, of Philadelphia, Philadelphia Co., Pennsylvania, owes £450, 324 acres...Tinicum Twp...line of Richard **Stevens**, Henry **Killone**, John **Paterson**, Andrew **Paterson** and Kilman **Kulp**. Signed Robert **Paterson** and Sarah (x) **Paterson**. Wit: Paul Isaac **Voto** and Ernston **Junt**.

P. 478, 6 Oct 1762, Andrew & Mary **Paterson**, yeoman, of Tinicum Twp., Bucks Co., Pennsylvania mortgage to Redmond **Conyingham** and John Maxwell **Nesbitt**, merchants, of Philadelphia, Philadelphia Co., Pennsylvania, owes £200, 322 acres...Tinicum Twp...line of Andrew **Wilson**,, Richard **Stevens**, John **Overholtz**, Nicholas **Wagger**, Kilman **Kulp**, Robert **Paterson** and Joseph **McCrea**. Signed Andrew **Paterson** and Mary (x) **Paterson**. Wit: Paul Isaac **Voto** and Robert **Paterson**.

P. 479, 6 Oct 1762, Robert & Jane **Wilson**, yeoman, of Tinicum Twp., Bucks Co., Pennsylvania mortgage to Redmond **Conyingham** and John Maxwell **Nesbitt**, merchants, of Philadelphia, Philadelphia Co., Pennsylvania, owes £100, 131 acres...Tinicum Twp...line of William **Akin**, Robert **Wilson**, Richard **Stevens**, Robert **Stuart**, William **Richards**. Signed Robert **Wilson** and Jane (x) **Wilson**. Wit: Paul Isaac **Voto** and Robert **Paterson**.

P. 481, 5 Oct 1762, William **Lester**, cordwinder, of Richland Twp., Bucks Co., Pennsylvania mortgage to Redmond **Conyingham** and John Maxwell **Nesbitt**, merchants, of Philadelphia, Philadelphia Co., Pennsylvania, owes £100, 30 acres and 18 acres...Richland Twp...line of John **Greasley**, Samuel **Shaw**, John **Foulke**, Abel **Roberts** and **Morris**. Signed William **Lester**. Wit: Paul Isaac **Voto** and Robert **Harper**.

P. 482, 14 Oct 1762, Joseph & Mary **Addis**, (late Mary **Dawson**, one of the daughters and heirs of Daniel **Prichard**), yeoman, of

Northampton Twp., Bucks Co., Pennsylvania mortgage to Elizabeth **Shewell** Jr., spinster, of Philadelphia, Philadelphia Co., Pennsylvania, owes £100, 20 acres and 62 acres...Northampton Twp...line of Robert **Heaton**, Hannah **Duncan**, John **Prichard** and James **Prichard**. Signed Joseph **Addis** and Mary **Addis**. Wit: Paul Isaac **Voto** and Sarah **Voto**.

P. 484, 16 Nov 1762, Ralph **Dunn**, (son and heir of Ralph **Dunn**, farmer, late of Northampton Twp.), farmer, of Northampton Twp., Bucks Co., Pennsylvania power of attorney to his brother, George **Dunn**, innholder, of same...2 acres in Southampton. Signed Ralph **Dunn**. Wit: William **Paxson** and John **Plumby**.

P. 485, 9 Nov 1762, Abraham & Elizabeth **Tucker**,, husbandman, of New Britain Twp., Bucks Co., Pennsylvania mortgage to Mary **Maddox**, widow, of Philadelphia, Philadelphia Co., Pennsylvania, owes, £100, 100 acres...New Britain Twp...line of Samuel **Stewart**, late William **Wells**, John **Wigtom** and David **Pugh**. Signed Abraham **Tucker** and Elizabeth (x) **Tucker**. Wit: Jacob **Tomkins** and Joseph **Kart**.

P. 486, 25 Jun 1762, John & Mary **Patrick**, yeoman, of Buckingham, Bucks Co., Pennsylvania mortgage to Israel **Pemberton**, merchant, of Philadelphia, Philadelphia Co., Pennsylvania, £540, 92 acres... Buckingham Twp...line of Seaman **Rodman**, Robert **Scott**, John **McIntire**, widow **Crawford**, John **Samuel** and Nathan **McKinstry**. Signed John **Patrick** and Mary **Patrick**. Wit: Jacob **Bogart** and Christopher **Matchler**.

P. 488, 21 Jul 1762, Samuel **Hart**, blacksmith, of Bedminster Twp., Bucks Co., Pennsylvania mortgage to Mathias **Bush**, merchant, of Philadelphia, Philadelphia Co., Pennsylvania, owes £197, 49 acres... Bedminster Twp...line of Nicholas **Dillon**, Francis **McFall**, Edward **Murphey**, William **Harkins** and John **Townsend**. Signed Samuel **Hart**. Wit: Paul Isaac **Voto** and Sarah **Voto**.

P. 489, 24 Dec 1760, Mary **Penrose**, widow, (executor of the estate of Bartholomew **Penrose**), of Philadelphia, Philadelphia Co., Pennsylvania to Derick **Hogeland**, yeoman, of Southampton Twp.,

Bucks Co., Pennsylvania, £595, 297 acres...Southampton Twp...line of **Wynkoop** and Jacob **Duffield**. Signed Mary **Penrose**, who recorded 1761. Wit: Nicholas **Waln** and Hugh **Hughes**.

P. 491, 20 Oct 1759, Jacob & Anne **Stout**, potter, of Rockhill Twp., Bucks Co., Pennsylvania to Henry **Lacy**, yeoman, of Hilltown, Bucks Co., Pennsylvania, £268, 141 acres...Hilltown Twp...line of Abraham **Huntsborger**, Griffith **Owen**, James **Hamilton**, John **Lacy** and Lawrence **Growdon**. Signed Jacob **Stout** and Anne (x) **Stout**, who recorded 1759. Wit: Rachel **Griffith** and Benjamin **Griffith**.

P. 493, 20 Oct 1759, Jacob & Anne **Stout**, potter, of Rockhill Twp., Bucks Co., Pennsylvania to John **Lacy**, potter, of same, £193, 120 acres...Hilltown Twp...line of Joseph **Kirkbride**, Eleanor **Thomas**, John **Davis**, James **Hamiton** and Henry **Lacy**. Signed Jacob **Stout** and Anne (x) **Stout**, who recorded 1759. Wit: Rachel **Griffith** and Benjamin **Griffith**.

P. 495, 27 Aug 1753, John **Vanhorn**, weaver, of Middletown Twp.,, Bucks Co., Pennsylvania to his brother, Gabriel **Vanhorn**, yeoman, of same, £100, 26 acres...Middletown Twp...line of **Plumby** and Thomas **Walmsley**. Signed John **Vanhorn**, who recorded 1753. Wit: Daniel **Laroe** and William **Buckley**.

P. 496, 15 Apr, 1762, Gabriel & Martha **Vanhorn**, (son and heir of Peter **Vanhorn**), yeoman, of Middletown Twp., Bucks Co., Pennsylvania to his brother, Garret **Vanhorn**, yeoman, of same, land division of 100 acres...Middletown Twp...line of estate of Lewis **Rue**, Andrew **Mode**, late Joseph **Headley**, Garret **Vansandt**, Joseph **Wright** and **Walmsley**. signed Gabriel **Vanhorn** and Martha **Vanhorn**. Wit: Samuel **Bard** and Robert **DeNormandy**.

P. 498, 7 Oct 1762, John & Margary **Strickland**, innholder, of Southampton Twp., Bucks Co., Pennsylvania to Patrick **Colver**, yeoman, of same, £900, 106 acres...Southampton Twp...line of John Thomas **Harding**, Daniel **Knight**, Charles **Biles**. Signed John **Strickland** and Margary (x) **Strickland**. Wit: Joseph **Carter** and Edward **Briggs**.

P. 500, 15 Jun 1762, Thomas **Leech** power of attorney to Lawrence **Growdon**...has received John **Scott** money due Joshua **Maddox**. Signed William **Leech** (sic). Wit: Nicholas **Walm**.

P. 500, 2 Nov 1742, Hugh **Roberts** power of attorney to Lawrence **Growdon**, to discharge Robert **Heaton**'s mortgage. Signed Hugh **Roberts**..

P. 501, 20 Dec 1752, Thomas & Jane **Fell**, yeoman, of Buckingham Twp., Bucks Co., Pennsylvania to Benjamin **Fell**, yeoman, of same, £75, 65 acres, of 500 acres...line of John **Brandfield**, John **Brandfield** Jr., James **Evans** and Thomas **Gill**...patented, 1783, by Joseph **Baines**, of Strangerworth, Westmoreland Co., England, who sold, 1799, to Daniel & Hannah **Jackson** and their sons, John and Joseph **Jackson**, of Lamplugh, Cumberland Co., England, but late of Bristol, Bucks Co., Pennsylvania, all died except son Joseph, (who married Mary) and two daughters, Hannah, (who married Mathias **Keen**), Susannah **Jackson**, (who married Jonathan **Bourne**, deceased before 1739), who divided the land in 1739, and Joseph's share went at sheriff's sale in 1751 to said Thomas. Signed Thomas **Fell** and Jane **Fell**, who recorded 1753. Wit: John **Watson** Jr. and George **Hughes**.

P. 503, 7 Sep 1762, Mathias & Fransinak **Haroye**, yeoman, of Makefield Twp., Bucks Co., Pennsylvania mortgage to Margaret **Rees**, widow, of Halborough, Manor of Moreland, Philadelphia Co., Pennsylvania, owes £1078, four tracts, three in Philadelphia Co. and one in Bucks Co., 180 acres...Makefield Twp...line of Benjamin **Taylor**, John **Duer**, Thomas **Haroye** and Joseph **Johnson**. Signed Mathias **Haroye** and Fransinak **Haroye**. Wit: William **McClean** and William **Walton**.

P. 505, 18 Sep 1762, John **Fell**, yeoman, of Buckingham Twp., Bucks Co., Pennsylvania mortgage to Margaret **Rees**, widow, of Halborough, Manor of Moreland, Philadelphia Co., Pennsylvania, owes £100, 50 acres...Buckingham Twp...line of John **Branfield**, John **Brandfield** Jr., James **Evans** and Thomas **Gill**. Signed John **Fell**. Wit: Jacob **Bogart** and Abraham **Lukens**.

P. 506, 3 Aug 1762, Abraham & Elizabeth **Tucker**, yeoman, of New Britain Twp., Bucks Co., Pennsylvania mortgage to John & Sarah **Barnhill**, yeoman, of Warrington Twp., Bucks Co., Pennsylvania, owes £230, 100 acres...New Britain Twp...line of Samuel **Stewart**, late William **Wells** and John **Wigton**. Signed Abraham **Tucker** and Elizabeth (x) **Tucker**. Wit: David (x) **Pugh** and Hannah **Pugh**.

P. 508, 3 Aug 1762, David & Hannah **Pugh**, husbandman, of New Britain Twp., Bucks Co., Pennsylvania mortgage to John & Sarah **Barnhill**, yeoman, of Warrington Twp., Bucks Co., Pennsylvania, owes £426, 112 acres...New Britain Twp...line of Samuel **Stewart**, Abraham **Tucker**, John **Wigton** and Mordecai **Rowland**. Signed David (x) **Pugh** and Hannah **Pugh**. Wit: Abraham **Tucker** and Elizabeth (x) **Tucker**.

P. 509, 17 Sep 1762, John **Scott**, yeoman, of Upper Makefield Twp., Bucks Co., Pennsylvania mortgage to William **Yeardley**, gentleman, of Lower Makefield Twp., Bucks Co., Pennsylvania, owes £317, 150 acres and 43 acres...Lower Makefield Twp...line of John **Whitacre**, Thomas **Stackhouse** and Robert **Whitacre**. Signed John **Scott**. Wit: Mahlon **Kirkbride** and John **Nutt**.

P. 511, 1 Feb 1762, David & Phebe **Roberts**, yeoman, of Richland Twp., Bucks Co., Pennsylvania to William **Lester**, cordwinder, of same, £45, 18 acres...Richland Twp...line of Abel **Roberts** and Morris **Morris**...purchased, 1754, of John & Sarah **Baldwin**, said Sarah received it, 1743, from her father, Joseph **Gilbert**. Signed David **Roberts** and Phebe **Roberts**. Wit: John (x) **Lester** and Mary **Jemison**.

P. 512, 2 Oct 1762, William & Priscilla **Foulke**,, weaver, of Richland Twp., Bucks Co., Pennsylvania to William **Lester**, cordwinder, of same, £200, 30 acres...Richland Twp...line of John **Greasley**, John **Lester**, Samuel **Shaw** and John **Foulke**. Signed William **Foulke** and Priscilla **Foulke**. Wit: Joseph **Jemison** and Mary **Jemison**.

P. 513, 3 Sep 1762, Dr. John **Fothergill**, Daniel **Zachary**, gentleman, Thomas **Hew**, goldsmith, Deverence **Bowley**, watchmaker, Luke **Hinde**, stationer, Richard **Hew**, merchant, Jacob **Hagen**, merchant,

Silvanus **Grove**, merchant and William **Heron**, merchant, all of London, England, by their attorneys Jacob **Cooper**, Samuel **Shoemaker** and Joshua **Howell** to Robert **Patterson**, yeoman, of Tinicum Twp., Bucks Co., Pennsylvania, £957.25, 324.5 acres... Tinicum Twp...line of Richard **Stevens**, Henry **Dillion**, John **Patterson**, Andrew **Patterson** and Tilman **Kulp**. Signed John **Fothergill**, Daniel **Zachary**, Thomas **Hew**, Deverence **Bowley**, Luke **Hinde**, Richard **Hew**, Jacob **Hagen**, Silvanus **Grove**, merchant and William **Heron**, by their attorneys Jacob **Cooper**, Samuel **Shoemaker** and Joshua **Howell**. Wit: Joseph **Smith** and Benjamin **Shoemaker**.

P. 516, 5 oct 1762, Dr. John **Fothergill**, Daniel **Zachary**, gentleman, Thomas **Hew**, goldsmith, Deverence **Bowley**, watchmaker, Luke **Hinde**, stationer, Richard **Hew**, merchant, Jacob **Hagen**, merchant, Silvanus **Grove**, merchant and William **Heron**, merchant, all of London, England, by their attorneys Jacob **Cooper**, Samuel **Shoemaker** and Joshua **Howell** to Andrew **Patterson**, yeoman, of Tinicum Twp., Bucks Co., Pennsylvania, £407.75, 322 acres... Tinicum Twp...line of Andrew **Wilson**, Richard **Stevens**, John **Overholtz**, Nicholas **Wagger**, Robert **Patterson**, Tilman **Kulp**, John **Fretz** and Joseph **McCrea**. Signed John **Fothergill**, Daniel **Zachary**, Thomas **Hew**, Deverence **Bowley**, Luke **Hinde**, Richard **Hew**, Jacob **Hagen**, Silvanus **Grove**, merchant and William **Heron**, by their attorneys Jacob **Cooper**, Samuel **Shoemaker** and Joshua **Howell**. Wit: Joseph **Smith** and Benjamin **Shoemaker**.

P. 519, 6 Oct 1762, Dr. John **Fothergill**, Daniel **Zachary**, gentleman, Thomas **Hew**, goldsmith, Deverence **Bowley**, watchmaker, Luke **Hinde**, stationer, Richard **Hew**, merchant, Jacob **Hagen**, merchant, Silvanus **Grove**, merchant and William **Heron**, merchant, all of London, England, by their attorneys Jacob **Cooper**, Samuel **Shoemaker** and Joshua **Howell** to Robert **Wilson**, yeoman, of Tinicum Twp., Bucks Co., Pennsylvania, £132.8, 131 acres... Tinicum Twp...line of William **Atkin**, Robert **Wilson**, Richard **Stevens**, Robert **Stuart** and William **Richards**. Signed John **Fothergill**, Daniel **Zachary**, Thomas **Hew**, Deverence **Bowley**, Luke **Hinde**, Richard **Hew**, Jacob **Hagen**, Silvanus **Grove**, merchant and William **Heron**, by their attorneys Jacob **Cooper**, Samuel

Shoemaker and Joshua **Howell**. Wit: Joseph **Smith** and Benjamin **Shoemaker**.

P. 522, 8 Mar 1762, Dr. John & Rebecca **DeNormandy**, of Bristol, Bucks Co., Pennsylvania to John **Merrick**, yeoman, of same, £134, lot in Bristol. Signed John **DeNormandy** and Rebecca **DeNormandy**. Wit: N. & Rebecca **Billewores**, Gilbert **Hicks**, William **McHvaine**, Samuel **Harvey** and Longhorne **Biles**.

P. 524, 4 Sep 1762, Joseph **Stackhouse**, farmer, of Middletown Twp., Bucks Co., Pennsylvania to John **Merrick**, of same, £28, 59 acres...John **Scarborough**, sold, 1698, Thomas **Baines**, who devised, 1742, to Daniel & Ann **Doan**, who sold, 1753, to said Joseph. Signed Joseph **Stackhouse**. Wit: Benjamin **Tomlinson** and Nathan **Ellicott**.

P. 525, 8 Jan 1763, Robert & Hannah **Russell**, cordwinder, of Buckingham Twp., Bucks Co., Pennsylvania to Joseph **Kelly**, yeoman, of same, £566.95, 123 acres...Buckingham Twp...line of Samuel **Wilson**, Mathew **Hughes**, Martha **Hall**, Charles **Polton** and Samuel **Hough**...purchased of Francis & Abigail **Hough**...and 26 acres...patented, 1683, by John **Clowes**, who devised, 1680, (sic), to to his three daughters, Margery **Hough**, Sarah **Bainbridge**, (wife of John) and Rebecca **Clowes**, who sold, 1713, to John **Chapman**, who sold, 1713, to Samuel **Hough**... Francis & Abigail **Hough**, sold, 1743, to Samuel **Wilson**, who sold 1747, to Charles **Polton**, who sold, to said Robert. Signed Robert **Russell** and Hannah (x) **Russell**. Wit: Jacob **Bogart** and Gisebart **Bogart**.

P.528, 13 Jan 1763, James & Elizabeth **Coultas**, of Blockley Twp., Philadelphia Co., Pennsylvania mortgage to Gilbert **Hicks**, of Bensalem Twp., Bucks Co., Pennsylvania, owes £950, 537 acres... Bensalem Twp...line of Joseph **Growdon**, Lawrence **Growdon**, Henry **Enoch** and John **Rodman**. Signed James **Coultas** and Elizabeth **Coultas**. Wit: James **James** and George **Gray**.

P. 530, 8 Feb 1752, Edmund **Locott** Jr. received of his father Edmund **Locott**, £101 and £190 from Robert **Harvey**. Signed Edmund **Locott** Jr, who recorded 1763. Wit: Samuel **Baling** and

John **Brown**.

P. 530, 21 Jan 1763, William **Allen**, of Philadelphia, Philadelphia Co., Pennsylvania to Jacob **Overholt**, yeoman, of Bedminster Twp., Bucks Co., Pennsylvania, £305, 152 acres...Bedminster Twp...line of Frederick **Salliday**, Henry **Stover**, Christian **Stover**, Peter **Lonx** and Jacob **Leatherman**. Signed William **Allen**. Wit: Jacob **Wismar** and Abraham **Overholt**.

P. 532,, 29 Jan 1757, William & Margaret **Allen**, of Philadelphia, Philadelphia Co., Pennsylvania to Daniel **Birbyhouse**, yeoman, of Bedminster Twp., Bucks Co., Pennsylvania, £321.6, 148 acres... Bedminster Twp...line of Adam **Thompson**, Nicholas **Pope** and Frederick **Salledy**. Signed William **Allen** and Margaret **allen**, who recorded 1757. Wit: Richard **Peters** and Alexander **Stuart**.

P. 533, 23 Jan 1762, William **Allen**, of Philadelphia, Philadelphia Co., Pennsylvania to Peter **Laux**, tailor, of Bedminster Twp., Bucks Co., Pennsylvania, £300.75, 171 acres...Bedminster Twp...line of Ralph **Landis**, George **Leonard** and Christian **Fretz**. Signed William **Allen**. Wit: Alexander **Stuart** and Mathias **Tensman**.

P. 535, 12 May 1761, William **Allen**, of Philadelphia, Philadelphia Co., Pennsylvania Jacob **Angnay**, yeoman, of Bedminster Twp., Bucks Co., Pennsylvania, £154.05, 102 acres...Bedminster Twp...line of John **Beane**, Christopher **Angnay** and William **Angnay**. Signed William **Allen**. Wit: Alexander **Stuart** and Dielman **Kolb**, who recorded 1761.

P. 537, 12 May 1761, William **Allen**, of Philadelphia, Philadelphia Co., Pennsylvania to Rudolph **Landes**, yeoman, of Bedminster Twp., Bucks Co., Pennsylvania, £115.4, 65 acres...Bedminster Twp... line of Peter **Laux**, William **Nash** and Jacob **Leatherman**. Signed William **Allen**. Wit: Alexander **Stuart** and Dielman **Kolb**, who recorded 1761.

P. 538, 12 May 1761, William **Allen**, of Philadelphia, Philadelphia Co., Pennsylvania to David **Kolb**, yeoman, of Bedminster Twp., Bucks Co., Pennsylvania, £688.15, 192 acres...Bedminster Twp...line of heirs of Francis **McHenry**, Abraham **Black**, James **Hughes** and John **Boos**. Signed William **Allen**. Wit: Alexander **Stuart** and Dielman **Kolb**, who recorded 1761.

P. 540, 3 Jun 1761, William **Allen**, of Philadelphia, Philadelphia Co., Pennsylvania to John **Boos**, yeoman, of Bedminster Twp., Bucks Co., Pennsylvania, £384.95, 256 acres...Bedminster Twp...line of Jacob **Angnay**, Christopher **Angnay**, William **Moyer**, James **Hughes** and David **Kolb**. Signed William **Allen**. Wit: Alexander **Stuart** and Henry **Eagle**.

P. 541, 12 May 1761, William **Allen**, of Philadelphia, Philadelphia Co., Pennsylvania to Christopher **Angnay**, yeoman, of Bedminster Twp., Bucks Co., Pennsylvania, £210.15, 140 acres...Bedminster Twp...line of Jacob **Angnay**, Jacob **Weisemire** Jr. and John **Boos**. Signed William **Allen**. Wit: Alexander **Stuart** and Dielman **Kolb**, who recorded 1761.

P. 543, 21 Nov 1757, Jacob & Hellen **Dattwiler**, yeoman, of Francoina Twp., Philadelphia Co., Pennsylvania to William **Moyer**, blacksmith, of Bedminster Twp., Bucks Co., Pennsylvania, £160, 172 acres...Deep Run...line of Joseph **Kirkbride**, deceased, Richard **Hill**, Hans **Dattwiler**, William **Allen** and Mathew **Hughes**...patented 1744. Signed Jacob **Dattwiler** and Hellen (x) **Dattwiler**. Wit: daniel **Biebyhouse** and Abel **James**.

P. 544, 15 Dec 1762, John **Vastine**, yeoman, of Hilltown Twp., Bucks Co., Pennsylvania mortgage to Eleanor **Kelly**, widow, owes £100, 50 acres...Hilltown Twp...line of Abraham **Vastine** Sr. and Benjamin **Vastine**. Signed John **Vastine**. Wit: Erasmus **Kelly** and John **Kelly**.

P. 545, Mar 1744, William & Dorothy **Huddlestone**, (son and heir of Henry **Huddlestone**), cordwinder, of Middletown Twp., Bucks Co., Pennsylvania to John **Smith**, yeoman, of same, part of 100 acres...Middletown Twp. Signed William **Huddlestone** and Dorothy **Huddlestone**, who recorded 1744. Wit: John **Duncan** and John **Cowley**.

P. 547, 19 Feb 1759, Bezeleel & Elizabeth **Wiggans**, yeoman, of Upper Makefield Twp., Bucks Co., Pennsylvania to Benjamin **Dean**, yeoman, of same, £127.25, 46 acres...Upper Makefield Twp...William & Ann **Atkinson**, yeoman, of Warlaby, York Co., England, James **Wells**, of Larsley, of same, Dorothy **Wells**, of Darby Steeple, of same and Mary **Wells**, spinster, of same sold, 1746, to Ebenezer **Dean**, of Upper Makefield Twp., Bucks Co., Pennsylvania, which was granted, 1728, to Richard **Lunley** by John & Elizabeth **Enlaugh**, which was purchased, 1716, from John & Susannah **Clark** and said John **Enlaugh** devised, 1736, to said William **Atkinson** and party. Signed Bezeleel **Wiggans** and Elizabeth **Wiggans**, who recorded 1758. Wit: John **Hayhurst** and Benjamin **Wiggans**.

P. 549, 20 Mar 1681, patent to Elizabeth **Lovitt**, spinster, (daughter of Edmond **Lovitt**, husbandman, of Warminghurst, Sussex Co.), 250 acres. Signed William **Penn**.

P. 551, 18 Jun 1748, Christian **Vanhorn**, yeoman, Barnard **Vanhorn**, yeoman and Abraham **Vanhorn**, yeoman, of Northampton Twp., Bucks Co., Pennsylvania to John **Vanhorn**, (son of said Christian), yeoman of same, lot of land in Northampton Twp. Signed Christian **Vanhorn**, Barnard **Vanhorn** and Abraham **Vanhorn**, who recorded 1762. Wit: Ysacek **Vanhorn**, J.D. **Quchran** and Godfrey **Vandenbran**.

INDEX

Aaron
    Moses 411
Abbett
    Jonathan 278, 326
    Richard 296
    Sarah 296
Abbit
    Benjamin 255
Abborsbrutt
    Duck 140
Abbot
    Benjamin 266
    Hannah 266
    Jonathan 213, 365
Abercromby
    Margaret 366
Acerman
    James 63
    John 63
    Mary 63
Ackerman
    John 1, 31, 254
    Mary 31
    Widow 8
Ackinson 46
Acreman
    Frances 244
    Hannah 179
    Henry D. 244
    James 77
Adair
    Esther 390
Adams
    James 163, 227, 314, 383
    William 253
Adamson
    Anthony 242
    Thomas 417
Addington
    Elizabeth 402, 409
    John 55, 402, 409
Addis
    John 255, 272, 404
    Joseph 354, 365, 397, 420
    Mary 272, 397, 420
    Richard 285, 371
Adington
    John 92, 144
Adkison
    Isaac 40
    Jane 40
    Samuel 40
    Thomas 40
    William 40
Aires
    Elizabeth 138
    Richard 138
Aiskell
    James 245
Aiskill
    James 221
Akerman
    John 270
Akin
    William 420
Alash
    Hugh 74
Albertson
    Abraham 147, 154
    Rebecca 146
    William 146, 154
Albright
    Anthony 345
Alder
    Mark 25
Aldworth
    Thomas 316
Alford
    Philip 39, 49
Algan
    John 236
    Martha 236
Alkinson
    Thomas 6
Allaire
    Alexander 335
Allen
    Allen 176
    Elenor 176, 267
    Elinor 33
    Elizabeth 163, 280
    Ephraim 163
    James 145, 207, 297, 354
    Jane 61, 125, 135
    Jedediah 7, 163, 257
    Jedidah 103
    Jedidiah 208
    Jeremiah 113
    John 21
    John Jr. 293
    Lydia 33, 176, 267

Margaret 182, 196, 201,
    210, 213, 214,
    238, 243, 268,
    282, 300, 306,
    312, 316, 348,
    377, 390, 427
Nathan 78, 236

Nathaniel 33, 108, 176,
    201, 267
Nehemiah 33, 39, 108,
    145, 267, 279
Nicholas 385
Priscilla 86
Reuben 231
Samuel 10, 20-22, 36, 49,
    51, 61, 86, 91,
    92, 104, 114,
    125, 135, 218,
    240, 244, 269,
    280, 286, 287,
    333, 361, 370,
    388, 403
Samuel Jr. 26
Samuel Sr. 25
William 170, 172, 174,
    182, 196, 201,
    202, 206, 208,
    209, 210, 211,
    213-215, 217,
    218, 228, 229,
    233, 236, 238,
    239, 241-245,
    249, 259, 262,
    263, 265, 268,
    269, 271, 272,
    274, 275, 278,
    280, 282-285,
    291, 300, 306,
    310, 312, 319,
    335, 338, 345,
    348, 351, 356,
    358, 368, 374,
    376, 377, 381,
    389, 390, 406,
    407, 427, 428
Allison
    Francis 368
Allman
    Benjamin 234, 286
    Mary 286
Allyes
    Abraham 194, 260
Almond
    James 120
Alphone
    Philip 82
Alsop
    John 3, 5, 67
Ambler
    Joseph 111, 125
Amor

Richard 6, 10, 203
William 203
Amors
    Richard 88
    William 88
Amos
    Ann 207, 220
Anderson
    Andrew 286
    Ann 286
    Archibald 195, 218
    Enoch 349
    Hezekiah 302, 328
    John 16, 306, 360
    Lawrence 226
    Mary 195, 218
    William 273, 302, 356
Andrews 65
    Edmund 4, 118
    Edward 31
    Elizabeth 51
    Francis 51, 62
    Mary 198, 309, 388
Angnay
    Christopher 427, 428
    Jacob 427, 428
    William 427
Annis
    Thomas 154, 195
Annus
    Mary 305
Antes
    Henry 263, 271, 282
Anthony
    Abraham Jr. 126
    Patience 272
    Stephen 222
    William 272
Anthrobus
    Joseph 109
Antill
    Edward 22, 27
Arbuckle
    James 181, 182, 188, 256,
        370
Archbold
    Elizabeth 192
Arlsim
    John 45
Armitage
    Benjamin 185
    Jane 185
Armitt
    John 128
Armstrong
    Thomas 259, 274, 389
Arnett
    James 204
Arthur
    Joseph 401, 415
    Martha 401

Asford
  John 132
Ash
  John 402
Ashburn
  William 200, 241, 291, 296, 334, 348, 353, 366, 370, 397, 415
Ashcraft
  Daniel 170, 174
Asheton
  Frances 396
  John 396
  Mary 396
  Rachel 396
  Robert 396
  William 396
Ashfield
  Richard 200
Ashmead
  Ann 336, 337
  John 336, 337, 398
  John Jr. 336
Ashton
  Edward 304
  Elizabeth 304
  Isaac 412
  Robert 417
  Sarah 417
  Thomas 183, 204
Askelle
  James 227
Aspden
  Mathias 177
Aspdin
  Mathias 178
Asprell
  Mary 304
Atkin
  William 425
Atkinson
  Ann 258, 429
  Atkinson 268
  Christopher 79, 93, 173
  Edmond 205
  Hannah 241
  Isaac 72, 74, 77, 93, 114, 121
  Isabella 128
  Jane 14, 90
  Jean 12
  John 93, 344
  Joseph 224, 243, 268, 325, 369, 373, 385, 387, 391, 409
  Margaret 79, 92, 99, 152, 186, 203, 213, 224, 239
  Mary 141, 207, 325
  Rachel 369
  Samuel 109, 390
  Thomas 11, 73, 80, 90, 94, 137, 272, 277
  William 72, 77, 82, 84, 87, 113, 124, 127, 133, 134, 141, 178, 203, 206, 211, 214, 216, 218, 224, 227, 239, 242, 246, 258, 260, 267, 288, 300-302, 325, 369, 373, 383-385, 402, 409, 418, 429
  William Jr. 218, 369
Atwood
  William 197, 224, 235, 248
Aukus
  Spike 103
Austin
  John 10, 28
  Nicholas 316
Backhouse
  Richard 420
Backman
  Abraham 387
  Christian 265
  George 265
  Henry 265
  Jacob 265, 415
  John 415
  John George 265
  Mary 265
  William 415
Bagley
  William 224, 302, 315
Bailey
  Henry 308
Baily
  Hannah 207
  Henry 201
  William 207
Bain
  Thomas 393
Bainbridge
  Elizabeth 204
  John 78, 204, 426
  Sarah 204, 426
Baines
  Hannah 189
  James 189
  Joseph 189, 423
  Thomas 75, 309, 426
Bak
  James 251
Baker 208, 334, 370
  Edward 388
  Elizabeth 280, 311, 381

Henry 12, 13, 21, 26, 27,
  32, 35, 40-42,
  44, 51, 53, 57,
  58, 59, 61, 66,
  74, 95, 107,
  311, 323, 370,
  381, 396
John 145, 152, 171, 279
Joseph 381
Joyce 396, 412
Mary 77, 87, 105, 110, 157
Nathan 74, 95, 396, 412
Rachel 218
Samuel 74, 77, 83, 95, 98,
  107, 116, 127,
  255, 266, 311,
  324, 332, 368,
  370, 373, 381,
  384, 385
Samuel Jr. 324
Thomas 401
William 68, 113, 145, 171,
  280

Baldwin
  Ann 168, 241
  Elizabeth 337
  James 231, 244, 254, 267,
    383
  John 9, 26, 52, 92, 104,
    105, 111,
    114-116, 137,
    168, 177, 204,
    241, 311, 323,
    325, 337, 424
  John Sr. 256
  Joseph 241
  Josiah 318
  Sarah 424
  Thomas 202
  William 145, 200, 202

Bales
  Sarah 396

Baley
  Ann 232
  John 232

Baling
  Samuel 426

Ball
  Joseph 63

Ballard
  Joseph 402
  William 180

Band
  Patrick 255

Banes
  Joseph 235
  Thomas 197

Bangs
  Benjamin 238
  Elizabeth 238
  John 238
  Joshua 238

Banks
  Mary 238
  Thomas 205

Bankson
  Esther 305
  Peter 305

Bannor
  Lawrence 1, 3

Bansted
  Caleb 197

Barber
  Elizabeth 48, 265, 289
  James 55, 289
  John 48

Barchshaser
  George 344

Barclay
  Elizabeth 291, 351
  Hugh 291, 351
  John 27, 196, 312

Barcroft
  Ambrose 208, 364
  Elizabeth 208
  Hannah 208, 407
  John 208, 407
  William 208

Bard
  Mary 242
  Peter 242
  Samuel 418, 422

Barensen
  Christian 96

Barge
  Henry 142
  Mary 142

Barker
  Benjamin 140
  Samuel 176, 266, 307
  Thomas 20, 30, 225

Barkey
  John 399

Barkly
  Elizabeth 352
  Hugh 351

Barnard
  Christian 117
  Robert 227
  Thomas 64

Barnardson
  Nicholas 127

Barnes
  Barnaby 293
  John 325
  Thomas Jr. 205

Barnett
  Elizabeth 199
  Robert 199

Barnhill
  John 273, 400, 424
  Robert 344, 414
  Samuel 414
  Sarah 424

Barns
  William 400, 411, 414
  Andrew 334
  John 344
  Mary 344
Barnside
  James 283
  Mary 283
Barnsley
  Thomas 401
Barnson
  Barnard 137
  Christian 109, 137, 211, 243, 409
  Nicholas 211
  Peter 109
  Rebeckah 211
  Williamkee 211, 243, 409
Barrackstraiser
  George 331
Barradale
  John 127
  Sarah 127
Barrett
  Patrick 411
Barron
  Thomas 340
Barrow
  Thomas 271, 273
Bartholomew
  Ellen 186, 188
  Jeremiah 78, 116, 160, 186, 188, 209, 236
  John 247, 304, 319, 330, 344
  Mary 344
  Rachel 247
Bartlet
  Philip 245
  Ralph 355
Bartlett
  Elizabeth 419
  J. 332
  James 378
  John 334
  Ralph 419
Bartley
  James 310, 376
  Margaret 310
Barton
  Enoch 250
  Thomas 234
Bassett
  John 390
Bassiet
  Richard 13
Bassott
  John 372
Bast
  J. 130
Bates

Bathwest
  Humphry 181
  Frances 244
  Mary 244
Battin
  Simon 205
Bavington
  Jonathan 213, 226, 381
Baxter
  Hugh 331, 356
  James 411
  John 195
Bayard
  Samuel 156, 164, 388
Bayley
  Henry 47, 157
  Thomas 181
  William 121, 130, 134
Bayly
  Edward 391
  Thomas 391
Bayn
  Thomas 63, 273
Bayne
  Gabriel 109
  Thomas 102, 184, 243, 409
Baynes
  Ann 81
  Gabiel 81
  Joseph 189
  Thomas 53, 82, 106
  Timothy 219
Baynis
  Thomas 80
Bayns
  Thomas 95
Bayston
  John 31
Beak
  Charles 232
  Samuel 179, 375
Beakes
  Abraham 32, 33, 358
  Daniel 63, 65
  Elizabeth 32, 77
  John 77
  Mary 11, 31, 32, 358
  Samuel 16, 24, 26-28, 30-33, 37, 39-42, 48, 49, 52-55, 57-59, 63, 64, 66, 68, 77, 115, 179, 322, 358
  Stephen 11, 18, 21, 30, 32, 42-45, 53, 57, 62, 65, 69, 77, 89, 96, 358
  William 11, 14, 19, 21, 23, 24, 31-33, 221, 358

434

Beaks
  William Jr. 358
  Abraham 375
  Grace 375
  John 375
  Stephen 375
Beal
  Elizabeth 278, 295, 398
  George 217, 234
  John 278, 294
  William 314, 331, 364
Beale 393
  Alexander 169
  George 159, 191
  Widow 397
  William 19, 62, 132
Beals
  William 66
Bealy
  Charles 251
Beane
  John 427
Bearcroft
  Ambrose 334
Beard
  Elizabeth 363
  John 308, 363, 367
Beatty
  Charles 352, 376
Beaty
  Charles 281
Beaumon
  John 296
Beaumont
  John 199, 228, 276, 323, 327, 331, 367, 417
Bechtell
  Catherine 387
  George 387
  Jacob 387
  Magdalena 387
  Martin 386
Beckam
  John 48
Becker
  Henry 40
Becket
  Mary 25
Beckett
  Elizabeth 306
Becktill
  George 265
Beddington
  William 390
Beddome
  Jane 349
  Joseph 349
Bedford
  Gunning 403
Beezely
  John 222

Begart
  Gilbert 270
Bell
  James 280, 282
  Thomas 134
  William 296
Belt
  Joseph 379
Belton
  Edward 220
Benek
  William 265
Benezet
  John Stephen 242, 264, 283
  Judith 264, 283
  Stephen 196
Bennet
  Christopher 31
  Edmund 28
  Elizabeth 28
  Isaac 259
  Jacob 227, 404
  Mary 31
  Thomas 30
Bennett
  Abraham 248, 278, 364, 365
  Abraham Sr. 339
  Adrian 187
  Adrian John 187
  Ann 35, 82, 90, 415
  Christopher 51, 58, 83, 102
  Edmond 1, 96, 161, 294
  Edmund 6, 16, 44, 54, 62, 73, 139
  Elizabeth 44, 54, 73, 82, 90, 96, 131, 139, 161, 294, 415
  Hickey 339
  Isaac 302
  Jacob 213, 339, 365
  Joseph 313, 366
  Margaret 366
  Mary 33
  Mickey 339
  Rebecca 12, 35, 82, 90
  Rebeckah 415
  Sarah 35, 82, 90, 415
  Thomas 33
  William 1, 12, 35, 69, 76, 82, 90, 114, 141, 223, 278, 285, 339, 356, 365, 386, 415
Benson
  John 343
Bergstrasser
  George 264
Bernard

Bernbow
    Edward 129
    Gershom 344
Berry
    Joseph 356
    Richard 77
Bertlett
    Elizabeth 330
    Ralph 330
Besonet
    John 172
Bessonet
    John 280
Bessonett
    John 334
Best
    Jeremiah 201
Beterey
    Mark 11
Betredge
    William 148
Betridge
    Marke 35
    Prudence 35
Betts
    John 315
    Richard 364
Beucher 291
Bevan
    Ann 179, 255
    Awberry 179, 255
Bibb
    Thomas 43
Bickerdike
    Gideon 258
    Simon 258
Bidd
    Thomas 127
Biddle
    James 412
    Thomas 137, 141
    William 176, 179
    William Jr. 85
Bidgood
    William 256, 383
Biebyhouse
    Daniel 428
Biever
    Adam 349
Bigham
    James 268
Biles
    Alexander 95
    Anne 148
    Charles 9, 22, 24, 34, 41, 44, 70, 75, 229, 230, 239, 240, 264, 273, 276, 323, 381, 422
    Dorothy 95
    Elizabeth 349
    George 40, 64-66, 68, 69, 72, 73, 80, 82, 103, 178, 179
    Hannah 316, 389, 390
    Jane 40, 72, 77, 80, 90
    John 148, 369
    Langhorn 208, 280
    Langhorne 220, 221, 230, 234, 236, 237, 240, 252, 258, 265, 266, 269, 273, 277, 287, 303, 304, 316, 342, 353, 358, 359, 389, 403
    Lawrence 252
    Longhorne 390
    Martha 178, 179
    Mary 95
    Samuel 394, 397, 410
    Sarah 47, 65, 234
    Thomas 43, 75, 156-159, 161, 171, 178, 207, 288, 290, 297, 305, 323, 350
    William 1, 2, 4, 6, 7, 9, 10, 12-14, 16, 18, 20, 22, 24, 25, 26, 28, 29, 31, 34, 37-40, 42-44, 47, 49, 51, 55, 58-61, 63, 65, 66, 68-70, 72, 74, 75, 80, 82, 88, 90, 93, 109, 127, 148, 162, 200, 208, 217, 231, 234, 254, 269, 270, 279, 305, 322, 355, 372, 377, 384
    William Jr. 33, 47, 55, 56, 65, 68, 70, 90, 154
    William Sr. 154
Billewores
    N. 426
    Rebecca 426
Billing
    Edward 25, 34
Bills
    Thomas 354
Bingham
    James 201, 206, 210, 211, 213, 214, 233, 238, 242, 264, 313
    James Jr. 182
    William 217, 242, 264
Bingley
    William 114

Biors
    Blar 319
Birbyhouse
    Daniel 427
Birchden
    Charles 119
Birney
    William 325
Bisher
    Adam 398
Bissell
    John 391
Bissone
    John 209
Bissonett
    John 168
Black
    Abraham 428
Blackden
    Barbara 173
    Mary 173
Blackfan
    William 264
Blackldege
    Thomas 380
Blackledge
    Ann 403
    Benjamin 360
    Richard 361, 403
    Robert 360
    Thomas 360, 380, 417
Blacklidge
    William 135
Blackshanro
    Fandlo 31
Blackshaw
    Jeremiah 119
    Mary 412
    Nehemiah 46, 62, 87, 98,
        100, 119, 178,
        179, 412
    Nemiah 86
    Randal 46
    Randall 58, 62, 69, 80, 86,
        100, 103, 257
    Randel 40, 51
    Randell 41
    Randle 2, 38, 72, 74, 75
    Randolph 17, 23
Blackwell
    John 23
    Robert 3
Bladgen
    Widow 146
Blagden
    Widow 171
Blaire
    Thomas 229
Blaker
    John 227, 339, 376, 377
    Paul 223, 339, 376
    Peter 227, 339, 376
    Phebe 376
    Samuel 339, 376
Blakert
    Samuel 213
Blakey
    Joel 276
    William 219, 266, 276,
        385, 402
    William Jr. 219
Blakley
    William 266
Blaney
    Edmund 360
Blaugdon
    Barbara 139
Bleeker
    John 71
Bleker
    Peter 193
Blingley
    William 113
Blockden
    Charles 123
Blongdon
    Barbara 161
Bloughdone
    Barbara 294
    Mary 294
Bmley
    William 32
Boacher
    Jacob 307
Board
    John 237
    Joseph 53
    Josiah 37
Boare
    Joshua 16, 198
    Josiah 269
    Margaret 3
Bockhill
    Joseph 183
Boddington
    William 307, 310, 313, 319
Bodine
    James 280, 333
    Sarah 333
Boeradaill
    John 47
Bogart
    Gisebart 407, 426
    Gisebert 270
    Gysbeart 233
    Jacob 407, 421, 423
Bogarta
    Jacob 413
Bollen
    James 176
Bolton
    Edward 68
    Isaac 229, 230
Bonam

Bond
    Ruth 304
    Samuel 304
    Ann 185, 205, 216
    Jacob 145
    John 84, 191, 257, 391
    Joseph 139, 145, 150, 185, 204, 205, 207, 209, 216, 256, 279
    Robert 104, 355
    Samuel 151
    Sarah 191, 257
    Thomas 30, 76, 349

Bonde
    Thomas 217

Bood
    John 225

Booke
    George 253

Boone
    Ralph 52, 55, 72, 98

Boore
    Joshua 322

Boos
    John 428

Bordale
    Arthur 10, 11
    John 10
    Sarah 10

Borden
    Benjamin 149, 154
    Francis 179, 255
    John 49, 126, 149
    Joseph 18
    Mordecai 10
    Samuel 18
    William 160

Boreman
    Thomas 15

Borradale
    John 97

Bouchier
    John 86

Boude
    Thomas 225

Boulding
    William 225

Boun
    Samule 278

Bound
    John 71, 161

Bourne
    Jonathan 423
    Susannah 423
    Thomas 349

Bourshire
    John 111

Bowar
    Mary 316

Bowden
    Mordecai 35, 37, 71

Bowdon
    Mordecai 67

Bowdown
    Mordecai 110

Bowen
    Ezra 100, 124
    Henry 62, 80, 87, 88, 93, 118
    Jane 80, 88, 93
    John 51, 68, 269, 291, 308
    Richard 138

Bower
    Joshua 115

Bowes
    Esther 334
    F. 279

Bowleing
    William 102

Bowley
    Deverence 401, 424, 425

Bowman
    Elizabeth 411
    Jeremiah 210, 265
    John 115
    Thomas 4-6, 37, 70, 72, 196, 232
    William 410, 411

Bown
    Abraham 238
    Samuel 40, 282, 283

Bowne
    Abraham 298, 361, 413
    Abrigail 41
    Anne 364
    Gilbert 389
    Grace 413
    John 41, 145, 151, 364, 402
    Martha 364
    Mary 364, 402
    Ruth 364
    Samuel 41, 151, 364, 365

Bowyer
    Elizabeth 304
    Esther 304
    John 304
    Martha 304
    Rebecca 304
    Ruth 304

Boyden
    James 21, 39, 92, 117, 146
    James Jr. 39
    Margaret 146
    Miriam 147, 148

Boydon
    James 43

Boydt
    Esther 304
    Philip 304

Boyer
    Blasins 371
    Jacob 338, 414

Bradfield
  Magdalena 414
Bradford
  John Jr. 257
  Cornelia 299
  Jane 344
  John 327, 344
  Thomas 33, 267
Bradsford
  Joseph 322
Brady
  George 127
Brandfield
  John 423
  John Jr. 423
Brandt
  Albertus 95
Brannin
  Elizabeth 382
  Michael 382
Branton
  Samuel 361
Brantum
  Mathew 270
Brassey
  Thomas 20
Bratt
  Daniel 370, 378
Bready
  Robert 308
Breas
  Hannah 185
Brees
  Elizabeth 277
  Hannah 229, 233
  Henderick 185
  Henry 189, 228, 233
  John 228, 233, 277
  Margaret 233
  Nealeha 228, 233
  Sarah 229
Breese
  Elizabeth 333
  John 333
Breintall
  Joseph 158
Breinthall
  Joseph 208, 209
Breintnall
  Joseph 179, 198
Brelsford
  Abraham 268
  Benjamin 268
  Isaac 268
  John 268
  Mary 268
  Samuel 268
  Susannah 268
  William 158, 165, 268, 288
Bremman
  Edward 48
Brentnall

Brian
  Joseph 173
Bridgmam
  William 1
Bridgman
  Walter 37
  Walter 62, 210
  William 153
Brierly
  John 159
Brigg
  William 199
Briggam
  Charles 111
Briggs
  Charles 272
  Edmond 320
  Edmund 313, 401
  Edward 422
  Rachel 401
  William 160, 293, 294, 301, 331, 335, 413
Brigham
  Charles 40, 72, 109
Brinckloe
  John 76
Brindley
  Luke 2, 9, 15, 21
Bringham
  Charles 5
Bringhurst
  George 171, 336
  John 237
  Mary 237
Brinson
  Daniel 4, 5, 8, 31, 63
Brise
  Elizabeth 277
  Henry 174, 277
  John 277
Britain
  John 342, 378, 382
  William 199
Brittain
  Joseph 410
  Leonel 1, 2
  Lionel 17, 18
  Nathaniel 410
Brittan
  John 225
Brittian
  Nathaniel 228
  William 245
Britton
  Benjamin 278, 373
  Elizabeth 286
  Jacob 207
  John 368
  William 217, 286, 399
Broadhead
  Daniel 297

Brock
- Danidl 133
- Elizabeth 138
- John 9, 24, 47, 67, 138, 171
- Oddy 147, 407
- Ralph 138, 163, 171
- Samuel 174
- Thomas 14, 16, 25, 28, 29, 31, 33, 36-41, 45, 51, 52, 55, 57, 65, 72, 76, 135, 306

Brockden
- Charles 134, 147, 150, 223, 225, 227, 233, 239, 240, 252, 264, 266, 295, 329, 342, 368, 390
- Susannah 150

Brockdon
- Charles 307

Brockeen
- Charles 213

Brodnare
- Robert 404

Brodnax
- Christian 248
- Robert 247, 248, 312, 405

Brohock
- John 199

Bromley
- Elizabeth 169
- Hannah 169
- Katherine 169
- Nathaniel 169, 298

Brook
- Edward 109
- Oddyy 274

Brooke
- Edward 131
- John 180, 286

Brookes
- Charles 71
- Edward 20

Brooks
- Charles 227, 339
- Edward 60, 87
- James 192
- John 292, 354, 356
- Margaret 292
- Martha 354

Broomly
- Nathaniel 143

Brown 339, 376, 390
- Abraham 315, 329, 414
- Alexander 154, 179, 214, 255, 281, 300, 307, 364, 372, 373, 382, 414
- Ann 377
- Christian 283
- Elijah 357
- Elizabeth 377
- Esther 96, 101
- George 18, 121, 153, 214, 281, 299, 300
- Grace 315
- Isaac 190, 414
- Jane 281
- John 128, 153, 154, 281, 291, 292, 299, 300, 313, 411, 427
- Jonathan 299
- Joseph 369, 382
- Mary 281, 299, 393
- Samuel 138, 224, 377
- Sarah 214
- Susanna 299
- Thomas 154, 179, 255, 281, 382, 393
- William 96, 101, 271, 393

Browne
- George 83
- Isaac 150

Brownell
- George 160

Brownfield
- John 283

Bruer
- Adolfas 91

Bryan
- Charles 256, 262, 270
- George 24
- William 3
- William Sr. 399

Bryant
- Cornelius 395
- John 338

Bryent
- Cornelius 250

Bryon
- William 396

Bucham
- Henry 42, 43
- Margaret 43

Buchman
- William 117, 202

Buchmill
- William 123

Buckles
- Robert 173

Buckley
- Ruth 315
- Samuel 96
- William 267, 268, 278, 286, 292-294, 305, 358, 373, 422

Buckly
- Ruth 325
- William 325

Buckman
    David 265, 290
    Esther 290
    Joseph 377
    Thomas 256, 334
    Thomas Jr. 270
    William 27, 48, 63, 84, 97, 115, 143, 290, 298, 302
    William Jr. 290
Buckmaster
    Edward 22
Buckmate
    Mary 123
    William 123, 132
Bud
    James 25
Budd
    John 30, 33, 398
    William 86, 250
Bulkley
    Samuel 7, 11, 28, 148, 177
Bull
    Richard 75
    Sarah 75
Bullock
    Catherine 373, 379, 393, 407
    George 373, 379, 393, 407
Bungley
    William 104
Bungly
    Joseph 129
Bunting
    Job 26, 27, 35, 38, 55, 81, 110
    John 17
    Joseph 372
    Rachel 110
    Samuel 17, 323, 385
Bunton
    Peter 39
Burcham
    Henry 142
Burchin
    Henry 43
    Margaret 43
Burd
    John 319
Burden
    John 123, 254
Burgess
    Ann 245
    Daniel 53, 101, 119, 129, 138, 200, 239, 316, 372
    Daniel Jr. 239
    Dorothy 200, 372
    Elizabeth 55, 57, 59, 87, 250, 265
    Hannah 221
    Isaac 9
    Jeffrey 419
    John 79, 83, 90, 101, 129, 138, 139, 143, 145, 148, 200, 222, 239, 355, 372, 419
    Joseph 106, 108, 200, 221, 239, 372, 417
    Mary 419
    Richard 43, 45, 46, 55, 57, 87, 89, 265
    Samuel 2, 23, 24, 42, 45, 53, 74, 79, 90, 101, 106, 124, 129, 138, 139, 200, 239, 316, 357, 372, 419
    Samuel Jr. 42, 90, 101, 102, 108, 131, 134
    Sarah 419
Burhoughs
    John 256
Burk
    John 197, 209, 226, 235, 293, 305
Burke
    John 211, 243, 292, 300, 301
Burling
    John 34, 234
Burnet
    Henry 387, 416
Burnside
    James 264
Burnson
    Christian 267
Burr
    Joseph 274
Burradaell
    John 57
Burrograft
    John 413
Burrower
    Elizabeth 199
    Francis 199
    John 199
    Roger 199
Burrows
    John 119
Burrus
    Joseph 370
Burton 70
    Anthony 16, 29, 31, 36, 38-42, 46, 49, 57, 65, 72-74, 76, 77, 80, 90, 94, 102, 119, 135, 158, 177, 205, 216, 242, 255, 305, 306, 328, 352, 355,

Bush
    Elizabeth 86,
    Joseph 403
    Mary 328, 352, 355, 372
    Sarah 216

Bushell
    Mathias 421

Busher
    Samuel 204

Bushy
    Michell 63

Buskirk
    John 182
    Mary 182

Bussell
    Andrew 190, 272

Bustill
    Unity 204

Butler
    William 85

    Benjamin 260, 348
    Rebecca 314, 324, 414
    S. 232
    Simon 231, 258, 334, 350, 373, 389
    Simon Jr. 260, 324, 414
    Thomas 241

Butlock
    Catherine 361
    George 361

Butts
    Joseph 356
    Thomas 63

Buzby
    John 60, 87
    Mary 60, 87

Bye
    Hezekiah 396
    John 98, 122, 144, 151, 233, 270, 330, 345
    Joseph 268, 346, 375, 408
    Margaret 122
    Martha 250, 329, 346
    Mary 396
    Nathaniel 122, 250, 268, 290, 329, 346, 375
    Rebecca 375
    Rebekah 408
    Thomas 122, 152, 250, 268, 329, 346, 356, 375, 408
    Thomas Jr. 375, 408

Cadwaladar
    John 231

Cadwalader
    John 219
    Thomas 349

Cadwalder
    John 180

Cadwallader
    John 54, 172

Cadwallador
    Jacob 313
    John 313
    Magdalen 313
    Margaret 313

Cadwalldar
    Jacob 247
    John 247
    Magdalen 247
    Margaret 247

Cadwallder
    Jacob 256

Caille
    Robert 221

Cains
    Thomas 150

Calbourn
    Richard 59

Caldwell
    David 388
    James 225

Call
    Caleb 148

Callaham
    John 207

Callahan
    John 192, 212, 214, 215, 218, 221, 227, 232, 245, 263

Callohill
    Thomas 299

Callowhill
    Thomas 157, 296, 341

Calvart
    Mark 124

Cam
    Thomas 189

Cambe
    Ann 224
    Benjamin 224

Camble
    Daniel 58

Camby
    Benjamin 233
    Jane 233
    John 235
    Mary 133
    Sarah 233
    Thomas 233, 346

Camly
    Henry 335, 353

Campbell
    Colin 418
    Thomas 345, 364, 387, 416

Campion
    George 225

Canby

Candonet
  Benjamin 197, 206, 211, 224, 270, 300, 301
  Sarah 206, 224
  Thomas 149
Candonet
  Francis 152
Cannon
  Roger 374
Carbon
  Theodorus 371
Carbrow
  John Jr. 23
Career
  John Jr. 410
  Rachel 410
Carhill
  Abraham 144
Carlile
  Jonathan 155, 214, 363
  Richard 207
Carls
  John 402
Carmichaele
  Hugh 308
Carmick
  Peter 194
  Sarah 194
Carn
  Thomas 163
Carnethers
  James 224
Caroer
  Jacob 332
Carpenter
  Abraham 52
  Daniel 139
  Hannah 139, 146, 149, 185, 205, 208, 418
  Hannah Jr. 62
  John 143, 149, 185, 194
  Richard 116
  Samuel 18, 28, 30, 35, 37, 38, 40, 45, 47, 48, 52, 56, 57, 67, 73, 78, 83, 90, 92, 99, 105, 107, 114, 115, 116, 117, 124, 131, 132, 142, 143, 149, 185, 194, 203, 205, 208, 241, 293, 345, 384, 418
Carr
  Hannah 151, 161
  Job 151, 161
Carrell
  Barnard 248
  Benjamin 336
  Dinah 248, 335
  Elizabeth 248
  James 248, 251, 335
  Lydia 248
  Sarah 248
Carrington
  Mary 324
  Thomas 324, 339
Carson
  John 163
Cart
  John 206, 335, 337, 387
  Samuel 119, 237
  Sarah 129, 237
Carter
  Edward 6, 14, 66, 69, 88, 93, 99, 140
  James 85, 96, 121, 137, 139, 158, 240, 278, 348, 398
  Jane 80, 88, 93
  Joan 59, 80
  John 16, 46, 59, 63, 72, 76, 88, 93, 142, 188, 333
  Joseph 422
  Lydia 333
  Margaret 76, 78
  Mary 244
  Richard 78
  Robert 10, 46, 59, 72, 76, 80, 88, 93, 142, 152, 418
  Sarah 188
  Thomas 76
  William 46, 57, 59, 72, 75, 76, 78, 80, 87, 88, 93, 147, 158, 160, 168, 170, 180, 187, 188, 203, 204, 210, 231, 236, 295, 352, 398
Carty
  Patrick 310, 366, 384
  Thomas 314
Carver
  Elizabeth 404
  Isabel 319
  James 279, 397, 398
  John 169
  Joseph 283
  William 170, 397, 398
Cary
  Edward 336, 337
  Elizabeth 336, 337
  Joseph 201
  Margaret 377
  Mary 196, 207, 232
  Sampson 207
  Samson 196, 201, 207, 232, 241, 377, 391

Samson Jr. 196, 242
Samuel 196, 207, 220, 221,
   227, 237, 242,
   262, 268, 289,
   292, 316, 319,
   331, 341, 370,
   373, 383
Sarah 237, 262, 373, 383
Thomas 207
William 207
Casbeard
   Richard 93
Case
   Mathew 405
Casely
   Elizabeth 260
Cassel
   Herbert 356
Cassly
   John 153
Castbourn
   John 113, 114
Catchill
   Thomas 142
Cavan
   Jane 308
Cavin
   James 308
   Jean 308
Cawley
   Ann 260
   Anne 194
   John 205, 209, 219, 271,
      275, 279, 316,
      353, 358, 363,
      368, 370
   John Jr. 370
   Margaret 370
   Sarah 370
Chadwick
   John 401
Chalkley
   Thomas 219
Chamberlain
   Jacob 179
   Peter 95, 98, 113, 140
Chamberlin
   Lucy 64
   Peter 64
Chambers
   Benjamin 99
   William 238
Champion
   Leonard 133
   Mathew 82
Chandler
   John 11
Chapman
   Abra 170

Abraham 112, 151, 157,
   166, 185, 200,
   213, 228, 253,
   256, 266, 273,
   278, 282, 283,
   298, 308, 309,
   339, 343, 386,
   394, 398
Abraham Jr. 188, 213
Alice 343
Benjamin 330, 333, 344,
   348, 353, 354,
   358
Elisa 321
Isaac 339, 343
Jane 66
Jeremiah 339
John 66, 81, 111, 112, 125,
   131, 166, 185,
   202, 204, 217,
   266, 297, 308,
   309, 346, 388,
   397, 411, 426
John Jr. 202, 228, 386
Joseph 166, 204, 228, 283,
   298, 309, 321,
   343, 394
Margaret 379
Mary 397
Susannah 416
Thomas 278, 379, 388
Widow 358
William 266, 282, 341
Charkley
   Thomas 276
Charley
   Joseph 36
Charter
   Robert 6
   William 6
Chatham
   Joseph 196
Chenoweth
   John 107, 108
Cherry
   Edward 55
Chesnut
   Catherine 382
   John 382
   William 382
Chessman
   Joshua 99, 111
Chick
   Damariv 332
   James 34, 332
   Lydia 332
Child
   Anne 58
   Cephas 372
   Henry 372
   Isaac 372
   John 260, 372

Childs
    Henry 371
    John 193
Chite
    Cephas 346
Chorley
    Joseph 26, 31, 34, 44, 51, 63
    Mary 31, 63
Christian
    Barnard 109, 137, 152
    Bernard 87, 106, 161, 182
Christy
    Martha 306
    Thomas 270, 283, 291, 306, 349, 353, 354
Church
    Joseph 286, 292, 305, 358
    Richard 241, 344, 359
    Sarah 241, 344
Chyrley
    Joseph 42
Circuit
    John 43
Clampfer
    Anna Maria 341
    William 341, 370
Clanson
    John 147
Clare
    Joseph 378
    Thomas 378
    William 177
Clark
    Ann 20, 62, 377
    Charles 358
    Christian 377
    Elizabeth 377
    John 12, 24, 44, 105, 142, 316, 377, 429
    Joseph 289
    Martha 377
    Mary 377
    Page 88
    Rachel 377
    Sarah 289, 377
    Susannah 429
    Thomas 146, 280, 345
    Wheeler 302
    William 62, 137
Clarke
    Benjamin 166
    John 117, 217, 231
    Joseph 254
    Martha 217
    Sarah 254
    Sell. 25
    Thomas 198, 209, 210, 234
    William 118
Clarridge
    Elizabeth 238
Clason
    John 325
Clause
    Newburgh 350
Clauson
    John 151, 154, 165, 171, 261, 351
Clawson
    Gustavus 177
    John 20, 39, 61, 140, 218, 252
Clay
    Catherine 304
    Esther 304
    John 153, 224, 304
    Mary 304
    Sarah 304
Claymer
    Catharina 399
    Christian 399
Claypole
    Deborah 341
Claypool
    Abraham 230
    George 157
    James 123, 141, 225
    Rebecca 225
Claypoole 249
    Abraham 242, 295, 299, 368, 378
    Deborah 295, 296, 299, 343, 368
    George 299, 378
    Hannah 299
    Helena 213
    Isaac 299
    James 4, 6, 7, 20, 31, 46, 57, 213, 237, 286, 308
    John 6
    Joseph 212
    Martha 299
    Mary 299
    Nathan 17
    William 241, 295, 299
Clayton
    Richard 309
Cleft
    Samuel 3
Clement
    James 168
Clendenen
    Robert 274
Clews
    Joseph 99, 138
    William 225
Clifford
    Thomas 187, 418
Clift
    Samuel 25, 36, 38, 45, 56, 76

Clifton
    John 244
Climer
    Jacob 399
Clinkinbarr
    William 339
Cloaks
    Peter 165
Closson
    John 146
Clough
    George 79, 88, 104, 105,
        124, 132, 135,
        139, 178, 194,
        218, 418
    Mary 104
Clowe
    Joseph 171, 172
Clowes
    Clowes 204
    John 171, 204, 369, 426
    Joseph 16, 86
    Margery 426
    Rebecca 426
    Sarah 426
    William 16
Clows
    John 1, 15, 24, 86, 385
    Joseph 15, 24, 68, 86
    Margery 15, 25
    Sarah 61
    William 15, 24, 61
Clowsy
    Joseph 78
Clymer
    George 274
    John 281
    William 209, 217, 218, 240
Coaks
    John 225
Coarman
    Thomas 273
Coarson
    Benjamin 272
Coate
    John 24, 84
    Samuel 84
Coates
    John 4, 23, 180
    Roger 180
Coats
    Thomas 137
Cobb
    Thomas 118
Cobbert
    Mary 262
Cock
    Timothy 165
Cocks
    Abraham 1, 16
Cockshaw
    Jonathan 231

Codery
    William 58, 59
Coffing 313
    Abraham 351
    Jacob 356
    William 351
Coffman
    Joseph 416
Cofing
    Jacob 29
Cohein
    Bridget 286
    Thomas 286
Colbert
    Robert 145
Colbourn
    Richard 68
Colby
    Mary 244
    Theodore 244
Coldwell
    James 225
Cole
    Edward 54
    John 313
    Robert 32
Coleman
    Hannah 274, 284, 291,
        327, 389
    Thomas 47, 107, 123
    William 182, 249-252, 254,
        257, 262, 274,
        280, 284, 291,
        310, 327, 341,
        343, 351, 353,
        356, 366-368,
        384, 389, 399,
        407, 411
Colemen
    William 331
Coliver
    Robert 359
Collahan
    John 205
Collest
    Tobias 220
Collett
    Tobias 167
Colliner
    Ursula 8
Collings
    James 98
Collins
    Benjamin 105, 134, 135,
        221
    Catherine 286
    Elizabeth 135, 194
    John 2, 5, 21, 130, 131,
        286
    Richard 52
    Susannah 5, 131

Collison
  Jane 393, 409
  Robert 220, 243, 258, 393, 409
Colls
  William 22
Colman
  Thomas 16
Colonelly
  William 224
Colter
  William 364
Colver
  Patrick 422
Com
  Edward 144
Comb
  Joseph 192
Comfort
  Robert 380
Comly
  Henry 13, 14, 100, 137, 226, 358
  Henry Jr. 226
  John 281
  Phebe 391
Con
  Robert 361
Condon
  John 56
Conduit
  D. 330, 340, 341
Coninghank
  Redmond 354
Connoly
  Cain 153
  Deborah 217
  William 153
Constable
  Thomas 23, 27, 35, 117, 137, 210
Conway
  Philip 2-4, 19, 42, 231
  Phillip 322
Conyingham
  Redmond 420
Cook
  Arthur 2, 4, 11, 13, 14, 18, 19, 26, 41, 43, 45, 49, 51, 55, 67, 70, 72, 74, 102, 126
  Elizabeth 33
  Francis 48
  John 11, 13, 37, 43, 67, 70, 72, 77, 151, 156, 370
  Margaret 43, 70, 72, 77, 126, 151, 156, 370
  Mary 43
  Patrick 178

Cookart
  Jacob 259
Cooke
  Arthur 31
  Francis 56, 60, 69, 71
  Margary 115
  Margret 386
  Mary 56, 71
  Thomas 52
Cool
  Walter 331
Coombe
  Benjamin 168
  Hannah 168
  Samuel 168
Coomly
  Henry 98
Coonway
  Philip 36
Cooper
  Henry 89, 115, 123, 370
  Jacob 401, 425
  James 108, 160
  John 134, 376
  Jonathan 89, 151, 157, 406
  Jonathan Jr. 417
  Mary 123, 235, 370, 387
  Sarah 151, 417
  Thomas 387
  William 156, 160, 235, 241, 344, 365, 376, 409
Copar
  Jonathan 101
Cope
  George 192, 301
Corbert
  Mary 392
  Mathew 392
Corbet
  William 314
Corderoy
  William 80
Corker
  Samuel 225
Corle
  Benjamin 361
Corn
  Edward 219
Cornal
  Martha 272
  Thomas 272
Corne
  Edward 398
Cornel
  Adrian 365, 388
  Cornelius 365
  Gilyom 365
Cornell
  Adrian 259
Corning
  John 351

Cornish
    Andrew 190
Cornthwaite
    Thomas 409
Correl
    Adman 259
Corsen
    Benjamin 238, 388
Corsom
    Benjamin 371
    Cornelius 371
Corson
    Benjamin 156
    Cor 166
    Cornelius 356
Cotter
    William 192
Cotty
    Abel 225
Cough
    George 206
Coultas
    Elizabeth 426
    James 426
Coupland
    Caleb 198
Cousens
    John 100
Coverdale
    Jane 21
    Thomas 3, 21
Cowgill
    Abraham 46
    Edmond 80, 87, 265
    Edmund 49, 55, 106, 115, 370
    John 35, 37, 62, 79, 95, 110, 127, 211
    Nehemiah 46
    Rachel 95, 110, 127, 211
    Ralph 38, 44, 46, 49, 62
Cowley
    John 428
Cowper
    Henry 106
    Jonathan 102, 110
    William 92, 102
Cowpland
    Sarah 156
Cox
    Abraham 27, 31, 35, 45, 48, 49, 71, 83, 85, 93, 102, 111
    Daniel 25
    Sarah 31, 71, 83, 85, 102
    Thomas 18, 85
    William 24
Coxe
    Thomas 3, 29, 58, 172, 173
Cozens

Craig
    John 100
    Daniel 310, 376, 400
    Mary 280, 327
    Thomas 218, 228, 249, 312
Craige
    David 376
    Mary 376
    Thomas 251, 376
Cramer
    Andres 103
Crap
    Mary 157, 299
Crapp
    John Jr. 23
Crashe
    Sell 20
Craske
    Sell 58
Craven
    Derrick 405
    Derrick Jr. 405
    Elizabeth 405
    James 179, 213, 222, 251, 354
Crawford
    Archibald 251, 303, 343
    Isabel 287, 288, 304
    James 328
    Jane 303, 393
    John 303, 343, 360, 393
    Moses 248, 251
    Robert 355
    Widow 421
Creary
    John 309
Crellins
    Joseph 218
Cremer
    George 241
Cressman
    John 261
Cridland
    John 178
Crighten
    Stephen 118
Crispin
    Hested 297
    Silas 3
Croadell
    Jeremiah 220
Croasdale
    Agnes 8
    Ezra 49, 82, 90, 96, 97, 115, 210, 295, 313, 322, 401, 416
    Jeremiah 170, 193, 322
    John 8, 65, 210, 211, 316
    Thomas 18, 211, 235

Croasdall
William 8, 94, 97, 105,
124, 131, 151,
203, 211, 268,
290, 415
William 64
Croasdel
William 64
Croasdell
Ezra 37, 39, 82, 220, 291
Grace 291
John 8, 37, 44, 48, 49,
226, 267
Thomas 37, 44, 49, 266
William 8, 38, 40, 41, 44,
48, 49, 52, 89,
267, 291
Croesen
Derrick 404
Crook
William 389
Crookart
Jacob 389
Crooks
Henry 270
Crosdale
John 128
Thomas 128
William 128
Crosdel
Robert 359
William 35
Crosdell
Ezra 13
John 62, 81
Thomas 62, 82
William 62, 81
Crosdill
William 54
Crosley
James 17, 32, 61
Thomas 244
Crosly
James 15
Cross
Charles 359, 360, 380
John 206
Joseph 17, 18, 39
Rachel 306
Crossdell
William 49, 51
Crow
Mary 71
Crowley
James 153
Crueson
Elizabeth 212
Francis 212
Cruickshank
George 210
Crusen
Derick 164

Derrick 129, 189
Henry 189, 259
John 189
Nicholas 248
Cruson
Derick 154, 160
Derrick 142
Nicholas 267
Crussen
Nicholas 336
Cuff
John 9, 39
Culter
Widow 69
Cuming
Robert 282
Cumings
Agnes 349
James 341
John 356, 361, 364, 381
Robert 235, 282, 341, 349
Cumming
Robert 188
Cummings
James 282, 283
Jane 282
John 314, 402
Robert 283
Sarah 283
Cummins
Elizabeth 371
James 371
Cunning
James 282
Cunningham
Gario 255
James 263
Curby
Thomas 154
Currey
James 313
Currie
James 173
Curtis
Abigail 58
Margaret 77
Thomas 77
Cusler
John 214
Cust
John 24
Cuthbert
Thomas 370
William 175
Cutler
Benjamin 220, 269, 273
Edmond 3, 236
Edmund 7, 143
Ellen 186
Isabel 196, 229, 236, 239,
394

John 7, 42, 96, 97, 104,
      220, 397, 398
Margary 92
Thomas 114, 116, 143,
        410
William 129, 186, 353

Cutter
  Edmund 60
  Isabel 60
  John 91
Damsog
  Joseph 244
Danby
  John 195, 239
  Sarah 239
Darbe
  William 37
Darby
  Elizabeth 103
  William 42, 64, 103
Dark
  John 41, 146, 240
  Samuel 62, 68, 93, 145,
          276, 305, 316,
          357, 385
  William 1, 9, 34, 39, 41,
           44, 53, 381
Darke
  Martha 198, 224
  Samuel 25, 42, 45, 52, 53,
          57, 74, 75, 198,
          224, 322
  William 22, 24, 42, 46, 55,
           70
Dash
  George 356
Dashler
  David 391
Dattwiler
  Hans 428
  Hellen 428
  Jacob 428
Daughty
  Thomas 371
Dave
  Robert 10
David
  John 167
  Thomas 335, 336, 348
Davids
  Richard 61
  Thomas 123, 141, 169,
          172
Davies
  Frenstrum 393
  Isabella 392
  James 253
  John 348
  Jonathan 340
  Joseph 329
  Mary 373
  Mirick 162

Robert 159
Stephen 373
Thomas 373
William 366
William Jr. 366

Davis
  Ann 179, 255, 374, 376,
       405
  Benjamin 226
  David 1, 2, 395
  Deborah 328, 346, 352
  Dinah 225
  Elizabeth 179, 219, 255,
             327, 387
  Francis 133, 328
  Frustram 376, 406
  George 245
  Isabella 376
  John 179, 255, 257, 280,
        326, 327, 334,
        373, 374, 376,
        405, 422
  M. 269
  Mary 179, 255
  Morris 296
  Richard 51, 64
  Samuel 308
  Sarah 268
  Stephen 334
  Thomas 121, 219, 261,
          328, 334, 346,
          352, 411
  William 234, 268, 292, 403
  William Jr. 281, 299
Davison
  Christopher 118
Davitt
  Margret 413
Dawson
  Daniel 225
  John 62, 118, 149, 240,
        276
  Katharine 149
  Martha 62, 118
  Mary 420
  Nathaniel 301
Day
  Christopher 115
  Mathew 238
Deacon
  George 78
Dean
  Benjamin 429
  Ebenezer 429
  Jane 308, 313
  John 317
  Mahlon 406
  Samuel 308, 313, 330
DeBertholt
  Catherine 218
  Johannes Philip 218, 228

DeBors
   Hellanah 388
   Jonathan 388
DeCamp
   Gideon 335
   Henrica 336
DeCew
   Js. 179
Decoursey
   William 323, 325, 390
Decow
   Isaac 130, 143, 220, 418
   Jane 130
   Jonace 220
   Susannah 220
Dell
   Michael 287
Delworth
   John 313
   Joseph 297
Demeyer
   N. 164
Demood
   Anna Gertrude 360
   Gertrude 360
   John 360
Dempsey
   Joseph 263, 270, 284
Denning
   Christopher 161
Dennis
   Henry 351, 407
   Martha 351
DeNormady
   John Abraham 243
DeNormandie
   Anthony 207
   Henretta 194
   Henryeta 176
   John Abraham 176, 194,
      207, 209, 210
   John Jr. 226
DeNormandy
   Andrew 221
   Anthony 258, 335, 400
   Daniel 368
   Henrietta 267
   Henritta 260
   John 252, 267, 305, 306,
      320, 351, 363,
      368, 417, 426
   John Abraham 158, 216,
      218, 221, 232,
      235, 244, 252,
      254, 260, 267,
      277, 300, 301,
      316, 323, 383
   John Anthony 158, 221
   John Jr. 219, 332
   Louisa 305
   Rebecca 426
   Robert 422

Depia
   John 205
Derbeshire
   John 354
Derby
   William 357
Derrick
   William 107
Derver
   John 191
Deshler
   David 311, 348, 349, 352,
      368
Devies
   James 232
Devon
   Mary 261
Dicey
   William 367
Dicken
   James 214
Dicker
   James 215
Dickerson
   Alice 12, 42, 123
   Thomas 4, 5, 12, 21, 42,
      123
Dickinson
   John 178
   Jonathan 60
   William 314
Dikes
   Thomas 158
Dillion
   Henry 425
   James 411
   Nicholas 212
   Rachel 411
   William 411
Dillon
   Nicholas 407, 410, 421
   William 401, 406
Dillworth
   James 4, 7, 383
Dilwin
   William 144
Dilworth
   James 19, 22, 34, 54, 73,
      95, 216, 219
Dimdall
   Sarah 167
Dimock
   Tobias 98
Dimocke
   Sarah 84
   Tobias 84
Dimocks
   Tobias 93
Diotrick
   Elias 249
Doan
   Ann 426

Doane
    Daniel 139, 426
    Daniel Jr. 111, 197
    Eleaser 317
    Eleazer 318
    Israel 417
    John 318
    Joseph 111

Dobel
    Daniel 76, 97, 111

Doble
    John 334, 388
    Sarah 388

Dodson
    Hannah 334
    John 334

Dole
    John 387

Doll
    John 41
    Joseph 147, 154

Donaway
    Christian 269

Done
    Mathew 351

Dones
    Daniel 43, 87
    Francis 12, 30, 65
    Robert 12, 14, 17

Donham
    Eleazer 331

Donsey
    Nathaniel 165

Doraugh
    John 22

Dorrock
    James 246

Dorsbet
    Robert 262
    Thomas 262

Doshler
    Arthur 218

Dougall
    David 337

Doughty
    John 237

Dove
    Francis Jr. 183
    William 168

Dowd
    Francis 234

Dowdney
    Michael 202, 211, 295, 334, 342, 386

Dowell
    Thomas 204, 224, 256, 279, 302
    William 106

Downe
    William 280

Downey
    Nathaniel 330

    James 183, 241, 358, 385
    James Jr. 358
    Thomas 315

Doyle 403
    Clement 222
    Daniel 123
    Edward 37, 42, 69, 84, 102, 114, 153, 248, 288, 303, 304, 324
    Rebecca 84, 102
    William 288, 298, 303, 324, 403

Doyles
    Edward 76

Drack
    Ralph 286

Dracol
    Ralph 99

Dracord
    Catherine 278, 320
    Philip 278, 320, 348
    Phillip 311, 323
    Ralph 253, 295, 311, 373
    Susana 295
    Susannah 253

Dracot
    Philip 177

Dracote
    Ralph 341

Dracott
    Philip 162, 236
    Ralph 89, 162

Drake
    Joseph 59, 68

Drakett
    Ralph 210

Drason
    Mathew 351, 407

Draycot
    Ralph 137

Draykett
    Ralph 82

Drewelt
    Cassandra 3
    Morgan 3

Drinker
    Joseph 164, 171
    Mary 164, 171

Drissel
    John 382

Drocall
    Ralph 121

Drummond
    Evan 196

Dubois
    Jonathan 259, 361

Duche
    Jacob 253, 319

Duchee
    Jacob 310, 349

Duer
  Abigail 341
  John 197, 201, 262, 380, 423
  Joseph 201, 262, 338, 341, 370, 375, 380, 386
Duffield
  Benjamin 150, 156, 158, 278
  Edward 278
  Hannah 309
  Jacob 309, 422
Dufield
  Benjamin 129
Dumping
  David 227
  Jeremiah 227
Dun
  George 236
Duncan
  Clement 381
  Edmond 319, 320
  Edmund 170, 350
  George 79, 141, 319
  Hannah 354, 421
  Jane 41
  John 88, 89, 170, 184, 206, 209, 211, 236, 254, 265, 277, 319, 326, 346, 369, 390, 428
  Joseph 213
  Margaret 170
  Margerie 319
  Thomas 328
  William 40, 42, 47, 49, 80, 81, 89, 141, 170, 271, 319, 379
Dunck
  William 123
Dungan 314
  Abel 371
  Clement 13, 38, 42, 56, 69, 72, 81, 84, 102, 110, 115, 156, 337
  David 338
  Edmond 205
  Eleanor 337
  Elizabeth 13
  Enoch 395
  George 235, 338, 349
  Jacob 206, 387
  Jeremiah 35, 37, 56, 57, 65, 69, 74, 76, 81, 101, 110, 115, 156, 235, 338, 356, 404
  John 56, 69, 81, 110, 206, 381
  Jonathan 206, 387
  Joseph 351, 364, 404
  Katherine 403
  Mary 156
  Samuel 206, 387
  Thomas 1, 13, 37, 43, 56, 69, 72, 76, 81, 102, 110, 115, 156, 206, 222, 235, 248, 249, 303, 336, 339, 350, 395
  Thomas Jr. 110
  Thomas Sr. 69
  Widow 35
  William 10, 13, 15, 19, 37, 43, 67, 72, 133, 205, 303, 304, 342, 403, 409
  William Jr. 303, 403
  William Sr. 343
Dungworth
  Richard 25, 45
Dunk
  William 110, 369
Dunkan
  Edmund 323, 325
  William 325
Dunker
  Rebecca 193
Dunn
  Anthony 118
  Francis 248
  George 276, 298, 353, 365, 421
  Ralph 421
Dupue
  Benjamin 275
  Daniel 275
  Nicholas 174, 182, 236, 275
  Samuel 275
Durborow
  John 171
Dure
  Thomas 42, 74, 75, 103
Durfee
  Ann 272
  Thomas 272
Durham
  John 310, 366, 384
  Mathew 111, 217
Durrough
  Thomas 375
Dyer
  Benjamin 236
  Charles 236
  Christopher 372
  Comfort 236
  Deborah 236, 383
  Edward 380
  Elizabeth 236

453

	Freelove 236		John 369
	Hannah 236		John Jr. 297
	James 160, 236, 352, 380, 386		Mary 260
	John 225, 281, 300, 371, 390	Eayre	William 217
	Joseph 195		Elizabeth 138
	Joshua 368		Richard 138
	Josiah 307, 371, 373, 382	Edams	
	Martha 236		Catherine 361
	Mary 390		James 361
	Mathew 372	Edem	
	Phebe 386		James 356
	Samuel 192, 236, 301, 380, 386, 390	Edems	
Dymeck			Gayn 402
	Tobias 369	Edgell	Hugh 402
Dymock			Simon 225
	Jobias 76	Edmund	
	Sarah 76, 102, 110, 114		Hugh 314
	Tobias 102, 110, 113, 223, 279	Edmunds	
Dyre			Deborah 152
	James 166, 175		Hugh 348
	Joseph 175	Edward	Roger 152
Eagle			David 390
	Henry 428	Edwards	
Earl			Alexander 311, 312, 326
	John 416		Charles 333
Earle			Da. 195
	John 225, 369		David 302
	Oliver 160		Elizabeth 330, 355, 419
East			John 328, 330, 334, 340, 341, 345, 352, 355, 387, 406, 419
	Benjamin 237		
Eastbourn			
	Benjamin 155		Mary 260
	John 29, 39, 311		Robert 82, 90, 162, 182, 202, 231, 270, 330, 355, 415, 419
Eastbourne			
	John 229		
Eastburn			
	Elizabeth 276, 394		Sarah 82, 90, 415
	Grace 278		Susanna 355, 383
	John 13, 195, 239, 240, 276, 278, 389, 394		Susannah 419
			Thomas 260, 329, 355, 410
	Margaret 276, 394		William 373, 383
	Mary 276, 394	Ege	
	Sarah 276, 394		Michael 338
	Thomas 276, 394	Eglin	
Eastburne			Richard 189
	Elizabeth 229, 230	Ehrenhart	
	John 229, 230, 259		Jacob 239
	Margaret 229, 230	Eicher	
	Mary 229, 230		Peter 360
	Sarah 229	Eldridge	
	Thomas 229		Jonathan 24, 41, 44, 74, 95
Eaton 413			
	David 369	Eleves	
	Edward 244, 260, 270, 283, 369		Henry 300
		Elfreet	
	Elizabeth 374		John 165
	James 336		

Elfreth
　　Elizabeth 207
　　Esther 304
　　Jeremiah 6, 304
　　Mary 304
Elfroth
　　Jeremiah 22
Eliis
　　Rowland 61
Ellet
　　Andrew 67, 160, 255, 302
　　John 100
　　William 302
Ellett
　　John 69
Ellicott
　　Andrew 346, 375, 408, 414
　　Joseph 375, 408
　　Nathan 426
Elliot
　　Andrew 21, 33
Ellis
　　Catharine 259
　　Daniel 357
　　Hugh 63
　　Katherine 173
　　Robert 173, 229, 253, 259, 271
　　Rowland Jr. 190
　　Thomas 13-15
Ellot
　　Andrew 114
Ellott
　　Andrew 91
Elridge
　　Jonathan 92, 104, 107, 116, 121, 370
Elton
　　Anthony 85
Eltow
　　William 290
Ely
　　Hough 290
　　Joshua 26, 276
　　Thomas 375, 408
Emerson
　　Caleb 300, 301
　　Joshua 300, 301
　　Samuel 280
Emlen
　　George 240, 332, 373, 401
　　Samuel 338
Emler
　　George 213
Emley
　　William 4, 8, 29, 39, 46, 63, 78
　　William Jr. 32
Emlin
　　George 179, 257
Emmet

Emott
　　Abraham 390
　　George 175, 340
　　Mary 175, 340
Emten
　　George 417
　　Samuel 359
England
　　Abraham 330
　　Robert 55
　　Thomas 99
English
　　Elizabeth 74
　　Hannah 36
　　Joseph 1, 14-16, 18, 25, 36, 38-40, 42, 45, 52, 56, 57, 73, 74, 76
Enlaugh
　　Elizabeth 429
　　John 429
Enoch
　　Britta 140
　　Henry 164, 189, 266, 346, 347, 388, 426
　　Herman 264, 273
　　Jemima 264
　　John 140
　　Joseph 264, 266, 347
　　Mary 273
　　Susannah 266
Enton
　　George 218
Erback
　　Baltez 345
　　Elizabeth 345
Erickson
　　John 39
Ermoll
　　William 360
Erwin
　　William 390
Erwine
　　William 372
Estaugh
　　Elizabeth 167
　　John 167
Ettwein
　　John 314
Evan
　　Alice 212
　　Evan B. 202
　　Lewis 212
　　Thomas 195
Evans
　　David 307, 342
　　Edward 51, 64, 141
　　Elizabeth 150, 153, 304
　　Evan 150, 153, 163, 296, 299, 326
　　Isaac 390, 403
　　James 214, 281, 300, 423

John 176, 177, 382
Lewis 234, 246, 305, 400
Lewis Jr. 246, 344, 415
Magdalen 246
Martha 351
Owen 295
Peter 154
Thomas 212, 246, 247, 344, 374, 392, 400, 411, 414
William 351

Evens
Elizabeth 108

Ewer
John 339, 393

Facbin
Jacob 344

Faire 230
Samuel 230

Faires
Samuel 242, 249

Fairie
Samuel 206

Fairlamb
Nicholas 80

Fairman
Robert 49, 51, 61, 68, 102
Thomas 36-39, 49, 51, 56, 60, 61, 64, 68, 92, 102, 144
Thomas Jr. 161

Falexnar
Daniel 227

FalJrivce
Ja Francis 211

Falked
John 80

Falkner
Hannah 15
John 9

Fallman
John 155

Farguson
Hugh 225
Samuel 225

Faries
Samuel 251, 299

Farman
Moore 334

Farmar
Edward 133

Farmer
Edward 133, 295
Rachel 295

Farniss
Thomas 342

Farris
Samuel 341

Faulkener
Edward 207

Faulker
Samuel 358

Fearon
Peter 141

Featon
Ephrain 382

Fell
Benjamin 423
Elizabeth 399
Jane 423
John 399, 423
Jonathan 399
Joseph 192
Leonard 172, 173
Thomas 423

Feller
John 399

Felt
John 355

Femlly
Samuel A. 103

Fenstar
Jacob 399

Fenton
Ephraim 154, 179, 255
Joseph 223, 285, 388
Mary 223

Fereby
Benjamin 367, 416
Rebecca 367

Ferguson
Hugh 311, 322, 371

Ferrell
John 411

Field
Ambrose 220
Benjamin 43, 69, 149, 155, 169, 175, 183, 188, 211, 261, 266, 316, 340
Joseph 294
Samuel 412
Susannah 220

Fields
Benjamin 402

Finer
Henry 401

Finley
Alexander 291, 351
Archibald 389

Finlow
Archibald 310, 376

Finney
William 245

Firth
Edward 5

Fishborn
Hannah 185
William 185

Fishbourn
Hannah 194, 205, 206, 216
Jane 205

Fishbourne
  William 62, 194, 205, 209, 216, 259, 262, 294, 311, 345
  Jane 197
  William 132, 197
Fishburn
  Hannah 150
  William 150, 300, 301
Fisher
  John 124, 127, 133, 355, 379, 380, 411, 412
  Joseph 412
  Joshua 417
  Mary 124
  Tabitha 164, 171
  William 164, 171
Fishwater
  George 222
Fithian
  Josiah 226
Fitzwater
  George 146, 162, 225, 274, 280, 284, 291, 303, 326, 327, 368, 389
Fletcher
  Elizabeth 209
  Gov. 32
  Robert 179, 209
Flounders
  Benjamin 258
Flower
  Enoch 3, 22
  Henry 22, 329
  Thomas 329
Flowers
  Enoch 29, 55, 375
  Henry 55
Foger
  John 315
Folkes
  Thomas 294
Folwell
  William 412
Fong
  Ann 338
Fonthouse
  Robert 396
Ford
  Philip 20, 160
  Thomas 183
Forde
  Standish 291
Foreman
  John 291
Forest
  Ann 147
  Walter 147
Forist
  Daniel 244

Forman
  John 327, 351
Forrest
  Walker 177
  Walter 50
Forst
  Henry 363, 371
Forster
  Arthur 225, 233, 235, 236, 240, 244, 249
  Arthur. 245
  Miles 27
Foster
  Allen 56, 60
  Arthur 222, 228, 231
  James 334
  John 352, 388
  Josiah 164, 311, 312
  Margaret 334
  Mary 56, 60
Fothergill
  John 401, 424, 425
Foulke
  Ann 353
  Hugh 353
  John 360, 420, 424
  Margaret 353
  Mary 360
  Priscilla 424
  Samuel 353, 359, 397
  Theophilus 353
  William 424
Fowler
  Hannah 376
  Jeremiah 155
  John 323, 376, 390
  William 155
Fox
  Joseph 150, 185, 314, 408
  Justinian 137
  Susannah 155
  Thomas 19
Frame
  Margaret 250, 301, 316, 338, 340
  Thomas 250, 254, 293, 301, 307, 316, 338, 340
Francis
  Elizabeth 148, 182, 228
  Jacob 283
  John 182, 228
  Lench Jr. 251
  Tench 211
  Tench Jr. 280, 284, 291
Fraser
  John 393
Fraxter
  Jermiah 263
Frazer
  John 326

Frazor
    William 159
Freak
    William 372
Fream
    William 221
Freame
    Margaret 198, 384
    Thomas 198, 340, 384, 395
Frederick
    Johannes 381
    Michael 68
    Michell 102
Fredrickson
    Michael 157
    Winchell 94
Freeborn
    Ann 272
    Gideon 115, 272
    Martha 272
    Patience 272
    Sarah 272
    Susannah 272
Freeborne
    Gideon 41, 94
Frego
    Hannah 331
    John 331
Frelick
    Michael 215
Frelly
    Jacob 215
French
    Nathan 185
    Nathaniel 150
Fressby
    Thomas 326
Frete
    Johannes 338
Fretz
    Abraham 420
    Christian 427
    John 425
Frexter
    Peter Jr. 263
Frey
    Jacob 324
    William 173
Freylieh
    Jacob 389
Fried
    Henry 395
Friendt
    Henryet 356
    Johannes 356
Fritzherbert
    John 330
Frock 283
Frogly
    Henry 225
Frohock
    Elizabeth 246
    John 200, 204, 207, 210, 219, 222, 226, 232, 234-236, 238, 239, 241-243, 245, 246, 258, 259, 297, 305, 332
    John Jr. 242
Frost
    Edmond 182, 228
    Edmund 148, 370
    Elizabeth 148, 182, 228
    Hannah 148, 181, 226, 370
    John 148, 181, 228, 370
    Joseph 148, 182, 226, 228, 370
Frotter
    Joseph 306
    Joseph Jr. 306
Fry
    Jacob 297
    William 172, 184, 191, 206, 209, 216, 223, 272, 278, 279, 288, 297, 369
Fryday
    Samuel 155
Frylick
    Michael 214, 319
Fullerton
    John 245, 367
Funk
    Christian 356
    Henry 367
Furley
    Benjamin 148
Furniss
    John 39
Furst
    Hendrick 219
Fussel
    Solomon 272
Gabitas
    William 48, 91
Gales
    James 118
Gallagher
    William 388
Gallaway
    Joseph 249
Galloway
    Grace 355, 419
    Joseph 328, 350, 355, 419
Galt
    William 33
Galy
    George 68
Gambley
    Jacob 218

Gandouett
   Alexander 267
   Francis 267
   Henrietta 267
   Jeremiah 267
   Lewis 267
Gandovet
   Alexander 176, 194
   Francis 176
   Francis Jr. 194
   Francis Sr. 194
   Henretta 194
   Henryeta 176
   Jeremiah 176, 194
   Lewis 176
   Mary 194
   Solomon 194
Gandowet
   Alexander 260
   Francis Jr. 260
   Francis Sr. 260
   Henritta 260
   Jeremiah 260
   Mary 260
   Solomon 260
Garden
   Stephen 359
Gardener
   Daniel 17
Gardiner
   Daniel 1, 17
   Thomas 55, 175
Gardinett
   F. 157
Gardley
   Enoch 43, 44, 46, 53
   Thomas 44, 57
Gardner
   Daniel 40-42
Garland
   Humphrey 191
   Humphry 180
Garner
   Daniel 65
Garrin
   John 368
Gatchel
   Andrew 215
Gatchill
   Frederick 317
Gatshall
   Andrew 262
Gattsall
   Andrew 317
   Catherine 317
Gehrling
   Jacob 374
George
   David 368, 375, 414
   Sidney 368
Georges
   John 301

Gerdson
   John 48
Gerhard
   Catherine 371
Gerris
   Barrent 23
Gervitson
   S. 365
Gheselin
   Cesar 108
Ghiselin
   Ceasar 267
   Cesar 176
   Phillip 132
Gibbs
   Elizabeth 3, 5, 177
   Margery 315, 342, 369
   Richard 266, 267, 269, 276-278, 287, 288, 295, 303, 311, 315, 323, 327, 331, 333, 342, 347, 381, 392, 415
Gibson
   John 287, 381
   Lancelot 264
   Lanslot 163
   Mary 264
   Norris 30
   Robert 274
   William 83
Giddon
   Samuel 72
Giffith
   John 47
Gifford
   Samuel 185, 217
   Thomas 218
Gilbert
   Abigail 318
   Benjamin 318
   Elizabeth 248, 281
   Esther 232
   John 29, 50, 60, 147, 178, 207
   Joseph 79, 183, 282, 424
   Nicholas 172, 232, 281
   Samue; 248
   Samuel 232, 281, 319, 327, 345, 363
   Sarah 318, 424
   William 232, 256, 281, 313, 337
Giles
   Alexander 3, 7, 84
   Dorothy 84
   Mary 84
Gilford
   Samuel 418
Gill
   John 5

Gilleylan
  Thomas 266, 377, 423
  John 239
Gilleylen
  Esther 277, 381
  Hester 277
  John 240, 264, 276, 277, 381
Gillingham
  Yeomans 419
Gimcock 247
Ginn
  Ann 195, 294
  William 195, 294
Ginne
  Ann 173
  William 173
Gintz
  Georg 283
Gisling
  Cesar 108
Gitleman
  John 414
Glading
  Thomas 23
Gleinop
  George 130
Glover
  Edward 186, 210
  Rachel 217
  Richard 152, 216, 217, 377
Godeffrey
  Cesar 176
Godeffroy
  Cesar 158, 267
Godiva
  James 134
Gokeen
  Thomas 287
Gold
  James 182
Goldney
  Henry 220
Gone
  Sarah 77
Gonne
  Henry 158
Good
  Elizabeth Barbara 282
  George 282
  Thomas 281, 313, 331
Goodin
  William 379
Gooding
  William 359
Goodson
  Job 162, 303
  John 13-15, 21, 28-31, 41, 42, 64, 71, 203
Goodwin
  William 192
Goold

Goostoth
  James 370
Gordon
  Abraham 208
Gorsuch
  Lewis 275, 361
  Hannah 333
  Lydia 333
  William 333
Goston
  John 217
Gotshall
  Andrew 317
  Ann Mary 317
  Catherine 317
  Frederick 317, 318
Goud
  Sarah 62
Gould
  James 148, 157, 226, 256, 350
  John 225
Gouldney
  Henry 158
Gourley
  Mary 367
  Samuel 367
Gow
  Isaac 51
Gowe
  Sarah 57
Gradon
  Alexander 258
Grady
  Samuel 294
Graff
  Franegah 382
  Jacob 382
Grafton
  Mary 249
Graham
  William 177, 215
Grame
  Thomas 243
Grange
  Mathew 329
Grant
  Elizabeth 204
  Neal 197, 204
  Neil 84, 153, 262
  Neile 120
  Robert 349
Graves
  Jacob 382
Gray
  Elizabeth 340
  George 426
  Henry 327
  John 78, 155, 251, 327, 340
  Mary 356

Graydon
   Alexander 197, 211, 226, 243, 291-294, 300, 301, 305, 345, 358, 363, 389
   Rachel 243, 291-293, 301, 345, 358

Grear
   George 339

Greasley
   John 420, 424

Greave
   Jonathan 75

Greaves
   Jonathan 90

Greeg
   James 277

Green
   Catharine 10
   Deborah 355
   Edward 1
   James 399
   John 10, 37, 67, 71, 315
   Katharine 71
   Katherine 37
   Rachel 29
   Samuel 231
   Sarah 231, 400
   Silvanus 401
   Thomas 10, 29, 37, 38, 71

Greenaway
   Rebecca 328
   Robert 298, 328

Greene
   John 20
   Thomas 257, 269

Greening
   James 263

Greenland
   Henry 4

Greenway
   Rob 217
   Robert 218, 239, 242, 340, 341, 355, 371
   Roby 210
   William 406

Greer
   Ann 348
   Elianor 347
   Elizabeth 347
   George 350
   John 308
   Margaret 308
   Mathew 308
   William 308

Gregg
   Deborah 272, 277, 343, 401
   James 209, 313
   John 272, 276, 277, 308, 313, 343, 401
   Robert 274

Gregory
   Ann 129
   William 98, 129, 412

Grest
   Ann 129
   John 123, 128
   Margaret 123

Grethfitts
   Thomas 190

Grey
   John 78, 117, 175
   Thomas 92, 108

Grier
   John 246, 414
   Mathew 225, 272, 311, 415

Griffith
   Abel 261, 395
   Abraham 78, 253, 286, 305, 310, 313, 327, 341, 342, 359, 371, 391
   Abraham Jr. 295
   Ann 391
   Benjamin 3, 29, 156, 172, 173, 235, 246, 261, 296, 304, 307, 319, 326, 342, 344, 374, 384, 395, 422
   Catharine 137
   David 265, 269
   Elizabeth 286, 295, 305, 342, 391
   Evan 89, 91, 92, 99, 190, 236, 284, 285, 326, 341
   Hannah 371
   Isaac 327, 374, 391
   Jenkin 29
   John 82, 137, 211, 337, 399
   Joseph 314, 326, 342, 395
   Mary 82, 326
   Nathaniel 285
   Phebe 374
   Rachel 384, 422
   Samuel 82, 89, 137
   Sarah 314
   Timothy 197
   William 246, 296, 354

Griffiths
   Isaac 274

Grigg
   James 241

Griggs
   John 361

Griscom
   Tobias 147, 154

Griscome
   Andrew 8

Groesbeck
    Jacob 50
Groesveck
    Jacob 49, 50
Groiadon
    Joseph 203
Grome
    Peter 36
Groom
    Esther 406
    Lydia 407
    Mahlon 406
    Margaret 274
    Mary 406
    Peter 100, 161, 394, 407
    Thomas 106, 274, 406, 407
    William 257, 274, 302, 308, 406, 407
Groome
    Andrew 113
    Peter 27, 111, 159
    Thomas 27
Groosbeck
    Jacob 161
Grosebick
    Jacob 190
Grossman
    Johannes 335
    John 335
Grost
    John 121
Grove
    Franegah 383
    Jacob 383
    Joseph 244
    Silvanus 425
Groves
    John 389
Growden
    Joseph 35, 42
    Sarah 242
Growdon
    Ann 148, 185
    Elizabeth 77, 91
    Grace 24, 308
    Joseph 8, 17, 19, 21, 23, 24, 30, 35, 39, 40, 47, 49, 51, 52, 59-62, 64-66, 68, 69, 76-79, 88, 89, 91, 94, 96, 97, 107, 110, 113, 119, 135, 143, 147, 148, 155, 164, 177, 185, 205, 208, 220, 233, 247, 252, 266, 267, 282, 286, 288, 315, 319, 341, 364, 388, 405, 426
    Lawrence 91, 96, 147, 170, 189, 191, 193, 201, 205, 206, 212, 220, 221, 230, 233, 234, 237, 240, 241, 248, 249, 251, 252, 258, 264-266, 269, 271, 273, 276, 277, 279, 281, 282, 285, 287, 288, 294, 303-305, 307, 324, 325, 327, 328, 332, 333, 346, 347, 349, 350, 353, 358, 359, 369, 375, 377, 379, 389, 392, 393, 395, 399, 400, 403, 405, 407, 411, 422, 423, 426
    Lawrence Jr. 184
    Lewis 284
    Mary 170
    Sacb. 143
    Sarah 201, 205, 220, 221, 252, 273, 294, 315, 325, 350, 379, 393, 400
    William 253
Growman
    Christopher 374
Grubb
    Henry 57, 59, 78
Gruber
    Godfrey 374
    Godfried 374
    Peter 214
Grundt
    George 283
Guiness
    Elizabeth 224

Guinop
    George 224
    George 130
Gut
    Elizabeth 282
    George 282
Guthin
    Anna Elizabeth Barbara 283
Guy
    Edward 74, 94
    Ester 74
    John 72, 74, 94
    Richard 47
Guyon
    Luke 96
Gwinup
    Elizabeth 315
    George 315
Hackett
    John 321
Haddock
    Isaac 199
Haddon
    Edward 181
Hage
    William 232
Hageman
    Henry 369
Hagen
    Jacob 424, 425
Hagon
    Hannah 347
Hague
    Francis 172, 178, 256, 396, 412
    Jane 172, 178, 396, 412
    Rebecca 256, 279
Haig
    Peter 220
Haige
    William 4-6, 95
Haight
    Samuel 41
Haile
    Francis 122
Hainer
    Philip Rudolph 263
Haines
    Anthony 331
Haire
    Jeane 323
    Richard 213
Halday
    Christian 373
Halfpenny
    James 244, 270, 284
Hall
    Elizabeth 80
    Hannah 163, 207
    Jacob 12, 14, 15, 20, 25, 26, 48, 55, 61, 386
    John 80, 108, 116, 120, 133, 134, 138, 145, 155, 195, 196, 207, 211, 232, 241, 248, 256, 258, 262, 279, 297, 299-302, 305, 306, 321, 322, 325, 332, 354, 383
    Jonathan 131
    Joseph 163
    Martha 426
    Rebecca 133, 134, 138
    Richard 405
    Robert 3-5, 9, 10, 13, 47, 58, 59, 80, 116, 155, 167, 254
    Sarah 195, 241
    Theodorus 302, 308
    William 163, 270
Hallett
    Annie 364
    Richard 364
Halte
    Christian 371
Haltie
    Christian 334
Hambert
    John 138
Hambleton
    James 153
Hambly
    Joshua 228
Hambough
    Adam 378
    Mary 378
Hambrackt
    Henry 299
Hamburg
    Mary 379
Hamelton
    Andrew 163
    Ann 163
Hamilton 251, 345, 356
    A. 196
    Andrew 147, 173, 287, 327, 331, 335, 399
    Andrew Jr. 174
    Archibald 310, 323, 324, 339, 371
    Benjamin 416
    James 173, 291, 309, 333, 389, 390, 422
    John 78, 165, 176, 196
    William 255, 262

Hamiton
  James 422
Hampfer
  Adam 331
Hampton
  Joseph 111, 401
Hamton
  Ann 383
  Benjamin 383
  Joseph 384, 411, 417
  Mary 384
Hange
  Francis 98
  William 101, 106, 108
Hanke
  Henry 299
Hankins
  Jeffery 322
Hannas
  Juli Calrena 373
Hanson
  Samuel 88
Hanton
  Patrick 390
Hany
  Henry 408
Haptumstall
  Margrit 364
Harage
  Mathias 375
Harcomb
  John 242
Harden
  Nathaniel 39
Hardin
  Henry 415
  Thomas 55
Harding 407
  Francis 110, 123
  Henry 295, 313
  John Thomas 240, 276,
    284, 381, 422
  Nathaniel 49, 51, 269
  Thomas 22, 108, 113, 139,
    209, 218, 230,
    292, 351
Hardman
  Abraham 57
Hare
  William 314
Hargons
  James 78
Harker
  Adam 75, 77, 81, 88, 95,
    177, 185, 226,
    243, 246, 321,
    373, 393, 409
  Grace 246, 321
  Jane 393
  Martha 321
  Samuel 178, 185, 321, 330

Harkin
  Daniel 389
  William 410
Harkins
  William 413, 421
Harlin
  Hannah 333
Harman
  Edward 335
Harney
  Robert 115
Harody
  Robert 149
Haroye
  Fransinak 423
  Mathias 423
  Thomas 423
Harper
  Robert 339, 356, 420
Harriott
  Miriam 43
  Samuel 43
Harris
  Ann 325
  Benjamin 141, 216, 218,
    279, 325
  Evan 402
  George 178, 269
  John 365, 395, 396
  Mary 242, 249, 252, 258,
    266, 277, 359
  Nathaniel 171
  Sarah 190
  Thomas 190
Harrison
  Charles 328
  Christian 286
  Daniel 64, 225
  Elizabeth 179
  Henry 396
  James 5-7, 18, 25, 31, 34,
    38, 41, 42, 46,
    47, 51, 58, 65,
    76, 89, 135,
    147, 157, 181
  John 51, 63, 179
  Phebe 25, 42, 65, 76, 157
Harry
  Mary 273
  Sarah 390
  Thomas 390
Hart
  Edith 337
  Eleanor 297
  Elinor 336
  Esther 335
  James 280, 284, 343
  Jane 280, 284
  Jean 280, 284

John 10, 156, 178, 225,
       232, 235, 247,
       267, 272, 290,
       292, 297, 313,
       323, 324,
       335-337, 339,
       351, 383, 394
Joseph 247, 256, 271-273,
        284, 285, 294,
        297, 298, 301,
        306, 313, 320,
        321, 323, 324,
        336, 337, 339,
        351, 354, 371,
        378, 382, 391,
        395, 406, 413
Miles 256
Oliver 247, 256, 313, 336
Samuel 421
Sarah 256, 313
Thomas 335, 395
Titas 324
William 378, 393
Hartley
    Agnes 401
    Edward 73, 401
    Henry 83
    James 401
    Rebecca 401
    Roger 401
    Thomas 401
Hartshorne
    R. 198
Hartz
    John 206
Harvey 419
    Abraham 386
    Ambrose 321
    Benjamin 330, 386
    Henry 299, 386
    John 183, 231, 290, 332
    John Jr. 290
    Mary 299
    Mathias 44, 51, 60, 318, 386
    Robert 115, 145, 217, 231,
            246, 268, 270,
            290, 317, 320,
            321, 322, 332,
            426
    Thomas 266, 321, 331, 385
Harvie
    Mathias 44, 51
Harvye
    Benjamin 241
    Thomas 241
Hasel
    Samuel 400
Hassert
    Arent 307
Hastings

Joshua 51
Haw
    James 281
Hawirth
    James 47
Hawkings
    Roger 130
Hawkins 276, 316
    Daniel 12, 21, 131
    Henry 53
    Jeffery 103
    Jeffrey 2, 5, 12, 21, 131, 180
    John 74
    Roger 2, 6, 12, 103, 131, 357
Hay
    John 317
Haycock
    Jonathan 356, 371, 391
    William 307, 371, 391
Haydock
    Roger 12
Haydon
    Andrew 160
Hayes
    James 364
    John 221
Hayhurst
    Cuthbert 19, 97, 103, 126,
              127, 187, 216,
              220, 294, 316,
              352, 354, 386
    Cuthbert Jr. 354
    John 103, 127, 354, 383, 429
    Mary 103, 127, 352, 354
    Rachel 110, 157
    Thomas 294, 354
    William 18, 22, 37, 61, 62,
             64, 66, 73, 91,
             97, 102, 110,
             157, 216, 219,
             295, 343, 352,
             354
Hayler
    Abraham 371
Hayman
    Moses 374
Haystormd
    Abraham 265
Hayter
    Abraham 372
Hayton
    William 401
Hayward
    Nicholas 25
Haywood
    James 24
Hayworth
    George 83, 134
    James 46

Mary 92, 116
Sarah 134
Heacock
　Jonathan 327
　William 349
Head
　John 240
　Jonathan 175
　Thomas 240
Headerickson
　Michael 156
Headley
　John 58, 76, 78, 92
　Joseph 204, 289, 402, 409,
　　418, 422
Headly
　Daniel 242
　David 372
　Hannah 248
　John 94, 120, 248, 268,
　　357
　Joseph 120, 248, 268
Heap
　John 225
Hearn
　William 56
Hearst
　Cuthbert 8, 57
　Mary 8
　Widow 54
　William 8, 54
Heastings
　Peter 185
Heath
　Andrew 29, 46, 78, 123
　Ann 223
　Elizabeth 78, 223
　Hannah 223
　John 33, 78, 92
　Mary 33, 223
　Richard 92, 223
　Robert 99
　Susannah 223
Heathcote
　George 207
Heaton
　Alice 144, 226
　Ann 295, 313
　Grace 131, 144, 209
　James 47, 75, 84, 98, 100,
　　119, 120, 131,
　　302
　John 272
　Margaret 339

Robert 3, 6, 8, 11, 22, 28,
　37, 49, 54, 57,
　60, 62, 64, 82,
　83, 84, 87,
　94-96, 100,
　103, 109, 117,
　119, 122, 129,
　131, 135, 187,
　209, 217, 218,
　226, 249, 266,
　267, 278, 295,
　296, 313, 320,
　334, 339, 343,
　344, 348, 351,
　354, 356, 371,
　388, 399, 421,
　423
Robert Jr. 37, 44, 65, 73,
　87, 98, 100,
　104, 114, 117,
　125, 139, 144
Robert Sr. 44, 73, 98, 114,
　117, 144
Hedman
　Joseph 407
Heed
　Thomas 111, 149
Heinbach
　Adam 378
　Mary 378
Heinbaugh
　Adam 382
Heiscock
　William 2
Heitt
　George 6
Helby
　Joseph 176
Heldebrand
　Jacob 370
Helleaid
　Mary 56
　Richard 56
Helslyn
　Jacob 138
Hem
　Joseph 43
　Samuel 43
Hembury
　Elinor 168
　Joseph 168
Henderson
　Andrew 187
　Charles 181
　Robert 315, 416
Hendrick
　Mathew 344
Hendrick de Brown
　John 22
Hendricks
　James 391, 405

466

Henges
    Ann 43
    William 43
Henglus
    Ann 43
    William 43
Henk
    Christian 416
Henry
    Philip 250
Herbel
    Philip 374
Herbert
    Benjamin 320, 404
    Grace 404
Hercock
    William 348
Herman
    Edward 123
    Jacob 215, 264
Heron
    William 425
Hersent
    Samuel 15
Hersfield
    Simon 283
Herst
    Henry 64
Hertzel
    Henry 335
Hestand
    Abraham 213
Hester
    Arthur 253
    Paul 255
Heston
    Ann 240
    Gebuton 125
    Jacob 156, 394
    John 294
    Robert 34, 240
    Robert Jr. 96
    Zubulon 417
Heuston
    James 413
Hew
    Richard 424, 425
    Thomas 424, 425
Hewarth
    Isabel 162
Hewlet
    John 160
Hewling
    W.H. 92
Hewlings
    Mary 309
Hewston
    John 249
Hewworth
    James 15
Heyler
    Baltzer 416
    Mary 416
Heystand
    Abraham 265
Heywood
    John 54
Heyworth
    James 63
    Mary 63
Hibbs
    Catherine 379
    Jonathan 312, 361, 381, 397, 398, 404, 405
    Joseph 379
    William 182, 240, 297
Hicket
    Nicholas 19
Hickman
    Robert 78
Hicks 328
    Benjamin 402
    Charles 399
    George 389
    Gilbert 306, 312, 325, 334, 389, 394, 395, 410, 426
    Henry 133
    Isaac 397
    Mary 389, 394, 395, 410
    William 360
Hiddlestone
    William 184
Hiear
    George 251
Hiet
    John 183, 277
Hieth
    John 402
Hiett
    John 73, 80, 91, 302
Hiff
    Richard 200
Higginbotham
    Joseph 168, 400
Higgs
    Mary 262
Hilborne
    Thomas 74
Hilbourn
    Mary 382
    Thomas 220, 322, 370, 382
Hilburn
    Thomas 226
Hill
    Abraham 311
    Agnes 372
    Edward 322, 369
    Elizabeth 238
    Hannah 285, 309

    James 2, 8, 16, 17, 23, 47,
        75, 101, 145,
        148, 322, 372
    John 114, 213, 240, 373
    Jonias 100
    Joseph 100, 123, 133, 173
    Josiah 27, 119, 122
    Josias 27, 69, 100
    Nicholas 229, 270, 306
    Peter 19
    Richard 129, 138, 145,
        148, 151, 224,
        225, 285, 307,
        311, 332, 372,
        390, 428
    Richard Jr. 309
    Sarah 213, 240
    Seth 44
    Thomas 281, 340
    Walter 179, 255
    William 197, 238, 293,
        300, 301, 359
Hillard
    Mary 144
    Richard 144
Hillborn
    Elizabeth 183
    Margaret 183
    Robert 151
    Samuel 183
    Thomas 77, 81, 92, 151,
        183
Hillborne
    Elizabeth 386
    John 386
    Robert 386
    Samuel 386
    Thomas 95-97, 107, 386
Hillbourn
    Elizabeth 264
    Joseph 398
    Robert 188
    Thomas 188
Hillburne
    Thomas 87
Hiller
    Henry 349
Hinchman
    Ann 401
Hinckstone
    Abel 66
    Elizabeth 66
Hinde
    Luke 401, 424, 425
Hinekston
    Abell 19
Hinekstone
    Abel 68
Hinges
    William 43
Hingston
    Abell 143
    Josiah 157, 252
    William 157, 252
Hingstone
    William 150
Hinkson
    Abel 279
Hinkston
    Abel 19, 62, 171, 183
Hinsey
    John 218
Hinton
    Gabriel 156
    Richard 330
Hioff
    John 72
Hirk
    Nicholas 24
Hirst
    John 250
Hiscock
    William 1
Hitchson
    Ann 231
    Henry 231
Hiter
    Abraham 390
Hoare
    Richard 238
Hobson
    William 163
Hockley
    Arin 198
    Richard 198, 222, 253,
        333, 340, 374,
        379, 391, 401,
        411, 412
Hodgson
    Daniel 152, 159, 160, 269
    Mary 67
    Robert 67, 72
    Sarah 159
Hodson
    Thomas 55, 59-61, 69, 76
Hoeth
    Frederick 285
    Johannella 285
Hoffman
    George 239
Hoge
    Ann 348
    Anne Jr. 348
    Esther 348
    Solomon 349
    William 349
    William Jr. 348, 375
    William Sr. 348
Hogeland
    Derick 421
    Derrick 405
Hogg
    Mary 274
    Peregrine 274

Hogh
   William 380
Holcombe
   Jacob 117, 122
   John 143
Holden
   Joseph 29, 30, 39
   Margaret 29
Holder
   Alexander 367
   Margaret 367
   Maria Cathrina 367
   Michael Henry 367
Holegate
   Robert 210
Holgate
   Robert 3, 5, 7, 84
Holling
   Elizabeth 206
   Nicholas 206
Hollis
   John 238
Holloway
   Tobias 147, 154
Hollyer
   Stoanman 285
Holme
   Elizabeth 173
   John 286
   Thomas 10, 20, 61
   Trgall 3
Holmes
   James 275, 279
   Thomas 39
Home
   Thomas 227
Homer
   Elizabeth 142
   Thomas 229, 233
   William 142
Homes
   William 130
Hood
   Caspar 71
Hookes
   Joshua 57
Hookley
   Richard 208
Hoolt
   Obadiah 36
Hoope
   Joshua 160
Hooper
   Sarah 224, 315
   William 223, 315
Hoopes
   Daniel 33, 43-45, 165, 247, 400
   Jane 247, 400
   Joshua 17, 24, 40, 43, 54, 247, 255, 384
   Josiah 75

Hoops
   Joseph 335
   Joshua 176, 279, 328, 400
Hoopy
   Joshua 99
Hooton
   Elizabeth 144
   Thomas 144, 293
Hope
   Rebeccah 205
   William 205
Hopper
   Benjamin 123
Horegland
   Derrick 189
Horlon
   Obadiah 43
Horn
   Hannah 413
   John 413
Horne
   Edward 178
Hornehar
   Rodolf 414
Horner
   Isaac 35
   John 3, 4, 34
   Joshua 35
   Mary 35
Horneybrock
   Samuel 149
Hornibrock
   Samuel 149
Horohode
   John 182
Horsefield
   Timothy 239
Hoskins
   Aurelius 67
Hoster
   Benjamin 220
Houey
   Eleanor 271
   John 271
   Joseph 271
Hough
   Abigail 426
   Deborah 176, 320, 328, 352
   Elleanor 353
   Francis 9, 255, 382, 426
   Henry 328, 352
   Isaac 313
   John 31, 55, 59, 68, 92, 104, 118, 134, 149, 167, 186, 204, 209, 231, 241, 271, 279, 308, 311, 313, 328, 381, 397, 412
   John Jr. 104

    John Sr. 68, 105
    Joseph 226, 313, 316, 320,
          324, 328, 353,
          389, 400
    Margaret 204, 352
    Margary 328
    Margery 426
    Mary 238, 328, 352
    Michell 116
    Rebeckah 352
    Rebekah 328
    Richard 13, 15, 16, 21, 24,
          28, 33, 38-44,
          49, 52, 53, 58,
          59, 61, 66, 68,
          70, 86, 99, 114,
          160, 176, 208,
          255, 302, 328,
          352, 385, 391,
          400
    Richard Sr. 352
    Ruth 132
    Samuel 51, 81, 97, 104,
          116, 117, 132,
          141, 291, 426
    Sarah 204
    Thomas 238
    William 44, 255
Houghhead
    Hannah 212
    Jacob 212
Houghton
    John 55
Houl
    Job 72
House
    Joseph 274
How
    Richard 401
    Thomas 401
Howard
    Grace 375
    Thomas 375
Howel
    Job 63
    Thomas 416
Howell 378
    Catharine 251
    Jabe 11
    Jacob 48
    Jane 144, 172
    Job 41, 94, 114, 134
    John 248
    Joseph 172, 361, 373, 379,
          393, 407
    Joshua 401, 425
    Philip 56, 144
    Stephen 76
    Thomas 251
Howerth
    James 48
Howertz

    James 44
Howes
    Jeremiah 93
Howorth
    James 63
    Mary 63
Hoyd
    Mary 254
Hozing
    Thomas 133
Huddle
    Henry 75
Huddleson
    Henry 243
Huddleston
    Dorothy 219
    Elizabeth 219
    Henry 19, 219, 377
    William 199, 219
Huddlestone
    Dorothy 428
    Henry 409, 428
    Huddlestone 413
    Valentine 286
    William 410, 428
Huddy
    Charles 88
    Henry 88
Hudleston
    Dorothy 199, 216
    Henry 63, 64, 208, 216
    Valentine 47
    William 199, 216
Hudlestone
    Henry 102, 170
Hudson
    Benjamin 290
    Robert 6, 9
    Thomas 20, 26, 30, 31, 43,
          44, 51, 58, 155,
          169, 261, 313,
          386
Huff
    Jean 195
    Joan 13, 16
    Michael 13, 16, 135, 195,
          265
    Michell 124
Hughes
    Elias 264
    Eliza 359
    Elizabeth 375
    Francis 255
    George 212, 257, 279, 310,
          343, 423
    Henry 346
    Hick 411
    Hugh 422
    Hurbert 402
    James 225, 259, 389, 428
    Janet 359
    Jennet 359

John 310, 322, 371
Mathew 97, 132, 212, 268, 279, 299, 308, 318, 322, 330, 359, 367, 375, 426, 428
Mathew Jr. 178
Rowland 98
Uriah 192, 359

Hughs
Elias 208
Mathew 208

Hughston
Hugh 249

Huings
John 206

Hullton
Thomas 30

Hulm
George 226, 400

Hulme
George Jr. 95, 128, 142
George Sr. 95
Thomas 68

Hulmes
George 128

Hulms
George 316

Humble
Martin 335

Humphrey
D. 364
Walter 65, 66

Humphreys
John 61

Humphry
John 413

Hunloke
Edward 82
Thomas 134, 183

Hunt
Glover 314
Isaac 340

Hunter
James 173, 176, 199, 307

Huntsbarger
Isaac 340

Huntsborger
Abraham 422

Hurst
Lydia 276

Hurty
Peter 387

Husteen
Charles 111, 128

Huston
Alexander 280
Alexander Brown 254, 269
Elizabeth 280
James 245, 367, 395
Mary 367
Robert 401

Hutchinson
George 43
Isaac 400
Jane 317
John 78, 92, 96, 103, 108, 124, 138, 214, 221, 239, 258, 305, 306, 314, 317, 318, 387
John Jr. 385
Joseph 379
Joyce 78
Michael 192, 310
Phebe 400
Randel 358
Randle 224
Robert 64
Sarah 200
Thomas 203, 219, 222

Hutchison
Thomas 273

Hyatt
John 157, 357

Hyder
Hannah 405
John 405

Hymbough
Adain 406
Adam 410

Hynetshaw
James 275

Iden
John 119

Imgram
John 225

Inesbe
Thomas 295

Ingels
John 220
Rebecca 220

Ingeny
Henry 20

Ingham
Jonathan 414, 417

Inslee
Joseph 302, 303
Sarah 237

Inyard
Charles 178

Irish
Nathaniel 210, 213, 233, 263

Irwin
James 399, 415
Jared 392, 399
Joseph 393

Isellstein
Isaac 263

Iserlow
Ingel 344

Isestein
Isaac 243

Isillteeas
 Elias 164
Islestone
 Jacob 145
Ithell
 John 67, 98
Ivory
 Theophilus 228
Jackman 286
 George 9, 55, 142
Jackson
 Daniel 72, 83, 90, 92, 141, 147, 152, 189, 207, 214, 260, 281, 297, 300, 311, 344, 402, 409, 423
 Ephrain 29
 Hannah 152, 189, 423
 John 91, 189, 226, 369, 423
 Joseph 189, 203, 206, 209-211, 243, 245, 307, 321, 322, 350, 361, 392, 423
 Josiah 285, 291, 295, 307, 309, 310, 313, 319, 329, 390
 Mary 293, 423
 Ralph 110
 Robert 305, 328
 Sarah 110
 Susannah 423
Jacob
 Bartholomew 261
 James 56
Jacobs
 Bartholomew 116, 118, 135, 146, 158, 159, 167, 168, 175, 218, 388, 418
 Bartol 92
 Bartoll 88
 James 142, 144
Jacson
 Ralph 149
 Sarah 149
James 201
 Aaron 234, 288, 359, 366
 Abel 391, 428
 Abigail 201
 Abraham 250, 293, 301
 Elizabeth 280
 George 245
 Isaac 260, 366
 James 426
 John 149, 260, 261, 366
 Mary 260, 331
 Richard 201
 Sarah 260

 Thomas 103, 149, 234, 304, 331, 359, 366, 395
 William 232, 260, 261, 295, 296, 331, 359, 373, 395
Jamison
 Alice 387, 395
 Henry 231, 333
 Mary 378, 387
 Robert 378, 400
Jammey
 Martha 289
 Thomas 289, 311
Janney
 Abel 34, 44, 67, 76, 86, 98, 173, 189, 255, 328, 352, 384, 385, 418
 Amos 173, 181, 208
 Ann 363
 Charles 326
 Elizabeth 208
 Hannah 220, 221, 324, 328, 353, 363
 Jacob 24, 44, 46, 85, 96, 107, 304, 362
 Joseph 173, 385
 Mary 181, 396, 412
 Rachel 183
 Thomas 3, 6, 7, 11, 13, 14, 24, 28, 59, 67, 86, 176, 183, 208, 220, 221, 234, 277, 279, 291, 305, 318, 324, 326, 328, 331, 353, 370, 379, 389, 393
Janny
 Abel 44
 Jacob 33, 44
 Martha 253
 Thomas 253
Janson
 John 338
Jarvis
 Francis 54
Jausen
 Reiner 103
Jefferson
 Edward 238
 Robert 238
 Winifred 238
Jelson
 Joel 52, 64
Jeminson
 Robert 367
Jemison 242
 Alice 360
 Henry 296

Jenkins
    John 293, 360, 373, 375
    Joseph 424
    Mary 424
    Robert 290, 294
    Abigail 135, 181
    Jeremiah 25
    Mary 217
    Stephen 135, 181, 281, 336
Jenkinson
    Henry 309, 378
Jenks
    Mary 315
    Thomas 196, 315, 332, 358, 383
Jenner
    Thomas 39, 49, 52
Jenney
    Abel 208
    Joseph 65
    Thomas 65
Jennings
    Alexander 187
    Ann 175
    Benjamin 187
    John 144
    Margary 95
    Margery 98, 142
    Mercy 175
    Samuel 175
    Sarah 175
    Soloman 263
    William 95
Jennison
    Joseph 391
    Robert 251
Jenny
    Abel 253
    Thomas 253
Jervis
    John 182
Jesse
    Mary 15
    Robert 15, 16
Jessep
    Sarah 410
    William 410
Jessop
    Andrew 368
    John 368
    Joseph 368
    Mary 368
    William 382, 406
Jessup
    Andrew 382
    John 382
    William 406, 407
Jewell
    John 88
Jinkenson
    Henry 307
Joan

Joden
    Benjamin 227
Joes
    Francis 391
    Hannah 391
    Martha 391
John
    Negro 355
Johns
    Thomas 303, 359, 360, 366, 393
Johnson
    Benjamin 11, 414
    David 389
    Philip 286
    Abigail 316
    Abraham 175
    Breta 39
    Catharine 174
    Catherine 261
    Claus 49, 81, 94, 113, 269, 287, 388
    Clause 91, 151, 279
    Claws 23
    Dirk 367
    Dunk 275
    Elizabeth 39, 261, 278
    Gartride 261
    Grace 174
    Hannah 278
    Hemicky 127, 128
    Henaicky 175
    Hendrick 261
    Jacob 166, 174, 271
    James 160, 359, 398
    Johanna 286
    John 116, 123, 129, 140, 150, 151, 174, 175, 209, 242, 244, 261, 266, 278, 279, 287, 307, 316, 333, 338, 360, 367, 388, 395, 400
    Joseph 423
    Katherine 39
    Lawrence 111, 113, 128, 174, 287, 333, 372
    Margaret 150, 154, 175, 261, 266, 294
    Mary 278, 286, 349
    Nicholas 286
    Peter 140, 166, 220, 278, 396
    Philip 286, 363
    Richard 286, 311, 316, 348, 349, 353, 354, 363, 368, 391
    Samuel 241, 287, 316, 333, 349, 412

   Sarah 286, 287, 316, 333
   William 278
   Wilmer 278
   Wilmeth 242
   Yanica 174
Johnston
   James 384, 419
   John 99
   Samuel 398
Jolliffe
   Mary 195, 294
   William 195, 294
Jolly
   Lewis 152
Jone
   Evan 285
Jones 288, 405
   Arthur 387
   Benjamin 152, 191, 217, 223, 228, 235, 240, 244, 248, 297, 337, 402
   Blathwaite 349
   Catharine 191
   Charles Jr. 322
   Charles Sr. 322
   Daniel 4-6, 54, 95, 106, 224, 232, 315
   David 291, 351
   Elizabeth 224, 315
   Evan 167, 255, 265, 272, 282, 285, 296, 298, 311, 314, 326, 328, 365, 377, 396
   George 178, 185, 196, 207, 226
   Grace 224, 315
   Griffith 2, 3, 9, 11, 12, 99, 106, 141, 227
   Hannah 333
   Henry 79
   Jacob 325
   John 41, 52, 79, 111, 113, 144, 213, 230, 257, 269, 405, 415
   Jonathan 396
   Joseph 27, 64, 147, 183, 407
   Joshua 240
   Lydia 333
   Malachi 323, 365
   Martha 305
   Mary 224, 285, 315, 415
   Richard 27
   Robert 338, 344
   Samuel 153
   Sarah 315

   Thomas 162, 182, 234, 241, 247, 249, 260, 305, 320, 322, 329, 331, 333, 344, 351, 400, 415
   William 317
Jonesey
   James 417
Jonson
   Derick 28
Jordan
   Joseph 314
Jordon
   Frances 272
Jorghan
   Jonathan 250
Jorstoe
   Joseph 331
Joseph
   George Henry 399
Junhen
   Herman 360
Junt
   Ernston 420
Justee
   Joseph 350, 370
Kader
   Anna Maria 367
   Conrad 367
Kaighin
   Ann 146, 154
   John 146
Karman
   George 225
Kart
   Joseph 421
Kean
   John 333
Kearney
   Joanna 198
Kearny
   Edmund 171, 223
Kearsley
   John 282
Keaton
   Robert 407
Keble
   John 395
Keegan
   John 366
Keen
   Frances 81, 247
   Hannah 423
   John 308
   Jonas 81, 189, 245, 247, 395
   Mathew 218
   Mathias 201, 210, 216, 242, 423
   Matts 39
   Susannah 216

Keese
    Joseph 368, 376
Keil
    Conrad 399
Keily
    J. 201
Keirll
    John 256
Keith
    William 417
Kekewich
    Peter 170
Kelley
    James 192
    Patrick 3
Kelly
    Eleanor 414, 415, 428
    Elinor 272
    Erasmus 272, 414
    Hannah 368
    John 272, 324, 329, 342, 351, 368, 374, 415, 428
    Joseph 426
    Martha 272
    Pat 232
    Thomas 272
Kelsey
    Archibald 251
Kelso
    Archibald 274, 389
    Charles 273
    Henry 274, 368, 389
    Jane 368
    Thomas 274, 368, 389, 407
Kelson
    Henry 351
Kemp
    Edward 141, 220, 221
Kempe
    Edward 80, 123, 129, 131, 138
Kenderdine
    Joseph 289, 290, 327
Kennard
    John 212
Kennedy
    David 371, 390
    James 419
    Jane 419
    Mary 384
    Robert 260, 366, 384
Kennerley
    William 42
Kensey
    Edmund 186
    John 249
    John Jr. 165
Kent
    William 179
Kenway
    Mary 5
Kergan
    John 310
    Mary 310
Kerkbride
    Joseph 35
Kernes
    Robert 353
Keron
    William 401
Kerr
    James 274
Ketter
    Henry 374
Key
    John 225
Keysey
    Derck 243
Kid
    Thomas 244
Kidd
    Thomas 262, 270, 284, 319, 331
Kieper
    Michael 265
Kiirkbride
    Joseph 41
Kilbram
    Richard 162
Killone
    Henry 420
Kilpatrick
    James 214, 215
Kinderdine
    Joseph 203
King
    Christian 212
    Cornelius Jr. 212
    Francis 212
    Katherine 212
    Leo 212
    Steiner 212
Kingston
    Elizabeth 60
Kinkner
    Franica 286
    John George 286
Kinkson
    Abel 388
Kinlow
    John 81
Kinnard
    Alice 406
    Anthony 407
    James 406
    John 407
Kinnison
    Edward 75
Kinsey
    Benjamin 299, 346
    David 396, 412
    David Jr. 346

Kinsoy
    John 171, 198, 221, 223, 375
    Samuel 250, 375
    Sarah 396, 404, 412
    Susanna 299
    Thomas 250
    William 404
    Samuel 250
Kirk
    Godfrey 157
    Joseph 50, 156
Kirkbirde
    Sarah 208
Kirkbride 287, 288
    Grace 324
    Jane 139, 222, 324
    Jean 222
    John 167, 186, 232, 273, 316, 344, 363, 372, 375
    John Jr. 324
    Joseph 11, 13, 35, 40, 41, 45-47, 52, 54, 58, 62, 65, 71, 80, 84, 94, 95, 100, 101, 103, 106, 108, 124, 131, 132, 149, 154, 163, 167, 169, 173, 175, 179, 180, 182, 198, 218, 221, 222, 228, 248, 261, 262, 272, 276, 280, 282, 307, 316, 322, 324, 329, 343, 346, 347, 366, 369, 378, 384, 385, 389, 390, 392, 399, 422, 428
    Joseph Jr. 162, 178, 180, 185, 186, 200, 322
    Mahlon 162, 208, 221, 222, 262, 276, 277, 302, 310, 314, 316, 342, 352, 363, 372, 381
    Mahlon Jr. 310, 419
    Mary 103, 167, 248, 298, 307, 324, 343, 372, 390
    Mathew 84, 95, 139, 173, 176, 222
    Robert 176, 352
    Sarah 85, 316, 372
    Stacy 397
    Thomas 95, 103, 139, 222

Kirke
    John 345, 367
Kirl
    John 201
    Thomas 176
Kirle
    Joseph 33, 52, 126, 145
    Julian 130
    Thomas 39, 106, 130
Kirler
    Thomas 198
Kirll
    Breth 153
    Joseph 176
Kirton
    John 192
Kitchen
    Sarah 206
    William 224
Kitchin
    Ann 377
    Hemp 377
    William 417
Kiver
    Thomas 287
Knauss
    Sebastian Henry 238, 239
Knight
    Daniel 264, 276, 284, 344, 381, 422
    Elizabeth 126, 132, 370, 403
    George 84
    Giles 393
    Grace 394
    John 237
    Jonathan 394
    Joseph 37, 38
    Peter 370, 403
    Sarah 237, 309
    Thomas 47, 49, 78, 132, 145, 171, 279, 382, 407
    Thomas Jr. 126, 145
    Thomas Sr. 126
Knowles
    Elianor 347
    Francis 164, 171
    John 78, 186, 417
    Mary 186
    William 347
Kochert
    Jacob 397
Kolb
    David 427, 428
    Dielman 427, 428
Kolluck
    Jacob 148, 150
    Mary 150
Koyser
    Andrew 367

Kraesen
  Derrick 405
  Elizabeth 405
  Henry 405
Kreeven
  Dorrick 366
Kress
  Charles 408
Krewson
  Henry 333
Krocton
  Elizabeth 212
  Francis 212
Kroensen
  Gerret 223
Kroeson
  Derrick 356
Kruson
  Derick 285
Kulp
  Kilman 420
  Tilman 425
Kuster
  Conrad 267
  Reiner 249
Lacey
  Joseph 379
  Thomas 188
Lachary
  Lloyd 165
Lack
  John 342
  William 246, 251
Lacock
  Joseph 86
Lacy
  Anna 384
  Henrich 384
  Henry 384, 422
  Johannes 384
  John 317, 384, 422
  John Sr. 384
  Susanna 384
  Susannah 384
  Thomas 235
Laderock
  John 284
Lamb
  Daniel 183
  Hugh 183
  Joseph 183
Lambert
  Ashsah 349
  Elizabeth 204
  Hannah 204
  John 153, 163, 204
  Rebeckah 204
  Sarah 204
  Thomas 17, 32, 131, 151, 171, 172
Lancaste
  Aaron 373

Lancaster
  Benjamin 398
  Thomas 274, 317
Land
  Edward 39, 45
Landes
  Rudolph 427
Landis
  John 243
  Ralph 427
Landus
  John 213, 214
Lane
  Gyles 285
  Thomas 228
  William 24
Lang
  Christopher 329
Langdale
  Josiah 158, 185, 321
  Margaret 158
Langdall
  John 178
Langhome
  Grace 47
  Jeremiah 47
  Thomas 47
Langhorn
  Jeremiah 63, 266, 268
Langhorne 312
  Abell 113
  Grace 13, 65, 89
  Jeremiah 62, 64, 65, 69, 76-78, 89, 132, 159, 162, 163, 175, 184, 189-192, 196, 200, 202, 208, 211, 217, 220, 221, 222, 233, 234, 240, 243, 248, 249, 252, 258, 275, 286-288, 303, 304, 312, 314, 319, 326, 330, 342, 345, 350, 356, 366, 389, 403, 409
  Joseph 248, 279
  Sarah 65, 234
  Susannah 249
  Thomas 10, 11, 13, 65, 199, 234
  Widow 55
Lanin
  John 214
Lapp
  John 261, 342
Lapps
  John 411

Lardner
  Lynford 198, 214, 215,
           221, 232, 245,
           246, 323, 333,
           395
Lardnor
  Lynford 206
Larew
  Isaac 320, 323, 325, 333,
         350, 361
  Peter 208, 334, 418
Large
  Ann 255
  Dorothy 255
  Ebenezer 133, 179, 186,
            238, 255, 367,
            407
  Elinor 224
  Elizabeth 133, 224
  John 85, 93, 94, 103, 108,
        111, 116, 118,
        240, 241, 259,
        262, 294, 304,
        321, 345, 385,
        418
  Joseph 35, 37, 38, 42, 58,
          67, 70, 85, 93,
          101, 110, 114,
          118, 133, 224,
          255, 304
  Joseph Jr. 71, 133
  Richard 71, 97
  Samuel 146
  William 143, 277, 368, 413
Laroe
  Daniel 277, 422
  Isaac 277
LaRow
  Peter 189
Larson
  Samuel 237
Larzelere
  Nicholas 418
Late
  Anthony 418
Latham
  Elizabeth 340
  John 340
Latherman
  Peter 396
Latterthwaite
  William 308
Laux
  Peter 427
Lavalley
  Charles 80
  Elizabeth 80
Lawrence
  Giles 218, 242
  Jasper 335
  Johannes 204
  John 336

  Joseph 150, 213
  Joshua 117, 141
  Peter 87, 109, 166, 182
  William 43, 69, 155, 169,
           261, 335
  Wilmeth 242
Lawreu
  Isaac 233
Lawton
  Adam 164
  Thomas 164
Laycock
  John 163, 308, 309, 385
Lea
  Hannah 212
  John 212
Leadame
  Richard 192
Leadom
  Richard 129, 380
Leatham
  Richard 172
Leatherman
  Jacob 427
  Theobald 211, 399
Lee
  Hannah 212
  John 212
  Ralph 202
Leech
  Ephraim 245, 325
  Isaac 398
  Jacob 398
  John 398
  Thomas 357, 423
  Thomas Jr. 398
  Toby 149
  William 423
Lefevor
  John 282
Leffertre
  Leffert 259
Leffertzan
  Leffort 365
Legh
  Frances 396
  Mr. 396
Lehammany
  Philip H. 7
Lehman
  Christian 221, 243, 250,
             278
Leibkap
  Solomon 215
Leidie
  Charles 326
Leill 46
Leister
  Catherine 395
  Philip 395
Lembhe
  L.C. 314

Lenix
  Ann 122
  Richard 122
  William 122
  William Jr. 122
Lenoir
  Lenoir 354
  Lewis 363
Lenox
  James 131
Lenries
  Richard 163
Leonard
  George 427
Lerdine
  Peter 388
Lerich
  Andrew 259
Lespinard
  David 389
Lester
  Adam 244
  Isaac 282
  John 229, 270, 282, 424
  Peter 102, 229, 270
  William 420, 424
Letch
  Isaac 375
Levalle
  Charles 85, 91, 97
Levalley
  Charles 59, 108, 133, 135, 155
Levering
  Jacob 150
Levers
  Robert 249, 251, 379
Leverton
  Thomas 170
Levet
  Edmund 372
  Edmund Jr. 372
  Phebe 372
Levis
  Elizabeth 62
  Samuel 62
Lewis
  David 406
  Dianah 328
  Elizabeth 295, 328
  Francis 264, 305
  Henry 342
  Isaac 327, 387
  James 327
  Jeremiah 272
  John 234, 251, 252, 295, 305, 320, 324, 328, 351, 417
  Lewis 353, 358, 371
  Mary 367
  Rees 261
  Susannah 320
  Thomas 274, 291, 351, 389
Lewton
  Robert 381
Leydy
  Charles 374
Leyles
  Andrew 284
Light
  Solomon 344
Lightfoot
  Michael 353, 387
Lightlap
  Solomon 216
Lightwood
  Elizabeth 170
Lin
  Joseph 193
Linde
  Paul 317
Lindsey
  David 326, 351
Linsey
  David 206, 314, 387, 402
Linteack 400
Linter
  John 165, 169, 172, 329
Linton
  Joseph 186, 188, 236
  Mary 412
  Rebeckah 344
Lippincott
  Restore 311
Lirkfold
  William 160
Lisle
  Maurice 76
List
  Maurice 110
Little
  Francis 61
  Mary 326
Littleton
  Peter 5
Litus
  Jacob 393
Livesey
  Jonathan 203
Livesley
  Elizabeth 223
  Thomas 223
Lloyd
  Da. 12, 74
  Daniel 47, 51, 52, 54
  David 9, 12, 36, 39, 60, 61, 67, 79, 96, 99, 101, 286
  Elizabeth 267
  Elizabeth Jr. 291
  James 411
  John 254
  Mordecai 79

　　　　　　　Morris 190
　　　　　　　Patience 79
　　　　　　　Thomas 2, 9, 32, 52, 79,
　　　　　　　　　　259, 389, 415
Loadom
　　　　　　　Richard 353
Lock
　　　　　　　John 231, 361, 373, 378,
　　　　　　　　　　393, 407
Locott
　　　　　　　Edmund 426
　　　　　　　Edmund Jr. 426
Lodge
　　　　　　　Henry 164
Loffertson
　　　　　　　Loffert 402
Logan
　　　　　　　George 191
　　　　　　　James 99, 117, 122, 145,
　　　　　　　　　　164, 183, 190,
　　　　　　　　　　217, 220, 249,
　　　　　　　　　　254, 259, 280,
　　　　　　　　　　285, 326, 374,
　　　　　　　　　　389, 391, 413,
　　　　　　　　　　417
　　　　　　　Jane 191
　　　　　　　Sarah 190
　　　　　　　William 271, 339, 396
Logworth
　　　　　　　Roger 110
Long
　　　　　　　Andrew 345, 363, 367,
　　　　　　　　　　416
　　　　　　　Bartholomew 222
　　　　　　　Elizabeth 416
　　　　　　　Isabella 416
　　　　　　　Mary 416
　　　　　　　Roger 31
　　　　　　　William 391, 416
Longdale
　　　　　　　Joshua 246
　　　　　　　Josiah 418
　　　　　　　Margaret 418
Longhorne
　　　　　　　Jeremiah 64
Longshore
　　　　　　　Enclydes 151
　　　　　　　Euclidus 210, 256
　　　　　　　Euclious 262
　　　　　　　Euelyous 235
　　　　　　　Euetydus 219
　　　　　　　Luckidus 281
　　　　　　　Robert 20
Longstreet
　　　　　　　Bartholomew 98, 133
Longstreeth
　　　　　　　Bartholomew 206
Longstreth
　　　　　　　Bartholomew 179, 336
　　　　　　　Daniel 339
Longworth
　　　　　　　Roger 25

Lonx
　　　　　　　Peter 427
Loramar
　　　　　　　Hannah 395
　　　　　　　Harriet 386
Lostus
　　　　　　　Jane 237
　　　　　　　Ralph 237
Louder
　　　　　　　John 281, 318
Loughrey
　　　　　　　James 331, 356
Louis
　　　　　　　Francis 215
Lovett
　　　　　　　Edmond 5, 16, 27, 87
　　　　　　　Edmond Jr. 145
　　　　　　　Edmund 47, 49, 58, 67,
　　　　　　　　　　70, 71, 73, 92,
　　　　　　　　　　402, 409
　　　　　　　Edward 1, 144
　　　　　　　Elizabeth 73
Lovitt
　　　　　　　Elizabeth 429
Lowe
　　　　　　　Hannah 378
Lowther
　　　　　　　Anne Sharlott 268
　　　　　　　Anthony 263, 283
　　　　　　　John 268
　　　　　　　Margaret 263, 283
　　　　　　　Martha 295
　　　　　　　William 263, 283, 295
Loyke
　　　　　　　Dance 39
Loyken
　　　　　　　Elmer 68
　　　　　　　Michael 68
Lselequst
　　　　　　　John 238
Lucas
　　　　　　　Edward 15, 53, 77, 119,
　　　　　　　　　　146, 184, 266,
　　　　　　　　　　381, 384, 385,
　　　　　　　　　　402
　　　　　　　Elizabeth 15, 53
　　　　　　　Giles 15, 53, 184, 240
　　　　　　　John 95, 100, 177
　　　　　　　Robert 1, 2, 5, 6, 10, 13,
　　　　　　　　　　22, 53, 62, 322,
　　　　　　　　　　342, 377, 385,
　　　　　　　　　　402, 419
　　　　　　　Sarah 402
　　　　　　　Thomas 266
　　　　　　　Widow 52
Luch
　　　　　　　Thomas 219
Lucken
　　　　　　　Joseph 319, 331, 338
Luckin
　　　　　　　Robert 238

Luff
    Edward 44, 52
    Jane 144
    John 1, 5, 52, 56, 65, 144
    Mitchell 143
Lufs
    John 142
Luft
    Edward 17, 24
Lufteen
    Charles 113
Lugg
    Bartholomew 5
Luke
    Jane 34
Lukens
    Abraham 423
    John 340, 369
Lukins
    John 363
Lundy
    Elizabeth 12, 179, 255
    John 411
    Richard 1, 2, 12, 13, 15,
        23, 28, 51, 52,
        58, 74, 79, 98,
        99, 103, 118,
        179, 255
Lunley
    Richard 429
Lunn
    Joseph 415
Lupton
    Joseph 165, 170, 188, 377
Lust
    John 80
Lynde
    Joseph 228
Lynn
    Elizabeth 286, 305, 341
    Esther 305
    John 305
    Joseph 284, 286, 304, 341
    Martha 305
    Mary 305
    Sarah 304
Lyson
    Thomas 225
MacCalla
    William 406
MacColler
    William 410
Macellvain
    Ann 291
    William 291
MacFarling
    Robert 410
Mack
    George 263
Mackay
    John 187
Mackdaniel
    John 386
Mackelon
    Margaret 170
Macloughlin
    John 192
Macorune
    Samuel 161
Maddox
    Ann 153
    Joshua 219, 357, 423
    Mary 421
Magee
    Daniel 390
    Thomas 390
MaGennis
    Edward 364
Main
    William 410
Majorum
    Henry 44, 221, 223
Maleigh
    Thomas 192
Mallows
    Henry 57, 127
Malone
    Patrick 248
Man
    Abraham 20
    John 54
Manangis 46
Manbie
    Richard 12
Manbury
    Thomas 149
Manchester
    William 30
Mangerum
    Henry 342
Mankin
    Ann 404
Mann
    Abraham 316
    John 148
    Phillip 299
Manning
    Thomas 373
Mannington
    John 231
Mannor
    Perkasie 216
Maple
    David 217
    Jane 217
    Susannah 217
    Thomas 217
Mapleman
    Jacob 213, 214
Maples
    Susannah 249
    Thomas 249
Mardon
    Thomas 408

Mare
    Thomas 211
Marenus
    David 259
Margarum
    Henry 329
Margenum
    Henry 224
Margeram
    Henry 358
    Mary 358
    Richard 358
Margeren
    Henry 302
Margerom
    Henry 67
Margerum
    Henry 1, 4, 16, 17, 24, 91, 114, 130, 357
Marke
    Thomas 158
Marker
    Elizabeth 181
Markes
    Joseph 13
Markham
    Joanna 244
    William 13-15, 21, 28, 30-32, 41, 42, 48, 64, 203, 244
Marks
    Janet 300
    John 222
Marlin
    Thomas 380
Marmion
    Samuel 108, 267
Marnott
    Thomas 222
Marple
    David 179, 414
    George 311
Marriot
    Thomas 279, 409
Marrioth
    Thomas 138
Marriott 305
    Thomas 138, 178, 197, 300, 301, 305, 321, 385, 387
Marsh
    Hugh 19, 27, 29, 39, 276, 394
    Robert 22, 29, 276, 394
    Sarah 29, 276, 394
    Thomas 274
Marshall
    Frederick 314
    Moses 416
    William 100, 351

Martin
    Ann 288
    George 7, 8
    Jacob 382
    James 409, 411
    John 177, 357, 409, 413
    Lancelot 409
    Margaret 409
    Mary 224, 227, 302, 315, 409
    Mary Jr. 238
    Samuel 122, 359
    Samuel Jr. 288, 403
Martindale
    John 125
    Mary 125
Martindell
    John 117
    Mary 117
Martyn
    Samuel 207
Mason
    Jonathan 304, 366
Massley
    Moses 20
Master
    William 297
Masters
    Thomas 58, 77
Matchler
    Christopher 421
Mather
    Joseph 12, 43
    Richard 35
Mathers
    Samuel 420
Mathew
    Simon 167, 360
Mathewman
    Luke 366
Mathews
    Edward 349
    John 368
    Margaret 68
    Simon 274, 280, 304, 326, 327, 368, 389
Mathias
    Evan 310, 323, 324, 339, 371, 374
Mathis
    John 266
Matley
    Patrick 318
Maugnoge
    William 225
Maurer
    Jacob 245
Mawd
    Thomas 177
Maxwell
    Ann 419
    John 419

May
    Daniel 186
    Edward Elives 31
Mayberry
    Thomas 370
Maybury
    Thomas 165, 170, 181, 182, 188, 200, 202, 226
Maycock
    Charles 291, 307
Mayes
    Edward 52
Mayleigh 287
    Charity 355
    Hannah 355
    Samuel 355
    Thomas 15, 298
    Thomas Jr. 355
Maylor
    John 114
Mayoes
    Ann 383
    Edward 383
    Mary 383
Mayor
    Edward 47
Mayoram
    Henry 33, 40
Mayorum
    Henry 49, 53
Mayos
    Ann 118, 237
    Anne 118, 120
    Edward 74, 76, 77, 90, 96, 98, 101, 107, 120, 135, 237
Mayrn
    Jacob 382
McCall
    John 271
McCallister
    James 299
McCarty
    Dennai 376
    James 396
    Sarah 248
    Silas 225, 248, 396
McClean
    Archibald 325
    Joseph 393
    William 423
McColester
    James 323
McColestor
    James 310
McColister
    James 296, 331
McCollester
    James 156, 324
McCollister
    James 371

McCollough
    John 251
McComb
    James 162
    John 36, 38, 147
McCool
    Mary 340, 358
    Walter 208, 319, 340, 356, 358
McCoole
    Walter 353
McCray
    Ann 365
    James 278, 365
McCrea
    James 365
    Joseph 420, 425
McCreay
    Joseph 330
McDaniel
    John 362
McDevaine
    Ann 358
    William 358
McDivaine
    William 294, 300, 301
McDowell
    Alexander 309
    John 275
    Robert 271
McFall
    Francis 410, 421
McFarling
    Robert 406
McGlaughlin
    James 408
    John 384, 408
    Mary 408
McGrady
    Margaret 296, 341
    Samuel 296, 299, 341
McHenry
    Francis 428
McHroy
    William 348
McHvaine
    William 301, 358
McIntire
    Henry 420
    John 421
McKinstrey
    Mary 343
    Nathan 343, 394
McKinstry
    Nathan 298, 315, 421
McLaughlin
    James 364
    John 364
    Mary 364
McMasters
    John 413

483

McMickles
    John 285
McNair
    Samuel 396
McNein
    James 417
McVagh
    Edmond 3
Mead
    William 94, 222, 302
Means
    William 281, 301
Mearns
    Hugh 308
Meed
    Ellen 224
    William 224
Melcher
    Lenherd 347
Melnor
    Joseph 43, 51-53, 61
Meredeth
    Thomas 152
Meredith
    John 27
    Thomas 275
Mereweather
    James 295
Merre
    Hugh 231
Merrell
    Amos 228
Merreweather
    James 296
Merrick
    George 311, 393
    John 366, 408, 419, 426
    Martha 416
    Samuel 406, 417
    Thomas 416
Merriot
    Anna 156
Metcalf
    William 258
Micheler
    Christian 349
Michell
    Henry 104
Michener
    John 364
    Mordecai 307
    William 322
Michle
    Samuel 282
Michman
    Conrad 374
Mickener
    John 331
Mickle
    Samuel 205
Middleton
    John 378, 383

Mifflin
    Hannah 357
    John Jr. 357
    Thomas 407
Milane
    John 329
Milcom
    Anne 322
Mildmay
    Col. 220, 221
Mildway
    Col. 157
Milflin
    Thomas 401
Milford
    Joseph 8
Mill
    George 314
Millcome
    Anne 2, 4
Miller
    Andrew 399
    Christian 392
    David 239
    Everhart 344
    Hugh 258, 328, 350
    James 44
    John 416
    Joseph 316
    Peter 332, 335, 338, 341, 371, 374, 380, 381, 392, 401
    Peter Jr. 257, 264, 266, 267
    Ralph 168
    Samuel 348
    Thomas 357
    William 319, 328
    William Jr. 232, 251
    William Sr. 251
    Yost 392
Millner
    Joseph 9, 116
    Thomas 255
Millnor
    John 385
Mills
    Stephen Sr. 93
Milman
    Conrad 391, 401
Milner 318
    Isaac 121, 131
    John 330
    Joseph 11, 44, 330, 361
    Sarah 131
Milnor
    John 165, 172, 256, 271
    Joseph 44, 46, 63, 276, 386
    Martha 172
Milton
    Thomas 399

Mires
   John 404
Mitchel
   Elizabeth 232
   John 359
   Richard 232
   William 241
Mitchell 298
   Agnes 339
   Alles 339
   Elizabeth 289
   George 163, 254
   Henry 91, 107, 135, 140, 209, 254, 289, 388
   John 182, 195, 197, 216, 253, 289, 290
   Joseph 344
   Martha 254, 289
   Richard 108, 131, 159, 174, 210, 226, 271, 288, 290, 308, 309, 339
   Sarah 254, 289
   Thomas 253, 254, 291, 415
   William 344
Mitchener
   Joseph 373
   William 225
Mitzeler
   Christian 349
   Johannes 349
   John 349
Mode
   Andrew 422
Mogridge
   Thomas 146
Moland
   J. 287, 298
   John 217, 233
Mollaan
   John 329
Monington
   William 181
Montgomery
   John 158
Mood
   Alexander 141, 319
   Ellen 319
   Richard 143
Moode
   Andrew 248
   Elizabeth 350, 378
Moon
   Elizabeth 357
   James 17, 73, 75, 101, 194, 357, 402
   James Jr. 17
   James Sr. 101
   Joan 17
   John 357
   Jonas 200
   Roger 101, 357, 372
   William 362
Moone
   James 101, 120
   James Jr. 25, 116
   James Sr. 25
   Roger 102, 145
Moore
   Alexander 197, 290
   Hannah 225, 285, 309, 311
   James 14, 52
   John 30, 407
   Mary 407
   Nicholas 20
   Robert 307
   Roger 322
   Samuel 285
   Samuel Preston 225, 285, 309, 311, 389
More
   Anah 189
Morgan
   Abel 307
   Anthony 27, 69, 100
   David 167, 234, 304, 366
   Elizabeth 69
   James 253, 327
   John 356
   Magdalen 320
   Mary 368
   Thomas 320, 332, 368, 418
Morice
   Moses 199
Morrey
   Humphrey 71, 169, 398
   Richard 169, 328
Morris 420
   Anthony 70, 79, 224, 253, 266, 315, 329, 347, 355
   Anthony Jr. 225, 355
   Arthur 60
   David 253, 274
   Edward 282
   Evan 157, 411
   Isaac 101, 266
   Israel 55, 80, 87, 107, 115, 116, 265
   Israel Jr. 341
   John 59, 98, 174, 235, 299, 334, 411
   John Jr. 355
   Joseph 274
   Maurice 282
   Morris 136, 191, 213, 223, 274, 282, 296, 323, 324, 339, 342, 345, 371, 382, 424

Morris Jr. 252
Phebe 347
Samuel 354, 357
Susannah 223
Thomas 150, 237, 252, 351, 360, 390, 393
William 411, 412
Morsteller
  Peter 265
Moses
  William 288
Moss
  Mary 366
  William 359, 366
Mountain
  Catherine 304
  Joseph 224, 227, 304
  Richard 146, 241
Mountgomry
  John 329
Mountjoy
  William 191
Moyer
  Christian 252, 257
  Christopher 411
  William 428
Muce
  William 310
Mue
  William 366, 384
Mumbaur
  Nicholas 398
Murgatroy
  Mary 406
Murphey
  Arthur 237
  Edward 421
Murphrey
  Edward 410
Murphry
  Edward 411
Murphy
  Anthony 232
  Arthur 273, 376
  Hannah 376
  James 323, 375, 376
  Priscilla 375
Murray
  Alexander 351, 354
  David 196, 216, 252, 262
  Rebecca 108
  Thomas 108, 399
  William 238, 243, 406
Murry
  Humphry 225, 308
  Rebecca 125
  Richard 225
  Thomas 125
Murton
  Britta 140
  Matts 140

Musgrave
  Barbara 281
  Elizabeth 150
  Thomas 45, 47, 53, 105, 132, 137, 140, 150
  Widow 68
  William 150, 281
Musgraves
  Thomas 38
Musgrove
  Abraham 153
  Elizabeth 153
  Hannah 153
  Thomas 117, 153
  Widow 83
  William 153
Mutel
  Charles 260
Mutell
  Charles 193
Muth
  Jonas 178
Mye
  John 376
Myer
  Jacob 398
Naglie
  Caspar 401
Nailer
  John 410
Nash
  William 293, 427
Naylor
  John 39, 89, 99, 110, 113, 209, 218, 229, 236, 239, 240
Neance
  Michael 338
Nease
  Dewald 341
  Dewaldt 301
  Dewalt 298
  Michael 298, 301, 307, 340
Nedrow
  Thomas 339
Neefies
  Cornelius 227, 356
  George 227
  John 227
Neese
  Michael 395
Nefie
  George 402
Negroes:
  Joe 288
Neild
  John 39, 247
Neilson
  James 171
Nelson 279
  Alice 204, 256, 296

Nesbitt
  Henry 83, 89, 92, 111, 137, 150, 153, 158, 204, 256, 259, 262, 279, 291, 296, 345, 362
  Thomas 256, 296
  John Maxwell 420
Nese
  Peter 356
Newborn
  George 394
Newbould
  Michael 36
Newburne
  George 215
Newcombe
  Richard 123
Newcomer
  Christian 265
Newel
  Stephen 47
Newell
  Stephen 19
  Steven 41
Newman
  Margaret 252
  William 252, 382
Nice
  William 328
Nicholas
  Joshua 159
Nicholl
  Joshua 269
Nicholls
  Elias 32, 61, 63
  John 32, 61, 63
Nichols
  Elias 4
  J. 27
  John 4, 8
  Joshua 102, 110, 123, 147
  William 27
Nicholson
  Abel 396
Nicoll
  John 263, 283
  Margaret 263, 283
Niear
  Samuel 310
Nield
  John 44
Nilson
  Alexander 290
  James 290
  John 290
  William 290
Nobel 354
  Abel 351

Noble
  Abel 104, 213, 222, 297, 313, 339, 395
  George 78
  Job 313, 387
  John 154
  Joseph 297
  Judith 45
  Richard 20, 43, 361, 370, 403
  Samuel 324
  William 179, 213
Noel
  Stephen 19
Norcross
  Jane 126
  John 126, 154, 221, 309
  Thomas 126
  William 126, 173, 221, 309, 382, 407
Normandy 211, 291
Norris
  Charles 295, 308, 311, 419
  Debby 311
  Elizabeth 254, 331
  Henry 254
  Isaac 79, 96, 118, 198, 315, 317, 331, 347, 384
  Isaac Jr. 384
  John 156
North
  James 349
Noses
  John 388
Nowell
  Stephen 78
Nut
  Nicholas 198
Nutt
  Charity 355
  Edmond 342
  Edmund 310
  Elizabeth 342
  John 342, 424
  Jonathan 342
  William 75
Nuttby
  John 13
Nyer
  John 310
O'Carroll
  John 377
O'Hanton
  James 409
Offley
  Caleb 194
  Elizabeth 194
Ogden
  David 3
  David Jr. 182
  James 182

Ogdon
  Joseph 298
  Josiah 182
Ogilby
  Josiah 166
Ogilly
  John 187
  Joseph 391, 405
  Patrick 319
  Rebecca 391, 405
Okelly
  John 229
Okely
  J. 239
Okill
  J. 215, 264, 282, 283
  John 243, 283
Oland
  Ann 396
  George 239, 396
Oldale
  Edward 138
Oliphant
  Ann 196
  Lemuel 91, 94, 95, 98, 111, 232
  Samuel 52, 68, 91, 94, 98, 111, 196
Opdyck
  Ann 231
  David 231
Ord
  William 354
Orlton
  John 185, 296
Orr
  Elizabeth 229, 270
  Hugh 229, 270
Osborne
  Humphrey 187
  John 187, 364
Otter
  Charles 147, 176, 190, 335
Otterson
  John 1, 6, 23, 26, 28, 41, 45, 57, 74, 95, 137
Ottoson
  Arther 106
  Otter 145
Overholst
  Arthur 104
Overholt
  Elizabeth 320
Overholts
  Abraham 427
  Elizabeth 320
  Jacob 427
Overholtz
  Martin 164
Overton
  John 420, 425

Owen
  Constantine 163, 171, 172
  Hannah 11, 162, 171, 172
  Joseph 163, 171, 172
  Samuel 4, 138, 162, 171, 172
  Sarah 163
  David 249
  Evan 162, 225
  Griffith 13, 61, 99, 167, 261, 285, 318, 331, 389, 422
  Margaret 318
  Mary 225
  Robert 280
  Thomas 265, 270
Owens
  Evan 303
  Griffith 260, 272, 274, 280, 324, 326, 327
Ozborne
  Charles 223
Packcom
  Joseph 175
Packman
  George 275
  Jacob 265
Page
  John 306
Pain
  James 145
Paine
  Jasper 263
  John 33
Palmar
  Daniel 247
  John 247
  John Jr. 247
  John Sr. 247
  Jonathan 247
  Nathan 247
Palmer
  Christian 400
  Daniel 165, 205, 363, 400
  David 133
  George 99, 371, 391
  John 33, 75, 133, 352, 400
  John Jr. 333, 384
  Jonathan 165, 384, 400
  Mary 352, 409
  Samuel 277, 352, 409
  Sarah 377
  William 276, 310
Panakucka
  Yost 317
Panedt
  James 178
Parbelber
  Jacob Harks 71
Parker
  Benjamin 117

Parlet
   Elisha 359, 360, 408
   Jane 125
   John 125, 134, 406, 410
   Nathaniel 269
   Nicholas 192, 328
   Richard 125, 134, 135
   Samuel 125
   Sybilla 408

Parr
   William 107

   Caleb 302
   Hannah 396
   John 396
   Samuel 223, 306, 330, 396
   William 306

Parrell
   Francis 385

Parrott
   John 180

Parry
   David 228, 365
   James 180, 292
   Thomas 205

Parson
   John 60, 221, 231, 240
   Richard 264, 301
   Robert 235, 286, 292, 356
   Thomas 92, 119, 186
   William 213, 214, 268, 293, 301, 306, 312, 317, 338

Parsons
   John 21, 32, 33, 74, 80, 166
   William 165, 238

Parsyunek
   Margaret 158
   Samuel Preston 158

Paschal
   Thomas 33, 267

Paschall
   Benjamin 151

Paster
   Elisha 380

Paston
   Henry 171

Paterson
   Andrew 420
   John 420
   Mary 420
   Nathaniel 284
   Robert 420
   Sarah 420

Patrick
   John 421
   Mary 421

Patridge
   Peter 214

Patterson
   Andrew 227, 425
   John 416, 425
   Margaret 232
   Robert 425

Paul
   Henry 307
   Joseph 48, 60, 154, 231, 307, 319, 332, 345, 363, 373
   Peter 348
   Yeamans 332
   Yeoman 373
   Yeomans 307

Paulin
   Henry 55, 190, 234, 312
   Sarah 312

Paull
   Elizabeth 307
   Joseph 307

Paulth
   Phil 55

Pawlin
   Henry 6, 7, 14, 34, 45, 98, 312
   Sarah 98, 312

Pawling
   Henry 57

Pawnall
   Ruben 33, 96

Paxon
   Henry 250
   James 250, 294
   Margary 250
   William 220

Paxson
   Abigail 63, 128, 183
   Elizabeth 57, 86
   Henry 6, 7, 21, 34, 45, 55, 57, 66, 76, 86-89, 92-94, 105, 110, 114, 118, 119, 121, 139, 153, 191, 233, 240, 285
   Henry Jr. 139, 146, 240
   James 21, 34, 45, 47, 48, 55, 63, 75, 89, 119, 146, 233, 381, 409
   John 234
   Margary 92
   Margery 57, 66, 76, 86
   Martha 241
   Mary 99, 234
   Reuben 153
   Richard 331
   Thomas 233, 402
   William 14, 21, 33, 34, 38, 47, 55, 74, 87, 96, 97, 109, 128, 153, 183, 233, 240, 276, 277, 288, 310, 363, 396, 402

William Jr. 55, 57, 63, 77, 88, 89
William Sr. 60, 63, 68, 77, 89, 236

Paxton
  Alexander 144
  Elizabeth 144
  Henry 17, 326, 398
  William 6, 17, 326

Payne
  Jasper 263

Paynter
  Henry 352, 379, 405
  Mary 352, 379, 405
  Sarah 405

Peace
  Joseph 158, 162, 178, 196, 205-207, 209, 217, 219, 235, 259, 262, 293
  Mary 205, 206, 293

Peacock
  Richard 258

Pearce
  Benjamin 157
  Edward 157
  Mary 157

Pearl
  Mary 56
  Thomas 56

Pearose
  Bartholomew 415

Pearson 70
  Aaron 116, 210
  Edward 31, 49, 83, 102
  Enoch 79, 90, 97, 122, 250, 306, 329, 356, 417
  John 210
  Lawrence 83, 90, 97, 102, 192, 306, 328
  Margaret 250, 330
  William 330

Peart
  Mary 144
  Thomas 144

Peck
  William 227

Peckcom
  John 160, 209
  Joseph 160

Peckel
  Baltes 192, 328
  Henrick 328

Pecker
  Philip 74

Peckle
  Henry 328

Peckover
  Edmond 238

Peddy
  James 407

Pegg
  Daniel 26, 114
  Elizabeth 25, 137

Peirce
  Edward 20
  Richard 23, 73

Pellison
  Jacob 21, 138, 145, 354, 370, 403
  Philip 316

Pellisson
  Jacob 316

Peluxon
  Jacob 316

Pemberton
  Abigail 44, 61, 62, 67, 83, 135, 181
  Abrigail 46, 47
  Isaac 216
  Israel 62, 79, 108, 135, 181, 214, 224, 355, 390, 421
  Israel Jr. 298, 314, 324
  Isreal 394
  James 249-252, 254, 257, 274, 310, 331, 351, 353, 355, 356, 366, 367, 384
  John 394
  Joseph 81, 135
  Mary 258, 355, 394
  Pemberton 262
  Phebe 18, 25, 34, 41, 76, 135, 157, 181
  Phineas 1, 2, 5-7, 9-17, 20, 24, 25, 27, 30-32, 34-36, 38, 40, 41, 43, 44, 46, 47, 51, 52, 54, 56, 59, 61, 62, 63, 65, 67, 70-73, 76, 77, 79, 83, 110, 135, 145, 157, 181
  Priscilla 135, 181
  Rachel 181
  Ralph 12

Pembroke
  William 332

Pemington
  Edward 239

Penar
  Peter 261

Penington
  Edward 69
  Isaac 264
  Paul 301

Penn
  Hannah 198, 384

John 190, 195, 198, 220, 221, 367, 384
Margaret 198, 384
Richard 195, 198, 260, 270, 283, 367, 384
Springet 213
Thomas 192, 195, 198, 301, 340, 367, 384
William 3-7, 10, 13-16, 18, 22, 25, 29, 31, 37, 53, 58, 160, 172, 173, 189, 198, 213, 268, 312, 313, 322, 325, 384
William Jr. 64

Pennington
Ann 259
Daniel 414
Edward 106, 109, 137, 161, 259, 302, 384
Isaac 164, 210, 235, 239, 245, 259, 262, 271, 302
Isaac Jr. 271
Isreal 322
John 62
Joseph 171, 279
Mary 264, 273
Paul 226
Sarah 295, 308, 315, 338, 362

Pennobume 53
Pennock
William 166
Penny
Abraham 398
Penquite
John 79, 103, 166, 197, 298, 343
Nicholas 197, 208, 283, 309, 406
Sarah 338
Penquoit
John 14
Penrose
Bartholomew 309, 421
Mary 310, 421
Robert 310, 327, 391
Robert Jr. 371
Pepperell
William 332
Perks
Edmund 169
Perlee
John 306
Perquite
Nicholas 410
Perrine

Perry
James 334
Samuel 194, 260
Sarah 344
Person
Elizabeth 360
Philip 360
Peter
Thomas 16
Peters
Reese 264
Reese Jr. 238
Rice 217
Richard 192, 205, 206, 212, 214, 215, 218, 221, 222, 227, 232, 233, 245, 246, 253, 379, 395, 427
William 201, 205, 208, 210-212, 214, 215, 222, 229, 245, 253, 260, 262, 270, 272, 280, 285, 291, 300, 309, 358, 378, 411
Petes
John 269
Petey
William 207
Petty
John 236
Phelps
Richard 368
Philips 408
Benjamin 190
George 253, 353, 357, 387, 388
Jenkin 250
Milford 374
Sage 190
Thomas 250, 252
Valentine 374
William 388
Phillips 348
Benjamin 272
Esther 307
George 91, 310
Jenkin 233, 307, 399
John 157, 233
Joseph 345
Marcey 376
Mary 238, 310
Nancy 198
Thomas 71, 224, 257, 262, 324, 375, 393, 399
William 5, 314
Phillpe
Samuel 228

491

Phillpot
　　William 332
Philpot
　　William 368
Physick
　　Edmund 333, 374, 392
Pickering
　　Charles 7, 9, 18, 35
　　William 14
Pickerling
　　John dal 319
Picock
　　John 419
Pidcock
　　John 1, 3, 217
Pidcocke
　　John 75
Pidgeon
　　Ann 180, 350
　　Joseph 162, 180, 303
Piekering
　　Samuel 143
Pierce
　　Edward 299
　　Richard 65
Pierre
　　Benjamin 299
　　Mary 299
Pike
　　Joseph 149, 396, 398, 412
　　Richard 419
Pillar
　　Isaac 417
Pilling
　　Thomas 153
Pilston
　　Thomas 148
Pleadmoll
　　Edward 375
Pleadwell
　　Edward 230
Plumbly 312
　　Ann 290
　　Charles 290
　　John 288, 418
　　Willian 233
Plumby 422
　　Charles 58, 104, 114
　　Elizabeth 66
　　George 114
　　James 56, 65, 66, 89, 250
　　John 57, 114, 250
　　Margary 89
　　Margery 67
　　Mary 250
　　Sarah 405
　　William 66, 89, 114, 130
Plumer
　　Richard 231
Plumley
　　Charles 21, 86
　　James 21, 86, 177, 335
　　John 86, 140, 159, 313
　　Margery 21
　　Mary 86, 140
　　Widow 3
　　William 21
Plumly 69
　　Alice 249
　　Ann 180, 237, 250, 383
　　Charles 86, 92, 180, 237,
　　　　249, 250, 312,
　　　　326, 332, 383,
　　　　404
　　George 92, 361, 381, 398,
　　　　405
　　James 57, 59, 76, 92, 235
　　John 92, 127, 165, 180,
　　　　203, 218, 249,
　　　　295, 326, 343,
　　　　361, 381, 398,
　　　　401, 404
　　Margery 17, 76
　　Sarah 404
　　William 45, 250
Plumstead
　　Clement 171, 208
　　Francis 126, 154
　　Mary 249, 257, 270
　　Samuel 279
　　William 279
Plumsted
　　Clement 79, 286
　　Francis 311
　　Mary 283, 307, 374
　　William 390
Pobby
　　Joseph 31
Poe
　　Abigail 255
　　Edward 382
　　Patrick 254, 255, 329
Pointer
　　Henry 11, 129, 205, 273
　　John 111
Pollard
　　Jeffery 207
　　Jeffrey 146-148, 154, 311
　　Rebecca 146-148, 154
Polly
　　Jonathan 134
Polton
　　Charles 426
Pomphray
　　Walter 52, 110
Ponquita
　　Nicholas 282
Pool
　　Joseph 166
Poole 263
　　James 303
　　Joseph 206, 294, 333, 417
　　Margaret 263, 283
　　Nathaniel 86

492

Pope	Rebecca 417		Amos 142
	Rebeckah 294		Esther 142
	Sarah 417		Henry 359
	William 299, 417		John 316
			Jonas 297, 316, 380
	Nicholas 427		Margaret 246, 322, 418
Porue			Nathan 314, 331, 414
	E. 156		Paul 396
Potter			Rachel 359
	Thomas 141		Samuel 147, 225, 246, 322,
Potts			381, 418
	Thomas 28, 337		Sarah 316
Poulson			William 119, 414
	Mathew 333	Price	
	Patt. 415		Benjamin 353, 365
Powel			David 132, 153
	Samuel 249		Hannah 132, 153
Powell			John 272, 371
	Ann 2		Jonathan 242
	David 4, 8, 49, 60		Nathan 367
	George 419		Sarah 237, 377
	Rowland 304	Prichard	
	Rubin 419		Daniel 338, 420
	Samuel 80, 331		James 380, 397, 421
	Samuel Jr. 173, 274, 310,		John 397, 421
	367		Joseph 236
	Sarah 304		Mary 420
	Thomas 16		Samuel 382
Pownal			Thomas 338
	George 334	Prichet	
	Reuben 262		John 311
Pownall		Prier	
	Abigail 183		Letitia 402
	George 153, 183, 219	Priesly	
	Rachel 183		John 162, 268
	Reuben 44, 99, 153, 329	Priest	
	Ruben 25, 43, 67, 183, 380		Thomas 13
Poynter		Priestly	
	Henry 205, 273		John 268
	Mary 205, 273	Prior	
Prallworth			Silas 228
	John 1	Prismall	
Praul			Robert 9
	Harris 168	Pritchard	
	Jane 288		Daniel 180
	Johanna 288		James 354
	Johannas 288		John Jr. 209
	Johannes 174, 175, 180,		Joseph Jr. 243
	193, 288, 405		Samuel 353
	John 203, 248, 290, 296,	Prompour	
	333, 342, 361,		Andreas 199
	381, 398	Pry	
	John Jr. 404		W. 279
	Peter 288	Pryor	
Praule			Norton 159
	Peter 236		Silas 291
Preistmall			Thomas 159
	Robert 104	Puckle	
Presmall			Anne 147
	Robert 177		Deborah 147
Preston			Nathaniel 147
	Abel 375		

Pugh
    David 421, 424
    Hannah 253, 424
    Hugh 181
    Thomas 279, 364
Pumphary
    Walter 58
Pumphery
    Walter 56, 57
Pumphrey
    Walter 81
Pursel
    Dennis 170
    Peter 170
Pursell
    John 386
Pursill
    Thomas 157
Pyke
    Joseph 183
Quare
    Daniel 167, 220
Quchran
    J.D. 429
Queen
    John 250
Quenby
    Rachel 224
Quinby
    Israel 206
Quinn
    Joseph 415
Radclife
    Edward 110
    James 110
    John 125
    Mary 110
    Rachel 110
    Rebecca 110
    Richard 110
Radcliff
    James 25
    John 281
    Richard 345
Radcliffe
    Richard 91
Radclift
    Edward 157
    James 157
    Mary 157
    Rebecca 157
    Richard 157
Radley
    Daniel 74
    John 74, 340
Radly
    John 94
Raisbeck
    James 258
Rakestrace
    Joseph 405
Rakestraw

    Joseph 391
    William 89
Ramsey
    Jane 308
    William 200, 308, 314, 361
Ramson
    Philip 365
Randal
    Nicholas 415
Randall
    George 253, 281, 297
    Joseph 297
    Nicholas 111, 113, 142,
        162, 177
Randell
    Nicholas 56
Ranson
    Philip 365
Ratclife
    Edward 110
Ratcliff
    Edward 153
    Richard 59
Rawle
    Francis 225
Rawlings
    Ann 359, 380
    Joseph 359, 360, 380
    Thomas 208, 307, 318,
        359
Ray
    James 111
Raymond
    Mary 244
    Presley 244
    Prosley 275
Read
    Alice 191
    Amy 58
    Annie 47
    Charles 47, 58, 136, 151,
        162, 168, 191,
        197, 256, 262,
        297, 303, 306,
        321, 380
    Elizabeth 345, 350
    James 191, 197, 201
    Sarah 197, 262, 338
    William 345, 350, 367
Reade
    James 262
Reader
    William 317, 414
Reading
    John 122
Readman
    John 56
Reads
    John 225
Reall
    William 19

494

Reave
    Rebecca 342
Reck
    Sarah 341
Redcock
    John 387
Redman
    John 9
    Richard 165
Reed
    Andrew 296, 334
    Charles 338, 341
    Clotworthy Jr. 306
    Elizabeth 364
    William 282, 345, 364
Reeder
    Charles 242
    William 414
Reefer
    Ubrick 244
Rees
    Francis 287
    George 287
    Magdalena 287
    Margaret 423
Reese
    David 390
Reeve
    John 103
    Rebecca 286
Regent
    John 366
Regents
    John 310
    Mary 310
Reilles
    Charles 228
Reily
    Edward 215
    John 213, 237, 274, 280,
          284, 291, 295,
          298, 313, 327,
          364, 403
Reiner
    Pauline 103
Reisz
    Jacob 396
Reky
    Alexander 352
Remsen
    Philip 285
Remshaw
    Anne 244
    Richard 244
    Thomas 244
Renick
    Joseph 290
Rennals
    William 286
Renolds
    John 143
Renshaw

Reoudy
    Richard 275
    Peter 54
Rese
    Urlick 275
Restoene
    Benjamin 24
Reston
    Mary 394
    Mary Jr. 394
Revel
    Thomas 9, 15, 21, 91, 265
Revell
    Thomas 43, 48, 78, 104,
          106, 117
Rew
    Mathew 168
Rex
    George 283
Reynold
    John 118
Reynolds
    John 330, 346, 356
    William 24
Rhoads
    John 340
    Judith 341
Rice
    Edward 314
    Mathew 272
    William 281
Rich
    John 255
    Samuel 406
    Sarah 406
Richards
    Abraham 376
    Burnell 351
    James 231, 377
    Joseph 332
    Joshua 373
    Lydia 332
    Philip 30
    Sarah 377
    Thomas 43
    William 420, 425
Richardson
    Abraham 405
    Francis 79, 101, 108, 111,
          125, 163, 274,
          284, 291, 299,
          313, 327, 389
    John 108, 111, 125, 163
    Joseph 184, 188, 193,
          198-200, 210,
          211, 216, 223,
          226, 233, 243,
          250, 267, 298,
          338, 348, 358,
          360, 369, 377,
          380, 381, 399,
          408, 410

    Joshua 353, 359, 360, 387
    Mary 234, 274, 284, 291,
      327, 381, 389
    Rebecca 108, 111, 125, 163
    Samuel 70, 72
    Thomas 84, 164, 202
Richarson
    Benjamin 29
Rick
    John 254
    Samuel 410
    Sarah 254
Rickert
    Henry 356
Rickey
    Alexander 346
    John 285
Ridge
    Daniel 225
    Mary 404
    Thomas 379
    William 187, 199, 273,
      379, 404, 410
Ridgeway
    Richard 198, 270
Ridgway
    Abigail 65
    Richard 1, 2, 4, 8, 12, 13,
      15, 16, 26, 31,
      37, 63, 65
    Richard Jr. 65
Rigge
    Robert 10
Rile
    John 175
Ritter
    Caspar 287
Robardes
    John 85
Robarts
    Grace 314
    Josiah 314
Roberds
    Thomas 259
Roberts 359, 360
    Abel 420, 424
    Benjamin 31, 33, 71, 104
    David 424
    Deliverance 181
    Edmond 358
    Edmund 181
    Edward 237, 332, 342, 345
    Ellis 257
    Hannah 31, 33
    Hugh 263, 305, 337, 419,
      423
    Jane 172
    John 123, 165, 171, 172,
      181, 380, 407
    Jonathan 181
    Lewis 280, 326, 327
    Martha 380

    Mary 33, 289
    Owen 219, 314, 398
    Phebe 424
    Richard 354, 380
    Sarah 33
    Susannah 181
    Thomas 181, 345, 354,
      357
    Timothy 202, 203, 248,
      288-290
Robertson
    Thomas 16
Robeson
    Andrew 4-6, 95, 106, 232
    Andrew Jr. 4, 5
    James 250, 293, 301
    Jonathan 198
    Samuel 6
Robinson
    Andrew 54
    James 395
    Jep 179
    John 130, 191
    Joseph 376
    Nicholas 258
    Patrick 2, 78
    Patrick Sr. 4
    Robert 393
    Samuel 54
    Sept. 210
    Septimus 320
    William 299
Robotham
    George 349
Rockford
    Dennis 225
Rockhill
    James 181
    Joseph 222
Rodman 333, 363
    Dr. 258, 304, 328, 350,
      378
    Elinor 389
    Elioner 229
    Helena 389, 395
    John 41, 175, 228, 229,
      233, 287, 314,
      315, 350, 403,
      405, 426
    John Jr. 84, 164, 168, 229,
      233, 314, 388
    Joseph 189, 388, 389, 395
    Mary 403
    Nealeha 228, 229, 233
    Samuel 367, 403
    Seaman 403, 421
    Thomas 326, 334
    William 230, 342, 367,
      403, 405
Roe
    Abraham 86
    Robert 45

Rogers
  Alexander 187
  Arthur 413
  Ezekiel 309
  Jacob 401
  James 308
  Mary 413
  Thomas 33, 34, 47, 48, 124, 187, 319
  Thomas Jr. 319
Rogson
  John 143
Roll
  William 115
Rollins
  Thomas 354
Root
  Henry 299
  Nickles 204
Rootledge
  John 131
  Margaret 131
Rootlidge
  John 131, 209
  Margaret 209
  William 10
Ropp
  Philip Henrick 283
Ross
  George 240
  John 172, 209, 231, 240, 279, 298, 361, 410, 417
Rossell
  Francis 1, 45, 52, 56, 57, 90, 97, 98, 298
  Michael 1
Rossill
  Francis 11, 16, 23, 28, 55, 79, 83
  Franics 15
Routledge
  Elizabeth 112
  John 75, 183
Row
  Robert 1
Rowell
  George 321
  John 321
Rowland 46
  Elizabeth 132, 203

  John 1-3, 6, 8, 10, 16, 22-24, 26, 31, 40, 47-49, 51-53, 58, 66, 70, 72, 73, 75, 80, 83, 87, 88, 90, 93, 96, 97, 101, 107, 111, 116, 121, 127, 132, 134, 203, 216, 220, 239, 252, 277, 377
  Mordecai 424
  Owen 344
  Priscilla 49, 70, 73, 97, 252, 261, 277
  Samuel 261
  Stephen 411
  Thomas 1, 2, 8, 10, 19, 20, 23, 24, 26, 30, 36, 48, 53, 66, 83, 239, 246, 252, 344, 374, 377
Rowling
  John 80
  Priscilla 80
Royton
  John 138
Ruck
  Thomas 165
Rudley
  Daniel 34
Rudyard
  Thomas 5, 70
Rue
  Catherine 289
  James 164, 248, 395
  Lewis 250, 280, 289, 422
  Mathew 167, 182, 189, 217, 230, 255, 279, 289, 351, 418
  Sarah 371, 400
Rues
  James 247
Rumbfield
  Henry 265
Rumford
  John 68, 149
Ruonns
  Josam 270
Rush
  Ann 336
  Elizabeth 336
  James 335, 336, 395
  John 60, 104, 113, 336, 337, 412
  Joseph 220, 336, 337
  Rachel 336
  Thomas 312, 336, 337
  William 336, 337

Russel
    John 406
Russell
    Hannah 426
    John 255, 410
    Robert 299, 426
Rutchie
    Cunraht 263
Ruth
    Christian 342
Rutlidge
    Margaret 227
Saalts
    Jonathan 328
    Margary 328
Sackel
    Simon 216
Sackett
    Joseph 318
Saffby
    John 32
Sage
    Joshua 287
Sailor
    Abraham 269
Salledy
    Frederick 427
Salliday
    Frederick 427
Salter
    Anne 9
    Hannah 3
    Margaret 352
Salterwait
    John 154
    Rebecca 154
Salterwaite
    Joseph 146
    Rebecca 146
Salthouse
    Elijah 173
Saltman
    John 69
Sample
    Elizabeth 253, 379
    James 389
    John 192, 253, 359, 379, 410, 411, 416
Samuel
    John 421
    Joseph 238, 243, 249
    Sarah 249
Samuels
    John 355
Samway
    Edward 13, 30
Samways
    Edward 65
Sanders
    Robert 71, 97
    Stephen 244
Sandford
    Ralph 177
    William 42, 57
Sandilands
    Robert 165, 196
Sands
    John 128, 278, 286, 341, 348
    Joseph 126
    Mary 286, 341
    Richard 124, 187, 346
    Richards 286
    Robert 121
    Stephen 69, 88, 103, 123, 187, 286, 369
    William 278
Sanford
    Esther 142
    Mary 142
    William 142
Sapp
    John 299
Sarge
    John 213
Sarnways
    Edward 234
Satcher
    Robert 186
Saterthwaite
    William 326
Saterthwate
    Elizabeth 171
    William 171
Saterwaite
    Elizabeth 161
    William 161
Savage
    John 311, 322
Savidge
    Joseph 354
Saxby
    John 5, 10, 61
Saxson
    Vaught 121
Saxten
    Jeremiah 263
Say
    William 15, 28, 79, 99, 186
Sayre
    John 383
Scafe
    Jonathan 64
Scaife
    Jane 126, 128, 154
    Jeremiah 55, 122, 126, 128, 154
    Jonathan 34, 35, 37, 40, 44, 49, 55, 57, 59, 65, 66, 68, 128
    Mary 34

Scaile
    Francis 119
Scarborogh
    John 57
Scarborough
    John 22, 53, 56, 58, 62,
        63, 98, 143,
        243, 401, 426
    Mary 143
Scarborougt
    John 102
Scarborow
    John 29
Scarbrough
    Euclidus 417
    John 63, 64, 75, 77, 117,
        122, 233, 329,
        409
    John Jr. 64
    Mary 417
Scarfe
    Jonathan 2, 11, 24
Scattergood
    Thomas 179
Schmid
    Barbara 382
    David 382
    Leonard 382
    Mary 382
Schmith
    M. 314
Scholak
    Rebeckah 415
    Thomas 415
Scholey
    John 82, 90
    Rebecca 82, 90
Scholfield
    John 276, 407
Schoonkoven
    Nicholas 172
Schout
    Arie 179
    Brian 351
    Mary 351
Schutt
    G. 200
Schwartz
    Georg 374
Scolfield
    John 382
Scott 322
    Abraham 241, 344
    Amy 89
    Benjamin 177, 223, 236,
        253, 278, 295,
        311, 320, 377
    Daniel 287
    Grace 377
    Hannah 323, 357, 408
    Henry 222
    Jacob 408
    Jane 76, 102
    John 69, 76, 102, 202, 251,
        323, 357, 371,
        423, 424
    Joseph 414
    Richard 89, 208, 245
    Robert 258, 287, 288, 303,
        304, 328, 343,
        350, 421
    Samuel 89, 147, 171, 308,
        319, 408
    Thomas 24, 78, 89, 119,
        122, 167, 171,
        220, 241, 308,
        313, 408
    Timothy 408
    William 288, 303, 342
Scout
    Adrian 339
    Mary 339
Scovey
    Gilbert 20
Seaborn
    Ellinor 257
    John 257, 353
Searl
    Francis 66, 154, 319, 404
    Mary 404
Searle
    Arthur 142, 173
    Francis 47, 49, 141-143,
        155, 185
Searson
    John 407
Seaton
    Alexander 276, 278, 283,
        284
Seely
    Jonas 233
Seibel
    Henry 252
Sell
    Henry 238
    Winifred 238
Sellers
    Thomas 334
Senior
    Abraham 21, 74
Serbor
    Rudolph 215
Serew
    Peter 253
Setler
    Philip Henry 293
Setwin
    Jacob 394
Seull
    Edward 253
Seuth
    Nicholas 219
Severens
    Joseph 189

Severns
    John 161
    Joseph 388
Severs
    Robert 253
Severus
    Joseph 164
Sevese
    Abraham 188
Sew
    William 196
Seward
    Grace 314
    William 314
Seyfort
    Amy 416
Shade
    Mathias 360, 382, 407
Shallanbaryer
    Johannes 317
Shallcrop
    John 172, 176
Shallcross
    John 155, 160, 202, 255, 284
    Leonard 346, 381
    William 289
Shallick
    James 133
Shannon
    James 376
Shano
    Isaac 269
Shans
    Isaac 254
Sharcross
    Leonard 247
Sharp
    John 311
    Joseph 23
Shatiger
    Richard 28
Shatlick
    James 133, 137
Shattick
    James 335
Shause
    Adam 269
Shavel
    Walter 288
Shaw
    Amos 187
    George 286, 292, 354, 379
    James 154, 180, 231, 281, 307, 332, 373
    John 48, 63, 68, 95, 108, 141, 180, 231, 239, 251, 302, 348
    Jonathan 302, 414
    Joseph 178, 180, 203, 206, 235, 243, 302, 306, 325
    Mary 180, 206
    Robert 107, 108, 142, 350
    Samuel 420, 424
    Susannah 180
Shawcross
    John 241
Shearman
    Hannah 413
Shellton
    John 163
Shelly
    Joseph 380
Shepherd
    Priscilla 252
    William 407
Sheppard
    Mary 173, 195
Shepperd
    Priscilla 97
Sherrard
    Fra 163
Sherrie
    Robert 354
Sherrod
    Esther 349
    Robert 349
Shever
    David 283
Shewell
    Elizabeth Jr. 421
    Mary 314
    Robert 173, 234
    Walter 234, 314
Shewen
    William 123
Shiedacre
    William 267
Shieldacre
    William 291
Shiers
    George 150, 185
Shippen
    Edward 263, 271, 321, 322
    Esther 323
    John 16
    Joseph 237, 398
Shipper
    Edward 105, 108, 122, 212
    Edward Jr. 109
    Rebecca 108
    Williaim 226
Shires
    John 59, 68
Shirley
    James 340
Shive
    George 317
    Jacob 317

Shoards
    Samuel 161
    Sarah 161
Shockley
    John 329
Shoemaker
    Benjamin 401, 425, 426
    George 207, 310, 373
    Jacob 213, 283
    Jacob Jr. 218
    Jonathan 329
    Peter Jr. 336
    Samuel 401, 425, 426
    Sarah 262
    Thomas 262, 338
Shoeman
    George 396, 417
Shoffer
    Adam 264
Shook
    Christian 211, 399
Shorloe
    William 20
Showell
    Robert 167, 275
    Walter 275
Shreve
    Freelove 236
    William 236
Shrieve
    William 186
Shule
    Atwood 235
Shute
    Attwood 307
    Thomas 398
    William 244
Shutham
    John 219
Shyfar
    Johannes 265
Sickering
    John 417
Sickfold
    William 118
Siddal
    Henry 35
Siddall
    Henry 21, 322
Siddell
    Henry 14
Siegefuce
    Catherine 355
    Christopher 355
Silverstone
    William 91, 97, 107
Simans
    William 160
Simcock
    Joseph 205
Simms
    Joseph 411

Simpson
    John 263, 283, 306
Sims
    Joseph 298
Singmaster
    Adam 357
    George 357
Sioff
    John 71
Sirkett
    John 83, 84
Sisom
    John 259, 262, 289, 345
    Priscilla 86, 135
    Thomas 86, 125, 135, 256, 262, 345
    Thomas Jr. 259
Sissom
    John 300, 301
Sitton
    James 315
Siver
    Samuel 180
Skeels
    William 222, 294
Skelton
    Thomas 169
    William 353
Slaight
    Jacob 265
Slater
    George 139, 222
    Sarah 139
Sloan
    James 308
Slutepbren
    Roberet 373
Smallcrop
    John 178
Smart
    Lydia 33, 176, 267
Smith 46
    Abigail 338
    Benjamin 394
    Catherine 375
    Daniel 54, 95, 106, 219, 232, 276
    David 414
    Edward 47, 62
    Elizabeth 73, 315
    Emanuel 78
    Isaac 155
    James 413
    Jane 222, 324

John 17, 31, 34, 38, 43,
45, 46, 51, 53,
58, 66, 72, 85,
97, 133, 142,
214, 216, 219,
224, 234, 236,
273, 276, 306,
324, 380, 408,
409, 412, 428
John Jr. 214
Joseph 227, 233, 315, 357,
394, 401, 419
Joshua 65
Leonard 406, 408, 410
Margaret 331
Mary 206, 331
Nathaniel 217
Philip 375
Rachel 330
Ralph 1, 3, 5, 49, 70, 343
Richard 133, 186, 294, 338
Robert 96, 206, 214, 224,
264, 317, 357,
394, 409, 417
Rowland 227
Ruth 273
Samuel 71, 73, 85, 93, 95,
106, 111, 222,
232, 306, 324,
330, 357, 394
Sarah 224
Simon 277
Thomas 273, 367, 394,
401, 417
Timothy 155, 180, 182,
186, 187, 279,
297, 320, 322,
330, 346, 350,
365, 366, 369,
373, 394
Timothy Jr. 366, 373
William 19, 52, 55, 56, 66,
73, 98, 141,
166, 331, 339,
401, 402, 411
William Jr. 309
Smout
Edward 143
Smyth
James 138
Snead
William 23, 84, 92
Snider
Catherine 340
Peter 340
Snoceden
John 101
Snodel
Peter 414
Snoden
Christopher 26, 78
Snodgrass

Snowden
Benjamin 403
John 32, 75, 224, 329
Snowdon
Chrsitopher 65, 66
John 63, 95, 162, 219, 252
William 162
Snyder
Barnet 419
Peter 395
Sober
Thomas 157, 252
Solcher
John 128, 261
Robert 183
Sollar
Philip Henry 395
Soller
Philip 387
Somilinson
Henry 114, 117
Somlinson
Henry 114, 131
Joseph 128
Songhurst
John 84
Sonmans
P. 15
Sotcher
John 107, 131, 144, 162,
169, 385
Robert 372
Sotches
John 232
Sother
John 409
Souder
Christian 261
Margaret 261
South
William 227
Sower
Christophere 360
Sox
Jonathan 130
Spakeman
Randell 219
Spallman
Randall 117
Spangenberg
Joseph 314
Spangerberg
Joseph 239
Spek
Joseph 240
Spencer 351, 413
James 6, 7, 14, 351, 413
John 6, 7, 14, 61
Samuel 6, 7, 14
William 361
Spergill
John Henry 117

502

Spheen
: David 298
Spicer
: James 383
: Rachel 383
: Samuel 396
Spoolhock
: John 216
Springett
: Anthony 20, 306
: Haibs 58
: Harbert 3, 18, 306
: Harft 29
Sprogell
: Lodowick Christian 159
Staals
: Abraham 320
: Agnes 320
: Elizabeth 320
: Lucretia 320
: Magdalen 320
: Peter 320
Staats
: Abraham 323, 325, 350, 361
: Elizabeth 325, 350, 361
: Peter 323, 325, 350
Stacey
: Mahlon 391
Stackhouse
: Ann 125, 129, 237, 383
: Dorothy 320, 322
: Isaac 383
: Jacob 237, 383
: James 396
: John 30, 80, 141, 186, 214, 357, 393, 409
: John Jr. 206, 269
: Joseph 220, 243, 359, 408, 409, 426
: Margaret 88
: Martha 391
: Samuel 226, 322
: Sarah 237, 383
: Thomas 8, 11, 24, 49, 64, 66, 82, 88, 98, 111, 114, 125, 129, 140, 158, 163, 186, 211, 220, 226, 237, 242, 259, 262, 266, 278, 279, 286, 297, 300, 301, 305, 320, 322, 323, 330, 345, 348, 380, 383, 393, 409, 424
: Thomas Jr. 4, 47, 65, 77, 88, 89, 96, 97, 262

Stacy
: Mahlon 49, 51, 59, 61, 101, 173, 208
: Maklon 32
: Robert 36
Staddam
: Mary 229, 230
: Richard 229, 230
Stakehouse
: John 35, 54
: Thomas 54
: Thomas Jr. 39, 63
Stalcombe
: James 167
Stalford
: Thomas 359
Stammeru
: Thomas 369
Stanaland
: Thomas 361, 386
: Thomas Jr. 304
Stanbury
: Joshua 117
: Nathan 148
Standley
: Mary 405
Stanfeld
: John 278
Stanley
: Elizabeth 144
: William 36, 39, 144
Stanton
: Anne 58
: Annie 47
: Edward 5, 47, 58
Stanwix
: Joseph 263, 283
Stapler
: Rachel 369
: Thomas 358, 369
Staplis
: Thomas 15
Starch
: Peter 319
Starney
: Mary 108
Stayworth
: Mary 104
Steadman 349
Steaker
: James 98
Steart
: Alexander 241
Stedman
: Ann 366
: Charles 366
: Joseph 382
Steel
: Ann 244
: Elizabeth 244
: Henry 311

Steer
: James 178, 195, 244, 280, 281, 333
: Joseph 162
: Martha 178, 281
: Mary 244
: Rebecca 244, 275
: Ruth 244

Stein
: Ruth 249

Stell
: Philip 374

Stellwagen
: Peter 165

Stephens
: John 298

Stephens
: David 304, 366
: Evan 281, 314, 359, 366
: James 364
: John 260
: Livinica 366
: Mary 366

Stephenson
: Rachel 336

Sterling
: James 347, 354
: John 347

Stevens
: Abraham 217
: David 167, 300
: Evan 390
: Evan Jr. 299
: Francis 18, 23
: Mary 167
: Richard 420, 425

Stevenson
: Ann 175
: John 168, 175
: Mercy 175
: Samuel 357
: Sarah 118, 132, 138, 143, 149, 169, 175, 261, 307, 346
: Thomas 78, 84, 91, 124, 126, 130, 132, 138, 140, 143, 149, 154-157, 160, 164, 168, 175, 183, 245, 248, 261, 265, 307, 346, 347, 388
: Thomas Jr. 78
: William 69, 78, 84, 106, 175

Steward
: James 225
: Joseph 24, 48
: Rachel 225
: Thomas 246

Stewart
: Alexander 378
: Ann 413
: James 249, 303
: Joseph 33
: Samuel 413, 421, 424

Stickes
: John 205

Stiger
: Jacob 350

Stillman
: Augustine 222

Stillwaggon
: John 283

Stillwagon
: John 345

Stochr
: Conrad 382
: Johannah 382

Stockdale
: Dorothy 140
: Robert 249, 313
: William 104, 113, 125, 140, 407

Stockdall
: John 417

Stockdell
: William 178, 351

Stockdill
: William 139

Stocktell
: Robert 242

Stockton
: Abigail 25

Stoker
: Thomas 85

Stokes
: Nathaniel 329
: Samuel 294

Stone
: Adam 392
: George 44, 61, 65, 76

Stones
: Joseph 104

Stoops
: James 348

Storge
: John 415

Storks
: Peter 361

Story
: Elizabeth 357
: John 332
: Thomas 18, 72, 211, 266, 357

Stout
: Anne 422
: Jacob 278, 318, 340, 384, 422

Stover
: Baltz 371
: Christian 427
: Henry 427

Stow
    Charles 299
Stoy
    Peter 367
Stradlin
    Thomas 170, 226, 256, 322
Stradling
    Thomas 162, 182
Stradly
    Thomas 116
Stratlin
    Thomas 188
Streater
    Anne 106
    James 99, 106, 240
Streaton
    James 79
Streator
    James 186, 329
    John Philip 201
    Juliana 201
Streiter
    John Philip 199
Stretch
    John 299
    Joseph 237, 306
    Lydia 237
Strettell
    Amos 419
    Ann 329
    Phitotesia 419
    Robert 419
Strettle
    Amos 176
Strickland
    Amos 226, 270, 273, 297, 332, 398, 416
    John 273, 277, 284, 346, 380, 381, 394, 422
    Margary 422
    Margery 381
    Mary 284
Strickler
    Jacob 320
    Lucretia 320
    Susannah 320
Stringer
    Comfort 236
    Humphry 236
Strutt
    William 144, 190, 240
Stuart
    Alexander 245, 271, 272, 274, 280, 287, 300, 306, 319, 358, 374, 427
    Charles 396
    Robert 420, 425
Studain
    Mary 394

    Richard 394
Studdam
    Mary 277
    Richard 277
Sturges
    Mary 278
    Stephen 278
Stutchbury
    Robert 166
Suber
    George 368
    John 332, 368
Sunley
    Richard 258
Surkely
    John Jr. 67
Surket
    John 71
    John Jr. 71
    William 71
Sutton
    James 95, 128, 144
    Mary 170
    Ralph 75
Swaffer
    James 17
Swain
    Benjamin 344
    Mary 344
Swaine
    Benjamin 334
    Mary 334
Swarthoot
    Bernardus 182
Swarthout
    Bernard 172
Swartz
    Charles 342
Swenche
    Frederick 344
Swening
    Stephen 115
Swett
    Benjamin 35
Swift
    Elizabeth 220, 268
    Frances 144
    John 11, 14, 36, 47, 59-61, 63, 64, 66, 89, 100, 104, 111, 113, 128, 129, 139, 142, 144, 152, 159, 172, 177, 220, 236, 269, 295, 299, 341, 343, 368
    John Jr. 95, 139
    Samuel 172, 177, 220, 268, 361
Swinton
    Joseph 20, 172, 173

Sykes
    Benjamin 297
    Samuel 372
Sylenee
    Thomas 328
Symcock
    John 20
Symons
    Thomas 170
Synder
    Catherine 293, 298
    Mary Catherine 293
    Peter 293, 298
Tallman
    John 261
Talman
    John 43, 168
Tannyclift
    Thomas 163
Tate
    Anthony 264, 362
Tatham
    Elizabeth 78, 91
    John 25, 66, 126, 127, 175, 298, 347
    John Grey als 78
    Mary 175
Taylor
    Barnet 412
    Benjamin 202, 256, 370, 383, 423
    Bernard 370, 380, 383, 386
    Christopher 29, 36, 47, 60, 79, 81, 87, 96, 101, 109, 117, 139, 182, 211, 240, 265, 290
    Elizabeth 144
    George 392, 420
    Hannah 383
    Henry 205
    Israel 2, 5, 6, 9, 23, 29, 34, 36, 45, 47, 60, 79, 81, 87, 89, 92, 96, 101, 117, 139, 182
    Isreal 290
    Jemima 392
    John 14, 17, 34, 121, 234
    Jonathan 93, 159
    Joseph 60, 79, 81, 96, 101, 117, 182, 290
    Mary 182
    Peter 186, 203, 370
    Rebecca 203
    Thomas 210, 410
    Timothy 383, 386, 412
    William 37, 51, 52
Tea
    Richard 379
    William 255, 260

Teage
    Pentecost 71
Teague
    Elizabeth 164, 171
    Pentecost 146
Teal
    Anthony 296
Teale
    Anthony 392, 396
Teaque
    Pentecost 85
Teate
    Anthony 334
Teats
    Daniel 66
Tecck
    William 202
Teetemer
    Hartman 374
Teeterman
    Hartman 401
Teetermer
    Hartman 392
Tefnor
    Jacob 28
Telner
    Jacob 2, 15
Telnor
    Jacob 97
Tennant
    Charles 245
Tensman
    Mathias 427
Tenyson
    Alexander 251
    Robert 251
Terry
    Clement Jr. 372
    Jasper 102, 145
    John Jr. 396
    Joseph 402
    Mary 131
    Susannah 145, 402
    Thomas 33, 49, 73, 92, 144, 145, 355, 402, 409
Thackray
    James 220, 393
Thackry
    James 359
Thatcher 54, 63, 243, 409
    Amos 57
    Bartholomew 57, 83, 116
    James 186
    Joseph 57, 83, 116, 140
    Richard 19, 22, 57, 62, 75, 83, 91, 109
    Richard Sr. 62
Thester
    Adam 215
Thockray
    James 400

Thomas
    Arthur 300, 367
    Edward 282, 408
    Eleanor 422
    Elizabeth 413
    Ephraim 260
    Evan 199, 245, 260, 295, 329, 339, 371, 374
    Evan Jr. 374
    John 133, 260, 290, 359, 374, 391, 417
    Jonathan 294
    Joseph 244, 245, 270, 284
    Manases 374
    Richard 326, 406, 413
    Samuel 417
    Sarah 295
    Thomas 190, 374, 417
    William 190, 212, 246, 260, 272, 326

Thompkins
    Anthony 11, 71, 87, 227
    Joshua 85

Thompson
    Adam 427
    James 244
    John 303, 411
    Nick 200
    Robert 274, 275, 390
    Ruth 244
    William 231

Thorn
    Joseph 69, 168, 364
    Martha 364
    Samuel 69, 168
    Samuel Jr. 169
    Thorn 169

Thorne
    Joseph 155, 261
    Samuel 155, 261
    Thomas 183, 388

Thornton
    Joseph 175, 199, 200, 271, 306, 348, 397, 398, 416
    Margaret 199, 200, 306

Thowel
    Robert 222

Thwait
    Thomas 144

Thwaites

Thwaits
    Thomas 98, 115, 226

Tidmarsh
    Thomas 100, 177

Tiese
    William 191, 225

Tilbram
    Thomas 117, 118
    Richard 307

Tilly
    William Jr. 121

Tillyer
    Philip 229
    Phillip 233

Tippendower
    Alexander 206

Titus
    Jacob 393

Todd
    Joseph 133, 173, 339, 351, 369, 413

Todhunt
    Margaret 400

Tollis
    Robert 93

Tomkin
    Lydia 248
    Robert 248

Tomkins
    Ann 319
    Anthony 7, 11, 60, 109, 227
    Benjamin 363, 369
    Hannah 227
    Jacob 421
    Joshua 227
    Robert 319, 338, 339, 345

Tomlin
    Henry 197

Tomlinson
    Benjamin 193, 216, 223, 230, 236, 272, 294
    Elizabeth 193, 236, 272
    Hany 145
    Henry 92, 204, 211, 241, 297, 311, 354, 363, 393
    Henry Sr. 393
    Jemima 393
    Joan 404
    Joseph 99, 121, 143, 155, 193, 230, 236, 278, 286, 320, 322, 341, 348, 404
    Mary 155, 204, 320
    Sarah 241
    Thomas 193, 205, 223, 230, 237, 294, 350, 393, 404

Tompkins
    Robert 391

Tompson
    Nicholas 199

Tomyson
    Henry Jr. 251

Tool
    John 243

Topham
    Christopher 151

Tosin
   Thomas 335
Tourney
   James 255, 323
Town
   Benjamin 306, 315
   John 38, 39, 45, 53, 58, 59, 61, 74, 79, 82, 208, 251, 254, 287
Towne
   John 40, 45, 46, 53
Townsend
   George 151, 161
   Jacob 161
   James 151
   John 201, 408, 410, 421
   Joseph 212, 407
   Nathaniel 161
   Richard 61
   Stephen 187, 369, 370, 419
   Thomas 201, 294, 393
Treat
   Richard 228, 395
Tregoe
   John 394
Trent
   William 279
Trotter
   Joseph 237
   William 166
Trout
   Anne Margaret 318
   John 317, 318
Tucker
   Abraham 421, 424
   Arthur 13
   Elizabeth 421, 424
   Mary 292
   Nicholas 286, 292, 364
   Richard 93
Tuckett
   Edward 181
Tuckness
   Mary 402
Tuckney
   Henry 188
Tully
   John 15
Tunicklief
   Thomas 181, 391
Tunley
   Richard 166
Tunniclift
   Francis 67
   Hannah 334
   James 253
   Susannah 67, 68
   Thomas 5, 67
Tunniscliff
   Thomas 11
Tunnisclift
   James 222, 418
Tunnycliff
   James 39
Turner
   Ann 198
   Joseph 192, 209, 235, 268, 287, 390
   P. Jr. 333
   Peter 213, 307, 310, 341, 351, 353, 356, 364, 375, 380, 381, 387
   Robert 4, 6, 7, 11, 23, 28-31, 41, 42, 46, 48, 57, 64, 71, 106, 151, 227, 339, 364
   William 333
Turning
   Stephen 53, 55, 97, 106
Turnis
   Joseph 178
   Thomas 378
Turriclift
   James 208
Twining
   Benjamin 334, 395
   David 370
   Elizabeth 294
   John 138, 294, 296, 299, 334, 341, 354, 365
   Margaret 397
   Nathaniel 298, 334, 354, 360, 370, 395, 416
   Samuel 334, 354, 360
   Sarah 334, 370, 395
   Stephen 35, 66, 210, 264, 298, 397, 416
   Stephen Jr. 397
Twinning
   John 309
   Stephen 308, 309
Tyson
   John 257
   Prisilla 257
Usher
   Jacob 80, 84, 110, 415
   Mary 415
   Ruth 415
   Tostes Jacob 231
Ushme
   Abraham 317
Vadams
   Chenny 317
Vanaken
   Henry 244
Vanandale
   John 356
Vanbosken
   Peter 109

Vanbosker
    Peter 109
Vanboskirk
    Andreas 144
    Jan 156
    Lawrence 161
Vanbuskerk
    John 190
    Mary 190
Vanbuskirk
    Andreas 199
    Annty 199
    Hans 152
    John 200
    Yoost 199
Vancampen
    Abraham 275
    John Jr. 275
Vance
    Samuel 398
Vandam
    Rip Jr. 164
Vandedgrift
    Johannes 132
Vandegrift
    Abraham 212, 230, 392, 400
    Barentye 150
    Charity 392
    Folchert 394
    Folkert 400
    Foulkert 150
    Frederick 50, 60, 150, 161
    Garret 392
    Jacob 212, 400
    Jacob Jr. 400
    Johanas 230
    Johannes 50, 392
    Johannis 49, 50
    John 268
    Leonard 50, 51, 60, 161, 212, 392
    Mary 212
    Nicholas 49, 50, 60, 150, 207
    Sarah 212
    Tolehart 230
VanDegrist
    Folkert 328
    Leonard 328
Vandenbran
    Godfrey 429
VanDerbelt
    Piem 365
    Ram 227
Vanderbilt
    Rem 404
Vanderburiks
    Cornelius 22
VanDike
    Hendrick 266

Hendrick Johnson 177, 267
Henrich Johnson 95
Henry Johnson 100, 102, 109, 122, 124, 243, 409
Lambert 172
Richard 342, 378
Sarah 342, 378
Williamkee 184
Yanica 184, 243, 267, 409
Vandine
    Abraham 110, 118, 128
    Garret 288
    Garrett 159, 191
Vandley
    Susannah 184
VanDuchren
    Charity 258, 365
    Godfrey 365, 402
    Godrey 258
Vanende
    Reyck 405
Vanestol
    Simon 380
Vanghan
    John 197
Vanhooren
    Jacob 388
Vanhooten
    Christian 210
Vanhorn
    Abraham 152, 161, 277, 353, 361, 380, 429
    Barnard 211, 223, 265, 429
    Barnet 232, 402
    Bernard 202, 259, 339, 396
    Christian 182, 211, 220, 236, 239, 243, 259, 353, 361, 365, 366, 388, 396, 408, 409, 429
    Christian Barnet 152
    Christian Barnson 183
    Eleanor 388
    Elizabeth 230, 242, 408
    Ellinor 259
    Gabriel 355, 398, 405, 422
    Garret 422
    Henry 183, 206, 211, 243, 266, 359, 360, 402, 408, 409
    Isaac 161, 202, 227
    Jane 362
    Jeremiah 362
    Johannes 152
    John 240, 250, 259, 365, 388, 422, 429
    Margaret 242
    Martha 422

Mary 353
Nicholas 226
Peter 180, 217, 230, 248
Peter Jr. 242
Peter Peterson 312
Peter Sr. 242
Susanna 243, 359
Susannah 183, 266, 359, 360, 408, 409
Williamkee 183, 184, 211, 243, 259, 365, 409
Ysacek 429

Vanhorne
Abraham 236, 272, 276, 297, 386
Barnard 297
Barnet 297
Barnet Jr. 298
Christian 273, 297, 298, 393, 416
Christian Barnson 184, 193
Christian Cavensen 100
Gabriel 381
Henry 184, 193, 197
Henryy 297
Isaac 199
Peter Barnson 187, 418
Susannah 197, 298
Williamkee 193

Vankirk
John 302

VanNastreet
Folkert 339

Vanoleig
Susannah 409

Vanolug
Susanna 243

Vanpelt
Joseph 308

Vansand
Cornelius 66
Garret 66

Vansandt 405
A. Wilbardlis 91
Albert 98, 212
Ann 344
Cobus 405
Cornelius 80, 98, 245, 247
Derica 140, 245, 247
Elizabeth 140
Garret 230, 233, 250, 333, 350, 381, 398, 404, 422
Garret Jr. 233
Garrett 99, 166
George 99, 140, 203, 245, 288, 296, 349, 350
Harman 91, 98, 124, 130, 138

Herman 350, 388
Horman 229
Isaiah 370
Israel 279, 368
Jacob 302
Jacobus 99, 123, 130, 189, 233, 257, 308, 336
James 130, 216, 229, 312, 337, 344
James Jr. 336
Jezina 98
Johannes 91, 98, 130, 138, 141
John 190, 312, 326
Jonas 91
Joseph 257
Josiah 312, 326, 332
Lea 138
Leah 141
Margaret 233, 337
Micah 140
Nicholas 325
Rebecca 312
Stephen 118
Stoffel 174, 346
Stoffold 312
Stopfell 141
Stophel 190, 312
Stophell 98, 159, 174

Vanvleig
Susannah 266

Vanzant
Cobus 147

Varder
Willoughby 98

Vastine
Abigail 317
Abraham 281, 317, 318
Abraham Sr. 428
Benjamin 428
Jeremiah 281
John 323, 324, 339, 414, 428
Ruth 318
Sarah 318

Vastme
John 310

Venables
Elizabeth 78
Frances 78
Joyce 78
William 32, 33, 78

Verity
Jacob 397
John 358

Verkerk
Bernard 189
John 189

Verkirk
Barndt 50

Verrier
    Jacque 74, 110
    James 94, 110
    Verrier 110
    Walber 110
Vicar
    Abraham 322
Vickors
    Richard 253
    Thomas Bishop 253
Victor
    Richard 222
    Thomas Bishop 222
Vinager
    Charles 254
Vining
    Benjamin 152
Virkerk
    Barndt 50
    Barridt 50
Virkirk
    Bandt 60
Voteing
    Elizabeth 234
Voto
    Paul Isaac 213, 215, 222, 225, 228, 231, 236, 242, 244, 249, 274, 282, 314, 329, 348, 353, 364, 373, 391
    Sarah 242, 348, 364, 391
Wagelum
    John 365
Wagger
    Nicholas 420, 425
Waglum
    John 278
Wagner
    Ann 373
    George 373
Waimor
    Henry 368
Wainwright
    Jonathan 276
Waite
    Joseph 178, 179
    Martha 178, 179
Waker 418
Wales
    Nicholas 355
Walker
    Adam 212
    Ann 377
    Elizabeth 410
    Emanuel 377
    Frances 81
    Francis 26, 81, 94, 164, 175, 287
    George 280, 368, 377, 408, 410
    Isaac 214
    John 56, 349
    Joseph 170, 220, 276, 316, 377, 410
    Mary 412
    Richard 251, 258, 311, 312, 327, 352, 355, 367, 368, 375
    Robert 251, 377, 412
    Sarah 327, 375, 377, 410
    William 245, 345, 367
Wall
    George 346
Wallard
    Isabel 416
    James 416
Walley
    Charles 96
    Damariv 332
    Hannah 333
    John 152, 200, 332, 333, 397, 412, 418
    Joseph 270, 273, 398
    Lydia 12, 333
    Shadrach 92, 104, 118, 370
    Shadrack 5, 12, 25, 33, 34, 71, 84, 152
    Shedrick 332
Wallige
    Samuel 155
Wallis
    John 416
    Peter 317
Walln
    Ann 223
    Nicholas 8, 10, 13, 14, 17, 20-22, 30, 54, 57, 73, 75, 82
    Richard 54, 223
    Thomas 124
Wallne
    Margary 89
    Nicholas 3, 4, 89
Walls
    Stephen 235
Wallton
    Nathaniel 133
Wally 370
    Elizabeth 256
    John 166, 170, 226, 256, 383
    Shadrach 128
    Shadrack 30, 166
    Shadrick 256, 383
Walmsby
    Thomas 236
Walmsely
    Thomas 91
Walmsley 422
    Elizabeth 3, 4, 60, 92
    Francis 404

Henry 89, 135, 199, 335,
        397, 404, 410
Mary 156, 199, 397
Thomas 60, 67, 74, 76, 89,
        92, 99, 107,
        113, 143, 156,
        230, 388, 404,
        410, 422
Widow 36, 47
William 308
Walmsly 379
Henry 279, 293, 301
Mary 279
Thomas 266, 279
Waln
Nicholas 2, 3, 7, 28, 35,
        49, 51, 60, 61,
        67, 206, 267,
        402, 411, 422
Richard 54
Walton 308
Abel 404
Albinson 413
Ann 413
Benjamin 173
Elizabeth 229, 230, 277,
        394, 413
Hannah 413
Jacob 214
Jonathan 338, 351, 369,
        380, 413
Joshua 339, 351, 369, 413
M. 197, 289
Malachi 321
Malacki 222
Mary 197, 321
Nathaniel 148, 335
Rebecca 404
Thomas 229, 230, 277,
        394
William 272, 423
Walver
Nicholas 244, 257, 275
Wambel
George 395
Wambolt
George 338
Wanton
Edward 110, 153
Joseph 272
Sarah 272
Warburton
Mary 396
Mr. 396
Ward
Anne 106
John 106
Joseph 89, 106
Ralph 39, 49, 62
Stephen 178
Warde
Joseph 80

Warder
Elizabeth 218, 224, 329,
        355
Jeremiah 304
Joseph 218, 302, 329, 355
Jospeh 224
Mary 186
Rachel 378
Sarah 304
Solomon 80, 82, 85, 90,
        108-110, 180,
        324, 355, 378,
        402
Willoughby 83, 90, 121,
        186
Willoughby Jr. 124
Wards
Ralph 82
Ware
William 221
Warell
William 32
Warner
Benjamin 343
Isaac 148
Joseph 301, 304, 394
Rebecca 304
Sarah 339
Swan 194
Warrel
Thomas 329
Warrell
Thomas 198
Wasly
Lawrence 372
Water
D. 361
Waterman
Isaac 47, 135
Priscilla 135
Watermann
Isaac 181
Priscilla 181
Waters
Ann 404
Elizabeth 378
John 273, 404
Thomas 217, 295
Wathel
Thomas 180
Wathell
Thomas 195, 217
Watkins
Abraham 190, 225
Watson
        297
Ann 277
Benjamin 277
David Jr. 270
Elizabeth 399
Isaac 293

    John 70, 88, 191, 205, 235, 314, 329, 331, 353, 358, 394, 399
    John Jr. 241, 250, 268, 273, 297, 315, 330, 364, 397
    Joseph 399
    Malichi 269
    Mark 183, 234, 246, 258, 276, 277, 316, 363, 383
    Nathan 131, 168, 178, 185, 198, 204, 218, 226, 234, 236, 246, 300, 301, 320, 321, 418
    Nathaniel 269
    Rebecca 178, 182, 277, 402
    Sarah 399, 418
    Thomas 80, 87, 89, 92, 109, 142, 152, 177, 178, 182, 236, 248, 267, 277, 288, 321, 355, 384, 385, 399, 402, 409
    Thomas Jr. 102
    William 130, 132, 134, 135, 138, 354, 363

Watts
    Stephen 222, 309

Waylan
    John 339

Weatheral
    Christopher 240

Weaver
    Jacob 387
    John 417
    Samuel 78
    Thomas Jones 374, 414

Webb
    Elizabeth 48
    Gen. 390
    John 179, 243
    Joseph 125
    Richard 194, 260
    Robert 48

Webster
    John 12, 27, 42, 63, 146, 381
    Peter 52, 53, 62, 72, 73, 86, 96, 118, 139

Weekes
    Benjamin 104

Weeks
    Benjamin 14

Weesley
    Agnes 319

    Michael 319

Weirman
    Henry 261, 331

Weis
    Lewis 338

Weisemire
    Jacob Jr. 428

Weiser
    Elizabeth 253
    Nicholas 253

Weiss
    L. 382

Welch
    James 197, 242
    Joseph 137

Welding
    Ely 169

Weles
    Christopher 395

Wells
    Abel 339
    Dorothy 258, 429
    Henry 120
    James 258, 429
    John 210, 211, 223, 240, 250, 346
    Mary 241, 258, 429
    Moses 180
    William 421, 424

Welsh
    George 158
    James 273, 281
    John 418
    Martha 281

Welver
    George 207

West
    Edward 143, 268
    Jonathan 394, 400
    Nathaniel 115
    Ruth 394
    Thomas 208, 337, 400
    William 271

Westbrook
    John 159

Weston
    Abraham 245
    Charles 127, 130
    Edward 228
    Hannah 228

Wetherall
    Ann 126
    Christopher 2, 103, 126
    Thomas 126

Wetherill
    Christopher 82, 90

Weyman
    Robert 255

Wharley
    Abraham 17, 33, 34
    Daniel 191

Wharmby
    Lydia 5
Whatley
    Anthony 335
Whearley
    Abraham 14, 71
Whearly
    Abraham 6, 7
Wheate
    Benjamin 85
Wheath
    Benjamin 23
Wheeler
    Ann 231, 377
    Gilbert 1, 3, 9, 10, 22, 24, 37, 42, 53, 75, 93, 105, 217, 231, 305, 377, 390
    John 203
    Martha 217, 377
    Richard 30, 33
    Robert 15, 28, 79, 85, 99, 118, 186
    Sarah 31, 33
Whitacre
    John 209, 241, 255, 308, 323, 424
    Robert 424
    William 243
Whitaker
    John 167, 357
    Robert 357
    William 197, 211, 285, 300
White
    Ann 58, 75
    Bartholomew 374
    Benjamin 58, 59, 75, 88, 105, 204
    David 366
    Elizabeth 38, 40, 42, 58, 59, 64, 72, 73, 88, 127, 131, 132, 135, 204, 335, 419
    Elizabeth Jr. 59
    Francis 56, 58, 59, 74, 75, 88, 93, 96, 105, 120, 132, 175, 204, 217, 248, 388, 418
    George 58, 59, 83, 88, 92, 96, 105, 120, 127, 145, 203, 204, 402, 409
    Jacob 175
    Joan 59, 75, 76, 78, 80, 204
    John 3, 6, 10, 26, 36, 38, 45, 55, 56, 58, 59, 73, 75, 76, 78, 80, 88, 93, 97, 118, 127, 132, 135, 203, 204, 207, 211, 358, 419
    Joseph 58, 59, 83, 88, 117, 139, 145, 245, 258, 321, 354
    Martha 97, 132, 418
    Martha Jr. 419
    Peter 6, 36, 38-40, 42, 58, 59, 64, 72, 73, 75, 88, 96, 120, 131, 135, 204, 335
    Philip 254
    Robert 350
    Thomas 224, 225, 230, 309, 345, 363, 381, 389, 407
    Travis 93
    Unity 204
    William 10, 58, 59, 75, 119, 127, 144, 401
Whiteacre
    John 313
Whitecar
    John 158
Whitefield
    George 196
Whitehead
    William 217
Whiteing
    Stephen 116, 129
Whiteker
    Robert 386
Whitfield
    George 314
Whitker
    John 76
Whitlock
    Thomas 378
Whitpaine
    John 18
    Zachariah 18
    Zackariah 61
Whitten
    Thomas 278
Whitton
    Thomas 203, 289, 290
Whitwell
    Francis 8
Whorley
    Daniel 129
Wigams
    William 234
Wigdom
    John 360, 393

Wiggans
- Benjamin 429
- Bezeleel 429
- Elizabeth 429
- William 30, 65

Wiggdon
- John 411

Wiggins
- Bezatell 317
- Bezeteel 352
- William 13

Wigglesworth
- Alice 8

Wigtom
- John 421

Wigton
- John 424

Wilcox
- Joseph 61, 137, 144
- Roger 164

Wildanger
- George 371

Wildey
- Obediah 164, 388

Wildman
- Ann 383
- Deborah 233
- Elizabeth 226
- Jacob 226, 316
- James 91, 273, 313, 353, 366, 383
- John 120, 150, 235, 316, 380, 393
- Joseph 117, 125, 235, 316
- Martin 54, 383
- Mary 313, 366
- Mathew 80, 91, 383
- Rachel 383
- William 216, 233, 273

Wildmay
- Collonell 134

Wileford
- Rebecca 53

Wilkinson
- Brian 403
- Ichabad 343
- John 181, 294
- John Jr. 226, 231, 364
- Josiah 232
- William 106, 133, 280, 284

Willard
- George 36, 48, 63, 98, 129, 141, 201, 231, 237, 302, 308, 356, 412
- Mary 396
- Thomas 396

Willets
- Hannah 151
- Jacob 151

Willett
- Jonathan 314, 399

- Samuel 399

Williams
- Anthony 266
- Charles 410
- Christian 212
- Daniel 348
- Dank 232
- David 376, 406
- Dunk 81, 108, 244, 254, 267
- Dunken 39
- Dunt 94
- Elizabeth 341
- Emmion 385, 402
- Enion 262, 286, 290, 300-302, 341, 345, 357
- Ennion 196, 197, 205, 211, 219, 243, 248
- Enoch 332
- Evan 176
- Jane 201
- Jenkin 212
- Jeremiah 266
- John 81, 219, 225, 234, 246, 249, 303, 305, 316, 363, 368, 400
- Lewis 271
- Martha 304
- Mary 410
- Michael 113
- Nicholas 8, 122, 128
- Peter 219, 363
- Rebecca 35, 71, 82, 85, 90, 111
- Rebeckah 415
- Richard 201, 247, 374, 400
- Sarah Ann 348, 350
- Stephen 249, 261, 290, 296, 326, 332, 348, 350
- Thomas 35, 37, 71, 82, 85, 90, 111, 415
- William 81, 102, 123, 212, 247, 344, 374, 399

Williamson
- Abraham 369
- Jacob 369
- Leah 371
- Peter 371
- Rachel 369
- Sarah 180
- William 180, 371

Willing
- Anne 340, 341, 371, 378
- Charles 291, 300, 311, 318, 330, 340, 371, 378
- Charles Jr. 300, 301

                    Charles Sr 300, 301
                    Thomas   301, 324, 330,
                                340, 341, 371,
                                378
            Willing 285
Willits
            Abigail 41
            Hannah 41
            Richard 41
Wills
            William 151
Willsford
            John 11
Wilsford
            Joseph 19
Wilson
            Alexander 284, 411
            Andrew 420, 425
            Ann 121, 196, 279
            Anthony 196, 227, 265,
                        279, 296, 387
            David 164, 187, 192, 220,
                        399
            Esther 111, 114, 304
            Henry 129, 276, 316
            Hugh 411
            James 199, 241
            Jane 343, 420
            Jean 349
            John 151, 178, 206, 216,
                        343, 349, 379,
                        398, 401, 411,
                        412
            Judith 379
            Mary 241
            Richard 14, 16, 17, 65,
                        102, 114, 121
            Robert 420, 425
            Samuel 426
            Sarah 304, 360
            Scot 155
            Stephen 53, 66, 155, 241,
                        320, 322
            William 246, 360
Wincoop
            Nicholas 297
Winder
            Thomas 152, 171, 369
Windle
            W. 314
Winecope
            Nicholas 227
Winekoop
            Garret 227
            Nicholas 227, 388
Winkle 318
Winner
            Jacob 302
            John 180
            Sarah 302, 315
Winter
            Josiah 398, 403

                    Thomas 271
Winton
            William 215
Wireman
            Henry 348
Wiseley
            Michael 316
Wismar
            Jacob 427
Wistar
            Caspar 213, 285, 311, 349,
                        353, 391
            Casper 368
            Catharine 213, 337
            Catherine 311, 348, 349,
                        352, 368, 391,
                        397
            Gaspar 397
            Gosbar 150
            Richard 311, 348, 349,
                        352, 368, 391
Wistarn
            Casper 229
Wister
            Casper 270
Witchell
            Mary 225
            Rachel 225
            Thomas 225
Witherill
            Christopher 209
Witherington
            James 290
            William 290
Witkins
            Samuel 217
            Sarah 217
Woddell
            Thomas 102
Wohmsiedlor
            Charles 407
            Philip 407
Woistar
            Caspar 263
Wolf
            Paul 103
            Sarah 83, 102
            Thomas 51, 83, 102, 177
Wolfe
            Thomas 2, 3, 5, 17, 31
Wolverton
            Dinah 268
Wood
            Abraham 209, 279
            Alexander 11
            Benjamin 276
            James 52, 55, 231
            John 3, 4, 8, 9, 12, 16
            Joseph 2, 3, 6, 10, 12, 16,
                        28, 40, 41, 62
            Peter 86, 115, 132
            Richard 52, 144, 415

	Thomas 58	Worrilow	
	Ursula 279		Elizabeth 23
Woodford			John 23
	Joseph 231		Thomas 23, 67
Woodrop			Walter 23
	Sarah 298	Worrlaw	
Woods			Thomas 5
	Dianah 327	Worstal	
	Philip 412		James 363
	Richard 327	Worth	
Woodworth			James 235, 282
	Richard 41		Joseph 154, 282
Wooley		Worthington	
	Ezekiel 16		Hannah 325, 379
Woolfe			John 379
	Thomas 1		Joseph 380
Woolidge			Richard 379
	Samuel 10		Thomas 325, 379, 397
Woollston		Wowenmo	
	John 176		Christian 265
	Jonathan 176	Wright	
Woolrick			Andrew 196, 232, 321, 345
	Thomas 18		Anthony 161, 165, 204, 210, 230, 234, 242
Woolston			
	Benjamin 315		
	Jeremiah 305, 315		Barch 243
	John 315, 316, 353		Benjamin 145
	Jonathan 144, 170, 175, 193, 211, 315, 393		Charles 210, 224, 234, 300
			Daniel 196, 224, 227, 232, 242, 246, 294, 321, 345
	Samuel 313, 315, 391		
	Sarah 170		Hugh 333
Woolstone			James 321
	Hannah 273, 338		John 198
	Jonathan 184, 226		Jonathan 151, 257
	Margery 273		Joseph 422
	Samuel 273, 295, 338		Joshua 209, 235, 294, 300, 301
Woptall			
	John 151		Rebecca 246, 321
Worm			Samuel 329
	Daniel 245		Sarah 150, 300, 363
Worral			Thomas 210, 234, 300
	Peter 44, 60, 68		William 280, 327, 365
Worrall		Wrisel	
	Elizabeth 224		Michael 215
	Ellen 224	Wyncoop	
	John 134		Garret 285
	Martha 224		Nicholas 259, 276, 285, 298
	Mary 322		
	Peter 21, 52, 78	Wynekoop	
	Thomas 224, 322		Anna 388
Worrel			Garret 388
	Richard 56		Hellanah 388
Worrell			Henry 388
	Hannah 223		Nicholas 388
	Peter 255	Wynhoop	
	Richard 223		Nicholas 223
	Thomas 255	Wynkoop 422	
Worrilew			Garret 396, 402
	Elizabeth 32		Nicholas 298, 361
	John 32		
	Walte 32		

Yardley 355
- Enoch 9, 24, 35, 64, 65, 81, 417
- Esther 96, 101
- Samuel 99
- Thomas 66, 79, 81, 96, 101, 171, 270, 276, 388, 418
- Thomas Jr. 99, 270
- Thomas Sr. 99
- William 1, 6, 7, 11, 13, 14, 24, 30, 81, 270, 303, 307, 311, 315

Yates
- Agnes 139
- Francis 168
- James 29, 33, 84, 87, 124, 139, 165
- Joseph 196

Yeardley 334, 358
- Ann 202
- Elizabeth 412, 417
- Mary 341
- Richard 378, 383, 397, 412
- Samuel 412
- Thomas 202, 241, 322, 341, 369, 385, 396, 412, 417
- Thomas Jr. 218
- William 218, 220, 221, 323, 326-328, 341, 396, 419, 424

Yearley
- Thomas 183

Yeates
- Agnes 200
- Joseph 289, 317

Yerkes
- Silas 395

Ynslee
- Joseph 326

Yoder
- John 265

Yorder
- John 275

Yordley
- Thomas 403

Youldney
- Henry 167

Young
- Barnard 234, 249, 303
- Bartholomew 199, 244, 252, 257, 262, 296, 310, 323, 324, 339, 367, 371, 374, 408
- Bernard 199, 217, 260, 271, 305
- Edward 327
- Elinor 298
- Hannah 311
- Helener 298
- Hugh 298, 343
- John 389
- Mary 262, 310
- Philip 323
- Susannah 249, 270

Zachary
- Daniel 401, 424, 425

Zane
- Jonathan 237

Zeigenfus
- Christopher 318
- Jacob 318

Zeigler
- Andrew 395

Zetty
- Abraham 382

ZeWitz
- George 275

Ziegefuss
- Catharine 331
- Christopher 331

Zuber
- Johannes 184

www.ingramcontent.com/pod-product-compliance
Lightning Source LLC
Chambersburg PA
CBHW070056020526
44112CB00034B/1396